Kohlhammer Lehrbuchreihe Betriebswirtschaft

Herausgeber: Prof. Dr. Helmut Diederich
Universität Mainz

Wilfried Krüger

Organisation der Unternehmung

3., verbesserte Auflage

Verlag W. Kohlhammer
Stuttgart Berlin Köln

Die Deutsche Bibliothek – CIP-Einheitsaufnahme

Krüger, Wilfried:
Organisation der Unternehmung / Wilfried Krüger. - 3., verb. Aufl. -
Stuttgart ; Berlin ; Köln : Kohlhammer, 1994
  (Kohlhammer-Lehrbuchreihe Betriebswirtschaft)
  ISBN 3–17–013519–8

3., verbesserte Auflage 1994

Verlagsort: Stuttgart
Gesamtherstellung:
W. Kohlhammer Druckerei GmbH + Co. Stuttgart
Printed in Germany

Vorwort zur dritten Auflage

Die 2. Auflage des Buches ist auf großes Interesse gestoßen, so daß bereits ein halbes Jahr nach Erscheinen die Arbeiten an einer verbesserten 3. Auflage begannen. Bei gleichbleibendem Gesamtumfang wurden neben formalen Korrekturen einige Präzisierungen und Ergänzungen vorgenommen.

Die Arbeitszeitmodelle sind davon ebenso betroffen wie die modernen Formen der Fertigungsorganisation. Fragen der Selbstorganisation, der Netzwerke und des Anspruchsgruppenmanagements treten klarer hervor. Auch virtuelle Realität und virtuelle Unternehmung werden verdeutlicht. Das japanische Keiretsu-Konzept wird erläutert. Prozeßmanagement und Management des Wandels sind stärker ausdifferenziert.

Ich danke meinen Mitarbeitern für ihre Unterstützung und ihren Einsatz, meinen aktiven Studenten für die Hilfe bei der Fehlersuche.

Gießen, im Juli 1994   Wilfried Krüger

Vorwort zur zweiten Auflage

In dem Zeitraum zwischen dem Erscheinen der ersten und der zweiten Auflage haben Stellenwert und Betrachtungsperspektive der Organisation mehrfach gewechselt. Zunächst beherrschten Fragen der strategischen Ausrichtung der Unternehmung die Diskussion. "Struktur" wurde dabei zum strategischen Erfolgsfaktor, zu einem unter vielen. Sodann traten - vielfach mit hohen Erwartungen verbunden - die "weichen" Faktoren, insbesondere die Variablen der Unternehmungskultur, in den Vordergrund. Kulturelle Regelungsformen lösten strukturelle Regelungen ab.

Mittlerweile hat sich der Bedeutungsakzent wiederum verlagert. Es hat sich gezeigt, daß die beste Strategie kraft- und wirkungslos bleibt, wenn sie keine organisatorische Umsetzung erfährt. Häufig eröffnen Strukturveränderungen (z.B. Holdinglösungen) auch erst bestimmte strategische Optionen (z.B. Allianzen). Nicht zuletzt wurde klar, daß "Struktur" und "Kultur" keine Gegensätze, sondern sich ergänzende Regelungsmechanismen darstellen. So ist es wohl keine Übertreibung zu behaupten, daß die Bedeutung organisatorischer Fragestellungen derzeit so hoch ist wie lange nicht mehr. Dies hat auch dazu geführt, daß die organisatorische Gestaltung wieder verstärkt als Führungsaufgabe begriffen wird.

Die zweite Auflage trägt dieser Entwicklung in vielfältiger Weise Rechnung. Geblieben ist die Konzeption eines gestaltungsorientierten Denkansatzes, nachhaltig verändert haben sich Aufbau und Inhalt des Buches. Charakteristik und Stellenwert der Organisation als Führungsaufgabe bilden den Gegenstand des einführenden Teils (Teil 1: Grundlagen der organisatorischen Gestaltung). Der Kanon traditioneller organisatorischer Fragestellungen wurde im Bereich der Aufbauorganisation ("Strukturorganisation") aktualisiert und ergänzt (Teil 2: Strukturen). Der gestiegenen und noch weiter wachsenden Bedeutung der Ablauforganisation ("Prozeßorganisation") ist durch einen breit angelegten und konzeptionell vertieften Teil des Buches Rechnung getragen worden (Teil 3: Prozesse und Systeme). Die an verschiedenen Stellen dieser Teile bereits sichtbar werdenden Querverbindungen zu Fragen der Unternehmungsführung werden sodann ihrerseits gebündelt behandelt (Teil 4: Träger). Formen und

Probleme des Organisationswandels und ihr Zusammenhang zur Unternehmungsentwicklung bilden schließlich den Gegenstand des abschließenden Teils (Teil 5: Organisationsdynamik).

An der Realisierung des Buches haben viele Köpfe und Hände mitgewirkt. Die technische Erstellung des Textes lag weit überwiegend in den Händen von Frau Gabriele Zimmermann. Ich spreche für alle, die sie kennen, wenn ich sage, daß sie der gute Geist des Lehrstuhls ist. Die zahlreichen Abbildungen und Übersichten in eine druckreife Form zu bringen sowie die Quellenangaben zu überprüfen, hat ein wechselndes Team engagierter studentischer Hilfskräfte (Frauke Christiansen, Britta Graf, Bettina Hein, Kerstin Hobus, Dietgard Jantzen, Sabine Kaupmann, Andreas Klein, Frank Nassauer) beschäftigt.

Bei der Konzipierung und Abfassung einzelner Teile des Manuskripts unterstützten mich in verschiedenen Stadien der Entwicklung meine Mitarbeiter Dipl.-Kfm. Thomas Olemotz, Dipl.-Kfm. Olaf Stietz, Dipl.-Kfm. Joachim Haun und cand. rer. oec. Frank Altrock. Für vielfältige Koordinationsaufgaben sowie das Schlagwortverzeichnis war Dipl.-Kfm. Wolfgang Buchholz, für die Textkorrektur Dipl.-Kfm. Christian Rohm zuständig. Ich danke allen meinen Mitarbeitern, nicht nur für den hohen Einsatz und die geleistete Arbeit, sondern vor allem für die Selbständigkeit und den Teamgeist, den sie gerade in schwierigen Phasen und bei den sich verschlechternden äußeren Bedingungen gezeigt haben.

Nicht zuletzt verdanke ich der Zusammenarbeit und dem Kontakt mit der Unternehmungspraxis viele Anregungen, kritische Anmerkungen und gezielte Hinweise, vor allem aber auch positive Bestätigungen. An erster Stelle möchte ich meinen früheren Assistenten als nunmehr gestandenen Praktikern danken: Dres. Wolfgang Thost, Peter Diesch, Ralf Bauermann, Peter Pfeiffer, Gunter Schwarz, Uwe Kolks, Stefan Reißner. Sie haben sich in bester Lehrstuhltradition grundlegend und scharfsinnig mit der Konzeption des Buches und einzelnen Kapiteln auseinandergesetzt. Ich wünsche mir sehr, daß sie mir mit ihrer Expertise und ihrer erfrischenden Offenheit auch zukünftig zur Seite stehen.

Der Arbeitskreis "Organisation" der Schmalenbach Gesellschaft/Deutsche Gesellschaft für Betriebswirtschaft e.V. war in den letzten Jahren eine Plattform, auf der ich zahlreiche ausgewählte Ideen und Ansätze diskutieren konnte. Ich danke allen Arbeitskreismitgliedern für die Aufgeschlossenheit und Offenheit, mit der sie mir begegnet sind.

Viele Grundgedanken und Kernaussagen des Textes konnte ich in Vorträge, Seminare und Workshops einbringen und in diesem Rahmen mit Praktikern diskutieren und weiterentwickeln. Stellvertretend möchte ich die Mitglieder der Schweizerischen Gesellschaft für Organisation sowie die für Organisation zuständigen Damen und Herren der BMW AG erwähnen. Die Herren Gerhard Rolz und Dr. Christoph Achenbach gewährten mir freundlicherweise Einblick in das Projektmanagement der Quelle AG und genehmigten den Abdruck eines Schemas der internen Projektorganisation. Ihnen sowie allen anderen Gesprächspartnern der Praxis gilt mein herzlicher Dank.

Das Buch richtet sich auf dieser Grundlage an fortgeschrittene Studierende als den zukünftigen Führungskräften und an diejenigen Führungskräfte der Praxis, die ihr Organisationswissen aktualisieren und ergänzen möchten.

Gießen, im Juli 1993   Wilfried Krüger

Inhalt

8

Teil 1

Grundlagen der organisatorischen Gestaltung

Welchen aktuellen Anforderungen sieht sich die organisatorische Gestaltung gegenüber (Kap.I) ?

Was ist "Organisation", und wie unterscheiden sich "Struktur" und "Kultur" einer Unternehmung als Regelungsformen (Kap.I) ?

Welchen Stellenwert besitzen organisatorische Regelungen, und inwiefern ist die Gestaltung der Organisation Teil der Führungsaufgabe eines Vorgesetzten (Kap.II) ?

I. ORGANISATORISCHE GESTALTUNG: ANFORDERUNGEN, FRAGESTELLUNGEN, REGELUNGSCHARAKTERISTIK

1. Anforderungen an die organisatorische Gestaltung

Organisation als Prozeß bedeutet das Formulieren genereller Regeln, die das arbeitsteilige Vorgehen und damit das Zusammenwirken verschiedener Personen und Einheiten möglichst zielwirksam gestalten. **Organisation** als Prozeß**ergebnis** stellt die Gesamtheit derartiger Regelungen dar. Organisation zeichnet sich im Kern durch die **Verknüpfung** der organisatorischen Elemente - Aufgaben, Personen, Informationen und Sachmittel - aus. Organisatorisches Handeln bedeutet daher das Schaffen von Strukturen, organisieren ist strukturieren. Die Regelung und Abgrenzung von Aufgaben, Kompetenzen und Unterstellungsverhältnissen (**Aufbauorganisation**) gehört ebenso dazu wie die Prozeßgestaltung (**Ablauforganisation**). Die in der Praxis vorhandenen organisatorischen Strukturen sind teils "historisch gewachsen", teils Ergebnis "bewußter Gestaltungsprozesse". Aufgrund wachsender unternehmungsexterner wie -interner Anforderungen kommt es verstärkt darauf an, die Organisation gezielt und planvoll zu gestalten. Insbesondere muß die Struktur im Zusammenhang mit der Strategie einer Unternehmung gesehen werden. Strukturelle Regelungen sollen die Stoßrichtungen der Strategie, z.B. Akquisitionen und Allianzen, unterstützen oder sogar erst ermöglichen, nicht aber behindern ("structure follows strategy"). Organisation ist in dieser Perspektive ein Führungsinstrument, die Unternehmung **hat** eine Organisation. Diese Auffassung entspricht der instrumentellen Sichtweise der Organisation [vgl. vor allem KOSIOL, GROCHLA, BLEICHER]. Dazu im Gegensatz steht die institutionelle Sichtweise, nach der organisierte Sozialsysteme als Ganzes als Organisation zu bezeichnen sind. Die Unternehmung **ist** eine Organisation [vgl. KIESER/KUBICEK].

In dem Maße, wie sich strategische Orientierungen ändern (z.B. stärkere Betonung von Innovationen) oder strategierelevante Rahmenbedingungen verschieben (z.B. Wandel vom Verkäufer- zum Käufermarkt), muß geprüft werden, ob organisatorischer Handlungsbedarf entsteht. Generell hat sich die Perspektive des strategischen Managements von einer "inside-out"-Betrachtung zu einer "outside-in"-Betrachtung gewandelt. Im Vordergrund steht nicht mehr das Thema "doing things right" ("Tun wir die Dinge richtig?"), sondern das "doing right things" ("Tun wir die richtigen Dinge?"). Diese Denkweise nimmt ihren Ausgangspunkt nicht von der Produktion und den Produkten, sondern von den **Kundenbedürfnissen**. Gefragt wird nicht: "Wie können wir unsere Produkte gewinnbringend absetzen?", sondern: "Wie können wir zufriedene Kunden gewinnen?". Dieser Perspektivenwechsel hat erhebliche strategische und organisatorische Konsequenzen. Sie erstrecken sich auf die Unternehmung und ihre Gesamtorganisation im allgemeinen und die Organisation einzelner Bereiche, Einheiten und Prozesse im besonderen.

Die folgende Übersicht soll die Vielfalt aktueller, teils konkurrierender **Anforderungen** an die Organisation deutlich machen. Diese Liste liefert zum einen **Beurteilungskriterien**, auf deren Grundlage Organisationsmodelle einer kritischen Würdigung unterzogen werden können. Dies gilt vor allem für aufbauorganisatorische

Konzepte. Für Prozeßstrukturen müssen i.d.R. weitere Verfeinerungen vorgenommen werden (vgl. S.121f.). Sie ist zum anderen als Orientierungshilfe für den praktischen Einzelfall gedacht, in dem es darum geht, konkrete Gestaltungsziele für eine Reorganisation abzuleiten. Insofern ist die Liste der Anforderungen auch als eine Liste möglicher **Gestaltungsziele** zu verstehen. Dies gilt ungeachtet der Tatsache, daß konkrete Projektziele präzise zu operationalisieren, auf ihre Verträglichkeit zu überprüfen und nach Prioritäten zu ordnen wären.

Anforderungen an die Organisation: Die Organisationsstruktur soll **nach außen**

- die Ausrichtung auf den Markt und Wettbewerb sowie die Nähe zum Kunden ermöglichen, einschließlich der ggf. notwendigen Internationalisierung bis hin zur Globalisierung: **"Markt- und Wettbewerbsorientierung"**,

- die Aktionsfähigkeit der Unternehmung sicherstellen, zugleich aber Anpassungsfähigkeit und Flexibilität erhöhen: **"Flexibilität"**,

- die Entwicklung und Durchsetzung neuartiger Produkte, Dienste, Verfahren und Strukturen begünstigen: **"Innovationsfähigkeit"**,

nach innen

- eine rasche, kostengünstige und gut fundierte Planung, Steuerung, Kontrolle und Koordination erlauben: **"Führungsprozeßeffizienz"**,

- die Qualifikation und Motivation des Managements und der Mitarbeiter ausschöpfen und weiterentwickeln, insbesondere auch selbständiges unternehmerisches Handeln fördern: **"Human Ressourcen-Orientierung"**,

- eine möglichst günstige Ausschöpfung der finanziellen und materiellen Ressourcen und Kapazitäten (Rohstoffe, Maschinen, Technologie) sichern: **"Finanz- und Sachressourcen-Effizienz"**,

- eine rasche, spezialisierte, hochwertige Aufgabenerfüllung in allen Geschäftsprozessen (Operative Prozesse und Unterstützungsprozesse) bewirken: **"Geschäftsprozeß-Effizienz"**.

Die Bemühungen, diesen Anforderungen durch Umgestaltung der Struktur Rechnung zu tragen, sind in der Praxis in vollem Gange. Sie erbringen einige typische Veränderungen, die sich zu Entwicklungstrends der Organisation verdichten lassen.

Entwicklungstrends:

- Vielfältige externe Netzwerkstrukturen zum Zwecke strategischer Allianzen sowie zur Durchführung und Unterstützung von Geschäftsprozessen;

- Flachere Hierarchien (Verkürzung der Linien, Reduzierung der Ebenen);

- Abbau bzw. Umbau von Zentraleinheiten;

- Schaffung kleinerer, beweglicherer Einheiten mit Delegation von Aufgaben, Dezentralisation von Entscheidungen;

- Partizipation der Mitarbeiter an Führungsaufgaben;

- Schaffung von mehr Selbständigkeit und Ergebnisverantwortung;

- Deregulierung und Entbürokratisierung;
- Ergänzung der dauerhaften Basisstruktur um temporäre Einheiten ("Projektteams", "task forces");
- Vielfältige Überlagerung der vertikalen Linien durch Prozeßstrukturen;
- Berücksichtigung von Persönlichkeitsmerkmalen (Einstellungen, Motivation, Qualifikation) bei der Strukturierung ("Organisation ad personam");
- generell: stärkere Beachtung "weicher" Faktoren (Unternehmungsphilosophie, Unternehmungskultur) neben den "harten" Faktoren (Strukturen, Systeme).

2. Fragestellungen und Objekte der Organisation

Die Charakteristik der organisatorischen Gestaltung wird deutlich, wenn man sich die zu klärenden Fragestellungen vor Augen führt. Die erste organisatorische Frage lautet, vereinfacht formuliert: **"Was ist zu tun?"** Mit dieser Frage geht es um die Feststellung der durchzuführenden **Aufgaben**. Sie sind der wichtigste Anknüpfungspunkt organisatorischer Regelungen in allen Bereichen. In einer Industrieunternehmung sind dies z.B. die großen Gebiete Beschaffung, Produktion, Absatz, Forschung und Entwicklung und nicht zuletzt der weite Bereich der Verwaltungsaufgaben. Die Gliederung und kritische Würdigung von Aufgaben - zusammen als **Aufgabenanalyse** bezeichnet [vgl. KRÜGER 1992] - sowie die Aufgabenverknüpfung zu zielwirksamen Strukturen (Synthese) machen den Kern der organisatorischen Gestaltung aus (Organisation als Strukturierungsprozeß). Dieser Prozeß führt im Wege der Neuorganisation oder Reorganisation zu einem organisatorischen Ergebnis, der integrierten Struktur (Organisation als Strukturierungsergebnis). Unbeschadet zusätzlicher Merkmale lassen sich Aufgaben knapp als "Verpflichtung, Verrichtungen an Objekten durchzuführen" charakterisieren [FRESE 1979]. Aufgaben sind demnach durch die Art und Menge der durchzuführenden **Verrichtungen** (z.B. "Fertigen", "Montieren", "Buchen") und der zu bearbeitenden **Objekte** (z.B. "Pkw", "Kundenaufträge") bestimmt. Neben dem damit beschriebenen Aufgabengehalt sind die Wiederholbarkeit, Dauerhaftigkeit und Zielorientierung wichtige Aufgabeneigenschaften für die organisatorische Gestaltung [vgl. FRESE 1979].

Aufgaben lassen sich nicht beliebig miteinander verknüpfen. Vielmehr sind sachtechnische Abhängigkeiten zu beachten, die den Gestaltungsspielraum begrenzen. Verrichtungen wie z.B. "Hobeln" oder "Ausfüllen" sind für je spezifische Objekte kennzeichnend und nicht austauschbar, es besteht eine **sachlogische (sachtechnische) Zuordnungsrelation** [zu den Zuordnungsformen vgl. WILD 1966], die durch die Aufgabenanalyse sichtbar wird.

Ein Schwerpunkt der Organisation läßt sich durch die Frage **"Wer macht was?"** charakterisieren. Diese Frage führt zur quantitativen und qualitativen Zuordnung von Aufgaben auf menschliche Aufgabenträger (**personale Zuordnung**), traditionell als **Aufbau**organisation bezeichnet. Im Brennpunkt stehen Probleme der Hierarchie, Fragen der horizontalen und vertikalen Verteilung von Aufgaben und Kompetenzen, der Breite und Tiefe der Aufbaustruktur. Die Frage **"Was ist wann in welcher Reihenfolge wo zu erledigen?"** leitet über zur Regelung von Prozessen. Diese und verwandte Fragen der räumlichen und zeitlichen Gestaltung (**lokale** und **temporale Zuordnung**) werden für gewöhnlich **Ablauf**organisation genannt. Die Formulierung von

Arbeitsanweisungen gehört z.B. ebenso dazu wie die Ausgestaltung und räumliche Anordnung von Arbeitsplätzen. Aufbau- und Ablauforganisation zusammen werden hier als **Aktionssystem** ("Aufgabensystem") bezeichnet. Das Aktionssystem ist das Herzstück der Organisation. Es wird für gewöhnlich mit Organisation schlechthin gleichgesetzt. Daneben haben sich in den letzten Jahren jedoch weitere Gestaltungsschwerpunkte herausgebildet, so daß heute neben das Element "Aufgabe" weitere Elemente zu stellen sind, die weitere organisationsrelevante Subsysteme prägen (vgl. Abb. I/1).

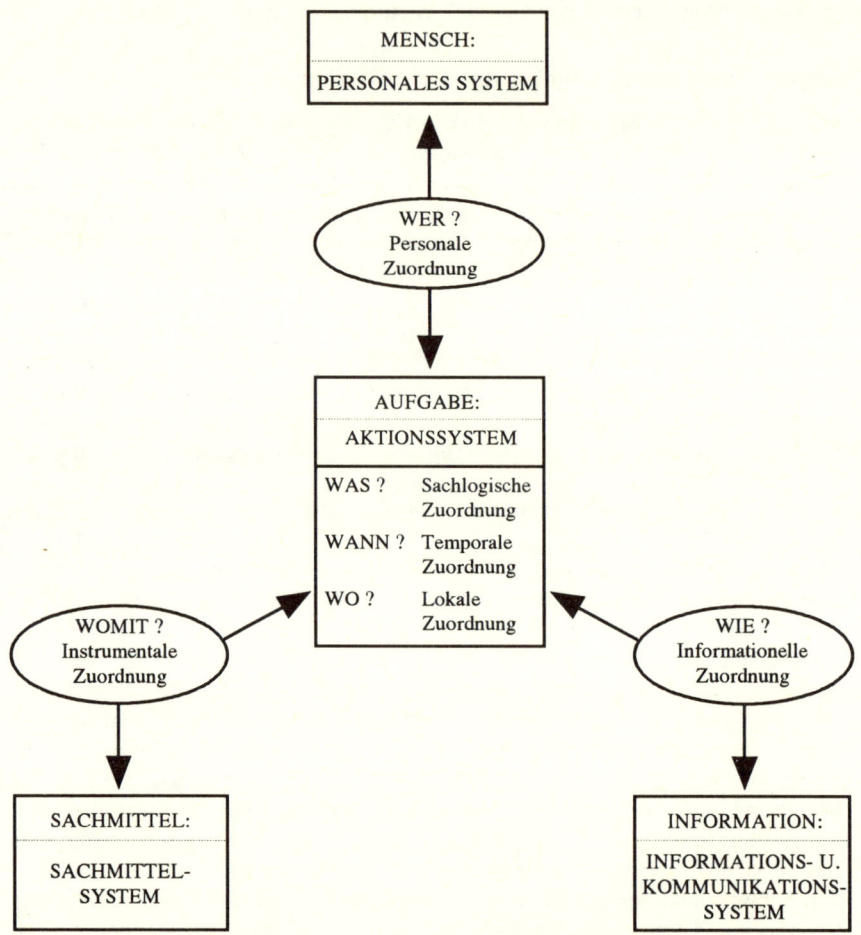

Abb. I/1: Elemente, Subsysteme und Zuordnungsformen der Organisation

Zunächst ist im Organisationsprozeß Bezug zu nehmen auf die menschlichen Aufgabenträger und ihre Beziehungen (Element "Mensch", entsprechendes Subsystem: **personales System**). So sind z.B. die Motivation und Qualifikation der Mitarbeiter bei organisatorischen Regelungen zu berücksichtigen. Ansätze wie Job Enrichment,

16

selbststeuernde Arbeitsgruppen, Delegation und Partizipation wären als Maßnahmen zu erwähnen.

Organisatorische Änderungen greifen in ein Beziehungsgeflecht ein, das z.B. durch Autoritäts- und Machtmechanismen geprägt ist. Demgemäß gilt es, die Besonderheiten des personalen Systems zu kennen und zu bedenken. Vor allem die "personale Zuordnung" wird davon geprägt.

Hinzu treten vor dem Hintergrund der technologischen Entwicklung die Merkmale der sachtechnischen Hilfsmittel der Aufgabenerfüllung (Element **"Sachmittel"**, Subsystem: **Sachmittelsystem**). Im Produktionsbereich ist z.B. an die Entwicklung von Fertigungsrobotern zu denken, im Bürobereich an die Informations- und Kommunikationstechnologie. Die Sachmittel verändern das Aufgabenbild und das Anforderungsprofil der Mitarbeiter teilweise tiefgreifend. Gerade wenn die Organisation die technischen Möglichkeiten intelligent nutzen will, muß sie die technologische Entwicklung zur Kenntnis nehmen und die daraus entstehenden Gestaltungsfragen aktiv bearbeiten. Die dabei im Vordergrund stehende Fragestellung lautet **"Womit ist die Aufgabe zu erfüllen?"**. Sie umschließt zwangsläufig die Klärung der Aufgabenteilung zwischen Mensch und Maschine. Dies bedeutet u.a., daß organisatorische Gestaltungskonzepte zu entwerfen sind, die Auswahl und Einsatz der Sachmittel bestimmen (**instrumentale Zuordnung**). Die Organisation sollte, soweit möglich, die Technik prägen (**"Organisation vor Technik"**) und nicht umgekehrt.

Schließlich und nicht zuletzt läßt es die herausragende Bedeutung der Information und Kommunikation als sinnvoll erscheinen, das Element **"Information"** besonders hervorzuheben (Subsystem: **Informations- und Kommunikationssystem**). Fragen der Informationsversorgung sind in den letzten Jahren immer wichtiger geworden. Die Informationsintensität von Produkten und Prozessen ist ein bedeutender Faktor des Unternehmungserfolgs [vgl. KRÜGER/PFEIFFER 1990]. Die betriebswirtschaftlich-organisatorische Problematik ist zum erheblichen Teil losgelöst von der technischen Lösung zu diskutieren, so z.B. die Bestimmung des Informationsbedarfs. Die Eigenarten von Informations- und Kommunikationsprozessen bilden daher den letzten der hier unterschiedenen organisatorischen Gestaltungsbereiche (**informationelle Zuordnung**).

Um Aufgaben erfüllen zu können, benötigt der Aufgabenträger vielfältige Informationen (z. B. Steuerungsinformationen wie Planzahlen, Ziele und Budgets), und er ist seinerseits gehalten, Informationen für andere zu bearbeiten und an sie weiterzuleiten. Die entsprechende Frageform für die informationelle Zuordnung läßt sich noch am ehesten formulieren mit **"Wie ist die Aufgabe zu erledigen?"**

Das Element "Information" besitzt analytisch eine Doppelrolle. Zum einen sind Informationen als **Objekte** von Aufgaben zu begreifen, genauso wie z.B. Werkstücke. Zum anderen greifen Informationen impulsgebend, steuernd und kontrollierend in den Objektprozeß ein und überlagern ihn. **Objektinformationen** sind solche Informationen, die selbst Gegenstand der Be- und Verarbeitung sind. Die Absatzzahlen z.B. sind eine Objektinformation für einen Sachbearbeiter, der daraus eine Umsatzprognose ableiten soll. Diese informatorischen Prozesse bedürfen genauso wie die sachlichen Leistungsprozesse der Planung und Kontrolle. Besonders markant dürften **Steuerungsinformationen** sein. Hierzu zählen z.B. Absatzziele und Werbepläne im Marketing, Baupläne und Stücklisten in der Produktion, Verfahrensrichtlinien, Arbeitsanweisungen, Programme im Bereich der Informationsprozesse. Die **Ergebnisinforma-**

tionen sind Istgrößen (z.B. Verbrauchsmengen). Auf ihnen basiert die Überwachung und Kontrolle sowie die anschließende Steuerung. Die Steuerung setzt **Anstoßinformationen** voraus (z.B. Kostenüberschreitung durch Mehrverbrauch), die sich aufgrund von "feed foreward" (Früherkennung) oder "feedback" (Abweichungsanalyse) im Anschluß an Überwachung und Kontrolle gewinnen lassen. Informationsaufgaben können sowohl als Teile des Aktionssystems wie des Informations- und Kommunikationssystems begriffen werden. Eine klare Trennungslinie ist schwer zu ziehen.

Wechselwirkungen und gegenseitige Durchdringung kennzeichnen letztlich allerdings sämtliche organisatorischen Subsysteme und Zuordnungen, angefangen mit den bekannten Interdependenzen von Aufbau- und Ablauforganisation. Die hier getrennt dargestellten organisatorischen Fragestellungen thematisieren also unterschiedliche Facetten einer durchgehenden Strukturierungsproblematik. In der theoretischen Analyse sind alle diese Perspektiven gleichgewichtig zu behandeln. In der Praxis können organisatorische Probleme selbstverständlich je nach Anlaß, Zielsetzung und Engpaßsituation unterschiedliche Schwerpunkte aufweisen.

Besonders hinzuweisen ist auf das Verhältnis der hier unterschiedenen vier Subsysteme zueinander (Aktionssystem, personales System, Informations- und Kommunikationssystem, Sachmittelsystem). Leitbild der Gestaltung ist die wechselseitige Angemessenheit (Adäquanz) der Subsysteme. Die organisatorischen Fragestellungen kulminieren zwar immer im Aktionssystem. Dabei sind aber Gesichtspunkte der anderen Subsysteme zu berücksichtigen, z.B. personelle Eigenarten als Grundlage einer Stellenbildung. Umgekehrt greifen Regeln des Aktionssystems teilweise tief in die Verhältnisse der anderen Subsysteme ein und schaffen dort strukturelle Voraussetzungen, z.B. für den Informationsaustausch. Die damit umrissenen Wechselwirkungen bedingen ein Aufgreifen von Fragen des personalen Systems, des IKS und des Sachmittelsystems; Fragen, die traditionell als Nachbarprobleme der Organisation angesehen und daher aus der organisatorischen Betrachtung ausgeblendet wurden. Sie zu berücksichtigen und dadurch eine zielwirksame Adäquanz der Subsysteme zu erreichen, ist eine besondere Herausforderung für den organisatorisch Tätigen. Selbstverständlich gibt es auch eine Fülle nichtorganisatorischer Probleme in den erwähnten Subsystemen, die z.B. psychologischer oder technischer Natur sind. So rücken Fragen des personalen Systems in das Zentrum etwa der Psychologie, Probleme des IKS und des Sachmittelsystems in das Zentrum der Wirtschaftsinformatik. Organisatorische Fragen treten dort im Gegenzug in den Hintergrund.

3. Charakteristik und Abgrenzung organisatorischer Regelungen

(1) Präsituative und situative Regelung: Im Hinblick auf den Regelungszeitpunkt sind präsituative Regelungen (ex-ante-Regelungen) und situative Regelungen (ad-hoc-Regelungen) zu unterscheiden. Organisation im hier verstandenen Sinn ist präsituatives Handeln. Organisatorische Regelungen sind eine Teilmenge der präsituativen Regelungen. **Präsituative** Regelungen erfordern vorausschauendes Denken, sind also das Ergebnis von **Planung**. Sie versuchen, die zukünftigen Aufgaben gedanklich vorwegzunehmen und bestimmen die Art der Aufgabenerledigung. Wiederkehrende Aufgaben vor allem werden so einer verallgemeinerten, einheitlichen Vorgehensweise zugeführt, es entstehen **generelle Regelungen**. Für die Organisation ergibt sich die Notwendigkeit der **Organisationsplanung**, die z.B. die Aufgabenverteilung in einer Abteilung oder den Ablauf eines Geschäftsprozesses regelt. Eine hohe Effizienz und Abgestimmtheit der Aufgabenerledigung sowie eine hohe Stabilität der entstehenden Struktur markieren die besonderen Vorteile dieses Ansatzes.

Zur Kennzeichnung eines Aktionsgefüges, in dem die einzelnen Teile geplant wechselseitig aufeinander bezogen sind, soll der Begriff **Integration** verwendet werden. Die Einzelprobleme sollen durch Integration im Sinne eines Gesamtoptimums gelöst werden. Durch mangelnde Vorhersehbarkeit zukünftiger Ereignisse und bei hoher Unterschiedlichkeit der anfallenden Aufgaben stößt jede präsituative Regelung jedoch an unüberwindbare Grenzen. Zu weit getriebene Integrationsbemühungen führen zu Schematismus und Bürokratismus und behindern außerdem regelmäßig die Flexibilität und Anpassungsfähigkeit des Systems sowie die Motivation der Systemmitglieder, denen ein zu geringer Handlungsspielraum verbleibt.

Im Falle **situativer** Regelungen werden die Einzelheiten der Aufgabenverteilung und -erfüllung erst bei Handlungsbeginn bestimmt. Es entstehen **fallweise Regelungen**. Man spricht üblicherweise von Disposition oder Improvisation. **Disposition** ist fallweise, punktuelle Einzelentscheidung, **Improvisation** - wertneutral verstanden - kurzfristig vorübergehendes Regeln [vgl. z.B. KOSIOL 1962, S.28f.]. **Beispiel:** Ein überraschend eingehender Auftrag eines wichtigen Kunden wird "zwischengeschoben" (Disposition). Daraus kann sich ein vorläufiges Verfahren für die Vorzugsbehandlung eines wichtigen Kunden entwickeln (Improvisation). Werden dagegen z.B. unterschiedliche Vorgehensweisen für bestimmte Kundengruppen auf Dauer festgelegt, dann ist eine organisatorische Regelung geschaffen.

Für die Koppelung eines Aktionsbündels durch situative Regelungen wird hier der Begriff **Koordination** gewählt. Die hier vorgenommene Verwendung der Begriffe "Koordination" und "Integration" folgt BLEICHER [vgl. 1992a, Sp.1889 sowie 1993, Sp.1277]. Wesentliche Vorteile der Koordination liegen in der Anpassung an akute Erfordernisse, in der situationsgerechten Bewältigung neu auftauchender Probleme und der motivationsfördernden Ausweitung der Handlungsspielräume. Nachteilig sind Reibungsverluste, organisatorischer Leerlauf (slack) und insgesamt eine Tendenz zur Suboptimierung ("Jeder macht das, was er für richtig hält").

Damit stellt sich das Problem des optimalen Regelungsumfangs oder auch Organisationsgrades, womit das Ausmaß präsituativer Regelung im Verhältnis zu situativen Regelungen gemeint ist. Es gilt, zwischen "Überorganisation", in der Kritik an der Bürokratisierung oft beklagt, und "Unterorganisation", mit der "Schlamperei" und "Chaos" assoziiert werden, die jeweils angemessene Mitte zu halten. In den letzten Jahren neigt sich die Waagschale - zumindest im Großbetrieb - verstärkt in Richtung Deregulierung und Entbürokratisierung. Organisatorische Ansätze des Hierarchieabbaus und der Schaffung kleinerer, selbststeuernder Einheiten besitzen eine hohe Bedeutung (vgl. S.84).

(2) Formale und informale Regelung: Als formal werden Regelungen üblicherweise dann bezeichnet, wenn sie bewußt gestaltet, personenunabhängig formuliert und schriftlich dokumentiert sind. Informale Regelungen und Beziehungen beruhen dagegen auf persönlichen Einstellungen und Motiven sowie auf persönlicher Sympathie und sind nicht Ausdruck bewußter organisatorischer Gestaltung [vgl. GRÜN 1980].

Mit ihrer Hilfe werden solche Fragen geklärt, die nicht "offiziell" geregelt sind oder Probleme "vorgeklärt", die erst anschließend "offiziell" behandelt werden. Informale Regelungen können also formale Regelungen ergänzen. Nicht selten werden sie jedoch gerade zu dem Zweck formuliert, formale Strukturen zu unterlaufen oder zu konterkarieren, etwa so, wie der "Trampelpfad" mitten über den Rasen führt, wo doch der Fußgängerweg außen herum verläuft.

	Fremdregelung	Selbstregelung
Kulturelle **Regelung**	+ einheitliches Auftreten nach außen + Koordinationseffekt nach innen + schafft Geborgenheit ("Betriebsfamilie") - Uniformität - Indoktrination ("Big Brother")	+ Übereinstimmung mit lokalen und nationalen Eigenarten + berücksichtigt Subsystemeigenarten + gruppenspezifisches "Wir"- Gefühl - begünstigt Abschottung, Kulturbarrieren - Provinzialismus
Strukturelle **Regelung**	+ Versachlichung + Vereinheitlichung + Stabilität + schafft Sicherheit - Schematismus - hohe Eigenkomplexität ("Wasserkopf") - unpersönlich - Starrheit	+ begünstigt Kreativität/ Motivation + Reaktionsgeschwindigkeit + Motivation durch Handlungsspielräume - übergreifende Perspektive eingeengt ("Tellerrand") - Suboptimierung - Zentrifugalkräfte

Abb. I/2: Vergleich von Unternehmungsstruktur und -kultur

(3) Strukturelle und kulturelle Regelung: An die Stelle fehlender oder abgebauter formaler Regelungen treten heute in steigendem Maße die Elemente der **Unternehmungskultur**. In ihrem Mittelpunkt steht ein stark ausgeprägtes gemeinsames **Wertsystem** der Beteiligten [vgl. BLEICHER 1992b , SCHWARZ 1989]. Aufbau und Pflege von "shared values" sowie gemeinsame Aktivitäten, Symbole und Verhaltensweisen übernehmen dann die koordinierende und integrierende Funktion expliziter struktureller Regelungen. Es handelt sich dabei auch um bewußt gestaltete, "offizielle" Leitbilder und Normen, und es kann daher auch von **kulturellen Regelungen** gesprochen werden.

Die Unternehmungskultur steht in der Praxis regelmäßig in einem Austauschverhältnis zur formalen Organisation. Sie nimmt in dem Maße zu, wie die Organisation abnimmt. Dabei bleibt der **Gesamtumfang** vorhandener Regelungen c.p. gleich, nur die **Zusammensetzung** der Regelungen ändert sich. Die Tatsache, daß sich die Unternehmungskultur vorwiegend auf "soft facts" stützt, darf nicht zu dem Urteil verführen, daß ihre Regelungen weniger verbindlich seien. Hier gilt - wie übrigens auch für die informale Organisation -, daß Regelverletzungen teils rigide geahndet werden.

(4) **Fremdregelung und Selbststeuerung:** Strukturelle Regelungen werden meist entweder von hierfür spezialisierten Stellen (z.B. Organisationsabteilung) oder von den jeweiligen Führungskräften formuliert. Sie stellen dann aus der Sicht der Betroffenen eine Form der **Fremdregelung** dar. Maßnahmen der Deregulierung und Entbürokratisierung führen zu einer Erweiterung des Handlungsspielraums in den betroffenen Bereichen, und sie schaffen zugleich die Möglichkeit der **Selbstregelung resp. Selbststeuerung** [vgl. PROBST 1992].

Dies bewirkt eine höhere Flexibilität, fördert die Motivation und verbessert die Akzeptanz der jeweiligen Handlungsanweisungen. Ein Trend zu mehr Selbstregelung ist in der Praxis unverkennbar. Damit sollen zugleich auch die kreativen Kräfte und die Initiative der Mitarbeiter angeregt werden. Dabei ist im Prinzip offen, ob die Selbstregelung ex ante oder ad hoc erfolgt, ob also situative oder präsituative Regelungen bevorzugt werden.

Das Problem "Fremdregelung vs. Selbstregelung" betrifft die Frage der **Regelungskompetenz** sowie der Autonomie von Untereinheiten. Wer ist wem gegenüber berechtigt, Vorschriften zu formulieren? Interessanterweise stellt sich dieses Problem nicht nur bei strukturellen Regelungen, sondern auch bei der Unternehmungskultur. Den möglichen Stärken einer **einheitlichen** Kultur stehen auch Schwächen gegenüber, so daß ein bestimmtes Maß an kultureller Selbstregelung zuzulassen wäre. Die damit verbundenen Subkulturen dürfen andererseits nicht so stark ausgeprägt sein, daß die ohnehin vorhandenen Abschottungstendenzen und Zentrifugalkräfte überhand nehmen (vgl. Abb. I/2).

(5) **Organisationsbegriff:** Wie die bisherigen Überlegungen zeigen, ist das Kernproblem der Organisation die Regelung der Aktionen in einem System (Unternehmung, Haushalt, öffentliche Verwaltung etc.). Organisierte Systeme sind in organisatorischer Betrachtung als **Aktionsgefüge** verstehbar [vgl. WILD 1966]. Sie lassen sich gedanklich in beliebig viele Betrachtungsebenen zerlegen, z.B. "Bereich", "Stelle", "Einzelaufgabe", "Teilaufgabe". Die jeweilige Ebene wird hier verallgemeinert als **Aktionsfeld** bezeichnet. Dies ist das gedankliche Vorstellungsmodell für die Gesamtheit aller Elemente und Beziehungen, die zur Durchführung von Aktionen erforderlich sind. Organisation bezieht sich also immer auf **Aktionsfelder**.

Als relevante Organisationselemente wurden "Aufgabe", "Mensch", "Sachmittel" und "Information" herausgearbeitet. Die verschiedenen Zuordnungen wie z.B. personale oder temporale Zuordnung führen zu Beziehungen zwischen den Elementen, schaffen also Strukturen. Organisation bedeutet mithin die **Strukturregelung** von Aktionsfeldern.

Schließlich wurde klar, daß Organisation eine präsituative Tätigkeit darstellt, Organisation also Planungsaufgaben enthält. Die geschaffenen Regelungen sollen vorab die Aufgabenverteilung und Aufgabenerledigung klären und dadurch zielwirksam gestalten. Organisation ist **präsituative Regelung**.

Aufgrund dieser Merkmale läßt sich Organisation als **präsituative Strukturregelung von Aktionsfeldern** kennzeichnen. Dieser Organisationsbegriff entspricht in seiner Stoßrichtung dem als klassisch zu bezeichnenden Organisationsbegriff ERICH

KOSIOLS: Organisation ist "integrative Strukturierung von Ganzheiten" [1962, S.21]. Der Integrationsgedanke KOSIOLS wird hier aufgegriffen und weiterverfolgt, der Planungsaspekt wird akzentuiert, und an die Stelle des allgemeingehaltenen Ganzheitsgedankens ist die Orientierung an Aktionsfeldern getreten. Sie überwindet die für KOSIOLS Konzept charakteristische Trennung von "Aufgabe" und "Arbeit".

Literatur

BLEICHER, K.: Unternehmungsentwicklung und organisatorische Gestaltung, Stuttgart/New York 1979

BLEICHER, K.: Organisation: Strategien-Strukturen-Kulturen, 2., vollst. neu bearb. u. erweiterte Aufl., Wiesbaden 1991

BLEICHER, K.: Theorie der organisatorischen Gestaltung, in: Frese, E. (Hrsg.), Handwörterbuch der Organisation, 3.Aufl., Stuttgart 1992a, Sp.1883-1900

BLEICHER, K.: Unternehmungskultur und strategische Unternehmungsführung, in: Hahn, D./Taylor, B. (Hrsg.), Strategische Unternehmungsplanung - Strategische Unternehmungsführung, 6.Aufl., Heidelberg 1992b, S.852-902

BLEICHER, K.: Führung, in: Wittmann, W. et al. (Hrsg.), Handwörterbuch der Betriebswirtschaft, 5.Aufl., Stuttgart 1993, Sp.1270-1284

BÜHNER, R.: Betriebswirtschaftliche Organisationslehre, 5., überarb. Aufl., München/Wien 1991

FRESE, E.: Aufbauorganisation, 2.Aufl., Gießen 1979

FRESE, E.: Grundlagen der Organisation, 3., vollst. neu bearb. Aufl., Wiesbaden 1987

FRESE, E. (Hrsg.): Handwörterbuch der Organisation, 3.Aufl., Stuttgart 1992

FRESE, E.: Organisationstheorie: Historische Entwicklung-Ansätze-Perspektiven, 2., überarb. u. wesentl. erweiterte Auflage, Wiesbaden 1992

GOMEZ, P./ZIMMERMANN, T.: Unternehmensorganisation: Profile-Dynamik-Methodik, Frankfurt/Main 1992

GROCHLA, E.: Unternehmungsorganisation, Reinbek bei Hamburg 1972

GRÜN, O.: Informale Organisation, in: Grochla, E. (Hrsg.), Handwörterbuch der Organisation, 2.Aufl., Stuttgart 1980, Sp.881-889

KIESER, A./KUBICEK, H.: Organisation, 3.Aufl., Berlin/New York 1992

KOSIOL, E.: Organisation der Unternehmung, Wiesbaden 1962

KRÜGER, W.: Aufgabenanalyse und -synthese, in: Frese, E. (Hrsg.), Handwörterbuch der Organisation, 3.Aufl., Stuttgart 1992, Sp.221-236

KRÜGER, W.: Organisation als Kunstwerk, in: Scharfenberg, H. (Hrsg.), Strukturwandel in Management und Organisation, Baden-Baden 1993, S.489-502

KRÜGER, W./PFEIFFER, P.: Informationsmanagement zur Unterstützung der Wettbewerbsstrategie, in: Hahn, D./Taylor, B. (Hrsg.), Strategische Unternehmungsplanung - Strategische Unternehmungsführung, 6.Aufl., Heidelberg 1992, S.504-526

PROBST, G.: Selbstorganisation, in: Frese, E. (Hrsg.), Handwörterbuch der Organisation, 3.Aufl., Stuttgart 1992, Sp.2255-2269

PROBST, G.: Organisation: Strukturen, Lenkungsinstrumente und Entwicklungsperspektiven, Landsberg/Lech 1993

SCHWARZ, G.: Unternehmungskultur als Element des Strategischen Managements, Berlin 1989

WILD, J.: Grundlagen und Probleme der betriebswirtschaftlichen Organisationslehre, Berlin 1966

II. ORGANISATION ALS FÜHRUNGSAUFGABE

1. Zusammenhang zwischen Organisation und Führung

Wie ausgeführt, liegt der vorliegenden Schrift die instrumentelle Sichtweise der Organisation zugrunde. Organisation gehört zur Handhabung eines sozio-ökonomischen Systems, sie schafft wesentliche Voraussetzungen für sein Funktionieren, aber sie **ist** nicht das System. Organisation als Prozeß ("Strukturieren") und als Prozeßergebnis ("Organisationsstruktur") zählt damit zu den Aufgaben der "Systemhandhabung", ein Begriff, der die angemessene deutsche Übersetzung von "Management" wäre. Management und Führung i.w.S. werden häufig gleichgesetzt [vgl. WILD 1974]. Führung i.e.S. bezieht sich nur auf die personale Dimension des Managements [vgl. z.B. PACK 1976].

Die Zusammenhänge zwischen Management (Führung) und Organisation werden i.S. der hier verfolgten Konzeption bei einer näheren Betrachtung des Managementbegriffs deutlich. **Management** kann allgemein mit ULRICH als **Gestaltung, Lenkung und Entwicklung sozialer Systeme** definiert werden [vgl. 1984]. Mit den Begriffen "Gestaltung, Lenkung und Entwicklung" sind schlagwortartig die Hauptaufgabengebiete des Managements angesprochen.

"Gestalten bedeutet, eine Institution überhaupt erst zu schaffen und als zweckgerichtete handlungsfähige Ganzheit aufrechtzuerhalten" [1984, S.114]. Gestaltungsaktivitäten legen die konzeptionellen, vertraglichen und strukturellen Grundlagen und formen die Rahmenbedingungen für die Unternehmungsprozesse.

Unter "Lenkung verstehen wir das Bestimmen von Zielen und das Festlegen, Auslösen und Kontrollieren zielgerichteter Aktivitäten des Systems bzw. seiner Komponenten und Elemente" [1984, S.115]. Lenkungsaktivitäten sind also die Summe aller prozeßbezogenen Aufgaben der Zielbildung und Zielerreichung im Management.

ULRICH betont sodann die Entwicklungsperspektiven des Systems, der sich letztlich auch Gestaltung und Lenkung unterordnen müssen. Gestalten und Lenken lassen sich begreifen "als Aktivitäten im Rahmen eines langfristigen und nie vollendeten Entwicklungsprozesses der Institution" [1984, S.120].

Die Fragestellungen der Aufbauorganisation - und damit der Teil 2: Strukturen - lassen sich unmittelbar den **Gestaltungs**aufgaben des Managements zurechnen. Das gleiche gilt für die wegen ihrer besonderen Bedeutung einem eigenen Kapitel zugewiesenen Probleme der Organisation der Unternehmungsspitze (Teil 4, Kapitel XII: Führungsorganisation).

Die organisatorische Unterstützung von **Lenkungs**aufgaben des Managements prägt zunächst den gesamten Teil 3: Prozesse und Systeme. Er enthält die Fragen der Ablauforganisation und stellt die Bezüge zum Sachmittelsystem sowie zum Informations- und Kommunikationssystem her.

Personale Gesichtspunkte der Organisation dominieren in den Kapiteln XIII-XV, Teil 4: Träger. Dort werden die relevanten Fragestellungen des personalen Systems bearbeitet. Diese Kapitel weisen Querbeziehungen sowohl zur Gestaltungs- wie zur Lenkungsaufgabe auf. Selbstverständlich sind personenbezogene Führungsprobleme daneben auch für Entwicklungsaufgaben von Bedeutung.

Ein direkter Bezug zu den Aufgaben des Managements ist im Teil 5 Organisationsdynamik gegeben. Der Zweck der zugehörigen Kapitel XVI-XVIII ist es, den Entwicklungsprozeß einer Unternehmung, die darin auftauchenden Probleme sowie ihre Bewältigung aus organisatorischer Sicht zu behandeln. Insofern stellt Teil 5 wesentliche Bausteine der System**entwicklung** als der dritten Managementaufgabe bereit.

Genau wie die Managementebenen sind auch die Organisationsaufgaben abgestuft. Von der Veränderung im Aufgabenprofil einer Stelle oder eines Teilprozesses über die Umstrukturierung auf der Ebene von Subsystemen, z.B. Abteilungen, Sparten, Werken, bis hin zur Umgestaltung eines ganzen Konzerns oder einer kompletten Wertschöpfungskette reicht die Bandbreite. Es hängt von verschiedenen Einflußgrößen ab, welche Führungsebene für welche Art von Organisationsänderung zuständig ist. Es ist also keineswegs so, daß z.B. das mittlere Management die Abteilungsstrukturen selbständig verändern kann. Das in der Unternehmung generell vorherrschende Ausmaß an Dezentralisation und Autonomie prägt auch diesen Zusammenhang. Im Zuge des Trends zur Selbstregelung werden aber zwangsläufig mehr Organisationsaufgaben auch auf untere und mittlere Ebenen übertragen.

Interessant ist ein Blick auf die Arbeitsteilung zwischen dem Manager als Generalist bzw. Fachspezialist und dem Organisator als (Struktur-)Spezialist. Hier haben sich im historischen Ablauf Pendelbewegungen vollzogen. Bis in die 50er und 60er Jahre hinein galt das Organisierenkönnen als etwas, das eine Führungskraft beherrschen müsse. Mancher war stolz darauf, der "geborene Organisator" zu sein.

Mit zunehmender Arbeitsteilung, verschärfter Rationalisierung und Anwachsen der Professionalisierung entwickelte sich dann ein eigenes Berufsbild des spezialisierten Organisators. Organisationsaufgaben wurden zumindest in größeren Betrieben weitgehend auf entsprechende Spezialabteilungen übertragen. Getragen insbesondere von der Akademie für Organisation (AfürO) Gießen sowie dem Verband für Arbeitsstudien, REFA e.V., Darmstadt, entstanden mehrwöchige Ausbildungsgänge. An den Universitäten wurden Lehrstühle für Organisationslehre geschaffen.

Vielfältige Verbindungslinien ergaben sich zur Entwicklung und dem Einsatz der EDV. Nicht selten wurden Informatikaufgaben und Organisationsaufgaben in einem Bereich zusammengefaßt. In jedem Fall entwickelten sich auch innerhalb des Organisatorenberufs wiederum Spezialisierungsrichtungen [vgl. LINDELAUB 1992, STAERKLE et al. 1985]. Der formalorientierte Struktur- und Regelungstechniker, dessen Fokus z.B. Stellenbeschreibungen, Organigramme und Arbeitsanweisungen sind, wurde ergänzt um den technologieorientierten Organisator, der auf Abläufe, Sachmitteleinsatz und Informations- und Kommunikationssysteme konzentriert ist. Auch die Raumorganisation, ein unterschätztes Stiefkind der Organisationslehre, wäre hier zu erwähnen. Nicht zuletzt wurde die Bedeutung der humanen Dimension mehr und mehr gewürdigt, und es entstand der Typus des personenorientierten Organisators. Er bemüht sich um Akzeptanzsicherung und steht als Moderator bzw. Coach in Reorganisationsprozessen zur Verfügung.

Nicht zu unterschätzen war und ist vor allem für tiefgreifende Restrukturierungen die Bedeutung externer Unternehmungsberater. Sie beraten vielfach das Top Management als neutrale Dritte, wenn es um unternehmungspolitisch brisante Veränderungen geht.

Man wird ohne Übertreibung sagen können, daß in den 70er und 80er Jahren die Organisationsarbeit aus der Linie von den Managern weitgehend in den Stab, zu den

Spezialisten, abgewandert ist. In den letzten Jahren beginnen die Schwerpunkte in mehrfacher Hinsicht, sich zu verlagern. Die personenorientierte Betrachtung der Organisation ist wichtiger denn je, die Rolle des "**Prozeßmoderators**" gewinnt an Bedeutung. Der reine "Regelungstechniker" ist weniger gefragt, es sei denn, er erweitert seine Perspektive in Richtung auf konzeptionelle Grundsatzfragen der Organisation und wächst in die Rolle eines "**Architekten**" resp. des Spezialisten für Unternehmungsentwicklung hinein. Das Entstehen von eigenen In-House-Beratungsabteilungen in großen Konzernen zeigt in besonderer Weise den Bedarf an derartigen, hochkarätigen Spezialisten. Der technikorientierte Typ schließlich bleibt zwar unverzichtbar, wird aber eine Perspektivenerweiterung benötigen, da die elektronischen Sachmittel immer mehr zum Universalwerkzeug werden und die Einsatzkonzepte wieder mehr von betriebswirtschaftlich-organisatorischen Überlegungen als von technikinternen Sachzwängen geprägt sein werden. Es gilt die Regel "Strategie vor Organisation vor Technik".

Nicht nur diese Schwerpunktverlagerungen innerhalb der Stabs- bzw. Servicefunktion "Organisation" sind zu erwarten. Auch die Arbeitsteilung zwischen Stab und Linie (Management) verschiebt sich. Dies macht bereits die Charakteristik des "Architekten" und des "Prozeßmoderators" deutlich. Es handelt sich dabei um eine Beratung von Auftraggebern bzw. internen Kunden, die sich stärker als früher wieder selbst in den Strukturierungsprozeß einschalten (müssen). Organisation hat eine so hohe Bedeutung bekommen, daß sie zumindest teilweise wieder zur "Chefsache" geworden ist. Durch vielfältige Entwicklungstrends teils organisatorischer, teils informationstechnologischer Art werden außerdem Organisationskompetenzen oft auf nachgelagerte Einheiten übertragen. Organisationsarbeit wird daher verstärkt auch in dezentralen Einheiten betrieben, teils von den Benutzern selbst, teils unter Einschaltung des Managements dieser Einheiten.

Insgesamt wandern die Organisationsaufgaben also wieder ein Stück zurück in Richtung auf die Linie. Das Management aller Ebenen - und auch die Ausführungsebene - benötigen daher ein wachsendes Maß an Organisationswissen. So wie umgekehrt die Organisatoren ein wachsendes Maß an Managementwissen einzubringen haben, um als Gesprächspartner und Berater der Linie akzeptiert zu werden. Nur so sind Verständnis und Zusammenarbeit zwischen beiden Bereichen gesichert, und nur so lassen sich organisatorische Gestaltungsmaßnahmen erfolgreich initiieren, realisieren und implementieren.

In Kapitel I wurde bereits auf die Problematik des "**optimalen Organisationsgrades**" hingewiesen, also auf die Frage, wieviele Aufgaben in einer Unternehmung vorab und generalisiert geregelt werden sollen bzw. in welchem Ausmaß situative Einzelfallregelungen angebracht sind. Sowohl ein "Zuviel" wie ein "Zuwenig" an Organisation ist zu vermeiden. Das Optimum ist zwar nicht quantitativ bestimmbar, kann als gedankliche Orientierung aber dennoch von heuristischem Wert sein. Die Wirkungen eines falsch dosierten Organisationsgrades lassen sich eingebettet in die drei Managementaufgaben Gestaltung, Lenkung, Entwicklung recht gut darstellen (vgl. Abb. II/1). Ein Übermaß an Organisation, wie es in vielen großen Unternehmungen beklagt wird, führt zu Überkomplizierung, Übersteuerung und Überstabilisierung des Systems. Derartige Erscheinungen werden in der Literatur auch als **Pathologien der Organisation** bezeichnet [vgl. TÜRK 1980].

Nicht zu übersehen ist aber auch, daß im Gegensatz dazu genügend Fälle mit ausgeprägter Unterorganisation existieren, die entsprechend durch Übervereinfachung, Orientierungslosigkeit und Unterstabilisierung gekennzeichnet sind.

Den Bereich **optimaler Organisation** zeichnet es aus, daß die Regelungen hinreichend differenziert und nicht rein schematisch konzipiert sind (**problemangepaßte Regelung**). Dies betrifft die Systemgestaltung. Derartige Regelungen erlauben im Hinblick auf die Systemlenkung eine Führung, die straff ist, ohne rigide zu sein und die zugleich auch locker sein kann, ohne nachlässig zu wirken (**straff-lockere Führung**). Die Systementwicklung findet genügend Raum, die Strukturen sind flexibel gebaut, aber es herrschen dennoch klare Rahmenbedingungen vor (**flexible Ordnung**).

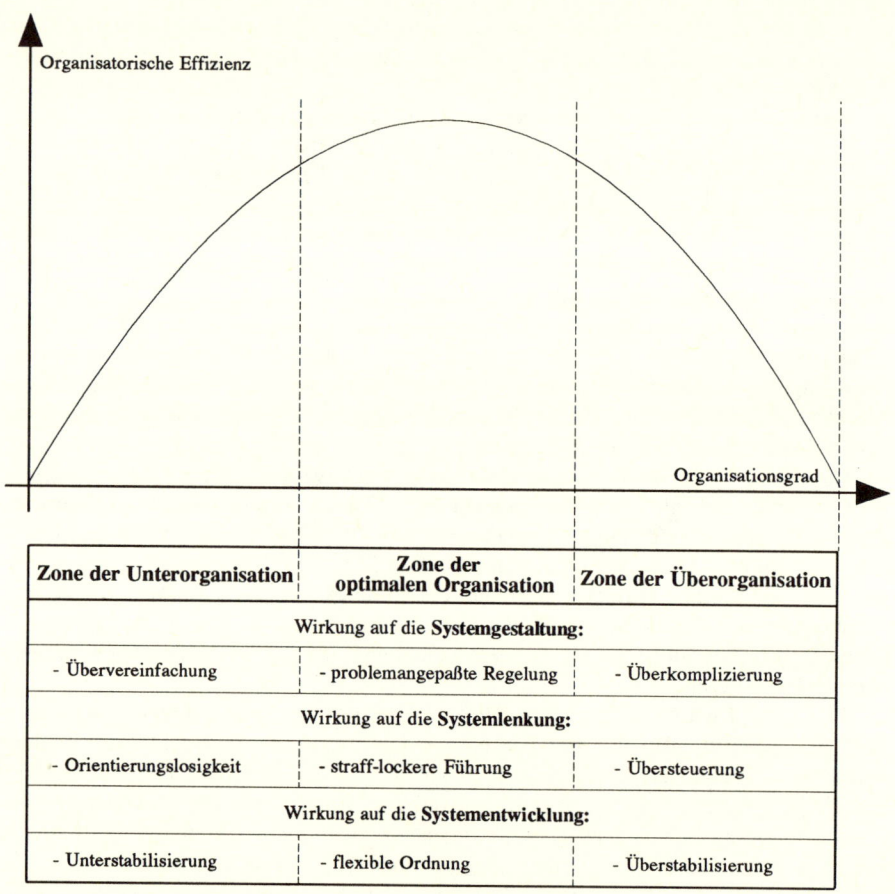

Zone der Unterorganisation	Zone der optimalen Organisation	Zone der Überorganisation
Wirkung auf die **Systemgestaltung**:		
- Übervereinfachung	- problemangepaßte Regelung	- Überkomplizierung
Wirkung auf die **Systemlenkung**:		
- Orientierungslosigkeit	- straff-lockere Führung	- Übersteuerung
Wirkung auf die **Systementwicklung**:		
- Unterstabilisierung	- flexible Ordnung	- Überstabilisierung

Abb. II/1: Organisationsgrad und Organisationseffizienz

2. Organisation als Erfolgsfaktor

(1) **Konzepte kritischer Erfolgsfaktoren:** Nachdem der Zusammenhang zwischen Organisation und Führung geklärt ist, soll im folgenden der Stellenwert der Organisation als Führungsaufgabe behandelt werden. Hierzu empfiehlt sich ein Rückgriff auf Konzepte des **strategischen Managements**. Dort werden derartige Fragen als Problem sog. **kritischer Erfolgsfaktoren** diskutiert. "Erfolgsfaktor" ist eine allgemeine Bezeichnung für unternehmungsinterne oder -externe Entstehungsgründe für Erfolg. "Kritisch" ist ein Erfolgsfaktor, wenn er eine herausgehobene oder überragende Bedeutung besitzt. Demgemäß stellt sich die Frage, inwieweit Organisation resp. Struktur als Erfolgsfaktor zu gelten hat.

Das weltweit bekannteste Erfolgsfaktorenmodell, das hierzu Aussagen enthält, ist das **7-S-Modell** von PETERS/WATERMAN. Es besteht aus sieben Erfolgsfaktoren, von denen einer die "Struktur" ist (vgl. Abb. II/2, nach PETERS/WATERMAN 1990, S.32). Dieses "Atommodell" basiert auf einer Auswertung der Beratungserfahrungen der Autoren, die seinerzeit in den USA bei McKinsey tätig waren. Diese führende Beratungsfirma verwendet das Atommodell seither als Firmenlogo. Der Anspruch des Modells richtet sich auf die Erklärung von herausragendem Erfolg ("Spitzenleistungen").

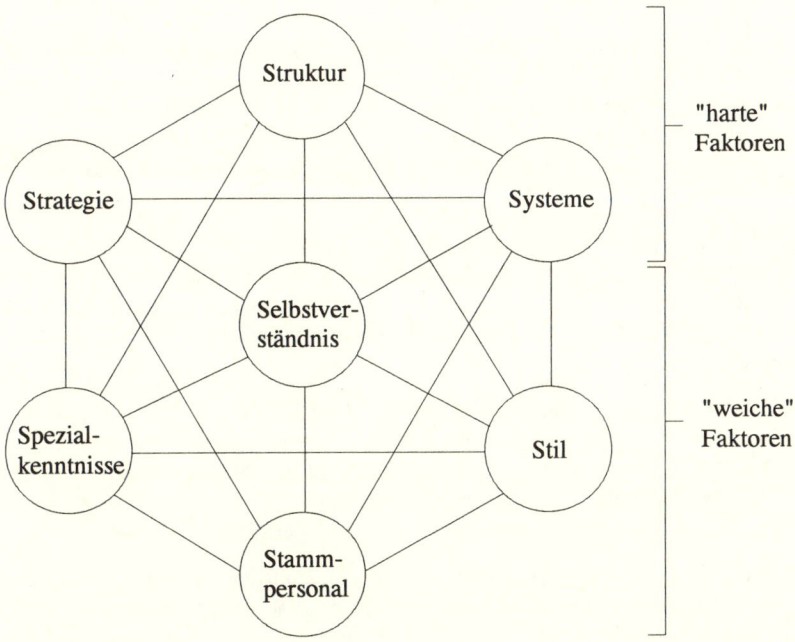

Abb.II/2: Erfolgsfaktoren im Atommodell

Eine wesentliche und weithin beachtete Aussage, die das gesamte Buch durchzieht, ist die Unterscheidung von harten Faktoren (Struktur, Strategie, Systeme) und weichen (Selbstverständnis, Spezialkenntnisse, Stammpersonal, Stil). Die zentrale Ergebnisaussage lautet, daß vor allem weiche Faktoren Spitzenleistungen verursachen

("Weich ist hart"). Harte Faktoren seien dagegen in ihrer Bedeutung zu relativieren und weithin überschätzt. Als besonders bedeutsam wird das **Selbstverständnis** (shared values) eingestuft, das deshalb auch den optischen Mittelpunkt des Atommodells bildet. Nicht zuletzt dadurch wurde die intensive und anhaltende Diskussion über Unternehmungskultur und -philosophie ausgelöst.

Ausgehend von einer kritischen Auseinandersetzung mit dem 7-S-Modell entstand das **KOMPASS**-Modell (**K**onzept zur **M**ehrdimensionalen **P**lanung und **A**nalyse **S**trategischer Erfolgs-**S**egmente). Mit seiner Hilfe wurden rund 100 Fälle von auffallendem Erfolg und Mißerfolg in der Bundesrepublik untersucht [vgl. KRÜGER 1988, 1989a, 1989b].

Als **Erfolgssegmente** werden die sechs Faktorenbündel bezeichnet, die sich als Entstehungsgründe für positiven und negativen Erfolg dieser Analyse ableiten ließen (vgl. Abb. II/3). Mit dieser Vorgehensweise wurde die einseitige Erfolgsorientierung ("Spitzenleistungen") überwunden. Die Erfolgssegmente sind in genau definierte **Erfolgskomponenten** zerlegt (insgesamt 21), die ein weitgehend vollständiges Unternehmungsprofil zu zeichnen erlauben. Durch die analytische Festlegung und empirische Ermittlung der Erfolgskomponenten konnten Undifferenziertheit, Unvollständigkeit und Unschärfe des 7-S-Modells im KOMPASS-Projekt weitestgehend vermieden werden.

Strategie: Mit dem Begriff "Strategie" werden hier Markt- und Wettbewerbsstrategien erfaßt. Die Festlegung und Zielausrichtung des Aktionsfeldes der Unternehmung und einzelner Geschäftsfelder stehen im Mittelpunkt dieses Erfolgssegments. Hierzu gehören als Komponenten nicht nur das Produkt/Markt-Konzept, sondern auch die Anpassungsfähigkeit und Innovationsorientierung sowie die Kosten- und Ertragsorientierung.

Träger: Die Unternehmungsträger als diejenigen Personen bzw. Gruppen, die maßgeblichen Einfluß auf die Unternehmungspolitik ausüben, stellen ein weiteres Erfolgssegment dar. Hierzu zählt vor allem die Führungsspitze, ggf. auch das mittlere Management. Qualifikation, Motivation und Führungsverhalten ("Stil") sind wichtige Komponenten.

Realisationspotential: Fragen, die mit der Ausführung der Strategie sowie mit den Funktionsbereichsproblemen zusammenhängen, werden diesem Segment zugeordnet. Die Aspekte der Verfügbarkeit und optimalen Ausgestaltung und Ausnutzung der Produktionsfaktoren finden hier ihren Niederschlag. Der Facharbeiterstamm zählt z.B. ebenso dazu wie Probleme der Finanzierung und Fertigung.

Systeme: Mit diesem Begriff sollen vorhandene Führungsmodelle und Anreizsysteme sowie Planungs-, Steuerungs- und Kontrollsysteme erfaßt werden. Schließlich werden Informationssysteme und Rechnungssysteme sowie die Sachmittel der Information und Kommunikation zu den Systemen gezählt. Systeme dienen zur Unterstützung der Strategieformulierung, aber auch zu ihrer Umsetzung und Kontrolle.

Struktur: Die Regelungen der Organisation sowie der rechtlichen Konstitution machen in ihrer Gesamtheit das Segment Struktur aus. Gestaltungsprobleme der Unternehmungsspitze tauchen hier ebenso auf wie Fragen der vertikalen und horizontalen Gliederung und Koordination der Unternehmung.

Philosophie und Kultur: Das Wertesystem der Unternehmung sowie die darüber hinausgehenden Komponenten der Unternehmungskultur (z.B. Symbole, Mythen, Verhaltensmuster) bilden ein eigenes Segment.

Das Segment "Struktur" erfaßt, soweit materialbezogen möglich, die Fragen der Aufbauorganisation und Ablauforganisation, korrespondiert also mit Teil 2 (Strukturen) sowie Kapitel XI (Teil 4) und mit den Prozeßkomponenten von Teil 3 (Prozesse und Systeme) dieses Buches. Das Segment "Systeme" spiegelt sich ebenfalls in Teil 3. Das Segment "Träger" untersucht ausgewählte Faktoren der hier in Teil 4 (Träger) ausführlicher abgehandelten Fragestellungen. Die Organisationsdynamik (Teil 5) findet im KOMPASS-Modell, das eine zeitpunktbezogene Bestandsaufnahme vornimmt, keine explizite Berücksichtigung.

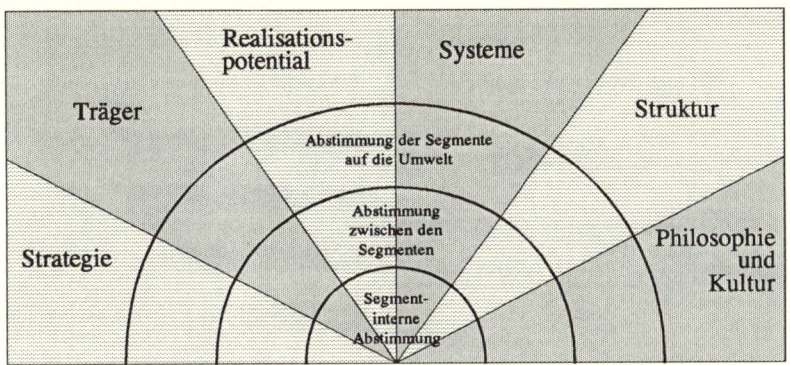

Abb. II/3: Erfolgssegmente und Erfolgsdimensionen im KOMPASS-Modell

Besondere Bedeutung besitzt im KOMPASS-Modell die wechselseitige Abstimmung der einzelnen Erfolgskomponenten. Das Problem der Stimmigkeit - des "strategischen Fit" - führt zu den sog. **Erfolgsdimensionen.** So wie die Strahlen der Sonne in einem Brennglas gebündelt werden, bündeln die Erfolgsdimensionen die Erfolgssegmente im "Sonnenaufgangsmodell" von KOMPASS. Die innere Dimension ist die **segmentinterne Abstimmung.** Die einzelnen Komponenten eines Erfolgssegments sind auf ihre Ausprägung und Konsistenz hin zu untersuchen und zu gestalten. Dies führt zu einer Verbesserung der **Segmentstärke.** Hinsichtlich des Struktursegments ist auf verschiedene sog. Organisationsprinzipien zu verweisen, die hier einzuordnen wären, so z.B. das **Kongruenzprinzip**, das auf eine Abstimmung von Aufgabe, Kompetenz und Verantwortung abzielt (vgl. S.47).

Die Abstimmung **zwischen den Segmenten** prüft die wechselseitige Angemessenheit der Segmente untereinander (**Segment-Kompatibilität**). Dieser Fit ist für die Organisation ebenfalls hochbedeutsam. Vor allem das Wechselspiel zwischen "Struktur", "Strategie" und "Kultur", aber auch "Trägern", wird vielfach thematisiert, so auch in diesem Buch. Als Beispiel für die Intersegmentabstimmung mag eine Innovationsstrategie dienen. Sie wäre dann zum Scheitern verurteilt, wenn die innovationsfördernde, flexible Struktur fehlt, wenn die Kultur auf das Bewahren von Traditionen setzt und wenn dem einzelnen keine Innovationsanreize geboten werden (betr.: Systeme).

Schließlich ist auf die notwendige Abstimmung der Segmente **auf die Umwelt** der Unternehmung hinzuweisen. Damit ist die Fähigkeit eines Segments bzw. des gesamten Systems angesprochen, den Umweltanforderungen zu entsprechen (**Segment-Kontingenz**).

(2) Erfolgs- und Mißerfolgsprofil: Der relative Stellenwert der Erfolgssegmente wird in der Profildarstellung von Abb.II/4 deutlich. Bereits eine überschlägige Betrachtung zeigt, daß die "weichen" Faktoren (Träger und Philosophie/Kultur) keineswegs dominieren. Mit weitem Abstand führt vielmehr "Strategie". Trägerbezogene Ursachen folgen erst mit deutlichem Abstand, ihrerseits aber direkt gefolgt von "Realisationspotential", "Struktur" und auch "Systemen" als harten Faktoren. "Philosophie/Kultur" bildet nach diesen Ergebnissen das Schlußlicht. Die Aussagen von PETERS/WATERMAN werden von den KOMPASS-Ergebnissen für die Bundesrepublik also nicht bestätigt.

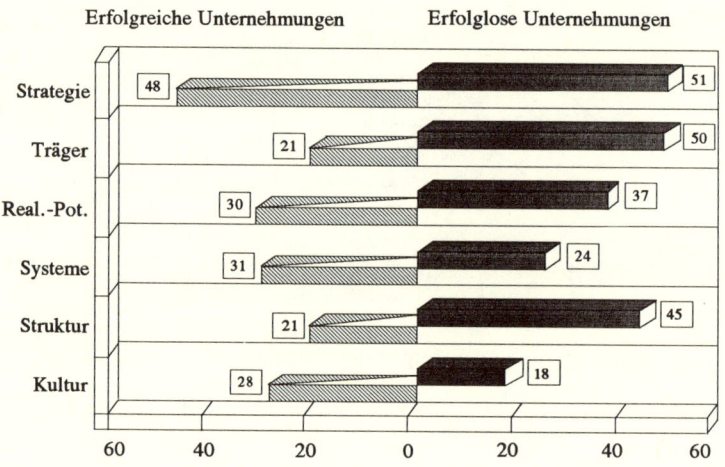

Abb. II/4: Bedeutung der Erfolgssegmente

Einige Besonderheiten, die sich hinter dieser Grundaussage verbergen, seien festgehalten.

Wechselnde Bedeutung der Erfolgssegmente: Die Unterscheidung der Erfolgskomponenten und ihre Bündelung zu sechs Erfolgssegmenten liefert eine solide Basis für die Analyse und Gestaltung sowohl in Erfolgssituationen wie in Mißerfolgssituationen. Einige Erfolgssegmente ("Träger", "Philosophie/Kultur", "Struktur") besitzen jedoch nicht die gleiche Bedeutung in beiden Richtungen, sondern sie sind als asymmetrisch zu charakterisieren. Führungskräfte, die in Mißerfolgs- und Krisensituationen agieren, müssen ihr Augenmerk daher teilweise auf andere Segmente konzentrieren als ihre Kollegen, die in Erfolgsunternehmungen tätig sind. Die Bedeutung der Erfolgssegmente wechselt darüber hinaus mit dem jeweiligen **Erfolgstyp** und offenbar auch mit dem **Lebensstadium** der Unternehmung.

Am bedeutungsvollsten - "Strategie": Der stärkste Einfluß in **beiden** Richtungen (Erfolg und Mißerfolg) geht von dem Segment "Strategie" aus. Innerhalb dieses Segments sind die bedeutungsvollsten Komponenten das "Produkt/Markt-Konzept" und die "Gewinn- und Ertragsorientierung". Für eine klare strategische Orientierung gibt es einfach keinen Ersatz. Insbesondere können "Philosophie und Kultur" mögliche Defizite bei diesen Komponenten nicht kompensieren.

Von mittlerer Bedeutung - "Realisations-Potential": Die hier zum Realisationspotential gerechneten Fragen sind PETERS/WATERMAN zum erheblichen Teil aus dem Blick geraten. Daß die beste Strategie ohne Realisationspotential kraftlos bleibt, ist jedoch leider keine Trivialität. Knapp die Hälfte der Mißerfolgsstichprobe (47%) wies Mängel im Produktionsapparat auf, z.B. ungenügende Fertigungsqualität, überholte Technologie oder ungünstige Standorte.

Asymmetrische Wirkungen - "Träger" und Struktur": Die beiden Segmente "Träger" (Qualifikation, Motivation und Führungsverhalten des Managements) und "Struktur" (Organisation der Unternehmungsspitze, Subsystembildung, Koordination) wirken mit **unterschiedlicher** Stärke auf Erfolg und Mißerfolg. Sie haben starke Auswirkungen auf den Mißerfolg, aber relativ geringe auf den Erfolg. Strukturmängel liegen als Mißerfolgsursache direkt hinter Strategiemängeln und Trägerproblemen. Die weiteren Erfolgsfaktoren folgen dann erst mit deutlichem Abstand. Um aus einem Mißerfolgstal herauszukommen, wird man also nach einem Strategiewechsel zunächst das Trägersegment (z.B. Replacement oder Outplacement) und die Strukturen überprüfen und verbessern müssen. Nicht umsonst ist "Restrukturierung" eine der wichtigsten Stoßrichtungen zur Krisenbewältigung, auch wenn sich hinter diesem Begriff vielfach mehr als nur organisatorische Maßnahmen verbergen.

Schwache Asymmetrie - "Systeme" und "Philosophie und Kultur": Die Wirkung der Segmente "Systeme" (z.B. Führungssysteme, Planungs- und Kontrollsysteme) sowie "Philosophie und Kultur" (vor allem Vorhandensein und Akzeptanz von Leitbildern i.S. von "shared values") ist ebenfalls asymmetrisch, allerdings in einem geringeren Umfang. Systeme sind im Erfolgsfall von mittlerer Bedeutung, im Mißerfolgsfall von untergeordneter Bedeutung. Die Unternehmungskultur, Kernelement des "Atommodells", ist von mittlerer Bedeutung für die erfolgreiche Unternehmung, von nur geringer Bedeutung für die erfolglose. Immerhin fällt auf, daß "Philosophie und Kultur" im Erfolgsfall größere Bedeutung besitzen als "Struktur". Erfolgreiche Unternehmungen erbringen also Koordinations- und Integrationsleistungen offenbar in stärkerem Maße durch Leitbilder und Werte als durch formale Regelungen (z.B. "Dienstanweisungen").

Die Wirkung der Philosophie und Kultur ist die eines "einigenden Bandes". "Shared Values" der Unternehmungsmitglieder können die Akzeptanz von Strategien unterstützen, die Ausschöpfung des Realisationspotentials und die Nutzung von Systemen erleichtern und verbessern. Diese Wirkung kann sich aber erst dann einstellen, wenn die zu vereinigenden Segmente auch tatsächlich vorhanden sind und zueinander passen. Auch das Vorhandensein einer stark ausgeprägten Kultur kann jedoch Lücken und Mängel in anderen Erfolgssegmenten nicht kompensieren.

Im Verhältnis von "Kultur" zu "Strategie" gilt, daß die Kultur sich der strategischen Stoßrichtung anpassen muß und nicht umgekehrt. Bei einem fälligen **grundlegenden** Strategiewechsel kann z.B. eine stark ausgeprägte, Dynamik fördernde Kultur hinderlich, ja sogar gefährlich sein, weil sie die Kurskorrektur behindert (Motto: "Mit Volldampf in die Pleite").

(3) Hierarchie der Erfolgssegmente: Angesichts der Fülle von Erfolgsfaktoren stellt sich für den Praktiker immer die Frage nach der Reihenfolge des Vorgehens. Die theoretische Forderung nach **simultaner** Berücksichtigung aller relevanten Variablen, die für derartige Probleme regelmäßig erhoben wird, hilft nicht viel weiter. Wie die verschiedenen Erfolgssegmente auszugestalten sind und wie man durch Aufeinanderschichten zu einer **Erfolgshierarchie** gelangt, ist letztlich nur im Einzelfall durch genaue Analyse zu klären. Einige "bautechnische Hinweise" für ein **sukzessives Vorgehen** sollen hier immerhin gegeben werden. Sie können jedoch nur eine sehr verallgemeinerte Sicht vermitteln, die auf der durchschnittlichen Bedeutung der Segmente für den Erfolgs- und den Mißerfolgsfall beruht. Daraus resultiert eine Abfolge von vier Schritten, die zugleich i.S. eines top-down-Vorgehens die Stufen der Hierarchie ergeben (vgl. Abb. II/5):

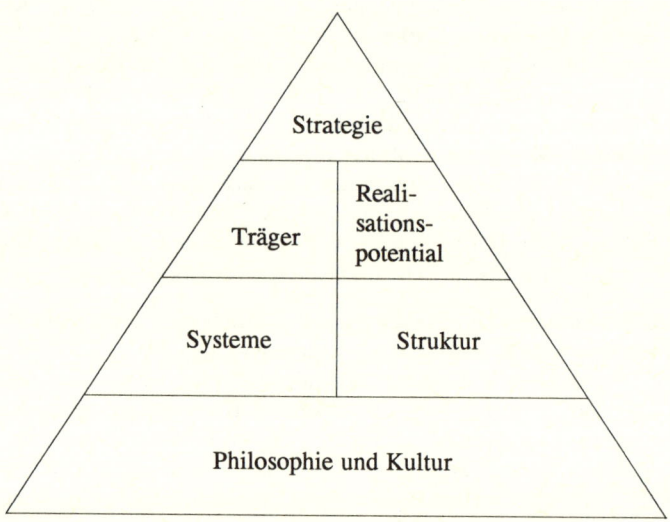

Abb. II/5: Hierarchie der Erfolgssegmente

Impulsgebung für den Unternehmungsprozeß - "Strategie": Die Spitze der "Erfolgshierarchie" wird durch das Segment "Strategie" gebildet. Die Entwicklung und Veränderung der anderen Erfolgssegmente und die daraus folgende Ausschöpfung des Erfolgspotentials bedarf der strategischen Orientierung.

Sicherung der Strategieumsetzung - "Träger" und "Realisationspotential": Im zweiten Schritt müssen die Verantwortlichen die Voraussetzungen dafür schaffen, daß die strategischen Absichten auch erreicht werden können. Die erforderlichen Segmente sind "Träger" und "Realisationspotential". Qualifikation, Motivation und Stil des Managements sind im Bereich des Trägersegments auf ihren "strategischen Fit" zu überprüfen. Sodann gilt es, die personellen, finanziellen und technischen Ressourcen zu verbessern. Die verbleibenden drei Segmente können ihre spezifische Stärke erst

32

dann entwickeln, wenn die Grundlagen hierfür im Bereich "Träger" und "Realisationspotential" geschaffen sind.

Einbau von Führungsinstrumenten - "Systeme" und "Struktur": "Träger" und "Realisationspotential" sind notwendige, aber nicht hinreichende Bedingungen für die Erreichung von Erfolg bzw. Zurückführung von Mißerfolg. Aufbauend auf der durch die ersten Schritte geschaffenen Grundlage hat die Unternehmungsspitze vielfältige Aufgaben der Kommunikation und Koordination, der Steuerung und Kontrolle zu erfüllen. Unverzichtbare Hilfen hierfür sind die Systemunterstützung, z.B. durch Informationssysteme und Planungs- und Kontrollprozeduren. Die strukturelle Absicherung, z.B. durch Aufgaben- und Kompetenzregelungen, aber auch durch straffe Ablauforganisation, ist ebenfalls nicht zu vernachlässigen. Selbst ein "produktives Chaos" im Bereich innovativer Aufgaben wird ohne eine auch strukturelle Beherrschung des Basisgeschäfts nicht auskommen.

Schaffung des produktiven Klimas - "Philosophie und Kultur": Die Unternehmungsphilosophie basiert maßgeblich auf den Werten der Unternehmungsträger und muß von möglichst vielen Mitarbeitern geteilt werden. Die Unternehmungskultur enthält darüberhinaus Artefakte, Mythen, Rituale, Symbole und Verhaltensmuster. Solche Elemente entwickeln sich nicht nur auf der Basis sozialer Prozesse, sondern sie basieren genauso auf Veränderungen im Bereich der Systeme und der Strukturen (z.B. Besprechungsriten). Vor allem aber entscheidet die zu verfolgende Unternehmungsstrategie (z.B. Leader oder Follower, Kostenführerschaft oder Differenzierung) darüber, welches Kulturprofil benötigt wird. Das Segment "Philosophie und Kultur" repräsentiert also die mittel- bis langfristigen Wandlungen, die in anderen Segmenten ausgelöst wurden. Aus diesem Grunde können die "shared values" und das von ihnen zu erzeugende Klima nicht am Anfang, sondern erst am Ende des Prozesses stehen. Sie bilden die unterste Stufe der "Erfolgshierarchie".

Literatur

KRÜGER, W.: Die Erklärung von Unternehmungserfolg: Theoretischer Ansatz und empirische Ergebnisse, in: DBW 1/1988, S.27-43

KRÜGER, W.: Hier irrten Peters und Waterman, in: Harvard Manager 1/1989a, S.13-18

KRÜGER, W.: Patterns of Success in German Businesses, in: Long Range Planning, 2/1989b, S.106-113

LINDELAUB, H.: Organisator, in: Frese, E. (Hrsg.), Handwörterbuch der Organisation, 3.Aufl., Stuttgart 1992, Sp.1874-1883

PACK, L. : Unternehmungsführung, Lehre von der (Managementführung), in: Grochla, E./Wittmann, W. (Hrsg.), Handwörterbuch der Betriebswirtschaft, 4. Aufl., Stuttgart 1976, Sp.4079-4093

PETERS, T.J./WATERMAN, R.H.: Auf der Suche nach Spitzenleistungen, 2.Aufl., München 1990

STAERKLE, R./DÖRLER, K./DRAEGER, U.: Aufgaben und Rollen der Organisatoren im Management, Bern/Stuttgart 1985

TÜRK, K.: Pathologie der Organisation, in: Grochla, E. (Hrsg.), Handwörterbuch der Organisation, 2.Aufl., Stuttgart 1980, Sp.1855-1864

ULRICH, H.: Management, Bern et al. 1984

WILD, J.: Betriebswirtschaftliche Führungslehre und Führungsmodelle, in: Wild, J. (Hrsg.), Unternehmungsführung - Festschrift für Erich Kosiol, Berlin 1974

Teil 2

Strukturen

Welche Strukturbausteine der Organisation lassen sich unterscheiden, welche Aufgaben übernehmen sie, und wie sind sie durch Beziehungen zu Strukturen verknüpft (Kap. III)?

Wodurch sind formal und inhaltlich hierarchische Strukturen als Rückgrat der Aufbauorganisation gekennzeichnet (Kap. IV)?

Welchen Veränderungen ist die hierarchische Grundstruktur unterworfen (Kap. IV)?

Welche rechtlichen Regelungen der Betriebs- und Unternehmungsverfassung sind organisatorisch von Bedeutung (Kap. IV)?

Welche unterschiedlichen aufbauorganisatorischen Konzepte (Grundmodelle) stehen zur Wahl, und inwiefern erfüllen sie die aktuellen Anforderungen an die Organisation (Kap. V)?

III. GRUNDBAUSTEINE DER ORGANISATION UND IHRE INTEGRATION

1. Aufgabenarten und ihre Strukturierung

(1) **Aufgabenarten:** Anknüpfungspunkt aufbauorganisatorischer Überlegungen bilden die Aufgaben des Bezugsbereichs. Die Aufgabengebiete jeder Unternehmung lassen sich zunächst grob in **Führungs-** und **Ausführungsaufgaben** einteilen [vgl. z.B. BLEICHER 1991; HAHN 1994, S.36]. Führungsaufgaben beinhalten unter Sachgesichtspunkten Tätigkeiten der Willensbildung (Planung und Entscheidung), Willensdurchsetzung (Veranlassung der Durchführung) und Willenssicherung (Steuerung und Kontrolle). Führungsprozesse sind, kurzgefaßt, **Planungs-, Steuerungs- und Kontrollprozesse**, die im Rahmen der Gestaltung, Lenkung und Entwicklung sozialer Systeme ablaufen (vgl. S.23). Im Führungsprozeß sind neben diesen sachbezogenen Aufgaben zahlreiche personenbezogene Aufgaben wahrzunehmen, die insgesamt das Gebiet der **Personalführung** (im Ggs. zur **Fachführung**) ausmachen (z.B. Motivation, Instruktion, Beeinflussung, Konflikthandhabung). Die Ausführungsaufgaben realisieren Pläne und Entscheidungen. Dazu zählen alle Aufgaben der Erstellung bzw. Bereitstellung, Verwertung und ggf. Entsorgung marktfähiger Produkte oder Leistungen. Im Industriebetrieb ergeben sich Funktionsbereiche wie Beschaffung, Lagerung, Transport, Produktion, Absatz, Forschung und Entwicklung. Diese Prozesse werden auch als **operative Prozesse** bezeichnet.

Zur Aufrechterhaltung und Bewältigung der Führungsprozesse wie der operativen Prozesse werden spezielle Dienstleistungen benötigt, die in ihrer Gesamtheit die **Unterstützungs-** bzw. (internen) **Serviceaufgaben** ausmachen.

- Personenbezogene Dienste: z.B. Aus- und Weiterbildung, Training, Coaching, Kantine, Fahrbereitschaft, Telefondienst;

- Objektbezogene Dienste: z.B. Wartung und Instandhaltung, Reinigung, Wach- und Schließdienst;

- Informationsdienstleistungen: z.B. Rechnungswesen, Informatik, Organisation, Revision, Recht, Schreibdienste, Archive;

- Finanzdienstleistungen: z.B. Investitions- und Finanzabteilung, Corporate Banking.

Diese Dreiteilung der Aufgaben liegt dem sog. **SOS-Konzept** zugrunde [vgl. WILD 1973, S.30], in dem Steuerungsaufgaben (hier: Führungsaufgaben), operative Aufgaben (hier: Ausführungsaufgaben) und Serviceaufgaben unterschieden werden. Nicht nur Unternehmungen, sondern beliebige sozioökonomische Systeme müssen zur langfristigen Existenzsicherung diese Aufgaben erfüllen. Nur wenn "Steuerung", "Operation" und "Unterstützung" in einem angemessenen Verhältnis zueinander stehen, sind die Überlebens- und Entwicklungsfähigkeit des Systems gewährleistet.

Die drei Kategorien des SOS-Konzepts lassen sich daher als **funktionale Subsysteme** einer Organisation begreifen. Funktionale Subsysteme sind gedankliche Einheiten, die durch Bündelung von Teilaufgaben eines Systems nach sachlogischen Gesichtspunkten entstehen. Sie sind nicht ohne weiteres deckungsgleich mit den physischen Organisationseinheiten. Funktionale Subsysteme werden benötigt, um die Systemfunktionen zu erfüllen. Die Unter- bzw. Übererfüllung einzelner Teilfunktionen weist auf Mißstände von Organisationsstrukturen hin, so z.B.:

- Untererfüllung von Steuerungsaufgaben: Führungsschwäche und Ziellosigkeit;

- Übererfüllung von Steuerungs- und Unterstützungsaufgaben: Bürokratisierung und "Wasserkopf";

- Übererfüllung von operativen Aufgaben: zu tiefes und/oder zu breites Sortiment.

Das SOS-Denken kann dazu dienen, die Zuweisung der drei Aufgabenkategorien auf Organisationseinheiten klären zu helfen. Durch personenorientierte Bündelung von Aufgaben (personale Synthese) und damit durch die Beantwortung der Frage "Wer macht was?" entstehen Stellen bzw. Stellenmehrheiten (z.B. Abteilungen) als **strukturelle Subsysteme**. Strukturelle Subsysteme sind also physische Organisationseinheiten, die durch personenorientierte Bündelung von Teilaufgaben eines Systems entstehen. Es kann sich um Einzelpersonen oder Personenmehrheiten als Bezugspunkte handeln. Je nach Umfang und Bedeutung der SOS-Aufgaben sind die jeweiligen Abteilungen mehr oder minder groß bzw. mehr oder minder hochrangig.

(2) Externe Systemabgrenzung (Ein- und Ausgliederung von Aufgaben): Ein organisatorisches Grundproblem betrifft die Frage, welche Aufgaben von einer Unternehmung selbst zu erfüllen sind und welche nicht. Aus theoretischer Sicht handelt es sich um das Problem der optimalen Funktionskumulierung (sog. **economies of scope**). Aktuell geworden ist die Problematik in der Praxis als Ausgliederungsproblem (**Outsourcing**). Ursprünglich auf bestimmte Unterstützungsfunktionen bezogen (z.B. Informatik, Kantine), werden auch operative Funktionen zunehmend von Outsourcing-Gedanken erfaßt. Dabei gibt es Überschneidungen zur sog. **Lean Production**. Im Produktionsbereich wird auch die Bestimmung bzw. Reduzierung der Fertigungstiefe zum Outsourcing gezählt. Damit steht das Ausgliederungsproblem als allgemeine Fragestellung auf der Tagesordnung.

Wichtige Entscheidungskriterien sind [vgl. PICOT 1991]:

- **Strategische Bedeutung** der Ressource/Funktion/des Know-How: Kernfunktionen/Kernkompetenzen bleiben intern;

- **Häufigkeit des Bedarfs:** Selten benötigte Funktionen/Leistungen sind leichter von außen beziehbar;

- **Verfügbarkeit** von externen Bezugsquellen;

- **Sicherheit** des Bezugs;

- **Qualität** der Funktion bzw. Leistung;

- **Spezifität** der Leistung: Kann bei externem Bezug ggf. hinreichende Differenzierbarkeit gewährleistet werden;

- **Kosten:** Interne Lösungen verursachen neben den Funktionskosten vor allem **Koordinationskosten**, externe Leistungen führen zu sog. **Transaktionskosten** (Anbahnungskosten, Vereinbarungskosten, Kontrollkosten, Anpassungskosten);

- **Schnelligkeit** der Bedarfsdeckung bzw. Leistungserstellung.

Zwischen völliger Eingliederung (Eigenerstellung) und völliger Ausgliederung sind Zwischenformen möglich. **Alternativen** der Ein- und Ausgliederung sind [vgl. PICOT 1991] :

- Eigenleistung
- Ausgründung einer Tochtergesellschaft
- Kapitalbeteiligung an Lieferanten/Kunden
- Gemeinschaftsunternehmung (Joint Venture)
- Kooperation
- Langzeitvereinbarung
- Jahresverträge
- Fremdbezug im Bedarfsfall

Insourcing

Outsourcing

Im Prinzip läßt sich die Frage nach In- oder Outsourcing für **jede** Funktion einer Unternehmung stellen. Die Antwort wird je nach Strategie der Unternehmung unterschiedlich ausfallen. Nicht selten existieren in einer Branche auch ganz unterschiedliche Lösungen. Während z.B. der deutsche Sportschuhhersteller **Adidas** die Produktion der Schuhe weitgehend in eigener Regie betrieb, hatte der Konkurrent **Nike** praktisch keine eigene Fertigung. Nike sah offenbar seine Kernfähigkeiten im Bereich Vertrieb und Marketing und organisierte sich entsprechend. Die Verbindung von "Struktur" und "Strategie" wird hier deutlich.

Unabhängig von der konkreten Systemabgrenzung ergeben sich organisatorische Fragen der externen Schnittstellenorganisation. Bezogen auf die Produktion und Beschaffung sei an die Just-in-Time-Lösungen erinnert, bei denen technische Vernetzungen eine erhebliche Rolle spielen (vgl. S.194f.). Daneben ist aber auch an die Einbindung externer Anspruchsgruppen zu denken, bei denen es vor allem um Emotionenmanagement und Koalitionsbildung geht (vgl. S.332ff.).

(3) Interne Systemstrukturierung: Die Organisationstheorie wurde schon in einem frühen Stadium durch das Gegensatzpaar "Teilung und Einung" geprägt [vgl. NICKLISCH 1922]. Bis heute kreisen organisatorische Fragestellungen - wenn auch mit unterschiedlichen Begriffen - um dieses Problem. Es geht auf der einen Seite darum, ein System bzw. die Systemaufgaben zur effizienten Aufgabenerfüllung in Subsysteme bzw. Teilaufgaben zu gliedern (**Subsystembildung**). Dadurch wird Arbeitsteilung und Spezialisierung organisiert. Zugleich muß das Zusammenwirken dieser Teile sichergestellt werden, also Koordination und Integration (**Subsystemintegration**).

Die Größe der Subsysteme führt z.B. zu solchen Problemen wie der Mindestgröße von Abteilungen oder der Auslastung von Spezialistengruppen, Problemen, die als **economies of scale** bekannt sind. Die interne Funktionskumulierung betrifft die Fragen nach der Aufgaben- und Kompetenzverteilung innerhalb und zwischen den Organisationseinheiten. Derartige Gestaltungsfragen hängen mit Stichworten wie Zentralisation und Dezentralisation, Delegation sowie Partizipation zusammen.

Subsysteme sind durch vielfältige Beziehungen zu verknüpfen, um horizontale, vertikale und diagonale Systemintegration zu leisten. Daraus resultieren vielfältige aufbau- und ablauforganisatorische Fragestellungen und Konzepte, z.B. der Hierarchiebildung, Gremienarbeit und Prozeßverantwortung. Wachsende Größe eines Systems führt zu einem überproportionalen Anstieg an Abstimmungsbeziehungen. Um dieser Probleme Herr zu werden, kann im Rahmen interner Systemstrukturierung zum einen eine Aufteilung in kleinere, selbständige Einheiten erfolgen. Man könnte dies als Prinzip der **Modularisierung** bezeichnen. Auf makroorganisatorischer Ebene ist z.B. an Holdingkonzepte zu denken (vgl. 264ff.). Auf mikroorganisatorischer Ebene ist die Einrichtung selbststeuernder Arbeitsgruppen ein wichtiger Ansatz (vgl. S.54f.).

Zum anderen wird das **Schnittstellenmanagement** eine zentrale Aufgabe. Auch hierbei wird die hierarchische Koordination stark durch die horizontale Koordination ergänzt bzw. abgelöst. Teams, Arbeitsgruppen, Ausschüsse vernetzen die betreffenden Einheiten und beziehen im Bedarfsfall auch externe Schnittstellen ein, z.B. zu Lieferanten und Kunden.

Mit derartigen Maßnahmen wird zugleich die Reaktionsfähigkeit der Unternehmung erhöht. Dies entspricht dem Schlagwort von den **economies of speed**. Dahinter steht die strategische Überlegung, daß heute nicht mehr gilt "die Großen fressen die Kleinen", sondern "die Schnellen fressen die Langsamen". Der Zusammenhang von "Strategie" und "Struktur" wird sichtbar. Neue Kernfähigkeiten ("Schnelligkeit") verlangen neue, schlanke Strukturen.

In der Praxis fließen die drei "Economy-Ansätze" zu einer Strömung zusammen, dem sog. **"Lean Management"**.

2. Aufbauorganisatorische Subsysteme und Beziehungsmuster

(1) Funktionale Subsysteme: Um die Zusammenhänge der Aufbauorganisation zu verstehen, ist es hilfreich, zunächst auf die funktionalen Subsysteme zurückzugreifen. Das SOS-Konzept läßt sich mit Hilfe der Einteilung von MINTZBERG [vgl. 1983] verfeinern. Dort werden fünf Subsysteme unterschieden (vgl. Abb. III/1).

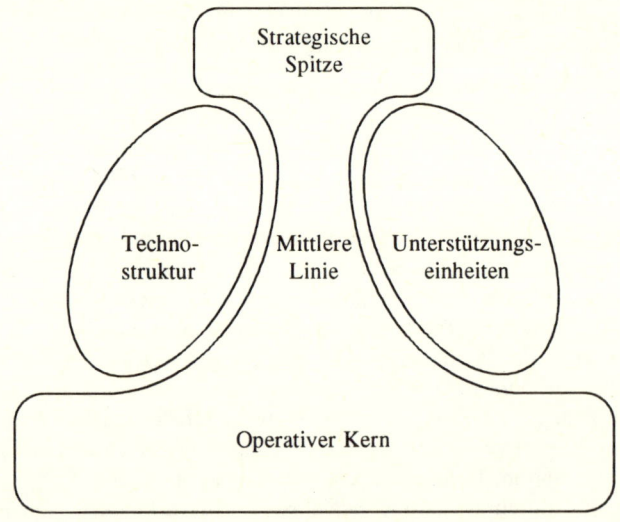

Abb. III/1: Funktionale Subsysteme der Organisation (nach MINTZBERG)

Differenziert werden die Steuerungseinheiten. Ihnen entsprechen in MINTZBERGS Ansatz die Einheiten "Strategische Spitze", "Mittlere Linie" und "Technostruktur". "Operativer Kern" und "Operative Einheiten" sind ebenso gleichbedeutend wie

"Serviceeinheiten" und "Unterstützungseinheiten". Die Aufgabenschwerpunkte lassen sich wie folgt denken:

Strategische
Spitze
- Formulierung von Unternehmungszielen/-strategien
- Steuerung, Kontrolle und Koordination der Unternehmungsprozesse

Mittlere Linie
- Formulierung von Bereichszielen und -aufgaben
- Steuerung und Kontrolle der operativen Einheiten

Technostruktur
- Unterstützung der strategischen Spitze und mittleren Linie

Operativer Kern
- Erbringen der unmittelbaren (Markt-)Leistung des Systems

Service-
einheiten
- Erbringen von Dienstleistungen i.w.S. für andere Einheiten

(2) Primär- und Sekundärorganisation als strukturelle Subsysteme: Die konkrete Aufbauorganisation eines Systems, wie sie z.B. im Organisationsschaubild sichtbar wird, besteht aus verschiedenartigen Organisationseinheiten als den **strukturellen Subsystemen.** Auch die verschiedenen Typen dieser Strukturbausteine lassen sich am klarsten anhand der ihnen zugewiesenen Aufgaben abgrenzen und verstehen. Zunächst empfiehlt es sich, zwischen **Daueraufgaben** und befristeten **Spezialaufgaben** und demgemäß zwischen Organisationseinheiten auf Dauer und auf Zeit zu unterscheiden. Daueraufgaben sind unbefristet und lassen sich aufgrund der Wiederholung standardisieren und routinisieren. Daueraufgaben sind daher überwiegend Routineaufgaben. Spezialaufgaben sind dagegen entweder einmalig oder wiederholen sich nur selten in gleicher Weise. Spezialaufgaben sind daher überwiegend neuartig, haben also innovativen Charakter. Traditionell dominieren in einem System die dauerhaften Routineaufgaben, und es herrscht eine klare Trennung zwischen Organisationseinheiten, die "Routine" und solchen, die "Innovation" bewerkstelligen. Davon wird tendenziell auch im folgenden ausgegangen. In dem Maße, wie Innovieren zu einem Dauerthema wird, kann auch diese Arbeitsteilung reduziert werden. Die effiziente Bewältigung der täglichen Routine und das Nachdenken über ihre Verbesserung rücken enger zusammen. Dies bedeutet, idealtypisch argumentiert, daß jeder Mitarbeiter im Prinzip eine operative und eine evolutionäre Aufgabe zu erfüllen hat.

Die Gesamtheit der Organisationseinheiten zur Erfüllung von Daueraufgaben wird im folgenden als **Primärorganisation** bezeichnet. Sie umfaßt insbesondere die jeweilige **Abteilungsstruktur** sowie dauerhaft eingerichtete **Ausschüsse.** Alle Einheiten, die der Bewältigung von (komplexen und neuartigen) Spezialaufgaben dienen, bilden die **Sekundärorganisation.** Sie umfaßt vor allem die vielfältigen **Projektteams,** aber auch die verschiedenen Formen der **Konferenzen** und **Workshops,** sofern sie organisiert sind und nicht ad hoc entstehen. Das Merkmal der Dauerhaftigkeit ist insofern zu differenzieren, als auch "dauerhafte Strukturen" in immer kürzeren Intervallen geändert werden und die "Organisation auf Zeit" eine immer größere Bedeutung erhält. Ein Projektteam kann als "Organisationseinheit auf Zeit" durchaus 2-3 Jahre zusammenarbeiten, eine Abteilung als "Organisationseinheit auf Dauer" im gleichen Zeitraum organisatorischen Wandel erleben. Für die Leiter und Mitglieder wechselnder Projekte werden Veränderungen des Bestehenden von einer befristeten Spezialaufgabe zur Daueraufgabe.

Die Begriffe "Primär- und Sekundärorganisation" sind auf keinen Fall wertend zu verstehen. Bezogen auf die Unternehmungsstrategie hat die Primärorganisation vor allem die Aufgabe, für eine effiziente und hochwertige Bewältigung des **Kerngeschäfts** (core business) sowie für eine Sicherstellung der **Kernfähigkeiten** (core competencies) zu sorgen. Die Sekundärorganisation richtet ihr Hauptaugenmerk dagegen auf die Weiterentwicklung vorhandener sowie die Identifizierung und Entwicklung neuer Geschäfte und Fähigkeiten. Ein erheblicher Teil der **Innovationsfähigkeit** und auch der **Flexibilität** einer Unternehmung steckt in der Sekundärorganisation. So gesehen, ist das Ausmaß an Einrichtungen der Sekundärstruktur ein möglicher Gradmesser für Innovationsfähigkeit und Flexibilität und damit für einen höchst bedeutsamen Aspekt des Unternehmungsgeschehens.

Für das Management wie für die Arbeitnehmer hat der Aufbau der Sekundärstruktur erhebliche Konsequenzen, bedeutet er doch die Übernahme **verschiedenartiger Funktionen**. Allgemein gesprochen, ist jedes Unternehmungsmitglied nicht mehr nur für die Erfüllung seiner "Tagesarbeit" (Primärorganisation) zuständig, sondern auch dafür, über deren Weiterentwicklung und Verbesserung nachzudenken (Sekundärstruktur). Ein Produktionsmitarbeiter denkt z.B. in einem **Qualitätszirkel** über die Verringerung der Fertigungsmängel nach, ein Entwicklungsingenieur arbeitet im Produktentwicklungsteam an einer neuen Produktversion mit. Stellen und Stelleninhaber besitzen zunehmende **Multifunktionalität**.

Aufgaben, die nur die jeweilige Organisationseinheit betreffen (**bereichsbezogene oder segmentierende Aufgaben**), sind von solchen abzugrenzen, die über einzelne Subsysteme hinwegreichen (**bereichsübergreifende oder traversierende Aufgaben**) [vgl. zu dieser Unterteilung BLEICHER 1991, S.108ff.]. Auch dabei lassen sich vorwiegend routinehafte und überwiegend innovative Aufgaben unterscheiden (vgl. Abb. III/2).

Bereichsbezogene Routineaufgaben werden von einzelnen **Abteilungen** oder **Arbeitsgruppen** wahrgenommen. Übergreifende Aufgaben mit hohem Routineanteil sind die tägliche funktionale Koordination, für die entweder die zuständigen Instanzen allein oder gemeinsam in speziellen Gremien (**Ausschüssen**) die notwendige Arbeit leisten.

Es gibt auch Funktionen mit hohen Innovationsanteilen, z.B. Forschungs- und Entwicklungsabteilungen und interne Beratungsabteilungen, aber auch Organisations- und DV-Bereiche. Für deren Innovationsaufgaben werden entsprechende (bereichsinterne), **disziplinäre Projektteams** gebildet.

Bereichsübergreifende Aufgaben sind zunächst die bereichsübergreifenden **Unterstützungsaufgaben** (z.B. Rechnungswesen, EDV). In derartigen Aufgabenfeldern sind je nach Einzelfall Routinetätigkeiten dominant oder auch innovative Anteile enthalten. **Zentralabteilungen** und **Stabsstellen** sind als Organisationseinheiten zu nennen. **Querschnittsregelung**, die sich auf andere Arten der Spezialisierung richtet, als sie in der Primärstruktur vorherrschen, ist eine weitere, eminent wichtige bereichsübergreifende Aufgabe. Im Falle objektorientierter Strukturen (z.B. Produktsparten) ist eine übergreifende funktionsorientierte Koordination erforderlich. Sie wird zum einen als Steuerungsaufgabe ebenfalls von oberen Instanzen wahrgenommen. So sind z.B. in der Organisation der Unternehmungsspitze regelmäßig funktionale (verrichtungsorientierte) Ressorts anzutreffen (vgl. S.259). Zum anderen werden auch hierfür

Zentralabteilungen und Stäbe herangezogen, die dann mit entsprechenden Rechten auszustatten sind, z.B. Richtlinienkompetenzen oder funktionalen Weisungsrechten.

Bei Vorliegen einer verrichtungsorientierten Primärstruktur ist eine objektorientierte Querschnittsregelung vorzusehen, also eine Koordinationsdimension, die sich auf Produkte, Technologien, Geschäftsfelder, Kunden oder Regionen richtet. Entweder werden hierfür besondere Stellen geschaffen, z.B. **Produkt-Manager** oder **Key-Account-Manager**, oder aber einzelne Instanzen übernehmen eine Querschnittsregelung als Nebenaufgabe. Dies wird am Beispiel des **SGF-Beauftragten** deutlich, der für spezielle strategische Geschäftsfelder zuständig ist, die er neben seiner Hauptfunktion zu betreuen hat. Er arbeitet zu diesem Zweck mit den erforderlichen Spezialisten in Teams oder Ausschüssen zusammen. Diese Form der Sekundärorganisation ist als **duale Organisation** bekannt (vgl. S.98).

Nicht zuletzt sind bereichsübergreifende **Innovationen** zu erwähnen, z.B. Reorganisationsmaßnahmen oder Neuproduktentwicklungen, die eine Herausforderung für die Projektorganisation darstellen. **Projektteams**, interdisziplinär zusammengesetzt, aber auch die Arbeit in **Workshops** markieren wichtige Gestaltungsformen.

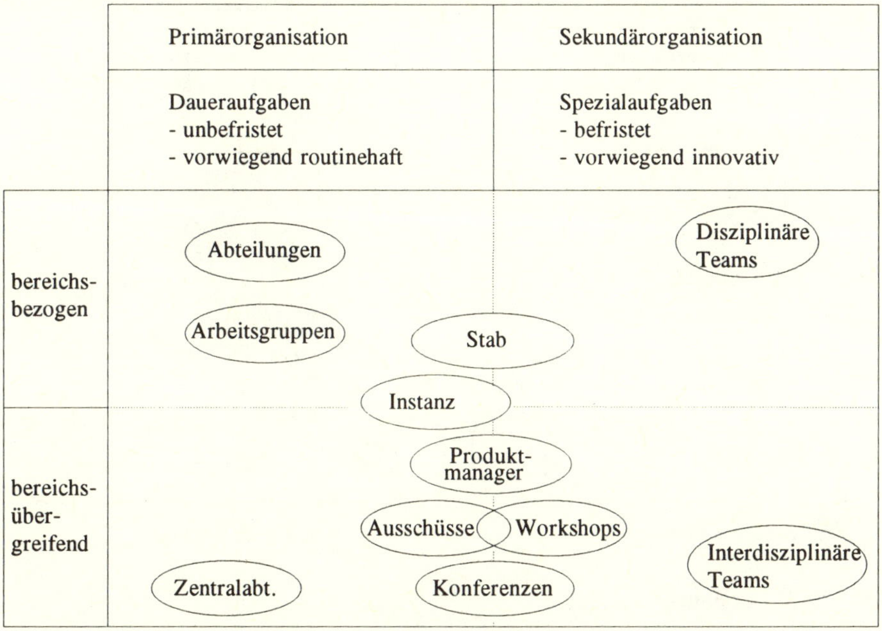

Abb. III/2: Primär- und Sekundärorganisation

Die Übersicht von Abb. III/2 macht die erwähnten Aufgabenschwerpunkte der Organisationseinheiten als den "Grundbausteinen" der Organisation deutlich. Ihre genauere Beschreibung erfolgt nach einer Übersicht über die Beziehungsmuster der Organisation.

(3) Beziehungsmuster: Zur Kennzeichnung einer Struktur werden neben den Elementen bzw. Subsystemen die Beziehungsarten benötigt. Auch hierfür läßt sich auf MINTZBERG zurückgreifen, der vier Beziehungsarten unterscheidet, die sich überlagern und gegenseitig durchdringen [weiterentwickelt nach MINTZBERG 1983, S.19ff.].

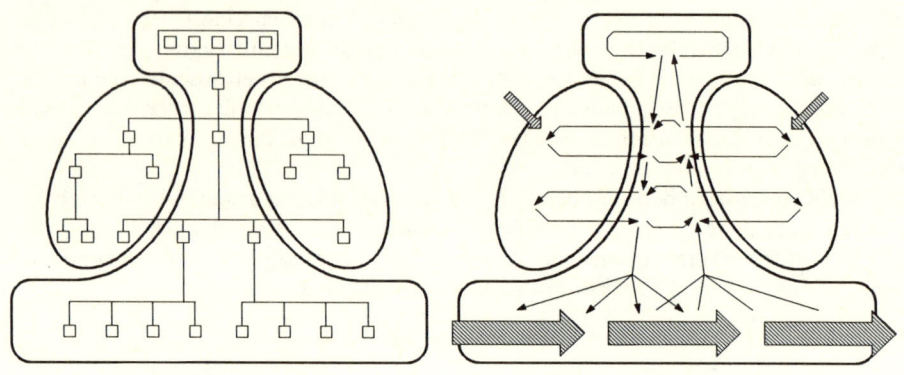

Weisungsbeziehungen   Formale Ablaufbeziehungen

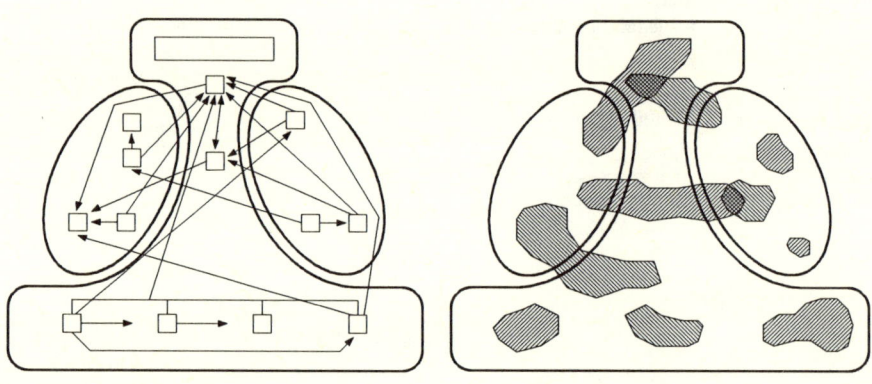

Informale Kommunikation   Informale Gruppen

Abb. III/3: Beziehungsmuster

Weisungsbeziehungen: Formale fachliche und/oder disziplinarische Unterstellung.

Formale Ablaufbeziehungen: Vertikale und horizontale Reihenfolgeregelungen; regeln z.B. Belegfluß, Berichtswesen, Transport.

Informale Kommunikation: Situative Abstimmung zwischen Personen oder Organisationseinheiten auf nicht formal geregelte Weise.

44

Informale Gruppen: Personen, die sich aufgrund gemeinsamer Interessen, gemeinsamer Herkunft und persönlicher Nähe als Gruppe empfinden ("Wir"-Gefühl) und entsprechend verhalten.

Formale Regelungen können als präsituative Regelungen immer nur einen begrenzten Ausschnitt der Aufgabenvielfalt erfassen. Offen gebliebene Fragen erfordern die situative Abstimmung auf dem Wege der informalen Kommunikation. Nicht selten sind formale Regelungen auch zu starr oder überholt, oder aber sie besitzen aus anderen Gründen keine Akzeptanz, so daß andere als die "offiziellen Kanäle " bevorzugt werden. Die Interessen informaler Gruppen können privater Natur sein (z.B. Fahrgemeinschaft, Kegelclub), sie können der Aufgabenunterstützung dienen (z.B. Erfahrungsaustausch) oder aber zur gemeinsamen Durchsetzung von Ideen und Entscheidungen (z.B. alte Garde - junge Garde) und zur Erreichung von Karrierezielen (z.B. "Seilschaften"). Informale Kommunikation und informale Gruppen können durchaus zu dauerhaften Beziehungen führen. Ähnlich wie ein "Trampelpfad", der neben den gepflasterten Wegen entsteht, bildet sich eine informale Ablauforganisation neben der formalen aus, und ähnlich wie ein "Trampelpfad" eines Tages gepflastert werden kann, kann die informale Struktur schließlich formalen Status erhalten.

Weisungsbeziehungen und formale Ablaufbeziehungen repräsentieren die formale Seite von Macht und Einfluß in einer Unternehmung. Informale Kommunikation und informale Gruppen können dazu führen, daß die **faktischen Machtverhältnisse** davon abweichen [vgl. KRÜGER 1977]. Traditionell gelten informale Strukturen als das - unerwünschte - Gegenstück zur formalen Organisation. Heute werden sie dagegen immer stärker als notwendiger und sogar erwünschter Teil der Organisation begriffen. Vielfältige **Netzwerke**, die sich ad hoc bilden und auch wieder auflösen können, schaffen und erhalten die Flexibilität der Unternehmung und stärken die Selbststeuerungsfähigkeiten. Sie sind für das Schnittstellenmanagement, aber auch für die permanente Verbesserung des Bestehenden geradezu unentbehrlich. Dabei ist allerdings dafür zu sorgen, daß die gleichen Grundwerte und Überzeugungen vorherrschen (betr.: **kulturelle Regelungen**), um eine "Balkanisierung" des Systems zu vermeiden.

3. Stellen und Stellenbildung

(1) Begriff der Stelle: Da die oben beschriebenen Aufgaben arbeitsteilig erfüllt werden, sind sie in Teilaufgaben zu zerlegen. Dies geschieht mit Hilfe der **Aufgabenanalyse** [vgl. KRÜGER 1992]. Anschließend kann eine Zuordnung von Teilaufgaben auf einzelne Personen als Aufgabenträgern vorgenommen werden. Man spricht dann von den **Funktionen** dieser Aufgabenträger [vgl. KOSIOL 1962, S.45]. Der Zuordnungsvorgang wird als personale Synthese (personale Zuordnung) bezeichnet, die entstehende organisatorische Einheit als **Stelle**. Stellen sind die kleinsten aufbauorganisatorischen Einheiten und insofern als Basiseinheiten (Elemente) zu bezeichnen. Nach KOSIOL [vgl. 1962, S.89] soll unter einer Stelle der **personenbezogene Aufgabenkomplex** verstanden werden, der vom **Personenwechsel unabhängig** ist. Damit sind drei Begriffsmerkmale angesprochen:

Aufgabenbündelung: Verteilungsfähige Teilaufgaben werden zu einem Aufgabenbündel für eine Stelle zusammengefaßt. Die Stelle grenzt aufgabenmäßig, nicht dagegen räumlich (Arbeitsplatz) die Zuständigkeitsbereiche ab.

Personenbezug: Die Aufgabenbündelung orientiert sich hinsichtlich Umfang und Anspruchsniveau an der quantitativen und qualitativen Kapazität **einer** Person. Wenn mehrere Personen gemeinsam eine gleichartige Aufgabe erfüllen, bilden sie eine Stellenmehrheit, so z.B. die formell gemeinsam gleichberechtigten Mitglieder in einem ressortlosen mehrköpfigen Vorstand oder die Mitarbeiter einer selbststeuernden Arbeitsgruppe. In der Praxis existieren Fälle, in denen eine Person mehrere Stellen inne hat, z.B. bei der Personalunion von Vorstand und Teilbereichsleitung. Genauso ist es umgekehrt möglich, daß sich mehrere Personen eine Stelle teilen (sog. Job Sharing).

Versachlichung: Traditionell erfolgt die Stellenbildung versachlicht, also durch Orientierung an einer gedachten Person mit Normaleignung (Organisation **ad rem**). Dadurch wird die Organisation vom Personenwechsel unabhängig.

(2) Kompetenz und Verantwortung: Die Bündelung von Ausführungsaufgaben führt zu **Ausführungsstellen**, die Zusammenfassung von Führungsaufgaben zu **Leitungs- bzw. Führungsstellen (Instanzen)**. Die Bewältigung von Aufgaben setzt Handlungsrechte voraus. Stellenbezogene Handlungsrechte werden **Kompetenzen** genannt. Dieser organisatorische Kompetenzbegriff ist von dem auch weit verbreiteten personenbezogenen Kompetenzbegriff zu unterscheiden, der sich auf persönliche Fähigkeiten bezieht. Folgende Kompetenzen lassen sich unterscheiden [vgl. PICOT 1984, S.113; STEINLE 1992, Sp.2311]:

- Ausführungs- und Verfügungskompetenzen,
- Antrags-, Entscheidungs-, Anordnungs-, Mitsprache- und Vertretungskompetenzen,
- Informations-, Beratungskompetenzen.

Ausführungsstellen benötigen Ausführungs- und ggf. Verfügungskompetenzen (z.B. Verfügung über Kostenbudgets). Insbesondere Entscheidungs- und Anordnungsrechte kennzeichnen eine Leitungsstelle. Die Informations- und Beratungskompetenzen kann sich die Instanz ebenfalls vorbehalten, sie kann sich aber auch hiervon entlasten, indem sie diese Aufgaben und Kompetenzen auf Stabsstellen oder Dienstleistungsstellen überträgt.

Zu den organisatorischen Grundtatbeständen und -begriffen zählt neben der Kompetenz die **Verantwortung**. Sie stellt sich dar als "die Pflicht einer Person..., für die zielentsprechende Erfüllung einer Aufgabe persönlich Rechenschaft abzulegen" [HAUSCHILDT 1969, Sp.1693]. Das Recht, Verantwortung zu verlangen, ist als Kontrollaufgabe Teil der Führungsaufgabe und damit der Definition einer Instanz. Einzelne Kontrollarten lassen sich auch auf dafür spezialisierte Einheiten übertragen (z.B. Revision, Qualitätskontrolle). Organisatorisch bedeutsam sind vor allem drei Formen der Verantwortung [vgl. WILD 1973, S.100ff.; BRONNER 1992, Sp.2511].

Handlungsverantwortung: Rechenschaftspflicht hinsichtlich der regelgerechten Ausführung übertragener Aufgaben.

Ergebnisverantwortung: Rechenschaftspflicht hinsichtlich der Erreichung vorgegebener bzw. vereinbarter Ziele.

Führungsverantwortung: Rechenschaftspflicht hinsichtlich der Erledigung sachbezogener und personenbezogener Führungsaufgaben.

Handlungs- und Ergebnisverantwortung kann ein Vorgesetzter delegieren, Führungsverantwortung dagegen nicht.

(3) Prinzipien der Stellenbildung: Versachlichung bei der Stellenbildung wird als Stellenbildung **ad rem** bezeichnet. Der große Vorteil dieser Art von Stellenbildung ist eine Objektivierung und Personenunabhängigkeit der Struktur. Der Nachteil ist, daß auf Unterschiede individueller Qualifikation und Motivation keine Rücksicht genommen wird. In den oberen Rängen der Hierarchie sowie beim Einsatz hochqualifizierter Spezialisten hat die personenunabhängige Stellenbildung daher schon traditionell ihre Grenzen gefunden. In derartigen Fällen werden die Aufgaben zumindest teilweise auf den konkreten Aufgabenträger zugeschnitten. Man spricht dann von Stellenbildung **ad personam**. Bsp.: Beim Wechsel im Vorstand werden die Ressorts auf die individuelle Erfahrung und Qualifikation neuer Vorstandsmitglieder ausgerichtet. Im Zuge der Bemühungen um eine **Individualisierung** der Organisation nimmt die Bedeutung von Persönlichkeitsvariablen bei der Stellenbildung generell zu. Dies bedeutet zumindest, daß einer die Motivation und Qualifikation fördernden Aufgabengestaltung größere Aufmerksamkeit gilt. Immer häufiger sind aber auch konkrete Einzelpersonen und ihr Fähigkeitsprofil Anknüpfungspunkt der Stellenbildung. Mit der Weiterentwicklung des Mitarbeiters kann dann auch eine Veränderung des Aufgabenbildes der Stelle einhergehen. Auf die Weise ist sowohl eine bessere **Human-Ressourcen-Orientierung** als auch eine höhere **Flexibilität** erreichbar.

Stellen müssen in den Informations- und Kommunikationsprozeß eingebunden werden, um den Stelleninhaber (Aufgabenträger) mit der zur Ausführung seiner Aufgabe nötigen Information zu versorgen. Außerdem sind Sachmittel zur Aufgabenausführung zur Verfügung zu stellen (z.B. PC, Fertigungsmaschinen). Bei besonderer Bedeutung von Art und Arbeitsanteil der Sachmittel kann eine Orientierung an den Sachmitteln bei der Stellenbildung sinnvoll sein. Diese Stellen werden dann **ad instrumentum** gebildet [vgl. BLEICHER 1981, S.31]. So ist z.B. die Aufgabenbündelung und Personenzuordnung in einem Rechenzentrum stark von DV-technischen Gesichtspunkten geprägt. In jedem Fall aber bedarf eine arbeitsfähige Stelle auch der Elemente Information und Sachmittel. Sie liegt deshalb in der Schnittmenge der vier organisatorischen Subsysteme und stellt auf diese Weise einen Kristallisationspunkt der organisatorischen Gestaltung dar.

Als eine wesentliche Gestaltungsempfehlung der Stellenbildung ist das **Kongruenzprinzip** zu erwähnen. Aufgaben, Kompetenzen und Verantwortung sollen möglichst deckungsgleich sein [vgl. z.B. BLEICHER 1980, Sp.1057f.; zur Problematik des Prinzips vgl. HAMEL 1978, S.103ff.]. Um Aufgaben wirkungsvoll erfüllen zu können, sind danach Aufgabenträger mit den notwendigen Rechten (Kompetenzen) auszustatten, z.B. Informations-, Beratungs-, Entscheidungs-, Weisungsrechten. Um die anschließende Kontrolle sicherzustellen, ist eine angemessene Rechenschaftspflicht (Verantwortung) vorzusehen. Auch beim Kongruenzprinzip handelt es sich streng genommen nicht um Deckungsgleichheit, sondern um eine wechselseitige Entsprechung (Adäquanz).

Markante Fälle, in denen von diesem Prinzip abgewichen wird, illustrieren seine Bedeutung. Zu nennen sind z.B. der sog. "Frühstücksdirektor" (Aufgaben ohne Kompetenz und Verantwortung), die "Amtsanmaßung" (Kompetenzausübung außerhalb des eigenen Aufgabengebietes) und der "Sündenbock" (Verantwortung ohne Aufgaben und Kompetenzen).

Die Adäquanz der Subsysteme spiegelt sich ebenfalls in der Stellenbildung. Teilweise klingt dies in der erweiterten Fassung des Kongruenzprinzips an. Danach sind Ziele, Aufgaben, Kompetenzen, Verantwortung, Informationspotential und Beeinflußbarkeit zur Deckung zu bringen [vgl. WILD 1973, S.66]. Das Informationspotential spricht das Element "Information" explizit an. Die Beeinflußbarkeit verweist darauf, daß nur für solche Aufgaben Verantwortung verlangt werden kann, die dem Einfluß des Aufgabenträgers auch tatsächlich unterliegen. In diesem Sinne kann Gewinnverantwortung z.B. nur dann gefordert werden, wenn die betreffende Stelle auf alle gewinnwirksamen Größen einwirken kann. Dies ist in der Praxis, z.B. bei Product-Managern, oft nicht gegeben. Die Beeinflußbarkeit stellt eine ganz allgemeine sach-technische Bedingung dar. Ihre Einfügung in das Kongruenzprinzip ist eine Ermahnung des Organisators, diesen Zusammenhang nicht zu übersehen. Das Merkmal "Ziele" verweist bereits auf organisationsexterne Gesichtspunkte. Es läßt sich als Hinweis auf die instrumentelle Eignung der Organisation i.S. eines "structure follows strategy" interpretieren.

(4) Zusammenhang mit Personalwirtschaft und Personalführung: Die Stellenbildung als Vorgang steht an der Nahtstelle von Organisationsarbeit einerseits, Personalarbeit und Personalführung andererseits. Auf der Grundlage der Aufgaben-, Kompetenz- und Verantwortungsbündelung, die auch in einer **Stellenbeschreibung** niedergelegt sein kann, sind die **Anforderungen** an den Stelleninhaber bestimmbar. Dies ist die Grundlage für den **qualitativen** Personalbedarf, aber auch für die **Stellenbewertung** als Basis der **Entgeltfestlegung**. Das Aufgabenvolumen, bestimmt durch temporale und lokale Zuordnung, markiert den **quantitativen** Personalbedarf. Die Personalbeschaffung, -eingruppierung und -einweisung als Teilaufgaben der Personalwirtschaft beruhen damit auf organisatorischen Informationen. Für die jeweilige Führungskraft ergeben sich spezifische Aufgaben der Personalführung, insbesondere das Instruieren, Anweisen und Motivieren als steuernde und überwachende, die Leistungsbeurteilung und Anreizgewährung als kontrollierende und die Zielbildung und Personalentwicklung als wichtige planerische Aktivitäten.

Zwischen Organisation, Personalwirtschaft und Personalführung bestehen vielfältige Wechselwirkungen. Reduziert sich z.B. die tarifliche Wochenarbeitszeit, so verändert sich u.U. das einer Stelle zuweisbare Aufgabenvolumen, oder es werden Aufgaben anders verteilt (z.B. Schichtregelungen). Zeigt sich ein Mitarbeiter in seiner Stelle z.B. unterfordert, so sind Anpassungsmöglichkeiten zu prüfen. Die Übernahme zusätzlicher Aufgaben (z.B. durch Job Enrichment) ist dann ebenso denkbar wie ein Stellenwechsel (Job Rotation).

4. Instanzen und Ausführungsstellen, Stäbe und Dienstleistungsstellen

In der Praxis existieren verschiedene **Typen von Stellen**, die im folgenden Abschnitt beschrieben werden. Aus diesen Einzelbausteinen entstehen durch Bündelung verschiedene Arten von **Stellenmehrheiten** (z.B. Abteilungen). Diese Subsysteme der Organisation bilden den Gegenstand der Abschnitte 5-7.

(1) Instanzen und Ausführungsstellen: Stellen, die überwiegend oder ausschließlich Führungsaufgaben wahrnehmen, werden als Instanzen (Leitungsstellen) bezeichnet. Sie unterscheiden sich von Ausführungsstellen durch drei Merkmale, die sich aus dem Zusammenhang der Führungsprozesse (Führungsregelkreis) ergeben:

Fremdentscheidung: Leitungsbeziehungen entstehen durch eine stellenbezogene Trennung von Entscheidung und Ausführung. Eine Leitungsstelle steckt durch ihre Entscheidungen die Handlungsspielräume für andere Stellen soweit wie erforderlich ab. Leiten heißt also, Entscheidungen für andere zu treffen. Entscheidungen im Rahmen der eigenen Aufgabenausführung sind keine Leitungsentscheidungen.

Anordnung: Um Entscheidungen wirksam werden zu lassen, muß das Durchsetzungsproblem geregelt werden. Hierzu dient das der Instanz übertragene Recht, nachgelagerten Stellen Anordnungen (Weisungen) zu erteilen. Auf die Weise wird die Ausführung von Entscheidungen vollzugsverbindlich.

Fremdkontrolle: Der Vorgesetzte hat die Pflicht, sich von der regelgerechten Ausführung der angewiesenen Entscheidung zu überzeugen. Um dieser Pflicht nachzukommen, muß er das Recht eingeräumt bekommen, andere zu kontrollieren (Fremdkontrolle). Die Mitarbeiter haben sich vor dem Vorgesetzten zu verantworten (Rechenschaftspflicht).

Als Instanz werden auch ganze Leitungsebenen bezeichnet. Die Gesamtheit der Leitungsbeziehungen macht das **Leitungssystem** (die **Hierarchie**) aus (vgl. Kap.IV), bestehend aus oberen Leitungsebenen (z.B. Geschäftsführer, Hauptabteilungsleiter), mittleren Ebenen (insbesondere Abteilungsleiter) und unteren Ebenen (z.B. Gruppenleiter, Meister).

Besteht eine Instanz aus mehreren Personen, so wird sie als Mehrpersoneninstanz oder **Kollegialinstanz** im Unterschied zur **Direktorialinstanz** bezeichnet. Bsp.: Der Mehrpersonenvorstand einer AG nach dem deutschen AktG als Kollegialinstanz im Unterschied zum Chief Executive Officer des US-Amerikanischen Board-Systems als Direktorialinstanz.

Trotz formaler Gemeinsamkeit des Leitens sind die Unterschiede in der Art der Aufgaben auf den einzelnen Ebenen beträchtlich, dies vor allem hinsichtlich der Bedeutung und Reichweite der Entscheidungen. Auf oberen Ebenen dominiert die Beschäftigung mit strategischen, auf mittleren die mit operativen Plänen und Entscheidungen. Auf unteren Ebenen werden vorwiegend Routineentscheidungen getroffen. Zugleich nimmt der Anteil an Ausführungsaufgaben von oben nach unten zu. Die vertikale Aufgabenverteilung weist allerdings durch Delegation, Partizipation und Dezentralisation erhebliche Gestaltungsspielräume auf. Die Inhaltsmuster der Hierarchie werden hiervon geprägt (vgl. S.66ff.). Damit in Zusammenhang stehen die unterschiedlichen Führungsstile, die das Verhältnis zwischen Vorgesetzten und Mitarbeitern bei gleicher formaler Struktur sehr unterschiedlich ausgestalten.

Das logische Gegenstück zu Instanzen als Stellen mit Leitungsaufgaben bilden die **Ausführungsstellen** als Stellen mit Ausführungsaufgaben. Ihnen fehlen die Merkmale einer Instanz, und sie sind demgemäß nur mit Ausführungskompetenz, ggf. auch Verfügungskompetenz ausgestattet. Eindeutig zu den Ausführungsstellen zählt die unterste Ebene der Hierarchie, im kaufmännischen Bereich z.B. durch den Begriff

Sachbearbeiter gekennzeichnet, im technischen Bereich durch ungelernte, angelernte oder gelernte **Arbeiter**.

Die Bandbreite der Tätigkeiten und Anforderungen ist erheblich. Ausführungsstellen sind also keineswegs ausschließlich als Stellen minderer Qualität einzustufen. Auch junge Akademiker fangen regelmäßig als Sachbearbeiter an. Die unterschiedlichen Anforderungen kommen in der Tarifgestaltung sehr deutlich zum Ausdruck, und so kann es ohne weiteres vorkommen, daß ein qualifizierter Sachbearbeiter oder Facharbeiter, der nach Tarif auch Überstunden bezahlt bekommt, mehr verdient als sein Vorgesetzter, der im außertariflichen Bereich angestellt ist, wo Überstunden nicht extra bezahlt werden. Ausführungsstellen gibt es nicht nur in den operativen Einheiten, sondern auch in den Stäben und Dienstleistungsstellen.

(2) Stäbe: Stabsstellen sind **Leitungshilfsstellen ohne Entscheidungs- und Weisungsbefugnis**. Sie dienen der Entlastung von Instanzen. Je nach Aufgabenschwerpunkt geht es um Entscheidungsvorbereitungsaufgaben (Planungsstäbe) und/oder um Kontrollaufgaben (Kontrollstäbe). Stäbe können informierend und beratend an einzelnen Entscheidungen mitwirken oder bei der Koordination verschiedener Prozesse. Im Innenverhältnis sind bei einem hierarchisch strukturierten Mehrpersonenstab (Stabsabteilung) einzelne Stabsstellen mit Weisungs- und Kontrollkompetenzen anderen Stabsstellen gegenüber ausgestattet. Solche stabsintern weisungsbefugten Stellen werden als Stabsinstanzen bezeichnet. Der Einsatz von Stäben ist nicht auf die oberste Hierarchieebene begrenzt. Vielmehr können auch zur Entlastung der Führung verschiedener Funktionsbereiche oder Sparten Stäbe eingesetzt werden. Es bietet sich dann eine begriffliche Unterscheidung in Unternehmungsleitungsstäbe, Funktionsbereichsstäbe und Sparten-Stäbe an. Befinden sich Stäbe auf mehreren Ebenen der Hierarchie, ist auch zwischen ihnen eine Weisungsbeziehung möglich (mehrstufige Stäbe, Stabshierarchie).

Es lassen sich die Arten **generalisierter, adjutantiver** und **spezialisierter** Stab unterscheiden [vgl. STEINLE 1992]. Ein generalisierter Stab (z.B. Geschäftsführungsassistent) soll z.B. durch Koordinations- und Entscheidungsvorbereitungsaufgaben zur umfassenden Entlastung einer Instanz beitragen. Ist der Stab auf einen einzelnen Aufgabenträger einer Instanz ausgerichtet (z.B. der persönliche Referent eines Vorstandsmitgliedes), so kann man diesen auch als adjutantiven Stab bezeichnen. Der spezialisierte Stab besteht aus einem oder mehreren Experten für einzelne Fachgebiete des Führungsprozesses, wie z.B. die Entscheidungsvorbereitung der strategischen Geschäftsfeldplanung.

Durch Stäbe wird eine Entlastung der Spitze erreicht und damit der Klage von Führungskräften begegnet, sie seien zu sehr mit Tagesarbeit beschäftigt und könnten sich zu wenig um die eigentlichen Führungsaufgaben kümmern. Stabslösungen sind auch für die Betreuung von Projekten oder von Produkten möglich. Stäbe vergrößern in jedem Fall die Problemlösungskapazität der jeweiligen Führungsebene, teils in quantitativer, teils aber auch in qualitativer Hinsicht. Sie wirken im letzteren Fall als "Intelligenzverstärker" der Linie. So weit verbreitet das Arbeiten mit Stäben ist, so stark ist die Kritik am Stabskonzept. Die wichtigsten **Kritikpunkte** sind:

Macht der Stäbe: Wenn die Zusammenarbeit zwischen Linie und Stab funktioniert, konzentriert sich die Informationsmacht in den Händen des Stabes. Die Linie wird von den Stabsvorlagen abhängig, da sie mangels Zeit und Qualifikation nicht in der Lage ist, die Prämissen und Vorentscheidungen des Stabes nachzuvollziehen.

Funktionale Autorität: Den Stäben wächst durch ihre fachliche Qualifikation eine funktionale Autorität im Verhältnis zur Linie und untergeordneten Stellen zu, die nicht durch organisatorische Kompetenzen abgedeckt ist. Diese Fachautorität kann das Verhältnis zum Linienvorgesetzten belasten. Im Verhältnis zu untergeordneten Stellen kann sie vom Stabsangehörigen zum Verstärken der eigenen Machtposition eingesetzt werden.

Unklare bzw. fehlende Kompetenzen: Stäbe haben formell keine Entscheidungs- und Weisungsrechte, verfügen außerdem nicht über Kontrollrechte. Ihnen fehlen damit die formellen Durchsetzungsmöglichkeiten. Linienstellen können einen Eingriff in ihre Kompetenzen befürchten, genauso wie sie umgekehrt die mangelnden Stabskompetenzen als Argumente zur Zurückweisung von Informationswünschen oder Entscheidungsvorlagen benutzen können.

Fehlende Verantwortung: Die Entscheidung trifft die Instanz. Sie trägt damit auch die Ergebnisverantwortung. Der Stab kann sich bei Fehlentscheidungen der Verantwortung entziehen.

Mangelnde Flexibilität der Stabsorganisation: Stäbe sind Dauereinrichtungen. Zur Behandlung von Spezialaufgaben, wie z.B. abteilungsübergreifenden Projekten, sind sie nicht genügend flexibel und auch nicht breit genug informiert und qualifiziert. Darüber hinaus fehlt ihnen oft die notwendige Detailkenntnis. Darunter leidet die Realistik ihrer Vorschläge.

Motivationsmängel der Stäbe: Die fehlenden Kompetenzen führen dazu, daß der Stab zuwenig Erfolgserlebnisse erfährt. Stabsarbeit vollzieht sich im Hintergrund, die Anerkennung und Achtung geht im Erfolgsfall auf die Linie über (Frustration der Stäbe). Die Linienstellen können umgekehrt eine Bedrohung ihres Status und ihres Prestige befürchten, wenn sich die Stäbe stärker in den Vordergrund schieben sollten.

Divergente Selbstbilder von Stab und Linie: Die Stabsstellen sind oft von akademisch geschulten Kräften besetzt, die besondere Erwartungen mit ihrer Tätigkeit verbinden. Ihre von der Wissenschaft geprägten Wertvorstellungen und Selbstverwirklichungsansprüche stehen zu dem Erfahrungshintergrund und den Werten der Linie im Gegensatz. Stabsangehörige werden oft als "Theoretiker" mit zuwenig "Fronterfahrung" abqualifiziert, dies sogar dann, wenn sie aus der Linie in den Stab übergewechselt sind, also sehr wohl über genügend Erfahrung verfügen. Dahinter steckt gelegentlich die Sorge von Linienmanagern, den Stäben fachlich unterlegen zu sein. Stabsabteilungen insgesamt werden von den operativen Einheiten, die sich als die produktiven Abteilungen empfinden, gerne als "Wasserkopf" apostrophiert.

Trotz dieser vielfältigen Kritik dürfte das Arbeiten mit Stäben eine sinnvolle Ergänzung der reinen Linienbeziehungen darstellen. Um einen angemessenen Einsatz und eine konstruktive Zusammenarbeit von Linie und Stab sicherzustellen, sollten allerdings einige **Regeln** beachtet werden [teils nach STAERKLE 1980; HÖHN 1986; MÜLLER/SCHREYÖGG 1981].

Begrenzung des Stabseinsatzes: Stäbe sollten nur nach einer genauen Prüfung alternativer Organisationslösungen eingesetzt werden und nicht bedenkenlos gleichsam als Ausweichstrategie der Instanz. Aufgaben, die bereichsbezogen sind, könnten auch mittels Delegation auf nachgelagerte Instanzen übertragen werden. Für die Vorbereitung bereichsübergreifender Entscheidungen, die nicht delegiert werden können, ist die Möglichkeit der Partizipation zu prüfen. Für einmalige, neuartige Vorhaben größeren Umfangs sollten Projektgruppen gebildet werden. Bereichsübergreifende, standardisierbare und nicht strategiekritische Aufgaben können z.T. auch aus der Unternehmung ausgegliedert werden. Von dieser Alternative wird in den letzten Jahren zunehmend Gebrauch gemacht.

Stabskompetenzen definieren: Um seine Arbeit effizient erledigen zu können, sollten dem Stab begrenzte Kompetenzen eingeräumt werden. Zu nennen sind das Informationsrecht sowie das Beratungsrecht. Demgegenüber muß die Instanz verpflichtet werden, sich beraten und informieren zu lassen. In einzelnen Fällen ist auch die Übertragung begrenzter funktionaler Weisungsrechte auf den Stab zu prüfen.

Systematischer Arbeitsplatzwechsel: Stäbe sollten Linienerfahrungen sammeln, Linienmanager Stabstätigkeiten übernehmen. Auf die Weise können Motivationsmängel ebenso abgebaut werden wie die divergenten Sichtweisen. Es gibt Firmen, in denen die Karrierepfade einen Wechsel von Stab und Linie vorsehen ("Wendeltreppenprinzip"). Der Linienmanager, der als Funktionsspezialist Führungserfahrungen erworben hat, kann dieses Potential wirkungsvoll z.B. in einem Stab "Strategische Planung" entfalten, dort aber vor der Übernahme erweiterter Linienverantwortung Einblicke in größere Zusammenhänge gewinnen und sich zusätzliches Wissen aneignen. Diese Art von Job Rotation stellt zugleich eine interessante Form der Personalentwicklung dar (vgl. S.136).

(3) Dienstleistungs- bzw. Unterstützungsstellen: Die Begriffe Dienstleistungs-, Unterstützungs- und Servicestelle werden im folgenden synonym gebraucht. Damit zu bezeichnen sind alle **Stellen, die spezifizierte Dienstleistungen für andere Einheiten erbringen.** Werden mehrere Dienstleistungs**stellen** unter einer Instanz zusammengefaßt, so entstehen entsprechende Dienstleistungs**einheiten** (Service- oder Unterstützungs**einheiten**) und damit eines der nach MINTZBERG unterschiedenen organisatorischen Subsysteme (vgl.S.40f.). Der analytische Unterschied zu Stäben liegt zum einen darin, daß i.d.R. keine direkte Erarbeitung von Entscheidungsvorlagen bzw. Mitwirkung an Entscheidungen erfolgt. Zum anderen erfolgt die Aufgabenerfüllung i.d.R. nicht nur für eine Instanz, sondern für mehrere Ebenen oder Bereiche. Im Grenzfall arbeitet eine Serviceeinheit für die gesamte Unternehmung.

Stabstätigkeiten und Unterstützungstätigkeiten lassen sich zwar auf die Weise analytisch klar abgrenzen, die Aufgabenbündelung in einzelnen Stellen oder ganzen Abteilungen kann in der Praxis aber keineswegs immer so eindeutig erfolgen, u.a. aufgrund von Auslastungsgesichtspunkten. Daher existieren nicht wenige Organisationseinheiten, in denen sich Stabsfunktionen und Unterstützungsfunktionen mischen. Es wäre allerdings verfehlt, daraus auf die Fragwürdigkeit der Trennung von Stabs- und Unterstützungsfunktionen zu schließen. Vielmehr wird auch an dieser Stelle ein Gestaltungstrend sichtbar, der wohl eine tiefgreifende Bedeutung besitzt: der Trend zu **multifunktionalen Subsystemen.** Einzelne Stellen oder Abteilungen sind nicht **nur** Instanz **oder** Stab **oder** Dienstleistungsstelle, sondern vereinigen mehrere Funktionen mit je unterschiedlichen Kompetenzen in sich. In bestimmten Aufgabengebieten kommt eine eher weisungsgebende, in anderen Belangen eine eher beratende oder unterstützende Rolle zum Tragen.

Diese Multifunktionalität ist besonders deutlich bei den sog. **Zentralbereichen** (Zentralabteilungen) zu sehen, über die vor allem größere Unternehmungen mit einer objektorientierten Grundstruktur (Spartenorganisation/Divisionalisierung) typischerweise verfügen. Sie sind der oberen Führungsebene zugeordnet und dienen der gebündelten funktions- bzw. teilfunktionsbezogenen Unterstützung. Die Bildung von Zentralbereichen ist eine Frage des **Divisionalisierungsprofils**. Welche Funktionen sollen den Sparten zugewiesen werden und welche sollen zentral ausgeführt werden?

Zentralbereiche sind der Inbegriff von Unterstützungseinheiten. Sie unterstützen die Unternehmungsspitze bei ihren Steuerungs-, die einzelnen Sparten resp. Funktionsbereiche bei ihren operativen Aufgaben und üben daher "Tätigkeiten aus, die im Prinzip allen anderen Organisationseinheiten zugute kommen" [KREIKEBAUM 1992, Sp.2604]. Die Liste möglicher zentraler Funktionen ist lang und nicht allgemeinverbindlich. Typische Zentralbereiche sind: Organisation, EDV, Personalwirtschaft, Marktforschung, Patente und Lizenzen, Recht, Finanz- und Rechnungswesen, Controlling, Revision, Steuern, Öffentlichkeitsarbeit. Aber auch Umweltschutz, Forschung und Entwicklung, Logistik und Materialwirtschaft sind Funktionen, die ganz oder teilweise in Zentralbereichen gebündelt sein können. Der frühere Trend zu ausgebauten Zentraleinheiten ist durch einen gegenläufigen Trend abgelöst worden. Insbesondere werden alle **geschäftsnahen** Unterstützungsaufgaben heute dezentralisiert. Der damit zu erreichende **Flexibilitätsvorteil** wird als wichtiger angesehen als die Bündelung und Ausnutzung von Spezialistenwissen (betr.: Human Ressourcen-Orientierung).

5. Abteilungen und Arbeitsgruppen

(1) Abteilung: Die beschriebenen Stellenarten werden auf verschiedene Weise zu Mehrpersoneneinheiten zusammengefaßt. Mit dem Begriff **Abteilung** werden hier **hierarchisch gegliederte Subsysteme zur arbeitsteiligen Erfüllung von segmentierenden Daueraufgaben** bezeichnet. Im einfachsten Fall bestehen Abteilungen aus einer Instanz (z.B. Abteilungsleiter) und den ihr zugeordneten Ausführungsstellen (z.B. Sachbearbeiter). Abteilungen können einerseits wieder aus Untereinheiten bestehen (z.B. Unterabteilungen, Gruppen), andererseits zu größeren Einheiten gebündelt werden (z.B. Hauptabteilungen, Geschäftsbereichen, Ressorts). Einer Abteilung können auch Stabsstellen (z.B. Abteilungsleiterassistent) und Dienstleistungsstellen (z.B. Sekretariat) zugewiesen sein. Wenn die Aufgabengebiete einer Abteilung vielfach wechseln und damit auch ein hoher Anteil innovativer Aufgaben einhergeht, ist es zweckmäßig, auch **innerhalb** von einzelnen Abteilungen **Teams** einzusetzen, so z.B. im F&E-Bereich oder im Organisations- und DV-Bereich. Als Dauereinrichtungen fungieren dann die jeweiligen Instanzen (z.B. Abteilungsleiter, Projektgruppenleiter, Projektleiter) sowie die Unterstützungseinheiten (z.B. Sekretariate, Projektassistenten). Als zeitlich befristete Einheiten arbeiten die jeweiligen Projektteams, die sich aus den Fachkräften der Abteilung rekrutieren.

Die Abteilungsbildung [vgl. KIESER 1992, Sp.57ff.] ist einerseits eine Form der Systemdifferenzierung und dient auf die Weise zur **Komplexitätsbewältigung**. Die Mitgliedschaft in einer Abteilung führt für den einzelnen zu einem überschaubaren Bezugssystem und entsprechenden **Identifikationsmöglichkeiten**. Die Entstehung von Subsystemen geht allerdings regelmäßig auch mit der Entstehung von Subzielen und Subkulturen einher, die dem Gesamtinteresse zuwiderlaufen können. **Ressortdenken** und Abteilungs**egoismus** kennzeichnen das - oft gar nicht bewußt gelebte - Verhalten,

Abteilungszäune behindern die Kommunikation: "Abteilungen teilen ab". Das Einrichten und die Größe einer Abteilung hängen sachlogisch sehr stark mit der **Leitungsspanne** der jeweiligen Instanz zusammen (vgl. 63f.). Daneben kann auch der unternehmungsbezogene Stellenwert einer Aufgabe eine Rolle spielen. Das Einrichten einer Abteilung und die Erhebung einer Stelle in den Rang eines Abteilungsleiters dokumentieren dann die Bedeutung der Aufgabe.

(2) Arbeitsgruppen: In den letzten Jahren ist in immer mehr Ebenen und Bereichen der Hierarchie eine Auflockerung der Weisungsbindung festzustellen. Die Koordination **innerhalb** einer Mehrpersoneneinheit kann u.U. von der Instanz auf die Beteiligten selbst verlagert werden. Das entstehende Gebilde einer sich - teilweise - selbststeuernden Einheit wird als **selbststeuernde (teilautonome) Arbeitsgruppe** bezeichnet. Diese Art von Organisationseinheit kann definiert werden als eine "Kleingruppe im Gesamtsystem der Unternehmung, die zusammenhängende Aufgabenvollzüge eigenverantwortlich zu erfüllen hat und über (vormals auf höheren hierarchischen Ebenen angesiedelte) Entscheidungs- und Kontrollkompetenzen verfügt" [STEINMANN/ HEINRICH/SCHREYÖGG 1976, S.40f.].

Im Sinne der hier gebrauchten Begriffe sind Arbeitsgruppen **Dauereinrichtungen,** die überwiegend **routinehafte, segmentierende Daueraufgaben** ausführen. Dazu im Gegensatz stehen **Teams,** die für **innovative Spezialaufgaben** gebildet werden, die auch **traversierend** sein können. Arbeitsgruppen sind Teil der **Primärorganisation,** Teams zählen zur **Sekundärorganisation.**

Ursprünglich ist dieses Konzept als eine besondere Form des Job Enrichment entstanden und fand seine Hauptanwendung auf der Ausführungsebene, vor allem in industriellen Montageprozessen. Das Fließband und seine negativen Auswirkungen (vgl. S.203ff.) sollten auf die Weise überwunden werden. Motivations- und Humanisierungsaspekte und ihre Effizienzwirkungen standen im Vordergrund der Diskussion [vgl. BARTÖLKE 1992, Sp.2384ff.]. Im Prinzip läßt sich Selbststeuerung aber als allgemeines Konzept interpretieren [vgl. PROBST 1987], und (teilautonome) Arbeitsgruppen sind daher auch als ein allgemein verwendbares Subsystem anzusehen. Dies gilt unabhängig davon, welche Erfahrungen konkret mit Montagegruppen gemacht wurden. Das Kernproblem scheint die Aufrechterhaltung der hohen mengenmäßigen Produktivität zu sein, die das Fließband auszeichnet.

Im Vordergrund der Autonomie stehen Fragen der Binnenstruktur der Gruppe sowie der Arbeitsorganisation (Aufgabenverteilung, Reihenfolgen, Zeiten). Die Gruppe entscheidet also im Rahmen gegebener Ziele über die Maßnahmen der Zielerreichung. Außerdem wirkt sie aktiv an der Zielbildung sowie an Verbesserungsvorschlägen mit. Dies kann sich in der Automontage z.B. auf die Wahl von Einzelteilen oder Lieferanten auswirken. In dem Maße, wie aus der Arbeitsgruppe heraus auch Verfahrens- und Produktverbesserungen entstehen, übernimmt sie Aufgaben, die eigentlich in der Sekundärorganisation verankert sind. Vorzugsweise werden hierfür allerdings spezielle Teams gebildet, z.B. Qualitätszirkel. Dennoch ist zu beobachten, daß die Aufgaben von Primär- und Sekundärorganisation enger zusammenrücken und die betreffenden Organisationseinheiten teils Team-, teils Arbeitsgruppencharakter tragen. Die **Multifunktionalität von Stellen und Personen** macht sich mehr und mehr bemerkbar (vgl. S.42).

Das Prinzip der Arbeitsgruppe ist also durch eine starke Reduzierung der traditionellen Arbeitsteilung gekennzeichnet sowie durch ein erhöhtes Maß an Selbststeuerung und auch Selbstkontrolle. In der Fertigung soll z.B. die Qualität in das Produkt hineingebaut und nicht "hineingeprüft" werden. Dazu muß die Qualitätskontrolle Teil des direkten Arbeitsvollzuges werden. Sogar Wartungs- und Instandhaltungsarbeiten sind teilweise in die Arbeitsgruppe integriert. Die Qualifikationsanforderungen steigen zwar erheblich, aber auch die Entfaltungsmöglichkeiten wachsen. In der Produktion spielen geänderte Fertigungstechniken bei der Einrichtung der Arbeitsgruppen eine erhebliche Rolle, so z.B. in dem Konzept der **Fertigungsinseln** (vgl. S.199f.).

6. Ausschüsse und Teams

(1) Ausschüsse: Synonyme Bezeichnungen sind Kollegien, Gremien, Kommissionen, Task Force. Folgende Merkmale können als Mindestbestandteile des Begriffs Ausschuß gelten [vgl. allg. REDEL 1982, MAG 1992, Sp.252ff.]:

- Zwei oder mehr Aufgabenträger sind beteiligt,
- die Mitglieder kommen aus sachlich unterschiedlichen Bereichen (z.T. auch Ebenen),
- es werden abteilungs- oder bereichsübergreifende Aufgaben (Dauer- oder Spezialaufgaben) erfüllt,
- die Aufgabenerfüllung verlangt keine ständige Zusammenarbeit, sondern konzentriert sich auf die Sitzungstermine.

Ein **Ausschuß** ist demgemäß eine **Mehrpersoneneinheit zur Erfüllung übergreifender Daueraufgaben oder Spezialaufgaben durch nicht-ständige Zusammenarbeit.**

Ausschüsse können Dauereinrichtungen sein, z.B. ein Investitionsausschuß, der dem Vorstand zuarbeitet. Dann erfüllen sie traversierende Daueraufgaben. Sie können aber auch auf Zeit eingerichtet werden, z.B. um Projekte zu bearbeiten. Allerdings ist für komplexe und neuartige Vorhaben die konventionelle Ausschußarbeit im allgemeinen zu starr und zu wenig kreativ. Projektteams und Workshops sind daher vorzuziehen. So interpretiert, haben Ausschüsse ihren Anwendungsschwerpunkt in der **Primärorganisation.**

Die mitwirkenden Stellen können hierarchisch gleichrangig oder ungleichrangig sein. Vertikale Koordination sollte im wesentlichen bereits durch die Instanzen geleistet sein, so daß eine horizontale oder laterale Zusammensetzung von Ausschüssen als typisch anzusehen ist. Für eine offene Kommunikation zur freien Meinungsäußerung ist Sorge zu tragen, um die Gruppenvorteile zu nutzen. Allerdings spiegeln sich im Ausschuß typischerweise die Eigenarten der jeweiligen Hierarchie wider. Status- und Hierarchiefreiheit dürfte für die Binnenstruktur von Ausschüssen daher eher die Ausnahme sein, zumal die Arbeit sich auf die Sitzungstermine beschränkt, was das Entstehen einer engen Zusammenarbeit nicht unbedingt fördert.

Bezüglich der Aufgaben lassen sich Informations-, Beratungs- bzw. Planungs- und Entscheidungsausschüsse unterscheiden. Im Informationsgremium findet eine Informationsumverteilung statt. Das Beratungs- bzw. Planungskollegium betreibt Meinungsbildung bis hin zur Erarbeitung entscheidungsreifer Vorlagen. Im Entscheidungskollegium können auch vollzugsverbindliche Entscheidungen für hierarchisch nachgelagerte Stellen getroffen werden. In solchen Fällen muß auch für nur zeitlich befristet gebildete Kollegien eine exakte hierarchische Einordnung vorgenommen werden (z.B. Kollegium auf Abteilungsleiterebene, entscheidungsbefugt für die Mitarbeiter der vertretenen Abteilungen). Entsprechend den genannten Aufgaben sind die Kollegien mit den notwendigen Kompetenzen auszustatten.

Die Stärke von Ausschüssen kann in der Querschnittskoordination und Entscheidungsvorbereitung liegen. Reine Informationsgremien sind dagegen häufig unproduktiv. Bei komplexen und neuartigen Aufgaben ist Gremienarbeit aufgrund der hierarchischen Arbeitsweise und der nicht-ständigen Zusammenarbeit anderen Organisations- und Arbeitsformen, so insbesondere Teams und Workshops, unterlegen.

(2) Teams: Wesentlich für die Charakteristik und damit den Begriff des Teams sind die enge Zusammenarbeit der Mitglieder, das Entstehen eines ausgeprägten Teamgeistes ("Wir-Gefühl") sowie die damit verbundene weitgehende Status- und Hierarchiefreiheit [vgl. FORSTER 1978].

Vorzugsweises Einsatzgebiet von Teams sind komplexe, neuartige Spezialaufgaben, die das Zusammenwirken von Spezialisten aus **verschiedenen** Bereichen erfordern (z.B. Betreuung strategischer Geschäftsfelder, Bauvorhaben, Neuproduktentwicklung, Reorganisation). Aber auch innovationsträchtige Aufgaben **einzelner** Bereiche werden teilweise im Team erarbeitet (z.B. F&E-Vorhaben, Qualitätszirkel in der Produktion). Teams haben also ihren Anwendungsschwerpunkt als **befristete Organisationseinheiten** in der Sekundärorganisation. Ein **Team** ist daher eine **zeitlich befristete Mehrpersoneneinheit zur Erfüllung von innovativen Spezialaufgaben**. Die Befristung und die Innovationsorientierung unterscheiden "Teams" und "Arbeitsgruppen".

Teamarbeit bedeutet enge Zusammenarbeit bei weitgehender Status- und Hierarchiefreiheit. Im günstigsten Fall werden die Teammitglieder für die Dauer ihrer Tätigkeit von ihrer Stammfunktion freigestellt, und das Team ist dann durch **ständige Zusammenarbeit** der Beteiligten gekennzeichnet. Ansonsten ist auch eine Freistellung für einen bestimmten Anteil der Arbeitszeit möglich. Dann verwischen sich allerdings die Grenzen zur Ausschußarbeit.

Team- bzw. Ausschußarbeit können auch als besondere Formen des **Job Enrichment** eingesetzt werden. Mitarbeiter mit Entwicklungs- und Karrierepotential bekommen die Chance, neben ihrem traditionellen Aufgabengebiet an Spezialaufgaben mitzuwirken oder sie verantwortlich durchzuführen. Dies bedeutet einerseits zwar eine erhebliche Zusatzbelastung, kann andererseits aber als besonderer Vertrauensbeweis, als Chance zum Entfalten und Erwerben neuer Fähigkeiten sowie als Bewährungsprobe für den weiteren Aufstieg gesehen und genutzt werden. Immer mehr Unternehmungen wählen diese Vorgehensweise als Instrument der Führungskräfteentwicklung und der Karrierepolitik. Ein wesentlicher Lerneffekt ist der Erwerb einer funktionsübergreifenden Denkweise, die innerhalb einer funktionalen Karrierelinie eher unterdrückt als gefördert wird.

Da sich bei freier Binnenstruktur die Anzahl der zur Abstimmung von Entscheidungen notwendigen Kommunikations- und Informationsprozesse mit steigender Mitgliederzahl exponentiell entwickelt, sollte die Gruppengröße klein sein. Diese kritische Gruppenstärke ist zwar nicht allgemeingültig bestimmbar, da die verschiedenen Aufgabenarten, die einem Team übertragen werden können, einen unterschiedlichen Bedarf an Informations- und Kommunikationsprozessen haben. Gruppendynamische Forschungen, die es in großer Zahl gibt, haben aber schon früh herausgefunden, daß ein Mittelwert von **fünf Mitgliedern** als optimal anzusehen ist [vgl. BLEICHER et al. 1989, S.107f.].

Da mit dem generell erhöhten Zeitaufwand bei der Entscheidungsfindung im Team auch höhere Kosten als bei der einzelstellenbezogenen Aufgabenzuordnung verbunden sind, erscheint die Teamlösung empfehlenswert, wenn

- die Motivationssteigerung Priorität besitzt,

- die Aufgabenstellung hohe Kreativität erfordert,

- die Aufgabenstellung intensive Zusammenarbeit erfordert.

Werden in einer Unternehmung mehrere Teams eingesetzt, deren Aufgabeninhalte eine enge Koordination und Kommunikation erforderlich machen, so kann dies durch die Doppelmitgliedschaft einzelner Teammitglieder in mehreren Teams sichergestellt werden. Dies führt zu Modellen sich überlappender, **vermaschter Teams** [vgl. SCHNELLE 1966].

Ein weiteres Beispiel für die Anwendung des Teamgedankens bilden **Qualitätszirkel** und **Lernstatt** [vgl. ZINK 1992, Sp.2129ff.]. Ihr Boom begann in Japan, wo Unternehmungen aufgrund von Bestrebungen zur Erreichung besserer Qualität der Erzeugnisse nach Methoden und Techniken der Qualitätsverbesserung suchten. Ihr Ziel war, bereits durch bessere Produktion und nicht erst durch erhöhten Kontrollaufwand die Ausschuß- und Fehlerquoten zu senken. Es wurden kleine Gruppen gebildet, die mit ihrer Erfahrung und Kenntnis Schwachstellen auffinden und Lösungen anbieten konnten [vgl. BREISIG 1990, S.14]. Damit auch reine Ausführungsverbesserungsvorschläge gemacht werden können, sind auch Inhaber von operativen Stellen als Teammitglieder zu beteiligen. Existiert für einen Qualitätszirkel eine vorgegebene Hierarchie und Aufgabenzuordnung, so ist eine solche Gruppe nicht als Team zu bezeichnen. In dem Maße wie Qualitätszirkel und Lernstatt eine Dauereinrichtung darstellen, entsprechen sie wohl in ihrer Arbeitsweise und Einordnung eher einer (selbststeuernden) Arbeitsgruppe.

Für die Effizienz der Teamarbeit ist neben der Binnenstruktur die externe Organisation von großer Bedeutung. Teams dürfen nicht "freischwebend" organisiert werden. Folgende Möglichkeiten der Anbindung an die Hierarchie existieren:

- Anbindung an eine bestimmte Instanz,

- Anbindung an einen Stab,

- Anbindung an einen Ausschuß (z.B. Lenkungsausschuß),

- Koppelung mit anderen Gruppen (SCHNELLE-Konzept).

Für Aufgaben geringer und mittlerer Komplexität sowie geringer Zeitdauer werden die zuerst genannten Varianten der Anbindung ausreichen. Für hochkomplexe und sehr zeitaufwendige Vorgaben dürfte das SCHNELLE-Konzept empfehlenswert sein. Dort ist das Kernteam, die sog. Planungsgruppe, ergänzt um sporadische Gruppen, die der Informationsversorgung einerseits, der Entscheidungsbildung (Projektoberleitung, Steuerungsgruppe) andererseits dienen. Außerdem werden **Konferenzen** und **Workshops** genutzt, um eine breite Beteiligung und Kommunikation sicherzustellen.

Projektarbeit ist weitestgehend Teamarbeit. Bei Teams mit bereichsübergreifenden Aufgaben liegt die Sekundärstruktur wie ein Netz über der Primärstruktur. In diesen Fällen ist die hierarchische Anbindung besonders wichtig. Teams mit segmentierenden Aufgaben ragen in die Primärstruktur hinein und wirken wie Implantate. Sie lockern die Hierarchie sozusagen von innen her auf.

Die Vor- und Nachteile, die beim Einsatz von Teams zu beachten sind, zeigt die folgende Übersicht [teils nach GROCHLA 1982, S.146f.].

Vorteile:

- Aktivierung aller potentiellen menschlichen Fähigkeiten,

- Entwicklung von Kooperationsfähigkeit,

- Erwerb von Querschnittswissen und -perspektive,

- gegenseitiger Fehlerausgleich,

- Qualität der Entscheidungen verbessert,

- Entscheidungsdurchsetzung beschleunigt,

- Kommunikation verbessert,

- Flexibilität der Organisation erhöht.

Nachteile:

- Umstellungskosten hoch (Training, Einarbeitung),

- hoher Zeitaufwand für Gruppendiskussion,

- Gefahr der Unterdrückung von Individualismus,

- unklare Verantwortungszurechnung,

- Verselbständigung des Teams (Steuerungsproblem),

- Reentry-Probleme der Teilnehmer.

7. Konferenzen und Workshops

Neben die traditionelle Einzelarbeit und die hierarchiegeprägte Zusammenarbeit treten in zunehmendem Maße auch andere Formen der Zusammenarbeit. Die schon erwähnte Teamarbeit zählt ebenso dazu wie die im folgenden dargestellten Formen "Konferenz" und "Workshop". Sie tragen zur Bewältigung von Spezialaufgaben bei und sind Teil der Sekundärorganisation. Zugleich dienen sie auch dazu, Primär- und Sekundärorganisation miteinander zu verbinden. Von alltäglichen Sitzungen und Besprechungen unterscheiden sie sich durch die längere Zeitdauer und den teils erheblichen Vorbereitungsaufwand, der auch präsituative Regelungen, also Organisation, erfordert.

Konferenzen sind **veranstalterzentrierte, ein- oder mehrtägige Treffen mit einer relativ großen Zahl von Beteiligten, in denen es vor allem um den Informationsaustausch sowie die Meinungs- und Konsensbildung geht.**

"Veranstalterzentrierung" bedeutet, daß Gegenstand und Ablauf der Konferenz weitgehend vom Veranstalter bestimmt und geprägt werden. Die Partizipationsmöglichkeiten der Teilnehmer sind begrenzt, und es findet vorwiegend Einwegkommunikation statt (z.B. Vorträge). Veranstaltungen mit Konferenzcharakter sind auch Teil der Mitbestimmungsregelungen, so insbesondere die Abteilungs- bzw. Betriebsversammlung sowie die Vollkonferenz der Betriebsräte im Konzern. In Konferenzen können fertige Lösungen präsentiert und offene Fragen oder Akzeptanzprobleme artikuliert werden. Konferenzen eignen sich jedoch nicht zur Erarbeitung von Problemlösungen.

Beispiel:

- Eine Konferenzaufgabe kann die Implementierung von Ergebnissen der Sekundärorganisation in die Primärorganisation sein, z.B. Präsentation eines neuen Produktes oder einer neuen Organisationsform.

Beurteilung:

- Relativ einfache Durchführung,
- auch große Adressatenkreise sind zeitgleich anzusprechen und mit identischen Informationen zu versorgen,
- Beitrag zur Bildung und Festigung der Unternehmungskultur,
- Ungewißheit über das gewünschte Ergebnis, z.B. Akzeptanz des Präsentierten.

Workshops sind **teilnehmerzentrierte, ein- oder mehrtägige Treffen mit einer kleinen Zahl von Beteiligten (ca. 10 - 25 Personen), bei denen es vorwiegend um die Identifikation und Strukturierung von Problemen geht.** Häufig wird ein Wechsel von Plenarsitzung und Teamarbeit organisiert. Eine wesentliche Rolle spielt dabei der Moderator, der als "change agent" oder Katalysator fungiert. Nicht selten werden externe Berater hierfür hinzugezogen.

Typische Aufgaben:

- Identifizierung von Problemen, die anschließend in Einzelarbeit oder Teams gelöst werden,
- Festlegung der Lösungsrichtung und Zielsetzung bei komplexen Problemen,
- Erteilung von Untersuchungsaufträgen,
- Erarbeitung von Lösungen bei überschaubaren Problemen,
- Präsentation und Integration von Teillösungen im Fortgang oder Abschluß eines Projekts.

Workshops sind stark **teilnehmerzentriert,** betonen also die Partizipation der Betroffenen und den offenen Informationsaustausch. Sowohl für Workshops wie für Konferenzen ist der Einsatz der **Konferenztechnik** sehr bedeutsam [vgl. PULLIG 1987, Sp.1222ff.; SEIDEL 1992, Sp.714ff.]. Moderne Telekommunikationstechnik erlaubt auch Video- oder Telekonferenzen über weite Entfernungen hinweg und erleichtert zumindest die Standardkommunikation, z.B. die Besprechungen zwischen Niederlassungsleitern. Allerdings sind die sozialen Aspekte der Kommunikation (z.B. Vertrauensbildung) wohl nur durch persönliche Begegnung zu gewährleisten.

Stellenmehrheiten					
Abteilungen	**Arbeitsgruppen**	**Ausschüsse**	**Teams**	**Konferenzen**	**Workshops**
Aufgabenart					
Segmentierende Daueraufgaben	Segmentierende Daueraufgaben	Traversierende Dauer- oder Spezialaufgaben	Lösung komplexer, neuartiger Probleme	Kommunikation von Problemlösungen; Meinungs- und Konsensbildung	Identifikation von Problemen; Integration u. ggf. Erarbeitung von Teillösungen
Interne Organisation					
hierarch.: Instanz plus spez. Ausführungsstellen; ggf. Stabs-/ oder DL-Stelle	nicht-hierarchisch Entspezialisierung Selbststeuerung	hierarchisch oder nicht-hierarchisch	nicht-hierarch.; Statusfreiheit der Mitglieder Teamkoordinator/-moderator	veranstalterzentriert; vorwiegend hierarchisch	nicht-hierarch.; teilnehmerzentr.; partizipativ; WS-Moderator; Teamkoordinator
Externe Organisation					
Instanzielle Einordnung	Instanzielle Einordnung	für Entscheidungen/-vorlagen Anbindung an Instanz; Info.ausschuß ohne Anbindung	Anbindung an Instanz, Ausschuß oder Stab	Anbindung an Instanz	Anbindung an Instanz oder Ausschuß
Befristung					
unbefristet	unbefristet	unbefristet oder befristet möglich	befristet	bis ca. 3 Tage	bis ca. 3 Tage
Größe					
3 bis ca. 100 Mitgl.	bis ca. 10 Mitgl.	ca. 3-10 Mitgl.	im Mittel 5 Mitgl.	bis einige tausend Mitgl.	ca. 10-25 Mitgl.
Zuordnung					
Primärorganisation					Sekundärorganisation

Abb. III/4: Stellenmehrheiten

Literatur

BARTÖLKE, K.: Teilautonome Arbeitsgruppen, in: Frese, E. (Hrsg.), Handwörterbuch der Organisation, 3. Aufl., Stuttgart 1992, Sp.2384-2399

BLEICHER, K.: Kompetenz, in: Grochla, E. (Hrsg.), Handwörterbuch der Organisation, 2. Aufl., Stuttgart 1980, Sp.1056-1064

BLEICHER, K. : Organisation: Formen und Modelle, 1. Aufl., Wiesbaden 1981

BLEICHER, K.: Organisation: Strategien-Strukturen-Kulturen, 2., vollst. neu bearb. u. erweiterte Aufl., Wiesbaden 1991

BLEICHER, K. et al.: Unternehmungsverfassung und Spitzenorganisation, Wiesbaden 1989

BREISIG, T.: It´s Team Time: Kleingruppenkonzepte in Unternehmen, Köln 1990

BRONNER, R.: Verantwortung, in: Frese, E. (Hrsg.), Handwörterbuch der Organisation, 3. Aufl., Stuttgart 1992, Sp.2503-2513

FORSTER, J.: Teams und Teamarbeit in der Unternehmung, Bern 1978

GROCHLA, E.: Grundlagen der organisatorischen Gestaltung, Stuttgart 1982

HAHN, D.: PuK - Controllingkonzepte, 4., vollst. überarb. u. erw. Aufl., Wiesbaden 1994

HAMEL, W.: Diskrepanz zwischen Kompetenz und Verantwortung, in: Schriften zur Unternehmensführung, Bd. 25: Betriebswirtschaftliche Forschungsergebnisse. Ihre Bedeutung für die Unternehmensführung, Wiesbaden 1978, S.103-128

HAUSCHILDT, J.: Verantwortung, in: Grochla, E. (Hrsg.), Handwörterbuch der Organisation, 1. Aufl., Stuttgart 1969, Sp.1693-1702

HÖHN, R.: Führungsbrevier der Wirtschaft, 12. Aufl., Bad Harzburg 1986

KIESER, A.: Abteilungsbildung, in: Frese, E. (Hrsg.), Handwörterbuch der Organisation, 3. Aufl., Stuttgart 1992, Sp.57-72

KOSIOL, E.: Organisation der Unternehmung, Wiesbaden 1962

KREIKEBAUM, H.: Zentralbereiche, in: Frese, E. (Hrsg.), Handwörterbuch der Organisation, 3. Aufl., Stuttgart 1992, Sp.2603-2610

KRÜGER, W.: Organisationsstruktur und Machtstruktur, in: ZFO 3/1977, S.126-132

KRÜGER, W.: Aufgabenanalyse und -synthese, in: Frese, E. (Hrsg.), Handwörterbuch der Organisation, 3. Aufl., Stuttgart 1992, Sp.221-236

MAG, W.: Ausschüsse, in: Frese, E. (Hrsg.), Handwörterbuch der Organisation, 3. Aufl., Stuttgart 1992, Sp.252-262

MINTZBERG, H.: Structure in Fives: Designing Effective Organizations, Englewood Cliffs 1983

MÜLLER, H./SCHREYÖGG, G.: Zur Zusammenarbeit von Stab und Linie, in: Potthoff, E. (Hrsg.), RKW-Handbuch Führungstechnik und Organisation, 8. Aufl. 1981, S.1-33

NICKLISCH H.: Der Weg aufwärts! Organisation: Versuch einer Grundlegung, 2. Aufl., Stuttgart 1922

PICOT, A.: Organisation, in: Vahlens Kompendium der Betriebswirtschaftslehre, Band 2, München 1984, S.95-158

PICOT, A.: Ein neuer Ansatz zur Gestaltung der Leistungstiefe, in: ZfbF 4/1991, S.336-357

PORTER, M.: Wettbewerbsvorteile. Spitzenleistungen erreichen und behaupten, Frankfurt/M. 1989

PROBST, G.: Selbst-Organisation, Berlin/Hamburg 1987

PULLIG, K. K.: Konferenztechniken, in: Kieser, A./Reber, G./Wunderer, R. (Hrsg.), Handwörterbuch der Führung, Stuttgart 1987, Sp.1222-1232

REDEL, W.: Kollegienmanagement, Bern/Stuttgart 1982

SCHNELLE, E.: Entscheidung im Management. Wege zur Lösung komplexer Aufgaben in großen Organisationen, Quickborn 1966

SEIDEL, E.: Gremienorganisation, in: Frese, E. (Hrsg.), Handwörterbuch der Organisation, 3. Aufl., Stuttgart 1992, Sp.714-724

STAERKLE, R.: Stabsstellen, in: Grochla, E. (Hrsg.), Handwörterbuch der Organisation, 2. Aufl., Stuttgart 1980, Sp.2097-2107

STEINLE, C.: Stabsstelle, in: Frese, E. (Hrsg.), Handwörterbuch der Organisation, 3. Aufl., Stuttgart 1992, Sp.2310-2321

STEINMANN, H./HEINRICH, M./SCHREYÖGG, G.: Theorie und Praxis selbststeuernder Arbeitsgruppen, Köln 1976

WILD, J.: Product Management, 2. Aufl., München 1973

ZINK, K. J.: Qualitätszirkel und Lernstatt, in: Frese, E. (Hrsg.), Handwörterbuch der Organisation, 3. Aufl., Stuttgart 1992, Sp.2129-2140

IV. HIERARCHIE

1. Begriff und Notwendigkeit

Die Hierarchieproblematik hat in den letzten Jahren wieder deutlich an Bedeutung gewonnen (vgl. die Entwicklungstrends S.14f.). Besonders hervorzuheben sind alle Bemühungen, die sich mit den Großbegriffen "Flexibilisierung", "Lean Management" und "Unternehmungskultur" charakterisieren lassen. Flexibilisierung von Unternehmungen erfordert in aufbauorganisatorischer Hinsicht Delegation und Dezentralisation, Verkürzung der Instanzenwege und Schaffung kleinerer Untereinheiten. Derartige Maßnahmen verändern die äußere Form, aber auch das "Innenleben" der Organisationspyramide. Insbesondere wird immer wieder auf die Unternehmungskultur verwiesen, die an die Stelle der Struktur treten solle. Der Aufbau und die Pflege einer Unternehmungskultur berühren unabhängig von ihren jeweiligen Inhalten das Verhältnis der formalen zu den informalen Regeln in der Unternehmung. Typischerweise regulieren Werte, Normen und Symbole, die den Kern der Unternehmungskultur ausmachen, das individuelle Verhalten und die Interaktion (vgl. S.20f.). Sie begrenzen Handlungsspielräume und bilden die Richtschnur für Aktionen aller Beteiligten innerhalb dieser Spielräume. "Kultur" ist damit genauso wie "Hierarchie" als ein **spezifischer Regelungsmechanismus** zu begreifen. Beide Mechanismen sind interdependent, nicht selten ist die vielgelobte "Kultur" in der Verhaltenswirkung erheblich subtiler und rigider als es die vielgeschmähte "Hierarchie" je war.

Im Fahrwasser aktueller Entwicklungstrends wie Teamarbeit und Selbststeuerung hegen Kritiker mitunter sogar Zweifel an der Notwendigkeit der Hierarchie und fordern im gleichen Atemzuge den Übergang zu anderen Regelungsformen. Dabei wird jedoch schlichtweg übersehen, daß Hierarchiefreiheit in komplexen arbeitsteiligen Organisationen zu einem unproduktiven Anstieg der Zahl an Abstimmungsbeziehungen führt. Hierarchiefreiheit kann sich demnach nur auf kleine, überschaubare Systeme oder aber auf einzelne Subsysteme eines komplexen Systems beziehen. Hierarchische Strukturen sind hingegen sehr viel eher geeignet, die hohe Eigenkomplexität eines Systems zu bewältigen [vgl. SIMON 1966, S.113f.]. Dies ist auch der Grund, warum Hierarchien in sämtlichen komplexen Systemen zu finden sind, die wir kennen. Komplexe biologische Systeme (z.B. Bienenstaat) und stellare Systeme (z.B. Sonnensysteme, Milchstraße) können als Beispiele dienen. Aus dieser Perspektive stellt sich die Hierarchie als **universelles Ordnungsmuster komplexer Systeme** dar, das stets dadurch gekennzeichnet ist, daß eine **Gesamtheit von Elementen durch Über- und Unterordnungsbeziehungen miteinander verbunden** ist. Die **Organisationshierarchie** läßt sich demnach als **spezieller Anwendungsfall** begreifen, bei dem es um die Über- und Unterordnung von Organisationseinheiten (Stellen, Abteilungen usw.) geht. Die Elemente dieser Hierarchie sind die jeweiligen **Leitungsebenen** bzw. Ausführungsebenen, die Beziehung, die sie verbindet, ist die **Leitungsbeziehung** (Weisungsbeziehung), charakterisiert durch Fremdentscheidung, Anordnung und Fremdkontrolle (vgl. S.49). Organisationshierarchie bedeutet **Leitungshierarchie** (Synonym: Management- oder Führungshierarchie).

Die genannten Merkmale machen keine Aussage über die inhaltliche Beziehung zwischen Instanz und nachgelagerter Stelle. Es können Entscheidungen teilweise oder vollständig delegiert werden, oder die Mitarbeiter der nachgelagerten Stellen partizipieren an der Entscheidungsfindung. Auch die Art der Entscheidungsdurchsetzung kann unterschiedlich sein. Die Skala reicht vom strikten Befehl ohne Begründung über den argumentativ vorgetragenen Auftrag bis zum Entscheidungsvorschlag mit Widerspruchsmöglichkeit. Der sich ergebende vertikale Handlungsspielraum wird bestimmt durch Führungsstil und -verhalten des Vorgesetzten. Um diese Unterschiede sichtbar zu machen, ist zwischen äußerer Form (**Konfiguration**) und inhaltlicher Ausgestaltung (**Inhaltsmuster**) der Hierarchie zu unterscheiden.

2. Konfiguration der Hierarchie

Die Notwendigkeit der Hierarchie drückt sich organisatorisch in der stufenweisen Schaffung von Leitungsstellen (Instanzen) aus, woraus sich das bekannte Bild der Pyramide ergibt. Mit diesem Bild ist jedoch die Bandbreite denkbarer äußerer Formen der Hierarchie, der Hierarchiekonfigurationen, nur sehr grob und unvollständig wiedergegeben. Im Einzelfall unterscheiden sich die Leitungssysteme der Betriebe, deren graphische Dokumentation üblicherweise in Organisationsschaubildern, sog. Organigrammen, erfolgt, ganz erheblich. Drei Merkmale bestimmen die Konfiguration der Hierarchie [vgl. KIESER/KUBICEK 1992, S.126ff.].

(1) Leitungsbreite: Die Anzahl der Stellen, die einer Instanz (Leitungsstelle) direkt untergeordnet sind, wird allgemein als **Leitungsspanne** (span of control) bezeichnet. Von dieser Größe hängt die Breite der Hierarchie ab. Je größer die Anzahl der Mitarbeiter ist, die einzelnen Vorgesetzten direkt unterstellt sind, desto weniger Leitungsebenen müssen gebildet werden.

In der Organisationsliteratur unternahm eine Vielzahl von Autoren den Versuch, Vorgehensweisen zur praktischen Bestimmung der "optimalen" Leitungsspanne aufzuzeigen [vgl. SCHMALENBACH 1959, URWICK 1956, ULRICH 1961]. Eine allgemeingültige Klärung der Frage, wieviele Stellen (oder Abteilungen) jeweils unter einheitliche Leitung gestellt werden können, ist demnach nicht möglich. Im Einzelfall hat sich die Bestimmung der Leitungsspanne vor allem an folgenden **Determinanten** auszurichten [vgl. ähnlich: BLEICHER 1969, Sp.1534f.].

Aufgabencharakter: Eine wesentliche Einflußgröße der Leitungsspanne eines Vorgesetzten stellt die Eigenart der Aufgaben seiner unterstellten Mitarbeiter dar. Komplexität, Neuartigkeit und Schwierigkeit der Aufgaben sind in diesem Zusammenhang besonders entscheidende Aufgabenmerkmale. So lassen bspw. relativ mechanische und schematische Tätigkeiten vergleichsweise große Leitungsspannen zu. Untere Ebenen der Hierarchie haben einen höheren Anteil an Routineaufgaben, so daß tendenziell die Leitungsspanne nach unten zunimmt. PETERS empfiehlt, auf der untersten Ebene 25-75 Mitarbeiter anzustreben [vgl. 1988, S.421]. Auf oberen Ebenen werden traditionell 5-6 Untergebene als ausreichend angesehen.

Qualifikation der Beteiligten: Auch das persönliche Eignungspotential von Vorgesetzten und Mitarbeitern ist zu den Einflußgrößen der Leitungsspanne zu zählen. Auf seiten des Vorgesetzten kann das Erteilen unklarer oder widersprüchlicher Anweisungen Rückfragen herausfordern. Damit geht zwangsläufig eine Vermehrung der Arbeitsbelastung einher, was eine Verkleinerung der Leitungsspanne nahelegt. Auf seiten der Mitarbeiter machen bspw. unselbständige Untergebene eine kleine Leitungs-spanne sehr viel eher erforderlich als "interne Unternehmer".

Unterstützung durch Sachmittel: In dem Maße, wie sich die Durchführung von Leitungstätigkeiten durch Sachmitteleinsatz unterstützen läßt, ist eine Verbreiterung der Leitungsspanne möglich. Als Beispiel sei hier die stark entlastende Wirkung des Einsatzes rechnergestützter Management-Informationssysteme erwähnt.

Unternehmungs- und Gesellschaftskultur: Wieviele Mitarbeiter ein Vorgesetz-ter führen kann, hängt auch vom Vorhandensein einheitlicher Werte und Normen im Mitarbeiterkreis ab. Die "shared values" sind in stark individualistischen Kulturen tendenziell geringer und führen zu einer geringeren Leitungsbreite als in eher kollek-tivistischen Kulturen.

(2) Leitungstiefe: Die Anzahl der Hierarchiestufen bestimmt die **Leitungstiefe.** Fla-che Hierarchien sind ebenso möglich wie sehr steile, in denen lange Instanzenwege auftreten. Leitungsbreite und Leitungstiefe stehen in negativer Korrelation zueinander. Je größer die Leitungsbreite (d.h. die Anzahl der einer Instanz direkt untergeordneten Stellen), desto geringer ist die Leitungstiefe (d.h. die Anzahl der Leitungsebenen) und umgekehrt. Je nachdem, wie Leitungsbreite und Leitungstiefe ausgeprägt sind, können sich neben dreieckigen Hierarchieformen auch andere geometrische Figuren ergeben.

Normalform der Hierarchie		Theoretische Grenzformen		Inverse Formen	
Basis stärker als Spitze besetzt		Spitze stärker als Basis besetzt		gleichmäßig gestuft	
gleichmäßig gestuft	ungleich-mäßig gestuft	gleichmäßig gestuft	ungleich-mäßig gestuft	symme-trisch	asymme-trisch

Abb. IV/1: Idealtypische Hierarchiekonfigurationen

Abb. IV/1 zeigt eine Auswahl möglicher Konfigurationen [nach FUCHS 1975, S.11]. Die Fälle, in denen die Spitze schwächer besetzt ist als die Basis, stellen die Normalfälle dar. Die spiegelbildliche Umkehrung ist als theoretischer Grenzfall einzustufen. Inverse Hierarchien besitzen dagegen empirische Relevanz, so z.B., wenn unterhalb der Unternehmungsspitze entscheidungsstarke Zentralstellen eingerichtet werden, auf die schwächer besetzte Basisstellen folgen [vgl. BLEICHER 1981, S.102]. Beim Stellenkegel der öffentlichen Verwaltung sind ebenfalls inverse Konfigurationen zu beobachten [vgl. FUCHS 1975].

Während Großunternehmungen regelmäßig auf über 10 Leitungsstufen kommen, vertritt PETERS dezidiert die Auffassung, daß selbst sehr komplexe Unternehmungen mit vielen Sparten nicht mehr als fünf Ebenen haben sollten. Einzelne Unternehmungsbereiche oder Werke sollten nicht mehr als drei Leitungsebenen aufweisen [vgl. 1988, S.420f.].

Selbstverständlich sind diese Zahlen nicht als "Kochrezept" zu verstehen. Wesentlich sind unterstützende Systeme, so vor allem ein adäquates Informations- und Kommunikationssystem, das die notwendigen Führungsinformationen liefert. Da es jedoch Unternehmungen gibt, die erfolgreich mit kleinen Konfigurationen arbeiten - ihre Palette reicht von amerikanischen Stahlwerken bis zur katholischen Kirche - sollten niedrige Leitungstiefe und hohe Leitungsbreite eine allgemeine Herausforderung für Großunternehmungen darstellen, deren "historisch gewachsene" Struktur oft durch vielfältigen "Wildwuchs", "dichtes Gestrüpp" und zuviel "Unterholz" gekennzeichnet ist.

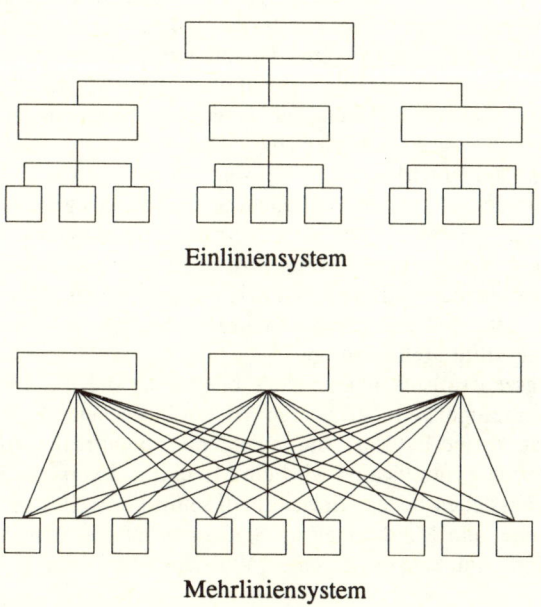

Einliniensystem

Mehrliniensystem

Abb. IV/2: Strukturen von Weisungsbeziehungen

(3) Struktur der Weisungsbeziehungen: Die traditionelle Hierarchie ist ein **Einliniensystem**, d.h. die Mitarbeiter unterstehen jeweils nur einem Vorgesetzten. Dies entspricht dem von FAYOL formulierten Grundsatz der **Einheit der Auftragserteilung**, d.h. die Weisungskompetenzen sind ungeteilt [vgl. 1916]. Eine Aufteilung der Weisungsbefugnisse bedeutet die Unterstellung einzelner Mitarbeiter unter mehrere Vorgesetzte. Es kommt zu einem **Mehrliniensystem**. Dieses Konzept wurde von TAYLOR zur Spezialisierung der Vorgesetzten auf der Meisterebene entwickelt [vgl. 1911]. Es wird als **Funktionsmeisterprinzip** bezeichnet. Heutige Ausprägungen dieses Konzepts sind die - zweidimensionale - Matrixorganisation sowie die - seltenere - Tensororganisation, in der mehr als zwei Dimensionen existieren. Bei der Beschreibung der aufbauorganisatorischen Gesamtmodelle (vgl. S.95ff.) wird näher auf diese Konzepte eingegangen. Abb. IV/2 stellt die Idealtypen des Einliniensystems sowie des Mehrliniensystems schematisch dar.

3. Inhaltsmuster der Hierarchie

(1) Gestaltungsparameter der Inhaltsmuster: Innerhalb des formalen Rahmens, der durch die Konfiguration vorgegeben wird, verbleiben breite Spielräume, die der inhaltlichen Ausgestaltung bedürfen. Selbst bei gleichartiger äußerer Form können Hierarchien hinsichtlich inhaltlicher Merkmale erheblich variieren. Ob und in welchem Ausmaß in einem System zum Beispiel Delegation oder Partizipation betrieben wird, bestimmt die Tagesarbeit der Vorgesetzten und ihrer Mitarbeiter wohl in stärkerem Maße als Leitungsbreite und Leitungstiefe. Diese inhaltlichen Modifikationen, die sich im Organigramm nicht erkennen lassen, sollen hier mit Hilfe der **Inhaltsmuster der Hierarchie** erfaßt werden. Drei Gestaltungsparameter prägen die Inhaltsmuster: Entscheidungs(de)zentralisation, Delegation und Partizipation. Diese Kategorien werden aufgrund inhaltlicher Überschneidungen oft miteinander vermengt, sind jedoch analytisch eindeutig voneinander abgrenzbar.

Entscheidungs(de)zentralisation: Die zentrale oder dezentrale Verteilung von **Entscheidungen** in der Hierarchie stellt einen Spezialfall des generellen aufbauorganisatorischen Gestaltungsproblems der **Aufgabenzentralisation bzw. -dezentralisation** dar. Mit **Entscheidungsdezentralisation** wird allgemein eine generelle Tendenz zur Verteilung von Entscheidungsaufgaben - sowie entsprechender Kompetenzen und Verantwortung - auf untere Hierarchieebenen bezeichnet. Dieser Gestaltungstrend umschließt also das **gesamte Stellengefüge**.

Entscheidungszentralisation beinhaltet umgekehrt die Tendenz zur Bündelung von Entscheidungsbefugnissen auf oberen Hierarchieebenen. **Völlige** Zentralisation bzw. Dezentralisation sind Extrema, die in der Praxis nicht realisierbar sind. Auch bei einer weitestgehenden Zentralisation wird ein Mindestmaß von Routineentscheidungen bei den Ausführungsstellen liegen. Ebenso muß selbst bei weitestgehender Dezentralisation oberen Ebenen ein Mindestmaß an Steuerungsentscheidungen bleiben. Nur im Rahmen dieser Einschränkungen ist eine "Vollständigkeit" der Entscheidungsverteilung gegeben.

Die Bandbreite möglicher Ausprägungen des Gestaltungsparameters Entscheidungs(de)zentralisation ist in einer Kontinuum-Darstellung in Abbildung IV/3 festgehalten. Die dort vorgenommene Stufeneinteilung wurde (wie auch die Kontinuumdarstellungen zur Delegation und Partizipation) im Rahmen einer explorativen Studie zur

Überprüfung der empirischen Relevanz einzelner Inhaltsmuster der Hierarchie entwikkelt [vgl. KRÜGER/REISSNER 1990]. Sie ist damit einerseits dem im Rahmen dieser Studie verwendeten empirischen Material (zfo-Führungsprofile) angemessen, trägt jedoch andererseits auch dem Erfordernis analytischer Trennschärfe Rechnung.

	Konzentration von Entscheidungsbefugnissen auf obere Hierarchieebenen			Verteilung von Entscheidungsbefugnissen auf untere Hierarchieebenen	
Charakterisierung	Obere Hierarchieebenen behalten alle Entscheidungsbefugnisse in der Hand.	Alle wichtigen Entscheidungsprozesse laufen auf oberen Ebenen der Hierarchie ab.	Keine ausgeprägte Zentralisations- oder Dezentralisationstendenz.	Teilweise Autonomie unterer Ebenen.	Entscheidungsautonomie unterer Ebenen.
Bezeichnung	Vollständige Entscheidungszentralisation	Überwiegende Entscheidungszentralisation	Neutrale Verteilungstendenz	Überwiegende Entscheidungsdezentralisation	Vollständige Entscheidungsdezentralisation

Abb. IV/3: Stufen der Entscheidungs(de)zentralisation

Delegation: Handelt es sich bei der Entscheidungs(de)zentralisation um einen umfassenden Verteilungstrend, so ist die Delegation hinsichtlich dieses Aspekts begrifflich enger zu fassen. Sie erstreckt sich lediglich auf **zwei Ebenen eines Leitungsstrangs** und umschließt inhaltlich die vertikale Abtretung von Aufgaben, Kompetenzen und Verantwortung an nachgelagerte Stellen. Der Delegationsbegriff betrifft also unmittelbar die vertikale Autonomie von Mitarbeitern im Verhältnis zu ihrem Vorgesetzten. Wenn sich ein Vorgesetzter von bestimmten Aufgaben entlasten will, kann er sie an seine Mitarbeiter übertragen. Im Gegensatz zu dem alltäglichen Vorgang der Auftragserteilung handelt es sich dabei um eine dauerhafte Änderung der Aufgabenverteilung.

Unterschiedliche Intensitätsgrade der Delegation können in Abhängigkeit von der Relevanz (bzw. des Ausmaßes) der abgetretenen Aufgaben, Kompetenzen und Verantwortungen unterschieden werden (vgl. Abb. IV/4). Delegiert werden können beliebige Aufgaben, also nicht nur Entscheidungen. Das hier verwendete Delegationsverständnis soll sich jedoch weniger auf reine Ausführungsaufgaben beziehen. Es interessieren vielmehr vorrangig vertikale Übertragungen von Planungs-, Entscheidungs- und Kontrollaufgaben.

Die inhaltliche Abgrenzung des Delegationsbegriffs von der Entscheidungsdezentralisation kann aus der Überlegung heraus getroffen werden, daß die dezentrale Verteilung von Entscheidungen (als flächendeckende Tendenz) notwendigerweise Delegationselemente implizieren muß. Hingegen führen umgekehrt einzelne Delegationsmaßnahmen nicht zur dezentralen Anordnung von Entscheidungsbefugnissen. Nur wenn **alle** Instanzen in einer Unternehmung **Entscheidungs**delegation betreiben, führt Delegation zur Entscheidungs**dezentralisation**.

	Aufgaben-/ Verantwortungs- und Kompetenzausmaß des Vorgesetzten			Aufgaben-/Verantwortungs- und Kompetenzausmaß der Mitarbeiter	
Charakteri- sierung	Vorgesetzter entscheidet alles autonom. Mitarbeiter führen nur aus.	Mitarbeiter be- stimmen ledig- lich, WIE die Aufgabe gelöst werden soll.	Mitarbeiter le- gen fest, WER die Aufgabe WIE lösen soll.	Mitarbeiter ent- scheiden, WAS getan werden soll, WER die- se Aufgabe er- ledigen soll so- wie WIE die Aufgabe gelöst werden soll.	Mitarbeiter be- stimmen, DASS etwas getan wird so- wie WAS getan werden soll, woran WER WIE mitwirkt.
Bezeichnung	Keine (kaum) Delegation	Prozeß- souveränität	Durchführungs- souveränität	Selbstregulie- rung	Autonomie

Abb. IV/4: Stufen der Delegation

Partizipation: Als gänzlich unabhängig von den beiden obigen Kriterien ist der dritte Parameter, die **Partizipation** anzusehen. Sie soll hier verstanden werden als "Beteiligung der Mitarbeiter an der Willensbildung einer hierarchisch höheren Ebene" [vgl. HILL/FEHLBAUM/ULRICH 1989, S.235] der Unternehmung. Dabei geht es hier nicht um die formale, juristisch-institutionelle Partizipation, sondern um die nicht ge- setzlich vorgeschriebene, organisatorisch geregelte Teilnahme am Willensbildungspro- zeß. Eine inhaltliche Abstufung des Partizipationskriteriums ist nach fortschreitender Bedeutung der Anteile der Mitarbeiter am Prozeß der Willensbildung des Vorgesetz- ten möglich (vgl. Abb. IV/5).

Partizipation kann demnach die Entscheidungsvorbereitung und/oder - besonders bedeutend - die Abschlußentscheidung selbst betreffen. Sie ist sowohl ohne als auch mit Delegation und Entscheidungsdezentralisation möglich.

Wie diese Überlegungen deutlich machen, sind sehr unterschiedliche Inhaltsmu- ster der Hierarchie möglich. "Die" Hierarchie gibt es nicht. Dies sollte man vor allem bei einer pauschalen Hierarchiekritik bedenken. Die denkbaren Inhaltsmuster um- schließen eine militärisch straffe Befehlsorganisation ebenso wie eine delegations- und partizipationsbetonte aufgelockerte Struktur. Im Grenzfall ist eine Hierarchie von Teams bzw. Arbeitsgruppen denkbar, die durch "linking pins" (Mehrfachmit- gliedschaften/Vermaschung) untereinander verbunden sind. Diese zunächst in der Theorie von LIKERT entwickelte Vorstellung beginnt, sich in der Praxis mehr und mehr durchzusetzen [vgl. LIKERT 1961].

	Anteile der Mitarbeiter am Willensbildungs-prozeß des Vorgesetzten				
	Willensbildung beim Vorgesetzten				
Charakteri-sierung	Vorgesetzter gestattet Mitarbeitern keinerlei Einflußnahme auf den eigenen Willens-bildungsprozeß.	Lediglich beratende bzw. informierende Teilnahme der Mitarbeiter am Willensbildungsprozeß des Vorgesetzten.	Der Einfluß der Mitarbeiter erstreckt sich bereits auf den Vorschlag von Alternativen. Die Auswahl nimmt jedoch der Vorgesetzte vor.	Mitarbeiter wirken bei Definition und Auswahl zu bearbeitender Probleme mit.	Gemeinsame Abschlußent-scheidung von Vorgesetztem und Mitarbeitern.
Bezeichnung	Keine (kaum) Partizipation	Informations-Partizipation	Beratungs-Partizipation	Problem-stellungs-Partizipation	Entscheidungs-Partizipation

Abb. IV/5: Stufen der Partizipation

(2) Bildung von Inhaltsmustern: Das Spektrum möglicher Kombinationen ist also außerordentlich vielfältig. Zwischen Inhaltsmustern, die weit voneinander entfernt liegen, können organisatorische (und personalpolitische) Welten liegen. Aus dieser Vielfalt werden anhand von Relevanzüberlegungen im folgenden vier Inhaltsmuster herausgegriffen. Diese Inhaltsmuster bzw. Hierarchietypen lassen sich jeweils durch spezifische Ausprägungen der drei Gestaltungsparameter charakterisieren und voneinander abgrenzen.

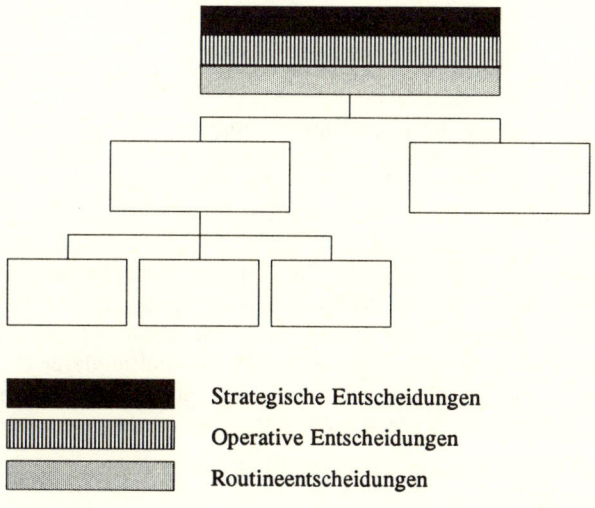

■ Strategische Entscheidungen
▦ Operative Entscheidungen
▨ Routineentscheidungen

Abb. IV/6: Entscheidungsverteilung der zentralistischen Hierarchie

69

Zentralistische Hierarchie (Typ A): Kennzeichnend für das Inhaltsmuster der zentralistischen Hierarchie (Typ A) ist die weitgehende **Konzentration von Entscheidungsprozessen** an der Unternehmungsspitze. Die Unterstellungsverhältnisse zwischen den hierarchischen Ebenen sind durch das Vorhandensein **strikter Weisungslinien** geprägt. Dies führt zu einer starken Verbindung des Hierarchietyps A mit der Ausprägung "vollständige Entscheidungszentralisation". Sowohl strategische und operative Entscheidungen als auch Routineentscheidungen behält sich die Unternehmungsspitze weitgehend selbst vor. Delegationsmaßnahmen beschränken sich auf die Abtretung unbedeutender Aufgaben, also z.B. Ausführungsaufgaben. An den unmittelbaren Führungsprozessen ist seitens der unteren bzw. mittleren Hierarchieebenen **keine direkte Partizipation** vorgesehen (vgl. Abb. IV/6).

Delegationsergänzte Hierarchie (Typ B): Das delegationsergänzte Inhaltsmuster der Hierarchie zeichnet sich bereits durch **weniger stark zentralisierte Entscheidungsprozesse** aus. Zum Zwecke der Entlastung der Unternehmungsspitze erfolgt die Delegation von Routineentscheidungen. Dadurch erlangen untere Ebenen jedoch kaum mehr als Prozeßsouveränität. Eine **direkte Partizipation** der unteren bzw. mittleren Ebenen an den Führungsprozessen findet - auch bei der delgationsergänzten Hierarchie - **nicht oder nur in unbedeutendem Umfang** statt. Die Visualisierung der Entscheidungsverteilung im Rahmen dieses Hierarchietyps ist Abb. IV/7 zu entnehmen.

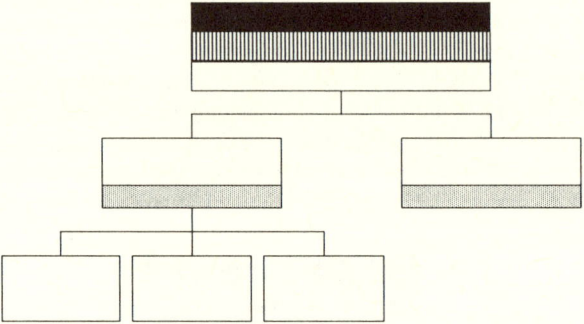

Abb. IV/7: Entscheidungsverteilung der delegationsergänzten Hierarchie

Partizipationsergänzte Hierarchie (Typ C): Die Einbeziehung unterer bzw. mittlerer Ebenen in den Führungsprozeß verändert die delegationsergänzte Hierarchie schrittweise in Richtung auf ein partizipationsergänztes Inhaltsmuster (Typ C). Dabei kann die Partizipation bereits über eine lediglich informierende und beratende Mitwirkung am Willensbildungsprozeß des Vorgesetzten hinausreichen. Auch hinsichtlich der Parameter Entscheidungs(de)zentralisation und Delegation kommt es zu weiteren (wenn auch geringen) Verschiebungen zugunsten unterer und mittlerer Hierarchieebenen. Wie sich das auf die Verteilung der Entscheidungen im Rahmen dieses Inhaltsmusters auswirkt, gibt Abb. IV/8 wieder.

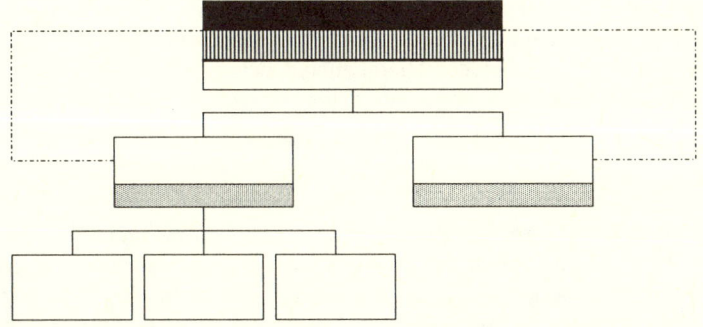

Abb. IV/8: Entscheidungsverteilung der partizipationsergänzten Hierarchie

Dezentralistische Hierarchie (Typ D): Beim dezentralistischen Inhaltsmuster (Typ D) bleiben allein die strategischen Entscheidungen an der Unternehmungsspitze konzentriert, und auch daran wirken bereits mittlere Ebenen mit. Im Zuge **weitgehender Dezentralisation** sind operative Entscheidungen, soweit möglich, auf mittlere Ebenen verteilt. An diesen wirken wiederum untere Ebenen bereits mit. Mittlere Ebenen delegieren darüber hinaus Routineentscheidungen an untere Ebenen (vgl. Abb. IV/9). Die organisatorischen Subsysteme werden weitgehend selbständig geführt. Vorgesetzte lassen ihre Mitarbeiter an der Problemdefinition, z.T. sogar an der Abschlußentscheidung partizipieren.

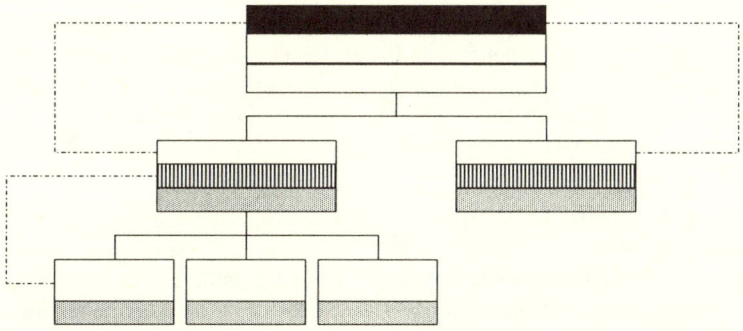

Abb. IV/9: Entscheidungsverteilung der dezentralistischen Hierarchie

(3) Beurteilung der Inhaltsmuster: Wie die Überlegungen zu den Inhaltsmustern der Hierarchie zeigen, sind die bisherigen kritischen Auseinandersetzungen mit dem Hierarchiephänomen zu pauschal angelegt. Es scheint vor allen Dingen das zentralistische Inhaltsmuster zu sein, das Hierarchiekritiker implizit unterstellen, wenn sie von "der" Hierarchie sprechen. Die im folgenden vorgenommene Beurteilung der vier Inhaltsmuster macht jedoch deutlich, daß die Hierarchie **Eigenschaften**, die ihr Kritiker aus pragmatischen (z.B. Starrheit) oder aus normativen Gesichtspunkten (z.B. fehlende Demokratisierung und Legitimierung) vorwerfen, durchaus haben **kann**, aber nicht haben **muß**. Als **Beurteilungskriterien** bieten sich die in Kapitel I vorgestellten An-

forderungen an die Organisation an (vgl. S.14). Für jeden Hierarchietyp lassen sich Stärken und Schwächen besonders gut durch die Beantwortung der Frage herausarbeiten, wie gut oder schlecht der Hierarchietyp den einzelnen Anforderungen entspricht. Dies soll im folgenden vor allen Dingen für das zentralistische und das dezentralistische Inhaltsmuster geschehen, weil die Gegenüberstellung dieser beiden Hierarchietypen die Bandbreite der Leistungsfähigkeit hierarchischer Strukturen besonders deutlich macht.

Markt- und Wettbewerbsorientierung: Im Rahmen des zentralistischen Inhaltsmusters (Typ A) ist die Gefahr fehlender Kundennähe überaus groß, da Mitarbeiter unterer Ebenen bei außergewöhnlichen Kundenwünschen keine Entscheidungsbefugnis besitzen. Zudem werden "schwache Signale" durch die Unternehmungsspitze gar nicht oder erst mit erheblicher zeitlicher Verzögerung wahrgenommen. Allerdings begünstigt die Zentralisation von Entscheidungen auch ein einheitliches Auftreten gegenüber Kunden. Für den Hierarchietyp D gelten die Stärken und Schwächen des zentralistischen Inhaltsmusters mit umgekehrten Vorzeichen. Besonders vorteilhaft schlagen hier die ausgeprägte Kundennähe und die Möglichkeit, "an der Front" Entscheidungen treffen zu können, zu Buche.

Flexibilität: Beim zentralistischen Inhaltsmuster stehen der raschen Anpassung im operativen Bereich deutliche Flexibilitätsnachteile auf strategischer und struktureller Ebene gegenüber. Hier besitzt Hierarchietyp D hingegen ausgesprochene Stärken. Während Typ A allein in stabilen Umweltverhältnissen greift, verlangt Typ D geradezu nach Umweltdynamik, um nicht unausgelastete Entscheidungskapazität vorzuweisen.

Innovationsfähigkeit: In bezug auf die Anforderung an Organisationen, die Entwicklung und Durchsetzung neuartiger Produkte, Dienste, Verfahren und Strukturen zu begünstigen, stellen sich insbesondere die Inhaltsmuster mit Partizipationselementen (Typ C und D) als überlegen heraus. Das Kreativitätspotential unterer Hierarchieebenen wird hier sehr viel eher genutzt als bei den Hierarchietypen ohne Partizipationsansätze (Typ A und B).

Führungsprozeßeffizienz: Bzgl. Willensbildung, -durchsetzung und -sicherung weisen die Hierarchietypen beträchtliche Differenzen auf. Beim Hierarchietyp A ist die Heterogenität der Interessenlagen aller Entscheidungsträger von vornherein eingedämmt. Eine unilaterale Willensbildung erlaubt rasche und einheitliche Entscheidungen. Unternehmerische Impulse sind dadurch besonders gut und rasch umsetzbar. Langwierige Abstimmungsprozesse zur Konsensfindung entfallen hier.

Dem steht jedoch zur Willenssicherung ein hoher Anteil an Fremdkontrolle gegenüber. Dies führt nicht selten zu einer Überlastung oder Überforderung der Unternehmungsspitze. Mit dem Übergang zur delegationsergänzten Hierarchie (Typ B) besteht hier bereits die Möglichkeit, durch Abgabe von Aufgaben, Kompetenzen und Verantwortung für Entlastung der Leitungsspitze zu sorgen. Mit fortschreitenden Partizipationselementen (Typ C und D) kann sich die Unternehmungsspitze schließlich auf strategische Entscheidungen konzentrieren und zu einem hohen Anteil an Selbstkontrolle übergehen. Im gleichen Atemzuge steigt dann allerdings auch die Heterogenität der Zielsetzungen aller am Willensbildungsprozeß Beteiligten. Dies führt wiederum zu Verzögerungen in der Entscheidungsfindung, läßt dafür aber die Realistik allfälliger Entscheidungen nicht in Gefahr geraten. Auch die Implementierung bzw. Willensdurchsetzung dürfte hier wesentlich reibungsloser vonstatten gehen.

Human Ressourcen-Orientierung: Auch die Qualifikation und Motivation des Managements und der Mitarbeiter werden durch die verschiedenen Inhaltsmuster unterschiedlich ausgeschöpft und weiterentwickelt. Hierarchietyp A vermittelt Macht, Status und Entfaltungsmöglichkeiten allein für obere Leitungsebenen. Sämtliche Instanzen sind von Legitimationszwängen und persönlichkeitsbezogenem Machteinsatz völlig entlastet. Auf unteren und mittleren Ebenen zeigt sich vielfach eine nur duldende oder gar erzwungene Akzeptanz von Entscheidungen. Die Leistungsmotivation wird nicht voll ausgeschöpft, für untere und mittlere Ebenen bestehen nur mangelhafte Entfaltungsmöglichkeiten. Allerdings können besonders Mitarbeiter auf unteren Ebenen nicht selten ihre Sicherheitsbedürfnisse in hohem Maße befriedigen. Mit schrittweisem Übergang zur delegations- und partizipationsergänzten Hierarchie werden Selbständigkeit und Initiative zumindest der mittleren Ebenen gestärkt. Dennoch behält die Leitungsspitze "die Fäden in der Hand". Erst beim Übergang zum dezentralistischen Inhaltsmuster sind die Entfaltungsmöglichkeiten auf unteren und mittleren Ebenen als hoch zu bezeichnen. Für alle Mitarbeiter bestehen gute Identifikationsmöglichkeiten. Die Leistungsmotivation ist vergleichsweise hoch. Diese Effizienzsteigerung der Human-Ressourcen auf unteren und mittleren Ebenen wird jedoch mit einem Machtverlust und höheren Legitimationszwängen für obere Instanzen erkauft. Nicht selten tritt dann Frustration von Entfaltungsbedürfnissen im oberen Management durch mangelnde "Regierbarkeit" der Unternehmung auf. Derartige Zusammenhänge sind sorgfältig zu beachten, denn die Entfaltungsmöglichkeiten auf diesen Ebenen stellen einen wesentlichen Karriereanreiz dar. Nur wenn dieser Teil der Arbeitsbedingungen (auch) stimmt, lassen sich die besten Nachwuchskräfte in der Unternehmung halten und sind bereit, mehr Verantwortung zu übernehmen.

Finanz- und Sachressourcen-Effizienz: Sowohl in puncto Wirtschaftlichkeit der Mittelherkunft als auch in Hinblick auf die Mittelverwendung weisen die Inhaltsmuster der Hierarchie eigene Charakteristika auf. So kann es bspw. im Rahmen des Hierarchietyps A durch fehlende Entscheidungsbefugnisse auf unteren Ebenen zu einer Unterauslastung von Sachressourcen kommen. Besonders deutlich wurde dieses Manko in der Mißwirtschaft vieler Kombinate in der zentralistischen Planwirtschaft. Auch im Zusammenspiel mit anderen Anforderungsarten wie "Flexibilität" und "Innovationsfähigkeit" muß ein Mindestmaß an Dezentralisation bei der Entscheidung über die Mittelverwendung zwingend sein. Bei der Frage der Effizienz der Mittelherkunft (z.T. auch bei der Mittelgewinnung) kann ein bestimmtes Maß an Entscheidungszentralisation dazu führen, daß Synergieeffekte besser erschließbar sind. So sind bspw. mit Lieferanten oder Banken bzgl. der Einkaufskonditionen bzw. Zinsen zentral günstigere Konditionen aushandelbar als bei dezentraler Verhandlungsführung.

Geschäftsprozeß-Effizienz: Organisatorische Regelungen sollen eine rasche, kostengünstige und qualitativ hochwertige Aufgabenerfüllung in allen Geschäftsprozessen bewirken. Auch diesen Anforderungen kommen die einzelnen Hierarchietypen unterschiedlich nach. Beim zentralistischen Inhaltsmuster ist davon auszugehen, daß Routineprozesse rasch und fehlerfrei ablaufen. Kommt es jedoch zu unvorhergesehenen Prozeßabläufen, zeigt sich dieses Inhaltsmuster dem Hierarchietyp D unterlegen. So kann bspw. ein spezieller, nicht vorhergesehener Kundenwunsch durch fehlende Entscheidungsbefugnis zu Verzögerungen im Prozeßablauf führen. Zudem sind bei erzwungener Akzeptanz von Entscheidungen qualitative Realisationsmängel im Rahmen der Abwicklung von Geschäftsprozessen zu erwarten. Allerdings ist die Geschäftsprozeß-Effizienz generell nur durch Verbesserungen der horizontalen Koordination zu erreichen. Hinsichtlich dieser Anforderung sind alle hierarchischen Formen eher hinderlich. Der bekannte Effekt der **"Abteilungszäune"** ist hier zu nennen.

(4) Empirische Ergebnisse zu den Inhaltsmustern: Die vier Inhaltsmuster der Hierarchie wurden inzwischen auch in Hinblick auf ihre empirische Relevanz untersucht [vgl. im einzelnen KRÜGER/REISSNER 1990]. Das Untersuchungsfeld dieser explorativen empirischen Untersuchung erstreckte sich auf 37 (Groß-)Unternehmungen, die Gegenstand sogenannter "Führungsprofile" der "Zeitschrift Führung+Organisation" im Ausgabenintervall 1980-1988 waren. Die Analyse dieser Führungsprofile führte zu folgenden empirischen Ergebnissen:

Dezentralistische Hierarchie am häufigsten: Eine gesamthafte Betrachtung der Stichprobe ergab die in Abb. IV/10 dargestellte Verteilung der 37 Unternehmungen auf die Hierarchietypen.

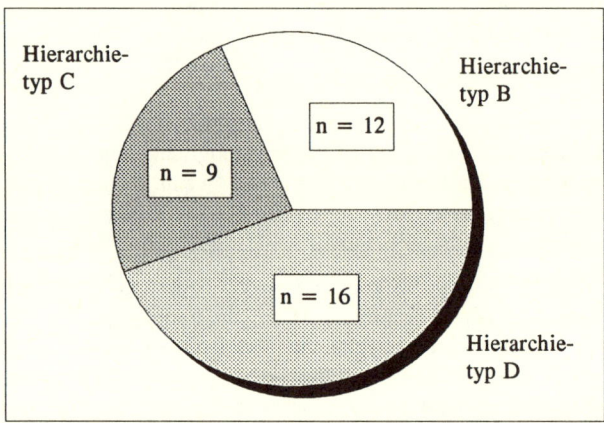

Abb. IV/10: Verteilung untersuchter Unternehmungen auf die Hierarchietypen

Bemerkenswert an dieser Verteilung erscheint zunächst, daß nicht eine Unternehmung dem zentralistischen Inhaltsmuster zugeordnet worden ist. Als alternative Erklärungen hierfür sind denkbar:

Das zentralistische Inhaltsmuster, das bereits früher Gegenstand der pauschalen Hierarchiekritik gewesen ist, kann mittlerweile als unzeitgemäß und überholt eingestuft werden.

Das zentralistische Inhaltsmuster ist eher in Klein- und Mittelbetrieben anzutreffen, die im Rahmen dieser Untersuchung jedoch nicht bzw. kaum berücksichtigt wurden.

Die Interviewten geben - bewußt oder unbewußt - eine gefärbte Darstellung ihres Führungsprofils i.S. der Modernität. Da nicht gezielt nach Hierarchieproblemen gefragt wurde, ist diese Erklärung allerdings eher unwahrscheinlich.

Darüber hinaus erscheint der Anteil des dezentralistischen Inhaltsmusters außergewöhnlich hoch. Knapp die Hälfte aller Unternehmungen wiesen eine dezentralistische Hierarchie auf. Dieses Inhaltsmuster muß für die Stichprobe daher als der wichtigste Hierarchietyp eingestuft werden.

Junge Unternehmungen sind dezentralistischer: 76,2 % aller Unternehmungen, die den Hierarchietypen B und C zugeordnet wurden, sind Unternehmungen, die vor 1946 gegründet worden sind, während der Hierarchietyp D mit 62,5 % einen besonders hohen Anteil bei den "Nachkriegsunternehmungen" hat.

Diese Tatsache kann dahingehend interpretiert werden, daß "junge" Unternehmungen wohl eher die Bereitschaft besitzen, eine dezentralistische Hierarchie einzuführen als "ältere" Unternehmungen, die oftmals - aufgrund historisch festgewachsener Strukturen - weniger zu derartigen "organisatorischen Innovationen" bereit sind.

Manager delegieren eher als Eigentümer: 58,3 % aller Unternehmungen des Hierarchietyps B waren eigentümergeführte Unternehmungen, nur 25 % hingegen beim Hierarchietyp D. Bei eigentümergeführten Unternehmungen scheint demnach der "Herr-im-Hause-Standpunkt" durchaus noch zur Anwendung zu gelangen. Bei managergeführten Unternehmungen ist tendenziell jedenfalls eher die Bereitschaft zu erkennen, Entscheidungsbefugnisse an Mitarbeiter abzugeben, als dies bei eigentümergeführten Unternehmungen der Fall ist.

Trend zur Dezentralisation bei Großunternehmungen: Hinsichtlich Umsatz und Beschäftigtenzahl, zwei Indikatoren der Unternehmungsgröße also, war die Tendenz zu erkennen, daß größere Unternehmungen dem dezentralistischen Inhaltsmuster folgen.

Dieses Ergebnis ist wenig verwunderlich, denn insbesondere die multinationale Großunternehmung bedarf, um dem immer aktueller werdenden Erfordernis der Marktnähe Rechnung tragen zu können, einer starken Basisorientierung und damit einer starken Entscheidungsverlagerung auf untere Ebenen der Unternehmungsorganisation. Dazu ist eine dem dezentralistischen Inhaltsmuster der Hierarchie folgende Ausrichtung besonders gut geeignet.

Nähe zum Verbraucher verlangt Dezentralisation: Bei den Anteilen der Hierarchietypen an ausgewählten Gewerbebereichen ergab sich ein unterschiedliches Bild für die Hierarchietypen B und C einerseits, für den Hierarchietyp D andererseits. Während die Hierarchietypen B und C eher in den Branchen anzutreffen waren, die im volkswirtschaftlichen Produktionsprozeß weit entfernt vom Endverbraucher sind, stellte sich für den Hierarchietyp D eine gegenläufige Tendenz heraus. Seine Anteile stiegen, je näher die betrachtete Branche dem Endverbraucher war. Auch diese Feststellung erscheint plausibel. Wenn eine Unternehmung schon auf einer Produktionsstufe angesiedelt ist, die dem Endverbraucher unmittelbar vorgeschaltet ist, sollte sie zwangsläufig basisnah organisiert und damit dezentralisiert sein.

Vielfältige Produkte führen zu Dezentralisation: 83,3 % der Unternehmungen, die dem Hierarchietyp B zugeordnet wurden, sind "Single Product"- bzw. "Dominant Product"-Unternehmungen, d.h. sie erzielen über 70 % ihres Umsatzes mit einem Produkt. Hingegen ist der Anteil des Hierarchietyps D in der "Unrelated Product"-Kategorie besonders hoch. Auch dieser Zusammenhang kann nicht verwundern. Weist eine Unternehmung ein Produktprogramm auf, das sich mehr oder weniger auf ein(e)

Produkt(gruppe) konzentriert, erwächst bei ihr weniger das Erfordernis zur Dezentralisation als bspw. bei einem Konglomerat.

Entwicklungstrends: Besonders interessant war es schließlich auch, die Häufigkeiten der Hierarchietypen im Zeitablauf zu betrachten. Die aus dieser Überlegung resultierende zeitliche Verteilung ist Abb. IV/11 zu entnehmen.

zfo-Ausgaben-Intervall Inhalts-muster	bis 1982	1983	1984	1985-1988	Rand-häufig-keit
Typ B	4	4	2	2	12
Typ C	2	3	3	1	9
Typ D	3	2	4	7	16
Randhäufigkeit	9	9	9	10	37

Abb. IV/11: Häufigkeit der Hierarchietypen im Zeitablauf

Danach ist der relative Anteil der Hierarchietypen B und C in der ersten Hälfte der 80er Jahre um 36,6 % höher als in der zweiten Hälfte, bei Hierarchietyp D genau umgekehrt. Der Hierarchietyp D, das dezentralistische Inhaltsmuster also, scheint demnach immer mehr Verbreitung zu finden. Auch dieser Befund wirkt vor dem Hintergrund zunehmender Wettbewerbsintensität sowie der Bemühungen um Markt- und Kundennähe plausibel.

4. Regelungen der Betriebs- und Unternehmungsverfassung

Die organisatorische Gestaltungsfreiheit wird im Bereich der Hierarchie durch vielfältige rechtliche Regelungen begrenzt. Das Vorhandensein, die Zusammensetzung und das Zusammenwirken einzelner hierarchischer Einheiten ist unter bestimmten Voraussetzungen juristisch kodifiziert. Der Regelungsbereich, dem die mit Abstand wichtigsten hierarchierelevanten Bestimmungen entstammen, ist in Deutschland die **Mitbestimmung der Arbeitnehmer.** Dieses Feld betrifft die Organisation der Betriebs- und Unternehmungsführung und regelt die Machtverteilung zwischen Anteilseignern, Arbeitnehmern und Managern.

Ausgangspunkt ist die abgestufte Mitwirkung von Arbeitnehmervertretern bei Führungsentscheidungen. So gesehen handelt es sich um eine gesetzliche Form der **Partizipation.** Sie ist Bestandteil der **Betriebs- und Unternehmungsverfassung.** Als **Verfassung** bezeichnet man allgemein die Gesamtheit aller grundlegenden, normativen Regelungen eines Sozialgefüges, die zu einem maßgeblichen Teil auf die Bildung einzelner Organe und die Verteilung von Kompetenzen und Kontrollrechten zwischen denselben bzw. deren Mitgliedern abstellen [vgl. HAMEL 1993, Sp.424]. Die Bezugs-bereiche verfassungskonstituierender Regelungen können ganze Staatsgebilde sein, aber auch kleinere Sozialsysteme wie ein Betrieb (Betriebsverfassung) oder eine Unternehmung (Unternehmungsverfassung), die im folgenden im Mittelpunkt der Betrachtung stehen.

Die Abgrenzung der Begriffe "Betrieb" und "Unternehmung" und damit auch "Betriebs- und Unternehmungsverfassung" erfolgt in der Literatur allerdings nicht einheitlich [vgl. GROCHLA 1993, Sp.374ff.; CHMIELEWICZ 1980, Sp.370ff.]. Aus Sicht der betriebswirtschaftlichen Terminologie spricht einiges dafür, Betriebsverfassung als Oberbegriff und Unternehmungsverfassung neben der Verfassung der öffentlichen Verwaltung und der privaten Haushaltung als die konkrete Regelungsausprägung für das soziale System "Unternehmung" zu interpretieren. An dieser Stelle soll jedoch dem allgemeinen Sprachgebrauch entsprechend die Abgrenzung verfolgt werden, die auch in das kodifizierte Recht Eingang gefunden hat. Danach spricht man von Betriebsverfassung (Mitbestimmung im Betrieb), wenn die technisch-organisatorische Einheit gemeint ist. Hingegen stellt die Unternehmungsverfassung (Mitbestimmung in der Unternehmung) die wirtschaftliche Einheit in den Mittelpunkt der Betrachtung [vgl. CHMIELEWICZ 1980, Sp.370ff.]

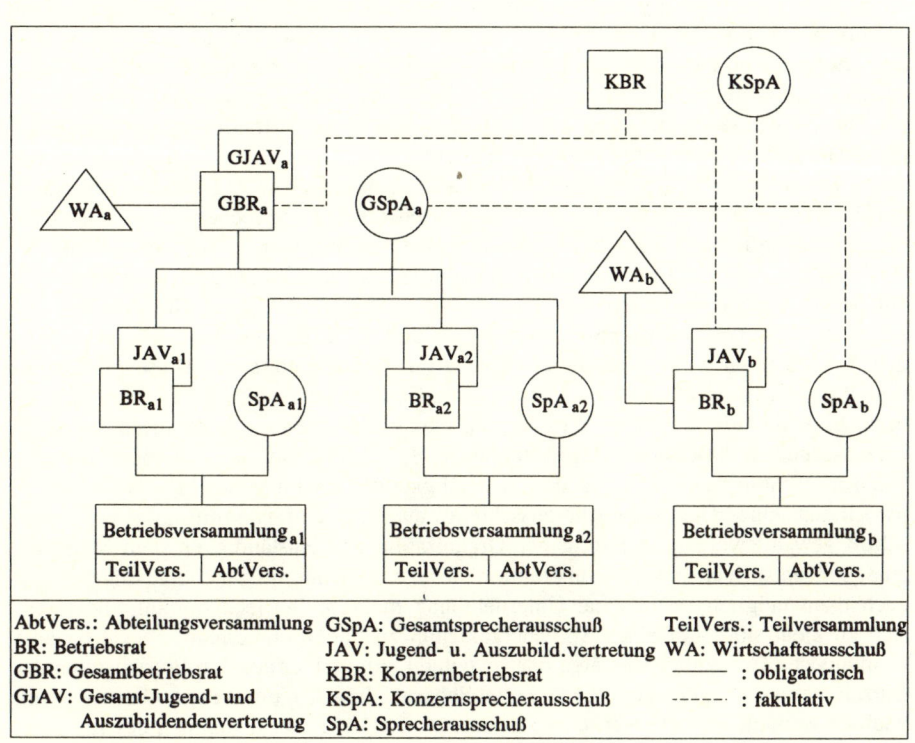

Abb. IV/12: Gremien der Betriebsverfassung

77

Die **Betriebsverfassung** [zum folgenden vgl. HAMEL 1993, Sp.424ff.] ist die Gesamtheit der inhaltlichen und organisatorischen Regelungen zur Gestaltung des Verhältnisses der Mitglieder des sozialen Systems "Betrieb" zueinander. Sie fußt neben Vorschriften des Grundgesetzes, des Arbeitsvertragsrechts, des Arbeitnehmerschutzrechts, des Sozialrechts, des Berufsbildungsrechts sowie der Tarifautonomie auf mehreren Einzelgesetzen, vor allem auf dem Betriebsverfassungsgesetz (BetrVG) vom 15.1.1972 und dem Gesetz über Sprecherausschüsse (SpreAuG) der leitenden Angestellten vom 20.12.1989.

Hinsichtlich der personellen Größe sind die rechtlichen Regelungen zur Betriebsverfassung auf Wirtschaftseinheiten begrenzt, die mindestens fünf ständig beschäftigte wahlberechtigte Arbeitnehmer (Betriebsverfassungsgesetz) bzw. zehn leitende Angestellte (Sprecherausschußgesetz) umfassen.

Einen Überblick über die möglichen Organe, die die institutionelle Ausgestaltung der Betriebsverfassung festlegen, gibt Abb. IV/12 [nach HAMEL 1993, Sp.427f.].

Der für eine Amtszeit von vier Jahren in geheimer und unmittelbarer Wahl gewählte **Betriebsrat** ist als Träger aller Rechte und Pflichten bezüglich der betrieblichen Mitwirkung und/oder -entscheidung der Arbeitnehmer das zentrale Organ der Betriebsverfassung. Seine Größe und die Frage, ob die entsprechenden Aufgaben haupt- oder nebenamtlich durch die Mitglieder zu erfüllen sind, richtet sich nach der Anzahl der wahlberechtigten Arbeitnehmer (vgl. §38 BetrVG). Die dem Betriebsrat entsprechende Institution im Falle der leitenden Angestellten ist der sog. **Sprecherausschuß**, der im Gegensatz zum Betriebsrat allerdings nur Beratungs- und keine Mitentscheidungskompetenzen besitzt [vgl. CHMIELEWICZ 1993, Sp.2239].

Die **Betriebsversammlung** bzw. **Versammlung der leitenden Angestellten** als informatorische Verbindung zwischen Belegschaft und Betriebsrat bzw. Sprecherausschuß ist die regelmäßige Zusammenkunft aller Mitarbeiter bzw. leitenden Angestellten des Betriebes. Ihr gegenüber ist der Betriebsrat bzw. Sprecherausschuß letztlich rechenschaftspflichtig. **Teil- bzw. Abteilungsversammlungen** sind unter besonderen Bedingungen, wie etwa räumlich getrennten Betriebsteilen, einzuberufen. Besteht eine Unternehmung aus mehreren Betrieben, so ist zwingend ein **Gesamtbetriebsrat** und gegebenenfalls **Gesamtsprecherausschuß** zu bilden, in den einzelne Mitglieder aus den Betriebsräten bzw. Sprecherausschüssen zu entsenden sind. Dieses Gremium nimmt typischerweise Aufgaben wahr, die die Gesamtunternehmung betreffen, d.h. es herrscht keine hierarchische Weisungsbeziehung zwischen Gesamtbetriebsrat/-sprecherausschuß und Betriebsrat/Sprecherausschuß, sondern eine ausschließlich ebenenbezogene funktionale Trennung der Zuständigkeiten. Im Falle der "Leitenden" kann jedoch statt eines Gesamtsprecherausschusses auch ein **Unternehmungssprecherausschuß** gewählt werden, der in seiner Organisation und Zuständigkeit dem Sprecherausschuß entspricht. Diese Konstruktion des Unternehmungssprecherausschusses ist auch dann möglich, wenn eine Unternehmung mehrere Betriebe umfaßt, die je für sich zu klein sind, um einen Sprecherausschuß zu bilden. Innerhalb eines Konzerns kann aus den Gesamtbetriebsräten oder eventuell unmittelbar aus den Betriebsräten der Einzelunternehmungen ein **Konzernbetriebsrat bzw. Konzernsprecherausschuß** gebildet werden. Für EG-weit tätige Konzerne zeichnet sich im Rahmen des Entwurfs einer Richtlinie der Europäischen Kommission zur "Gemeinschaftscharta der sozialen Grundrechte in der Europäischen Gemeinschaft" ein Europäischer Betriebsrat ab [vgl. DRUMM 1992, S.34ff.].

Sind in einem Betrieb mindestens fünf jugendliche Arbeitnehmer unter 18 oder Auszubildende unter 25 Jahren beschäftigt, ist eine die Interessen dieser Gruppe wahrende **Jugend- und Auszubildendenvertretung** zu wählen, deren Größe und Zusammensetzung in abgeänderter Form den Vorschriften des Betriebsrats entspricht. **Jugend- und Auszubildendenversammlungen** sind von ihrer Funktion her den Belegschaftsversammlungen vergleichbar. Entsprechend den Regelungen für den Gesamtbetriebsrat können auch **Gesamt-Jugend- und Auszubildendenvertretungen** gebildet werden, während hingegen eine Konzern-Jugend- und Auszubildendenvertretung gesetzlich nicht vorgesehen ist.

Beschäftigt eine Unternehmung mehr als 100 Arbeitnehmer, muß zur Beratung wirtschaftlicher Angelegenheiten mit der Unternehmungsleitung vom Betriebsrat ein drei bis sieben Mitglieder umfassender **Wirtschaftsausschuß** bestimmt werden, wobei mindestens ein Mitglied in Personalunion Betriebsratsmitglied sein muß. Für die leitenden Angestellten besteht zwar kein vergleichbares Organ, sondern nur eine entsprechende Informationspflicht des Arbeitgebers gegenüber dem Sprecherausschuß, aber prinzipiell können in den Wirtschaftsausschuß auch leitende Angestellte entsandt werden. Die Kompetenzverteilung zwischen Unternehmungsleitung, Betriebsrat, Sprecher- und Wirtschaftsausschuß zeigt Abb. IV/13 [erweitert nach CHMIELEWICZ 1980, S.2278].

Kompetenz / Problem		(Mit-) Entscheidungskompetenz 1	Informations- und Beratungskompetenz 2
wirtschaftlich	1	Reserviert nur für die Unternehmungsleitung, die aber auch Kompetenzen in Zeile und Spalte 2 hat.	Wirtschaftsausschuß
sozial oder personell	2	Betriebsrat	
		Sprecherausschuß	

Abb. IV/13: Verteilung der Kompetenzen zwischen Unternehmungsleitung, Betriebsrat, Sprecherausschuß und Wirtschaftsausschuß

Treten zwischen Unternehmungsleitung und Betriebsrat personelle und soziale Belange betreffende Streitigkeiten auf, so versucht in gesetzlich festgelegten Fällen eine paritätisch besetzte **Einigungsstelle** eine Klärung herbeizuführen, notfalls auch durch die Stimme ihres neutralen Vorsitzenden.

Die **Unternehmungsverfassung** [zum folgenden vgl. CHMIELEWICZ 1992, Sp.2232ff.] beruht, ähnlich wie die Betriebsverfassung, auf einer Vielzahl gesetzlicher (Grundgesetz, einfache Gesetze, Rechtsverordnungen) und vertraglicher Regelungen (Tarifverträge), die ihren maßgeblichen Ausdruck vor allem in den entsprechenden Regelungen des Mitbestimmungsgesetzes vom 4.5.1976 und Montan-Mitbestimmungsgesetzes vom 12.5.1951, aber auch in Teilen des Betriebsverfassungsgesetzes finden. Im Mittelpunkt stehen dabei Fragen der Macht- und Einkommensverteilung in der Unternehmung und deren institutionelle Berücksichtigung in Form bestimmter gesellschaftsrechtlicher Entscheidungsorgane, die durch die verschiedenen Mitbestimmungsgremien ergänzt werden (vgl. Abb. IV/14 nach CHMIELEWICZ 1992, Sp.2238).

Modell

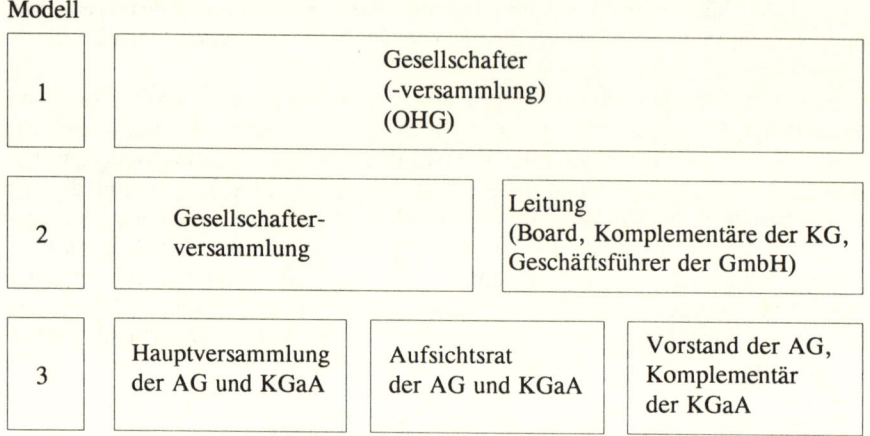

Abb. IV/14: Differenzierungsgrad der Unternehmungsgremien

Der Differenzierungsgrad der Unternehmungsgremien hängt entscheidend von der jeweiligen Rechtsform der Unternehmung, aber auch deren Größe ab. Während das für die OHG typische Modell 1 der Abb. IV/14 nur eine Gesellschafterversammlung als zentrales Leitungsgremium kennt, liegt bei der KG oder GmbH (Modell 2) bereits eine Zweiteilung in Gesellschafterversammlung (Eigenkapitalgeber) und Leitungsgremium (Eigentümer-Unternehmer und/oder Manager) vor.

Im Falle der AG, KGaA und mitbestimmten GmbH wird zwischen Gesellschafterversammlung und Leitungsgremium ein Aufsichtsrat eingefügt (Modell 3), dem die Funktion der Überwachung der Unternehmungsleitung zukommt.

Die Zusammenführung der gesetzlichen Regelungen zur Mitbestimmung im Rahmen der Betriebs- und Unternehmungsverfassung führt zu den in Abb. IV/15 dargestellten Gremienmodellen der Mitbestimmung in Deutschland [CHMIELEWICZ 1992, Sp.2239].

Ausgehend von den Regelungen zur Betriebsverfassung (Modell 1), kommt in den Mitbestimmungsmodellen 2 bis 5 der Abb. IV/15 bei großen Kapitalgesellschaften eine Mitbestimmung im Aufsichtsrat hinzu, die den Kern der Unternehmungsverfassung ausmacht. Dies gilt insbesondere auch deshalb, weil der interessenpluralistisch besetzte Aufsichtsrat im Gegensatz zum interessenmonistisch besetzten Betriebsrat nicht nur für personelle und soziale Probleme der Arbeitnehmer zuständig ist, sondern auch für alle unternehmungspolitischen Probleme.

Modell	1. Betriebsverfassung	2. Aufsichtsrat	3. Arbeitsdirektor
1		Nicht vorhanden oder nicht mitbestimmt	
2	- Betriebsrat (ergänzt durch Wirtschaftsaus-schuß, Einigungs-stelle, Betriebs-versammlung) - Sprecher-ausschuß der leitenden Angestellten	Unterparitätisch mitbestimmt	Nicht vorhanden
3		Paritätisch mitbe-stimmt (im Pattfall Zweitstimme des Vorsitzenden)	
4			Arbeitsdirektor als Personal-vorstand
5		Paritätisch mitbe-stimmt (Patt-Auf-lösung durch neutrales Mitglied)	Gewerkschaftlicher Arbeitsdirektor

Abb. IV/15: Mitbestimmungsmodelle der Unternehmung

Die Stärke der Mitbestimmung drückt sich dabei in der Anzahl der Sitze und vor allem der Stimmen aus, die auf die Arbeitnehmervertreter entfallen. Das Modell 1 gilt für die GmbH ohne Aufsichtsrat und für die AG, die Familiengesellschaft ist und weniger als 500 Arbeitnehmer beschäftigt. Im Modell 2 entfallen auf die Arbeitneh-mervertreter ein Drittel aller Sitze und Stimmen ("Drittelparität"). Es gilt für AG und KGaA mit weniger als 2000 Arbeitnehmern. In den Paritätsmodellen 3 und 4 (AG, KGaA, GmbH ab 2000 Arbeitnehmer nach dem Mitbestimmungsgesetz) besteht der Aufsichtsrat je zur Hälfte aus Arbeitnehmer- und Arbeitgebervertretern. Im Modell 4 ist ein für Personalfragen zuständiges Vorstandsmitglied vorgeschrieben (sog. Ar-beitsdirektor). Das Modell 5 fußt auf der sogenannten Montanmitbestimmung (Montanunternehmungen ab 1000 Arbeitnehmer nach dem Montan-Mitbestimmungs-gesetz) und unterscheidet sich von dem Mitbestimmungsmodell 4 in zweifacher Hin-sicht. Zum einen erfolgt die Auflösung von Patt-Situationen, in denen Anteilseigner und Arbeitnehmer(vertreter) geschlossen gegeneinander stimmen, nach dem Montan-Mitbestimmungsgesetz durch ein "neutrales Mitglied", das von den übrigen Aufsichts-ratmitgliedern der Hauptversammlung zur Wahl vorgeschlagen wird (§ 8 Montan-MitbestG). Es liegt somit eine Parität nach Sitzen und Stimmen vor. Nach dem Mit-bestimmungsgesetz hat in solchen Patt-Situationen der Aufsichtsratsvorsitzende eine Zweitstimme. Da dieser jedoch im zweiten Wahlgang mit den Stimmen der Anteils-eigner-Vertreter gewählt wird, wenn in einem ersten Wahlgang keine Zwei-Drittel-Mehrheit erreicht wurde, ist sichergestellt, daß der Vorsitzende das Vertrauen der Anteilseigner genießt. Im Gegensatz zur Montanmitbestimmung liegt somit nur eine

Parität nach Sitzen, nicht jedoch nach Stimmen vor. Außerdem unterscheiden sich beide Modelle und Gesetze durch die Regelungen zur Bestellung eines Arbeitsdirektors. Während der Arbeitsdirektor in Modell 4 (MitbestG) wie jedes andere Vorstandsmitglied bestellt wird, d.h. er könnte auch gegen die Interessen der Arbeitnehmervertreter bestellt werden, ist dies im Modell 5 (Montan-MitbestG) nicht möglich.

Die Gremien bzw. Organe, über die sich im einzelnen die Mitbestimmung im Betrieb und in der Unternehmung vollzieht, können, wie bereits für den Betriebsrat und Sprecherausschuß dargestellt, auf verschiedenen organisatorischen Ebenen angesiedelt sein. Bei Vorliegen eines Konzerns führt das zu einer entsprechend mehrstufigen Struktur der institutionellen Ausgestaltung der Mitbestimmung (vgl. Abb. IV/16, erweitert nach CHMIELEWICZ 1980, Sp.2278).

Gremium / Organisatorische Ebene	Aufsichtsrat (AR: Anteilseigner, Arbeitnehmer, ltd. Angestellte, externe Gewerkschaftler)	Geschäftsführung (ggf. mit Arbeitsdirektor)	Betriebsrat (BR: nur Arbeitnehmer)	Sprecherausschuß (SA: nur leitende Angestellte)
	1	2	3	4
Konzern (Obergesellschaft) — 1	AR der Konzern-Ober-Gesellschaft	Vorstand der Konzern-Ober-Gesellschaft	Konzern-BR (§§ 54ff. BetrVG)	Konzern-SA (§§ 21ff. SprAuG)
Einzel-Unternehmung (im Konzernfall: Untergesellschaft) — 2	AR der Einzel-Unternehmung	Vorstand der Einzel-Unternehmung	Gesamt-BR (§§ 47ff. BetrVG)	Gesamt-SA (§§16ff. SprAuG) od. Untern.-SA (§ 20 SprAuG)
Zweigwerk — 3	–	Werksleitung	(Einzel-)BR (§§ 7ff. BetrVG)	(Einzel-) SA (§§ 1ff. SprAuG)

Abb. IV/16: Gremien auf den verschiedenen Unternehmungsebenen nach Aktien-, Betriebsverfassungs- und Sprecherausschußgesetz

Insgesamt ergeben sich für die Hierarchie aus allen diesen Regelungen weitere Differenzierungen. Die Führungs- und Aufsichtsorgane von Unternehmungen sind je nach Rechtsform und Größe gesetzlichen Regelungen unterworfen. Diese betreffen sowohl ihre Größe und Zusammensetzung als auch die Aufgaben- und Kompetenzabgrenzung. Außerdem sind parallel zur organisatorischen Hierarchie zwei Mitbestimmungslinien mit entsprechenden Organen aufgebaut worden. Sie betreffen die Arbeitnehmermitbestimmung zum einen, die Mitbestimmung einer spezifischen Managergruppe, der leitenden Angestellten, zum anderen. Das Konstruktionsprinzip ist das Wahlmodell. Die Kompetenzen werden durch gewählte Repräsentanten ausgeübt. Delegation in diesem Sinne erfolgt von "unten" nach "oben". Dies zeigt der Ausdruck "Delegierter". Eine Analogie hierzu bildet die Wahl von Anteilseignervertretern in den Aufsichtsrat durch die Hauptversammlung. Im Gegensatz zu diesen üben die Betriebsräte ihre Tätigkeit hauptberuflich aus, da sie unter bestimmten Voraussetzungen hierfür freigestellt werden. In großen Unternehmungen ergeben sich regelrechte Funktionärskarrieren. Im Konzern kommt es zu einer Art "Mitbestimmungshierarchie", die als Rätehierarchie bis zu Vollkonferenzen aller Betriebsräte reicht. Diese Konferenz besitzt für die Interessenartikulation der Arbeitnehmer eine ähnliche Funktion wie die Hauptversammlung für die Aktionäre.

Für das Top Management bedeuten alle diese Regelungen zum einen eine erhebliche Komplizierung vieler Entscheidungsabläufe. "Mitbestimmungsmanagement" stellt eine wesentliche und schwierige Führungsaufgabe dar. Die Entscheidungsfindung ist interessenpluralistisch organisiert, der Manager muß mikropolitische Qualifikationen entwickeln, die denen eines Politikers nahekommen. Zum anderen aber schaffen Mitbestimmungsregelungen Bahnen, in denen sich auch tiefgreifender und problembeladener Unternehmungswandel in geordneter Weise vollziehen kann. Mitbestimmung sichert dann die Einbindung und Akzeptanz der Mitarbeiter bei schwierigen Entscheidungen (z.B. Schließung eines Werkes, Standortverlagerung, Stellenabbau).

5. Neuere Vorstellungsmodelle der Hierarchie

(1) Zelt- statt Palastorganisation (HEDBERG et al.): In jüngster Zeit haben sich eine Reihe von Wissenschaftlern unter verschiedensten Blickwinkeln dem Hierarchiephänomen genähert. Dabei wurde i.d.R. eine Betrachtungsperspektive gewählt, die Konfigurations- und Inhaltsaspekte gleichzeitig umfaßt. Die interessantesten Ansätze sollen im folgenden Gegenstand einer kurzen Abhandlung sein. Die Tatsache, daß die Dezentralisation auf einem unaufhaltsamen Vormarsch zu sein scheint (s.o.), hat HEDBERG in einer treffenden Methapher festgehalten [vgl. HEDBERG/NYSTROM/ STARBUCK 1976]. Nach ihm sollten Unternehmungen mehr und mehr dazu übergehen, schwerfällige, auf Dauer angelegte **Palastorganisationen durch Zeltorganisationen zu ersetzen**. Besonders den aktuellen, von außen wirkenden Anforderungen an die Organisation (vgl. S.14) sei nur mit erhöhter interner Beweglichkeit beizukommen. Statische, auf Dauer angelegte "Paläste" entsprechen diesen Anforderungen sehr viel weniger als kleine "Zelte", die ohne Mühe an einer Stelle ab- und an anderer Stelle wieder aufgebaut werden können.

HEDBERGS Gedanke berührt Konfigurations- und Inhaltsaspekte der Hierarchie gleichermaßen. Während unter Konfigurationsgesichtspunkten ein Übergang von einer großen Pyramide (Palast) zu einer Vielzahl kleinerer Pyramiden (Zelte) propagiert wird, bedeutet die Zeltorganisation auf inhaltlicher Ebene tendenziell einen Übergang von zentralistischer zu dezentralistischer Organisation.

(2) Scheibenorganisation als zeiteffiziente Unternehmungsstruktur (BÜHNER): BÜHNER beabsichtigt mit seinem Organisationsmodell der **"Scheibenorganisation"**, "die traditionelle Organisationspyramide durch eine hierarchiearme und interdisziplinäre Struktur in Form eines flachen Kegels" [BÜHNER 1990, S.37] zu ersetzen (vgl. Abb. IV/17 aus BÜHNER 1990, S.37).

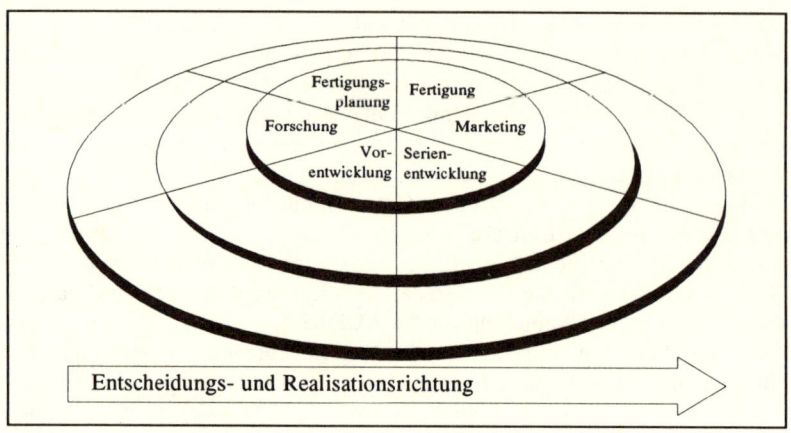

Abb. IV/17: Scheibenorganisation

Ausgangspunkt seiner Überlegungen sind ebenfalls die unternehmungsexternen Anforderungen an die Organisation. Durch die wachsende Umweltdynamik verbleibt der Unternehmung immer weniger Reaktionszeit auf neue Herausforderungen. Zentrale Anforderung an die Organisationsstruktur ist deshalb die **Fähigkeit zur Beschleunigung von Abläufen.** Das Konzept der Scheibenorganisation stellt für BÜHNER eine Struktur dar, "die mit der Betonung von Interdisziplinarität, Hierarchieabbau und Nutzung moderner Informationssysteme eine den zukünftigen Wettbewerbsanforderungen Rechnung tragende Beschleunigung der Unternehmungstätigkeit ermöglichen könnte" [BÜHNER 1990, S.38f.].

Unter Konfigurationsgesichtspunkten stellt die Scheibenorganisation vor allen Dingen das Erfordernis **flacher Hierarchien** heraus. Aber auch die Empfehlung des weitgehenden **Verzichts auf Stabseinsätze** ist eine Maßnahme, die eindeutig die äussere Form der Hierarchie betrifft. In bezug auf hierarchische Inhaltsmuster erfordert die Scheibenorganisation zwingend **Delegations-** und z.T. auch **Partizipationselemente.** BÜHNER hebt besonders die Bedeutung **multifunktioneller Zusammenarbeit** auf allen Hierarchieebenen heraus.

(3) Umkehrung der Organisationspyramide - Die Idee der tragenden Hand (PETERS): An verschiedenen Stellen der Literatur werden in jüngster Zeit dem pyramidenartigen Aufbau der Organisationsstruktur verstärkt "Konstruktionsmängel" vorgeworfen (vgl. Abb. IV/18 nach HÖRRMANN/TIBY 1991, S.76).

So führt zunächst die **Informationsfilterung** zwischen den einzelnen Leitungsebenen zu **Management-Barrieren.** Weiterhin begünstigt eine **funktionale Abschottung** der einzelnen Leitungsstränge untereinander das Entstehen **funktionaler Barrieren.** Beide Konstruktionsmängel zusammen führen zwangsläufig zur Bildung "operativer Inseln ", die eine gesamthafte Steuerung und Koordination der "Pyramide" unmöglich machen. Zur Beseitigung der Konstruktionsmängel herkömmlicher Hierarchien schlägt PETERS vor, die Organisationspyramide auf den Kopf zu stellen. Dazu muß der bislang dominierende Top-Down-Gedanke der **Idee von der nach oben gestreckten, helfenden Hand** weichen (vgl. Abb. IV/19).

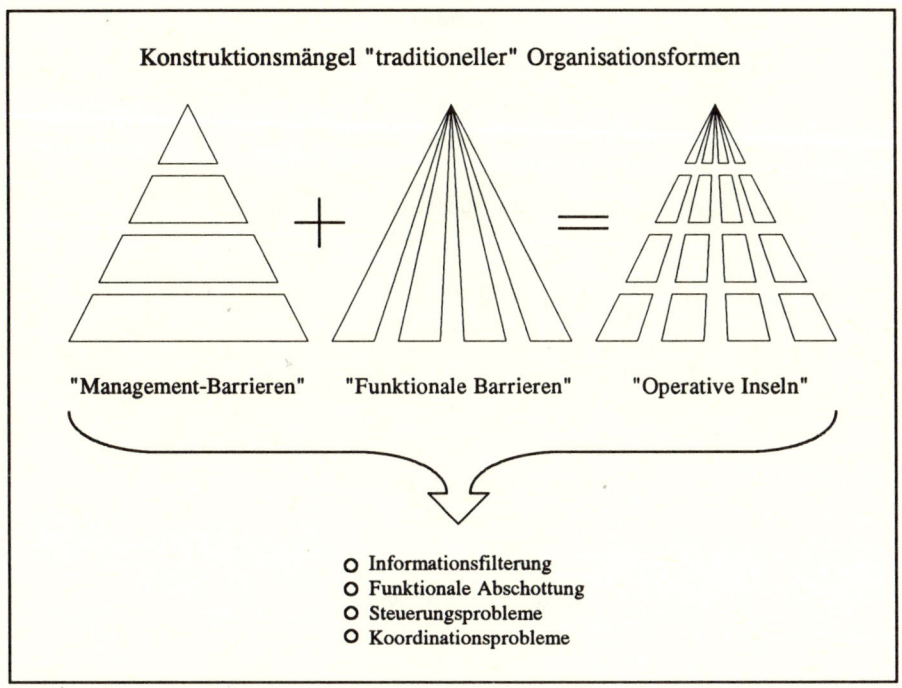

Abb. IV/18: Konstruktionsmängel der Hierarchie

Dominierendes Ordnungskriterium ist dann nicht mehr die Weisungsbindung der Leitungsstellen bzw. Abteilungen, sondern deren Beitrag zur Lösung von Kundenproblemen. Danach ist es die Aufgabe der unteren Managementebenen, die Mitarbeiter an der "Kundenfront" zu unterstützen. "Die Aufgabe des Mittelmanagements besteht weitestgehend darin, als Wegbereiter zu fungieren, der dafür sorgt, daß alle Vorgänge reibungslos und schnell ablaufen, und zwar insbesondere solche Vorgänge, bei denen es auf funktions- und bereichsübergreifende Kooperation ankommt" [PETERS 1988, S.437]. Die oberen Managementebenen schließlich legen den mittleren und unteren Führungsebenen die Basis für eigenverantwortliches Handeln und internes Unternehmertum.

Was bei PETERS auf den ersten Blick wie eine Revolution der Konfiguration aussieht, bedeutet (natürlich) keine Umkehrung der Unterstellungsverhältnisse bzw. Weisungsbeziehungen. Die umgekehrte Pyramide ist viel eher als ein Gedanke zu interpretieren, der auf der Ebene der Hierarchie-Inhaltsmuster ansetzt, vor allem aber die Unternehmungsphilosophie und -kultur betrifft. Darin verborgen ist die Aufforderung an sämtliche Leitungseinheiten, das eigene Selbstverständnis grundlegend zu ändern. Nicht Befehl und Gehorsam sollen die Beziehung zwischen Vorgesetzten und Mitarbeitern charakterisieren, sondern gegenseitige Unterstützung und Beratung bei der Lösung von Kundenproblemen.

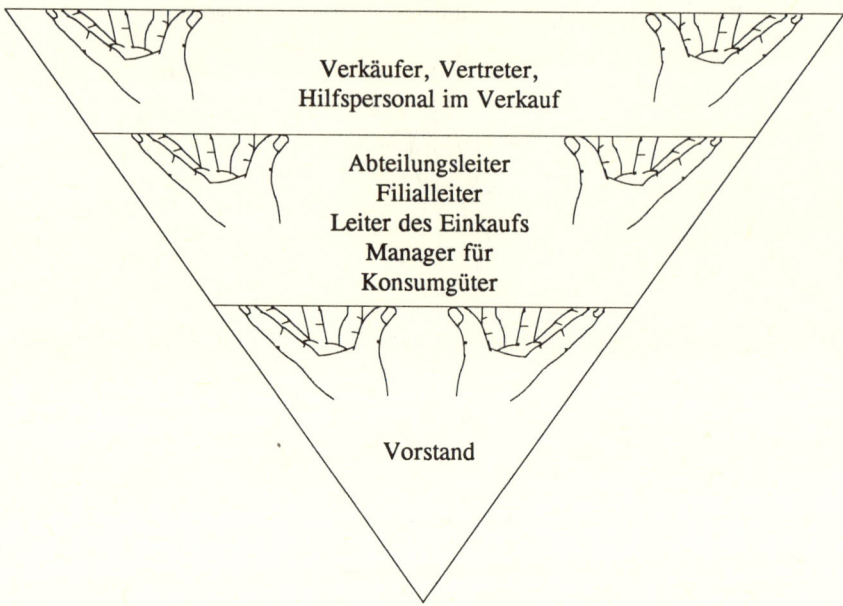

Abb. IV/19: Das Konzept der tragenden Hand

(4) Hierarchie als Summe von Bausteingruppen (MINTZBERG): Ausgehend von den fünf Bausteingruppen seines aufbauorganisatorischen Grundmodells (vgl. Abb. III/1) greift MINTZBERG in seinem Ansatz fünf besonders relevante Hierarchietypen heraus. Diese Typen lassen sich durch ein jeweils unterschiedliches Gewicht der einzelnen von MINTZBERG unterschiedenen aufbauorganisatorischen Subsysteme charakterisieren [vgl. zum folgenden MINTZBERG 1983, S.157ff.]. Abb. IV/20 zeigt diese fünf "Hierarchietypen" im Überblick. Daneben sind diese Typen dort hinsichtlich des zentralen Koordinationsmechanismus, des aufbauorganisatorischen Schlüsselsubsystems, der wesentlichen aufbauorganisatorischen Konfigurations- und Inhaltsmerkmale sowie situativer Faktoren beschrieben.

Der Ansatz von MINTZBERG stellt im Sinne der oben erläuterten Gestaltungsparameter der Konfiguration und Inhaltsmuster keine Erweiterung dar. Neu ist hier allein die schlüssige Aufteilung der Organisationspyramide in konkrete aufbauorganisatorische Subsysteme und die Ableitung verschiedener Hierarchietypen entsprechend dem Gewicht dieser Subsysteme.

Einfache Struktur	Bürokratische Organisation	Professionalisierte Bürokratie	Divisionalisierte Organisation	Adhocratie
Graphische Darstellung				
Zentraler Koordinationsmechanismus				
Direkte Überwachung	Standardisierung von Tätigkeiten und Prozessen	Standardisierung von Fähigkeiten	Standardisierung der Outputs	Veränderliche Ordnung
Aufbauorganisatorisches Schlüsselsystem				
Strategische Spitze	Technostruktur	Operativer Kern	Mittlere Linie	Unterstützungseinheiten (Administrative Adhocratie) Unterstützungseinheiten u. operativer Kern (Operative Adhocratie)
Wesentliche Konfigurations- und Inhaltsmerkmale				
Zentralisation	Vertikale und horizontale Aufgabenspezialisierung; Verhaltensnormierung; vertikale Zentralisation u. begrenzte horizontale Dezentralisation	Horizontale Aufgabenspezialisierung; vertikale und horizontale Dezentralisation; funktionale Gliederung	Begrenzte vertikale Dezentralisation; Ergebniskontrolle; marktliche Gliederung	Selektive Dezentralisation; horizontale Aufgabenspezialisierung; konkurrierende Funktions- u. Marktgliederung; organische Struktur
Situative Faktoren				
Hoher Machteinsatz im Top-Management erforderlich; unausgereiftes technisches System; wenig komplexe, u.U. jedoch dynamische Umwelt; jung; klein	Stabile Umwelt; externe Kontrolle; nicht automatisiertes technisches System; alt; groß	Komplexe, jedoch stabile Umwelt; unausgereiftes, technisches System	Diversifizierte Märkte; erhöhter Machtbedarf im mittleren Management; alt; groß	Komplexe u. dynamische Umwelt; hochentwickeltes u. automatisiertes technisches System; jung

Abb. IV/20: Hierarchietypen nach Mintzberg

6. Gestaltungstrends

Durchgehende Verbreitung und die im Vergleich zur Sekundärorganisation hohe Wahrnehmbarkeit hierarchischer Strukturen haben zu einer allgemeinen Fehleinschätzung ihrer Bedeutung bzw. Wirkung geführt. Insbesondere der Trugschluß, Organisations- und Machtstruktur seien deckungsgleich, ist für die Verbindung negativer Assoziationen mit dem Hierarchiephänomen verantwortlich. Nur allzu oft wird in der Hierarchie das Abbild der Machtstruktur gesehen und deshalb ihr Abbau gefordert. Dabei spiegelt die Hierarchie jedoch allein die positionsgebundene **Sanktionsmacht** wider. Daneben hat jedoch die **Informationsmacht** erheblich an Bedeutung gewonnen. Sie ist in der Organisation jedoch anders verteilt als die Sanktionsmacht und diffundiert durch die Leitungsebenen, dies nicht zuletzt aufgrund der erwähnten Delegations- und Partizipationsprozesse. Vor allem aber ist die Informationsmacht in Form vielfältigen Expertentums in der Sekundärorganisation konzentriert.

Schwerer wiegt da schon der Einwand, daß die Leistungsfähigkeit hierarchischer Strukturen in puncto Koordination stark begrenzt ist. Deswegen fordern Kritiker den Übergang zu **konfiguralen und inhaltlichen Veränderungen der Hierarchie** bzw. den (teilweisen) **Ersatz vertikaler Steuerung und Regelung** durch **Selbstregelung**. Zusammen mit anderen Anstößen ergeben sich daraus einige z.T. weitreichende und tiefgreifende Veränderungen, die sich zu den folgenden Gestaltungstrends bündeln lassen.

(1) Abflachung der Hierarchie: Eine Gestaltungstendenz betrifft zunächst ausschließlich die äußere Form des Stellengefüges. Immer mehr Unternehmungen gehen dazu über, die **Anzahl der Leitungsebenen** zu **verkleinern** und damit die **Hierarchie** zu **verflachen**. Dies führt c.p. zwangsläufig zu einer **Vergrößerung der Leitungsspanne**. Zur Aufrechterhaltung der Führbarkeit wird dadurch i.d.R. die (teilweise) Substitution hierarchischer Koordination durch nichtorganisatorische Koordinationsmechanismen erforderlich. Vor allem können Informations- und Kommunikationssysteme die Steuerungs- und Leitungstätigkeiten der Instanzen wirksam unterstützen. Ein weiterer Gestaltungstrend ist die **Schaffung kleinerer Einheiten** sowie der **Abbau von zentralen Einheiten**. Beide Maßnahmen tangieren Konfigurations- und Inhaltsaspekte gleichermaßen. Insbesondere die Ausgliederung von bislang zentral wahrgenommenen Aufgaben oder ihre Verlagerung in dezentrale Einheiten unterstreicht den Charakter dieses Gestaltungstrends. Entsprechend HEDBERGS Gedanke von der Zeltorganisation soll die Beweglichkeit und Kundenorientierung der Unternehmung erhöht werden. Damit gehen auch teils erhebliche Veränderungen in der Führungsorganisation einher (vgl. S.264ff.).

(2) Selbststeuerung und internes Unternehmertum: Unter dem Stichwort "Entbürokratisierung" ist ein aktueller Gestaltungstrend zum Hierarchieabbau angesprochen, der das **Abschaffen unnötiger formaler Regelungen und Prozeduren** betrifft. Darüber hinaus ist allgemein eine zunehmende Betonung informaler Regelungen zu verzeichnen. Insbesondere der **Unternehmungskultur** wird eine hohe Koordinationsleistungsfähigkeit bescheinigt. Ein vollständiger Ersatz struktureller durch kulturelle Regelungen ist jedoch auszuschließen. Insbesondere in Konflikt- und Krisensituationen ist eine klare hierarchische Struktur unverzichtbar. Ein letzter Gestaltungstrend, der mehr das Inhaltsmuster als die Konfiguration der Hierarchie berührt, ist das **Einräumen von Handlungsspielräumen** für untere Hierarchieebenen durch verstärkte Delegation und Dezentralisation. Im Grenzfall können diese Spielräume so weit reichen, daß die Binnenorganisation sowie Koordination durch **Selbstabstimmung bzw. -regelung** erfolgen. Statt vielfach verbundener und geschachtelter Einheiten entstehen **modulare Strukturen**. Auf der Mikroebene ist dieser Gedanke z.B. in **teilautonomen Arbeitsgruppen**, auf der Makroebene in eigenverantwortlichen Sparten oder Geschäftsfeldern verwirklicht, die als **Profit-Center** geführt werden. In letzter Konsequenz soll sich jeder Mitarbeiter wie ein Unternehmer verhalten. Die Organisation hat dann die Rahmenbedingungen für ein möglichst breites **internes Unternehmertum** zu schaffen. Abb. IV/21 zeigt die 10 Gebote für den "Intrapreneur" nach PINCHOT [vgl. 1988, S.43]. Interessanterweise werden darin auch mehr oder weniger deutlich einige "Konstruktionsmängel" der Hierarchie angesprochen (vgl. z.B. Gebote 6 und 2).

---

10 Gebote für den "Intrapreneur"

1. Komme täglich zur Arbeit mit der Bereitschaft, Dich feuern zu lassen.

2. Umgehe alle Anweisungen, die Dich daran hindern, Deinen Traum zu verwirklichen.

3. Unternimm alles, um Dein Projekt fortzuführen, ganz gleich, was in Deiner Stellenbeschreibung steht.

4. Suche Dir Mitarbeiter, die Dich dabei unterstützen.

5. Folge Deiner Intuition, welche Leute Du aussuchst und arbeite nur mit den besten.

6. Arbeite im Untergrund solange Du irgendwie kannst - publicity löst den Immunmechanismus eines Unternehmens aus.

7. Setze nie auf ein Rennen, an dem Du nicht beteiligt bist.

8. Denke daran, daß es einfacher ist, um Vergebung als um Erlaubnis zu bitten.

9. Bleibe Deinen Zielen treu, aber bleibe auch realistisch im Hinblick auf die Wege zu ihrer Erreichung.

10. Erkenne Deine Sponsoren an.

Abb. IV/21: 10 Gebote für den "Intrapreneur"

Bei allen positiven Konsequenzen, die die Selbstregelung zweifellos mit sich bringt, sind doch stets auch ihre Risiken im Auge zu behalten. Insbesondere Koordinations- und Führbarkeitsprobleme können schwerwiegende Folgen haben. Daher müssen im Gegenzug zum Hierarchieabbau geeignete Führungs- und Informationssysteme aufgebaut werden, die die notwendige Steuerung und Koordination sicherstellen.

(3) Prozeßverantwortung: Hierarchische Regelungen sind aufgrund mangelnder Detailliertheit nicht geeignet, den praktischen Koordinationsbedarf vollständig abzudekken. Präzise Regelungen der Geschäftsprozesse müssen diese Lücken schließen. Neben die Hierarchie treten damit traversierende horizontale Strukturen (z.B. Auftragsabwicklungsprozeß oder Produktentwicklung), die - vergleichbar mit dem Gedanken der "Dualen Organisation" (vgl. S.98) - die Hierarchie überlagern. Die Mitwirkung an und die Gestaltung von kritischen Geschäftsprozessen kann oft entscheidender sein als eine hohe hierarchische Position. Die Institution des "Frühstücksdirektors" ist ein gutes Beispiel für eine nur optisch bedeutsame hierarchische Figur mit fehlender Einbindung in entscheidende Prozesse der Unternehmung. Die Übernahme von Prozeßverantwortung, deren Bedeutung keineswegs mit einem entsprechend hohen Rang in der Hierarchie gekoppelt sein muß, wird wichtiger. Denkbar ist, daß die Hierarchie der Führungsebenen von einer Hierarchie der Prozesse überlagert wird.

(4) Projektstrukturen: Ähnlich wie die Prozeßorganisation gewinnt die Projektorganisation in allen Varianten an Bedeutung. Immer zahlreicher und bedeutsamer werden Spezialaufgaben und der damit verbundene Teil der Innovations- und Flexibilisierungsproblematik. So wird die hierarchische Primärorganisation zunehmend überlagert von vielfältigen Projektstrukturen (Teams, Task Forces, Workshops etc.). Projektideen entstehen vielfach aus der Tagesarbeit, können dann aber offiziell kaum verfolgt werden. Aus dieser Erkenntnis heraus sind manche Firmen dazu übergegangen, einen bestimmten Teil des Budgets (z.B. 15 %) dem jeweiligen Verantwortlichen zur Entwicklung derartiger Ideen zur freien Verfügung zu überlassen.

Als ein Großprojekt besonderer Art ist auch die Veränderung der Primärstruktur selbst anzusehen. Der Umbau der Organisation wird von einem seltenen Ereignis zu einem Dauerthema. Organisieren heißt heute nicht mehr so sehr, dauerhafte Strukturen zu schaffen, sondern vielmehr, den Wandel einer Struktur zu bewerkstelligen.

Die Wechselwirkungen von Primär- und Sekundärstruktur sind ein eigenes Problem, das auch an Bedeutung zunimmt. Die Vielfalt der Projekte ist zu steuern und zu koordinieren, die Implementierung der Projektergebnisse ist sicherzustellen. So wird sich zwangsläufig auch eine **Hierarchie von Projekten** ergeben, zusätzlich zur instanziellen und zur Prozeßhierarchie. Dies leitet über zu den nichthierarchischen Anreizen und Karrieremustern.

(5) Nichthierarchische Anreize: Problematisch können sehr flache Strukturen im Hinblick auf die Karrieremotivation sein (betr.: Human Ressourcen-Orientierung), denn sie stellen zumindest optisch sehr wenige Aufstiegsmöglichkeiten bereit. Das traditionelle Karrieremuster ist an die Übernahme von größeren Einheiten (Abteilung, Hauptabteilung, Ressort etc.) und damit an Personalverantwortung gekoppelt. Um einen Mitarbeiter zu befördern, mußten nicht selten entsprechende Einheiten geschaffen werden. Diese Art hierarchischen Rang- und Titeldenkens ist aus verschiedenen Gründen problematisch. Die Frage ist, welches Hierarchie- und Karrieremuster an die Stelle der traditionellen Rang- und Titelhierarchie treten kann. Es scheint, daß vor allem die unterschiedliche Wertigkeit der jeweiligen Funktionen eine zunehmende Bedeutung erhält. Die Mitglieder einer hierarchischen Ebene (z.B. Abteilungsleiter) unterscheiden sich dann nicht mehr im Titel und anderen Statussymbolen, sehr wohl aber in der sachlichen Bedeutung der ihnen übertragenen Aufgaben. Große Unternehmungen (z.B. **Daimler Benz, BMW**) schaffen Regelungen, die unterschiedliche Funktionsstufen und ggf. ein entsprechendes Gehaltsband für die einzelnen Hierarchie-Ebenen vorsehen. Dieses Vorgehen läßt sich als eine spezifische Form des **Job Enrichment** interpretieren. Job Enrichment bedeutet die vertikale Aufgabenanreicherung. Sie kann sich bei unteren und mittleren Führungsebenen z.B. auch durch das Management von Schnittstellen, einzelnen Geschäftsprozessen oder Geschäftsfeldern entfalten. In dem Maße, wie sich die Welt der Hierarchie grundlegend verändert, muß sich auch das Karrieredenken verändern. Der Wert nichthierarchischer Karriereelemente ist vom Mitarbeiter zu erkennen und von der Unternehmung zu fördern. Die Rang- und Titelhierarchie tritt an Bedeutung zurück, die **Funktionshierarchie** rückt in den Vordergrund.

Schließlich ist auf die Mitarbeit in Projekten als Form der Aufgabenanreicherung und als Karrierechance hinzuarbeiten. Dies setzt ein Umdenken vor allem der Vorgesetzten voraus, die ihre "besten Leute" ungern für ein Projekt "hergeben". Projektmanagement, nebenamtlich betrieben, kann in die Funktionsstufen Eingang finden. Auch eine mehrfache Abstufung von Projektarbeit ist möglich (Teilprojekt, Projekt, Programm etc.). Dies wäre vor allem für das hauptamtliche Projektmanagement von Bedeutung. Insgesamt kann man sich auch eine Karriere vorstellen, die - ganz oder teilweise - durch eine **Projekthierarchie** führt.

Im übrigen bietet auch eine konventionelle Hierarchie durchaus die Möglichkeit, **unterschiedliche Karrierepfade** anzulegen. Ein lange bekanntes Karrieremuster, das noch stärker genutzt werden könnte, ist die sog. **Parallelhierarchie**. Darunter versteht man im Kern die Parallelität von "Linien- und Stabskarriere". Das Problem stellt sich besonders deutlich im Funktionsbereich "Forschung". Einem Wissenschaftler, der innerhalb dieses Bereichs bleiben will, können durch Titel, Gehalt, Verbesserung der Arbeitsmöglichkeiten, Sabbatical (Freistellungszeiten) Anreize geboten werden, die an die Stelle des hierarchischen Aufstiegs treten [vgl. GERPOTT 1988]. Was für den Stabsangehörigen das Sabbatical, kann für den Linienangehörigen eine zeitlich befristete Tätigkeit in einer Stabsfunktion bedeuten. Befreit von den Zwängen des Tagesgeschäfts, kann er sich dort stärker auf Grundsatzfragen und konzeptionelle Arbeiten konzentrieren, sein Wissen erweitern und aktualisieren. Auf die Weise bereitet er sich auf die Übernahme einer höheren Linienposition vor, die von ihm stärkeres Querschnittsdenken i.S. einer Generalistenperspektive verlangt. Diese besondere Form von **Job Rotation** führt zu einem **Wendeltreppeneffekt**, der von fortschrittlichen Firmen offenbar gerne genutzt wird. Sie profitieren davon in dreifacher Hinsicht. Die Qualifikation der Führungskräfte erhöht sich, das gegenseitige Verständnis von Stab und Linie mit der Konsequenz einer besseren Zusammenarbeit nimmt zu, und schließlich erweitern sich die Karrierealternativen, die eine Unternehmung ihren Führungskräften offerieren kann. Es gibt große Unternehmungen, in denen die Berufung in einen bestimmten Vorstandsstab das Signal für die "Vorstandsfähigkeit" des Betroffenen ist. Dieser Stab dient dann als "Kaderschmiede".

In jedem Fall zeigen diese Überlegungen, daß sich nicht nur die Leitungshierarchie selbst verändert, sondern daß sich daneben eine Parallelhierarchie ("Fachhierarchie") sowie eine Projekthierarchie zu etablieren beginnen. Zu der **Führungslaufbahn**, die durch Funktionselemente differenziert wird, gesellen sich die Möglichkeiten einer **Projekt-** und einer **Fachlaufbahn** (vgl. Abb. IV/22).

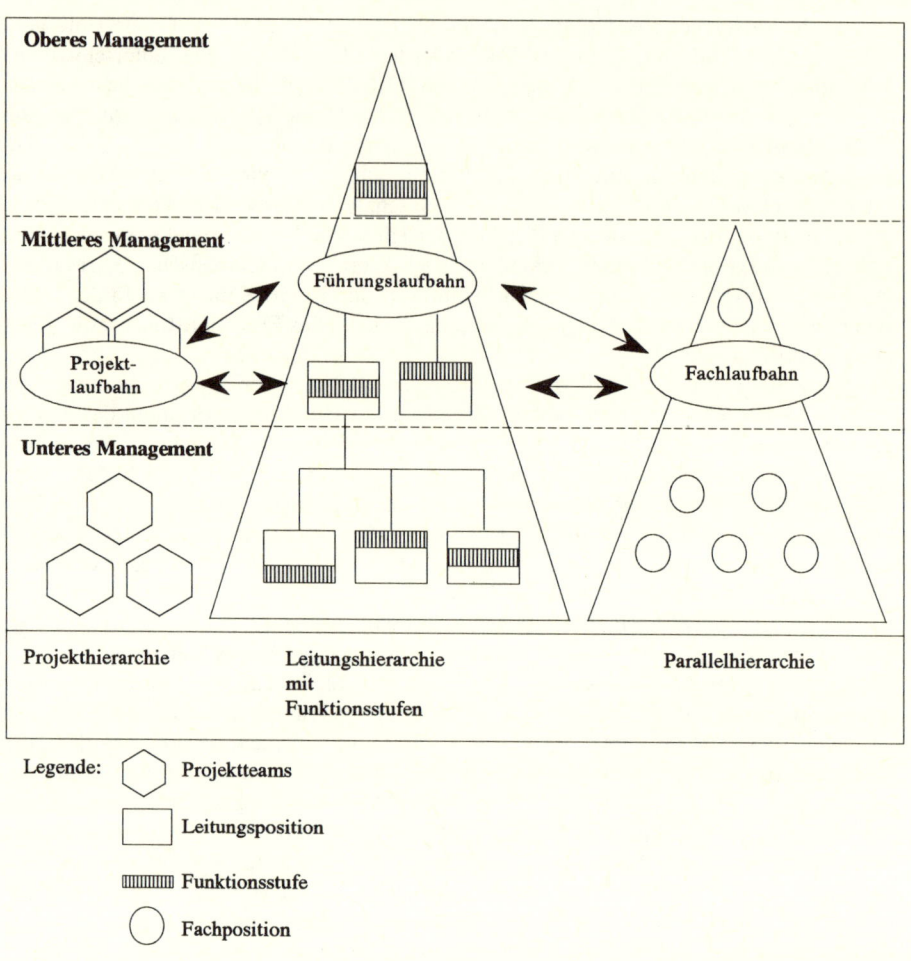

Oberes Management

Mittleres Management

Führungslaufbahn

Projekt-
laufbahn

Fachlaufbahn

Unteres Management

Projekthierarchie

Leitungshierarchie
mit
Funktionsstufen

Parallelhierarchie

Legende: ⬡ Projektteams

☐ Leitungsposition

▦ Funktionsstufe

◯ Fachposition

Abb. IV/22: Hierarchie- und Laufbahnformen

(6) Interne Netzwerke: In der traditionellen Hierarchie sind die Weisungslinien identisch mit den Kommunikationslinien. Direkte horizontale oder diagonale (laterale) Kommunikation waren offiziell nicht vorgesehen oder auf Ausnahmefälle beschränkt. Langwierigkeit und vielfältige Filterung der Kommunikation waren die Folge. Heute gehen gerade große Unternehmungen dazu über, direkte laterale Kommunikation auch ohne offizielle Anlässe und ohne hierarchische Rückversicherung zuzulassen. So ist das "Networking" z.B. ein erklärter Teil der Flexibilisierungsstrategie und des Cultural Change bei **BP** [vgl. RÜSSMANN 1990].

In den Beziehungskategorien von MINTZBERG argumentiert, bedeutet dies einen wachsenden Anteil von informaler Kommunikation und informalen Gruppen (vgl. S.44f.). Was bisher aber inoffiziell eher verdeckt und teilweise geradezu partisanenartig geschah, wird nun zur offiziellen Politik gemacht.

92

(7) Multifunktionale Subsysteme: Faßt man die beschriebenen Trends zusammen, so ergibt sich eine vielfältige Organisationslandschaft, wo bisher nur eine Pyramide stand. Reife und vielfältige Strukturen setzen allerdings auch reife und vielseitige Mitglieder voraus. Einzelne Personen und Stellen bzw. Organisationseinheiten werden immer weniger nur für **einen** Aufgabentyp eingesetzt, sind also z.B. immer seltener **nur** Instanz **oder** Ausführungsstelle **oder** Stab **oder** Dienstleistungsstelle. Wer heute als Linienvorgesetzter agiert, ist morgen vielleicht auf der gleichen Stelle in Stabsfunktion für eine übergeordnete Einheit tätig und übermorgen als Gleicher unter Gleichen in einem Projektteam zu finden. Um diese Besonderheiten zu kennzeichnen, soll hier von einem Trend zu **multifunktionalen Subsystemen** gesprochen werden. Einzelne Stellen oder Einheiten übernehmen unterschiedliche Funktionen, werden zu "Mehrzweckeinheiten".

Literatur

BLEICHER, K.: Span of Control, in: Grochla, E. (Hrsg.), Handwörterbuch der Organisation, Stuttgart 1969, Sp.1531-1536

BLEICHER, K.: Organisation: Formen und Modelle, 1. Aufl., Wiesbaden 1981

BÜHNER, R.: Economies of Speed: Beschleunigung der Abläufe im Unternehmen zur Erhöhung der Wettbewerbsfähigkeit, in: Bleicher, K./Gomez, P. (Hrsg.), Zukunftsperspektiven der Organisation, Festschrift zum 65. Geburtstag von Robert Staerkle, S.29-43

CHMIELEWICZ, K.: Betriebsverfassung, in: Grochla, E. (Hrsg.), Handwörterbuch der Organisation, 2. Aufl., Stuttgart 1980, Sp.370-379

CHMIELEWICZ, K.: Unternehmensverfassung, in: Gaugler, E./Weber, W. (Hrsg.), Handwörterbuch des Personalwesens, 2. Aufl., Stuttgart 1992, Sp.2232-2241

CHMIELEWICZ, K.: Gremien der Unternehmensverfassung, in: Grochla, E. (Hrsg.), Handwörterbuch der Organisation, 2. Aufl., Stuttgart 1980, Sp.2272-2282

DRUMM, H.J.: Personalwirtschaftslehre, 2. Aufl., Berlin/New York 1992

FAYOL, H.: Administration industrielle et générale, Paris 1916

FUCHS, R.: Hierarchie im Wandel der Zeit, in: ZFO 1/1975, S.9-18

GERPOTT, T.: Karriereentwicklung von Industrieforschern: Positionswechsel in derselben Unternehmung?, Berlin/New York 1988

GROCHLA, E.: Betrieb, Betriebswirtschaft und Unternehmung, in: Wittmann, W. et al. (Hrsg.), Handwörterbuch der Betriebswirtschaftslehre, Bd. 1, 5. Aufl., Stuttgart 1993, Sp.374-390

HAMEL, W.: Betriebsverfassung, in: Wittmann, W. et al. (Hrsg.), Handwörterbuch der Betriebswirtschaftslehre, Bd.1, 5. Aufl., Stuttgart 1993, Sp.424-442

HEDBERG, B./NYSTROM, P./STARBUCK, W.: Camping on Seesaws: Prescriptions for a Self-designing Organization, in: Administrative Science Quaterly, Vol. 21, March 1976, S.41-65

HILL, W./FEHLBAUM, R./ULRICH, P.: Organisationslehre, 4. Aufl., Bern/Stuttgart 1989

HÖRRMANN, G./TIBY, C.: Projektmanagement richtig gemacht, in: Arthur D. Little (Hrsg.), Management der Hochleistungsorganisation, 2. Aufl., Wiesbaden 1991, S.73-91

KIESER, A./KUBICEK, H.: Organisation, 3. Aufl., Berlin/New York 1992

KRÜGER, W./REISSNER, S.: Inhaltsmuster der Hierarchie: Eine Exploration anhand der zfo-Führungsprofile, in: ZFO 6/1990, S.80-88

LIKERT, R.: New Patterns of Management, New York et al. 1961

MINTZBERG, H.: Structure in Fives: Designing Effective Organizations, Englewood Cliffs 1983

PETERS, T.: Kreatives Chaos, Hamburg 1988

PETERS, T.: Jenseits der Hierarchie - Liberation Management, Düsseldorf et al. 1992

PINCHOT, G.: Intrapreneuring: Mitarbeiter als Unternehmer, Wiesbaden 1988

RÜSSMAN, K.H.: Revolution von oben, in: Manager Magazin 11/1990, S.306-313

SCHMALENBACH, E.: Über Dienststellengliederung im Großbetriebe, Köln/Opladen 1959

SIMON, H.A.: Perspektiven der Automation für Entscheider; Deutsche Übersetzung von: "The Shape of Automation for Men and Management", Quickborn 1966

TAYLOR, F.W.: The Principles of Scientific Management, New York 1911

ULRICH, H.: Kontrollspanne und Instanzenaufbau, in: Organisation, TFB-Handbuchreihe, Bd. 1, Berlin/Baden-Baden 1961, S.267-288

URWICK, L.: The Manager's Span of Control, in: Harvard Business Review, Vol. 34, Nr. 3, Mai/Juni 1956, S. 39-47

V. AUFBAUORGANISATORISCHE GRUNDMODELLE

1. Gestaltungsparameter

Die aufbauorganisatorischen Elemente (**Stellen** verschiedenen Typs) bzw. Subsysteme (**Mehrpersoneneinheiten** verschiedenen Typs) werden in vielfältiger Form hierarchisch kombiniert, und man erhält so die gesamte Aufbauorganisation einer Unternehmung. In der Praxis ergeben sich dabei sehr unterschiedliche Einzellösungen. Um diese Strukturen überschaubar, vor allem aber verständlich zu machen, empfiehlt es sich, die Gestaltungsproblematik ausgehend von grundlegenden Strukturalternativen zu diskutieren. Diese **Idealtypen** zeigen charakteristische **Gestaltungsparameter**, und besitzen je spezifische **Stärken** und **Schwächen**. Die vielfältigen Lösungen der Praxis sind nichts anderes als der Versuch, unternehmungsbezogen die Schwächen unterschiedlicher Grundmodelle zu reduzieren und ihre Stärken zu kombinieren.

Die Analyse wird durch die Tatsache erleichtert, daß es im wesentlichen nur drei **Gestaltungsparameter** mit jeweils zwei Ausprägungen sind, aus denen sich die Typenbildung ergibt:

- Dominante Form der Aufgabenspezialisierung (Gliederung der zweiten Ebene): Verrichtungsgliederung oder Objektgliederung;

- Verteilung der Weisungsbefugnisse: Einlinien- oder Mehrliniensystem;

- Verteilung der Entscheidungsaufgaben: Entscheidungszentralisation oder -dezentralisation.

Im Prinzip sind acht Kombinationen möglich. Drei Strukturmodelle sind jedoch nur relevant: die funktionale Organisation (FO), die divisionale Organisation (DO) und die Matrixorganisation (MO).

2. Funktionale Organisation

(1) **Grundmodell**: Die funktionale Organisation ist eine **verrichtungsorientierte Einlinienorganisation mit einer Tendenz zur Entscheidungszentralisation** (vgl. Abb. V/1).

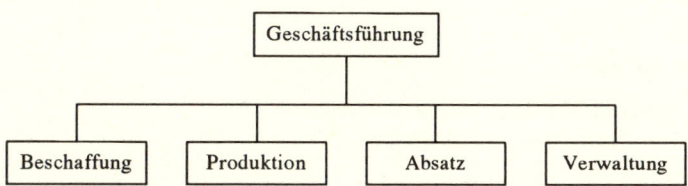

Abb. V/1: Funktionale Organisation

- Die Gliederung der zweiten Ebene erfolgt nach unterschiedlichen **Verrichtungen** (z.B. Beschaffung, Produktion, Absatz).

95

- Die Weisungskompetenzen sind ungeteilt, jeder Mitarbeiter erhält Weisungen nur von einem Vorgesetzten; dies entspricht dem auf FAYOL zurückgehenden Prinzip der **Einheit der Auftragserteilung**.
- Zwischen den Funktionen existieren zahlreiche produkt- und marktbezogene Interdependenzen; daraus ergeben sich vielfältige Koordinationsaufgaben.
- Um eine Abstimmung der Teilprobleme und -ziele i.S. eines Gesamtoptimums vorzunehmen, muß die Unternehmungsspitze in starkem Maße eingreifen.
- Daraus ergibt sich eine Tendenz zur **Entscheidungszentralisation**.
- Die FO korrespondiert mit einem **Hierarchieinhaltsmuster** vom **Typ A** oder **B** (zentralistische oder delegationsergänzte Hierarchie). Eine flächendeckende Dezentralisation von Entscheidungen (Typ D) ist praktisch unmöglich.

(2) Beurteilung: Die FO ist die klassische Aufbauorganisation vor allem der Industrieunternehmung. Sie begünstigt und erbringt durch starke **Spezialisierung** hohe Effizienzvorteile, denen allerdings auch erhebliche Nachteile gegenüberstehen. Die Stärken und Schwächen der FO lassen sich im einzelnen anhand der in Kap. I formulierten Anforderungen an die Organisationsstruktur herausarbeiten.

Markt- und Wettbewerbsorientierung:
- Keine Marktverantwortung der nicht direkt am Verkauf beteiligten Funktionsbereichsleiter,
- außerhalb des Absatzbereichs nur indirekte Beachtung der Kundenpräferenzen und der Konkurrenzkonstellation,
- Ressortdenken und Bereichsegoismus erschweren eine einheitliche Markt- und Wettbewerbsorientierung.

Flexibilität und Anpassungsfähigkeit:
- Die FO ist flexibel bzgl. quantitativer Umweltveränderungen (z.B. Anpassung der Produktionsmenge),
- nur schwache qualitative und strukturelle Anpassungsfähigkeit wegen der starken horizontalen Interdependenzen und der unterschiedlichen Interessenlagen in den Funktionalabteilungen,
- durch die relativ hohe Entscheidungszentralisation wird ein schnelles Reagieren "vor Ort" verhindert.

Innovationsfähigkeit:
- Fehlende Marktnähe und häufig vorhandener Bereichsegoismus erschweren eine einheitliche Ausrichtung auf **Produkt**innovationen,
- Produktentwicklungsprozesse dauern wegen der zahlreichen Schnittstellen und der fehlenden Produkt-/Marktorientierung zu lange,
- die Zusammenfassung gleicher Verrichtungen unterstützt die Entstehung eines verrichtungsspezifischen Expertentums mit hoher **Verfahrens**innovationsorientierung,
- durch Spezialistentum nur geringe unternehmerische Kreativität.

Führungsprozeßeffizienz:

- Durch die hohe Anzahl von Schnittstellen entsteht großer Koordinationsbedarf an der Spitze und damit die Gefahr der Überlastung der Unternehmungsspitze,

- keine Möglichkeit, volle Ergebnisverantwortung zu übertragen und anhand unternehmerischer Ziele zu steuern und zu beurteilen,

- hohe Belastung mit dem Tagesgeschäft beeinträchtigt Beschäftigung mit strategischen Fragen an der Spitze.

Human Ressourcen-Orientierung:

- Der hohe Grad der Arbeitsteilung und Spezialisierung bewirkt Lern- und Erfahrungsvorteile,

- starke Arbeitsteilung, eingeschränkter Zielbezug, enger Handlungsspielraum und eine geringe Zahl von Führungspositionen wirken sich negativ auf die Motivation der Mitarbeiter aus,

- keine Positionen, die der Förderung unternehmerischen Denkens (Generalistentum) dienen und damit der Entwicklung von Führungsnachwuchs.

Finanz- und Sachressourcen-Effizienz:

- Die Zusammenfassung gleicher Verrichtungsarten ermöglicht die Realisierung von Spezialisierungs-, Arbeitsteilungs- und Größenvorteilen (Economies of Scale),

- Vorteile entstehen auch durch hochautomatisierte Fertigungssysteme, deren Einsatz erst bei einer großen Anzahl gleicher Verrichtungen rentabel wird.

Geschäftsprozeßeffizienz:

- Die funktionalen Teilprozesse sind durch Arbeitsteilung und Spezialisierung hocheffizient,

- übergreifende Prozesse sind dagegen schwerfällig ("Abteilungszäune"),

- da Geschäftsprozesse mehrere Bereichsgrenzen und Verantwortungsbereiche mit teilweise unterschiedlichen Zielsetzungen durchlaufen müssen, besteht die Gefahr eines "Zick-Zack-Kurses",

- erschwerte Informationsversorgung und Verantwortungszuordnung über die Bereichsgrenzen hinweg.

(3) Modifikationen und Ergänzungen: Um seine Schwächen zu reduzieren, kann das beschriebene Grundmodell um weitere Bausteine der Primär- oder Sekundärstruktur ergänzt werden oder aber in seinen strukturellen Eigenarten abgewandelt werden. Die Schwächen der FO im Hinblick auf die Markt- und Wettbewerbsorientierung werden in dem Maße zum Problem, in dem unterschiedliche Marktsegmente und differenzierte Kundenbedürfnisse zu beachten sind. Wenn ein Übergang zu divisionalen oder Matrixstrukturen nicht möglich oder nicht sinnvoll ist, kommt eine marktnahe Ausgestaltung des Absatzbereichs in Betracht, verwirklicht durch **objektorientierte Teilbereiche**. Je nach dominantem Gesichtspunkt kann eine Untergliederung nach Produkten, Kundengruppen oder Regionen erfolgen.

Beispiele:

- **Produktgliederung:** Ein Autohändler gliedert seinen Verkauf in "Neuwagen, Gebrauchtwagen, Ersatzteile".

- **Kundengruppen:** Eine Brauerei gliedert ihren Verkauf in "Gastronomie, Getränkegroßhandel, Lebensmitteleinzelhandel".

- **Regionen:** Ein Pumpenhersteller gliedert seinen Absatzbereich im Inland nach regionalen Niederlassungen. Er bündelt seine Exportaktivitäten daneben in einer Exportabteilung, die ihrerseits nach ausländischen Märkten unterteilt ist, die durch Tochtergesellschaften betreut werden.

Für eine weitergehende Marktorientierung müssen auch noch andere Funktionen als der Absatz einbezogen werden. Eine Möglichkeit hierzu liegt in der Bildung von sog. **Strategischen Geschäftseinheiten** (SGE). Als Grundlage sind zunächst **strategische Geschäftsfelder** (SGF) zu identifizieren, also gedankliche Produkt-Markt-Kombinationen von hoher Erfolgsrelevanz. Für die Brauerei könnte ein wichtiges SGF z.B. die sog. Erlebnisgastronomie sein. Ein anspruchsvolles und auch zahlungskräftiges Publikum ist in besonders ausgestalteten Gaststätten mit Premiumprodukten zu erreichen. Die Beobachtung und Betreuung eines SGF wird einem hochrangigen Linienmanager als Nebenaufgabe übertragen, der darüber direkt an die Unternehmungsspitze berichtet. Ausgestattet mit angemessenen Kompetenzen bildet und leitet er **Arbeitsgruppen** oder **Teams**, die sich aus Mitgliedern der betroffenen Funktionsbereiche konstituieren. Werden mehrere solcher organisatorischen Einheiten (SGE) aufgebaut, so legen sie sich wie eine zweite Strukturdimension über die Funktionsdimension, ein Sachverhalt, der den Begriff "**Duale Organisation**" aufkommen ließ [vgl. SZYPERSKI/WINAND 1980]. Der Unterschied zur Matrixorganisation besteht darin, daß keine neuen Stellen zu schaffen sind. Die duale Organisation stellt eine besondere Variante der **Sekundärstruktur** dar.

Entscheidende Grundlage ist die Definition der strategischen Geschäftsfelder, die im wesentlichen von der Unternehmungsspitze zu leisten ist. Unterstützung können Strategie-**Workshops** liefern. Die duale Organisation bietet die Möglichkeit, auch die **strategische Anpassung** einer Unternehmung mit funktionaler Organisation zu verbessern. Der Zusammenhang von "Struktur" und "Strategie" wird in der dualen Organisation besonders deutlich. Es wird für den SGF-Beauftragten allerdings nicht leicht sein, bereichsübergreifende strategische Fragestellungen sozusagen im Nebenamt zu erledigen. Die zeitliche Belastung im Hauptamt, das Problem der Durchsetzung und nicht zuletzt die Konflikte zwischen seinen eigenen Ressortinteressen und den SGF-Interessen dürften ihn behindern. Ist die SGE-Lösung erfolgreich, wozu auch geeignete Anreize beitragen können, sind in der Folge auch positive Auswirkungen auf die Motivation sowie die Entwicklung unternehmerischer Qualifikation zu erwarten (**Human-Ressourcen-Orientierung**). Die Koordinationsaufgaben der Unternehmungsspitze nehmen im Rahmen einer dualen Organisation allerdings weiter zu.

Unabhängig davon können zur Führungsentlastung einerseits Koordinations**ausschüsse** dienen. Andererseits ist die Bildung von Stabsstellen typisch, die als Führungsstab die Spitze entlasten und damit die **Effizienz** der **Führungsprozesse** verbessern. Wie ausgeführt, können Stäbe auf mehreren Ebenen gebildet werden, und sie können auch produkt-, projekt- oder prozeßbezogene Koordination leisten. Beide

Maßnahmen zusammengenommen könnten die **Effizienz** der **Geschäftsprozesse** verbessern.

Nicht zuletzt ist auf den Einsatz von bereichsbezogenen oder bereichsübergreifenden **Teams** hinzuweisen, die sowohl die **Anpassungsfähigkeit** (z.B. Reorganisationsteams) wie die **Innovationsfähigkeit** verbessern können (z.B. Produktplanungsteams). Für die Teammitglieder selbst ergeben sich daraus positive Effekte für Motivation und Qualifikation. Die Anforderungen der **Human-Ressourcen-Orientierung**, die damit angesprochen sind, lassen sich auch durch Abbau der hohen Arbeitsteilung und Spezialisierung erreichen. Man denke an selbststeuernde **Arbeitsgruppen**, wie sie im Produktions-, aber auch im Verwaltungsbereich anzutreffen sind.

Insgesamt zeigen diese Überlegungen, daß die FO als aufbauorganisatorisches Grundmodell (Idealmodell) in der logischen Analyse zwar klare Schwächen aufweist, daß es aber durch vielfältige Ergänzungen und Modifikationen sehr wohl möglich ist, eine unternehmungsindividuelle Struktur zu schaffen, die den aktuellen Anforderungen weitgehend Rechnung trägt. Diese Erkenntnis läßt sich analog auf alle Grundmodelle übertragen.

(4) Praxisbeispiel Badenwerk AG: Die Badenwerk AG ist eine Unternehmung der Energiewirtschaft, die 1921 gegründet wurde und den überwiegenden Teil ihrer Umsatzerlöse aus Stromverkäufen erzielt. Sie ist als Verbundunternehmung einzustufen, d.h. sie beschränkt sich nicht nur auf Stromproduktion und das (lokale) Versorgungsgeschäft (Tarifkunden, Letztverbraucher, weiterverteilende Kunden und Unterpartner im Versorgungsgebiet), sondern betreibt auch Verbundgeschäfte mit Verbundpartnern (überregionaler Stromhandel).

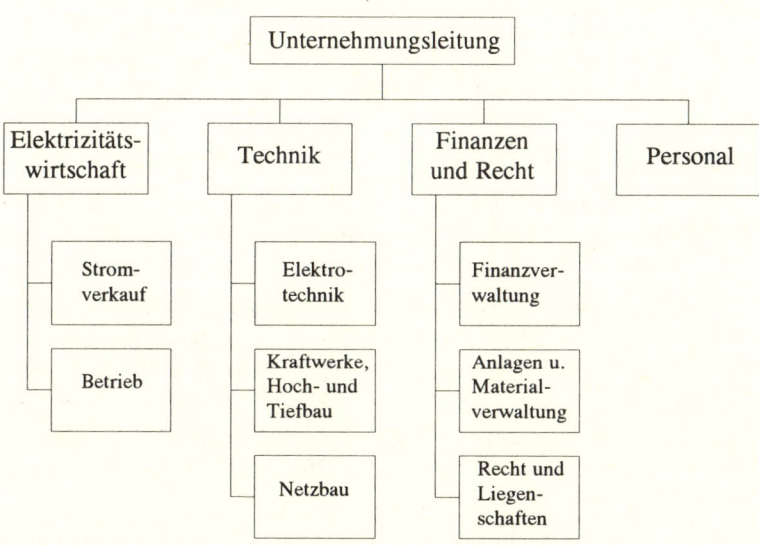

Abb. V/2: Aufbauorganisation der Badenwerk AG (1991)

Die Badenwerk AG ist somit auf allen Stufen der Stromwirtschaft - Produktion, Transport und Verteilung - tätig. Mit einer nutzbaren Stromabgabe von 18,65 Mrd.

kWh in 1991 zählt die Badenwerk AG - ebenso wie andere Regionalversorger (HEW, VEW) - zu den kleineren Verbundunternehmungen, verglichen mit den drei Branchenriesen RWE, PreußenElektra (VEBA-Konzern) und Bayernwerk. Das Versorgungsgebiet der in Karlsruhe ansässigen Unternehmung ist der badische Landesteil Baden-Württembergs, wo sie mit ca. 3.800 Beschäftigten knapp 3 Mrd. DM an Umsatzerlösen erzielt. Wie viele Unternehmungen der Energiewirtschaft ist die Badenwerk AG neben dem dominierenden Stromgeschäft in der Gasversorgung und der Breitband-Kommunikation (Verkabelung) tätig. Darüber hinaus strebt sie im Rahmen des Wandels von der reinen Stromversorgungsunternehmung zur modernen Dienstleistungsunternehmung in Zukunft den Aufbau eines weiteren Standbeins "Entsorgung" an. Die funktionale Aufbauorganisation soll als konfliktarme Einlinienorganisation eine hohe Verrichtungsspezialisierung bei gleichzeitiger Entscheidungszentralisation gewährleisten[vgl. BADENWERK AG 1991].

3. Divisionale Organisation

(1) Grundmodell: Die divisionale Organisation ist eine **objektorientierte Einlinienorganisation mit einer Tendenz zur Entscheidungsdezentralisation** (vgl. Abb. V/3).

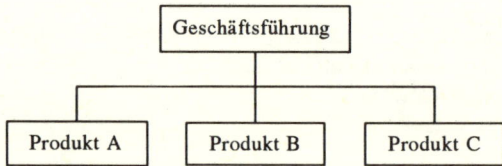

Abb. V/3: Divisionale Organisation

- Die Gliederung der zweiten Ebene erfolgt nach dem Objektmerkmal.

  Gliederung nach **Produkten** oder **Produktgruppen:** Wenn diese hinsichtlich des jeweiligen Marktes bzw. Marktsegments und ihrer Technologie ausreichende Unterschiede untereinander aufweisen und damit organisatorisch trennbar sind;

  Gliederung nach **Regionen:** Wenn bestimmte Regionen quantitativ bedeutsam sind (z.B. Organisation über Niederlassungen) oder bei der qualitativen Nachfrage Besonderheiten aufweisen oder hohe Entfernungen eine Rolle spielen (z.B. Auslandsniederlassungen);

  Gliederung nach **Kundengruppen:** Wenn es sich um wichtige und unterschiedliche Kundengruppen mit jeweils spezifischen Bedürfnissen handelt (z.B. Privatkunden, Industriekunden).

- Die objektbezogenen Einheiten (engl.: divisions) werden als **Sparten** oder **Geschäftsbereiche** bezeichnet. Ihnen sind die Kernfunktionen zuzuordnen (insbesondere Absatz und Produktion). Andere Funktionen können als **Zentralbereiche** organisiert werden, was die Primärstruktur entsprechend verändert.

- Die **Weisungskompetenzen** sind im Grundmodell ungeteilt; wenn Zentralbereiche z.B. **Richtlinienkompetenzen** besitzen, ergeben sich Formen einer **reduzierten Matrixorganisation**.

- Um spartenspezifische Politik machen zu können, ist ein relativ hoher Grad an **Dispositionsfreiheit** erforderlich; daher ergibt sich in der DO eine Tendenz zur **Entscheidungsdezentralisation**.
- Die DO korrespondiert mit einer **partizipationsergänzten** bzw. **dezentralistischen Hierarchie** (Typ C bzw. D). Typ A und Typ B sind zwar ebenfalls möglich und auch zu beobachten, können aber als atypisch gelten.

(2) Beurteilung:

Markt- und Wettbewerbsorientierung:

- Nach marktbezogenen Kriterien gebildete Sparten sind die beste Voraussetzung zur Umsetzung von Markt- und Wettbewerbsstrategien auf Business- und Functional-Level,
- das Autonomie- und Erfolgsstreben der Sparten kann allerdings der Umsetzung einer die gesamte Unternehmung betreffenden Strategie (Corporate Strategy) entgegen stehen und so ein Gesamtoptimum verhindern.

Flexibilität und Anpassungsfähigkeit:

- Auf quantitative und qualitative Umweltveränderungen kann die DO angemessen reagieren. Sie besitzt zudem eine relativ hohe strukturelle Anpassungsfähigkeit.

Innovationsfähigkeit:

- Durch die erhöhte Marktsensibilität können innovative Anregungen aus dem Markt (Produktinnovationen) gut aufgenommen und durch die objektorientierte Strukturierung und Verantwortungszuordnung mit ausreichendem Nachdruck umgesetzt werden,
- die getrennte Ausführung gleicher Verrichtungen in den einzelnen Sparten behindert die Bündelung von Erfahrungseffekten und führt u.U. zu einer geringeren Verfahrensinnovationsorientierung als bei der FO.

Führungsprozeßeffizienz:

- Durch die relativ geringe Gliederungsbreite ist der horizontale Koordinationsbedarf der Unternehmungsleitung gering und die Führbarkeit gut,
- dieser Effekt wird noch dadurch verstärkt, daß die Sparten selbständig operieren können.

Human Ressourcen-Orientierung:

- Die Erfolgsverantwortlichkeit, Identifikationsmöglichkeit und der erhöhte Bedarf an Führungskräften auf der zweiten Hierarchieebene wirken motivierend,
- auf der Ebene der Spartenleiter wird unternehmerisches Denken gefordert und gefördert,
- die dezentrale Anordnung von Ausführungsaufgaben (Beschaffung, Produktion, Absatz) und Unterstützungsleistungen in den Sparten führt zu Doppelarbeit, gerin-

gerer Spezialisierung und Qualifikation und eher zu Unterauslastung (Organizational Slack) als in der FO.

Finanz- und Sachressourcen-Effizienz:

- Da die einzelnen Geschäftsbereiche über eigene Produktionskapazitäten verfügen, können sich Nachteile hinsichtlich der Ausnutzung von Größendegressionseffekten (Economies of Scale) ergeben, es entsteht Sachressourcen-Slack.

Geschäftsprozeß-Effizienz:

- Da sich Geschäftsprozesse typischerweise auf ein Geschäftsfeld beziehen (z.B. Auftragsabwicklung), kann die gesamte Prozeßverantwortlichkeit den Spartenleitern übertragen werden; dies erleichtert die Umsetzung der Prozeßziele auch über mehrere Hierarchieebenen hinweg,

- Probleme bestehen bei Geschäftsprozessen, die über mehrere Spartengrenzen hinweggehen oder die Informationen mehrerer Sparten benötigen.

(3) Voraussetzungen der DO: Grundidee der DO ist es, Unternehmungsbereiche zu schaffen, die relativ unabhängig voneinander sind, die also nicht wie die Funktionalabteilungen der FO durch horizontale Abhängigkeiten (Schnittstellen) in ständigem Wechselspiel stehen. Dadurch kann wesentlich mehr Umweltkomplexität und -dynamik verarbeitet werden als in der FO. Darauf basieren letztlich die besonderen **Vorteile der DO:**

- **Marktnähe** (Produkte, Kunden, Regionen),
- **Flexibilität** (kleinere Einheiten, differenzierte Reaktionen),
- **Schnelligkeit** (Dauer von Entwicklungs-, Entscheidungs-, Umsetzungsprozessen),
- **Motivation** (Ergebnisverantwortung, Selbständigkeit),
- **Qualifikation** (internes Unternehmertum, Generalisten),
- **Führbarkeit** (Entlastung der Unternehmungsspitze von operativen Aufgaben, Konzentration auf die strategische Führung anstelle von Schnittstellenmanagement).

Damit diese Vorteile tatsächlich wirksam werden, müssen allerdings einige **Voraussetzungen** erfüllt sein:

- Jede Sparte/Division muß mindestens die Funktionen Produktion und Absatz umfassen, ggf. auch die produktbezogene Entwicklung (andere Funktionen können zentral angeordnet sein), andernfalls kann man nicht von selbständigen Sparten und somit nicht von einer DO sprechen.

- Um dies zu gewährleisten, müssen sich die Absatzmärkte der Sparten nach eindeutigen Kriterien unterscheiden lassen und weitgehend unabhängig voneinander sein.

- Die Produktionsstruktur resp. Technologie muß sich entsprechend der für die Sparten vorgenommenen Abgrenzung in weitgehend unabhängige Teilbereiche zerlegen lassen; dies ist zum einen ein technisches Problem (z.B. Verbundproduktion), zum anderen ein wirtschaftliches Problem (Mindestbetriebsgröße).

Im Idealfall sind Sparten also **Quasiunternehmungen.** Im Negativfall treten vielfältige Probleme der Verflechtung auf, die zu spezifischen Koordinationsaufgaben führen (z.B. Verrechnungspreisproblematik). Mangelnde Markttrennbarkeit bedeutet, daß verschiedene Sparten mit ähnlichen Produkten die gleichen Distributionswege benutzen und die gleichen Kunden umwerben. Im Grenzfall ergibt sich ein Verdrängungswettbewerb. Derartige Überlappungen erscheinen nur sinnvoll, wenn zugleich eine einheitliche Wertorientierung gegeben ist. Sie führt dazu, daß die interne Konkurrenz als Ausdruck einer allgemein akzeptierten Unternehmungsphilosophie erlebt wird, in deren Mittelpunkt ein unternehmungsinterner Qualitätswettbewerb steht. Dies wird von einigen amerikanischen Spitzenunternehmungen wie **Procter & Gamble**, **Hewlett Packard** oder **3M** offenbar erfolgreich praktiziert [vgl. PETERS/WATERMAN 1990, S.251ff.]. An die Stelle der Koordination und Integration durch organisatorische Regelungen tritt dann die regulierende Kraft gemeinsamer Werte **(kulturelle Regelungen)**. Nur so läßt sich ein "produktives, geordnetes Chaos" statt eines zerstörerischen Kampfes "Jeder gegen Jeden" erreichen. In Unternehmungen ohne eine solche starke Philosophie müssen die oben erläuterten Voraussetzungen zwangsläufig stärker beachtet werden.

Im übrigen ist auch für die Spartenorganisation auf spezifische Koordinations- und Flexibilitätsprobleme hinzuweisen. Die Führbarkeit aus der Sicht der Spitze läßt mit wachsender Anzahl der Sparten nach. Dieses Problem wird dort besonders eklatant, wo Vorstandsmitglieder in Personalunion Spartenleiter sind. Veränderungen in der Führungsorganisation bieten sich an, von der Einrichtung einer Führungsebene, die mehrere Sparten koordiniert (so z.B. **Bertelsmann**, vgl. S.277), bis hin zu einer Holdinglösung. Größenwachstum der Sparten führt zu internen Koordinationsproblemen und ist regelmäßig mit Anpassungs- und Flexibilitätsverlust verbunden. Daher verfolgen einige Unternehmungen das Prinzip, Sparten möglichst klein und beweglich zu halten und bei Wachstum in einer Art von "Zellteilung" neue Objektbereiche abzuspalten. Bei **Hewlett Packard** z.B. existierten Mitte der 80er Jahre ca. 50 Divisions, und es galt die Regel, daß die Spartengröße auf 1200 Mitarbeiter beschränkt war [vgl. PETERS/WATERMAN 1990, S.251].

(4) Center-Konzepte: Auch die DO kennt Modifikationen und Ergänzungen. Die Möglichkeit, Stäbe, Teams und Ausschüsse einzurichten, besteht selbstverständlich genauso wie in der FO. Auch eine duale Organisation ist möglich. Dies dürfte sich allerdings erst für sehr große und breit angelegte Sparten lohnen. Als Alternativen wären dabei eine weitergehende Aufspaltung von Sparten oder ein **Holdingkonzept** zu prüfen. Wesentliche Variationen des Grundmodells der DO entstehen durch die Festlegung der spezifischen **Spartenkompetenzen** einerseits, durch die Definition der Zentralfunktionen und die Zuweisung unterschiedlich starker Kompetenzen an **Zentraleinheiten** andererseits. Hinsichtlich der Spartenkompetenzen sind zweckmäßigerweise drei verschiedene Konzepte zu unterscheiden.

Cost Center: Aufgaben, Kompetenz und Verantwortung sind vorrangig an Kostengrößen orientiert.

Profit Center: Aufgaben, Kompetenz und Verantwortung sind an Erfolgsgrößen orientiert (z.B. Betriebsergebnis, Umsatzrentabilität, Return on Investment, Cash Flow).

Investment Center: Aufgaben, Kompetenz und Verantwortung sind an Erfolgsgrößen und zusätzlich an der Gewinnverwendung orientiert.

Den geringsten Spielraum besitzt c.p. die Sparte, die als Cost Center geführt wird. Sie unterscheidet sich in diesem Punkt nicht von der Funktionalabteilung einer FO. Die Konsequenz wäre, daß man es mit einer zentralistischen DO zu tun hat. Dezentralistisch sind dagegen Profit- und Investment Center. Die häufigste und dem Spartenkonzept am ehesten entsprechende Lösung ist das **Profit Center.** Im Sinne des erweiterten Kongruenzprinzips setzt ein Profit Center, das diesen Namen wirklich verdient, voraus, daß alle gewinn- bzw. ergebnisbestimmenden Größen durch Maßnahmen der Sparte beeinflußt werden können. Dazu zählen insbesondere:

- Kosten,

- Leistung bzw. Produkt nach Art und Menge,

- Preis,

- Qualität,

- Zeitdauer.

Die beschriebenen Voraussetzungen der DO werden in ihrer Bedeutung anhand des Profit Centers klar. Ein Spartenleiter, der nur über wenige Funktionen verfügt oder auf Vorlieferungen anderer Sparten angewiesen ist, kann nur einen Teil der Kosten und Leistungen beeinflussen und ist demgemäß nur bedingt am Spartenergebnis zu messen.

Im Normalfall wird das Spartenergebnis an die Zentrale abgeführt. Die Zentrale betreibt mit dieser finanziellen Grundlage das notwendige Portfolio-Management, also die Investitions- und Desinvestitionspolitik. Im **Investment Center** kann der Spartenleiter zumindest über einen Teil des Gewinns selbst verfügen. Er erhält damit das höchstmögliche Maß an Autonomie und wäre imstande, z.B. neue Geschäftsfelder durch internes oder externes Wachstum aufzubauen.

Die Center-Konzepte setzen mit wachsender Selbständigkeit der Sparten auch ein wachsendes Maß an Systemunterstützung voraus. Das beginnt bei einem aussagefähigen Rechnungswesen mit einer verursachungsgerechten Kosten- und Leistungszurechnung, setzt sich fort mit ausgebauten Planungs- und Kontrollsystemen und mündet schließlich in die notwendige Unterstützung durch ein Führungsmodell wie das Management by Objectives sowie adäquate Anreiz- und Personalentwicklungssysteme für Führungskräfte.

Das Profit Center-Konzept symbolisiert im übrigen das **SOS-Konzept** in besonderem Maße. Die Sparten bewältigen das operative Geschäft, die Unternehmungsspitze, unterstützt durch Führungsstäbe (z.B. Planungsstab, Controller), kann sich auf die (strategischen) Steuerungsaufgaben konzentrieren, die Zentralbereiche erfüllen die teils umfangreichen Serviceaufgaben.

(5) Zentralbereiche: Der Idealtyp der DO kennt nur Sparten und zentrale Leitung. Derartige Strukturen sind wohl am ehesten bei dezentral organisierten Holdings zu finden, etwa bei einer reinen Finanzholding. Schon eine Führungsholding wird je nach Kompetenzverteilung einige Funktionen aus den selbständigen Einheiten ausgliedern und an der Spitze bündeln. Dies gilt erst recht für Einheitsunternehmungen. Für solche Anwendungsfälle der DO sind **Zentralbereiche** (Zentralabteilungen) charakteristische Strukturbausteine. Es zeigt sich, daß sie im Laufe der Zeit an Zahl und Bedeutung in vielen Unternehmungen zugenommen haben. Die ursprüngliche Idee, eine professionelle und kostengünstige Versorgung mit Unterstützungsleistungen sicherzustellen, hat nicht selten zu einer ineffizienten und bürokratischen Überversorgung ("Wasserkopf") geführt. In den letzten Jahren ist daher ein gegenläufiger Trend sichtbar. Zentralbereiche werden abgebaut oder ausgegliedert (**Outsourcing**). Besonders im Zuge der Umwandlung vieler Unternehmungen in Führungsholdings nähert man sich dem Grundmodell der Spartenorganisation wieder an. Es ist daher wichtig, sich klarzumachen, welche Kosten Zentralbereiche verursachen und welchen Nutzen man von ihnen erwarten kann [aufbauend auf ROEVER 1992, S.127ff.].

Direkter Nutzen:

- Durch Bündelung gleichartiger Funktionen in einem Zentralbereich sind intern **Größenvorteile** nutzbar zu machen (Economies of Scale),

- eine Poolung von Spezialisten führt zu höherer **Professionalisierung** und erbringt bessere Leistungsergebnisse,

- im Zentralbereich können Erfahrungen systematischer gesammelt und ausgewertet werden, es entstehen **Erfahrungskurveneffekte**,

- erst die Bündelung bestimmter Funktionen erlaubt es, sie wie ein spezielles Geschäft zu führen (z.B. Corporate Banking).

Indirekter Nutzen:

- Die Sparten werden entlastet und können sich voll auf ihre operativen Aufgaben konzentrieren,

- die Sparten können mit der besseren Unterstützung durch zentrale Dienstleistungsstellen bessere Ergebnisse erzielen,

- die Unternehmung kann ein größeres Gewicht nach außen zur Geltung bringen als einzelne Sparten (z.B. Zentraleinkauf, zentrale Finanzabteilung).

Direkte Kosten:

- Zentrale Leistungen orientieren sich am anspruchsvollsten Abnehmer und machen dessen Bedürfnisse zum Standard,

- mit wachsender Distanz zwischen Dienstleistungs- und Abnehmereinheit wachsen die Kommunikations- und Fehlerkosten sowie der Koordinationsaufwand überproportional,

- mehr Zentralisierung bedeutet i.d.R. auch Doppel- und Mehrfacharbeit, da nicht alle dezentralen Stellen aufgegeben werden und weil Zuarbeit nötig ist,

- Zentralfunktionen verlieren mit der Zeit das Bewußtsein für wettbewerbsfähige Kosten-/Leistungsverhältnisse und verhalten sich wie ein Monopolbetrieb.

Indirekte Kosten:

- Bürokratisierung und Verlängerung der Entscheidungswege schwächen die Konkurrenzfähigkeit der Sparten,

- Zwang zur Vereinheitlichung lenkt von Unterschieden in den geschäftsspezifischen Erfolgsfaktoren ab (wichtig z.B. im Berichts- und Rechnungswesen),

- Tendenz zu einheitlicher Führungskräftebeurteilung, -vergütung und -entwicklung führt zu Fehlsteuerungseffekten.

Die organisatorischen **Kompetenzen von Zentralbereichen** sind unterschiedlich gestaltbar. Demgemäß variiert auch ihre Position gegenüber den operativen Einheiten. Insgesamt sind mit FRESE/v. WERDER sechs Abstufungen unterscheidbar (vgl. Abb. V/4, weiterentwickelt nach FRESE/v.WERDER 1993, S.36ff.).

Modell-bezeichnung	Zentralbereiche:	Operative Einheiten:
Kernbe-reichs-modell	Vorbereiten und Fällen von Rahmen- und Detailentscheidungen	Anwenden und Ausführen getroffener Entscheidungen
Richtlinien-modell	Vorbereiten und Fällen von Rahmenentscheidungen	Vorbereiten, Fällen und Ausführen von Detailentscheidungen im vorgegebenen Rahmen
Matrix-modell	Gleichberechtigtes Vorbereiten und Fällen von Rahmenentscheidungen Vorbereiten, Fällen und Ausführen von Detailentscheidungen	
Stabs-modell	Vorbereiten von Entscheidungen	Vorbereiten und Ausführen von Rahmen- und Detailentscheidungen
Service-modell	Ausführen von Aufträgen	Vorbereiten und Fällen von Rahmen- und Detailentscheidungen
Autarkie-modell	———————	Vorbereiten, Fällen und Ausführen von Rahmen- und Detailentscheidungen

Abb. V/4: Aufgaben- und Kompetenzabstufung von Zentralbereichen

Die stärkste Konzentration liegt vor, wenn eine bestimmte Funktion vollständig aus den dezentralen Einheiten ausgegliedert und einem Zentralbereich übertragen wird, der dann für Rahmen- und Detailentscheidungen verantwortlich ist (sog. **Kernbereichsmodell**). Der Zentralbereich wird dann unabhängig von den operativen Einheiten tätig, denen lediglich die Anwendung und Ausführung getroffener Entscheidungen verbleibt. Auf die Weise lassen sich Spezialisierungsvorteile nutzen, die zu einer qualitativ besseren Aufgabenerfüllung beitragen (betr.: **Geschäftsprozeßeffizienz**).

Durch Bündelung von Stellen und Aufgaben entstehen außerdem Größenvorteile (Economies of Scale). Dies betrifft die **Effizienz** der **Human Ressourcen** sowie der **Sachressourcen**. Kritisch ist die Frage, ob diese Art der Zentralisierung eine genügende Geschäftsnähe besitzt, oder ob Entscheidungen am "grünen Tisch" getroffen werden, wodurch die Spezialisierungsvorteile wieder zunichte gemacht würden. Ausserdem stellt sich das Problem der zeitlichen und inhaltlichen Anpassungsfähigkeit (betr.: **Flexibilität**). Insofern dürfte sich das Kernbereichsmodell vor allem für hochspezialisierte und in allen Geschäftsfeldern gleichermaßen anzutreffende Aufgaben empfehlen (z.B. Rechtsabteilung).

Der Zentralbereich mit Richtlinienkompetenz (sog. **Richtlinienmodell**) fällt verbindliche Rahmenentscheidungen für seine Funktion, überläßt aber deren Auffüllung durch Detailentscheidungen den operativen Einheiten. Eine zentrale Personalabteilung kann z.B. Auswahl- und Einstellungsrichtlinien erarbeiten, ohne aber die Personaleinstellungen gewerblicher Arbeitnehmer selbst vorzunehmen. Auf die Weise läßt sich eine einheitliche Aufgabenerfüllung sicherstellen (betr.: **Führungsprozeß**- sowie **Geschäftsprozeßeffizienz**) ohne Verzicht auf dezentrale Flexibilität. Im Richtlinienmodell besitzt der Zentralbereich **funktionale Weisungsrechte** gegenüber operativen Einheiten, im Organigramm gelegentlich als gestrichelte Linie dargestellt ("dotted line"). Es ergibt sich ein **Mehrliniensystem** besonderer Prägung. Subsysteme erhalten Anweisungen von mehreren übergeordneten Stellen. Im Kernbereichs- wie im Richtlinienmodell besitzen die Zentralbereiche eine instanzenähnliche Stellung gegenüber den operativen Einheiten.

Der Fall **gleichberechtigter** Mitwirkung beider Seiten am Vorbereiten und Fällen von Entscheidungen liegt dagegen bei der als **Matrixmodell** bezeichneten Konstruktion vor. Hier bilden die beteiligten Einheiten typischerweise einen gemeinsamen Ausschuß (Matrixausschuß), der die notwendigen Grundsatzentscheidungen trifft. Dies kann im Falle der Entwicklung von Informationssystemen z.B. bedeuten, daß die einzelnen Ressorts ihre diesbezüglichen Wünsche und Bedarfe in einem DV-Ausschuß mit dem Zentralbereich Datenverarbeitung abstimmen. Dieser Ausschuß könnte bereichsübergreifende Entwicklungsrichtlinien festlegen, die einzelnen Vorhaben priorisieren und koordinieren sowie Eingriffe im Ausnahmefall vornehmen. Der Zentralbereich stellt die Spezialistenteams, welche, ggf. unter Mitwirkung der Benutzer, die Projektaufträge durchführen.

Bei genauerer Betrachtung wird deutlich, daß auch im Matrixmodell kein völliges Kompetenzgleichgewicht herrscht. Dies zeigt sich z.B. an der Frage, welche Einheit den Vorsitz im Matrixausschuß übernimmt. Die mit Kompetenzgleichgewichten verbundene Gefahr von Pattsituationen führt i.a. dazu, daß klare organisatorische Vortrittsregeln geschaffen werden. Allerdings ist auch an dieser Stelle auf die informale Kommunikation zu verweisen. Vor einer Ausschußsitzung werden Vorbesprechungen geführt, Meinungen abgeklärt, Meinungsführer aktiviert und Opponenten beeinflußt. Die faktische Macht, die dabei entsteht und ausgeübt wird, kann ohne weiteres die formalen Machtverhältnisse, wie sie in der Organisationsstruktur zum Ausdruck kommen, abwandeln oder in ihr Gegenteil verkehren.

Abweichungen vom formalen und faktischen Einfluß sind auch beim Stabs- und Servicemodell möglich. Im **Stabsmodell** wirkt die Zentraleinheit informierend und beratend an der Entscheidung der operativen Einheit mit, während im **Servicemodell** nur Aufträge ausgeführt werden. Für beide Modelle ist die Nutzung und Auslastung relativ weniger Spezialisten in der Zentrale bei gleichzeitigem Erhalt der Autonomie der operativen Einheiten als vorteilhaft anzusehen. In dem Maße, wie Aufträge unscharf formuliert sind - was bei schlecht strukturierten und neuartigen Aufgaben regelmäßig der Fall ist - gewinnt die Zentraleinheit im Servicemodell an Einflußmöglichkeiten, ähnlich wie ein Stab in seiner Beratungsfunktion.

Das **Autarkiemodell** schließlich bildet das logische Gegenstück zum Kernbereichsmodell. Die operativen Einheiten erfüllen ihre Aufgaben, ohne daß zentrale Unterstützungsfunktionen oder Steuerungsfunktionen außerhalb der Linienunterstellung wirksam werden.

Die Vor- und Nachteile der beschriebenen Gestaltungsalternativen sollen an einem **Praxisbeispiel** der **Deutschen BP AG** verdeutlicht werden [vgl. SCHWABE/v. WERDER 1993, S.87ff.]. Hier stellte sich die Frage der Zentralisierung versus Dezentralisierung bei der Aufgabenzuordnung im Rahmen der **Personalwirtschaft.**

Völlig dezentral wurden alle Aufgaben der **Personalausstattung** wie Personalbedarfsermittlung, -auswahl und -einsatzplanung den einzelnen Sparten zugeordnet **(Autarkiemodell).** Diese Organisationslösung gewährt den einzelnen Sparten einen größtmöglichen Freiraum in den genannten Personalfragen. Als Begründung gibt die Deutsche BP AG an, daß die Kenntnis der gewünschten Anforderungsprofile sowie die Gewichtung der einzelnen Profilkomponenten in den Sparten am genauesten vorliege. Dadurch wird die Gefahr einer Über- oder Unterqualifikation vermieden. Diese Vorteile überwiegen den Nachteil, der für die Aufgabenausführung insgesamt erhöhten Anzahl an Personalmitarbeitern gegenüber einer Zentralbereichslösung.

Eine Zwischenlösung wählt die BP AG für Aufgaben der **Personalausbildung und -weiterbildung.** Hier entscheiden **Zentralbereich und Sparten gemeinsam** über Teilnehmer und Inhalt der Aus- und Weiterbildung **(Matrixmodell).** Begründung für diese Lösung ist, daß die einzelnen Sparten die erforderlichen Fähigkeiten am ehesten beurteilen können, während der Zentralbereich das spartenübergreifende Know-how sowie Größen- , Erfahrungs- und Spezialisierungsvorteile in der Durchführung besitzt.

Alle Leistungen der **Personalverwaltung** bietet ein Zentralbereich den einzelnen Sparten an **(Servicemodell).** Diese können einen Preis-Leistungs-Vergleich mit dem externen Markt vornehmen. Dadurch bleibt, trotz völliger Zentralisation, die Autonomie und Dispositionsfreiheit der Sparten gewahrt. Als Begründung wird angeführt, daß bei derartigen Routineaktivitäten eine zentralistische und standardisierte Abwicklung Kostenvorteile bietet. So wäre z.B. bei dezentraler Aufteilung der Aufbau der nötigen Rechnerkapazitäten in sämtlichen Sparten aufwendiger als die zentrale Installierung und Nutzung einer Großanlage (Vermeidung von Sachressourcen-Slack). Das Recht der Sparten, diese Leistungen auch extern zu beziehen, erzeugt Konkurrenzdruck und zwingt zur wirtschaftlichen Aufgabenerfüllung. Die Wirtschaftlichkeit dieser Zentralbereichslösung zeigt sich auch daran, daß die gesamte Personalverwaltung der Deutschen BP AG von nur ungefähr 10 Mitarbeitern bewerkstelligt wird.

Zentralbereiche, die eine marktfähige Leistung erbringen, sind in der Lage, auch Unternehmungsexternen ihre Leistungen (Werbung, Verwaltung, EDV, Transport, usw.) anzubieten. Es entsteht somit eine Produkt-/Marktkombination, und der Zentralbereich ist als eigenständiger Geschäftsbereich, wie eine Sparte, führbar. Nach außen operiert diese Einheit als selbständige Sparte, nach innen erfüllt sie Zentralbereichsfunktionen. Kommt die rechtliche Selbständigkeit noch hinzu, so ergeben sich Konzern- bzw. Holdingstrukturen.

Beispielhaft kann hier der **Otto-Versand** angeführt werden. Der "Hermes Versand Service" wird in eigener Ergebnisverantwortlichkeit geführt. Das Leistungsangebot des Transports wird neben Unternehmungsexternen den Sparten des Otto-Versandes angeboten und erfüllt so die Aufgaben eines Zentralbereiches Transport [vgl. OTTO-VERSAND 1989].

Auch die am 1. Juli 1990 gegründete, zum Daimler-Benz-Konzern gehörende **"Debis"** (Daimler-Benz Inter Service AG) enthält als eigenständige Sparte mehrere Geschäftsbereiche (Systemhaus, Finanzdienstleistungen, Versicherungen, Handel und Marketing) und fungiert gegenüber den anderen Sparten gleichzeitig als Zentralbereich. So werden z.B. vom Systemhaus (Umsatz 657 Mill. DM) Aufgaben eines Rechenzentrums übernommen. Für benachbarte Sparten bedeutet dies den Verzicht auf eigene Rechenzentren und die Nutzung zentraler Großrechenzentren. Diese Leistung wird auch externen Kunden angeboten. Ebenso soll der zur debis gehörende, neu gegründete Geschäftsbereich "Versicherungen" die Versicherungsbedürfnisse und Risk-Management-Aufgaben des gesamten Daimler-Benz-Konzerns übernehmen. Um die Autonomie der Sparten und die damit verbundenen Vorteile der Flexibilität nicht zu gefährden, besteht keine Pflicht zur Abnahme der Zentralbereichsleistungen [vgl. DAIMLER-BENZ AG 1990].

Die beschriebenen Einsichten und Erfahrungen bei der Aus- und Umgestaltung von Zentralbereichen lassen sich zu einigen Gestaltungsempfehlungen verdichten [weiterentwickelt nach ROEVER 1992, S.130ff.].

Empfehlungen zur Optimierung:

- Klare analytische Trennung der zentralen Bereiche in **Steuerungs- und Dienstleistungsfunktionen** vornehmen und feststellen, welche Sparte/Einheit welche Leistung von der Zentrale bezieht,

- **geschäftsbezogene** Funktionen **dezentralisieren**, da sie zur Erfüllung der Haupterfolgsfaktoren oder zur Differenzierung gegenüber Wettbewerbern benötigt werden, allenfalls **Richtlinienfunktionen** bei der Zentrale halten,

- **nicht geschäftsspezifische** Funktionen **zentralisieren**, aber in Cost Centers oder Profit Centers umwandeln; den Sparten marktgerechte Preise berechnen, Leistungen auch extern anbieten,

- ggf. **Outsourcing** prüfen, entweder **Ausgründung** einer Tochtergesellschaft oder **Fremdbezug** der Leistung/Funktion,

- nur unverzichtbare Dienstleistungen bleiben integriert.

(6) Praxisbeispiel Siemens AG: Die Siemens AG gliedert sich in ihrem organisatorischen Aufbau in 17 **Bereiche** (davon zwei mit eigener Rechtsform und zwei selbständige Geschäftsgebiete), 12 **Zentraleinheiten** mit unterschiedlichen Aufgaben und in **regionale Einheiten** (Niederlassungen) im In- und Ausland [vgl. SIEMENS AG 1991]. Die Bereiche sind für Entwicklung, Fertigung, Vertrieb und das Ergebnis der von ihnen betreuten Geschäftsfelder verantwortlich. Sie berichten dem Vorstand über die mittelfristige Geschäftsplanung, die kurzfristige Budgetplanung und die Planung von Leistungen und Kosten.

Zur ersten Gruppe der Zentraleinheiten zählen die **Zentralabteilungen.** Es sind dies:

- **Unternehmungsplanung und -entwicklung:** hat die Aufgabe, die Geschäfte und Funktionen zu stärken, die Unternehmungsstruktur zu entwickeln sowie die Führungskräfteplanung und -entwicklung vorzunehmen.

- **Finanzen:** zuständig für alle finanziellen Außenkontakte, für die Deckung des Finanzbedarfs, für die ertragreiche Anlage flüssiger Mittel, die Erstellung der Handels- und Steuerbilanz und für die Budgetierung und das Beteiligungscontrolling.

- **Personal:** zuständig für alle personalpolitischen Grundsatzfragen.

- **F&E:** zuständig für Forschung und Entwicklung; die Bereiche können kostenlos auf das Know-how der Zentralabteilung zurückgreifen.

- **Produktion und Logistik:** zuständig für die Koordination der Produktionsstrukturen, -strategien und -technologien.

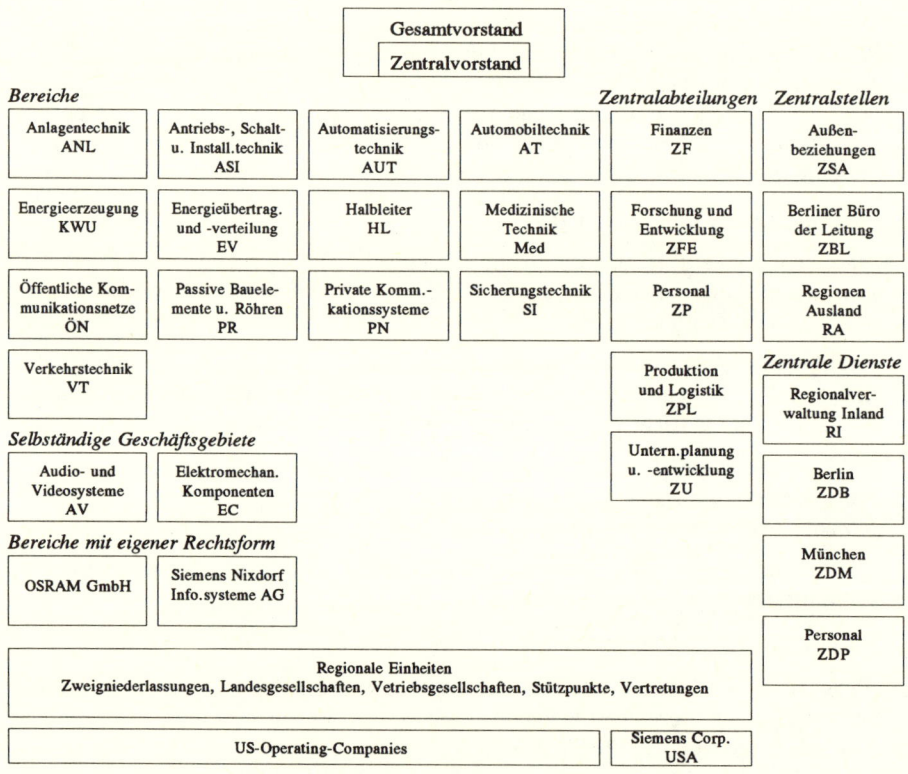

Abb. V/5: Aufbauorganisation der Siemens AG (1991)

Neben den Zentralabteilungen gibt es Zentralstellen und zentrale Dienste. Zu den **Zentralstellen** zählt z.B. die Einheit **"Außenbeziehungen"**. Hier werden alle Kontakte zur Öffentlichkeit, d.h. PR-Aufgaben, Firmenwerbung usw. geknüpft. In den Einheiten **"Zentrale Dienste"** werden alle Aufgaben und Dienstleistungen, die zentral effizienter ausgeführt werden können, übernommen. Die Aufgabenerfüllung (Leistung) muß sich an externen Standards messen.

Die **regionalen Einheiten** führen im Inland als Zweigniederlassungen das Verkaufsgeschäft der Bereiche durch. Ziel ist hierbei neben der Schnelligkeit die Kundennähe. Die Verantwortung bezüglich der Kosten und Erlöse liegt bei den Bereichen. Im **Ausland** liegt keine Weisungsbefugnis der Bereiche gegenüber dem Vertrieb vor. Es gibt in den großen Märkten der Welt Landesgesellschaften, die eigene Gesellschafter haben und die Ergebnisverantwortung selbst tragen. Die Landesgesellschaften sind direkt der Unternehmungsleitung unterstellt. Ziel ist hier das einheitliche Auftreten von Siemens in allen strategischen Geschäftsfeldern.

4. Matrix- und Tensororganisation

(1) Grundmodell: Die Matrixorganisation (MO) ist eine **Mehrlinienorganisation** mit **gleichzeitiger Verrichtungs- und Objektorientierung** und einer **Tendenz zur Entscheidungsdezentralisation.**

- Auf der zweiten Hierarchieebene werden gleichzeitig Objekt- und Verrichtungsgliederung angewendet. Typischerweise bildet eine funktionale Organisation die vertikale Grunddimension, über die eine z.B. nach Produkten oder Projekten gegliederte Objektdimension gelegt wird (vgl. Abb. V/6). Es sind auch beliebige andere Objekte als Gliederungsmerkmal denkbar. Wird eine MO auf Dauer eingerichtet, so sind zusätzlich Stellen für Matrixmanager zu schaffen (z.B. Product-Manager).

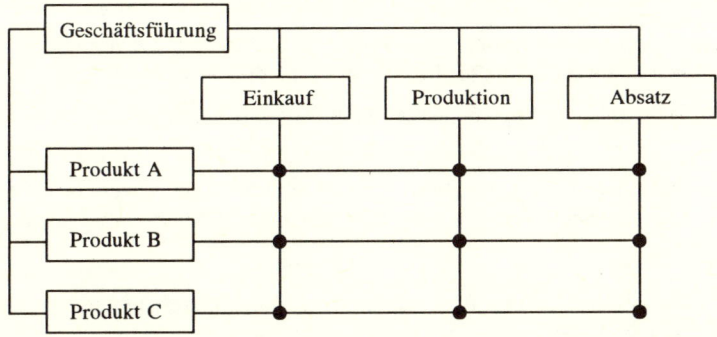

Abb. V/6: Matrixorganisation

- Im Verhältnis erster zu zweiter Hierarchieebene herrscht Entscheidungsdezentralisation; eine weitergehende Dezentralisation ist allerdings nicht möglich, ohne die Funktionsfähigkeit der Matrix zu gefährden.

- Im Grundmodell spalten sich die ursprünglich ungeteilten Weisungsbefugnisse gleichberechtigt auf, es entsteht ein System von zwei sich kreuzenden Weisungslinien **(Mehrliniensystem)**. Die betroffenen Mitarbeiter erhalten gleichberechtigte Weisungen vom zuständigen Funktions- und vom Matrixmanager, der als **Querschnittsregler** [vgl. WILD 1973, S.37] fungiert. Dies stellt eine moderne Variante

111

des "**Funktionsmeisterprinzips**" von TAYLOR dar. TAYLOR schwebte für die Meisterebene im Produktionsbereich eine Aufteilung der Vorgesetztenfunktion auf insgesamt sieben spezialisierte Meister vor (z.B. für Arbeitsverteilung, Instandhaltung, Kosten- und Zeitanalyse) [vgl. KIESER/KUBICEK 1992, S.128ff.]. Wird auf der zweiten Hierarchieebene eine gleichberechtigte Gliederung nach mehr als zwei Dimensionen vorgenommen, so spricht man von **Tensororganisation**. Denkbar wäre z.B. die dreidimensionale Gliederung nach **Funktionen**, **Produkten** und **Regionen**. Die Tensororganisation ist in ihren Stärken und Schwächen der Matrixorganisation vergleichbar. Auf ihre isolierte Beurteilung kann daher verzichtet werden.

(2) Beurteilung:

Markt- und Wettbewerbsorientierung:

- Für die Objektdimension gilt eine ähnlich klare Markt- und Wettbewerbsorientierung wie bei der DO, bei den Funktionsbereichsleitern gibt es Probleme, die denen der FO gleichen,

- durch die Mehrheit der Auftragserteilung ist die Umsetzung einer eindeutigen, kompromißlosen Unternehmungs- oder Geschäftsfeldstrategie häufig nicht möglich, die Konzentration auf die Gestaltung eines kritischen Erfolgsfaktors kann mißlingen.

Flexibilität und Anpassungsfähigkeit:

- Die MO ist flexibler als die FO gegenüber qualitativen Veränderungen,

- durch langwierige Diskussionen und Machtkämpfe zwischen den gleichberechtigten Dimensionen kann ein schnelles Reagieren verhindert werden,

- Anpassungsentscheidungen können zu Kompromißlösungen und damit halbherzigen Entscheidungen führen,

- ohne größere Umstellungen können strukturelle Veränderungen (z.B. Schaffung neuer Querdimensionen für Produkte oder Regionen) vorgenommen werden.

Innovationsfähigkeit:

- Das Aufeinandertreffen von Produkt- und Funktionsinteressen kann zu konstruktiven Diskussionen und Verfahrensinnovationen führen (produktiver Konflikt),

- die Matrix führt zu einem unternehmungsinternen Wettbewerb der Querschnittsregler (z.B. Product-Manager) mit der Chance von Produktinnovationen.

Führungsprozeßeffizienz:

- Extrem hoher Koordinationsbedarf durch die Unternehmungsleitung; Ursachen dafür sind die hohe Leitungsspanne der Geschäftsführung und die Stellenvermehrung der MO, ausgelöst durch den zusätzlichen Bedarf an Produkt- oder Projektmanagern,

- Gleichberechtigung zweier Dimensionen mit zum Teil unterschiedlichen Zielsetzungen.

Human Ressourcen-Orientierung:

- Hohe Identifikationsmöglichkeit mit den Produkten und Personalentwicklungsmöglichkeiten bei der objektorientierten Dimension,
- Möglichkeit zur Entwicklung unternehmerischer Perspektive für Matrixmanager,
- Demotivation und Überforderung der Mitarbeiter in den Funktionsbereichen durch Loyalitätsprobleme und heterogene Zielvorgaben möglich.

Finanz- und Sachressourcen-Effizienz:

- Die verrichtungsorientierte Zusammenfassung gleichartiger Aufgaben ermöglicht die Realisierung von Spezialisierungsvorteilen sowie Economies of Scale,
- Abstriche müssen gemacht werden, wenn aufgrund der Zielsetzungen der Objektdimension die Verfahrenseinheitlichkeit zugunsten differenzierter Objektgestaltung aufgegeben wird,
- der interne Wettbewerb, z.B. der Produktmanager, um knappe Budgets und Sachmittel bietet die Möglichkeit positiver Effizienzwirkungen.

Geschäftsprozeß-Effizienz:

- Durch die Gleichberechtigung der Dimensionen und ihrer teilweise unterschiedlichen Zielsetzung besteht die Gefahr von Reibungsverlusten und Pattsituationen (unproduktive Konflikte).

(3) Reduzierte Matrixorganisation: Auch die Matrixorganisation ist um Ausschüsse, Teams, Stäbe, Zentralbereiche ergänzbar, deren Einsatz nicht gesondert zu behandeln ist. Markantestes Problem der Matrix sind die vielfältigen Konfliktmöglichkeiten. Vom Konfliktgegenstand her gesehen handelt es sich vor allem um Kompetenz-, Ressourcen- und Zielkonflikte. Die Folgen dieser Konflikte sind teilweise unproduktiv. Vor allem bei gleich starken Matrixdimensionen (Funktion vs. Produkt/Projekt) sind Pattsituationen unvermeidbar. Es kommt also darauf an, produktive Konfliktwirkungen zu begünstigen, unproduktive zu vermeiden. Dies kann nur z.T. durch strukturelle Regelungen geschehen. Ein offener, kooperativer Stil der Führung und Zusammenarbeit ist hierfür ebenso wichtig wie klare und differenzierte Ziele für alle Beteiligten. Querbeziehungen zum Führungskonzept des Managements by Objectives sind also ebenso erkennbar wie die Bedeutung kultureller Regelungen.

Strukturelle Regelungen laufen darauf hinaus, abgestufte Kompetenzen zu definieren, die im Einzelfall die besonders unproduktiven Pattsituationen vermeiden sollen. Derartige "Vorfahrtsregeln" sind insbesondere in **Funktionsdiagrammen** dokumentiert. Dies bedeutet eine Abkehr von gleichgewichtigen Weisungsrechten und eine **kompetenzreduzierte Matrix.** Außerdem kann sich die Querschnittsregelung auf ausgewählte Funktionen beschränken und muß nicht sämtliche Funktionsbereiche umspannen. Es kommt zu einer **funktionsreduzierten Matrix.** Insgesamt bedeutet dies, daß eine der beiden Dimensionen eine organisatorisch schwächere Stellung einnimmt. In aller Regel ist dies die zweite, horizontale Dimension der Querschnittsregelung.

Eine reduzierte Matrixorganisation ist z.B. im Product-Management häufig anzutreffen. Product-Management ist eine Organisationsform, die für die Konsumgüterindustrie eine Alternative zur Spartenorganisation darstellen kann (z.B. Pharmaindustrie, Kosmetikindustrie). Ein Product-Manager besitzt seinen Aufgabenschwerpunkt im Bereich der Marketing-Aktivitäten (vgl. Abb. V/7) und hat in erster Linie Informations-, Beratungs- und Auftragsrechte. Er wirkt bei der Aufstellung seines Produktbudgets beratend mit, plant und koordiniert spezifische Marketingaktivitäten (z.B. Marktforschung, Werbung, Sales Promotion) und erarbeitet Vorschläge zur Produktverbesserung und -entwicklung. Bei der Verwendung seines Budgets wird er Auftragsrechte und auch Entscheidungsrechte besitzen. Volle Gewinnverantwortung wird eine seltene Ausnahme sein, sie wäre im Sinne des Kongruenzprinzips auch nur dann möglich, wenn die Beeinflußbarkeit aller gewinnrelevanten Größen, also z.B. auch der Preise, beim Product-Manager läge.

Stelle: Product Manager	Produktgruppe:		Stelleninhaber:
Aufgaben	Kompetenz	Stelle	Gegenstand
Ständige Beobachtung der Marktsituation des Produktes	I A	Marktforschung	Branchenumsätze Marktprognosen etc.
Absatzprognose und Kontrolle der Umsätze	I A	Marktforschung Marktforschung	alle marktbezogenen Daten produktbezogene Marktentwicklungsprognose
	I	Verkauf	Ist-Umsätze, Soll-Umsätze
Aufstellung des Produkt-Budgets	V, I, EG	Controller, Marketing-Leitung	Umsätze, Preise u.a. Bestandteile
Planung von Verkaufsmaßnahmen	I, EG, V K	Verkauf Verkauf	alle produktbezogenen Maßnahmen Durchführung der Maßnahmen und Pläne
Auswahl der Werbeagentur	E, W	Werbe-Abtlg.	
Abstimmung der Produktionsplanung	EG, V	Produktion	Produktionsmenge, -termine, Losgrößen
	K, V	Lager	Lagerbestände, Kapitalbindung

Legende: A = Auftragsrecht. E = Entscheidungsrecht.
EG = Einspruchs- und Genehmigungsrecht. I = Informations-
recht. K = Kontrollrecht. V = Vorschlags-, Vortrags-, Beratungsrecht.
W = Weisungsrecht.

Abb. V/7: Kompetenzbild eines Product-Managers

Im übrigen finden sich Stellen mit der Bezeichnung Product-Manager auch in vielen Unternehmungen ohne MO. Diese Stellen sind dann z.B. in die Marketing-Abteilung integriert. Ein solches Product-Management entspricht dem, was vorne produktorientierter (allg.: objektorientierter) Teilbereich genannt wurde.

Dem beschriebenen Matrix-Product-Management ist die Projektmatrixlösung weitgehend ähnlich, mit dem Unterschied, daß es sich dabei um eine Organisation auf Zeit handelt und um Spezialaufgaben. Eine Projektmatrix würde also zur Sekundärstruktur zählen.

Während eine Matrixorganisation mit gleichgewichtigen Kompetenzen in der Praxis kaum eine Rolle spielt, sind reduzierte Formen einer Mehrlinienorganisation wohl eindeutig auf dem Vormarsch, man denke an die duale Organisation sowie an Richtlinienkompetenzen von Zentralbereichen.

Aber auch eine mehrdimensionale Aufgabenteilung an der Unternehmungsspitze wird häufiger und führt u.U. zu mehreren Weisungslinien vom Vorstand zu den Teilbereichsleitungen, so z.B. wenn Vorstandsmitglieder neben einer funktionalen Verantwortung auch noch für einzelne Produktgruppen und/oder Regionen zuständig sind. **Mehrdimensionalität** in der Aufgabenspezialisierung ist in jedem Fall ein Koordinationsproblem **innerhalb** des Gremiums und kann je nach Regelung der Vorstandsarbeit extern auch zu **Mehrlinearität** führen.

(4) Praxisbeispiel Roland Berger & Partner GmbH: Roland Berger & Partner ist die größte deutsche Unternehmungsberatung mit ca. 700 Mitarbeitern, davon ca. 460 Berater (1993). Ziel der Aufbauorganisation ist zum einen die Gewährleistung eines engen Kundenkontaktes, um eine kundenspezifische und problemorientierte Beratungsleistung anbieten zu können. Zum anderen sollen die Mitarbeiter entsprechend ihrem funktions- und branchenspezifischen Know-how eingesetzt werden. Zu diesem Zweck wurde als **Primärorganisation** eine **nach Produktbereichen** (z.B. Strategische Planung, Organisation, Technologie-Beratung, Informatik) und **Branchen** (z.B. Maschinenbau, Elektronik, Banken, Handel) gegliederte Matrixorganisation eingeführt.

Diese stabile dauerhafte Struktur wird von einer zweiten, zeitlich befristeten **Projektorganisation** überlagert, die der **Sekundärorganisation** zuzurechnen ist. Die Projektorganisation dient der kunden- und auftragsorientierten Bündelung von produkt- und branchenspezifischem Know-how. Die Projektleiter als die Auftragsverantwortlichen haben Zugriff auf die Mitarbeiter. Auf diese Weise wird das Know-how kundenspezifisch optimal gebündelt. Als Konfliktlösungsmechanismen dienen die in der Unternehmungskultur verankerten Prinzipien der "offenen Information", der "direkten Gespräche" und der Kundenorientierung [vgl. BLEICHER 1991, S.584ff.].

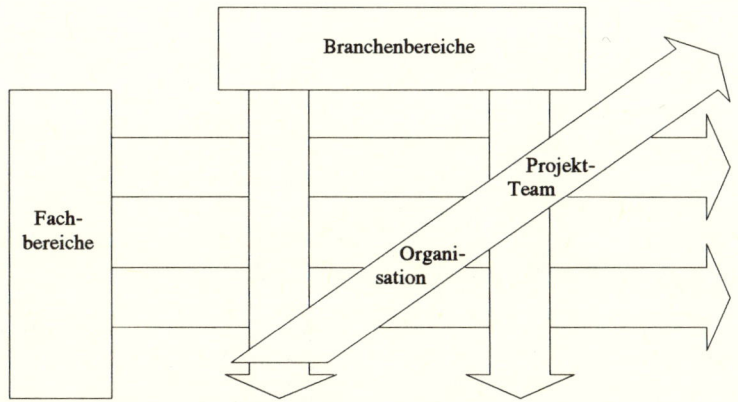

Abb. V/8: Aufbauorganisation der Roland Berger & Partner GmbH (1991)

Literatur

BADENWERK AG: Geschäftsbericht 1991

BLEICHER, K.: Organisation: Strategien-Strukturen-Kulturen, 2., vollst. neu bearb. u. erweiterte Aufl., Wiesbaden 1991

DAIMLER-BENZ AG: Geschäftsbericht 1990

FAYOL, H.: Administration industrielle et générale, Paris 1916.

FRESE, E./v. WERDER, A./MALY, W. (Hrsg.): Zentralbereiche, Stuttgart 1993

FRESE, E./v. WERDER, A.: Zentralbereiche - Organisatorische Formen und Effizienzbeurteilung, in: Frese, E. et al. (Hrsg.), Zentralbereiche, Stuttgart 1993, S.1-50

KIESER, A./KUBICEK, H.: Organisation, 3. Aufl., Berlin/New York 1992.

OTTO-VERSAND: Geschäftsbericht 1989

PETERS, T.J./WATERMAN, R.H.: Auf der Suche nach Spitzenleistungen, 2.Aufl., München 1990

ROEVER, M.: Weg mit dem Wasserkopf, in: Manager Magazin 1/1992, S.127-135

SCHWABE, H./v. WERDER, A.: Zentralbereiche und organisatorische Gestaltung von Teilfunktionen bei der Deutsche BP AG, in: Frese, E. et al. (Hrsg.), Zentralbereiche, Stuttgart 1993, S.87-100

SIEMENS AG: Geschäftsbericht 1991

SZYPERSKI, N./WINAND, U.: Grundbegriffe der Unternehmungsplanung, Stuttgart 1980.

TAYLOR, F.W.: The Principles of Scientific Management, New York 1911.

WILD, J.: Product Management, 2. Aufl., München 1973

Teil 3

Prozesse und Systeme

Was charakterisiert die Prozeßorganisation, welchen Stellenwert besitzt sie, und welche Fragestellungen hat sie zu bewältigen (Kap.VI) ?

Welche Gestaltungskonzepte der Prozeßorganisation gibt
es (Kap.VI) ?

Welche Informations- und Kommunikationssysteme sind zu
unterscheiden, und welche organisatorischen Probleme
stellen sich bei ihrer Analyse und Gestaltung (Kap.VII) ?

Welche organisatorische Prozeß- und Systemcharakteristik
besitzen die verschiedenen Teilprozesse der Unternehmung:
Planungs-, Steuerungs- und Kontrollprozesse (Kap.VIII),
operative Prozesse (Kap.IX), Unterstützungsprozesse
(Kap.X) ?

Inwiefern spielen Raumfragen eine Rolle im Rahmen der
organisatorischen Gestaltung und wie werden sie bewältigt (Kap.XI) ?

VI. GRUNDFRAGEN DER PROZESSORGANISATION

1. Charakteristik und Stellenwert der Prozeßorganisation

Die folgenden Kapitel sind der Organisation von Unternehmungsprozessen gewidmet. Dieses Gebiet wird traditionell als **Ablauforganisation** (Synonym: **Prozeß-organisation**) bezeichnet und der **Aufbauorganisation** (Synonym: **Strukturorgani-sation**) gegenübergestellt. Bis in die jüngste Zeit ist die Prozeßgestaltung durch Bemühungen um Rationalisierung und Automatisierung gekennzeichnet. Daraus resultiert die enge Verbindung der Ablauforganisation mit informations- und kommunikationstechnischen Problemen. Die organisatorisch relevanten Fragen von Informations- und Kommunikationssystemen werden demgemäß in einem eigenen Kapitel (VII) zusammengefaßt und der Behandlung ausgewählter prozeßorganisatorischer Probleme und Lösungsansätze (Kapitel VIII-X) vorangestellt. Zur Organisationsarbeit gehören schließlich auch Fragen der räumlichen Gestaltung. Sie bilden den Gegenstand des diesen Teil abschließenden Kapitels (XI).

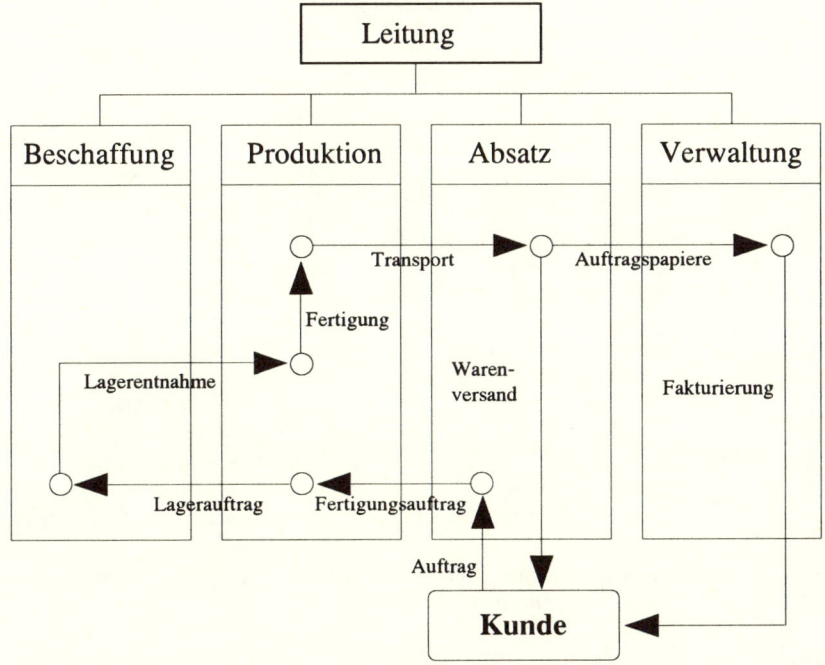

Abb. VI/1: Zusammenhang von "Struktur" und "Prozeß"

Aufbau- und Ablauforganisation oder - vereinfacht ausgedrückt - "Struktur" und "Prozeß" verhalten sich zueinander wie zwei Seiten einer Medaille. Anders formu-

119

liert: Es bestehen immer zahlreiche Wechselwirkungen zwischen beiden Gestaltungs-feldern. Für den bisherigen Denkansatz, zumindest im deutschsprachigen Raum, war und ist die Vorstellung typisch, daß zunächst Aufbaustrukturen existieren, in die die Prozesse sozusagen "hineinorganisiert" werden. Prozesse laufen also innerhalb vor-handener Aufbaustrukturen ab. Die Prozeßregelung ist gedanklich der Strukturrege-lung **nachgelagert**. So bestimmt z.B. die Art der Abteilungsgliederung sowie die Verteilung der Aufgaben und Kompetenzen darüber, wie der Prozeß der Auftragsab-wicklung abläuft und wie lange er dauert (vgl. Abb. VI/1).

Es zeichnet sich allerdings ab, daß dem Prozeßdenken zukünftig ein erhöhter Stellenwert für Fragestellungen der "Strategie" und "Struktur" der Unternehmung zu-kommt. Bei der Umsetzung vieler Strategien erfolgen Prozeßanalyse und Prozeßge-staltung **vor** dem aufbauorganisatorischen Umbau. Zu erinnern ist an die **economies of speed** (vgl. S.40). Sie werden weitgehend durch Prozeßorganisation realisiert. Auch die prozeßbezogenen Reorganisationsansätze "Business Reengineering" [vgl. HAMMER/CHAMPY 1994] und "KAIZEN" [vgl. IMAI 1993] orientieren sich an dieser Abfolge (vgl. S.371f.). Es kommt darauf an, die für die einzelne Unternehmung bzw. für einzelne Geschäftsfelder oder Funktionen vorrangigen Unternehmungs(teil-) prozesse zu identifizieren. Man kann sie als **kritische Prozesse** oder **Kernprozesse** bezeichnen. "Kritisch" sind sie im Hinblick auf ihre Erfolgsbedeutung. Daran wird der Zusammenhang zu den kritischen Erfolgsfaktoren bzw. "kritischen Fähigkeiten" deutlich.

	Gegenwart	Zukunft
Gegeben:	- Strategie der Unternehmung/ des Geschäftsfelds/der Funktion	- Strategie der Unternehmung/ des Geschäftsfelds/der Funktion
Abgeleitet:	- Aufgaben und deren Regelung: Aufbauorganisation ("Strukturorganisation")	- Kernprozesse (kritische Prozesse) und deren Regelung: Ablauforganisation ("Prozeßorganisation")
Gesucht:	- Regelung der Abläufe zur effizienten Aufgabenerfüllung	- Regelung der Aufgaben- und Kompetenzverteilung zur effizienten und effektiven Bewältigung der Kernprozesse
Hauptziele:	- Kostensenkung - Leistungssteigerung	- Schnelligkeit/Reaktionsfähigkeit - Innovationsfähigkeit - Ergebnisqualität - Kostensenkung
Denkfigur:	- Prozesse laufen innerhalb vor-handener Aufbaustrukturen ab	- Kernprozesse werden durch Aufbaustruktur gestützt

Abb. VI/2: Stellung der Prozeßorganisation

Die Frage, ob eine gegebene Aufbaustruktur diese Prozesse effizient und effektiv ablaufen läßt, wird dann zur Beurteilung dieser Struktur benutzt [vgl. SOMMER-LATTE/WEDEKIND 1991, S.29ff.]. Dies bedeutet nicht weniger als eine weitgehende Umorientierung organisatorischen Denkens - von der Strukturorganisation zur Pro-

zeßorganisation - und läßt für die Zukunft einen erheblich größeren Stellenwert prozeßorganisatorischer Fragen erwarten (vgl. Abb. VI/2). "Kernprozesse" stellen den
gedanklichen Einstieg in die Prozeßorganisation dar, und erfüllen damit die Funktion,
die den "Aufgabenarten" für die Strukturorganisation zukommt (vgl. S.37ff.).

2. Prozeßanalyse

(1) Bestimmung kritischer Prozesse: Das Denken in kritischen Prozessen kann auf
beliebigen Aggregationsebenen erfolgen, insbesondere also die Unternehmungsprozesse insgesamt (corporate level), einzelne Geschäftsfelder (business level) oder verschiedene Funktionsbereiche (functional level) umfassen. Selbstverständlich lassen
sich auch einzelne Prozeßarten wieder in Teilprozesse zerlegen. Welcher Prozeß als
"kritisch" anzusehen ist, hängt entscheidend von der Branche sowie der Definition der
angestrebten Wettbewerbsvorteile ab (z.B. Kostenführerschaft oder Differenzierung).
Die enge Verbindung von Strategie und Struktur wird ein weiteres Mal sichtbar.

Im Versandhandel z.B. ist die Bestellannahme und -abwicklung von größter Bedeutung für die Kundenzufriedenheit und daher ein solcher Prozeß. Ausgehend von
dieser Erkenntnis hat der **Otto Versand** Wettbewerbsvorteile dadurch erzielt, daß er
als erster Anbieter eine telefonische Bestellannahme einführte und die Auslieferungs-
zeit von mehreren Wochen auf wenige Tage drückte. Von der Anlieferung bis zum
Versand werden die Waren bei Otto nur dreimal in die Hand genommen, während
Konkurrenten die Waren achtmal anfassen müssen [vgl. CORNELSSEN 1986]. Auf
Wunsch wird ein 24-Stundenservice geboten. Für den Versand verfügt Otto als einziger Wettbewerber mit dem Hermes Versand über einen eigenen Paketdienst, der für
schnellstmögliche Lieferung sorgt.

Dieses Beispiel verweist auf eine besonders markante Teilmenge kritischer Prozesse, nämlich solche, die bei Marktpartnern beginnen und/oder enden. Man könnte
zu ihrer Kennzeichnung von **kritischen Geschäftsprozessen** sprechen. Der Erfolg jeder Unternehmung hängt von der Durchführung von Geschäften und damit von derartigen Prozessen ab. Die Kategorie "Marktpartner" bezieht sich auf externe Kunden
und Lieferanten. Viele Unternehmungen gehen allerdings zu Strukturen über, innerhalb derer marktähnliche Beziehungen entstehen (z.B. Profit Center, Holdingkonzepte, Ausgliederung rechtlich selbständiger Teilfunktionen). Mit diesen internen
Kunden und Lieferanten entstehen zwar keine eigentlichen Geschäfte, aber die organisatorische Gestaltungsproblematik ist ähnlich der von Geschäftsprozessen. Auch diese
Prozesse können erfolgskritisch sein.

Das durchgehende Merkmal eines kritischen Prozesses ist aus aufgabenanalyti-
scher Sicht, daß er mehrere Funktionen oder Teilfunktionen umspannt, die sich auf
ein gemeinsames Objekt richten. Kernprozesse müssen sich also durch klar definierte
Eingangs- und Ausgangsobjekte voneinander unterscheiden lassen, z.B. Produkte,
Bestellungen, Kunden.

Hinweise für das Auffinden kritischer Prozesse können u.a. folgende Kriterien
bieten [weiterentwickelt nach HARRINGTON 1991, S.36f.]:
- Hohe Bedeutung für die Problemlösung oder Zufriedenheit externer Kunden,
- hohe Bedeutung für die Problemlösung oder Zufriedenheit interner Kunden,
- hohe Bedeutung für das Erreichen/Halten eines Wettbewerbsvorteils
- hohe Kostenintensität/hohe Kapitalbindung,

- hohe Bedeutung für die Produktqualität,
- hohe Bedeutung für die Sicherheit der Produktion,
- lange Prozeßdauer,
- neue oder andere Lösungswege sind bekannt ("benchmarking"),
- neue Technologien sind einsetzbar.

(2) Analyse der Makrostruktur von Prozessen: Als ein wertvolles Hilfsmittel für die Makroanalyse von Geschäftsprozessen hat sich die **Wertschöpfungskette** erwiesen (vgl. Abb.VI/3, nach PORTER 1989, S.59ff.).

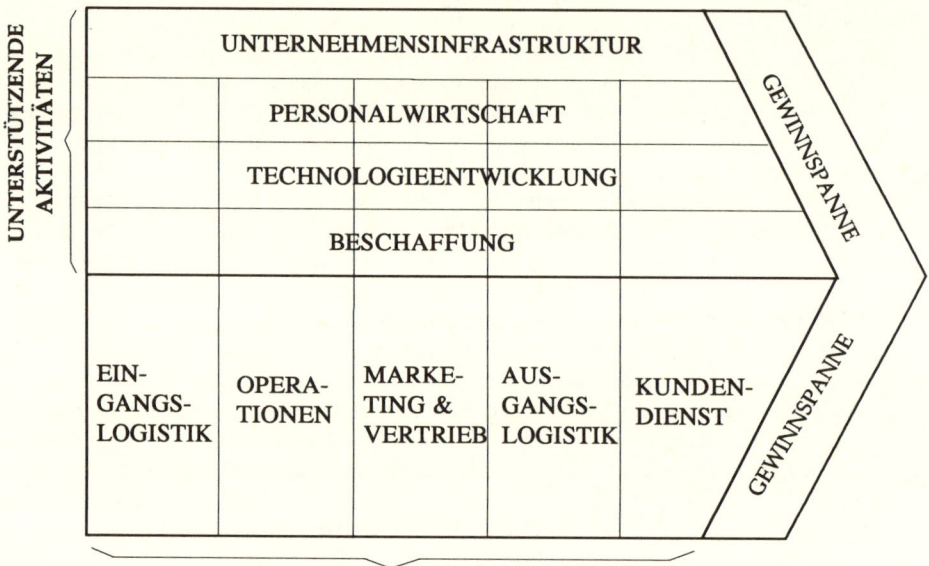

Abb. VI/3: Modell einer Wertschöpfungskette

Dabei werden die verschiedenen Funktionsbereiche bzw. Einheiten einer Unternehmung in **primäre Aktivitäten** sowie **Unterstützungsaktivitäten ("sekundäre"** **Aktivitäten)** eingeteilt. Jede Unternehmung muß selbst entscheiden, wo sie die Grenze zwischen primären und sekundären Aktivitäten zieht, ein Problem, das z.B. bei der Beschaffung und der Technologieentwicklung sichtbar wird, die PORTER zu den sekundären Aktivitäten zählt. Auskunft hierüber kann nur der Rückgriff auf die Strategie der Unternehmung geben. Primäre Aktivitäten wären dann solche, die mit den kritischen Erfolgsfaktoren der Unternehmung in Verbindung stehen. Insbesondere das Produkt-/Marktkonzept entscheidet über die Zugehörigkeit zu den primären Aktivitäten. Oft ist auch der Einkauf eine primäre Aktivität (vgl. VW-Beispiel). In FuE-intensiven Branchen gehört auch der Bereich "Technik" dazu.

Zur Infrastruktur im Sinne von PORTER zählen die administrativen und technischen Systeme sowie die Organisation, aber auch die bauliche und technische Ausstattung sowie nicht zuletzt die Personalausstattung einer Unternehmung.

Es kann sich auch als zweckmäßig oder notwendig erweisen, mehrere Wertschöpfungsketten zu unterscheiden, die miteinander zu verbinden sind. Dies ist ein typisches Problem bei dem laufenden Produktionsprozeß einerseits, dem Prozeß der Neuproduktentwicklung andererseits. Um das Problem zu kennzeichnen, wird auch von **"Simultaneous Engineering"** gesprochen (vgl. Abb. VI/4, nach TÖPFER 1991, S.189).

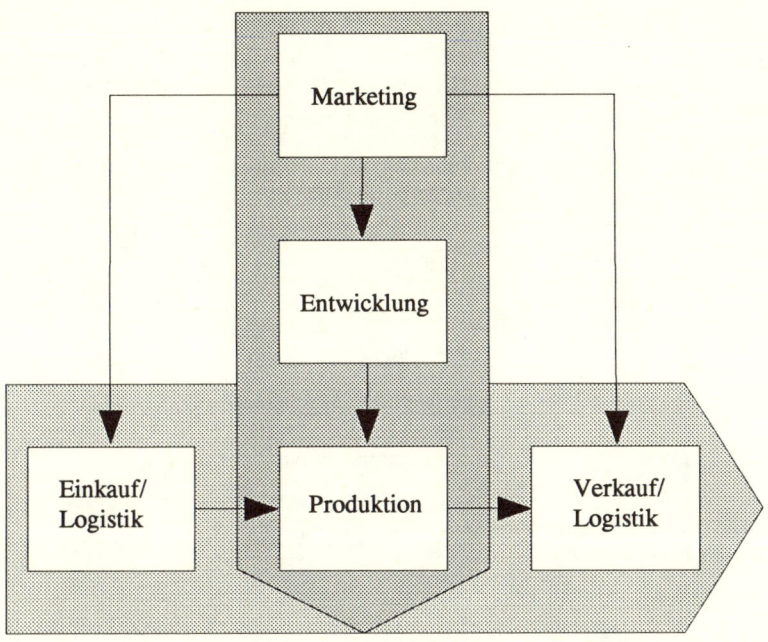

Abb. VI/4: Überlagerung von Wertschöpfungsketten

Die Wertschöpfungskette läßt sich vor allem für drei verschiedene Fragestellungen verwenden:

Welche Stärken und Schwächen besitzen die einzelnen "Kettenglieder" im Hinblick auf die Gestaltungsziele? Diese Frage dient insbesondere der Identifikation der schwachen Kettenglieder, auf die sich im weiteren Verlauf Detailuntersuchungen konzentrieren können.

Welche Schnittstellenprobleme existieren? Transport- und Liegezeiten, aber auch Probleme der Kompatibilität (z.B. sog. Medienbrüche) werden sichtbar.

Wie verlaufen die kritischen Geschäftsprozesse und welche Stärken und Schwächen weisen sie auf? Die interessierenden kritischen Geschäftsprozesse durchziehen und überlagern verschiedene Teile der Wertschöpfungskette. Durch die Kombination des Denkens in Geschäftsprozessen und in Wertketten werden weitere Schwachpunkte und Verbesserungsmöglichkeiten erkennbar.

Die Wertschöpfungskette läßt sich auch auf der Basis des SOS-Konzepts interpretieren. Danach wären zu unterscheiden:

- **Planungs-, Steuerungs- und Kontrollprozesse**: Prozesse zur internen und externen Handhabung des Unternehmungsgeschehens.

- **Operative Prozesse**: Prozesse zur Entwicklung, Erstellung und marktlichen Verwertung von Gütern und Dienstleistungen.

- **Unterstützungsprozesse**: Prozesse zur Entwicklung und Pflege der Unternehmungsinfrastruktur (insbes. bauliche, produktionstechnische, informationstechnische, organisatorische Infrastruktur) sowie zur Bereitstellung der notwendigen materiellen, finanziellen, informationellen und personellen Ressourcen.

Eine mögliche, verallgemeinerungsfähige Unterteilung dieser drei Prozeßkategorien im Hinblick auf **kritische Prozesse** zeigt Abb. VI/5.

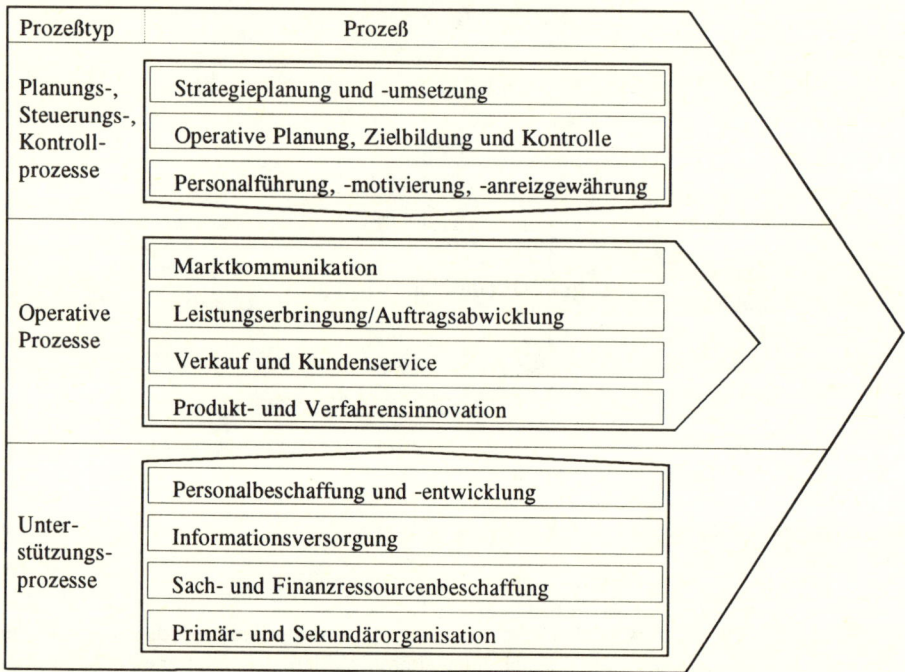

Prozeßtyp	Prozeß
Planungs-, Steuerungs-, Kontroll- prozesse	Strategieplanung und -umsetzung Operative Planung, Zielbildung und Kontrolle Personalführung, -motivierung, -anreizgewährung
Operative Prozesse	Marktkommunikation Leistungserbringung/Auftragsabwicklung Verkauf und Kundenservice Produkt- und Verfahrensinnovation
Unter- stützungs- prozesse	Personalbeschaffung und -entwicklung Informationsversorgung Sach- und Finanzressourcenbeschaffung Primär- und Sekundärorganisation

Abb. VI/5: Gliederung der Wertschöpfungskette nach dem SOS-Konzept

(3) Analyse der Mikrostruktur: Für eine Reorganisation ist neben der Kenntnis der Makrostrukturen, wie sie etwa die Wertschöpfungskette sichtbar macht, die Analyse der Mikrostrukturen erforderlich. Aus dieser Perspektive betrachtet, sind Abläufe eine raum-zeitliche Abfolge von Aufgaben, die sich als **Folgestruktur** beschreiben lassen.

Sachlogische Struktur: Unabhängig von Zeit und Raum interessiert die logische Folge von Aktivitäten bzw. Teilprozessen. Ihre Kenntnis wird zur Arbeitsvereinfachung sowie zur Standardisierung und Programmierung benötigt. Die Struktur eines Prozesses kann eine unverzweigte Folge (Kette) sein oder Verzweigungen aufweisen.

Vorkopplungen sind ebenso möglich wie Rückkopplungen. Mit Ablaufdiagrammen und ähnlichen Darstellungstechniken, die auch die Verzweigungsbedingungen enthalten, lassen sich derartige Strukturen darstellen. Mit Hilfe einer Matrixdarstellung können auch die beteiligten Stellen bzw. Abteilungen sichtbar gemacht werden (vgl. Abb. VI/6, entwickelt nach RUTT 1990, S.63).

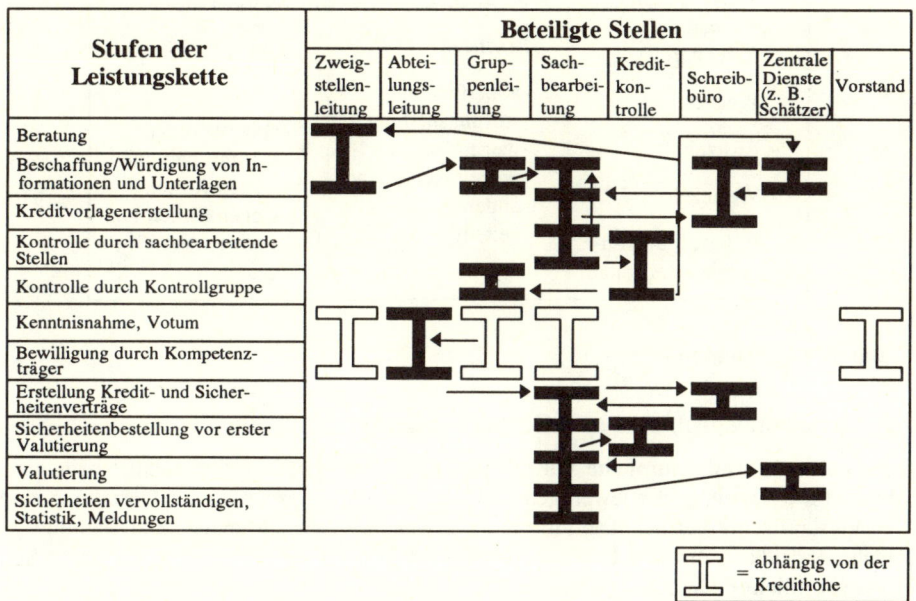

Stufen der Leistungskette	Beteiligte Stellen							
	Zweig- stellen- leitung	Abtei- lungs- leitung	Grup- penlei- tung	Sach- bearbei- tung	Kredit- kon- trolle	Schreib- büro	Zentrale Dienste (z. B. Schätzer)	Vorstand
Beratung								
Beschaffung/Würdigung von Informationen und Unterlagen								
Kreditvorlagenerstellung								
Kontrolle durch sachbearbeitende Stellen								
Kontrolle durch Kontrollgruppe								
Kenntnisnahme, Votum								
Bewilligung durch Kompetenz- träger								
Erstellung Kredit- und Sicher- heitenverträge								
Sicherheitenbestellung vor erster Valutierung								
Valutierung								
Sicherheiten vervollständigen, Statistik, Meldungen								

= abhängig von der Kredithöhe

Abb. VI/6: Der zeitraubende Prozeß der Kreditvergabe

Zeitliche Struktur: Dauer, Lage, Termine, Häufigkeiten von Aktivitäten werden bestimmt. Zeit- und Mengenangabe gehören zwingend zusammen, denn Zeiten beziehen sich hier immer auf Meßobjekte, wie z.B. die Bearbeitungsdauer für einen Vorgang oder die Auslastung einer Maschine. Die organisatorisch zweckmäßigerweise zu unterscheidenden Zeitarten zeigt Abb. VI/7 [nach LIEBELT/SULZBERGER 1989, S.29]. Schon die scheinbar einfache Unterscheidung von Bearbeitungs-, Transport- und Liegezeiten kann zu verblüffenden Erkenntnissen führen. Es gilt im groben Durchschnitt als gesichert, daß im Büro die gesamte Durchlaufzeit zu ca. 90% aus Liegezeit, 7 bis 8% Transportzeit und nur zu 3-5% aus Bearbeitungszeit besteht [vgl. SCHWETZ 1993, S.298].

Räumliche Struktur: Die Analyse räumlicher Folgestrukturen führt zur Dokumentation von **Transportwegen**. Damit verbunden sind die Fragen der **Transportmittel**, seien es Bandförderanlagen oder ein hauseigener Botendienst. Die **Standorte** von Arbeitsplätzen, Abteilungen oder Sachmitteln innerhalb des Untersuchungsbereichs (Werksgelände, Gebäude, Stockwerke etc.) sind ebenfalls Teil einer räumlichen Prozeßanalyse. In dem Zusammenhang werden auch Fragen des **Raumbedarfs** geklärt, die bei Umbauten und Neubauten kritisch sind. Die Organisationsspezialisten arbeiten dabei Hand in Hand mit Architekten und Bauingenieuren.

Zeitarten		
Aufgabenträger	**Sachmittel**	**Objekt**
- Tätigkeitszeit (Aufgabener- füllungszeit)	- Nutzungszeit - Brachzeit	- Bearbeitungszeit - Transportzeit
- Wegzeit	-ablaufbedingt -störungsbedingt -wegen Rüsten -wegen Ruhen und anderen Verteil- zeiten	- Liegezeit -ablaufbedingt -störungsbedingt -wegen Rüsten -wegen Ruhen und anderen Verteil- zeiten
- Rüstzeit		
- Wartezeit		
- Ruhezeit und an- dere Verteilzeiten		

Abb. VI/7: Zeitarten

3. Gestaltungsprobleme und Gestaltungsziele

(1) Zeitliche und räumliche Gestaltung: Die Prozeßorganisation schafft bzw. verbessert die Regelung der jeweiligen Abläufe. Anknüpfungspunkte der Gestaltung sind zwangsläufig die bei der Analyse bereits erwähnten Zeit-, Mengen- und Raummerkmale. Prozeßorganisation läßt sich demgemäß in die Fragenkomplexe der **zeitlichen** und **räumlichen** Gestaltung einteilen.

Probleme der **zeitlichen** Gestaltung (temporale Zuordnung) sind:

- Bestimmung von **Zeitdauern** und **Terminen** der Aufgabenerfüllung,

- Festlegung der **Reihenfolge** von Aufgaben bzw. Bearbeitungsstationen,

- Prozessuale Bündelung von Aufgaben im Sinne einer **Gruppierung** (z.B. Zusammenfassung von Einzelaufträgen zu einem Fertigungslos).

Ein Spezialproblem, das vorrangig unter personalwirtschaftlichem Bezug diskutiert wird, ist die Regelung von Lage, Dauer und Aufteilung der Arbeitszeit. Die entsprechenden Formen der **Arbeitszeitflexibilisierung** verändern die Rahmenbedingungen organisatorischer Gestaltung.

Probleme der **räumlichen** Gestaltung (lokale Zuordnung) sind:

- **Arbeitsplatzgestaltung:** Ausgestaltung einzelner Arbeitsplätze bzw. Typen von Arbeitsplätzen

- **Raumgestaltung:** Wahl und Ausgestaltung von Raumkonzepten, im Bürobereich z.B. Einpersonenbüro, Großraumbüro, Telearbeit

- **Standortwahl:** Anordnung der Arbeitsplätze bzw. Stellen innerhalb einer räumlichen Einheit (z.B. Stockwerk, Großraum, Werkhalle)

- **Transportwege:** Bestimmung des Belegflusses und des Transports von Werkstükken und Erzeugnissen

(2) Integration von Prozessen: Um die jeweiligen Gestaltungsziele der Ablauforganisation, wie z.B. Verkürzung der Prozeßdauer, zu erreichen, reicht es nicht aus, den einzelnen Arbeitsschritt je für sich zu verbessern. Alle wichtigen Geschäftsprozesse sind dadurch charakterisiert, daß sie Abteilungsgrenzen überqueren. Es entstehen sog. **Schnittstellen.** Dies macht bereits das einfache Schema von Abb. V/1 sehr deutlich. An jeder Schnittstelle wechselt der Bearbeiter, es treten Übermittlungs,- Transport- und Wartezeiten auf. Unterschiedliche Abteilungen, Bearbeiter und Hierarchieebenen besitzen teils unterschiedliche Ziele und Werte. Während der Absatzbereich z.B. möglichst schnell jeden individuellen Kundenwunsch berücksichtigt haben möchte, achtet die Produktion auf möglichst standardisierte Produkte und strebt die Bündelung von Einzelaufträgen zu gleichartigen Losen oder Serien an. Dadurch ist jede Schnittstelle auch ein Punkt, an dem sich emotionale und motivationale Barrieren aufbauen können, an dem Informationen bewußt oder unbewußt gefiltert und verzerrt werden.

Prozeßorganisation ist daher zu einem erheblichen Teil Schnittstellenorganisation. Es kommt auf die horizontale und vertikale Abstimmung sowie die Verzahnung der Teilprozesse an. Die Bedeutung der **Integration** und damit einer integrativen Strukturierung zeigt sich im Ablauf in ganz besonderem Maße. Medium hierfür sind Information und Kommunikation. Aus diesem Grund hat die Ablauforganisation vor allem mit Fragen der Informations- und Kommunikationssysteme (IKS) sowie dem zugehörigen Sachmitteleinsatz zu tun. Neben die Elemente **"Aufgabe"** und **"Mensch"** treten also die Elemente **"Information"** und **"Sachmittel"**.

Ein Integrationsproblem besonderer Art, das immer mehr an Bedeutung gewinnt, ist die Zusammenführung technischer Prozesse/Systeme einerseits (z.B. Beschaffung, Produktion, Logistik, Technik), administrativer Prozesse/Systeme andererseits (z.B. Absatzplanung, Finanz- und Rechnungswesen). Derartige Fragen werden unter dem Schlagwort "CIB (Computer Integrated Business)" gebündelt. Sie umschließen neben der **technischen Integration** auch Gesichtspunkte der **organisatorischen** und **personellen Integration** [vgl. STIETZ 1994].

(3) Externe Prozeßvernetzung: Der Integrationsgedanke berücksichtigt die Tatsache, daß verschiedene Prozesse sachliche, zeitliche und logische Wechselwirkungen aufweisen, denen durch Verknüpfung und Vernetzung Rechnung zu tragen ist. Das Denken in vernetzten Systemen kann nicht an der Unternehmungsgrenze halt machen [vgl. ULRICH/PROBST 1990]. Auch relevante Umsysteme sind in die Prozeßanalyse und Prozeßregelung einzubeziehen. Dazu zählen neben der ökonomischen auch die soziokulturelle, politisch-rechtliche, technologische und ökologische Umwelt [vgl. BLEICHER 1979]. Die Koppelung von Unternehmungsprozessen mit den jeweiligen Umsystemen soll als **externe Prozeßvernetzung** bezeichnet werden (vgl. Abb. VI/8).

Bei der Just-in-Time-Produktion ist dieser Grundsatz durch eine auch technische Vernetzung mit den Lieferanten nicht selten bereits verwirklicht. **BMW** z.B. bestellt seinen wöchentlichen Teilebedarf direkt über Btx bei bestimmten Lieferanten.

Der Gedanke der Vernetzung und Prozeßbeschleunigung läßt sich selbstverständlich auch auf der Kundenseite anwenden. Einzelne **Pharmagroßhändler** sind z.B. dazu übergegangen, den Apotheken Terminals zur Verfügung zu stellen, mit denen Bestellungen direkt vom Lager abgerufen werden können. Konsumgüterindustrie und

Handel arbeiten an sog. Warenbewirtschaftungssystemen, mit denen die Sortimentspolitik und Regalpflege im Einzelhandel verbessert werden soll. Unter wettbewerbsstrategischen Gesichtspunkten sind derartige Lösungen in doppelter Hinsicht interessant. Sie verbessern zum einen die Kundennähe und führen zum anderen zu einer Erhöhung der Kundenbindung, schaffen gegenüber der Konkurrenz also Markteintrittsbarrieren. Die **Banken** bieten "Electronic Banking" an. In England ist eine Bankgründung sehr erfolgreich, die ausschließlich über Telefon arbeitet. Nicht zuletzt existieren vor allem im internationalen Wettbewerb auch Vernetzungen mit Konkurrenten, so vor allem im Rahmen strategischer Allianzen und Netzwerke.

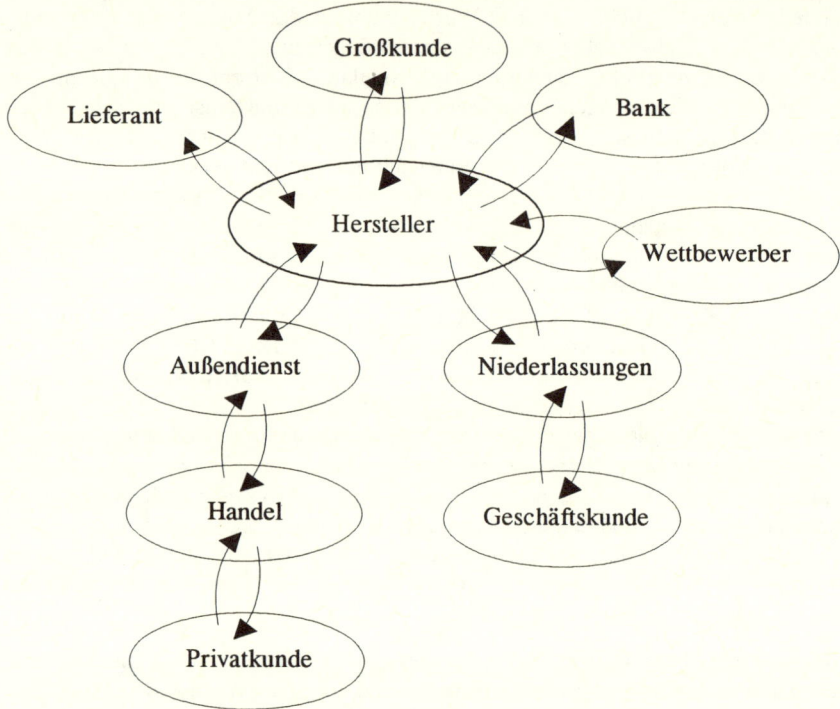

Abb. VI/8: Beispiele externer Prozeßvernetzung im ökonomischen Umsystem

(4) Gestaltungsziele: Die konkrete Ausgestaltung von Abläufen hängt wie im Falle der Aufbauorganisation von der Unternehmungsstrategie und den daraus abgeleiteten **Gestaltungszielen** ab. Wie die bisherigen Überlegungen und Beispiele bereits deutlich machen, spielen auch hier ökonomische, soziale (personale) und leistungsbezogene Ziele gleichermaßen eine Rolle. Sie lassen sich auf die organisatorischen Elemente Aufgabe, Aufgabenträger, Sachmittel und Information beziehen [vgl. LIEBELT/ SULZBERGER 1989, S.54ff.]. Wichtige Ziele sind dabei:

Aufgabenbezogene Ziele

- Eliminierung von unnötigen Aufgaben und Mehrfacharbeit,

- Optimierung der Verrichtungs- und Objektfolgen,

- Optimierung der Objekt- und Verrichtungsgruppengröße,
- Erhöhung der Leistungsmenge,
- Verbesserung der Leistungsqualität,
- Senkung der Kosten pro Leistungseinheit.

Sachmittelbezogene Ziele

- Maximierung der Kapazitätsauslastung (Minimierung der Brachzeiten, Maximierung der Nutzungszeiten),
- Optimierung der Sachmittelfolge,
- Senkung der Sachmittelkosten.

Aufgabenträgerbezogene Ziele

- Optimierung der Personalauslastung,
- Erhöhung der Arbeitsmotivation,
- Ausschöpfen und Entwickeln der Fähigkeiten,
- Abbau von Monotonie und einseitigen Belastungen,
- Senkung der Personalkosten.

Informationsbezogene Ziele

- Bedarfsgerechte Informationslieferung,
- Effiziente Informationsspeicherung,
- Schnelle Bereitstellung,
- Schneller Zugriff,
- Senkung der Informationskosten.

Um die externe Prozeßvernetzung abzudecken, muß die Ablauforganisation insbesondere auch auf markt- und wettbewerbsorientierte Ziele ausgerichtet werden. Das darin enthaltene Ziel der Kundenorientierung läßt sich im übrigen auch auf "interne Kunden" übertragen, also auf Personen und Einheiten, die mit den jeweiligen Prozeßergebnissen weiterarbeiten. Weitere externe Zielsetzungen, z.B. Umweltschutz, sind bei Bedarf zu ergänzen.

Markt- und Wettbewerbsbezogene Ziele

- Verbesserung des Kundenservices,
- Beschleunigung der Anfrage- und Auftragsbearbeitung,
- Erhöhung der Kundenbindung,
- Erhöhung der Reaktionsfähigkeit bei Bedarfsänderungen,
- Erhöhung der Reaktionsfähigkeit bei Wettbewerbsänderungen.

Wie für jedes Zielsystem, so gilt auch hier, daß zwischen den genannten Zielen vertikale und horizontale Beziehungen existieren. Sie können sich in Überlappungen, Ziel-Mittel-Beziehungen und Zielkonflikten äußern. Dementsprechend müssen

Kompromisse gefunden und Prioritäten gesetzt werden. Ein geradezu klassischer Zielkonflikt ist der zwischen Durchlaufzeit und Kapazitätsauslastung, in der Literatur als "Dilemma der Ablaufplanung" bekannt [vgl. HAHN 1989, S.55]. Kurze Durchlaufzeiten lassen sich c.p. am einfachsten durch Vorhalten hoher Kapazitäten erreichen. Umgekehrt führen knappe Kapazitäten zu Wartezeiten. Dies gilt sowohl in der Produktion wie im kaufmännischen Bereich. Man denke an Wartezeiten vor Bankschaltern oder Abfertigungsschaltern in Flughäfen oder an das Gedränge im Einzelhandel an verkaufsoffenen Samstagen.

Eine Möglichkeit, das Problem zu lösen, sind **flexible Kapazitäten**, die mit dem Verlauf der Nachfrage auf- und abgebaut werden. Sie setzen im Bereich des Personals entsprechend gestaltete Konzepte der **Arbeitszeitflexibilisierung** voraus, wofür die Tarifverträge die notwendigen Voraussetzungen bieten müssen.

(5) Zeitwettbewerb: Ziele wie das der Durchlaufzeitminimierung haben in jüngster Zeit stetig an Gewicht gewonnen. Dies gilt ganz besonders für markt- und kundenbezogene Prozesse wie die Produktentwicklung und Auftragsabwicklung. Dahinter steht die neue strategische Dimension des Zeitwettbewerbs, die neben den Preis- und Qualitätswettbewerb tritt. Lieferfähigkeit sowie Reaktionsfähigkeit bei Kunden- und Wettbewerberbewegungen sind wichtige Bestandteile des Unternehmungserfolgs geworden. "Schneller werden" ist daher eine Devise der "Hochleistungsorganisation" [vgl. PERNICKY 1991].

Die Responsefähigkeit muß als eine besondere Stärke japanischer und als ein Defizit deutscher Unternehmungen eingestuft werden. Märkte wie die für Chipproduktion, Computer, Unterhaltungselektronik und Kameras, zunehmend auch die Automobilindustrie, werden von diesen Wettbewerbsbedingungen geprägt. Die Entwicklungszeit der 1992 eingeführten S-Klasse von **Mercedes Benz** betrug nahezu 10 Jahre. Der Wagen traf bei seiner Einführung auf veränderte Wettbewerbsverhältnisse und Kundenbedürfnisse, zu denen er nur schlecht paßte. Er brachte nicht den erhofften Erfolg.

"Gut, es sieht so aus, als hätten die Japaner gewonnen." So lautete die Überschrift großformatiger Anzeigen, mit denen sich der Hifi-Gerätehersteller **Braun** in einer aufsehenerregenden Aktion mit einer letzten Geräteserie zum 31.03.1991 von seinen Kunden verabschiedete. Im Text wurde als offizieller Grund hierfür die mangelnde Bereitschaft (oder Fähigkeit?) zu kurzen Produktzyklen angegeben.

4. Gestaltungskonzepte

(1) Gestaltung von Folgestrukturen: Um Prozesse zu strukturieren, liefern die Aktionselemente "Verrichtung" und "Objekt" wiederum die entscheidenden Anknüpfungspunkte. Eine Typisierung von Prozeßstrukturen kann dann vor allem danach vorgenommen werden, ob es sich um **Einzelfolgen** oder **Gruppierungen** handelt (vgl. Abb. VI/9). Auch die kompliziertesten Abläufe setzten sich aus den im folgenden beschriebenen Strukturtypen zusammen. Ihre Kenntnis kann daher sehr beim Durchdringen der Problematik im konkreten Einzelfall helfen.

Strukturtyp:	
Einzelfolgen	**Gruppierung**
Verrichtungsfolge (Objektzentralisation, Fließfertigung)	Mengenteilung
	Artteilung
Objektfolge (Verrichtungs- zentralisation, Werkstattfertigung)	Zeitliche Gruppierung
	Räumliche Gruppierung
Standardisierung	
Arbeitszerlegung	

Abb. VI/9: Strukturtypen der Ablauforganisation

Verrichtungsfolgen: Unterschiedliche Verrichtungen erfolgen am gleichen, zentralisierten Objekt (Beispiel Buchmanuskript: Entwurf, Reinschrift, Korrektur). Verrichtungsfolgen kennzeichnen die sog. **Fließfertigung** oder Straßenfertigung, wie sie insbesondere aus Montageprozessen bekannt ist ("Fließband"). Das Fließprinzip wird aber auch im Bürobereich angewendet und ist insofern ein allgemeines Strukturprinzip.

Objektfolgen: Der Arbeitsprozeß ist durch die Abfolge unterschiedlicher Objekte geprägt, an denen jeweils die gleichen Verrichtungen durchgeführt werden (Beispiel Buchmanuskript: Kapitel I schreiben, Kapitel II schreiben .... Kapitel n schreiben). Objektfolgen sind das Charakteristikum der **Werkstattfertigung**. Gleichartige Verrichtungen sind - typischerweise auch räumlich - zusammengefaßt (Dreherei, Lackiererei). Alle unterschiedlichen Objekte oder Aufträge durchlaufen dann die verschiedenen Werkstätten. Auch diese Struktur ist als allgemeines Werkstattprinzip im Bürobereich zu finden, man denke z.B. an Kraftfahrzeugzulassungsstellen, die vorwiegend nach diesem Prinzip gegliedert sind. Alle Fahrzeuge und alle Zulassungsvarianten (z.B. Erstzulassung, Ummeldung, Stillegung) laufen durch verrichtungsorientiert gebildete Büros wie "Kasse" oder "Kennzeichenvergabe".

Eine Mischform stellt die **Baustellenfertigung** dar, bei der alle notwendigen Verrichtungen am Standort des Objekts erfolgen (Hoch- und Tiefbau, Großanlagenbau, Schiffsbau, Flugzeugproduktion). Im administrativen Bereich dürfte das Baustellenprinzip kaum vorkommen, wenn man davon absieht, daß auch bestimmte Büroarbeiten an einer Baustelle erledigt werden. Einen Anwendungsfall könnte man in Prozessen sehen, die um nicht-transportable Sachmittel herum organisiert sind (z.B. Großrechner, Großtresore).

Gruppierung: Um Effizienzvorteile zu nutzen, können bei heterogenen Aufgaben **Gruppierungen** gleichartiger oder ähnlicher Objekte oder Verrichtungen nach verschiedenen Merkmalen vorgenommen werden. So werden z.B. Rüst- und Umrüstzeiten reduziert, und es entsteht eine gewisse Kontinuität im Arbeitsablauf. Im Fertigungsprozeß ist dieser Sachverhalt als **Losgrößenproblem** bekannt. Gruppieren lassen sich Verrichtungen und Objekte. Beides findet in den verschiedenen Formen auch in ganz alltäglichen Abläufen statt.

Wenn Belege nicht einzeln abgelegt werden, sondern einmal täglich oder wöchentlich, dann ist dies ein höchst einfaches Beispiel für eine **zeitliche Gruppierung** der Verrichtung "Ablage". Teils aufwendige Zeitaufnahmen liegen der Organisation von Schalterhallen zugrunde. Wenn im Flughafen je nach Länge der Warteschlange mehr oder weniger viele Abfertigungsschalter geöffnet werden, so liegt eine **Mengenteilung** vor. Wenn Flugreisende nach Klassen getrennt abgefertigt werden, dann haben wir eine **Artteilung** nach dem Objektmerkmal.

Nicht zuletzt können auch **räumliche** Gesichtspunkte für eine Gruppierung prägend sein. Das alltägliche Beispiel ist sicherlich die typische Raumaufteilung innerhalb einer Wohnung, die durch eine räumliche Trennung von Aktivitäten wie "Wohnen", "Essen", "Schlafen", "Arbeiten" gekennzeichnet ist. Dies wäre als räumliche Verrichtungsgruppierung zu bezeichnen. Die Trennung von "Eltern- und Kinderzimmer" verweist auf "Objekte". Dieses Beispiel ist insofern nicht trivial, als es auf ein wesentliches Spezialproblem der Gruppierung aufmerksam macht, nämlich die Auslastung von Räumen, Einrichtungen (und auch Personen). Es ist interessant, daß in den 70er Jahren aus diesem Grund eine Zeitlang der sog. Allraum propagiert wurde, der sich offenkundig nicht durchgesetzt hat. Die Bürokonzepte der Großraumbüros sowie der - aktuellen - Kombibüros enthalten Elemente der räumlichen Gruppierung (vgl. S.239f.).

(2) Standardisierung und Arbeitszerlegung: Über die verschiedenen Strukturtypen hinweg wird die Ablauforganisation im wesentlichen von zwei Gestaltungstendenzen geprägt: das Ausmaß an Standardisierung und an Arbeitszerlegung. **Standardisierung** bedeutet **generalisierte Aufgabenerfüllung**. Voraussetzung ist der wiederholte Anfall gleicher Aufgaben. Für ihre Erledigung können sodann Kriterien und Verfahrensregeln definiert werden, die zu einer einzelfallübergreifenden Vorgehensweise führen. Gleichartige Vorgänge werden gleichartig behandelt.

Standardisierung kann sowohl in Einzelfolgen wie in Gruppierungen wirksam werden. Wichtige Standards sind zunächst die **Prioritätsregeln**, die Reihenfolgen festlegen, z.B. Bearbeitung von Vorgängen in der Reihenfolge ihres Eingangs oder nach Dringlichkeits- oder Wichtigkeitskriterien geordnet. Bekannt aus der Lagerbewirtschaftung und dem Rechnungswesen sind Regeln wie "Lifo" (last in, first out) oder "Fifo" (first in, first out).

Innerhalb eines Vorgangs sind die **Entscheidungsregeln** bzw. **-kriterien** besonders bedeutsam, z.B. Festlegung von Kriterien für Rabattgewährung. Den Spielraum hierfür legen **Rahmenregelungen** fest. Nicht zuletzt sind **Ausnahmeregeln** für die Abweichungen vom Normalfall zu definieren (s. Management by Exception).

Standardisierung reduziert die Aufgabenkomplexität erheblich und trägt insofern zur Entlastung und Effizienzsteigerung bei. In der Folge ergibt sich mit zunehmender Wiederholung ein Effekt der **Routinisierung**. Vorgänge werden als bekannt erlebt und können zügig abgewickelt werden, ohne daß jeder Einzelfall neu durchdacht werden muß. Ein hoher Grad der Standardisierung führt allerdings zum Einengen von Handlungsspielräumen und reduziert die Möglichkeit, Eigeninitiative und Selbständigkeit zu entwickeln. Vor- und Nachteile der Standardisierung sind im Einzelfall bei der Gestaltung der Prozeßstruktur gegeneinander abzuwägen (vgl. Abb. VI/10).

Wirkungen der Standardisierung auf

Ökonomische Ziele

- Rationalisierungsvorteile durch kürzere Bearbeitungsdauer
- geringerer Entscheidungs- und Koordinationsaufwand
- zusätzliche Kosten für die Entwicklung und Anpassung der Standards
  (Personal- und Sachkosten)

Technische Ziele

- Objektivierung von Entscheidungsprozessen
- Koordination und Integration der Teilaufgaben verbessert
- bessere Kontrolle möglich
- Wiederholung verkürzt Bearbeitungsdauer und steigert Leistungsmenge
- Gefahr eines zu schematischen Vorgehens
- Vernachlässigung innovativer Aufgaben
- dadurch leidet u.U. die Anpassungsfähigkeit des Systems

Soziale Ziele

- Entlastung von Routinearbeit
- größere Entscheidungs- und Ausführungssicherheit
- geringere Entfaltungsmöglichkeit
- Eigeninitiative erlahmt
- Flexibilität des Individuums reduziert (Schematismus im Vorgehen)
- u.U. mangelnde Ausschöpfung menschlicher Fähigkeiten
- dann Gefahr der Unterforderung

Abb. VI/10: Zielwirkungen der Standardisierung

Standardisierung kann schrittweise zu einer teilweisen oder vollständigen **Programmierbarkeit** von Aufgaben führen, die eine Voraussetzung der Automatisierung darstellt. Versteht man unter Programm allgemein eine Folge von Instruktionen, die das Vorgehen bei der Aufgabenerfüllung regeln [vgl. SIMON 1966, S.75], dann wird klar, daß auch manuelle Vorgänge weitgehend "programmiert" sein können.

Unter **Arbeitszerlegung** ist die Aufteilung von Arbeitsprozessen in kleine und einfache Teilarbeiten und ihre Übertragung auf einzelne Stellen zu verstehen. Arbeitszerlegung führt prozeßbezogen den allgemeinen Gedanken der Arbeitsteilung fort. Sie ist unabhängig von der Art der Arbeitsteilung und Spezialisierung.

Standardisierung bzw. Programmierung von Prozessen erleichtern die Arbeitszerlegung. Im Bereich physischer Arbeitsprozesse ist Arbeitszerlegung Voraussetzung der Mechanisierung und Automatisierung. Im Bereich administrativer Prozesse liefert sie wesentliche Grundlagen für Büroorganisation und Büroautomation.

Vor- und Nachteile zunehmender Arbeitszerlegung nehmen einen ähnlichen Verlauf wie im Falle der Standardisierung. Zunächst ergeben sich starke Kosten- und Leistungsvorteile. Sie werden bei zu weit getriebener Prozeßzerlegung in steigendem Maße durch Motivationsverluste ("Sinnentleerung"), einseitige Belastungen und Monotonieeffekte kompensiert (vgl. Abb. VI/11). Als Folgen ergeben sich teils erhebliche Qualitätseinbußen und Fluktuationskosten.

Wirkungen der Arbeitszerlegung auf

Ökonomische Ziele

- hohe Rationalisierungseffekte
- geringere Personalkosten für ungelernte resp. angelernte Kräfte
- leistungsbezogene Entlohnung (Prämienlöhne, Stücklöhne)
- niedrige Anlern- und Einarbeitungskosten
- hohe Auslastung von Mensch und Maschine (niedrige Stückkosten)
- hohe Fehlzeiten- und Fluktuationskosten
- durch Leistungsminderung u.U. Kosten für Ausschuß

Technische Ziele

- Senkung der Bearbeitungszeiten
- Leistungssteigerung durch starke Übungseffekte
- Planbarkeit der Prozesse erhöht sich
- Arbeiten mit Zielvorgaben wird möglich
- Einsatz von Mechanisierung und Automatisierung
- nur für Großserien- und Massenproduktion geeignet bzw. für Massenarbeiten im administrativen Bereich
- u.U. Starrheit der Produktionsweise, geringe Anpassungsfähigkeit des Systems

Soziale Ziele

- geringere Qualifikationsanforderungen (Dequalifizierung)
- keine Gefahr der qualitativen Überforderung
- Routinearbeit erlaubt "Daydreaming"
- Entstehen neuer Berufsfelder zur Planung und Kontrolle der Arbeitsprozesse sowie Wartung und Reparatur der Maschinen
- Abbau von Arbeitsplätzen auf der Ausführungsebene
- teils erhebliche Motivationsdefizite im Bereich sozialer Bedürfnisse sowie der Wachstums- und Entfaltungsbedürfnisse
- Verkümmerung nicht genutzter Fähigkeiten
- Ermüdung durch einseitige Belastung
- starke Monotonieeffekte

Abb. VI/11: Zielwirkungen der Arbeitszerlegung

(3) Moderne Formen der Arbeitsstrukturierung: In den letzten Jahren ist die Prozeßorganisation insgesamt durch einen Trend zum Abbau von Standardisierung und Arbeitszerlegung gekennzeichnet. Strukturkonzepte wie Job Enrichment und selbststeuernde Arbeitsgruppen sind prägend. Alle diese Ansätze bauen die Negativwirkungen von Standardisierung und Arbeitszerlegung ab und tragen zugleich zum Erreichen von mehr Flexibilität und Kundennähe bei. Sie ergänzen damit nahtlos die entsprechenden aufbauorganisatorischen Bemühungen des Hierarchieabbaus, der Schaffung autonomer Einheiten und der Stimulierung von internem Unternehmertum. Für die Betroffenen verändert sich dadurch der **Handlungsspielraum**. Dies ist die Schlüsselgröße für die Interpretation und den Vergleich von Maßnahmen der Arbeitsstrukturierung [vgl. ULICH et al. 1973].

134

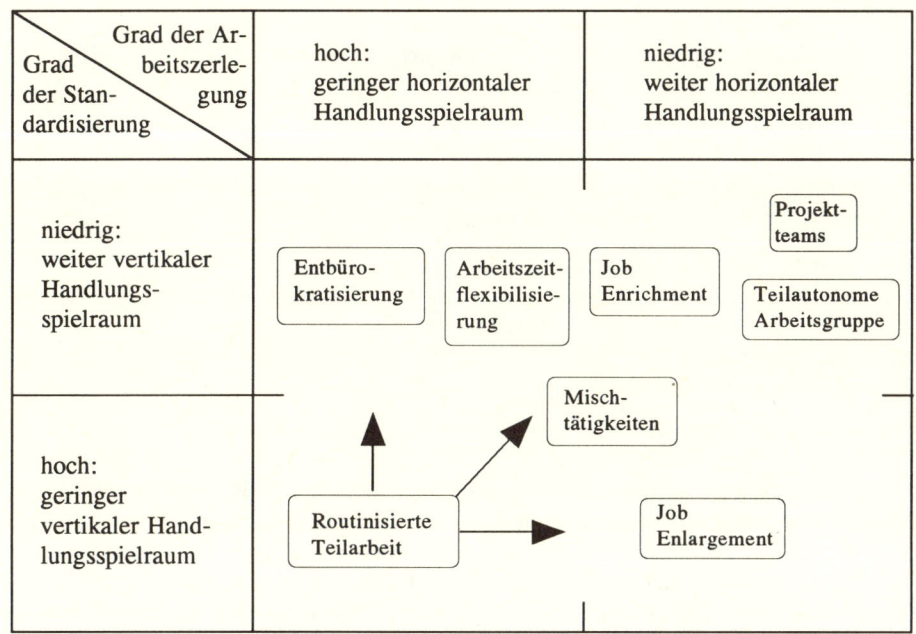

Grad der Arbeitszerlegung / Grad der Standardisierung	hoch: geringer horizontaler Handlungsspielraum	niedrig: weiter horizontaler Handlungsspielraum
niedrig: weiter vertikaler Handlungsspielraum	Entbüro- kratisierung Arbeitszeit- flexibilisie- rung Job Enrichment	Projekt- teams Teilautonome Arbeitsgruppe
hoch: geringer vertikaler Handlungsspielraum	Routinisierte Teilarbeit → Misch- tätigkeiten Routinisierte Teilarbeit → Job Enlargement	

Abb. VI/12: Trends der Arbeitsstrukturierung

In **sachlicher Hinsicht** ist der Handlungsspielraum zum einen durch den Planungs-, Entscheidungs- und Kontrollspielraum geprägt (**vertikale Dimension**). Beeinflussender Parameter ist hier vor allen Dingen der Grad der **Standardisierung**. Der Ausführungsspielraum stellt die **horizontale Dimension** dar. Er wird weitgehend durch **Arbeitszerlegung** verändert. Veränderungen der vertikalen Dimension verlangen eine Übertragung höherwertiger Aufgaben, Kompetenzen und Verantwortung an nachgelagerte Stellen, berühren also auch die Aufbauorganisation (s. Inhaltsmuster der Hierarchie). In **sozialer Hinsicht** ist der Handlungsspielraum durch das Ausmaß an Kontakten und Interaktionen geprägt, die mit der Art der Prozeßregelung verbunden sind.

Für die Betroffenen bedeutet eine Erweiterung des Handlungsspielraums, daß sich der Aufgabengehalt als wesentliche Anreizkategorie erhöht. Dies aktiviert Leistungsmotive, Motive nach Kontakt sowie Achtung und Anerkennung, aber auch Selbstverwirklichung und verbessert so die Motivation insgesamt. Die mit dem Handlungsspielraum teilweise erheblich steigenden Qualifikationsanforderungen stellen allerdings sowohl für die Mitarbeiter wie die Betriebe eine wesentliche Herausforderung dar. Als Maßnahmen der "modernen Arbeitsstrukturierung" - des sog. **Job Design** - werden insbesondere die folgenden Möglichkeiten diskutiert und praktiziert (vgl. Abb. VI/12):

Job Enlargement: Horizontale Aufgabenerweiterung.
Die Variabilität der Arbeit wird durch Reihung gleichartiger oder ähnlicher Tätigkeiten vergrößert. Der Ausführungsspielraum erhöht sich.
Beispiel: Ein Mitarbeiter bearbeitet nicht nur Mahnvorgänge anhand von Standard-

briefen, sondern ist von der Auftragsbearbeitung bis zur Fakturierung für eine bestimmte Kundengruppe zuständig, die standardisiert bearbeitet wird (sog. Rundumsachbearbeitung).

Job Rotation: Aufgabenerweiterung durch geplanten Tätigkeits- bzw. Arbeitsplatzwechsel.
Beispiel: Mitarbeiter einer Bibliothek wechseln regelmäßig zwischen den Arbeitsplätzen Buchausgabe, Buchannahme und Katalog.

Job Enrichment: Vertikale Aufgabenerweiterung.
Zu Arbeitsteilen der Ausführungsebene treten Entscheidungs- und Kontrollaktivitäten hinzu. Der Entscheidungs- und Kontrollspielraum erhöht sich.
Beispiel: Innerhalb eines bestimmten Rahmens entscheidet der Sachbearbeiter selbständig über die Kreditvergabe.

Teilautonome Arbeitsgruppen: Job Enrichment auf Gruppenbasis.
Wird eine qualitative Arbeitserweiterung für eine ganze Arbeitsgruppe vorgenommen, so spricht man von selbststeuernden bzw. teilautonomen Arbeitsgruppen. Neben den bereits beschriebenen Merkmalen besteht die Besonderheit darin, daß die strikte Zuordnung von Aufgaben zu Personen aufgehoben ist und der Selbststeuerung der Gruppe überlassen bleibt. Teilautonome Arbeitsgruppen können neben dem Job Enrichment auch Job Enlargement und Job Rotation einschließen. Sie werden bisher vorrangig auf der Ausführungsebene und vor allem im Produktionsbereich erprobt. Strenggenommen handelt es sich dabei um eine Anwendung des Teamgedankens auf Routinetätigkeiten statt - wie sonst üblich - auf komplexe, innovative Aufgaben (s. Teams als Hierarchieergänzungen).
Beispiel: Besonders bekannt geworden sind Maßnahmen, das Fließband durch Montageinseln abzulösen, an denen eine Gruppe z.B. ganze Fahrzeuge montiert. Daneben sind die Fertigungsinseln zu erwähnen, die sich u.a. durch eine Integration von Qualitätskontrollaktivitäten auszeichnen.

Job Sharing: Personelle Teilung einer Vollzeitaufgabe.
Eine Vollzeitaufgabe wird zeitlich auf zwei oder mehrere Arbeitnehmer aufgeteilt, die sich über die Arbeits- und Zeiteinteilung untereinander verständigen. Teilzeitarbeit tritt an die Stelle der Vollzeitarbeit. Die jeweiligen Stellen werden als Mehrpersonenstellen besetzt. Die individuellen Dispositionsspielräume bei der zeitlichen Einteilung von Arbeitszeit und Freizeit erhöhen sich. Je nach Ausgestaltung verändert sich auch der darüber hinausgehende Handlungsspielraum. Allerdings treten die Abhängigkeiten der "Stellenpartner" als neue Variable auf, woraus sich zusätzliche Koordinationsprobleme ergeben. Daher ist Job Sharing eher für vergleichsweise standardisierte Tätigkeiten geeignet.
Beispiel: Die Stelle einer Sekretärin wird auf zwei Mitarbeiterinnen aufgeteilt.

(4) Flexible Arbeitszeitgestaltung: Die Arbeitszeit stellte ursprünglich keine eigenständige organisatorische oder personalwirtschaftliche Gestaltungsgröße dar. Die **Arbeitszeitmodelle** waren starr. Der Bezugszeitraum war traditionell die Woche ("40-Stunden-Woche"/von Montag bis Freitag). Die Arbeitszeit des einzelnen und die Betriebszeit der Unternehmung stimmten überein. Durch die Arbeitszeitverkürzungen gingen zunächst auch die Betriebszeiten zurück. In der zweiten Hälfte der 80er Jahre um 28% auf durchschnittlich 53 Stunden pro Woche. Die betriebswirtschaftliche Bedeutung dieses Rückgangs liegt u.a. in einer fallenden Auslastung von Maschinenkapazitäten. Die Tragweite dieses Effekts kann man ermessen, wenn man bedenkt, daß z.B. neue Arbeitsplätze in BMW-Werken zwischen 500.000 DM und 1 Mio. DM kosten [vgl. BMW 1991]. Daher wachsen die Bestrebungen zur Entkopplung beider Zeitfelder und damit zu einer Flexibilisierung der Arbeitszeit. Die **BMW AG** hat dabei eine Vorreiterrolle. Sie erzielt mit ihrem 4-Tage-Schichtmodell im Werk Regensburg eine Erhöhung der Betriebszeit für Maschinen und Anlagen auf fast 100 Stunden in der Woche. Dies ist ein Drittel mehr als bei einem herkömmlichen Zweischicht-System (vgl. Abb. VI/13, aus BMW 1991, S.71). Bei diesem Modell liegt eine **flexible Vollzeitarbeit** vor.

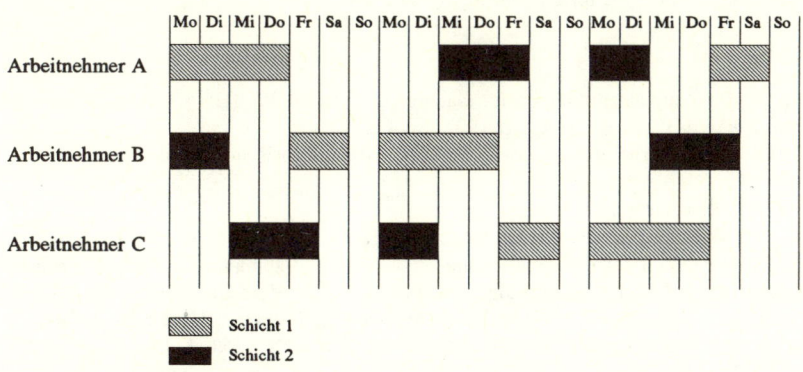

Abb. VI/13: Schichtpläne im BMW-Werk Regensburg

Konkrete Arbeitszeitmodelle ergeben sich durch die Gestaltung von **Lage** und **Dauer** der Arbeitszeit im gewählten **Bezugszeitraum** (Tag, Woche, Monat, Jahr, Lebensarbeitszeit). Um die Vielzahl der in den letzten Jahren entwickelten Modelle flexibler Arbeitszeitgestaltung zu systematisieren, schlägt BEYER [vgl. 1992, Sp.463] eine Unterteilung in flexible Vollzeitarbeit, flexible Teilzeitarbeit und innovative Formen der Arbeitszeitflexibilisierung vor.

Zur **flexiblen Vollzeitarbeit** zählt neben der Tages- oder Wochengleitzeit auch die konventionelle Schichtarbeit. In der Schichtarbeit sind individuelle Tauschsysteme oder ein gleitender Schichtwechsel möglich. Weiterhin sind als Sonderformen der flexiblen Vollzeitarbeit die Kurzarbeitswoche mit komprimierter Wochenarbeitszeit, die Sechstagewoche mit reduzierter Tagesarbeitszeit, der Langzeiturlaub (Sabbatical) auf Basis eines Zeitkontos sowie Jahresarbeitszeitverträge zu nennen.

Flexible Teilzeitarbeit liegt vor, wenn die Regelarbeitszeiten im Bezugszeitraum freiwillig und dauerhaft verkürzt werden. Hierbei wird zwischen konventioneller Teilzeitarbeit (z.B. Verkürzung der Tages-, Wochen-, Monats- oder Jahresarbeitszeit), Blockteilzeitarbeit (Konzentration der Lage der Arbeitszeit), arbeitsanfallorientierter Teilzeitarbeit (z.B. "KAPOVAZ"), Arbeitsplatzteilung (Job sharing) und Langzeiturlaub mit reduzierter Jahres- oder Lebensarbeitszeit (Sabbatical) unterschieden.

Die Flexibilität manifestiert sich bei den genannten Modellen lediglich in einer Abweichung der Dauer und/oder Lage von der normalen Arbeitszeit. Von **innovati-**

137

ven Formen der Arbeitszeitflexibilisierung kann jedoch erst dann gesprochen werden, wenn die konzipierten Arbeitszeitmodelle folgenden drei Kriterien genügen:
- Mehrere Flexibilitätsmerkmale werden kombiniert (z.B. Dauer und Lage der Arbeitszeit)
- Bestehen eines hohen Flexibilitätsgrades (z.B. hohe Arbeitszeitbandbreiten)
- Mitarbeiter und Unternehmung können nach ihren Präferenzen zwischen Flexibilitätsmerkmalen und Flexibilitätsgraden wählen.

Erst wenn Unternehmung und Mitarbeiter also Dauer und Lage der Arbeitszeit in einem weit gesteckten Rahmen relativ frei wählen und damit ihren spezifischen zeitlichen Bedürfnissen Rechnung tragen können, sind Arbeitszeitmodelle als innovativflexibel zu bezeichnen. Flexible Arbeitszeitmodelle, insbesondere letztgenannte, werden zukünftig zweifellos an Bedeutung gewinnen.

Literatur

BEYER, H.-T.: Arbeitszeitmodelle, in: Gaugler, E./Weber, W. (Hrsg.), Handwörterbuch des Personalwesens, 2.Aufl., Stuttgart 1992, Sp.458-471

BLEICHER, K.: Unternehmungsentwicklung und organisatorische Gestaltung, Stuttgart/ New York 1979

BMW: Geschäftsbericht 1991

CORNELSSEN, I.: Ein guter Griff, in: Manager Magazin 8/1986, S.94-100

HAHN, D.: Prozeßwirtschaft-Grundlegung, in: Hahn, D./Laßmann, G. (Hrsg.), Produktionswirtschaft - Controlling industrieller Produktion, Bd. 2, Heidelberg 1989, S.5-237

HAMMER, M./CHAMPY, CH.: Business Reengineering, Frankfurt/New York 1994

HARRINGTON, H.J.: Business Process Improvement, New York et al. 1991

IMAI, M.: KAIZEN - Der Schlüssel zum Erfolg der Japaner im Wettbewerb, 3.Aufl., Berlin/ Frankfurt a.M. 1993

LIEBELT, W./SULZBERGER, M.: Grundlagen der Ablauforganisation, Gießen 1989

PERNICKY, R.: Schneller werden, in: Arthur D. Little (Hrsg.), Management der Hochleistungsorganisation, 2. Aufl., Wiesbaden 1991, S.61-71

PORTER, M.: Wettbewerbsvorteile. Spitzenleistungen erreichen und behaupten, Frankfurt/M. 1989

RUTT, H.N.: Die flexible Organisation - eine zeitoptimale Vielzweckmaschine, in Harvardmanager 3/1990, S.62-72

SIMON, H.A.: Perspektiven der Automation für Entscheider. Deutsche Übersetzung von: "The Shape of Automation for Men and Management", Quickborn 1966

SOMMERLATTE, T./WEDEKIND, E.: Leistungsprozesse und Organisationsstruktur, in: Artur D. Little (Hrsg.), Management der Hochleistungsorganisation, 2. Aufl., Wiesbaden 1991, S.23-41

SCHWETZ, R.: Wandel in der Organisationsarbeit - Der Organisator wird nicht überflüssig, in: Scharfenberg, H. (Hrsg.), Strukturwandel in Management und Organisation, Baden-Baden 1993, S.293-321

STIETZ, O.: Integrationsmanagement - dargestellt am Beispiel des Computer Integrated Manufacturing (CIM) in der deutschen Automobilindustrie, 1994 im Druck

TÖPFER, A.: Marketing für Start-up-Geschäfte mit Technologieprodukten, in: Töpfer, A./Sommerlatte, T. (Hrsg.), Technologie-Marketing, Landsberg/Lech 1991, S.163-200

ULICH, E. et al.: Neue Formen der Arbeitsgestaltung - Möglichkeiten und Probleme einer Verbesserung der Qualität des Arbeitslebens, Frankfurt/Main 1973

ULRICH, H./PROBST, G.J.B.: Anleitung zum ganzheitlichen Denken und Handeln. Ein Brevier für Führungskräfte, 2. Aufl., Bern/ Stuttgart 1990

VII. GRUNDFRAGEN DER ORGANISATION ADMINISTRATIVER UND TECHNISCHER SYSTEME

1. Organisationsrelevante Systeme und Sachmittel

(1) Begriff und Arten von Sachmitteln und Systemen: Zur Durchführung sämtlicher Geschäftsprozesse bedarf es neben des Arbeitseinsatzes der menschlichen Aufgabenträger auch und vor allem des Einsatzes verschiedenartigster **Sachmittel**. Dabei sei im folgenden unter Sachmittel jedes **realtechnische Gebilde** verstanden, **das im Rahmen der Aufgabenerfüllung Verwendung findet.** Sachmittel sind Instrument, aber nicht selbst Gegenstand von Verarbeitungsvorgängen (Objekt). Eine allgemeingültige Einstufung eines realtechnischen Gebildes als Sachmittel ist häufig nicht möglich. So ist z.B. für einen Investitionsgüterhersteller eine Verpackungsmaschine Objekt von Verarbeitungsprozessen, für eine sie benutzende Unternehmung stellt sie ein Sachmittel dar.

Im allgemeinen werden auch geistige Hilfsmittel der Aufgabenerfüllung, also Methoden, Verfahren und Programme im Zusammenhang mit den Sachmitteln genannt. In Anlehnung an die Begriffsfassung der Informatik wird von Hard-, Soft- und Brainware gesprochen. Der Verbund von Sachmitteln und geistigen Hilfsmitteln wird hier als Sachmittelsystem - kurz System - bezeichnet. Ein **(Sachmittel-) System** ist also die Summe aller im Rahmen der Aufgabenerfüllung Verwendung findenden realtechnischen Gebilde sowie der zu ihrem Einsatz benötigten Methoden, Verfahren und Programme.

Sachmittel bzw. auf diesen basierende Systeme lassen sich aus organisatorischer Sicht folgendermaßen typisieren:

Aktions- vs. aktionsbedingungsorientierte Sachmittel/Systeme: Sachmittel, die unmittelbar am Aufgabenerfüllungsprozeß beteiligt sind und einen direkt sichtbaren Beitrag hierzu leisten, werden als **aktionsorientiert** bezeichnet (z.B. Bleistift, Arbeitsplatzrechner, Hobelbank). **Aktionsbedingungsorientierte** Sachmittel hingegen setzen Rahmenbedingungen für die Aufgabenerfüllung bzw. schaffen grundlegende Voraussetzungen hierfür (z.B. Schreibtische, Lampen, Fabrikhalle). Welcher dieser Kategorien ein Sachmittel im einzelnen zuzuordnen ist, läßt sich oftmals nur in Abhängigkeit vom jeweiligen Anwendungskontext bestimmen.

Sachmittel/Systeme der Informations- und Kommunikations- vs. Realtechnologie: Sachmittel der Informations- und Kommunikationstechnologie (IKT) führen solche Aufgaben aus (bzw. unterstützen sie), die Informationen zum Objekt der Bearbeitung haben. Die Bearbeitungsvorgänge umfassen dabei Aktivitäten der Erfassung, Speicherung, Bearbeitung und Übermittlung von Informationen. Der verbleibende Sachmittelvorrat sei hier mit "Realtechnologie" umschrieben. Dabei handelt es sich folglich um alle Sachmittel, die Aufgaben der Be- und Verarbeitung, des Transports sowie der Lagerung von physisch-realen Sachgütern (also nicht Informationen) unterstützen bzw.ausführen.

Sachmittel/Systeme zur Unterstützung administrativer und technischer Prozesse: Diese Unterscheidung setzt an den jeweils zugrunde liegenden Wertschöpfungsaktivitäten an. Ausschlaggebend ist wieder das Bearbeitungsobjekt: Werden in einem

Prozeß in der Hauptsache Informationen be-/verarbeitet, so handelt es sich um einen administrativen Prozeß. Sind hingegen physisch-reale Sachgüter vorwiegender Prozeßgegenstand, so liegt ein technischer Prozeß vor, auch dann, wenn zur Durchführung des Prozesses bestimmte Anstoß- und/oder Steuerungsinformationen nötig sind und Ergebnisinformationen erzeugt werden.

Auf den ersten Blick erscheinen die beiden letztgenannten Typisierungsmerkmale weitgehend deckungsgleich, was in der Vergangenheit dazu geführt hat, daß Sachmittel der Informations- und Kommunikationstechnologie fast ausschließlich im Bürobereich (administrative Prozesse) angesiedelt wurden, wohingegen bei technischen Prozessen in erster Linie Realtechnologie diskutiert wurde. Bei näherer Betrachtung erweist sich aber die vorgestellte Differenzierung als sinnvoll (vgl. Abb. VII/1).

Unterstützte Prozesse \ Technologiezugehörigkeit	Informationstechnologie	Realtechnologie
Administrative Prozesse	1 - (Massen-) Datenverarbeitungssysteme - Büro-IKS - Management-Informationssysteme / Entscheidungsunterstützungssysteme	2 Konventionelle Büroausstattung (z.B. Regale, Sitzmöbel)
Technische Prozesse	3 Konstruktions- (CAD), Fertigungsvorbereitungs- (CAP) und -steuerungs- (CAM) sowie Qualitätssicherungssysteme (CAQ)	4 - Fertigungssysteme - Transport- und Lagersysteme

Abb. VII/1: Sachmittel-/Systemtypisierung

Zwar liegt der Anwendungsschwerpunkt der realtechnologischen Systeme unverändert in den technischen Prozessen (Feld 4), der der Informations- und Kommunikationssysteme bei der "klassischen" Massendatenverarbeitung und der Bürokommunikation, also in administrativen Prozessen (Feld 1). Auch Management-Informationssysteme sowie Entscheidungsunterstützungssysteme sind diesen betriebswirtschaftlichen IKS zuzuordnen. Die zunehmende informationstechnologische Unterstützung technischer Prozesse ("C-Technologien") [vgl. HAHN/LASSMANN 1990, S.91ff.] zeigt jedoch, daß auch und gerade dort (Feld 3) Informations- und Kommunikationsprozesse in Form entsprechender Systeme (technische IKS) zu berücksichtigen und mit physischen Prozessen zu koordinieren bzw. zu integrieren sind. Häufig beziehen sich diese als Teilprozeß darstellbaren Informations- und Kommunikationsvorgänge auf die Steuerung des jeweiligen technischen Prozesses. Die Überschneidung betriebswirtschaftlicher und technischer Interessen zeigt sich z.B. bei den Systemen zur Produktionsplanung und -steuerung (PPS). Schließlich finden realtechnologische Sachmittel/Systeme unterstützend auch in administrativen Prozessen Verwendung (Feld 2), man denke an Büroregale, Aktenförderbänder u.ä..

140

(2) Informations- und Kommunikationssysteme als Schwerpunkt organisatorischer Gestaltung: In diesem Abschnitt soll die Beschreibung von Informations- und Kommunikationssystemen (IKS) bzw. der zugrunde liegenden IKT im Vordergrund stehen. Hierfür sprechen - neben der Dominanz in Organisationslehre und organisatorischer Gestaltungspraxis - zunächst pragmatische Gründe: Sachmittel der Realtechnologie wie z.B. Fräsmaschinen, Förderbänder, Regalsysteme, Sattelschlepper, Hochöfen, Rampen oder Fabrikgebäude bilden in der Summe ein ungleich umfassenderes und wesentlich heterogeneres Gebiet als IKT. Die eingesetzten Sachmittel variieren zudem stark von Branche zu Branche und von Unternehmung zu Unternehmung. Für den Organisator ergibt sich daher weniger die Notwendigkeit einer umfassenden Kenntnis dieser Technologien als vielmehr die Aufforderung, sich im konkreten Gestaltungsfall einen Überblick über die jeweils einzusetzenden Sachmittel zu verschaffen.

Eine differenziertere Darstellung der Sachtechnologien an dieser Stelle wäre aber auch aus Relevanzgründen nicht angebracht, da nur verfeinerte verfahrenstechnische Einsichten erzielt würden, die für die organisatorische Gestaltung nur bedingt von Belang wären. Darüber hinaus wird der IKT als Ganzes eine herausgehobene strategische Bedeutung zugemessen [vgl. PORTER/MILLAR 1985, S.152; REICHWALD 1987], was sich aus der Tatsache erklärt, daß IKT die Produkte ebenso wie die gesamte Wertschöpfungskette, Industriestrukturen ebenso wie Wettbewerbskräfte prägt.

Die zu behandelnden IKS betreffen nun - wie erwähnt - sowohl administrative als auch technische Prozesse. Im Bürobereich sind hier auch die weiten Gebiete herkömmlicher Büromaschinen (Kopiergeräte, Schreibmaschinen, Rechen- und Buchungsmaschinen, Postbearbeitungsmaschinen sowie Diktiergeräte) und sonstiger konventioneller Bürosachmittel der Informationsbe- und -verarbeitung angesprochen. Diese werden im folgenden ausgeklammert, da ihr Gestaltungspotential weitestgehend geklärt ist und ihre Anwendung i.d.R. keine größeren organisatorischen Probleme mit sich bringt. Sie werden außerdem zusehends von Sachmitteln der **Computer- und Telekommunikationstechnologie** verdrängt, die nun im Vordergrund der Betrachtung stehen. Diese Sachmittel unterscheiden sich nicht grundsätzlich von Sachmitteln der Computer- und Telekommunikationstechnologie in technischen Prozessen. Zwar wird ein Leitrechner im Produktionsprozeß gänzlich anders eingesetzt als ein Arbeitsplatzrechner im Büro, vom inneren Aufbau her sind sie jedoch weitgehend identisch. Andersartige Sachmittel ergeben sich an den Schnittstellen zu den physischen Bearbeitungsvorgängen: So erfolgt bspw. die Prozeßdateneingabe in Produktionsprozessen automatisch durch Meßeinrichtungen (Sensoren), umgekehrt werden Daten zur Prozeßsteuerung unmittelbar über sog. Aktoren ausgegeben [vgl. hierzu HAHN/ LASSMANN 1990, S.99ff.].

Unabhängig von der Frage nach der IKS-Anwendung in administrativen oder technischen Prozessen lassen sich die zugrunde liegenden Sachmittel der Computer- und Telekommunikationstechnologie gemäß Abb. VII/2 systematisieren [nach PFEIFFER 1990, S.47]. Die hierin zum Ausdruck kommende Zweiteilung darf jedoch nicht über die Tatsache hinwegtäuschen, daß die Digitalisierung der Telekommunikationssachmittel zunehmend zu einem Zusammenwachsen (sog. vertikale Technologie-Integration) dieser ursprünglich getrennten Gebiete führt.

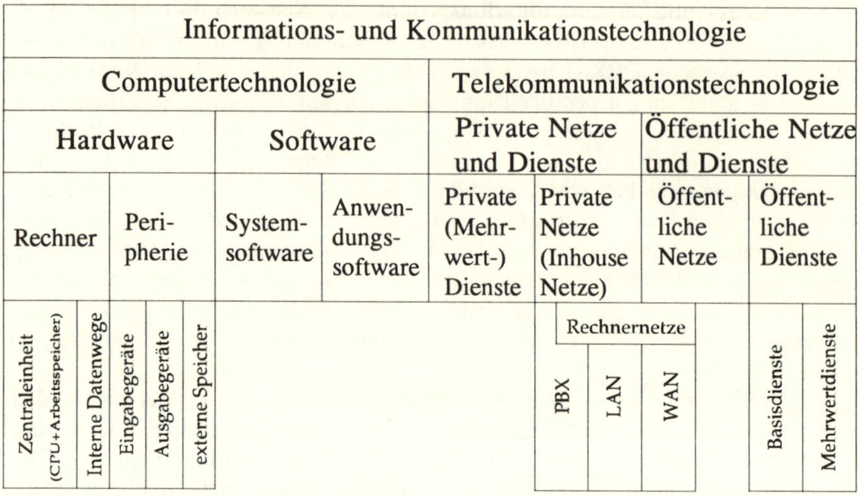

Informations- und Kommunikationstechnologie									
Computertechnologie				Telekommunikationstechnologie					
Hardware		Software		Private Netze und Dienste		Öffentliche Netze und Dienste			
Rechner	Peripherie	System-software	Anwen-dungs-software	Private (Mehr-wert-) Dienste	Private Netze (Inhouse Netze)	Öffent-liche Netze	Öffent-liche Dienste		
Zentraleinheit (CPU + Arbeitsspeicher) — Interne Datenwege — Eingabegeräte — Ausgabegeräte — externe Speicher					Rechnernetze (PBX, LAN, WAN)			Basisdienste	Mehrwertdienste

Abb. VII/2: Systematik der Informations- und Kommunikationstechnologie

2. Analyse von Informations- und Kommunikationssystemen

(1) Grundbegriffe: Um den Aufbau und den Gestaltungszusammenhang von betrieblichen IKS darstellen zu können, ist es zunächst hilfreich, die allen IKS gemeinsamen Grundbegriffe zu klären. Dies beginnt mit den Gegenständen der Verarbeitungsvorgänge, den Informationen: Information ist diejenige Teilmenge des vorhandenen Wissens, die für die Erreichung bestimmter Zwecke geeignet ist, Information ist "zweckorientiertes Wissen" [WITTMANN 1959].

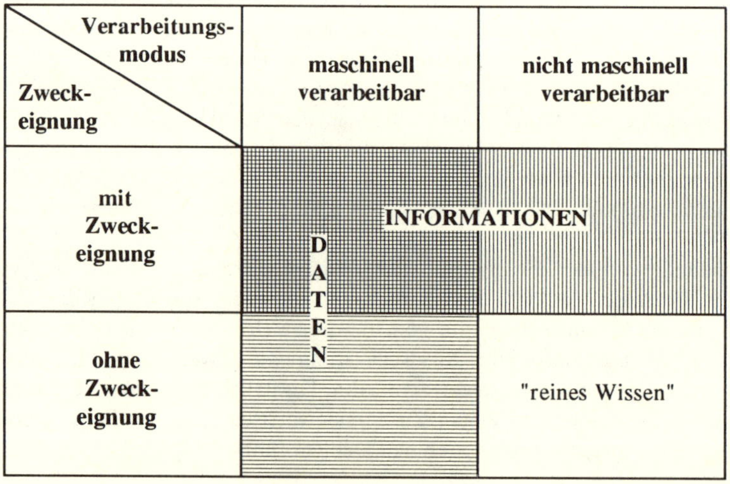

Verarbeitungs-modus / Zweck-eignung	maschinell verarbeitbar	nicht maschinell verarbeitbar
mit Zweck-eignung	INFORMATIONEN / DATEN	INFORMATIONEN
ohne Zweck-eignung	DATEN	"reines Wissen"

Abb. VII/3: Wissensfelder

"Zweck" im Sinne der Organisation ist die Aufgabenerfüllung. Zur Vorbereitung, Durchführung und Überprüfung beliebiger Aktionen gehören Informationen. In dieser Perspektive umfaßt der Begriff Information daher alle Aussagen, die den Wissensstand des Aufgabenträgers zur Erfüllung einer Aufgabe verbessern [vgl. SZYPERSKI 1980]. Je besser ein Aufgabenträger informiert ist, desto besser sind im allgemeinen seine Entscheidungen, desto zielwirksamer sind seine Ausführungshandlungen.

Oberbegriff ist also "Wissen" im Sinne von Denkinhalten [vgl. WILD 1982, S.119]. Maschinell verarbeitbare Wissenskomponenten werden hier unabhängig von ihrer Verwendbarkeit als **Daten** bezeichnet. Schließlich gibt es auch Wissen, das weder maschinell verarbeitbar ist, noch Zweckeignung besitzt, sozusagen "reines Wissen". Hierzu zählt die Fülle persönlicher Gedächtnisinhalte, die nicht aufgabenbezogen sind. Abb. VII/3 zeigt die skizzierten Wissensfelder im Überblick.

Informationsprozesse im weitesten Sinne umschließen sämtliche Aktivitäten an und mit Informationen, also die Informationsgewinnung und -aufnahme, die -speicherung, -verarbeitung und -abgabe. Die Informationsabgabe, -übermittlung und -aufnahme durch menschliche oder maschinelle Aktionsträger wird als **Kommunikation** bezeichnet [zur Problematik des Kommunikationsbegriffs vgl. SZYPERSKI et al. 1982, S.7ff.]. Als Informationsprozesse im engeren Sinne sind daher die Prozesse der Gewinnung ("Urproduktion"), Speicherung und Verarbeitung von Informationen zu bezeichnen. Diese gleichberechtigte Gegenüberstellung von Information und Kommunikation trägt der praktischen Bedeutung der Übermittlungsvorgänge Rechnung. Ohne Kommunikation ist keine Information möglich und umgekehrt.

		Kommunikationsprozesse	
		nicht-technische Kommunikation	technische Kommunikation
Informationsprozesse	nicht-technische Information	Persönliche Begegnung; Übertragung mentaler Informationen durch Printkommunikation 1	Fernsprechen; Telex, Teletex, Telefax ohne technische Informationsverarbeitung; Bildfernsprech- und Videokonferenz 2
	technische Information	Taschen-, Tischrechner; Kopiergeräte; örtliche Text-, Sprach-, Bild- und Datenspeicher; Stand-alone-Datenverarbeitungsanlagen 3	Datenverarbeitung; Teletex, Telefax mit Informationsverarbeitungssystemen; Teleauskunftdienste; Fernüberwachungssysteme; Teleworking 4

Abb. VII/4: Technische Unterstützung von I u. K-Prozessen

Dabei ist zu beachten, daß es auf eine wirkungsvolle **Kombination** von Information **und** Kommunikation ankommt. Eine isolierte Investition in unvernetzte Personal Computer z.B. führt rasch zu nachlassenden Grenzerträgen, wenn der Informationsaustausch nach wie vor dem Transport durch Boten überlassen wird. Information und Kommunikation lassen sich als **Produktionsfaktoren** begreifen, die nur begrenzt substituierbar sind und deren optimale Kombination anzustreben ist. Abb. VII/4 [WITTE 1980, S.432] stellt mögliche Kombinationen von Informations- und Kommunikationsprozessen sowie die hierfür ggf. eingesetzten Sachmittel dar.

(2) Kommunikationsprozeß und -probleme: Die Gesamtstruktur eines Kommunikationsprozesses und die dabei möglichen Störungen zeigt Abb. VII/5 [nach FRESE 1979, S.98].

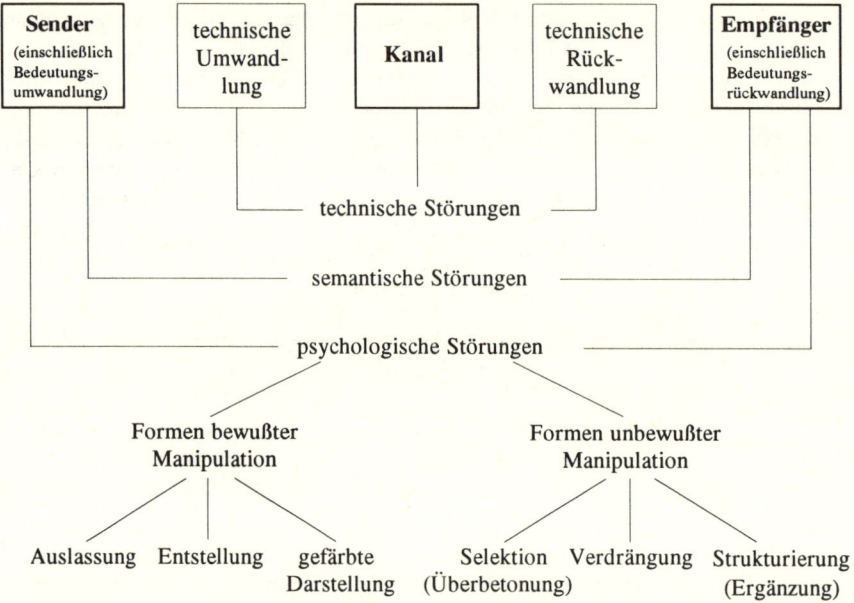

Abb. VII/5: Kommunikationsprozeß und -störungen

Wie dieses Schema zeigt, sind mit jedem Übermittlungsvorgang auch Vorgänge der Informationsbe- und -verarbeitung verbunden. Dies drückt sich u.a. im Begriff der **Bürokommunikation** aus, mit dem alle Teilprozesse der Information und Kommunikation bezeichnet werden, die im Büro von Mensch und Maschine abgewickelt werden [vgl. SZYPERSKI et al. 1982, S.8ff.]

(3) Informationsangebot, -nachfrage, -bedarf: Unabhängig von der konkreten Ausgestaltung eines IKS stellen sich in jedem Betrieb ähnlich gelagerte Fragen der Informationsversorgung. Sie lassen sich mit Hilfe der Unterscheidung von Informationsangebot, -nachfrage und -bedarf auffächern.

Der Betrieb kann seine Informationen von internen oder externen Quellen beschaffen. Die Gesamtheit aller tatsächlich **vorhandenen** bzw. **erhältlichen** Informa-

144

tionen wird als **Informationsangebot** bezeichnet. Strenggenommen ist der Begriff **Informations**angebot nur auf diejenigen Wissenskomponenten anwendbar, die tatsächlich Zweckeignung besitzen. Die einzelnen Stellen fragen die sie jeweils interessierenden Informationen nach. Aus diesen unterschiedlichen Informationsbedürfnissen resultiert die Summe der **subjektiv gewünschten** Informationen, die **Informationsnachfrage**.

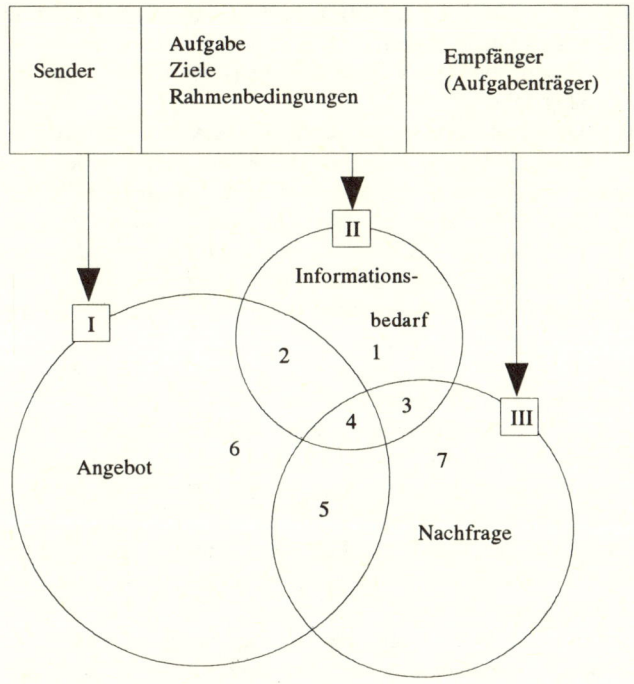

Legende:
1 = Informationen, die weder angeboten noch nachgefragt werden
2 = Informationen, die angeboten, aber nicht nachgefragt werden
3 = Informationen, die nachgefragt, aber nicht angeboten werden
4 = angebotene und nachgefragte Informationen
5 = Wissen, das angeboten und nachgefragt wird, aber nicht notwendig ist
6 = Wissen, das angeboten wird, aber weder nachgefragt wird noch notwendig ist
7 = Wissen, das nachgefragt wird, aber weder angeboten wird noch notwendig ist

Abb. VII/6: Informationsangebot, -nachfrage und -bedarf

Ein Problem der Praxis liegt darin, daß sich Informationsangebot und Informationsnachfrage in aller Regel nicht decken. Vielmehr ist auf der einen Seite eine ständig wachsende Wissensflut zu verzeichnen und auf der anderen Seite eine oft in beträchtlichem Umfang ungedeckte Informationsnachfrage. Zur Abstimmung muß versucht werden, die sachlich erforderlichen Informationen einzugrenzen. Für die Gesamtheit dieser **objektiv benötigten** Informationen wird der Begriff **Informationsbedarf** benutzt. Selbstverständlich muß auch der Informationsbedarf subjektiv ermittelt werden. "Objektiv" kann daher auch in diesem Zusammenhang nur bedeuten, daß ein möglichst hohes Maß an Versachlichung und intersubjektiver Nachprüfbarkeit angestrebt wird. Dies kann z.B. durch eine Orientierung an den Rahmenbedingungen, Zielen und Aufgaben des jeweiligen Bezugsbereichs geschehen. Die so gewonnenen Bedarfshinweise sind dann keineswegs gleichbedeutend mit der Vereinigungsmenge subjektiver Informationsbedürfnisse.

Ein Kreisdiagramm veranschaulicht die genannten drei Kategorien und zeigt anhand der Schnittmengen sowie der Restmengen die Kernprobleme der Informationsversorgung auf (Abb. VII/6, nach BERTHEL 1975, S.30). Der Umfang und die Lage der drei Kreise können je nach Einzelfall sehr unterschiedlich sein. Die in der Abbildung verwendeten Proportionen sind sicherlich etwas übertrieben, dürften in der Tendenz aber aussagefähig sein.

Jedes Überangebot und auch jede Übernachfrage von Information bedeutet Unwirtschaftlichkeit bzw. zieht sie nach sich. Das Informationsangebot wird kostenverursachend produziert, gespeichert und kommuniziert. Angebotenes Material muß auf seine Verwendbarkeit geprüft werden, wobei auch die Prüfung von "Ausschuß" Zeit kostet. Die "Entrümpelung von Datenbeständen" wird zu einer besonderen Aufgabe. So werden oft viele Statistiken, Computerausdrucke, Listen produziert, die kaum noch gelesen werden (Feld 6). Was auf den ersten Blick als umfassendes Informationsangebot erscheint, entpuppt sich beim näheren Hinschauen als "Datenfriedhof".

Zu einem verwendbaren Angebot gehört außerdem eine aufgaben- und benutzergerechte Aufbereitung (z.B. Managementgraphik). Umgekehrt gilt es, eine überdimensionale Nachfrage ("alles läuft über meinen Tisch") zu korrigieren (Feld 5 und 7).

Andererseits signalisiert ein ungedeckter Informationsbedarf Aufgabenbereiche, in denen "Mangel im Überfluß" herrscht (Feld 1 und 3). Dies bedeutet u.U. gefährliche Informationslücken. Pläne und Entscheidungen werden auf unvollständiger Basis erarbeitet. Damit erhöht sich das Risiko von Fehlentscheidungen, zumal in großen Betrieben darüber hinaus nicht selten Unkenntnis über im Betrieb vorhandene Informationsmöglichkeiten (Feld 2) herrscht.

Insgesamt sollte angestrebt werden, die angesprochenen Mängel der Informationsversorgung abzubauen, die Schnittmenge aller drei Kreise (Feld 4) also möglichst groß zu gestalten. Dazu müssen die Ursachen für die verschiedenen Abweichungen beseitigt oder abgeschwächt werden. Dies ist allerdings nur begrenzt möglich, wie der Katalog der Abweichungsursachen verdeutlicht (Abb. VII/7).

Die bisherigen Überlegungen stellen eine statische Betrachtung dar. In der Praxis unterliegen die drei Basiskategorien der Informationsversorgung zwangsläufig einer mehr oder weniger raschen Veränderung. Der **Informationsbedarf** ändert sich in dem Maße, wie sich die Rahmenbedingungen (z.B. Wettbewerbssituation) sowie die Unternehmungsziele und -aufgaben verändern. Neue Produkte, neue Märkte, neue Technologien führen zu neuen Aufgaben und verschieben Inhalt und Struktur der benötigten Informationen. Organisatorische Veränderungen, z.B. verstärkte Delegation, schichten den Informationsbedarf zumindest um, definieren ihn zum Teil aber auch neu.

```
┌─────────────────────────────────────────────────────────────────────┐
│  Personelle Gründe:                                                   │
│                                                                       │
│  Qualifikation                                                        │
│                                                                       │
│  - fehlende Kenntnis der Informationsquellen                          │
│  - fehlende Kenntnis der Beschaffungsquellen                          │
│  - mangelnde Methoden- und Verfahrenskenntnisse                       │
│                                                                       │
│  Motivation                                                           │
│                                                                       │
│  - mangelnde Initiative zur Beschaffung und Berücksichtigung von Informationen │
│  - Informationsvorenthaltung und -filterung                           │
│  - Zielgegnerschaft                                                   │
│  - hohe Riskobereitschaft bzgl. Informationsrisiko                    │
│                                                                       │
│  Organisatorische Gründe:                                             │
│                                                                       │
│  - Fehlen klarer Informationszugehörigkeiten                          │
│  - Fehlen von Kommunikationswegen                                     │
│  - Fehlen von Organisationsmethoden und -techniken                    │
│  - hoher Anteil kreativer und innovativer Aufgaben                    │
│  - mangelnde Vorhersehbarkeit neuer Aufgaben                          │
│                                                                       │
│  Technische Gründe:                                                   │
│                                                                       │
│  - mangelhafte Hardware                                               │
│  - fehlende bzw. mangelhafte Software                                 │
│  - fehlende Brainware (z. B. Methoden und Techniken)                  │
│                                                                       │
│  Ökonomische Gründe:                                                  │
│                                                                       │
│  - zu hohe Beschaffungskosten                                         │
│  - zu hohe Bearbeitungskosten                                         │
│  - zu hohe Wiederauffindungskosten                                    │
│  - zu geringer Informationsnutzen                                     │
└─────────────────────────────────────────────────────────────────────┘
```

Abb. VII/7: Gründe für Mängel der Informationsversorgung

Das **Informationsangebot** ändert sich vor allem mit der Entwicklung der IKT. Leistungsfähigere Speicher, höhere Rechengeschwindigkeiten, kürzere Übertragungszeiten, bessere Software und stärkere Vernetzung verbessern das Angebot an Informationen. Die Probleme der Informationsaufbereitung, der gezielten Gestaltung des Informationsangebots, werden im gleichen Umfang drängender, wie die technischen Möglichkeiten wachsen. Die **Informationsnachfrage** schließlich variiert ebenfalls. Individuelle Lernprozesse erhöhen den Wissensstand der Aufgabenträger. Personelle Konstellationen verschieben sich, neu hinzukommende Mitarbeiter müssen sich orientieren und einarbeiten, die Informationsnachfrage steigt.

Auch aus diesen Gründen bleibt die völlige Deckungsgleichheit der drei Kreise ein Ideal. Der **Informationsstand**, der sich in dieser Schnittmenge ausdrückt (Feld 4), wird meist begrenzt bleiben. Nur im Bereich von Routineprozessen, die einer regelmäßigen Wiederholung unterliegen, werden 100 % des Bedarfs durch Angebot und Nachfrage zur Deckung zu bringen sein. Dessen ungeachtet stecken genug lösbare Probleme und erhebliche Rationalisierungsreserven in einer schrittweisen Annäherung von Informationsangebot, -nachfrage und -bedarf.

(4) Aufbau von Informations- und Kommunikationssystemen: Sowohl in administrativen als auch in technischen Prozessen sind in den letzten Jahren für praktisch alle Funktionsbereiche im Industriebetrieb entweder eigenentwickelte Software oder Standardsoftware mit entsprechender Hardware eingesetzt worden. Die Routineaufgaben sind daher weitgehend durch spezialisierte IKS abgedeckt. Im Ergebnis hat sich einerseits zwar eine Fülle von Rationalisierungseffekten ergeben, andererseits wurden die bestehenden organisatorischen Abteilungsbarrieren durch neu entstehende technologische Barrieren noch verstärkt (Abb. VII/8).

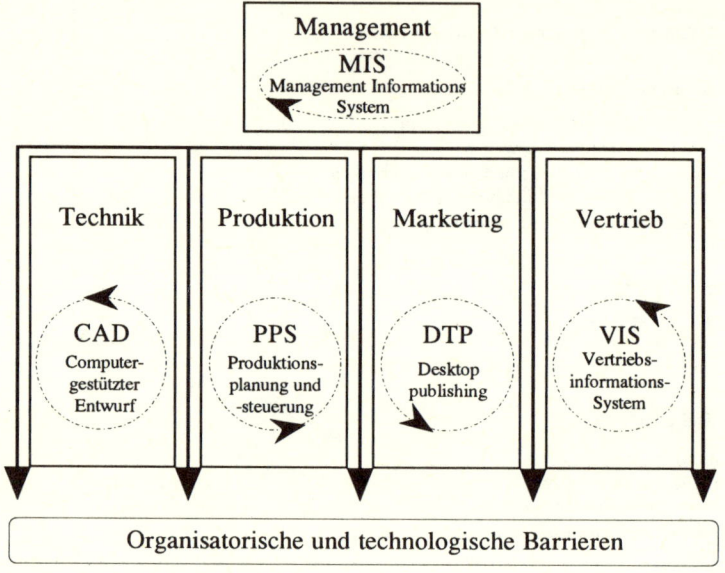

Abb. VII/8: Konventioneller IKS-Ansatz

Die Teilsysteme sind nicht miteinander verbunden, technisch vielfach auch gar nicht verbindbar ("Medienbrüche"). Die realisierten DV-Konzepte stellen **Insellösungen** dar. Regelmäßig haben sich die organisatorischen Analysen und Konsequenzen in Grenzen gehalten. Im Ergebnis kommt es dann zu einer **"Elektrifizierung des Ist-Zustandes"** [ZANGL 1986, S.236].

Angesichts dieser Situation ergibt sich die Forderung nach Verknüpfung der isolierten IKS. Ihren Ausgangspunkt nahm diese Integrationsbewegung im Bereich der Produktion. Eine kontinuierliche Versorgung der Fertigung mit Vormaterialien bei minimalen Lagern führte zu den Prinzipien der **Just-in-Time-Produktion.** Sie verlangt eine vollständige Verkettung von Logistikprozessen mit Produktions-, Produktionsplanungs- und -steuerungsprozessen, unter Einbeziehung der Lieferanten. Der Prozeß der Produktentwicklung, der in den Entwicklungsabteilungen beginnt, ist ebenfalls mit dem Leistungsprozeß zu koppeln. Das gleiche gilt für die Qualitätssicherung. Diese und ähnliche Aktivitäten wurden unter dem Schlagwort **CIM (Computer integrated manufacturing)** gebündelt.

Die Zusammenführung technischer (z.B. Beschaffung, Produktion, Logistik,

148

Technik) und administrativer IKS (z.B. Absatzplanung, Finanz- und Rechnungswesen) stellt darüber hinaus ein Integrationsproblem besonderer Art dar, das immer mehr an Bedeutung gewinnt. Werden auch administrative Systeme in den Verbund technischer IKS integriert, so spricht man von **CIB (Computer integrated business)** oder CAI (Computer assisted industries). Dabei handelt es sich allerdings nicht um fertige Lösungen und Systeme, sondern um eine Entwicklungslinie, die in jedem Betrieb individuell zu verfolgen und schrittweise zu realisieren ist.

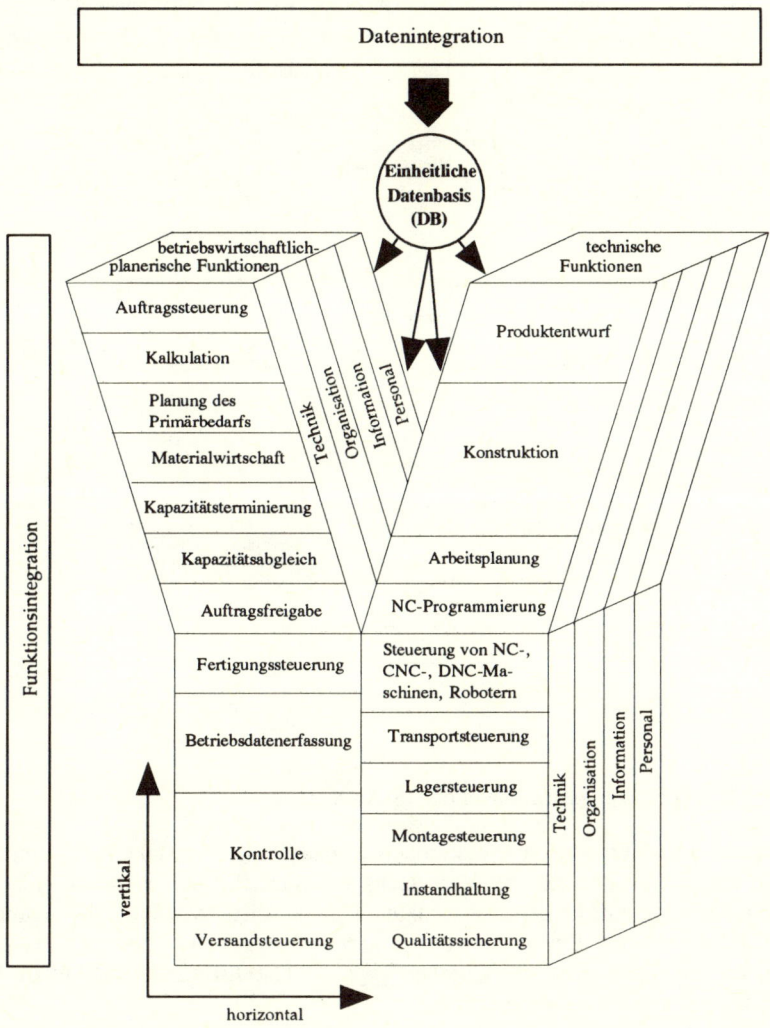

Abb. VII/9: Daten- und Funktionsintegration zur Reorganisation funktionaler Arbeitsteilung

Diese beiden Integrationstendenzen werden auch als horizontale bzw. vertikale

Integration bezeichnet. Um diesen Ansatz in die Praxis umzusetzen, muß eine technologische Integration der IK-Teilsysteme erfolgen. Dies erfordert entsprechend eine **Daten-** und **Funktionsintegration** (vgl. Abb. VII/9, nach SCHEER 1990, S.50) der ursprünglich isolierten IKS. Die Rolle der Sachmittel der IKT in bezug auf die Prozeß- und Systemintegration ist dabei häufig die des "Auslösers und Vehikels" [WELTZ et al. 1991, S.31].

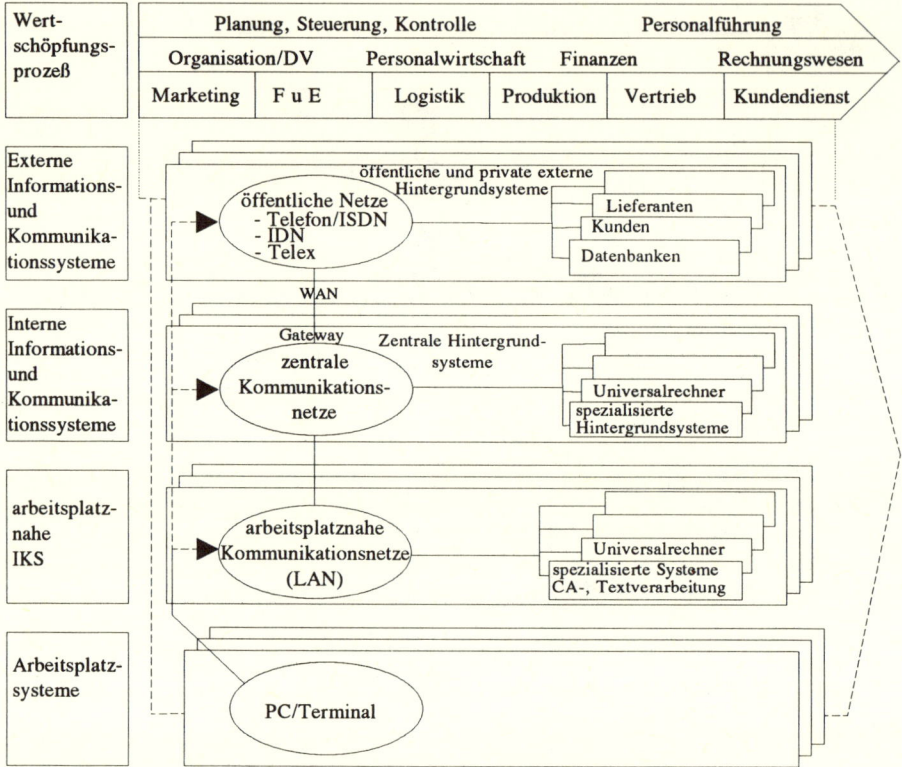

Abb. VII/10: Vernetzungsstruktur in der IS-Architektur

Außerdem sind erhebliche Investitionen in den Produktionsfaktor "Kommunikation" für die interne und externe Vernetzung erforderlich. Nur so lassen sich Fortschritte in Richtung auf die neuen Prioritäten Kundennähe, Prozeßbeschleunigung und Flexibilität erreichen. Dazu ist eine unternehmungsweite "Informationssystem-Architektur" zu planen und zu gestalten [vgl. ÖSTERLE/BRENNER/HILBERS 1991, S.70]. Somit kann der Grundstein für die

- Schaffung einer Integrationsbasis der Computer-Anwendungen,

- Erhöhung der Systemplanbarkeit,

- Erhöhung der Transparenz während der Systementwicklung,

- Erhöhung der Datenkonsistenz und -sicherheit in der Unternehmung,

- Ermöglichung einer effizienten Vorgangsbündelung in der Unternehmung sowie die

- verbesserte Wartungsmöglichkeit der Systeme

gelegt werden. Abb.VII/10 visualisiert eine Beispielskizze für die Vernetzung der IS-Architektur [nach PISSOT 1991, S.43].

Es kommt zukünftig nicht so sehr darauf an, einzelne Glieder der Wertschöpfungskette zu verbessern, sondern die Kettenglieder stärker zu verbinden und bisher getrennte Ketten erstmals zu verklammern (vgl. Abb. VII/11).

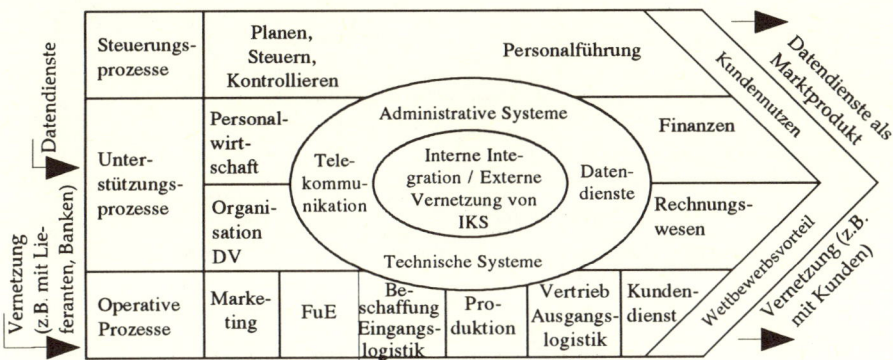

Abb. VII/11: Zukünftiger IKS-Ansatz

Die Aufbaustruktur des unternehmungsweiten IKS, das so schrittweise entsteht, läßt sich als Pyramide darstellen (vgl. Abb. VII/12, aufbauend auf SCHEER 1990, S.67). Die einzelnen Stufen dieser Pyramide lassen sich recht gut mit den Teilprozessen bzw. -funktionen des **SOS-Konzepts** in Zusammenhang bringen.

Die **operativen Prozesse** sind durch **mengenorientierte Informations- und Kommunikationssysteme** abgedeckt. **Wertorientierte Abrechnungssysteme** sowie **Berichts-** und **Kontrollsysteme** sind den **Unterstützungsprozessen** zuzuordnen. Abrechnungssysteme unterstützen "nach unten" die operativen Prozesse, Berichts- und Kontrollsysteme "nach oben" die Planungs-, Steuerungs- und Kontrollprozesse.

Planungs- und **Entscheidungssysteme** als die Spitze der Systempyramide bauen auf **Analyse-Informationssystemen** auf. Beide Systemebenen können vereinfacht den **Planungs-, Steuerungs-** und **Kontrollprozessen** zugeordnet werden.

Die hierarchische Anordnung des unternehmungsweiten IKS darf nicht zu der Assoziation verführen, daß auch Programme und Datenbanken hierarchisch aufgebaut sind. Vielmehr ist eine Entwicklung zu flexiblen, vernetzten Strukturen im Gang, die in der Lage sind, wechselnde Informationsbedarfe zu befriedigen.

Eine charakteristische Schwäche vieler IKS in der Praxis ist, daß sie die Benutzer- und Anwenderbedarfe und deren Weiterentwicklung nicht gut genug abdecken. Eine **nachfrage- und zugleich bedarfsgerechte Informationsversorgung** ist aber die wichtigste Anforderung an **IKS** schlechthin. Die hierarchische Struktur sollte vor diesem Hintergrund interpretiert werden. Sie ist dann als Hinweis darauf zu verstehen, daß alle Ebenen und Bereiche in der Unternehmung mit genau den Informationen zu versorgen sind, die sie benötigen. Dort, wo in der Aufbauorganisation die Probleme auftreten und gelöst werden, müssen auch die Informationsknoten liegen. Anders ausgedrückt: die **Organisationsanatomie**, repräsentiert durch die aufbauorganisatorische Struktur, und die **Organisationsphysiologie**, repräsentiert durch die Strukturen des IKS, müssen sich **decken.**

Die erläuterten Ziele und Prioritäten der Prozeßregelungen, z.B. der Zeitwettbewerb, sind dabei zu berücksichtigen. Dies heißt z.B., daß **Schnelligkeit** der Information **vor Genauigkeit** geht. Diese scheinbar simple Forderung bedeutet im Bereich des Rechnungswesens ein erhebliches Umdenken. Das gleiche gilt für das gesamte Prozeßdenken.

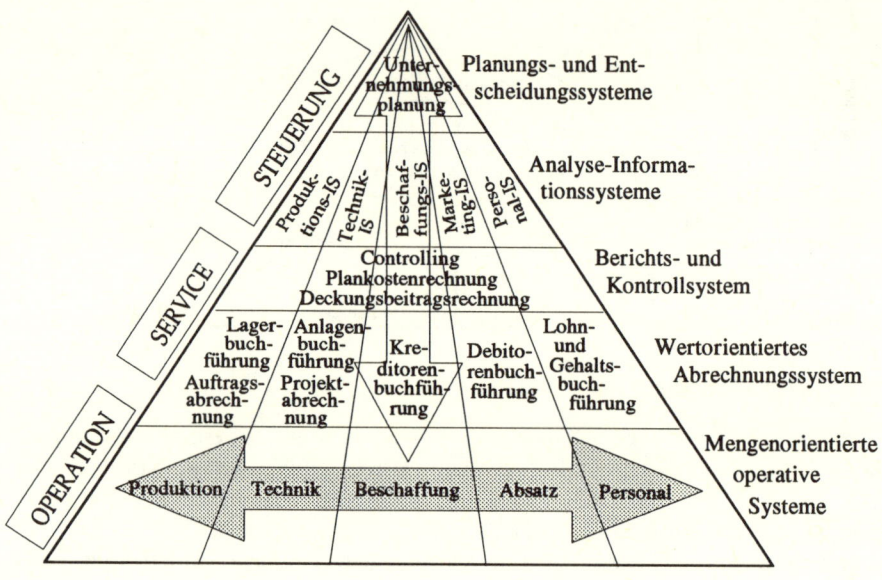

Abb. VII/12: Horizontal und vertikal integrierte Informationssysteme

3. Gestaltung von Informations- und Kommunikationssystemen

(1) Gestaltungssituation: Für die Gestaltungspraxis stellt sich die Frage nach dem grundsätzlichen Vorgehen der IKS-Gestaltung. Hierzu ist zunächst die Gestaltungssituation zu analysieren. Die moderne IKT erfordert dabei vom Organisator einerseits ein hohes Maß an technischer Sachkenntnis, andererseits eröffnet sie ihm ein weites Gestaltungsfeld. Er kann aus dem immer umfangreicheren und leistungsfähigeren, aber zugleich erschwinglicheren informationstechnologischen Angebot die im Einzelfall benötigten Komponenten individuell auswählen.

Zudem weisen die modernen IKT-Sachmittel zunehmend den Charakter von Universalgeräten auf. So ist z.B. von "multifunktionalen Endgeräten" die Rede [FRESE/V. WERDER 1992, Sp.377]. Mikrocomputer können bspw. sowohl zur Textverarbeitung wie zur Grafikerstellung genutzt werden, die Ergebnisse sind integrierbar. Diese Entwicklung ist auch Resultat von umfassenden Integrationstrends bisher getrennter

Technologien. Erinnert sei an die angedeutete Verwischung der Grenzen zwischen Computer- und Telekommunikationstechnologie, die gleichfalls zur Multifunktionalität und Multimedialität beiträgt. Da die Leistungsfähigkeit moderner Systeme stetig zunimmt, erweitert sich gleichsam das Spektrum der unterstützbaren Tätigkeiten. Ein modernes Bürokommunikationssystem sollte daher die in Abb. VII/13 aufgezeigten Leistungsmerkmale erbringen können [nach DIETERLE 1991, S.831].

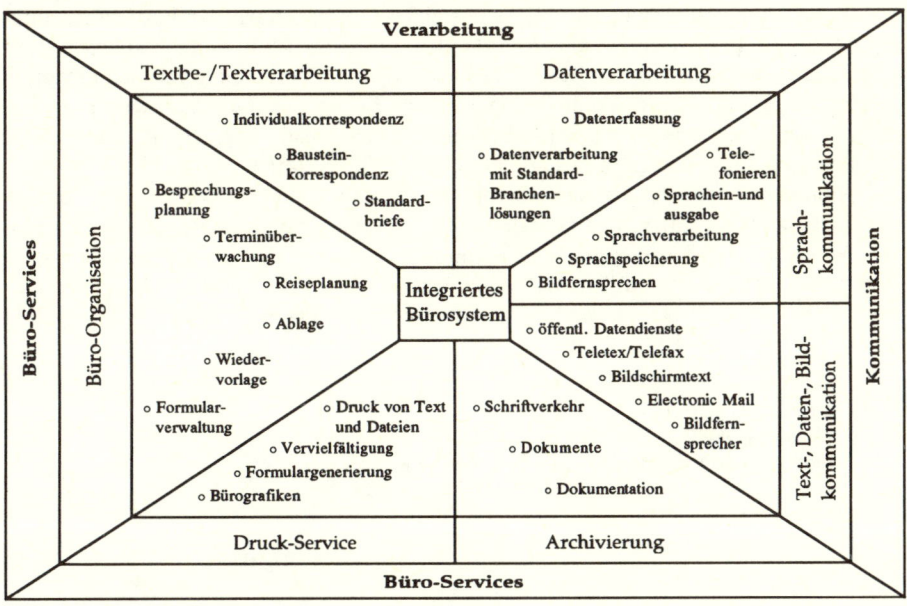

Abb. VII/13: Leistungsmerkmale eines Bürokommunikationssystems

Auch die dargestellte Tendenz zur Verschmelzung von Text-, Daten-, Sprach- und Bildverarbeitung/-übermittlung gilt unverändert. Von besonderer Bedeutung ist dieser Trend, wo die bisherige Anhäufung vieler monofunktionaler Endgeräte einen hohen Koordinierungsaufwand erforderte und wo Zeit die kritische Ressource darstellt. Im zentralen Wertpapierhandel der **Dresdner Bank** z.B. bestand die Hardwarearchitektur eines Händlerarbeitsplatzes bislang aus mit Sonderfunktionen und mehreren Hörern versehenen Telefon-Makleranlagen, diversen Informationssystemen (z.B. Reuters, Telerate) nebst zugehörigem Bildschirm und Tastatur, Inhouse-System-Bildschirm und -Tastatur sowie Tischrechner. Zentral postiert waren Telex-, Telefaxgeräte, Rohrpost- und Aktentransportanlagen, Rundspruchsysteme und Personensuchanlage. Im Zuge der Reorganisation zu einem multifunktionalen Börsenhandelssystem (BHS) wurde die Bedienung aller Systeme durch eine Tastatur und auf einem Bildschirmgerätetyp möglich. Dies bedeutet konkret: die Aufhebung bisheriger Grenzen zwischen Sachgebieten des Inhouse-Systems sowie zwischen Inhouse- und externen Anwendungen, die Ansteuerung von Mailing-Systemen und zentralen Kommunikationsdiensten, aber auch der Telefonanlage aus DV-Anwendungen heraus [vgl. PALLMER 1989].

Das Beispiel zeigt, daß dem Organisator über die **Auswahl** multifunktionaler Sachmittel hinaus durch Entscheidungen über **Kombination** und **Anwendung** weitergehende Integrations- und Gestaltungsoptionen offenstehen. So sind grundsätzlich Fragen nach vorwiegend zentralem oder dezentralem Technikeinsatz, nach arbeitsplatzorientierter Aufstellung oder zentraler Positionierung usw. zu klären. Kurzum: Da die immer umfangreichere IKT dem Nutzer die Art des Einsatzes hinsichtlich Kombination und Anwendung nicht mehr vorschreibt, verbleibt bei diesem ein erheblicher Gestaltungsspielraum, die IKT weist einen **Optionscharakter** hinsichtlich ihres Einsatzes auf [vgl. REICHWALD/STAUFFERT 1987, Sp.124]. Gerade diese Gestaltungsspielräume betrieblicher IKS sind es aber, die - in Verbindung mit den einhergehenden organisatorischen Veränderungen - den Erfolg des Technikeinsatzes ausmachen. Auch empirische Untersuchungen zeigen, daß der IKT-Einsatz nicht "automatisch" zum Erfolg führt [vgl. PFEIFFER 1990, S.74ff.].

Nimmt man den Ist-Zustand der bestehenden IKS zum Ausgangspunkt, so läßt sich insgesamt feststellen, daß Gestaltungschancen und -möglichkeiten in verschiedenster Weise ausgelassen werden, das Technologiepotential also unausgeschöpft bleibt. Die gegenwärtige, zukünftig u.U. weiter wachsende Lücke zwischen Möglichkeiten der IKT und ihrer anwendungsorientierten Umsetzung zeigt Abb. VII/14 [KRÜGER/PFEIFFER 1991, S.36].

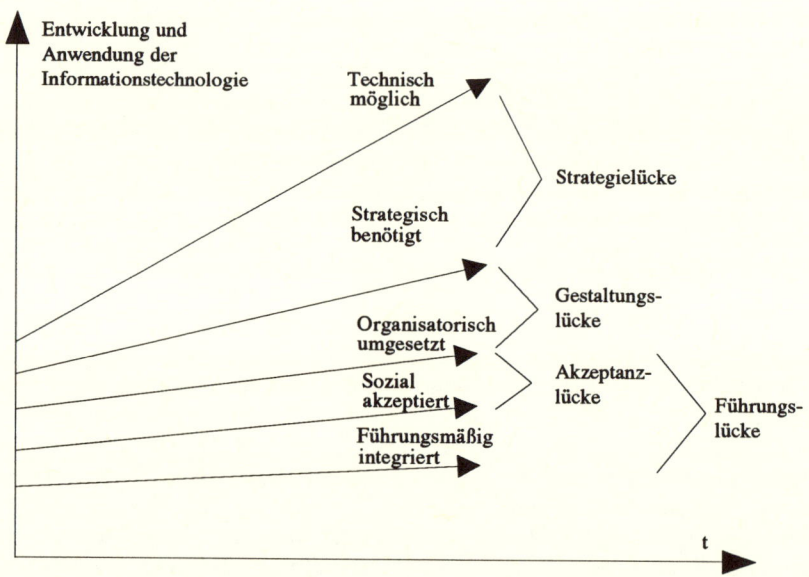

Abb: VII/14: Gap-Darstellung: IKT-Potential und -umsetzung

Der Vergleich des technisch möglichen IKT-Einsatzes mit dem aus strategischer Sicht sinnvollen führt zur **Strategielücke**. Empirische Untersuchungen lassen vermuten, daß sie besonders stark ausgeprägt ist. Eine solche Lücke ist auf den ersten Blick durchaus positiv zu werten, wird sich doch auf den strategisch notwendigen IKT-Einsatz beschränkt und ein "über-das-Ziel-hinausschießen" durch planlosen massiven

Technikeinsatz vermieden. Bei näherer Betrachtung ist jedoch regelmäßig eine mehr oder minder stark ausgeprägte Konzeptschwäche hinsichtlich der strategischen IKT-Einsatzplanung zu verzeichnen. Die Versäumnisse hinsichtlich der schlüssigen Strategieformulierung lassen es demzufolge angeraten erscheinen, das Ausmaß der gegenwärtig strategisch benötigten IKT-Anwendung nicht zum "Maß der Dinge" zu erheben und sich statt dessen in Richtung des technisch Möglichen zu orientieren.

Die **Gestaltungslücke** weist auf Mängel der organisatorischen Umsetzung und Flankierung des IKT-Einsatzes hin und zwar sowohl auf Konzeptmängel als auch auf Mängel in der Bestimmung und Verteilung der Aufgaben zur Entwicklung derartiger Konzepte. Diese Mängel können zum einen im gänzlichen Fehlen eines umfassenden organisatorischen Gestaltungskonzeptes bestehen, zum anderen aber auch durch machtpolitisch motiviertes oder kostenbedingtes (zusätzliche organisatorische Änderungen verursachen Gestaltungsprobleme und -kosten) Festhalten am organisatorischen Status quo erklärbar sein [vgl. KIESER 1990, S.172]. Die Existenz einer Gestaltungslücke sollte allerdings keinesfalls zu der Forderung verleiten, die organisatorische Umgebung vollständig an die eingesetzte IKT anzupassen, um das Technologiepotential voll zu nutzen. Eine vollständige Anpassung ist im allgemeinen weder möglich noch wünschenswert, da im Falle des Überschreitens der Anpassungsgrenzen der Umgebung der organisatorische Schaden größer wird als der zusätzliche Nutzen. Die Gestaltungslücke beschreibt also vielmehr nicht wahrgenommene Chancen, die sich unter Berücksichtigung der organisatorischen Situation ergeben.

Die **Lücke der sozialen Akzeptanz** deutet auf mangelnde Nutzung bestehender Systeme hin, die sich dadurch als "IK-Fassade" erweisen. Die hierfür verantwortlichen Akzeptanzbarrieren werden heutzutage jedoch zumeist durch umfassende Schulungs- und Betreuungsaktivitäten angegangen, so daß die Akzeptanzlücke insgesamt eine vergleichsweise untergeordnete Bedeutung hat.

Die **Führungslücke** beruht im wesentlichen auf der nicht in ausreichendem Maße geschaffenen "geistigen Infrastruktur". Führungskräfte sind zum einen für die Etablierung einer möglichst offenen, kooperationsorientierten und Informationsegoismen abbauenden "Kommunikationskultur" verantwortlich. Mängel in diesem Bereich verhindern den nutzbringenden Technikeinsatz. Zum anderen haben sie durch ihr Verhalten einen bedeutenden Einfluß auf die Technikakzeptanz der Mitarbeiter. Insoweit umschließt die Führungslücke die Akzeptanzlücke.

(2) Grundsätzliche Determinanten des IKT-Einsatzes: Aufgabe des Informationsmanagements muß es sein, die Schließung der beschriebenen Lücken voranzutreiben. Die dabei letztlich zu vollziehende Orientierung am Technologiepotential läßt sich als **"technology push"**-Perspektive bezeichnen. Eine solche Sichtweise darf jedoch nicht darüber hinwegtäuschen, daß IKT letztlich nur Mittelcharakter in bezug auf informatorische Ziele bzw. organisatorische Anforderungen hat. Allenfalls liefern technologische Neuerungen Impulse für das, was man organisatorisch (und strategisch) "wollen kann". Die in diesem grundsätzlichen Primat zum Ausdruck kommende anforderungsorientierte Perspektive kann als **"demand pull"** bezeichnet werden. Während früher die Frage dominierte: "Wie können wir die neue Technologie wirkungsvoll einsetzen?", sollte heute eher gefragt werden: "Welche Ziele haben wir, welche Technik läßt sich hierfür wie nutzen?". Es ergibt sich eine Kausalkette, an deren Beginn die Ziele und Strategien der Unternehmung und an deren Ende erst die einzusetzende Informationstechnologie steht (vgl. Abb. VII/15, nach PICOT/ FRANCK 1992, Sp.892).

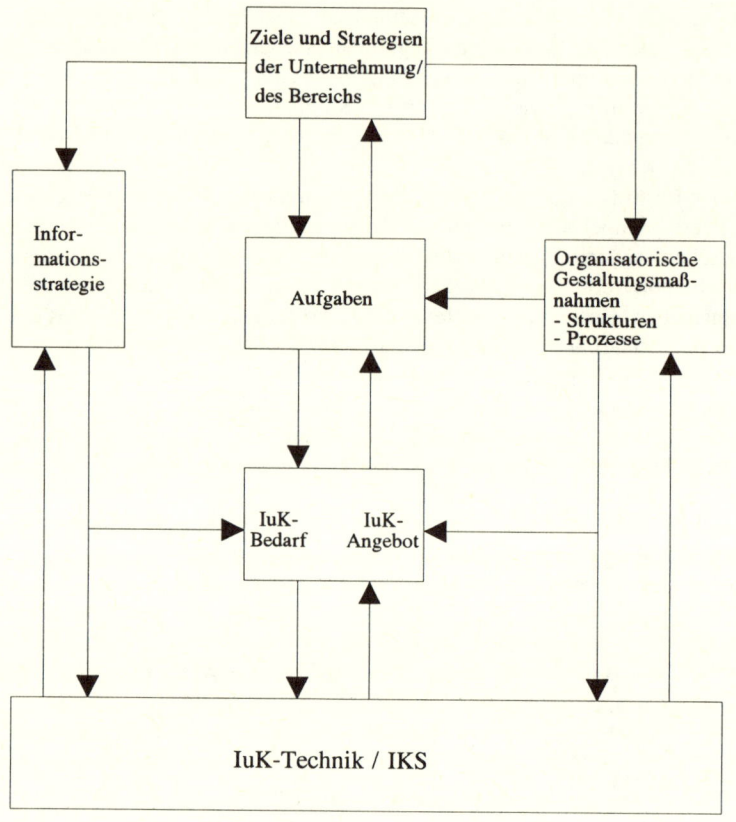

Abb. VII/15: Strategie vor Organisation vor Technik

Die grundsätzliche Vorgehensweise der Ableitung von Informations- (und Kommunikations-)bedarfen aus Aufgaben, die sich ihrerseits aus den Zielen und Strategien der Unternehmung bzw. des Bereichs ergeben, wurde bereits einleitend angesprochen. Angesichts des immer umfangreicheren und unübersichtlicheren Informationsangebots wird es zukünftig verstärkt notwendig, jeweils gezielte Informationsbedarfsanalysen vorzunehmen. Auch sind dem Informationsnachfrager effiziente Selektionsmechanismen zur Verfügung zu stellen (z.B. Dokumentations- und Retrievalsysteme). Dabei haben die jeweiligen Einsatzbedingungen einen starken Einfluß auf die Leistungsmerkmale eines einzelnen Sachmittels. Wollte man bspw. die Leistungsfähigkeit eines Personal Computer ermitteln, so muß die jeweils verfügbare Software sowie die Art der Integration in evtl. vorhandene Strukturen (Stand-alone vs. Vernetzung) mit in Betracht gezogen werden. Unabhängig vom anwendungsbezogenen Zusammenhang können vor allem technisch orientierte Kriterien wie Speicherkapazität, Verarbeitungsgeschwindigkeit oder Mehrplatzfähigkeit, aber auch Preis herangezogen werden, die, zu **Anwendungsprofilen** zusammengefaßt, eine gezielte Auswahl ermöglichen. Abb. VII/16 stellt den Vergleich von Kommunikationskanälen (sowie der face-to-face-Kommunikation) grafisch dar [nach PICOT 1982, S.14 und REICH-WALD/STAUFFERT 1987, Sp.117f.].

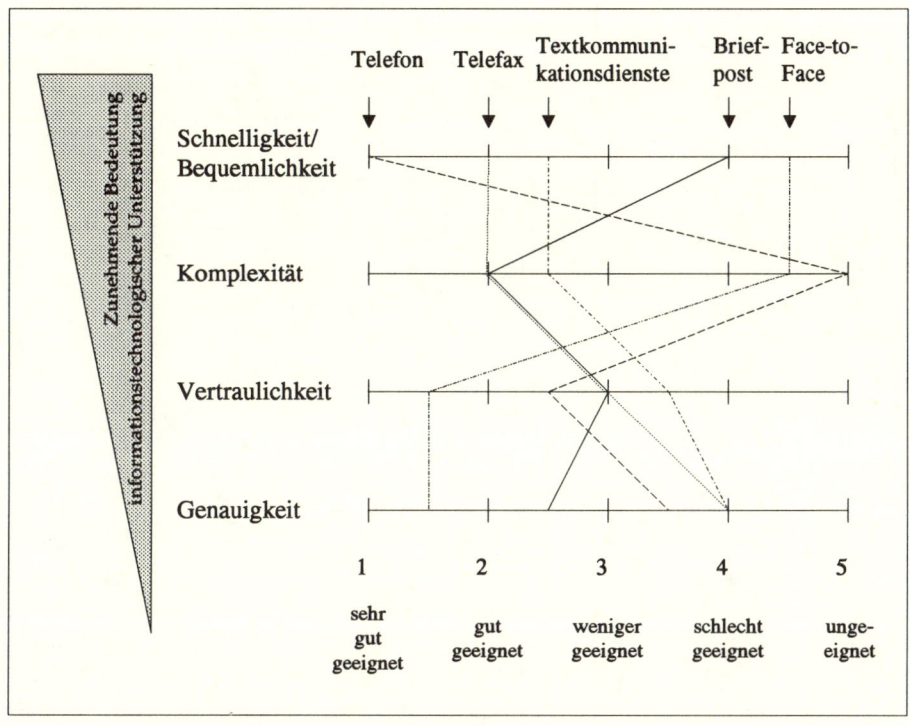

Abb. VII/16: Anwendungsprofile von Kommunikationssachmitteln

Dieser Gestaltungsablauf entspricht dem zielorientierten Vorgehen nach dem Auf-gabenanalyse- und -syntheseschema (informationelle und instrumentelle Zuordnung). Darüberhinaus empfiehlt es sich, parallel zur Technikbedarfsplanung des Einzelfalls eine gesamthafte **Informationsstrategie** aus der Unternehmungsstrategie abzuleiten und diese auf Informations- und Kommunikationsbedarfe herunterzubrechen und in IKT umzusetzen.

Zu berücksichtigen sind auch die IKS-Gestaltung steuernde und begleitende **or-ganisatorische Gestaltungsmaßnahmen**, welche sowohl Strukturen als auch Prozesse betreffen, u.U. zusätzliche Aufgaben hervorbringen und bestehende Informations- und Kommunikationsbedarfe umschichten. Insbesondere die adäquate Flankierung durch organisatorische Gestaltungsmaßnahmen bestimmt entscheidend den Erfolg der tech-nikgestützten Informationsversorgung.

Aufgabentyp	Typ 1: Einzelfallaufgaben	Typ 2: Sachbezogener Fall		Typ 3: Routineaufgaben
		Typ 2a: Projektaufgaben	Typ 2b: Regelaufgaben	

Aufgabenmerkmale	**Aufgaben-komplexität**	Hoch			Niedrig
	Aufgaben-dynamik	Hoch			Niedrig
	Aufgabende-terminiertheit	Niedrig			Hoch
	Aufgaben-tragweite	Hoch			Niedrig
	Aufgaben-emotionalität	Hoch			Niedrig

I u K - Merkmale	**Informationsbedarf** - Zugang - Informationsart - Informationsinhalt - Informationsstruktur	**Hoch** schwierig qualitativ unbekannt unstrukturiert			**Niedrig** einfach quantitativ bekannt strukturiert
	Informations-verarbeitung - Problemlösung - Lösungsweg - Tätigkeitscharakter	**Komplex** gemeinsam unbestimmt kreativ			**Einfach** umsetzen bestimmt schematisch
	Kommunikations-bedarf - Kommunikationspartner - Kommunikationskanal - Kommunikationskomplexität	**Hoch** wechselnd/viele wechselnd hoch			**Niedrig** konstant/wenige gleichbleibend niedrig

dominante IuK - Technik	**Informations-technik**	- persönliche Informations-verarbeitung - Personal Computer	- Dokumentation wichtig - teilw. Toolunter-stützung - Expertensysteme	- multifunktionale Endgeräte - Standardsoft-ware	- Automation - Zentralrechner
	Kommunikations-technik	- face to face - Kommunikation - Zugriff auf Kommunikations-dienste	- face to face - Kommunikation - teilw. lokale Netze - Zugriff auf Daten-banken	- Vernetzung - Direktzugriff	- Terminals - Verknüpfung von Insellösungen

Abb. VII/17: Aufgabentyp, IuK-Merkmale, IKT

(3) Informations- und Kommunikationsbedarfe: Die sachlich notwendige Information und Kommunikation bildet - wie beschrieben - eine Schlüsselgröße für die Gestaltung von IKS. Die verschiedenen Informations- und Kommunikationsbedarfe sind dabei keinesfalls eine eindimensionale Größe. Vielmehr ist zu untersuchen, wer welche Informationen in welchem Umfang wie detailliert und wie gesichert, wie oft, wie aktuell und wie schnell an welchem Ort - ggf. vertraulich - benötigt [vgl. BERTHEL 1992, Sp.873]. Probleme der ex ante-Bestimmung von Informationsbedarfen ergeben sich insbesondere bei dynamischen und wenig strukturierten Aufgaben [vgl. PICOT/FRANCK 1992, Sp.893]. Ganz generell ist eine starke Abhängigkeit des Informationsbedarfes von der Art der zu erfüllenden Aufgaben hinsichtlich der Informations- und Kommunikationsmerkmale zu diagnostizieren. Zur näheren Auffächerung der Probleme läßt sich auf 4 Typen der Büroarbeit zurückgreifen (vgl. Abb VII/17, weiterentwickelt nach REICHWALD/NIPPA 1988, S.19).

Einzelaufgaben: Komplexe, nichtstandardisierte und sich häufig ändernde Aufgaben von hoher Tragweite. Hierzu gehören insbesondere die Führungsaufgaben der Planung, Steuerung und Kontrolle sowie die Kommunikation mit Mitarbeitern und Externen (z.B. Kunden und Lieferanten).

Projektaufgaben: Gering strukturierte Aufgabenkomplexe mit einer nur begrenzten Planbarkeit der Aufgabenerfüllung bilden den nächsten Typ. Diese Merkmale sind bei Sonderaufgaben häufig anzutreffen, wie sie für Projektarbeit charakteristisch sind.

Regelaufgaben: Sachbearbeitungsaufgaben und Aufgaben von Fachkräften mit "halbstandardisiertem" Charakter sind hier einzuordnen. Sie spielen sich innerhalb von Rahmenregelungen ab und enthalten auch Sonderfälle. Die Bemühungen um Entbürokratisierung führen dazu, daß Routinetätigkeiten in dieser Richtung verändert werden.

Routineaufgaben: Stark standardisierte Tätigkeiten des "Tagesgeschäfts" im Bereich der Sachbearbeitung und der Unterstützungskräfte.

Die sich aus den einzelnen Aufgabenkategorien ergebenden und den Informationsbedarf umschreibenden IuK-Merkmale zeigen Unterstützungsmöglichkeiten durch IKT auf. Diesen Gedankengang und seine Ergebnisse veranschaulicht Abb. VII/17.

(4) Informationsstrategien: Unter Informationsstrategie ist die Gesamtheit der Ziele und Maßnahmen zur Entwicklung, Erhaltung und Nutzung von Informationen als Erfolgspotentialen zu verstehen [vgl. KRÜGER/PFEIFFER 1990, S.516]. Die Informationsstrategie prägt im Zuge ihrer Umsetzung gesamthaft die zu deckenden Informations- und Kommunikationsbedarfe sowie die hierfür benötigte IKT, welche die Strategie letztlich realisiert. Je nach Wettbewerbsstrategie der Unternehmung wird die Informationsstrategie eher auf Kostensenkungs- oder Leistungssteigerungsmöglichkeiten abzielen, aber auch generelle Ziele wie Prozeßbeschleunigung, Flexibilitätssteigerung und Reagibilitätserhöhung berücksichtigen. Die daraus resultierenden Maßnahmen sind dann an den einzelnen Produkt- und Verfahrensinformationsgehalten (Informationsgehalt der Produkte bzw. Informationsdurchdringung der Wertschöpfungskette) sowie an den Branchenattraktivitäts- und Geschäftsfeldstärkenmerkmalen zu orientieren [vgl. im einzelnen KRÜGER/PFEIFFER 1990, S.505ff.]. Eine Differenzierungs-Strategie kann für ein Geschäftsfeld z.B. eine **intensive Entwicklungsstrategie** des IKS erfordern, um informationsbezogene Wettbewerbsvorteile der Leistungsverbesserung und Kundennutzenerhöhung zu erzielen. Dies kann produktorientiert geschehen, indem man Produkte intelligenter macht (z.B. Elektronik in Hifi-Geräten, Kameras, Autos). Es kann aber auch den Prozeß der Wertschöpfung betreffen, z.B. eine speziellere Werbeansprache verschiedener Kundengruppen, um deren unterschiedliche Bedürfnissituation zu treffen. In jedem Fall muß aber gewährleistet sein, daß die informationsstrategische Gestaltung des IKS mit den sich aus den Informationsbedarfen des Einzelfalls ergebenden IKS-Komponenten abgestimmt wird.

(5) Organisatorische Gestaltungsmaßnahmen: Organisatorischen Gestaltungsmaßnahmen liegt die Erkenntnis zugrunde, daß IKT-Veränderungen mit Veränderungen des organisatorischen Umfeldes einhergehen müssen. So wird die Auftragsbearbeitung z.B. nicht allein dadurch beschleunigt, daß man Sachbearbeiter mit Personal Computern zur Unterstützung von Routinetätigkeiten ausstattet, sondern erst dadurch, daß man zugleich den Prozeß der Sachbearbeitung unter Beachtung der Schnittstellen neu regelt und ggf. auch den (horizontalen und vertikalen) Handlungsspielraum des Sachbearbeiters erhöht. Derartige organisatorische Änderungen sind allerdings nicht als neue Zwänge der Technik zu verstehen, vielmehr ermöglicht die flexibel einsetzbare moderne IKT gerade, bestehende Restriktionen - z.B. die Organisation "ad instrumentum" um ein Rechenzentrum herum - zu lockern und neue Freiheitsgrade den Unternehmungszielen gemäß auszuschöpfen. Der dadurch erweiterte Gestaltungsspielraum sollte zum Überdenken bestehender Strukturen und ggf. zu Reorganisationen Anlaß geben. Durch die Verquickung von IKT-Neuerungen mit strukturellen Veränderungen erhalten die erforderlichen Entscheidungen allerdings eine besondere Brisanz, greifen sie doch in bestehende Kompetenz- und Machtgefüge ein [vgl. WELTZ et al. 1991, S.34ff.; WITTMANN 1991].

Die einzelnen aufbau- und ablauforganisatorischen Konsequenzen werden im vierten Abschnitt ausführlich besprochen, so daß im folgenden lediglich zusammenfassend auf den Umfang der Reorganisation infolge des Technikeinsatzes eingegangen wird: Während bei einem **punktuellen Technikeinsatz** die horizontale und vertikale Arbeitsteilung praktisch unverändert bleibt und somit die Gefahr von Insellösungen und einer "Elektrifizierung des Ist-Zustandes" gegeben ist, werden im **Reorganisationsfall** bestehende Strukturen und Abläufe verändert und mit dem sich anschließenden Technikeinsatz harmonisiert. Dies kann sich auf ausgewählte Unternehmungsbereiche oder aber im Extremfall auf die gesamte Unternehmung erstrecken.

Schließlich umfassen organisatorische Gestaltungsmaßnahmen auch die Regelung von IK-Rechten/-Pflichten (z.B. Zugriffsrechte und Meldepflichten), von Kommunikationsprofilen, die Ableitung von Mitarbeiterqualifikationsprofilen, aber auch alle Aspekte, die sich mit "Organisation der (IK-)Organisation" beschreiben lassen, etwa Einrichtung von Stellen im Bereich Informationsmanagement oder Festlegung von Einführungsstrategien [vgl. KRÜGER/PFEIFFER 1990; WELTZ et al. 1991].

4. Wirkungstrends des Informations- und Kommunikationstechnik-Einsatzes

Abschließend stellt sich die Frage nach den organisatorischen und wettbewerblichen Auswirkungen des IKT-Einsatzes. Bei ihrer Beantwortung kann es sich aufgrund der dargestellten Gestaltungsspielräume der Technologien und wegen des Einflusses situativer Rahmenbedingungen, in denen sich die Anwenderunternehmung befindet (z.B. Größe, Leistungsprogramm, strategische Ausrichtung), nur um mögliche **Gestaltungsoptionen** und pauschale **Trends** handeln [vgl. auch KUBICEK 1992, Sp.949ff.].

(1) Aufbauorganisatorische Wirkungen: Zunächst läßt sich die seit jeher kontrovers diskutierte Frage nach der Auswirkung des IKT-Einsatzes auf den (Entscheidungs-) **Zentralisationsgrad** der Unternehmungshierarchie diskutieren. Mehr denn je gilt heute, daß es keine der IKT innewohnende Tendenz gibt: Es sind sowohl auf Zentralisation als auch auf Dezentralisation hinauslaufende Gestaltungskonzepte denkbar, die IKT verhält sich **organisationsneutral**. **Zentralisationskonzepte** zielen auf die Unterlassung weiterer oder gar auf die Rücknahme bisheriger Delegations- und Partizipationschritte. Dabei soll die verbesserte Informationsbasis übergeordneter Organisationseinheiten sowohl deren Führungskapazität erhöhen und somit Freiraum für die Fundierung zusätzlicher zentraler Entscheidungen schaffen als auch eine zu große Marktferne verhindern (Vermeidung des "Lagezimmersyndroms" durch Berichtssysteme). **Dezentralisationskonzepte**, die in der Praxis derzeit überwiegen, sehen hingegen eine erhöhte Entscheidungskompetenz unterer Hierarchieebenen vor (nach außen durch Ausweitung der Vertretungsbefugnisse - z.B. Prokura - dokumentiert), was durch die Bereitstellung der erforderlichen Informationsbasis direkt vor Ort ermöglicht wird. Die so gewonnene Flexibilität muß keineswegs mit einem Verlust an Kontrollier- und Führbarkeit erkauft werden, da die Zentrale sich jederzeit einen Überblick über alle dezentralen Ereignisse verschaffen und durch entsprechende Vorgaben von oben die notwendigen Steuerungsimpulse in das System eingeben, somit den "informationellen Durchgriff" [FRESE/v. WERDER 1992, Sp.388] praktizieren kann. Ferner vermindert sich das Delegationsrisiko, da die dezentral getroffenen Entscheidungen durch die im Rahmen der IKT-Unterstützung zur Verfügung gestellten Informationen und methodischen Hilfen von zentraler Seite in starkem Maße vorstrukturiert werden können [vgl. FRESE/v. WERDER 1992, Sp.374ff.; KRÜGER 1991, S.290].

Die geschilderten Entlastungseffekte auf Vorgesetztenebene können anstatt zur Entscheidungszentralisation auch und möglicherweise besser zur Ausweitung der Leitungsspanne genutzt werden. Bei gleichbleibender Stellenzahl führt dies dann zu **flacheren Hierarchien**.

Mit den Hierarchiekonsequenzen im Zusammenhang stehen Konsequenzen für das **Macht- und Autoritätsgefüge**, die kaum zu unterschätzen sind. Flachere Hierarchien und gestreutere Informationen bedeuten einen Abbau von Machtdifferenzen. Dies betrifft die institutionell gebundene **Sanktionsmacht**, vor allem aber die positionell und personell gebundene **Informationsmacht** ("Wissen ist Macht"). Ausgehend von wettbewerbsstrategischen Erfordernissen wandelt sich die **Art der Aufgabenspezialisierung** von der traditionellen Form der Verrichtungsorientierung in Richtung auf die Objektorientierung oder zumindest die Ergänzung durch zusätzliche Objektorientierung. Im letzteren Fall ergeben sich dann überlagernde oder gar komplett mehrdimensionale Strukturen. Die IKT-Unterstützung ermöglicht es, die erforderliche Transparenz und Koordination sicherzustellen, indem die hohe immanente Konfliktneigung durch gleichen Informationsstand und -zugriff, durch schnellere Kommunikation und durch die Möglichkeit der Generierung gemeinsamer Steuerungsinformationen zurückgenommen wird.

Auswirkungen ergeben sich auch in bezug auf die aufbauorganisatorische Integration des Informationsmanagements [zu den verschiedenen Alternativen vgl. z.B. PFEIFFER 1990, S.207ff.]. Änderungen werden notwendig, da einerseits Computertechnologie und Telekommunikationstechnologie immer stärker verschmelzen und entsprechender Technikeinsatz eigentlich ein Rahmenkonzept erfordert, andererseits aber verschiedene Stellen in der Organisation (z.B. Datenverarbeitung und Nachrichtentechnik) für diese Gebiete zuständig sind [vgl. KUBICEK 1992, Sp.946].

(2) Ablauforganisatorische Wirkungen: Im Hinblick auf den **Grad der Aufgaben-teilung** bietet die IKT eine besondere Handhabe, die ohnehin vorhandenen Tendenzen zur Entspezialisierung und Erweiterung der Handlungsspielräume (vgl. S.134ff.) wirkungsvoll zu unterstützen, indem Routinevorgänge sehr stark automatisiert und die freiwerdenden Kapazitäten zur Reintegration anderer Tätigkeiten genutzt werden. Hierbei kann zwischen Aufwärts-, Abwärts- und horizontaler Integration unterschieden werden (vgl. Abb. VII/18, aus KRÜGER 1991, S.291f.).

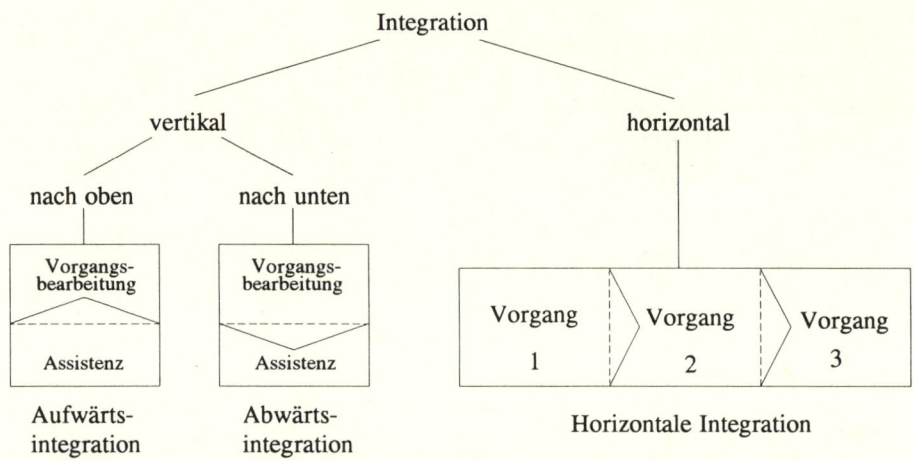

Abb. VII/18: Integrationsformen

   Die entstehenden Aufgabenkomplexe können dann durchaus umfassender und heterogener als im Ausgangsfall sein, da "die neuen Technologien die 'Rüstkosten' des wechselnden Zugriffs auf Informationen und Know-how abbauen und modell-gestütztes Problemlösungswissen zur Verfügung stellen" [FRESE/V. WERDER 1992, Sp.386f.]. Man denke insbesondere an die Integration kundennaher Problemlösungs-aufgaben im Rahmen der "integrierten Kundenberatung" bei Banken oder der "Rundumsachbearbeitung" bei Versicherungen.

   In bezug auf den **Grad der Standardisierung** ist sowohl eine verstärkte Indivi-dualisierung der so entstandenen Aufgabenpakete als auch eine stärkere Normierung und Determinierung (zur Minderung des Delegationsrisikos) denkbar. In der Summe ergeben sich die in Abb. VII/19 [KRÜGER 1991, S.294; nach REICHWALD 1987] dar-gestellten Gestaltungsoptionen, die in Abhängigkeit von den verfolgten Gestaltungs-zielen (Kosten- vs. Leistungsorientierung) auszuwählen sind.

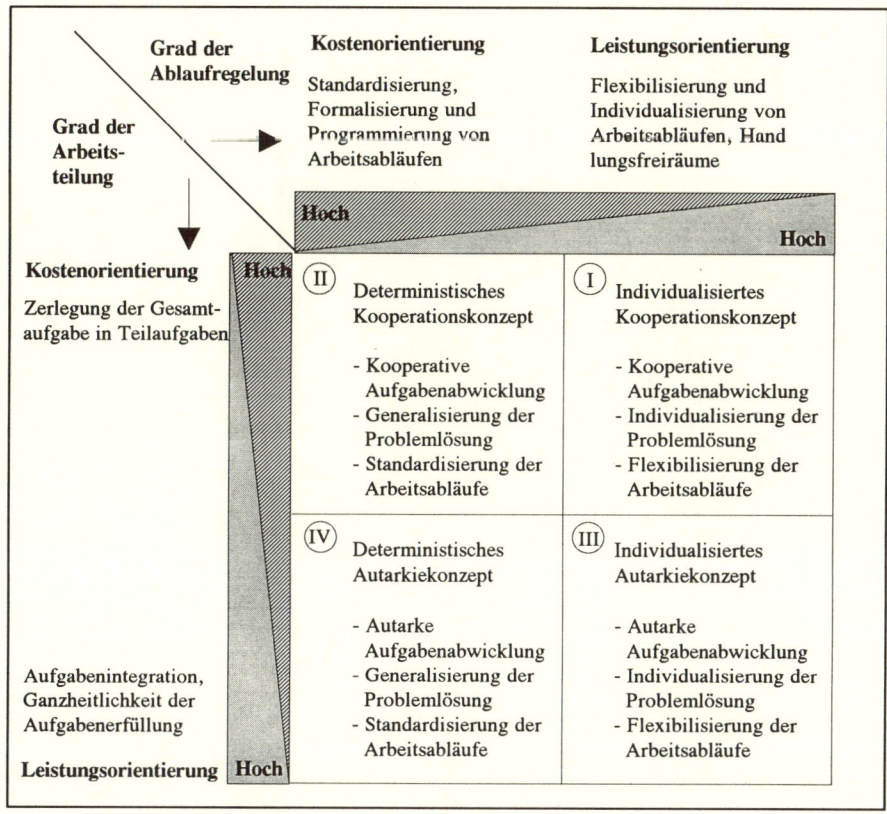

Grad der Ablaufregelung →	Kostenorientierung Standardisierung, Formalisierung und Programmierung von Arbeitsabläufen	Leistungsorientierung Flexibilisierung und Individualisierung von Arbeitsabläufen, Handlungsfreiräume

Grad der Arbeitsteilung ↓

Kostenorientierung

Zerlegung der Gesamtaufgabe in Teilaufgaben

Aufgabenintegration, Ganzheitlichkeit der Aufgabenerfüllung

Leistungsorientierung

Hoch / Hoch

(II) Deterministisches Kooperationskonzept

- Kooperative Aufgabenabwicklung
- Generalisierung der Problemlösung
- Standardisierung der Arbeitsabläufe

(I) Individualisiertes Kooperationskonzept

- Kooperative Aufgabenabwicklung
- Individualisierung der Problemlösung
- Flexibilisierung der Arbeitsabläufe

(IV) Deterministisches Autarkiekonzept

- Autarke Aufgabenabwicklung
- Generalisierung der Problemlösung
- Standardisierung der Arbeitsabläufe

(III) Individualisiertes Autarkiekonzept

- Autarke Aufgabenabwicklung
- Individualisierung der Problemlösung
- Flexibilisierung der Arbeitsabläufe

Abb. VII/19: Arbeitsteilungs- und standardisierungsbezogene Gestaltungsoptionen

(3) Wirkungen auf Aufgabeninhalte und Anforderungsprofile: Durch die Automatisierung von Routinevorgängen werden zunächst menschliche Informationsverarbeitungsvorgänge durch maschinelle substituiert. Als Folge können die beschriebenen Effekte der Aufgabenintegration und Entstandardisierung eintreten, aber auch Personalabbau und monotonisierte (Rest-)Bedienungstätigkeiten ganz im Stile eines neuen "Taylorismus". Durch die Möglichkeiten der IKT eröffnet sich aber auch die Chance, manche Aufgaben effizienter oder sogar erstmalig wahrzunehmen (z.B. Vertrieb über Btx, Informationsrecherchen über externe Datenbanken oder Teilebestellung durch Datenfernübertragung). Zu den neu zu schaffenden Aufgabenbereichen sind auch die mit dem Management der geschaffenen IKS verbundenen Aufgaben zu rechnen.

Die beschriebenen Veränderungen im Aufgabenbild lassen sich für die verschiedenen Aufgabentypen differenzieren und konkretisieren. Abb. VII/20 zeigt eine solche Differenzierung für Führungs-, Fach-, Unterstützungskräfte und Sachbearbeiter [vgl. KRÜGER 1991, S.295ff.]. Durch die Integrationstendenzen bedingt, nähern sich zukünftig (u.U.) Fach- und Führungskräfte auf der einen Seite, Sachbearbeitungs- und Unterstützungskräfte auf der anderen Seite in ihrem Aufgabenbild einander an.

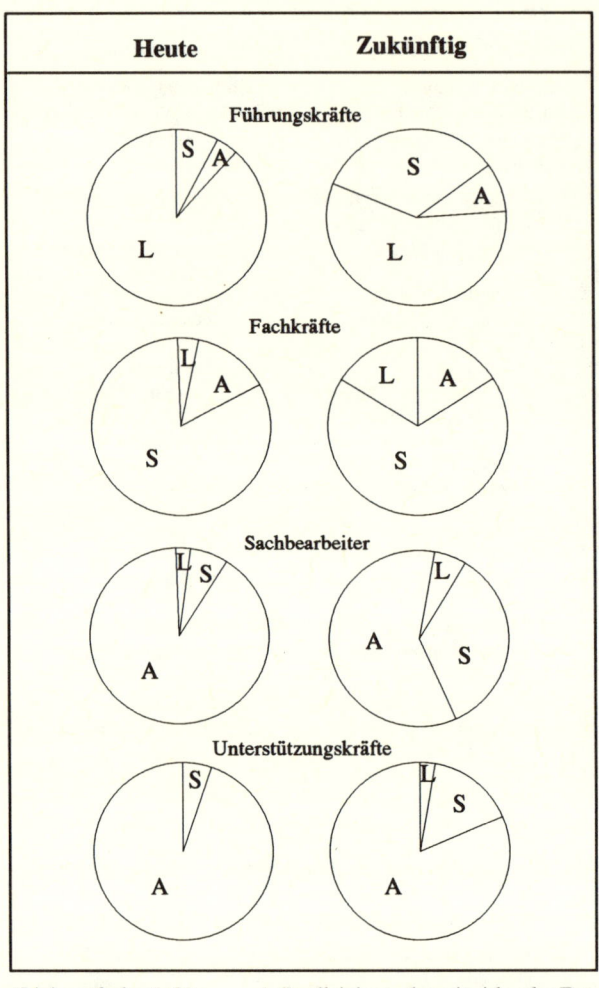

Heute	Zukünftig

Führungskräfte

Fachkräfte

Sachbearbeiter

Unterstützungskräfte

"Linienaufgaben" (L)   (z.B. alleiniges oder mitwirkendes Entscheiden, Kontrollieren, Durchsetzen, Koordinieren, Motivieren)

"Stabsaufgaben" (S)   (z.B. Planen, Beraten, Auswerten, Verdichten)

"Ausführungsaufgaben" (A) (z.B. Manuskripterstellung, Sachbearbeitung)

Abb. VII/20: Wandel im Aufgabenbild

Hieraus resultieren nun aber für alle Aufgabentypen ähnliche, wenn auch unterschiedlich stark ausgeprägte Qualifikations- und damit Schulungserfordernisse. Zu denken ist hier zunächst an eine durchgängig erforderliche DV-Basis-Qualifikation. Darüber hinaus bedarf es aber auch zusätzlicher Qualifikationsmaßnahmen, um das erweiterte Aufgabenspektrum, etwa im Rahmen der geschilderten "Rundumsachbearbeitung", bewältigen zu können. Im Gegenzug sind in bezug auf Stellen, die sich auf die automatisierten Routinetätigkeiten beschränken, auch Dequalifikationseffekte zu beobachten.

(4) Wirkungen auf die Wettbewerbssituation: IKT verursacht auch Veränderungen der Wettbewerbsposition der Anwenderunternehmung und des Wettbewerbsumfeldes [vgl. hierzu und zum folgenden PORTER/MILLAR 1985, S.149ff.]. Im einzelnen ergeben sich Einflüsse auf die **Branchenstruktur**, die Möglichkeiten zur Erzielung von **Wettbewerbsvorteilen** sowie auf die Existenz der **Märkte** an sich, was in Abb. VII/21 [PICOT/FRANCK 1992, Sp.888] dargestellt ist.

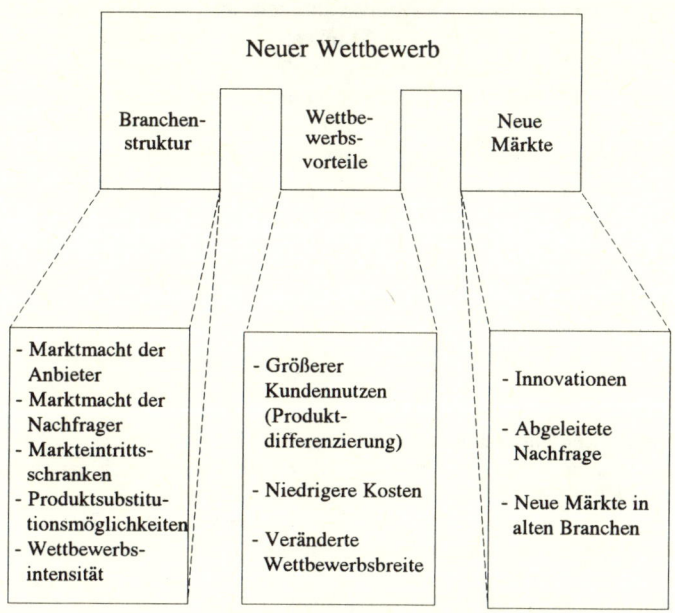

Abb. VII/21: Wettbewerbseffekte infolge IKT-Einsatz

Branchenstrukturen werden durch Wettbewerbskräfte geprägt, der IKT-Einsatz verändert diese Kräfte und damit die Branchenattraktivität. Die **Abnehmermacht** kann dadurch steigen, daß durch gestiegene Informationsverarbeitungskapazität in der Beschaffung und die Möglichkeit des Zugriffs auf elektronische Lieferverzeichnisse eine bessere Marktübersicht erzielt wird. Auf der anderen Seite erhöht sich die **Lieferantenmacht**, indem Abnehmer mit anbieterindividuellen Bestellsystemen ausgestattet und so an diese gebunden werden (z.B. elektronisches Apothekenbestellwesen). Hat sich der IKT-Einsatz in einer Branche etabliert, so erhöhen sich für potentielle Konkurrenten die **Markteintrittsschranken** und auch die **Wettbewerbsintensität** innerhalb der Branche. Andererseits kann es passieren, daß die IKT die Etablierung von und auf **Substitutionsgütermärkten** erleichtert und somit die Wettbewerbsbedrohung verstärkt. Ein Beispiel für eine solche Verdrängung durch "elektronische Märkte" [vgl. SCHMID et al. 1991] erleben derzeit die deutschen Wertpapiermakler in den Präsenzbörsen durch elektronische Handelssysteme der Banken.

Die IKT-Anwendung verändert auch die Möglichkeiten zur Erzielung von **Wettbewerbsvorteilen**. Angriffspunkt kann hierzu die gesamte Wertschöpfungskette der Unternehmung, aber auch das Produkt bzw. die Leistung selbst sein. Generell verändern sich die Beziehungen zwischen Massenproduktion, Automatisierung und Flexibilität: Durch Einsatz flexibler CAD- und Fertigungssysteme wird es möglich, auch bei automatisierter Massenproduktion flexibel zu bleiben und kundenindividuelle Produkte billiger zu erzeugen. Insgesamt kann auf diese Weise auch dort, wo bislang Fokussierungen notwendig waren, ein sachlich und räumlich differenziertes Leistungsprogramm angeboten werden. Verstärkte Prozeßketten und die Lösung von Schnittstellenproblemen erhöhen die Responsefähigkeit der Unternehmung.

IKT schafft schließlich gänzlich **neue Märkte**. Man denke an Telekommunikationsdienste, die erst im Gefolge des Einsatzes von Telekommunikationstechnik in Unternehmungen entstanden. Diese neuen Märkte können dabei durchaus im Bereich der bisherigen Aktivitäten der Unternehmung anzusiedeln sein, wenn nämlich Daten, Kommunikationsdienste, wegen Überschußkapazitäten zur Verfügung gestellte Rechnerleistung (Outsourcing-Angebot) oder auch eigenentwickelte Software zu eigenständigen Marktprodukten werden. Der IKT-Einsatz erhöht auch die Manövrierfähigkeit hinsichtlich der **Standortwahl** von Unternehmungen, Werken und Arbeitsplätzen, man denke auch an Telearbeit (vgl. S.239). Dies begünstigt das Erschließen neuer und das Behaupten vorhandener Märkte.

Literatur

BERTHEL, J.: Betriebliche Informationssysteme, Stuttgart 1975
BERTHEL, J.: Informationsbedarf, in: Frese, E. (Hrsg.), Handwörterbuch der Organisation, 3. Aufl., Stuttgart 1992, Sp.872-886
DIETERLE, G.: Systemarchitekturen für das Büro der Zukunft, in: Bullinger, H.-J. (Hrsg.), Handbuch des Informationsmanagements im Unternehmen, Band 1, München 1991, S.827-843
FRESE, E.: Aufbauorganisation, 2. Aufl., Gießen 1979
FRESE, E./v. WERDER, A.: Bürokommunikation, in: Frese, E. (Hrsg.), Handwörterbuch der Organisation, 3. Aufl., Stuttgart 1992, Sp.374-390
HAHN, D./LASSMANN, G.: Produktionswirtschaft, 2. Aufl., Heidelberg 1990
KARCHER, H.B.: Büro der Zukunft, 3. Aufl., Baden-Baden 1983
KIESER, A.: Bürokommunikationstechnik und organisatorische Innovation, in: ZFO 3/1990, S.171-175
KRÜGER, W.: Organisatorische Gestaltungskonzepte und Wirkungstrends in der Bürokommunikation, in: Müller-Bölling, D./Seibt, D./Winand, U. (Hrsg.), Innovations- und Technologiemanagement, Stuttgart 1991, S.285-300
KRÜGER, W./PFEIFFER, P.: Informationsmanagement zur Unterstützung der Wettbewerbsstrategie, in: Hahn, D./Taylor, B. (Hrsg.), Strategische Unternehmungsplanung/Strategische Unternehmungsführung, 6. Aufl., Heidelberg 1992, S.504-526
KRÜGER, W./PFEIFFER, P.: Eine konzeptionelle und empirische Analyse der Informationsstrategien und der Aufgaben des Informationsmanagements, in: ZfbF, 1/1991, S.21-43
KUBICEK, H.: Informationstechnologie und Organisationsstruktur, in: Frese, E. (Hrsg.), Handwörterbuch der Organisation, 3. Aufl., Stuttgart 1992, Sp.937-958

ÖSTERLE, H./BRENNER, W./HILBERS, K.: Unternehmensführung und Informationssystem, Stuttgart 1991

PALLMER, W.: Umstrukturierung des Aktien- und Rentenhandels im Dresdner Bank Hochhaus - Neue Arbeitsplätze mit modernster Technik, in: Bullinger, H.-J. (Hrsg.), Integrationsmanagement, Baden-Baden 1989, S.395-414

PFEIFFER, P.: Technologische Grundlage, Strategie und Organisation des Informationsmanagements, Berlin 1990

PICOT, A.: Neue Techniken der Bürokommunikation in wirtschaftlicher und organisatorischer Sicht, in: Europäischer Kongreß über Büro-Systeme und Informations-Management, München 1982

PICOT, A./FRANCK, E.: Informationsmanagement, in: Frese, E. (Hrsg.), Handwörterbuch der Organisation, 3. Aufl., Stuttgart 1992, Sp.886-900

PISSOT, H.: Prozeßorientierte Bürokommunikation, in: Office Management 7-8/1991, S.41-43

PORTER, M.E./MILLAR, V.E.: How information gives you competitive advantage, in: HBR 7-8/1985, S.149-160

REICHWALD, R.: Strategische Aspekte der Nutzung neuer Informations- und Kommunikationstechnik in der Unternehmungsverwaltung, in: Office Management 10/1987, S.6-15

REICHWALD, R./NIPPA, M.: Die Büroaufgabe als Ausgangspunkt erfolgreicher Anwendung neuer Informations- und Kommunikationstechnik, in: Information Management 2/1988, S.16-23

REICHWALD, R./STAUFFERT, T.: Bürokommunikationstechnik und Führung, in: Kieser, A./Reber, G./Wunderer, R. (Hrsg.), Handwörterbuch der Führung, Stuttgart 1987, Sp.115-127

SCHEER, A.W.: Computer Integrated Manufacturing (CIM), in: Kurbel, K./Strunz, H., Handbuch der Wirtschaftsinformatik, Stuttgart 1990, S.47-68

SCHMID, B. et al.: Die elektronische Revolution der Märkte, in: io Management Zeitschrift 12/1991, S.96-98

SZYPERSKI, N.: Informationsbedarf, in: Grochla, E. (Hrsg.), Handwörterbuch der Organisation, 2. Aufl., Stuttgart 1980, Sp.904-913

SZYPERSKI, N. et al.: Bürosysteme in der Entwicklung: Studien zur Typologie und Gestaltung von Büroarbeitsplätzen, Braunschweig/Wiesbaden 1982

WELTZ, F./BULLINGER, H./LULLIES, V.: Konfliktfeld Informationstechnik, in: Office Management 3/1991, S.31-40

WILD, J.: Grundlagen der Unternehmungsplanung, 4. Aufl, Opladen 1982

WITTE, E.: Die organisatorische Verknüpfung von Informations- und Kommunikationsprozessen, in: ZFO 8/1980, S.430-438

WITTMANN, E.: Organisatorische Machtveränderungen durch neue Informations- und Kommunikationstechnik, in: Office Management 12/1991, S.32-35

WITTMANN, W.: Unternehmung und unvollkommene Information. Unternehmerische Voraussicht - Ungewißheit und Planung, Köln/Opladen 1959

ZANGL, H.: Transparenz der Zusammenhänge im Büro - Durchlaufzeitenanalyse (DZA) zur Untersuchung und Gestaltung von Arbeitsabläufen, in: Warnecke, H.J./Bullinger H.J. (Hrsg.), Büroforum 1986. Informationsmanagement für die Praxis, Neue Aufgaben für das Unternehmen und seine Führungskräfte, Berlin et al. 1986, S.223-240

VIII. PLANUNGS-, STEUERUNGS- UND KONTROLLPROZESSE

Die Kapitel VIII-X folgen der Einteilung der Unternehmungsprozesse in die Kategorien "Steuerungsprozesse", "Operative Prozesse", "Unterstützungsprozesse bzw. Serviceprozesse" gemäß SOS-Konzept. Die Funktion "Steuerung" (Steuerung i.w.S.) umfaßt planende, kontrollierende und steuernde Eingriffe (Steuerung i.e.S.) in das Unternehmungsgeschehen. Diese Teilprozesse, ihre Regelung und Systemunterstützung bilden den Gegenstand der folgenden Überlegungen.

1. Charakteristik der Planung, Steuerung und Kontrolle

(1) **Grundbegriffe:** "Planung ist ein systematisch-methodischer Prozeß der Erkenntnis und Lösung von Zukunftsproblemen" [WILD 1982, S.13] und ein wichtiger Teilprozeß des Führungsprozesses. Die Resultate dieses Prozesses - die einzelnen Pläne - sind durch Steuerungs- und Kontrollaktivitäten in die Tat umzusetzen und auf ihre Erreichung hin zu überprüfen. Steuerung ist die detaillierte Festlegung und Veranlassung der Durchführung der Planungsergebnisse [vgl. ARBEITSKREIS INTEGRIERTE UNTERNEHMUNGSPLANUNG 1991, S.812]. Die Kontrolle bzw. Überwachung bildet aus prozessualer Sicht die zwingend notwendige Ergänzung der Planung. Unter Kontrolle (Überwachung) ist ein geordneter, kontinuierlicher, informationsverarbeitender Prozeß zur Ermittlung von Abweichungen zwischen Plangrößen und Vergleichsgrößen sowie die Analyse daraus resultierender Abweichungen zu verstehen [vgl. SCHWEITZER 1991, S.88]. Planung ohne Kontrolle ist sinnlos und Kontrolle ohne Planung gar nicht möglich [vgl. WILD 1982, S.44].

Auf die Darstellung eines allgemeinen Prozeßschemas der Planung, Steuerung und Kontrolle wird hier bewußt verzichtet. Die jeweiligen Teilaktivitäten und ihre Verknüpfung sind stark vom konkreten Planungsgegenstand abhängig. Dies zeigen im folgenden die Beispiele der Produktionsplanung und -steuerung sowie des Computer Aided Engineering.

(2) **Strategische und operative Planung:** Prägenden Charakter für die anstehenden Fragen besitzt die Unterscheidung verschiedener Planungsebenen. Üblicherweise werden Planungsaufgaben heute in eine strategische und eine operative Komponente unterteilt. Operative Planung ist nicht zu verwechseln mit den operativen Prozessen gemäß SOS-Konzept, bei denen es sich um die Ausführungsprozesse handelt. Entscheidungen, die im Rahmen der **strategischen Planung** zu fällen sind, werden durch folgende Merkmale gekennzeichnet [vgl. HAHN 1994, S.94f.]:

- Sie sind von besonderer Bedeutung für die Erfolgs- und/oder Vermögensentwicklung (Bezugsgrößen),

- sie können nur aus der Verantwortung für die gesamte Unternehmung getroffen werden (Reichweite),

- sie sind grundsätzlich von der obersten Unternehmungsführung und/oder dieser vorgeschalteten Willensbildungszentren zu fällen (Trägerschaft),

- sie gelten auf lange Sicht (Fristigkeit) und

- sind von geringer Häufigkeit (Anzahl).

Typische Objekte bzw. Teilbereiche strategischer Planung sind:

- Bestimmung und Strukturierung der Geschäftsfelder bzw. Produktionsprogramme,
- Investitions- und Desinvestitionsplanung,
- Organisationsplanung,
- Rechtsformbestimmung,
- Führungskräfteplanung,
- Technologieplanung,
- Informationszyklenplanung,
- Ergebnis- und Finanzplanung.

Operative Planung füllt den strategischen Rahmen auf und entwickelt Einzelpläne für die jeweiligen Teilbereiche der Unternehmung. Bei den Entscheidungen der **operativen Planung** sind folgende Ausprägungen der genannten Merkmale ausschlaggebend [vgl. HAHN 1994, S.96]:

- Sie sind von Bedeutung für die Erfolgs- und/oder Vermögensentwicklung der Unternehmung,
- sie können aus der besonderen Verantwortung für ein Ressort oder eine Abteilung getroffen werden,
- sie können vom Top, Middle oder Lower Management gefällt werden,
- sie gelten oft auf kurze Sicht und
- sie sind von relativ großer Häufigkeit.

Diese Merkmale können sich durchaus verschieben. Strategische Fragen können sehr wohl kurzfristiger Natur sein (z.B. bei kurzen Lebenszyklen), operative Entscheidungen zu längerfristigen Bindungen führen. In dem Maße, wie internes Unternehmertum organisiert wird, ist auch die Trägerschaftsfrage anders zu beantworten. Die Forderung lautet dann, daß unternehmerisches Denken nicht auf der Vorstandsetage enden darf.

Auch hinsichtlich der Reichweite treten Verschiebungen auf. Im Rahmen der strategischen Planung wird zunehmend nicht nur auf die Unternehmungsebene abgestellt, sondern auch auf die Geschäftsfeld- sowie auf die Funktionsebene. Aktionsprogramme in einzelnen Funktionen können sehr wohl von strategischer Bedeutung sein, z.B. Anstrengungen, die Entwicklungsprozesse zu verkürzen.

2. Zuordnung von Planungs- und Kontrollaufgaben zu Planungs- und Kontrollträgern

(1) Unternehmungsleitung: Unstrittig ist, daß die strategische Planung, vor allem aber die strategische Entscheidung, Sache der Unternehmungsspitze ist, bei Pluralinstanzen u.U. sogar dem Vorsitzenden obliegt. Es hängt vom Führungsstil ab, ob die Entscheidungsvorbereitung delegiert wird oder partizipativ erfolgt. Bei einer Trennung von Geschäftsführung und Überwachung an der Unternehmungsspitze (Trennungsmodell) ist die Rolle des Aufsichtsrats bzw. Beirats zu klären. In jedem Fall werden Überwachungsaufgaben einen Schwerpunkt bilden, aber auch die Einschaltung in die Planung ist möglich, wenngleich nicht unproblematisch, da sich der Planer dann (teilweise) selbst kontrolliert. Gemäß § 111 Abs.4 Satz 2 AktG kann der Aufsichtsrat bestimmte Geschäfte an seine Zustimmung binden, was einer Plangenehmigung gleichkommt. Unterhalb dieses Rechts werden typischerweise beratende Funktionen durch einen Aufsichtsrat oder Beirat wahrgenommen. Es hängt von der Zusammensetzung und Stärke dieser Gremien ab (z.B. Mitbestimmungsregelungen, Gesellschafterstruktur), wie intensiv der dabei wirksam werdende Einfluß ist.

Bei zentralistisch organisierten und geführten Unternehmungen (z.B. geschäftsnahe Führung im Konzern) wird auch ein nicht unerheblicher Teil der operativen Planung von der Unternehmungsleitung wahrgenommen. Auch ein hoher Anteil an Fremdkontrolle dürfte typisch sein. Die Kontrolltätigkeiten der Unternehmungsleitung dienen in erster Linie dem Zweck der Zielausrichtung sowie der Koordination der Teilpläne.

(2) Geschäftsbereichsleiter: Wie weit die Aufgaben und Kompetenzen dieser Ebene reichen, hängt von der Gesamtstruktur der Unternehmung ab. Erinnert sei an die Unterscheidung von Cost-, Profit- und Investment-Center. Am weitesten geht die Selbständigkeit im Rahmen einer **Finanzholding**. Die Geschäftsbereiche werden über wenige Kennzahlen bzw. Finanzmittelzuweisungen gesteuert. Im Falle einer **Führungsholding** sind unterschiedliche Grade der Selbständigkeit bzw. Partizipation möglich. Das Ausüben von Kontrollaufgaben zielt insbesondere auf die Frühwarnung, die Mitarbeiterinformation sowie die Mitarbeitermotivation ab.

(3) Funktionsbereichsleiter: Leiter einzelner verrichtungsorientierter Abteilungen (z.B. Beschaffung, Verkauf) sind zwangsläufig auf funktionale Teilpläne konzentriert. Sie können i.a. nur als Cost-Center geführt werden. Wenn spezifische Steuerungsmechanismen eingeführt sind (z.B. Verrechnungspreise), lassen sie sich wie ein Profit-Center behandeln. Um diesem Gedanken Nachdruck zu verleihen, finden in zunehmendem Maße Ausgliederungen rechtlich selbständiger Einheiten statt (z.B. Rechenzentren, Entwicklungsabteilungen), die ihre Leistungen auch am Markt anbieten (können). Damit schafft man unternehmerische Selbständigkeit, also einen erheblichen Planungs- und Kontrollspielraum.

(4) Zentrale Stäbe und Dienstleistungsstellen: In den Zentralbereichen sind Servicefunktionen und Steuerungsfunktionen i.w.S. (Planung, Steuerung, Kontrolle) vielfältig kombiniert. Die hier interessierenden Aufgaben im Rahmen von Steuerungsfunktionen der Unternehmung hängen sehr stark vom aufbauorganisatorischen Grundmodell (z.B. Spartenorganisation oder funktionale Organisation) und von der Führungsorganisation (z.B. Stammhauskonzern oder Holdingkonzept) ab. Allgemein gilt, daß die Aufgaben von Zentralbereichen in letzter Zeit vielfach restrukturiert wurden. Die Linienstellen schalten sich wieder stärker in die Planungsaufgaben ein. Insbesondere die Erarbeitung und Beurteilung von Strategien gilt als originäre Linienaufgabe. Zentralstellen (z.B. Controlling) wirken durch Informationssammlung und -aufbereitung sowie - teilweise - durch die Erarbeitung oder Überprüfung von Entscheidungsalternativen daran mit. Die besondere Steuerungsfunktion von Zentralstellen liegt zum einen in der Schaffung, Aufrechterhaltung und Weiterentwicklung einer geeigneten

Infrastruktur für die Unternehmungsprozesse begründet. Dabei spielen Richtlinienkompetenzen eine erhebliche Rolle, z.B. Richtlinien für Investitionen, Personaleinstellungen, Informationssysteme. Zum anderen übernehmen Zentralstellen Aufgaben im Rahmen der Koordination der Unternehmungsprozesse, z.B. Koordination funktionaler Teilpläne, Moderation von Systementwicklungsprozessen.

(5) Gremien: Gremienarbeit, auch in Form vermaschter Gruppen, spielt in den verschiedenen Phasen der Planung, aber auch der Steuerung und Kontrolle eine erhebliche Rolle (z.B. Planungsausschüsse). In den Ausschüssen, die vorwiegend von hochrangigen Führungskräften besetzt sind, findet vor allem die Formulierung von Rahmenvorgaben sowie die Koordination von Plänen statt. Bei der Umsetzung größerer Vorhaben, die als Projekte organisiert sind, dienen Ausschüsse auch zur Steuerung und Überwachung des Projektfortschritts. Zur Strategieformulierung finden Workshops verstärkt Einsatz. Partizipation der operativen Einheiten vorausgesetzt, können sie zugleich die Implementierung unterstützen.

3. Ablauforganisation der Planung

(1) Planung von oben versus Planung von unten: Ablaufregelungen spielen auch im Rahmen der Organisation von Planungsaufgaben eine nicht unerhebliche Rolle. Der Planungsablauf erstreckt sich über mehrere Ebenen der Hierarchie, weshalb WILD die im folgenden besprochenen Ablaufvarianten auch unter der Bezeichung "Hierarchiedynamik" diskutiert. Werden Pläne von oben nach unten generiert, so spricht man von **retrograder Planung** [vgl. zum folgenden WILD 1982, S.191ff.]. Die Unternehmungsleitung prägt das Geschehen durch Vorgabe von Zielen und Maßnahmen. Dies entspricht einer ausgeprägten Entscheidungszentralisation (Zentralistische Hierarchie, Inhaltsmuster vom Typ A). Entscheidende Nachteile sind die Gefahr mangelnder Realistik der Pläne, vor allem aber die zu erwartenden Widerstände nachgelagerter Ebenen bei der Planrealisierung.

Planung von unten nach oben (**progressive Planung**) führt zu einer höheren Identifikation der Planungsträger mit dem Plan. Dem steht der erhebliche Nachteil einer mangelnden Berücksichtigung übergeordneter Absichten gegenüber. Die dezentral entstandenen Teilpläne realisieren günstigstenfalls Suboptima und führen vielfach zu einer anspruchslosen Fortschreibung des Ist-Zustands. In der horizontalen Abstimmung einigt man sich u.U. auf den kleinsten gemeinsamen Nenner, ein Effekt, den WILD als **Negativkoordination** bezeichnet. Trotz dieser offenkundigen Nachteile gibt es auch Firmen, in denen sich die progressive Ablaufvariante findet, zumindest als vorherrschendes Muster. Daß sich diese Unternehmungen nicht eben durch Flexibilität und Anpassungsfreudigkeit auszeichnen, liegt auf der Hand.

Führungsorganisation und Planungsorganisation gehen auch hierbei Hand in Hand. Wenn die Leiter einzelner Geschäftsbereiche in Personalunion Vorstandsmitglieder sind, dann ist die Gefahr groß, daß es im Vorstand zu Effekten der Negativkoordination kommt. Der Vorstand ist zur Entwicklung eines bereichsübergreifenden und die Bereiche verändernden Plans kaum in der Lage. Vielmehr stellt er sich als ein "Geleitzug von Ressortinteressen" [BLEICHER et al. 1989, S.273] dar.

(2) Gegenstromverfahren: Aus den Vor- und Nachteilen beider Verfahren resultiert die in der Praxis wohl vorherrschende Kombinationslösung im sog. **Gegenstromverfahren.** Ein retrograder Vorlauf, der im Kern als Zielplanung zu charakterisieren ist, wird von einem progressiven Rücklauf gefolgt, der sich schwerpunktartig auf die Zielerreichung (Maßnahmenplanung) konzentriert. Die Hauptaktivitäten eines jährlichen Planungs-, Steuerungs- und Kontrollzyklus (operative Planung) könnten wie folgt ablaufen:

- Zusammenstellung und Analyse der Ergebnisse der abgelaufenen Planperiode (Controlling),
- Analyse und Prognose von Rahmendaten (Planungsstab),
- Festlegung der Planprämissen und Rahmenziele (Top-Management),
- Entwicklung und Auswahl von Teilzielen und Maßnahmen durch die betroffenen Teilbereiche (Management der Untereinheiten, z.B. Geschäftsbereiche, Funktionsbereiche, Werke, Tochtergesellschaften),
- Zusammenfassung und Analyse der Teilpläne (Controlling),
- Abstimmungs- und Verhandlungsprozeß (Unternehmungsspitze und Untereinheiten),
- Festlegung der verbindlichen Pläne und Budgets (Top-Management),
- Zielerreichung und Abweichungsanalyse (Controlling),
- Eingriff im Ausnahmefall (Top-Management).

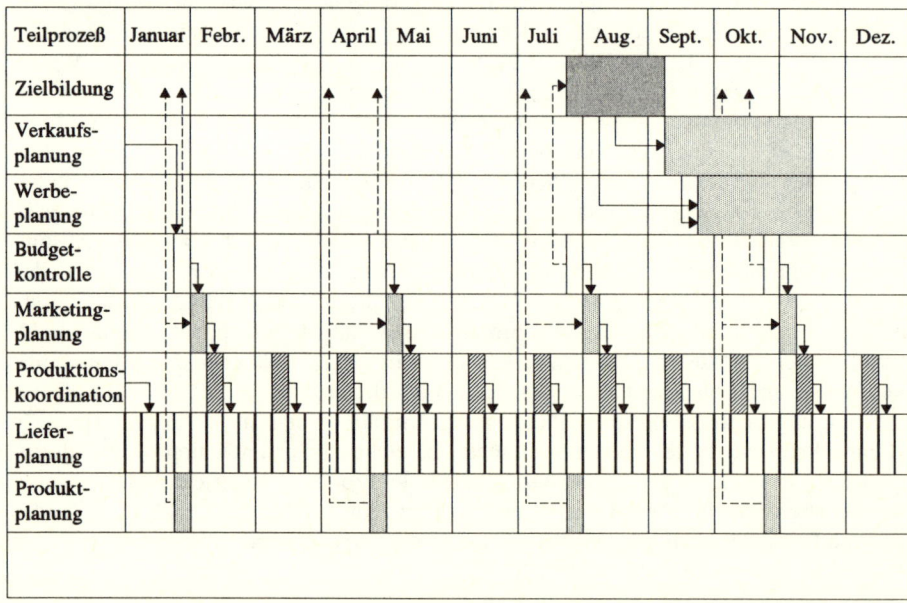

Abb. VIII/1: Planungs- und Kontrollprozesse im Zeitablauf: Planungskalender

Die Koppelung dieser Aktivitäten mit Aufgaben der strategischen Planung wird unterschiedlich gesehen und gehandhabt [vgl. KREIKEBAUM 1991, S.125ff.]. In jedem Fall bleiben Strategien wirkungslos, wenn sie nicht in konkrete operative Maßnahmen umgesetzt werden.

Die sachliche und zeitliche Verzahnung wichtiger operativer Teilplanungen zeigt Abb. VIII/1. In dem dargestellten Beispiel handelt es sich um einen Industriebetrieb mit Serienfertigung. Die Verzahnung von Planungs- und Kontrolltätigkeiten sowie die Einbindung bestimmter Steuerungsaufgaben (Produktionskoordination, Lieferplanung) werden anhand dieses Planungskalenders deutlich.

Je nachdem, ob eher zentrale oder dezentrale Führung vorliegt, werden der Umfang und die Verbindlichkeit der von oben kommenden Pläne größer oder kleiner sein. Eine **Finanzholding** z.B. kann sich weitgehend auf Ergebniskennzahlen beschränken (z.B. Cash Flow, Betriebsergebnis, ROI) und z.B. die Geschäftsfeldplanung den einzelnen Holdingbereichen überlassen, wogegen eine **Führungsholding** auch in diesen Planungsbereich mehr oder weniger stark eingreift.

Ohne wirkungsvolle Information und Kommunikation ist die Erledigung von Planungs-, Steuerungs- und Kontrollprozessen undenkbar. Daher existieren zahlreiche Informations- und Kommunikationssysteme (IKS), die sich zunächst auf die Unterstützung operativer Planungen konzentrierten, aber verstärkt auch in den Bereich des strategischen Managements eindringen. Im folgenden wird ein Überblick über wichtige IKS gegeben, wobei der weithin üblichen, wenngleich nicht unproblematischen Einteilung in betriebswirtschaftliche und technische IKS gefolgt wird. Technische IKS unterstützen die technischen Prozesse. Betriebswirtschaftliche IKS werden sowohl in administrativen als auch in technischen Prozessen eingesetzt (z.B. PPS).

4. Betriebswirtschaftliche Informations- und Kommunikationssysteme

(1) Informationssysteme für Führungskräfte: Managementinformationssysteme (MIS) sowie Entscheidungsunterstützungssysteme (EUS) bzw. Decision Support Systems (DSS) dienen der Entscheidungsvorbereitung. Derartige Systeme werden zuweilen auch als Navigationsinstrumente der Unternehmungsführung bezeichnet [vgl. BULLINGER/HUBER/KOLL 1991, S.6]. Ihre Einsatzgebiete sind teils spezifiziert, teils unspezifiziert. Der Einsatzschwerpunkt liegt jedoch im Rahmen der Unternehmungsplanung.

Managementinformationssysteme sollen Entscheidungsträger der oberen Führungsebenen unterstützen. Sie sind nicht für einen bestimmten Entscheidungstyp konzipiert, sondern dienen der Abfrage von Daten sowie dem Erstellen von Auswertungen wie z.B. Kundendeckungsbeiträgen, die im Bedarfsfall für die jeweilige Entscheidung abzurufen sind. Ihr Funktionieren setzt eine hohe Integration mit datenerfassenden und -weiterverarbeitenden Basissystemen voraus, so z.B. mit den Systemen der Massendatenverarbeitung. Frühere Versuche mit MIS scheiterten, dies vor allem, weil man glaubte, Führungsentscheidungen in vorstrukturierten Regelwerken und formalisierten Daten abdecken zu können. Unterschiede in den Entscheidungssituationen sowie -strukturen und verschiedenartige Informationsbedürfnisse von Führungskräften blieben unberücksichtigt [vgl. SCHAIBLE/DRÄGER 1991, S.144]. Zum Leistungsspektrum von MIS zählen die Sammlung von Informationen, die Analyse von Trends und Zusammenhängen, die Erstellung von Modellen und Szenarien, Sensibilitätsanalysen sowie Simulationen. Die Führungskräfte können dann, je nach individuellem Bedarf, insbesondere auf solche Informationen zugreifen, die für den aktuellen Erfolg sowie für die permanente Entwicklung zukünftiger Erfolgspotentiale wichtig sind.

Die Realisierung von MIS ist sinnvoll nur durch den Einsatz der Computertechnologie möglich. Dies hat zur Folge, daß der Computer mehr und mehr auch zum "Chef-Werkzeug" wird. Bei der Gestaltung von MIS ist besonders auf die Faktoren der Benutzerfreundlichkeit zu achten, um die auf den Führungsetagen vielfach noch vorhandenen Akzeptanzbarrieren zu überwinden. Große überschaubare Arbeitsflächen am Bildschirm, kurze Antwortzeiten, benutzerorientierte Menuetechnik, Integration von Daten, Text und Graphik sowie hohe Betriebssicherheit spielen eine besondere Rolle.

Entscheidungsunterstützungssysteme sind rechnergestützte Systeme für konkrete Anwendungen, die Entscheidungsträger bei meist schlecht strukturierten Problemen unterstützen und die ein Entscheidungsmodell beinhalten [vgl. MERTENS/GRIESE 1991, S.5]. Sie waren als Reaktion auf die Enttäuschungen im Zusammenhang früherer MIS entwickelt worden. Im Mittelpunkt der EUS steht die Entwicklung von Plänen und die Analyse der Entscheidung, während die Überwachung der Realisation durch die Analyse der erhaltenen Daten in den Vordergrund der MIS gestellt wird. MIS sind daher Berichtssystemen sehr ähnlich, da sie Daten in strukturierter Form zur Verfügung stellen [vgl. KRCMAR 1990, S.408].

Als eine Weiterentwicklung der Führungsinformationssysteme besitzen Expertensysteme oder wissensbasierte Systeme heute verstärkte Aufmerksamkeit. Es handelt sich um Computerprogramme, die in der Lage sind, die Problemlösungsfähigkeiten von Experten zu simulieren, indem sie auf große Wissensmengen eines eng begrenzten Spezialgebiets zurückgreifen. Dabei berücksichtigen sie Heuristiken, mit denen Erfahrungen in der Verknüpfung von Informationen zur Lösung von spezifischen Problemen nutzbar gemacht werden sollen [vgl. MERTENS/GRIESE 1991, S.45].

(2) Produktionsplanungs- und steuerungssysteme (PPS): Eine zentrale Komponente der planerisch-dispositiven Informations- und Kommunikationssysteme stellt das Produktionsplanungs- und steuerungssystem (PPS) einer Industrieunternehmung dar. Am Beispiel der PPS läßt sich das Ineinandergreifen von Planung, Steuerung und Kontrolle gut verdeutlichen. Auf der Planungsebene sind dem PPS Aufgaben der Primärbedarfsplanung, der Materialdisposition und der Termin- und Kapazitätsplanung zuzuordnen. Ein PPS erfüllt daher nicht nur betriebswirtschaftliche, sondern auch technische Zwecke.

Auf der Grundlage dieses Fertigungsplans steuert und kontrolliert das PPS die Fertigung bzw. die Auftragserfüllung vor allem anhand von Mengen, Zeiten und Kosten.

Die Komplexität der Planungs-, Steuerungs- und Kontrollprozesse wird durch die Bildung von in sich weitgehend autarken Modulen mit vergleichsweise einfachen Teilaufgaben reduziert. Diese Teilaufgaben werden in den jeweiligen Modulen nacheinander abgewickelt, indem man vom Groben zum Detail vorgeht (vgl. Abb. VIII/2, nach SCHRÖDER 1990, S.62f.). Die ersten zwei Module beinhalten primär planerische Aufgaben, während die folgenden zwei Module eher steuernde Aufgabenbestandteile umfassen. Die Kontrolle sollte durch Rückkoppelung in jedem Modul vorgesehen sein. Schwerpunkt bildet jedoch das Aufgabengebiet Kapazitäts- und Auftragsüberwachung. Die Steuerung und Überwachung des Qualitätsniveaus wird immer mehr in spezialisierten, eher technisch ausgerichteten Informationssystemen (CAQ) wahrgenommen.

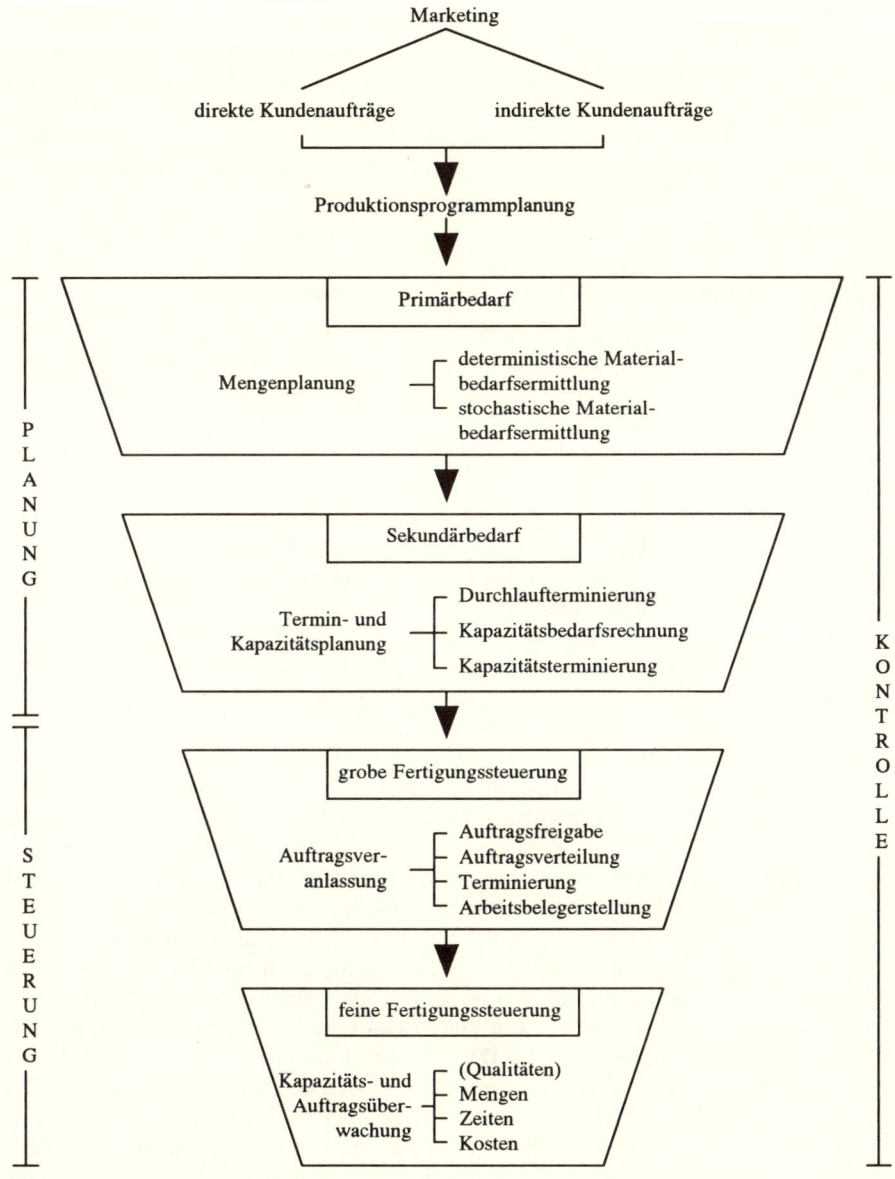

Abb. VIII/2: Module eines PPS-Systems

Massenvorgänge der Bearbeitung von Kunden-, Beschaffungs- und Fertigungsaufträgen werden heute durch PPS bewältigt. Ein modernes PPS-System muß zahlreichen Anforderungen gerecht werden [vgl. RAETHER 1991, S.256f.]. Hohe Anpassungsfähigkeit und Flexibilität hinsichtlich instabiler Marktsituationen sind unabdingbar. Diese Anforderungen sind bei Serien- und Einzelfertigung besonders hoch. Die Integration neuer Planungskonzepte wie "Just-in-Time" oder "KANBAN" sowie veränderter Fertigungsstrukturen wie Fertigungsinseln und flexibler Fertigungssysteme muß weitgehend möglich sein bzw. bereits in der Entwicklungsphase Berücksichtigung finden. Da zahlreiche Unternehmungen ein bereits existierendes PPS-System als Ausgangspunkt von weiterführenden Integrationsmaßnahmen ansehen, sind insbesondere die Fortschritte auf dem Gebiet des Computer Integrated Manufacturing (CIM) zu beachten.

5. Technische Informations- und Kommunikationssysteme

(1) Planungsorientierte Systeme (CAD/CAP/CAE): CAD/CAP-Systeme (Computer Aided Design/Computer Aided Planning) sowie ggf. auch CAE-Systeme (Computer Aided Engineering) stellen mittlerweile unverzichtbare Bestandteile für die Planung, Steuerung und Kontrolle technischer Prozesse dar.

In einem zwei- bzw. dreidimensionalen **CAD-System** arbeitet der Konstrukteur oder Zeichner an der Entwicklung der Konstruktion zu fertigender Werkstücke. Zur Reduktion der Auftragsabwicklungszeiten und zur Standardisierung der Produktion steht dem Konstrukteur unter anderem ein Katalog von Normteilen zur Verfügung. Neben der Erstellung von Konstruktionszeichnungen besteht die Möglichkeit, technische Berechnungen von Bauteilen durchzuführen [vgl. SCHEER 1990a, S.231]. Durch die Entlastung der Konstrukteure und Zeichner von Routinearbeiten bleibt mehr Zeit für kreative Anteile der Konstruktionsarbeit. Die Verkürzung und verbesserte Nutzung der Produktentwicklungszeit sollte die Folge sein.

Die Gestaltung von CAD-Systemen wird typischerweise durch zahlreiche Schnittstellen bestimmt. Einerseits ist das Arbeiten mit CAD-Systemen durch die sog. Benutzerschnittstelle des Hard- und Softwaresystems geprägt. Neben den Eingabemöglichkeiten über grafischen Bildschirm, Tastatur und Tablett umfaßt die **Benutzerschnittstelle** auch die weitgehend selbsterklärende Benutzerführung und die individuelle Anpassung des CAD-Systems an die spezifischen Anforderungen des Benutzers [vgl. MAIER 1991, S.165]. Andererseits kann die Art der Datenspeicherung und -manipulation im CAD-System die Arbeits- und Denkweise des Benutzers erheblich beeinflussen. Außer der Benutzerschnittstelle sind Programm- und Datenschnittstellen erforderlich. **Programmschnittstellen** versorgen die rechnerinternen Darstellungen mit vollständigen Datenbeständen. Die **Datenschnittstelle** ermöglicht den Datenaustausch zwischen unterschiedlichen CAD-Systemen. Auftraggeber und Zulieferer können so miteinander kommunizieren, wenn differierende CAD-Systeme innerhalb eines Produktionsverbundes verwendet werden [vgl. KRAUSE 1991, S.284].

Basierend auf der über **CAD-Systeme** definierten Produktgeometrie, den Qualitätsanforderungen und Materialeigenschaften oder aufbauend auf konventionellen Konstruktionszeichnungen werden Arbeitspläne und Steuerungsinformationen für die Teilefertigung und die Montage generiert. Der Schnittstelle zwischen CAD und CAP kommt eine große Bedeutung zu, da die Daten des CAD-Systems als Basis der Fertigung mit numerisch gesteuerten Werkzeugmaschinen (NC-Programmierung) dienen (vgl. Abb. VIII/3). Numerische Steuerungen ermöglichen die wiederholte, exakte Produktion komplexer Bauteile [vgl. WAGNER 1991, S.249].

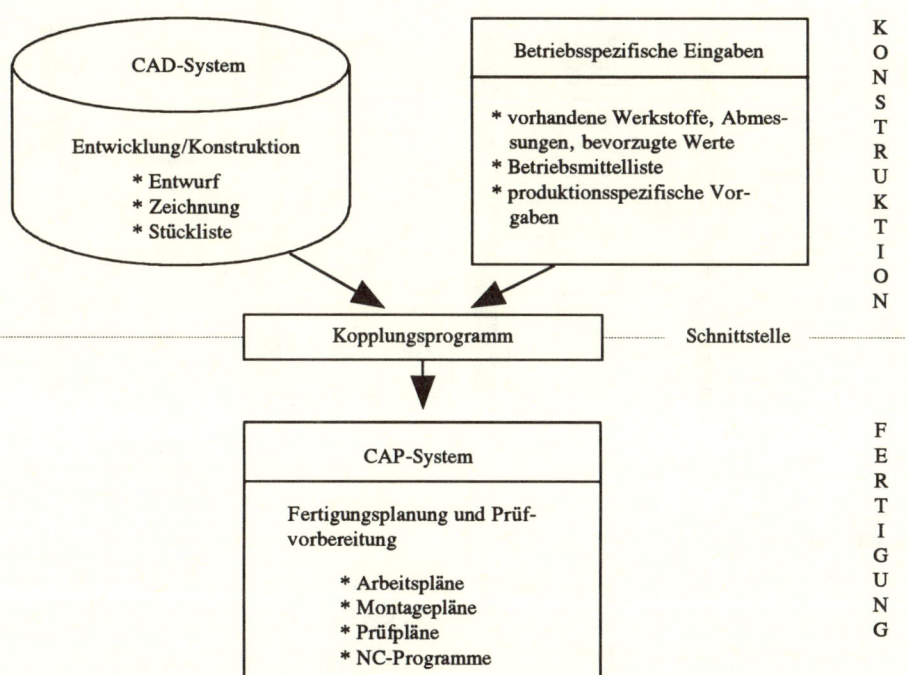

Abb. VIII/3: Integration von CAD- und CAP-Systemen

Durch die Suche ähnlicher Teile in der Teiledatenbank und deren Arbeitsplänen kann z.B. ein neuer Arbeitsplan generiert werden, der über den grundsätzlichen Prozeßverlauf informiert und nur noch für den speziellen Anwendungsfall zu modifizieren ist. Standardarbeitspläne, die typisch für bestimmte Teilefamilien sind und den Ausgangspunkt der Erstellung eines konkreten Arbeitsplanes darstellen, können ebenso genutzt werden [vgl. SCHEER 1990b, S.53].

Unter dem Begriff **CAE** (Computer Aided Engineering) werden die computergestützten Verfahren der technischen Bearbeitung von Werkstücken zusammengefaßt. Dem CAE liegt der Gedanke der umfassend prozeßbegleitenden integrierten Computerunterstützung bei der Produktentwicklung und -erstellung zugrunde. Planung, Steuerung und Überwachung wachsen zusammen. Ausgehend von einem Entwicklungsauftrag erstreckt sich die technische Bearbeitung über die Produktplanung, Entwicklung und Konstruktion (CAD) und die Fertigungs- und Prüfvorbereitung (CAP) noch bis in die Steuerung und Überwachung der Produktion (CAM) hinein (vgl. Abb. VIII/4, nach EIDENMÜLLER 1989, S.104).

177

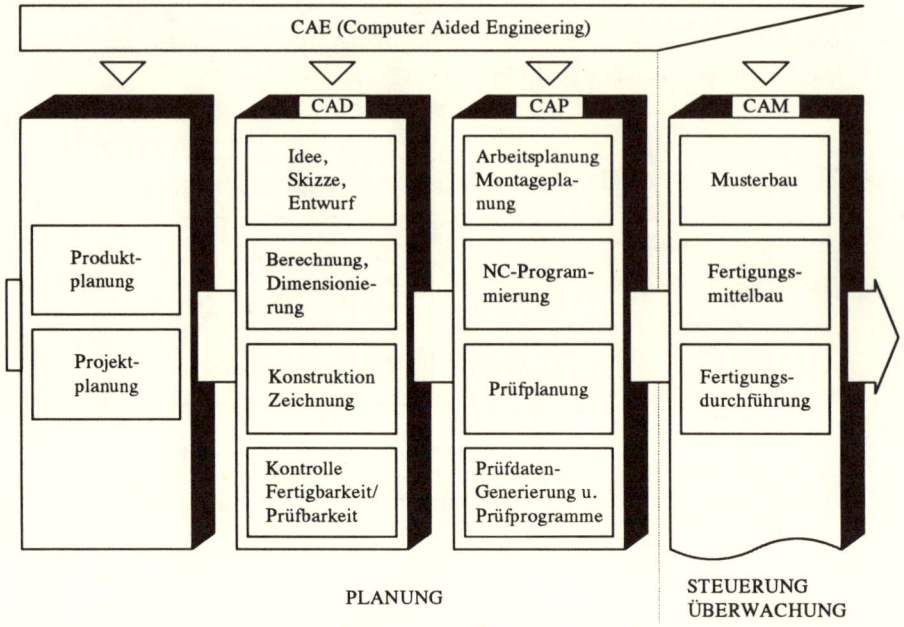

CAE (Computer Aided Engineering)

| CAD | CAP | CAM |

	Idee, Skizze, Entwurf	Arbeitsplanung Montageplanung	Musterbau
Produktplanung	Berechnung, Dimensionierung	NC-Programmierung	Fertigungsmittelbau
Projektplanung	Konstruktion Zeichnung	Prüfplanung	Fertigungsdurchführung
	Kontrolle Fertigbarkeit/ Prüfbarkeit	Prüfdaten-Generierung u. Prüfprogramme	

PLANUNG   STEUERUNG
                                 ÜBERWACHUNG

Abb. VIII/4: Computer Aided Engineering

(2) Steuerungs- und überwachungsorientierte Systeme CAM und CAQ: Computer Aided Manufacturing beschreibt die umfassende Computerunterstützung in der Produktion und betrifft prinzipiell die Teilprozesse Fertigen, Montieren, Handhaben, Transportieren und Lagern im Rahmen der Werkstattsteuerung. Die Intensität der Rechnerunterstützung ist branchen- und unternehmungsbezogen zu entscheiden. Sog. flexible Fertigungssysteme stellen bspw. ein Einsatzgebiet für CAM-Systeme dar [vgl. WARNECKE 1991, S.333].

Die Steuerungs- und Rechnerkoppelung über ein offenes lokales Netzwerk (LAN) ermöglicht im Hinblick auf eine rechnerintegrierte Produktion (CIM: Computer Integrated Manufacturing) den Verbund von verschiedenartigen Fertigungs- und Handhabungssystemen sowie die Anbindung und Integration in ein gesamtunternehmungsbezogenes IKS.

In enger Verbindung sowohl zu CAM als auch zu den Planungssystemen CAD/CAP/CAE steht das Qualitätssicherungskonzept **CAQ.** Computer Aided Quality Assurance ist nicht mit Qualitätskontrolle gleichzusetzen. Die Qualität kann in ein Produkt nicht "hineinkontrolliert" werden. Es handelt sich vielmehr um ein Konzept der Qualitätssicherung durch entsprechende Qualitätsplanung und -steuerung (vgl. Abb. VIII/5, nach PFEIFER et al. 1991, S.498).

178

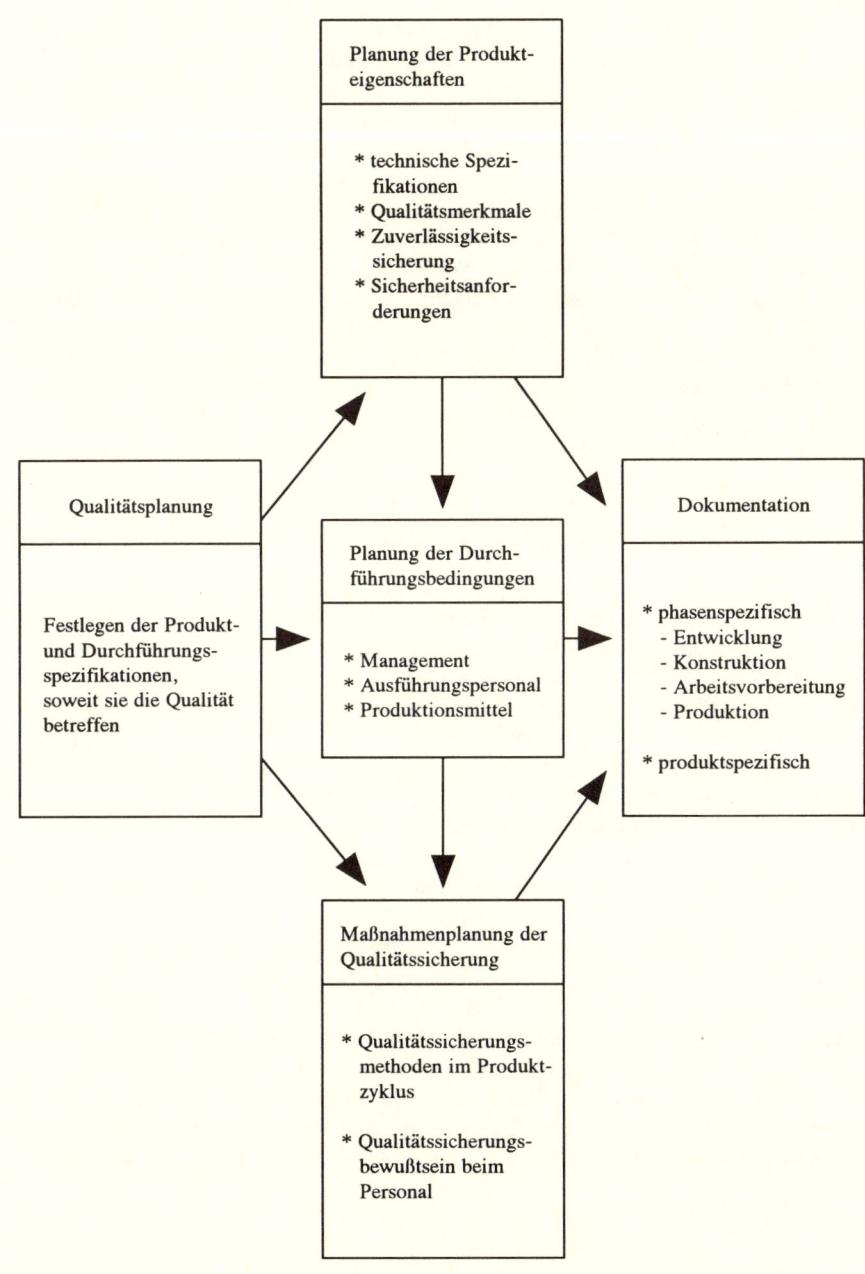

Abb. VIII/5: Basisaufgaben der Qualitätssicherung

Alle Prozeßketten der Unternehmung sind davon betroffen, denn die Qualität eines Produkts ist nicht nur von der Einhaltung bestimmter Toleranzgrenzen abhängig, sondern spiegelt sich auch in der Produktionsplanung und -nutzung wider. Charakteristisch für moderne CAQ-Konzepte ist die informationstechnische Vernetzung aller Teilprozesse durch funktionsbereichsübergreifende Qualitätsinformationssysteme. Die rechnerunterstützte Qualitätssicherung (CAQ) muß integraler Bestandteil des gesamten IKS einer Unternehmung sein. Neben Informationen über Kosten und Termine stellen Qualitätsdaten die wichtigste Steuergröße im Wertschöpfungsprozeß der Unternehmung dar. Der Computer übernimmt dabei den formalisierbaren und dokumentierbaren Teil der Qualitätsarbeit. Auch für CAQ gilt, daß Schnittstellen eine Zusammenfassung in CIM gewährleisten müssen. Für andere CA-Komponenten muß eine integrierte Qualitätsfunktion übernommen werden [vgl. BLÄSING 1991, S.523]. Alle am Entwicklungs- und Produktionsprozeß Beteiligten haben so die Möglichkeit, Qualitätsdaten abzurufen, um ihrer Qualitätsverantwortung gerecht zu werden.

Der Rechnereinsatz wird dabei zur Prüfplanung, Informationssammlung für Soll- und Ist-Daten mit entsprechender Auswertung und zur Unterstützung der Qualitätsüberwachung genutzt. Die Ausgangsbasis bilden die im Rahmen der Konstruktion (CAD) festgelegten Solldaten, die mittels Rechner gesammelt und ausgewertet werden.

6. Verbund der Informations- und Kommunikationssysteme

Der Verbund aller betrieblichen IKS wird oftmals auch vor dem Hintergrund des Begriffes CIM (Computer Integrated Manufacturing) diskutiert. Dahinter steht die Idee, die wesentlichen Prozesse der Leistungserstellung - Produktionsplanung und Produktionssteuerung (PPS), Produktentwicklung einschließlich der Fertigungs- und Prüfvorbereitung (CAD/CAP) und Produktfertigung (CAM) - miteinander zu verknüpfen. Basis sind die prozeßbestimmenden und -steuernden Informationsströme [vgl. EIDENMÜLLER 1989, S.27ff.]. Den entstehenden Verbund aller Informations- und Kommunikationssysteme veranschaulicht Abb. VIII/6.

Hinter jedem der aufgezeigten Einsatzfelder der verschiedenen Informationssysteme steht ein weites Einsatzgebiet der Massendatenverarbeitung. Diese Administrationssysteme unterstützen den Zusammenhalt und die Funktionsfähigkeit des Verbunds der Systeme.

Die Integration von technischen und betriebswirtschaftlichen IKS soll eine Durchgängigkeit und Transparenz der Informations- und Materialflüsse im Rahmen der Unternehmungsprozesse gewährleisten [vgl. BÜHNER 1991, S.289]. Es sei darauf hingewiesen, daß die Forderung nach Integration nicht für eine Forderung nach totaler Vernetzung steht. Die verknüpften Prozesse und Informationstechnologien müssen zusammenpassen und zusammenwirken. Das Ziel ist nicht die Erzeugung eines unbeherrschbaren Supersystems, sondern die Gestaltung sinnvoller autonomer Subsysteme, die miteinander kooperieren [vgl. EIDENMÜLLER 1989, S.28f.].

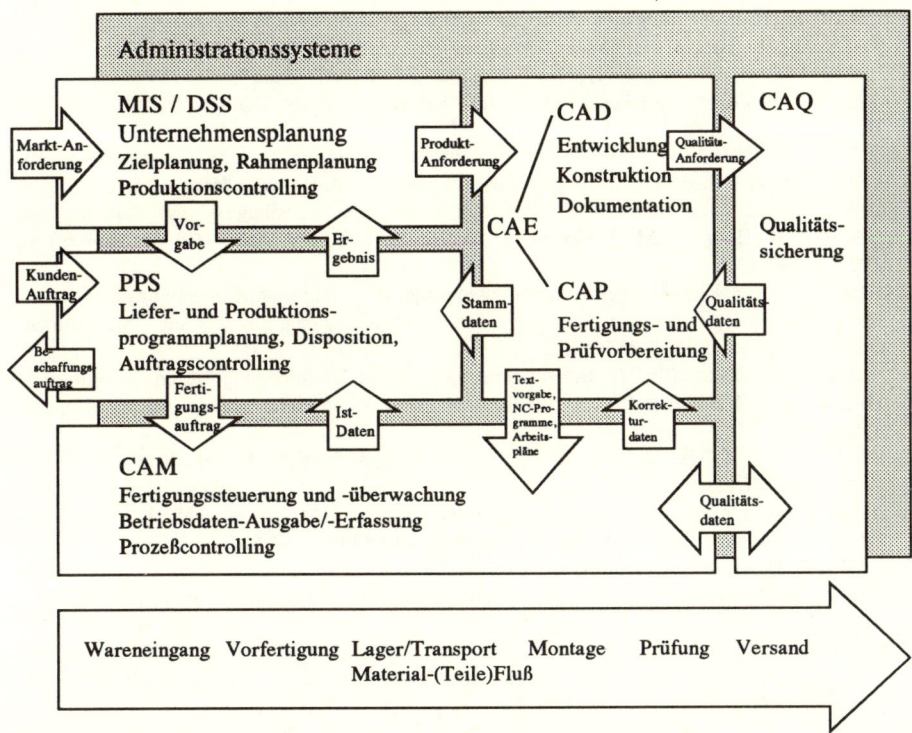

Abb. VIII/6: Informations- und Kommunikationssysteme im Verbund

Literatur

ARBEITSKREIS INTEGRIERTE UNTERNEHMUNGSPLANUNG DER SCHMALENBACH GESELLSCHAFT: Grenzen der Planung - Herausforderung an das Management, in: ZfbF 9/1991, S.811-829

BLÄSING, J.-P.: Rechnerintegrierte Qualitätssicherung, in: Geitner, U. (Hrsg.), CIM Handbuch, 2., vollst. überarb. und erw. Aufl., Braunschweig 1991, S.523-531

BLEICHER, K. et al.: Unternehmungsverfassung und Spitzenorganisation, Wiesbaden 1989

BÜHNER, R.: Betriebswirtschaftliche Organisationslehre, 5., überarb. Aufl., München 1991

BULLINGER, H.-J./HUBER, H./KOLL, P.: Chefinformationssysteme (CIS), in: Office Management 3/1991, S.6-20

BULLINGER, H.-J./NIEMEIER, J.: Informationsmanagement und CIB - eine Einführung, in: Bullinger, H.-J. (Hrsg.), Handbuch des Informationsmanagements in Unternehmen, Bd. 1, München 1991, S.23-46

EIDENMÜLLER, B.: Die Produktion als Wettbewerbsfaktor, Köln 1989

HAHN, D.: PuK - Controllingkonzepte, 4., vollst. überarb. u. erw. Aufl., Wiesbaden 1994

KRAUSE, F.-L.: Computer Aided Design und Computer Aided Planning, in: Bullinger, H.-J. (Hrsg.), Handbuch des Informationsmanagements im Unternehmen, Bd. 1, München 1991, S.273-331

KRCMAR, H.: Entscheidungsunterstützungssysteme: Hilfsmittel und Werkzeuge, in: Kurbel, K./Strunz, H. (Hrsg.), Handbuch Wirtschaftsinformatik, Stuttgart 1990, S.403-418

KREIKEBAUM, H: Strategische Unternehmensplanung, 4.Aufl., Stuttgart 1991

MAIER, H.: Zweidimensionales Zeichnen und Konstruieren, in: Geitner, U. (Hrsg.), CIM Handbuch, 2., vollst. überarb. und erw. Aufl., Braunschweig 1991, S.165-177

MERTENS, P./ GRIESE, J.: Integrierte Informationsverarbeitung 2 - Planungs- und Kontrollsysteme in der Industrie, 6., völlig neu bearb. und erw. Aufl., Wiesbaden 1991

PFEIFER, T./GIMPEL, B./KÖPPE, D./LÜCKER, M.: Qualitätsplanung und -lenkung, in: Geitner, U. (Hrsg), CIM Handbuch, 2., vollst. überarb. und erw. Aufl., Braunschweig 1991, S.497-522

RAETHER, CHR.: Kurzfristige Fertigungssteuerung in teilautonomen Fertigungsbereichen, in: Bullinger, H.-J. (Hrsg.), Handbuch des Informationsmanagements im Unternehmen, Bd. 1, München 1991, S.255-272

SCHAIBLE, F.A./DRÄGER, U.: Informationsmanagement im Rechnungswesen, in Bullinger, H.-J. (Hrsg.), Handbuch des Informationsmanagements im Unternehmen, Bd. 1, München 1991, S.123-145

SCHEER, A.-W.: CIM - Der computergesteuerte Industriebetrieb, 4., neu bearb. und erw. Aufl., Berlin/Heidelberg 1990a

SCHEER, A.-W.: Computer Integrated Manufacturing (CIM), in: Kurbel, K./Strunz, H. (Hrsg.), Handbuch Wirtschaftsinformatik, Stuttgart 1990b, S.47-68

SCHRÖDER, H.-H.: Entwicklungsstand und -tendenzen bei Produktionsplanungs- und -steuerungssystemen: eine kritische Bestandsaufnahme, in: Information Management 4/1990, S.62-75

SCHWEITZER, M.: Planung und Kontrolle, in: Bea, F.X./ Dichtl, E./ Schweitzer, M. (Hrsg.), Allgemeine Betriebswirtschaftslehre, Band 2: Führung, 5., neu bearb. Aufl., Stuttgart 1991

STAHLKNECHT, P.: Computerunterstützung in den betrieblichen Funktionsbereichen, in: Kurbel, K./Strunz, H. (Hrsg.), Handbuch Wirtschaftsinformatik, Stuttgart 1990, S.29-45

WAGNER, F.: NC-Programmierung, in: Geitner, U. (Hrsg.), CIM Handbuch, 2., vollst. überarb. und erw. Aufl., Braunschweig 1991, S.247-263

WARNECKE, H.-J.: CAM Konzepte - am Beispiel flexibler Fertigungssysteme, in: Geitner, U. (Hrsg), CIM Handbuch, 2., vollst. überarb. und erw. Aufl., Braunschweig 1991, S. 333-345

WILD, J.: Grundlagen der Unternehmungsplanung, 4. Auflage, Opladen 1982

IX. OPERATIVE PROZESSE

1. Marketing

(1) Operative Funktionen und ihre Abfolge: Welche Funktionen zu den operativen gezählt und in welcher Anordnung sie zu einer Wertschöpfungskette gereiht werden, hängt - abgesehen von technischen Zwängen - stark von der Wettbewerbssituation und -strategie der Unternehmung ab. Auf gesättigten Märkten und bei starkem Wettbewerb wird die vielstrapazierte Formel von Kundennähe und Wettbewerbsorientierung auch die Wertschöpfungskette prägen.

Vielfach wird der Leistungsprozeß als mit Forschung und Entwicklung beginnend gedacht. Während PORTER Forschung und Entwicklung zu den sekundären Aktivitäten zählt, wird dieses Aufgabenfeld hier als Teil der operativen Prozesse verstanden. Dafür sind vor allem zwei Gründe maßgebend. Zum einen besitzt in einem hochtechnisierten Land mit differenzierten Produkten der FuE-Bereich eine unmittelbar wettbewerbswirksame Bedeutung. Zum anderen kommt es - wie viele Beispiele zeigen - für den FuE-Erfolg sehr darauf an, eine intensive Verklammerung der Teilprozesse Vertrieb/Marketing und Produktion mit FuE zu erreichen. In manchen Branchen ist es sogar zur guten Übung geworden, eine intensive Abstimmung der Entwicklungsaktivitäten mit den Kunden herbeizuführen (z.B. Maschinenbau). Es spricht alles dafür, diesen Ansatz zu verallgemeinern. Am Beginn der Entwicklung eines neuen Produktes oder der Weiterentwicklung bzw. Verfeinerung bestehender Produkte sollten in jedem Fall sorgfältige Marketingaktivitäten stehen. Es gilt, bereits vor der technischen Entwicklung neuer oder verbesserter Produkte die Bedürfnisse der Kunden zu ermitteln bzw. das Kundenbewußtsein für den Anwendungsnutzen neuer Produkte zu aktivieren. Nicht das zu entwickelnde Produkt steht im Mittelpunkt, sondern die Lösung des Kundenproblems. Dazu kann es auch gehören, den erzielbaren Marktpreis zur Basis eines Entwicklungsauftrags zu machen (sog. **Target Pricing**). Am Ende des (Forschungs- und) Entwicklungsprozesses sollten Produkte und Dienstleistungen existieren, die aktuelle bzw. potentielle Kundenprobleme lösen. Nicht das technisch mögliche, sondern das vom Kunden benötigte Produkt ist gefragt. Entgegen dieser Forderung wird heute nicht selten an den Wünschen der Kunden vorbeientwickelt. Die Entwickler wollen den Markt überraschen, der Markt überrascht jedoch anschließend die Marketingexperten. Nachbesserungen verursachen dann hohe Kosten.

Outside-In-Denken muß auch Eingang in das Bewußtsein über die Anordnung der operativen Prozesse finden. Ist man sich darüber im klaren, daß schon während des Konzeptentwurfs ganz wesentlich der Marketingbereich gefragt ist, können Entwicklungen am Kunden vorbei stark eingeschränkt werden. Daraus resultiert ein hoher Abstimmungsbedarf zwischen Marketing und FuE.

Die Kette der operativen Prozesse sollte demgemäß bei Marketingaktivitäten beginnen (vgl. Abb. IX/1). Sie endet im übrigen zumindest gedanklich, zunehmend aber auch in der konkreten Ausgestaltung mit der **Entsorgung** der Produkte. Dies bedeutet, daß der traditionelle Kundendienst um entsprechende Aktivitäten zu ergänzen ist. Dabei können vorhandene Logistiksysteme (z.B. Händlerorganisation) genutzt oder neue aufgebaut werden (z.B. Duales System).

Abb. IX/1: Operative Prozesse

Diese Vorgangskette zeigt auch, daß durch Entwicklungs- oder Forschungstätigkeiten die nachfolgenden Aktivitäten stark beeinflußt werden. Zahlreiche Schnittstellen sind zu ermitteln und zu gestalten. Eine wesentliche Aufgabe besteht in der Integration der FuE-Aktivitäten in den Gesamtkomplex der operativen Prozesse.

Die Zuordnung einer Funktion bzw. eines Teilprozesses zu den operativen Prozessen betrifft die Makrostruktur der Unternehmung. In einer Mikrobetrachtung enthalten auch die operativen Prozesse sehr wohl Teilprozesse bzw. Teilfunktionen mit steuerndem und unterstützendem Charakter. Das gleiche gilt umgekehrt für die Funktionen, die als Planungs-, Steuerungs- und Kontrollfunktionen bzw. als Unterstützungsfunktionen eingestuft werden.

(2) **Aufgaben des Marketing:** Aus der Sicht der Prozeßkette wird der Begriff "Marketing" nicht als Synonym für marktorientierte Unternehmungsführung, sondern als Bezeichnung für die Gesamtheit der Marktinformations- und -kommunikationsfunktionen gebraucht [vgl. MEFFERT 1986]. Zu den Aufgaben des Marketing sind in erster Linie die Marktforschung sowie Werbung und Verkaufsförderung zu zählen.

Die **Marktforschungsaufgabe** hat Entscheidungen über die Anzahl und Art der durchzuführenden Aktivitäten sowie ggf. die Vornahme der Untersuchungen zum Inhalt. Marktforschung umfaßt die systematische Erforschung der Märkte (z.B. Absatzmärkte, Beschaffungsmärkte). Im Vordergrund steht die Analyse der Fähigkeit des Absatzmarktes, Umsatz zu erzielen sowie das Potential der Beschaffungsmärkte zur Deckung des Bedarfs der notwendigen Einsatzgüter, Finanzmittel und des Personals [vgl. MEFFERT 1986, S.178]. Zu den Aufgaben der Marktforschung gehören

- die Erforschung von gegenwarts- und zukunftsbezogenen Sachverhalten (Marktprognosen),

- das Schaffen einer Basis für realistische Zielformulierungen,

- das Bereitstellen notwendiger Informationen für alle betroffenen Unternehmungsbereiche sowie

- die Ermittlung der Stärken und Schwächen des Hauptkonkurrenten,

um Chancen und Risiken frühzeitig zu erkennen. Dies läßt sich zusammenfassend in fünf Aufgabenfeldern bündeln [vgl. BRUHN 1990, S.81]:

- Anregung: Es werden Impulse für die Initiierung von Marketingentscheidungen (z.B. Bearbeitung neuer Märkte, Entwicklung neuer Produkte) gegeben.

- Prognosen: Die Bewegungen der Triebkräfte im Wettbewerb sowie deren Auswirkungen auf das eigene Geschäft sind zu erfassen.

184

- Bewertung: Die Auswahl unter mehreren Entscheidungsalternativen (z.B. Neuprodukte) wird unterstützt.

- Kontrolle: Durch die systematische Suche und Sammlung relevanter Informationen findet eine ständige Überwachung des Geschäftsgeschehens statt.

- Bestätigung: Erfolge bzw. Mißerfolge von Marketingentscheidungen können durch Ursachenanalysen möglicherweise sichtbar gemacht werden.

Der Bereich der **Werbung** und der **Verkaufsförderung** umfaßt zahlreiche Unteraufgaben. Je nach Verständnis und konkreten Anforderungen der Unternehmungen reichen die Tätigkeiten von der Formulierung der Corporate Identity bis zum Einkauf von Werbemitteln.

Die klassische **Werbung** befaßt sich mit der Werbung in Massenkommunikationsmitteln. Sie wird in der Regel auf Mediawerbung in Zeitungen und Zeitschriften sowie Rundfunk und Fernsehen eingegrenzt [vgl. BRUHN 1990, S.199f.]. Im einzelnen lassen sich folgende Aufgaben unterscheiden:

- Formulierung der Werbeziele,

- Beschreibung von Zielgruppen,

- Entwicklung von Werbestrategien,

- Festlegung und Verteilung des Werbebudgets sowie

- Kontrolle der Werbewirkung.

Die **Verkaufsförderung** umfaßt Maßnahmen, die der Unterstützung und Erhöhung der Effizienz der eigenen Absatzorgane, der Marketingtätigkeit der Absatzmittler und der Beeinflussung der Verwender bei Beschaffung und Nutzung der Produkte dienen. Es werden zusätzliche Anreize auf die Zielgruppen ausgeübt, die zum Produkterwerb animieren sollen [vgl. MEFFERT 1986, S.490].

Zu den Aufgaben der Verkaufsförderung sind vor allem die Förderung des Abverkaufs am "Point-of-Sale", die Bekanntmachung und Profilierung neuer Produkte, die Steigerung von Probierkäufen und die Informationsverbesserung über Produktmodifikationen zu rechnen. Darüber hinaus ist die Gewinnung der Unterstützung und Akzeptanz im Handel sowie die Unternehmungs- bzw. Markenprofilierung beim Konsumenten als wichtiges, grundsätzliches Maßnahmenbündel zu nennen.

Als gesondertes Problem verdient die Markteinführung neuer Produkte Beachtung. In der Endphase der Neuproduktentwicklung muß die Durchsetzung des neuen Produktes in der Unternehmung, beim Konsumenten und ggf. im Handel sichergestellt werden. Damit ist eine Aufgabe angesprochen, die übergreifenden Charakter aufweist. Zahlreiche Unternehmungsbereiche sind zu koordinieren. Neben der engen Zusammenarbeit mit dem Forschungs- und Entwicklungsbereich ist auch der Produktionsbereich in die Aufgabenerfüllung einzubinden. Werbung, Verkaufsförderung, aber auch Vertrieb und Kundendienst sind auf dem Gebiet der Marketingaufgaben aufeinander abzustimmen, d.h. sachlich und zeitlich zu koordinieren [vgl. BRUHN 1990, S.141].

(3) Ablauforganisation des Marketing: Der gesamte Marketing-Prozeß läßt sich mit KOTLER in sechs Phasen einteilen (vgl. Abb IX/2, nach KOTLER 1989, S.84).

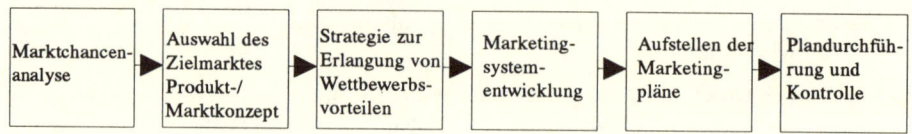

| Marktchancen-analyse | Auswahl des Zielmarktes Produkt-/ Marktkonzept | Strategie zur Erlangung von Wettbewerbs-vorteilen | Marketing-system-entwicklung | Aufstellen der Marketing-pläne | Plandurchfüh-rung und Kontrolle |

Abb. IX/2: Marketing-Prozeß

Nach der Marktchancenanalyse erfolgt eine Auswahl des Zielmarktes. Eine solche Marktsegmentierung ist notwendig, da jeder Markt mehr Kundengruppen und Bedürfnisse beinhaltet, als eine Unternehmung erfolgreich zufriedenstellen könnte. Das resultierende Produkt-/Markt-Konzept dient als Grundlage zur Formulierung einer geeigneten Wettbewerbsstrategie. Mit dem Begriff "Marketingsystem" ist die Regelung der Aufbauorganisation des Marketingbereiches sowie des Informations-, Planungs- und Kontrollsystems angesprochen. Die konkreten Marketingpläne setzen sich aus den für den Einzelfall notwendigen Bestandteilen des Marketing-Mix zusammen. Die Durchführung der geplanten Aktivitäten sowie ihre Überwachung bilden das logische Ende des Marketing-Prozesses [vgl. KOTLER 1989, S.84ff.].

(4) Träger von Marketingaufgaben: Marktforschungsaufgaben werden weitgehend von externen Instituten erledigt. Im Bereich Werbung und Verkaufsförderung sind Ausführungsaufgaben ebenfalls vielfach auf Externe übertragen. Die notwendige Spezialisierung und Professionalisierung sowie die Mindestgröße der erforderlichen Einheiten sprechen für diese Lösung. Interne Stellen des Marketing planen, steuern und überwachen Marketingkonzepte und deren Umsetzung.

Derartige Stellen sind typischerweise Teil des Absatzbereiches, in dem Verkauf, Distribution und Marketing gebündelt werden. Wenn der Absatzbereich funktional gegliedert ist, dann stehen Marketingfunktionen neben Funktionen wie Verkauf, Lieferwesen, Versand und Kundendienst. Ist der Absatzbereich objektorientiert aufgebaut, z.B. nach Produkten, dann stellen Marketingaufgaben Querschnittsfunktionen dar, die als Zentralstellen bzw. Stäbe organisiert sind. Entsprechende Größe des Absatzes vorausgesetzt, ergibt sich dabei die Frage, welche Teilfunktionen des Marketing auf die objektbezogenen Bereiche zu übertragen sind. So kann es sehr wohl sein, daß eine große Niederlassung oder eine Produktgruppe ihre eigenen Marketingaktivitäten durchführt. Im Falle einer divisionalen Organisation schließlich sind die Marketingaktivitäten zwischen Zentralbereich und Sparte aufzuteilen.

2. Forschung und Entwicklung

(1) Teilbereiche und Inhalte von FuE: Abgesehen von reinen Imitatoren, stellen Forschungs- und/oder Entwicklungstätigkeiten für Unternehmungen den Kern des Produktentstehungsprozesses dar. Jedes Automobil, jede Software, jeder Photoapparat sowie jede Finanzdienstleistung werden durch einen kreativen Prozeß der Ideenfindung geboren. Bereits existierende Produkte werden in ihrem Leben ständig weiterentwickelt.

Obgleich Forschung und Entwicklung nahezu immer in einem Atemzug genannt werden, sind es nur wenige, meist große oder spezialisierte Unternehmungen, die über eigene Forschungsabteilungen verfügen. Weitaus häufiger spielt die **Entwicklung** neuer Produkte, Verfahren, Technologien und Abläufe die maßgebliche Rolle.

186

Neu- und Weiterentwicklungen sowie die Erprobung der Anwendungsmöglichkeiten eröffnen den Produkt-/Leistungsbereitstellungs-Prozeß. Grundlagenforschung und angewandte Forschung werden nicht selten in Form von Gemeinschaftsunternehmungen betrieben, oder es werden externe Spezialisten (z.B. Hochschulinstitute) mit entsprechenden Projekten beauftragt. Die Grenzziehung zwischen Entwicklung und angewandter Forschung einerseits und der Erprobung andererseits ist fließend. Abb. IX/3 zeigt die FuE-Gebiete im Überblick.

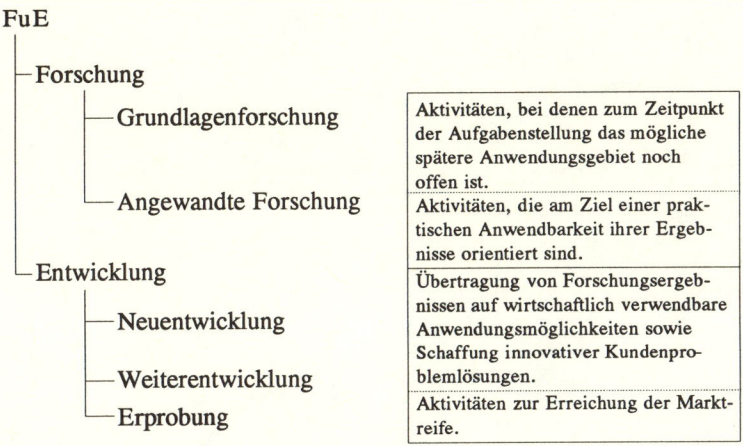

Abb. IX/3: Forschung und Entwicklung: Teilbereiche und Inhalte

Die gravierende Diskrepanz zwischen der Produktlebensdauer am Markt und dem Zeitbedarf für Forschung und Produktentwicklungen sowie anschließenden Tests und ggf. Einrichtung neuer Produktionsstätten zwingt die Unternehmungsträger vielfach zum Umdenken. Entwicklungszeiten von mehr als 5 bis 8 Jahren stehen Lebensdauern von nur 2 bis 3 Jahren gegenüber. Nicht selten werden Produktentwicklungsprozesse abgeschlossen, wenn die entwickelten Produkte bereits veraltet sind [vgl. TIBY 1988, S.93]. Es ist Aufgabe der Entwickler, Wettbewerbsvorteile durch die Erarbeitung und Bereitstellung **markt-, zeit-** und **kostengerechter** neuer Lösungen zu erzielen. Zumindest dort, wo die These gilt: "Nicht die Großen fressen die Kleinen, sondern die Schnellen die Langsamen", ist der Produktentwicklungsprozeß ein **kritischer Geschäftsprozeß** höchster Bedeutung und das "Schnellerwerden" die prägende Herausforderung.

(2) Schlüsselprozesse und Gestaltungshinweise (Makroanalyse): Der reibungslose Ablauf des Leistungserstellungsprozesses setzt die Abstimmung der Entwicklungsprozesse mit den nachfolgenden operativen Prozessen voraus. Der Kommunikation an den Schnittstellen kommt eine außerordentliche Bedeutung zu. Es ist wichtig, den **kritischen Prozeßverlauf (Schlüsselprozeß)** zu eruieren, "kritisch" z.B. in Hinblick auf den Zeitbedarf. Er ist durch die Kette der phasenspezifischen **Schlüsselaktivitäten** des jeweiligen Entwicklungsprozesses gekennzeichnet. Dieser **neuralgische Schlüsselprozeß** und seine Beziehung zum Produktentwicklungsprozeß sind in Abb. IX/4 [weiterentwickelt nach TIBY 1988, S.97] skizziert.

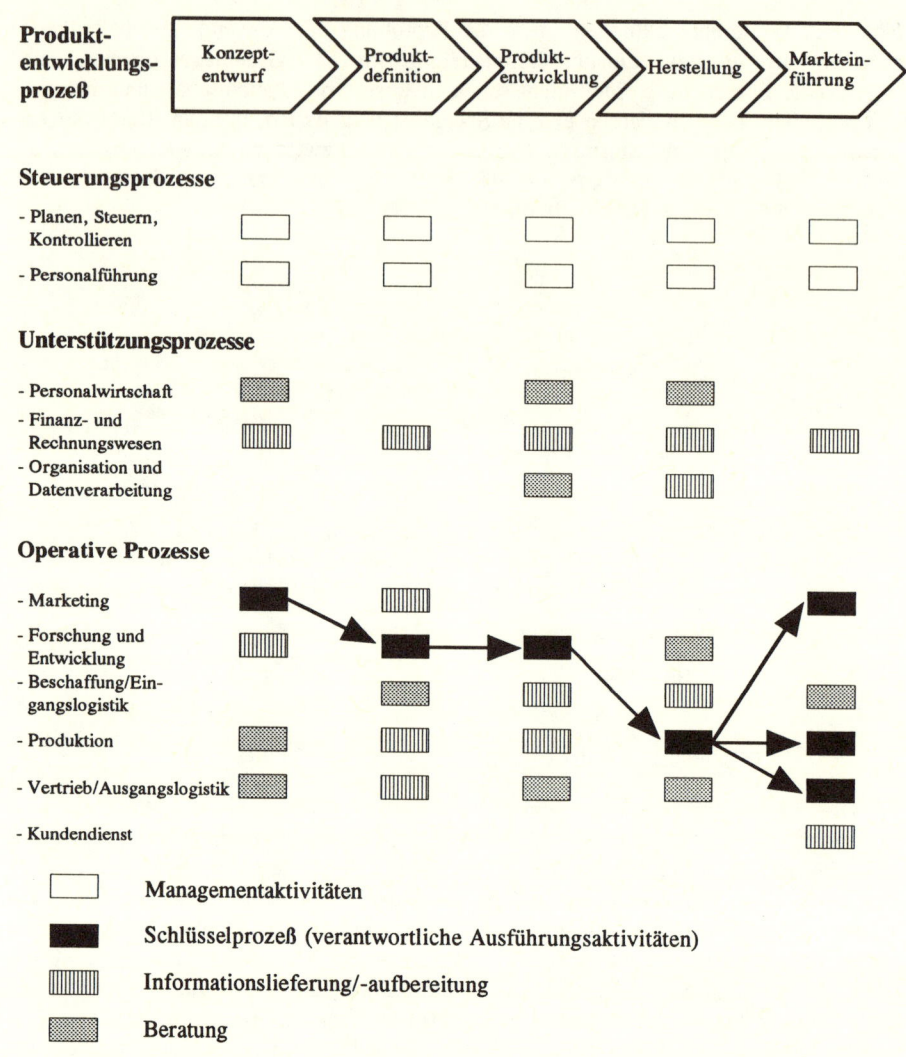

Abb. IX/4: Schlüsselaktivitäten und Schnittstellen des Produktentwicklungsprozesses (Schema)

Der Produktentwicklungsprozeß beginnt mit einer Konzeptentwurfsphase, in der vor allem die vom Produkt zu erfüllenden Anforderungen, wie z.B. Leistungsmerkmale, zu bestimmen sind. Bereits hier spielt Marketing eine Schlüsselrolle. Die Domäne von Forschung und Entwicklung stellt neben der Produktdefinition die Produktentwicklung selbst dar. Unter Einbezug der Forschungsergebnisse wird die ungeteilte Aufmerksamkeit auf die Entwicklungsaufgaben gerichtet. Anschließend ist der Produktionsbereich besonders gefragt. Die Resultate der Produktentwicklung müssen ggf. durch Umbau oder Umstellung der Produktionsanlagen und -verfahren realisiert werden. Dabei ist auch die Produktionslogistik einzubeziehen. In der Phase der

Markteinführung spielen sich die Schlüsselaktivitäten in den operativen Prozessen Marketing, Produktion sowie insbesondere Vertrieb/Ausgangslogistik ab.

Begleitet wird der operative Produktentwicklungsprozeß durch Unterstützungsprozesse, z.B. Wirtschaftlichkeitsanalysen des Finanz- und Rechnungswesens. Managementaktivitäten der Planung, Steuerung und Kontrolle sorgen für effiziente und effektive Abwicklung. Selbstverständlich gibt es auch wesentliche Schnittstellen zwischen "Steuerung", "Unterstützung" und "Operation", die in Abb. IX/4 nicht dargestellt sind. Durch die Ermittlung und Darstellung zusammenhängender Schlüsselprozesse, Managementaktivitäten und Beratungsaktivitäten sowie deren Schnittstellen wird es möglich, wesentliche Schwachstellen zu finden und problemangepaßt zu beseitigen. Über die unternehmungsinternen Schnittstellen hinaus sind Teilezulieferer sowie Produktionsmittelhersteller in den Prozeß einzubinden.

Praktische Schwierigkeiten bei der prozeßorientierten Verkettung können durch Mißtrauen gegenüber "fremden" Abteilungen entstehen. Abteilungsegoismen und "Abteilungszäune" stellen typische Hürden dar, die es zu überwinden gilt. Maßgeblichen Einfluß auf die Entwicklungszeit haben außerdem die aufbauorganisatorische Strukturierung sowie die Prozeßgestaltung und -abstimmung (Ablauforganisation). Nicht zuletzt ist das jeweilige Projektmanagement und seine Funktionsfähigkeit ein kritischer Erfolgsfaktor.

Nachdem so eine erste Skizze der Schlüsselprozesse und ihrer Schnittstellen mit den betroffenen Bereichen gezeichnet ist, kann die Suche nach spezifischen Lösungsansätzen zur Prozeßverkürzung eingeleitet werden. Eine Prozeßverkürzung ist vor allem durch

- markt- und produktorientiert definierte Vorgangsketten mit Ergebnisverantwortung,

- bewußtgemachte und sinnvoll gestaltete Schnittstellen,

- flache Hierarchien,

- problemangepaßtes Projektmanagement und

- optimal genutzte Informationstechnologie (z.B. CAD) zu erreichen [vgl. SCHMELZER/BUTTERMILCH 1988, S.54].

(3) Typen von Entwicklungsaufgaben (Mikroanalyse): Die Makroanalyse macht die **allgemeine** Problematik der FuE deutlich und zeigt die generellen Lösungsansätze. Zur weiteren Detaillierung der Probleme und organisatorischen Maßnahmen eignet sich eine Typisierung unterschiedlicher Entwicklungsaufgaben. Grundsätzlich können zwei Extremtypen unterschieden werden (vgl. Abb. IX/5, nach NIPPA/REICHWALD 1990, S.73). Entwicklungsaufgaben mit einem hohen Grad an Komplexität, Neuartigkeit und Variabilität bei niedrigem Strukturiertheitsgrad (z.B. Neuentwicklungen) stehen Entwicklungsaufgaben mit geringer Komplexität, Neuartigkeit und Variabilität bei hohem Strukturiertheitsgrad (z.B. Nachentwicklung) gegenüber. Dazwischen befindet sich eine Reihe von Mischtypen wie bspw. Aufgaben der Weiterentwicklung.

Aufgaben-typ formale Aufgaben-Merkmale	Entwicklungs-aufgaben vom Typ B z.B. Neu-entwicklung	Mischtypen z.B. Weiter-entwicklung	Entwicklungs-aufgaben vom Typ A z.B. Anpaß-/ Nachent-wicklung
Komplexität	Hoch		Niedrig
Neuigkeitsgrad	Hoch		Niedrig
Variabilität	Hoch		Niedrig
Strukturiert-heitsgrad	Niedrig		Hoch

Abb. IX/5: Typen von Entwicklungsaufgaben

PICOT/REICHWALD/NIPPA [vgl. 1988, S.123] empfehlen fünf Analyseschritte zur aufgabenorientierten Verkürzung der Entwicklungszeit und somit zur Erzielung kosten- und zeitgerechter Lösungen:

1. Primäre Verkürzung der Entwicklungszeit durch eine systematische Analyse und Beeinflussung der Merkmale der Entwicklungsaufgabe,

2. Bestimmung des dominanten Aufgabentyps,

3. Identifizierung der typenspezifischen Einflußfaktoren der Entwicklungszeit,

4. Auswahl typenspezifischer Analyse- und Gestaltungsansätze,

5. Entwicklung typenspezifischer Lösungsansätze und Verkürzungsmaßnahmen.

Die bei der Untersuchung der Schlüsselprozesse und ihrer Schnittstellen gewonnenen Erkenntnisse müssen in diese Analyse einfließen. Die Entwicklung typenspezifischer Lösungsansätze und Verkürzungsmaßnahmen sollte insbesondere auch die geforderte optimale Nutzung der Informations- und Kommunikationstechnologie gewährleisten.

Zunächst muß ein Bild der Anforderungen unterschiedlicher Entwicklungsaufgaben gezeichnet werden, das die hohe Bedeutung der Informations- und Kommunikationsprozesse bei der Erledigung der Entwicklungsaufgaben berücksichtigt (vgl. Abb. IX/6, nach NIPPA/REICHWALD 1990, S.81).

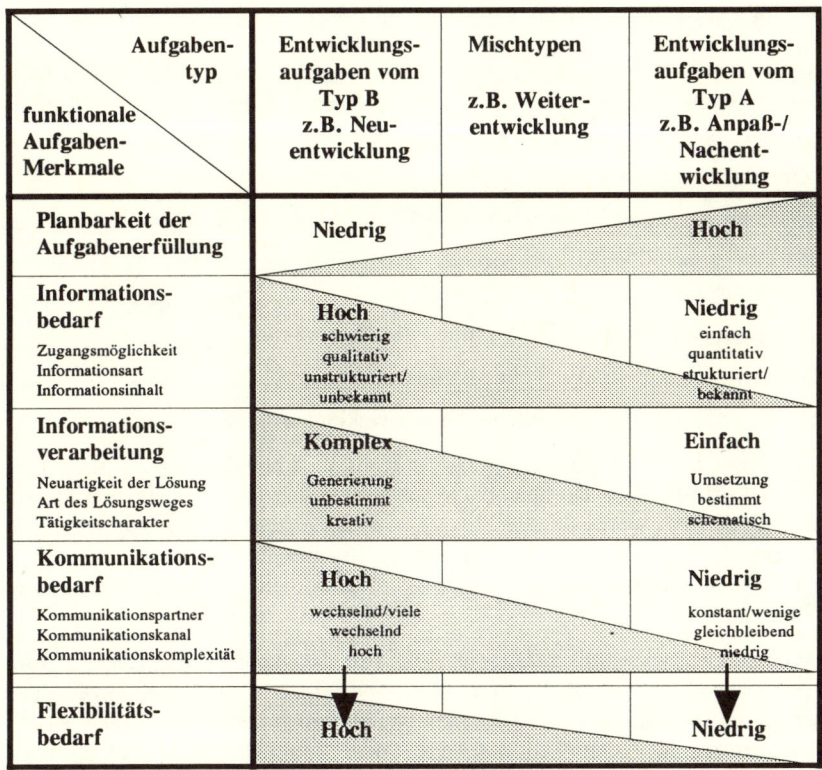

Aufgaben-typ / funktionale Aufgaben-Merkmale	Entwicklungs-aufgaben vom Typ B z.B. Neu-entwicklung	Mischtypen z.B. Weiter-entwicklung	Entwicklungs-aufgaben vom Typ A z.B. Anpaß-/Nachent-wicklung
Planbarkeit der Aufgabenerfüllung	Niedrig		Hoch
Informations-bedarf Zugangsmöglichkeit Informationsart Informationsinhalt	Hoch schwierig qualitativ unstrukturiert/ unbekannt		Niedrig einfach quantitativ strukturiert/ bekannt
Informations-verarbeitung Neuartigkeit der Lösung Art des Lösungsweges Tätigkeitscharakter	Komplex Generierung unbestimmt kreativ		Einfach Umsetzung bestimmt schematisch
Kommunikations-bedarf Kommunikationspartner Kommunikationskanal Kommunikationskomplexität	Hoch wechselnd/viele wechselnd hoch		Niedrig konstant/wenige gleichbleibend niedrig
Flexibilitäts-bedarf	Hoch		Niedrig

Abb. IX/6: Planbarkeit, Informations-/Kommunikations- und Flexibilitätsanforderungen unterschiedlicher Entwicklungsaufgaben

Aufgrund relativ konstant bleibender Informationsanforderungen ist der gezielte Aufbau von Datenbanken und Entwicklungsbibliotheken sowie die **technische Integration** mit den Produktionsprozessen für die Entwicklungsaufgaben vom Typ A (Anpaß- und Nachentwicklung) sowie z.T. auch für die Mischtypen (Weiterentwicklung) am ehesten zu forcieren. Der Einsatz technischer IKS (CAD, CAE, CASE) kann auch die genannten Aktivitäten maßgeblich unterstützen. Ziel der CAD-Verwendung ist es, Konstrukteure und Zeichner von Routinearbeiten zu entlasten, um ihnen mehr Zeit für Kreativität zu geben und um Durchlaufzeiten zu verkürzen. Am **CAD-Arbeitsplatz** sind nicht mehr Bleistift und Rasierklinge die dominanten Handwerkszeuge der Zeichner und Konstrukteure. Der alphanumerische und graphische Bildschirm, das Tablett mit Menüfeld und Stift, Tastatur, Maus, Digitalisierer sowie Drucker oder Plotter prägen den CAD-Arbeitsplatz. Statt Modelle oder Prototypen zu bauen und zu testen, können Computersimulationen z.B. Aufschluß über das Fahrverhalten und das Aufprallverhalten eines Autos geben.

Obgleich die Face-to-Face-Kommunikation für Entwicklungsaufgaben vom Typ B eine wesentliche Rolle spielt, ist der Einsatz hochspezialisierter Computersysteme (Datenbanken, 3-D-CAD) gefordert. Durch Vernetzung und Koppelung an zentrale

191

Datenbestände (Produktionsdaten, Baupläne, etc.) wird das Erreichen kürzerer Bearbeitungs- und Entwicklungszeiten weiter vorangetrieben.

Werden technische, organisatorische und personelle Aspekte bei der CAD-Anwendung integriert betrachtet, ergeben sich folgende Vorteile des CAD-Einsatzes [vgl. HAHN/LASSMANN 1990, S.154]:

- Kürzere Konstruktionszeiten,

- Durchspielen von Entwurfsalternativen,

- Weiterverwendung der Konstruktionsergebnisse bei entsprechendem Aufbau von Datenbanken,

- hohe Genauigkeit und Reproduzierbarkeit der Ergebnisse,

- Reduzierung des Anteils von Routinetätigkeiten,

- anschauliche Perspektiv-Darstellung der Entwicklungsobjekte.

Hinzuweisen bleibt auf die Bedeutung der **Raumorganisation** (vgl. S.224ff.). Um die zwingend erforderliche Kommunikation zwischen den unterschiedlichen Spezialisten im Rahmen einer Produktentwicklung zu gewährleisten, ist eine geeignete räumliche Anordnung zu treffen. Der Bau von Entwicklungszentren in der Automobilindustrie (z.B. **BMW, Chrysler**) für mehrere tausend Mitarbeiter zeigt die Bedeutung dieser Problemdimension.

(4) Träger von Entwicklungsaufgaben: FuE-Aufgaben können - wie andere Aufgaben - ganz oder teilweise ausgelagert werden. Spezialisierte Forschungseinrichtungen übernehmen entsprechende Aufträge. Kleinere Unternehmungen schließen sich für FuE-Vorhaben zu Kooperationen zusammen oder betreiben gemeinsam eine Forschungseinrichtung. Bei Großvorhaben sind Entwicklungspartnerschaften selbst für Großunternehmungen keine Ausnahme. Man denke an Triebwerks- und Flugzeugentwicklungen sowie die Chiptechnologie. Aber auch die rechtliche Verselbständigung von Entwicklungsabteilungen ist zu beobachten.

In Spartenstrukturen ist ggf. zwischen spartenübergreifenden Aktivitäten, vorwiegend Forschungsaufgaben, und spartenbezogenen Aufgaben zu unterscheiden.

3. Logistik

(1) Logistikprozesse: Logistik ist ein operativer Prozeß, der wie die Unterstützungsprozesse Personalwirtschaft, Finanz- und Rechnungswesen sowie Organisation/DV eine Querschnittsfunktion ausfüllt. Der Logistikprozeß setzt sich aus der **Eingangs- und Ausgangslogistik** sowie der **Produktionslogistik** zusammen. Die inputorientierten Logistikleistungen, auch **Beschaffungslogistik** genannt, beziehen die Schnittstelle Zulieferer-Produzent ein. Die outputorientierten Logistikaktivitäten (**Distributionslogistik**) konzentrieren sich auf die Schnittstelle Produzent-Händler bzw. Produzent-Kunde.

Nicht alle Logistikaktivitäten werden in jeder Unternehmung durchgeführt. Dienstleistungsunternehmungen wie Handelshäuser und Banken befassen sich nicht mit Produktionslogistik. Industrieunternehmungen überlassen distributionslogistische Aufgaben oftmals externen Spezialisten wie Spediteuren oder Händlerorganisationen, so daß Teile der Ausgangslogistik ausgelagert werden.

Der Zusammenhang der Logistikleistungen in einer Industrieunternehmung wird durch Abb. IX/7 vor dem Hintergrund der Wertschöpfungskette aufgezeigt.

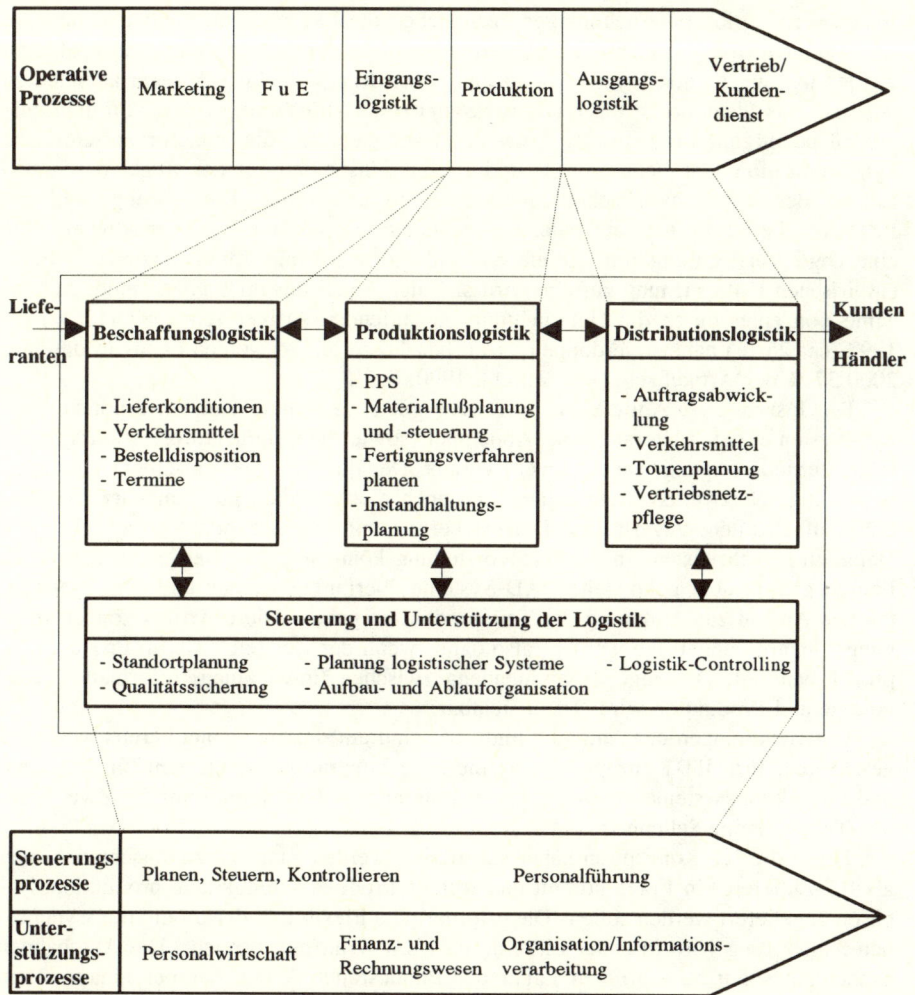

Abb. IX/7: Logistik in Industrieunternehmungen

Im Mittelpunkt der Bestrebungen zur Gestaltung der Logistikprozesse stehen heute kurze Durchlaufzeiten, Termintreue, hohes Qualitätsniveau und niedrige Bestände. Während die Produktionslogistik eine wichtige Schnittstelle zu **PPS-Systemen** im Rahmen computerintegrierter Produktion beinhaltet, weisen Beschaffungs- und Distributionslogistik hohe Affinität zum Marketing auf.

(2) Just-in-Time-Prinzip: Bei ständig sinkender Fertigungstiefe produzierender Unternehmungen gewinnen die Beziehungen zu den Lieferanten stärker an Bedeutung. Der Markt fordert hohe Flexibilität und zuverlässigen Lieferservice von den Produzenten. Produktionsunternehmungen verschieben die Lagerhaltung mehr und mehr in den Verantwortungsbereich der Zulieferer, um nicht durch große Läger unflexibel zu werden und wegen der damit verbundenen hohen Kapitalbindung zu teuer anbieten zu müssen. Das Idealbild ist die **fertigungssynchrone Anlieferung** der im Produktionsprozeß benötigten Produktteile. **"Just-in-Time"** steht für die ablauforganisatorische Synchronisation von Belieferungs- und Produktionsprozeß, in der Regel durch den Einsatz der Informationstechnologie wesentlich unterstützt. Diese weitgehend bestandslose Fertigung baut auf einer konsequenten logistischen Prozeßstruktur auf, die eine enge Verflechtung mit Zulieferern und ggf. auch mit Kunden vorsieht. Einer empirischen Untersuchung zufolge wird sich der Anteil der im Rahmen eines Just-in-Time-Konzeptes durch die Unternehmungen laufenden Artikel von 1987 (13 %) bis 1992 (ca. 25 %) nahezu verdoppeln. Hält der Trend an, so werden es bis in das Jahr 2000 37 % der Artikel sein [vgl. ZIBELL 1990, S.5].

Die Just-in-Time-Anlieferung setzt sehr gut abgestimmte und korrespondierende PPS-Systeme bei Lieferant und Abnehmer sowie integrierte Informationssysteme (Datenfernübertragung, Datenbanken) voraus. Der direkte, elektronische Datenzugriff ist wichtig. Netzwerksysteme eignen sich auch diesbezüglich gut, um kurze Verbindungsaufbauzeiten, zuverlässige Datensicherung und ausreichende Verfügbarkeit der Daten zu gewährleisten. In der Idealvorstellung könnten bspw. Designänderungen an Fahrzeugteilen über gekoppelte CAD-Systeme übermittelt werden und dem Lieferanten den Anstoß zur Änderung der Teileproduktion geben. Diese Artikel können fertigungssynchron abgerufen werden, also dann, wenn der Hersteller sie im Produktionsprozeß benötigt. Der enge Zusammenhang zwischen Entwicklung, Informationstechnologie und Produktion wird erneut sichtbar.

Unternehmungen der Automobilindustrie sind auf diesem Gebiet bereits weit fortgeschritten. Ihre JIT-Konzepte sehen eine enge Integration der eigenen Informations- und Produktionssysteme mit denen der Zulieferer vor. Die Anlieferung im Zwei-Stunden-Takt ist keine Seltenheit.

Bevor die JIT-Konzeption näher spezifiziert werden kann, ist zu entscheiden, wer als JIT-Zulieferer in Frage kommt und welche Produkte/Produktteile produktionssynchron angeliefert werden sollen. Die erforderliche Flexibilität der produktionssynchronen Anlieferung wird in erster Linie durch LKW-Transport erreicht. Die Autobahnen avancieren somit zum größten Lager der Bundesrepublik und darüber hinaus. Dem Lieferanten drohen hohe Konventionalstrafen, wenn die vereinbarten Liefertermine nicht eingehalten werden.

Bei der Gestaltung der JIT-Konditionen sind folgende Parameter zu konkretisieren:

- **Zeitpunkt** der Anlieferung,

- **Ort** der Anlieferung,

- **Qualitätsniveau** der angelieferten Ware.

So muß Klarheit darüber bestehen, ob die Direktbelieferung stundengenau, tagesgenau oder wochengenau erfolgt. Hier eignet sich eine ABC-Analyse der Produktteile, um Hinweise für die Vorteilhaftigkeit alternativer Lieferzeitpunkte zu erhalten. Auch der Ort der Warenanlieferung spielt für die Konzeption eines Just-in-Time Konzeptes keine unwesentliche Rolle. Es ergeben sich Einflüsse auf die Prozeßgestaltung, je nachdem ob eine Lieferung direkt an den Einsatzort oder an andere zentrale Orte stattfindet. Des weiteren muß das Qualitätsniveau der Lieferteile festgelegt werden. Es gilt z.B. Toleranzen und andere Qualitätsstandards zu bestimmen. Die ABC-Analyse gibt sicherlich auch für diese Entscheidung wertvolle Orientierungshilfen.

(3) Träger von Logistikaufgaben: Logistikaufgaben können zu einem eigenen Bereich gebündelt oder mit der Produktion vereint werden. Konzepte der Lean-Production sind c.p. wohl einfacher zu verwirklichen, wenn die Logistik dem Produktionschef untersteht, so z.B. im Falle der **Volkswagen AG.** Die Verringerung der Fertigungstiefe sowie der Bezug und Einbau ganzer Systeme statt einzelner Teile sollen die Kosten senken und die Flexibilität erhöhen. Dazu kann auch gehören, daß der Zulieferer die Montage mit seinem Personal in den Werken des Herstellers vornimmt, so z.B. bei **BMW** zu sehen.

Die Outsourcingfrage stellt sich aber auch für die Logistikaufgaben insgesamt, dies vorrangig in der Beschaffungs- und Distributionslogistik. Die Beschaffungslogistik ist auf die Lieferanten bzw. das Transportgewerbe (z.B. Spediteure, Bundesbahn) übertragen. Für die Distributionslogistik stellt sich die Problematik analog. Manche Hersteller, die traditionell einen eigenen Fuhrpark unterhalten, z.B. Brauereien, denken über Outsourcing nach. Auch Konzepte der Selbstabholung sind u.U. interessant, allerdings vorwiegend im Handel (z.B. Abholmärkte, Möbelhandel). In der Gegenrichtung sind aber auch erfolgreiche Versuche zu beobachten, dem Kunden Logistikaufgaben abzunehmen, so z.B. im Tiefkühlheimdienst oder Versandhandel. Die Zusammenhänge zur Wettbewerbsstrategie sind deutlich.

4. Produktion

(1) Gestaltungsalternativen der Produktionsprozesse: Die Organisationsprobleme und -konzepte der Fertigung berühren den technischen Kern des Leistungsprozesses.

Im Gegensatz zu anderen Funktionen sind die Probleme und organisatorischen Lösungskonzepte weitreichend untersucht. Die Ablauforganisation der Produktion kann entweder als Verrichtungsfolge oder Objektfolge oder als Mischform strukturiert sein. Auf diesen drei Prinzipien bauen die unterschiedlichen **Organisationstypen der Fertigung** auf (vgl. Abb. IX/8, weiterentwickelt nach ZÄPFEL 1989, S.159).

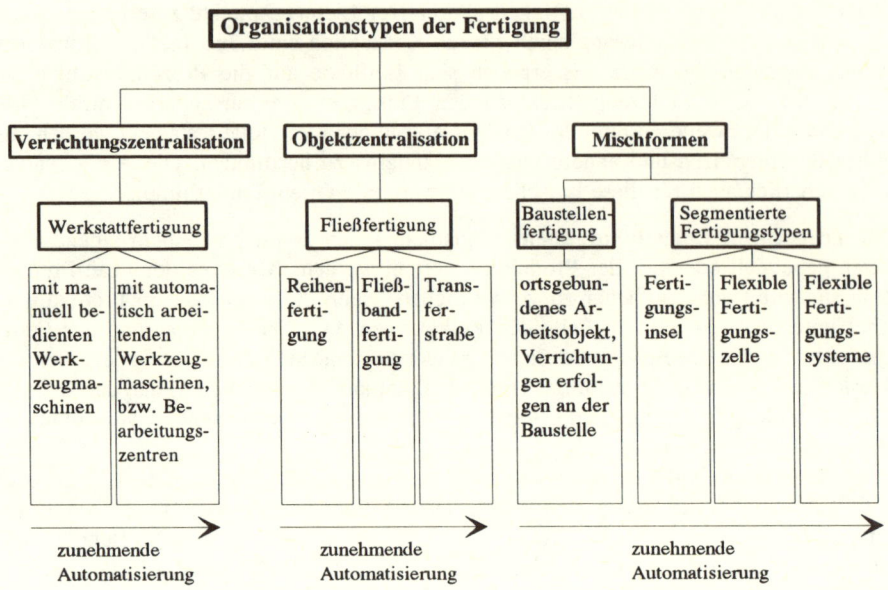

Abb. IX/8: Organisationstypen der Fertigung

Werkstattfertigung entsteht durch Verrichtungszentralisation. Hier kommt es insbesondere auf die Ausprägung des Merkmals Verrichtung an. Gleiche oder ähnliche Verrichtungen werden in **Werkstätten** zusammengefaßt (Dreherei, Fräserei, Lackiererei etc.), zwischen denen die verschiedenen Objekte hin und her bewegt werden. Je nachdem, ob mit manuell bedienten oder mit automatischen, numerisch gesteuerten Werkzeugmaschinen gearbeitet wird, liegt ein unterschiedlicher Automatisierungsgrad vor.

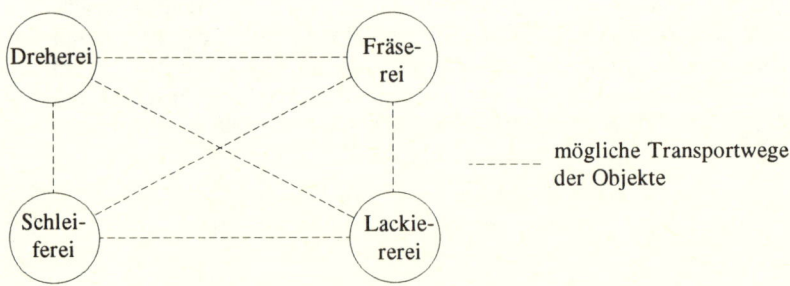

Abb. IX/9: Werkstattfertigung

Dadurch können viele verschiedene Produkte hergestellt werden. Es entstehen aber lange Transportwege und -zeiten, die hohe Transportkosten verursachen und dem Ziel der Prozeßbeschleunigung entgegenstehen. Außerdem sind zahlreiche Überschneidungen der Transportwege, Warte- und Leerzeiten möglich, da alle zu fertigenden Produkte die einzelnen Werkstätten passieren. Genau wie bei der Baustellenfertigung sind zeitlicher Ablauf und Reihenfolge der einzelnen Verrichtungen noch nicht festgelegt. Dies obliegt der Ablaufplanung in der Arbeitsvorbereitung.

Die **Fließfertigung** ist durch Objektzentralisation charakterisiert. Die technisch-wirtschaftliche Folge [vgl. GROSSE-OETRINGHAUS 1974, S.275] der Verrichtungen, die bei der Baustellen- oder Werkstattfertigung sich erst aus der Ablaufplanung für eine konkrete Produktionsperiode ergibt, ist hier in die Ablauforganisation des Produktionsprozesses bereits einbezogen. Gleiche oder ähnliche Produkte fließen eine Fertigungsstraße entlang, wobei in einer vorher festgelegten Abfolge Verrichtungen an ihnen vorgenommen werden.

---- Transport

Abb. IX/10: Fließfertigung

Zeitlich ungebundener Materialfluß wird in Form der Reihenfertigung, zeitlich gebundener Materialfluß durch Fließband- bzw. Transferstraßenfertigung gestaltet sein [vgl. ZÄPFEL 1989, S.185f.]. Die Transferstraße verkörpert den höchsten Automatisierungsgrad. Gegenüber den übrigen Formen der Fließfertigung besteht das Neue in der computergesteuerten Übernahme des Werkstücks von der vorhergehenden Fertigungsstation, in der automatischen Weiterbeförderung zur nächsten Produktionsanlage und im automatischen Einspannen und Einstellen des Werkstücks. [vgl. SCHWEITZER 1994, S.188f.]. Transferstraßen gewinnen heute insbesondere in der Großserienfertigung (Automobilindustrie) an Bedeutung. Mehrere NC-, CNC- Maschinen oder Bearbeitungszentren sind miteinander verbunden und bearbeiten taktgebunden die Fertigungsobjekte. Die Anwendung mehrerer Fertigungstypen nebeneinander ist durchaus nicht ungewöhnlich. Oftmals werden Produktteile nach dem Prinzip der Verrichtungs-zentralisation produziert und anschließend nach dem Fließprinzip, z.B. auf automatisierten Fertigungsstraßen, montiert.

Ausgehend von Erfahrungen der japanischen Industrie findet neuerdings neben der konventionellen Produktionssteuerung das KANBAN-Prinzip verstärkte Beachtung. KANBAN ist ein japanischer Begriff, der soviel wie Karte oder Schild bedeutet. Auch hier stehen die Zielsetzungen hohe Flexibilität bei geringer Kapitalbindung im Vordergrund. Grundlage zur Steuerung des gesamten Materialflusses durch die einzelnen Produktionsstufen ist das **Holprinzip**. Jede Arbeitsstation ist eigenverantwortlich dazu verpflichtet, die zu bearbeitenden Werkstücke und Zwischenprodukte von der jeweils vorgelagerten Fertigungsstufe abzuholen. Gegebenenfalls kann Material auch noch von externen Lieferanten angefordert werden. Der geregelte Materialfluß durch den gesamten Produktionsprozeß wird durch Pufferlager zwischen den Fertigungsstufen gewährleistet. Zwischen den einzelnen Bearbeitungsstufen dienen die sog. **KANBAN-Karten** als Informationsträger.

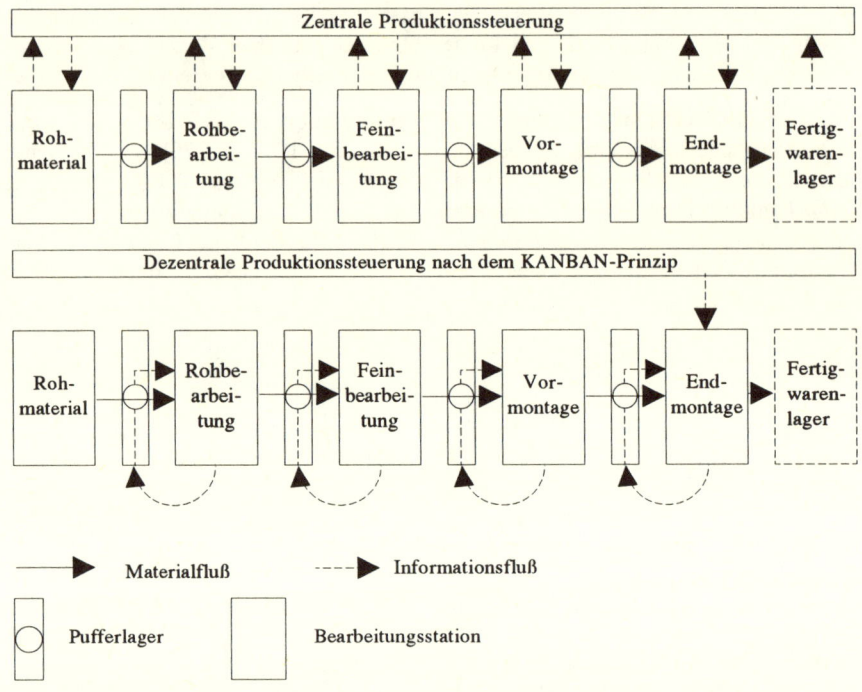

Zentrale Produktionssteuerung

| Roh-material | Rohbe-arbei-tung | Fein-bearbei-tung | Vor-montage | End-montage | Fertig-waren-lager |

Dezentrale Produktionssteuerung nach dem KANBAN-Prinzip

| Roh-material | Rohbe-arbei-tung | Fein-bearbei-tung | Vor-montage | End-montage | Fertig-waren-lager |

→ Materialfluß   ---→ Informationsfluß

Pufferlager   Bearbeitungsstation

Abb. IX/11: Zentrale versus dezentrale Produktionssteuerung

Fließbandfertigung bzw. Transferstraßen, d.h. Produktion nach dem Fließprinzip, ist grundsätzlich Voraussetzung für die Anwendung des KANBAN-Systems. Der KANBAN-Einsatz erfolgt also bei Großserien- und Massenfertigung. Im Gegensatz zu den Ansätzen zentraler Produktionssteuerung ist das KANBAN-Prinzip durch dezentrale Steuerungssysteme gekennzeichnet (vgl. Abb. IX/11, nach WILDEMANN 1984, S.34).

Damit fördert ein KANBAN-System die Realisation einer Just-in-Time-Produktion. WILDEMANN weist darauf hin, daß die Einführung der dezentralen Produktionssteuerung nach dem KANBAN-Prinzip an bestimmte Anwendungsbedingungen gekoppelt ist [vgl. WILDEMANN 1984, S.37ff.]. Folgende Voraussetzungen sollten im Produktionsbereich erfüllt sein:

- Die Zahl der einbezogenen Produktionsstufen sollte klein sein; ihre Produktionsstruktur sollte einfach sein (geringe Vernetzung),

- es dürfen keine größeren Beschäftigungsschwankungen vorkommen,

- die Variantenzahl in einer Baugruppe sollte möglichst klein sein,

- die verwendeten Teile sollten technisch ausgereift sein,

- Produktionsprozeß und Produktionsqualität sollten beherrscht werden,

- die Einzelkapazitäten der einbezogenen Produktionsstufen sollten miteinander abgestimmt sein,

- Rüstzeiten sollten reduzierbar sein.

Wie bereits erwähnt, werden diese Bedingungen insbesondere von der Fließfertigung erfüllt. Bisher wurde das KANBAN-Prinzip in erster Linie in Unternehmungen der Großserien- bzw. Massenproduktion eingesetzt.

Die **Baustellenfertigung** stellt eine Mischform aus Verrichtungs- und Objektzentralisation dar. Es wird ein unbewegliches Produkt gefertigt bzw. ein Produkt, das aufgrund seiner Größe und seines Gewichts so hohe Transportkosten verursachen würde, daß es als ortsgebunden und damit unbeweglich behandelt wird. Alle notwendigen Verrichtungen wie Vorfertigen, Montieren, Qualitätskontrolle erfolgen auf der Baustelle, d.h. am Standort des Objektes. Der Ort der Fertigung muß dabei nicht außerhalb der produzierenden Unternehmung liegen, wie es beim Hausbau, Straßenbau oder beim Großanlagenbau die Regel ist. Im Fall bspw. der Schiffs- oder Flugzeugproduktion liegt die Baustelle innerhalb des Betriebes und ist durch Dock oder Montagehalle gekennzeichnet.

Da der zeitliche Ablauf und die Reihenfolge der Verrichtungen durch diesen Produktionstypus noch nicht vorgegeben ist, muß eine detaillierte Ablaufplanung hinzukommen, die sich bspw. der Netzplantechnik bedienen kann.

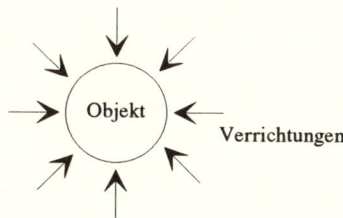

Abb. IX/12: Baustellenfertigung

Für die Produktteilefertigung sind neue Produktionstypen ebenfalls als **Mischformen** entwickelt worden. Ziel dieser Typen ist es, die Vorteile der Werkstatt- und der Fließfertigung zu vereinen. Dem Wunsch nach Flexibilität und Anpassungsfähigkeit steht das Bestreben nach reibungslosem Materialfluß gegenüber. Fertigungsinseln, Fertigungszellen und flexible Fertigungssysteme können bei der Realisation dieser Ziele helfen. Man kann sie auch als **segmentierte Fertigungstypen** bezeichnen. Sie unterscheiden sich durch einen steigenden Automatisierungsgrad. Die weitgetriebene Arbeitsteilung der Fließfertigung wird zurückgenommen. Teilautonome Arbeitsgruppen und damit ein breites Aufgabenspektrum sowie eine höhere Verantwortung für den einzelnen Mitarbeiter bestimmen das Bild.

Das zentrale Merkmal einer **Fertigungsinsel** ist die räumliche Zusammenfassung des zur Produktion einer Teilefamilie erforderlichen Teilespektrums, der Anlagen und Maschinen sowie der Mitarbeiter [vgl. BÜHNER 1991, S.261]. Arbeitssysteme, die einen fertigungsorganisatorisch isolierbaren Teil der Gesamtproduktionsaufgaben darstellen, werden zu einem Arbeitsbereich zusammengefaßt, der dann eine "Fabrik in der Fabrik" darstellt. Die verschiedenen Fertigungsinseln entstehen also durch Objektzentralisation. Innerhalb der Fertigungsinsel kommt es zu einer Verrichtungszentralisation (Werkstattfertigung). Ein Anwendungsbeispiel ist die Chassis-Bearbeitung in der LKW-Produktion [vgl. HAHN/LASSMANN 1990, S.43]. Bezogen auf die Struktur-typen der Ablauforganisation (vgl. S.130ff.), werden also alle erforderlichen Verrich-tungen für die Bearbeitung des Objekts LKW-Chassis räumlich gruppiert (vgl. Abb. IX/13).

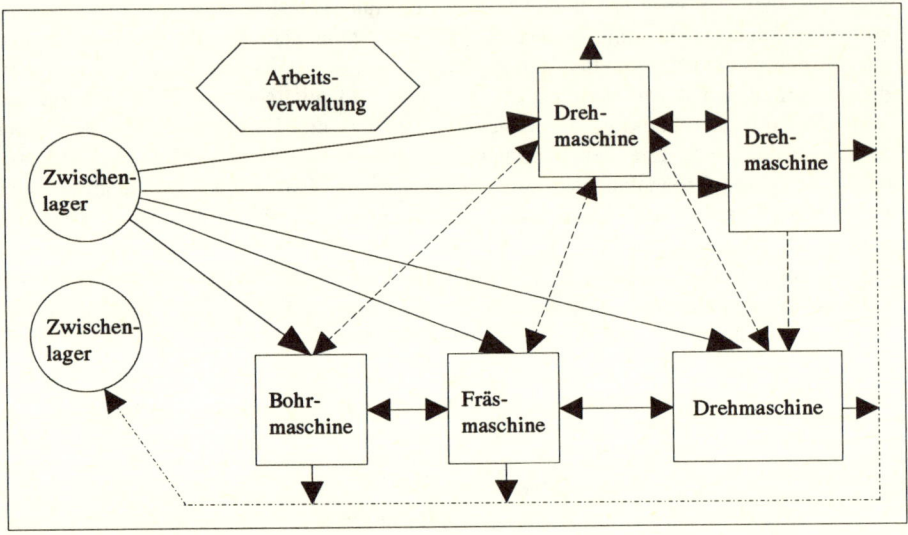

Abb. IX/13: Prinzip einer Fertigungsinsel

Je nach Typ werden unterschiedliche Verrichtungen in unterschiedlicher Folge erforderlich. Fertigungsinseln eignen sich vorwiegend für Aufgaben mit Merkmalen wie [vgl. AUSSCHUSS FÜR WIRTSCHAFTLICHE FERTIGUNG 1984, S.11ff.]

- kleine Losgrößen,

- gleiche Aufträge in unregelmäßiger Folge,

- NC-Maschinen,

- wenige Arbeitsschritte und

- geringe Technologievielfalt.

Die erhöhten Anforderungen an die Mitarbeiter äußern sich in Eigenschaften wie Vielseitigkeit, Verantwortungsbereitschaft, Kooperationsfähigkeit sowie in einem an-gemessenen Qualifikationsniveau. Anders als die flexiblen Fertigungssysteme und Fertigungszellen verfügen die Fertigungsinseln nicht über automatische Transportsy-steme.

Flexible Fertigungszellen sind die kleinsten autonomen Fertigungssysteme, cha-rakterisiert durch einen im Vergleich zu Fertigungsinseln höheren Automatisierungs-grad. Das Bestreben geht dahin, große und unübersichtliche Fertigungsstrukturen aufzubrechen und in kleine, überschaubare Zellen zu segmentieren. Gerade in der

200

Einzel- und Kleinserienfertigung, wo mit häufigem Auftragswechsel zu rechnen ist, werden flexible Fertigungszellen vermehrt eingesetzt. Eine charakteristische Konfiguration setzt sich aus mehreren Bearbeitungsstationen zusammen, die durch eine automatisierte Werkzeugversorgung gekennzeichnet sind. Die Koordination wird von einem integrierten Rechner (Zellenrechner) übernommen [vgl. VENITZ 1990, S.69]. Flexible Fertigungszellen sind insbesondere für die Fertigung eines breiten Produktspektrums bei kleineren bis mittleren Losgrößen geeignet (vgl. Abb. IX/14, nach HAHN/LASSMANN 1990, S.43).

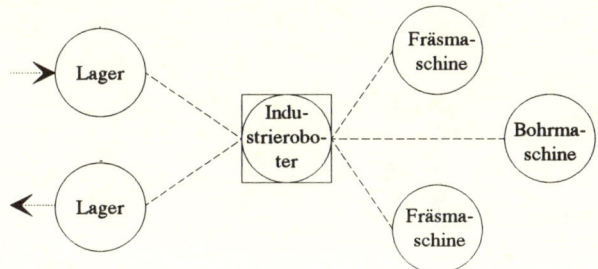

Abb. IX/14: Prinzip einer flexiblen Fertigungszelle

Flexible Fertigungssysteme ermöglichen die Bearbeitung unterschiedlicher Teile mit unterschiedlichen Bearbeitungsprozessen in beliebiger Bearbeitungsreihenfolge (vgl. Abb. IX/15, nach HAHN/LASSMANN 1990, S.43). Sie umfassen in der höchstentwickelten Form mehrere funktionsverschiedene Aggregate, die alle durch automatisierte Transportvorrichtungen miteinander verknüpft sind [vgl. HAHN/LASSMANN 1990, S.44]. Bei diesen Aggregaten handelt es sich um mehrere numerisch gesteuerte Werkzeugmaschinen, die über ein zentrales Fertigungs- und Überwachungssystem und ein gemeinsames Transportsystem der Werkstücke miteinander verbunden sind [vgl. VENITZ 1990, S. 70]. Diese ermöglichen durch Verkettung den wahlfreien Materialfluß. Gleichzeitiges, möglichst komplettes Bearbeiten unterschiedlicher Arbeitsobjekte in einem System ist somit gewährleistet [vgl. WILDEMANN 1988, S.61; ZÄPFEL 1989, S.160].

Die **Vorteile** derartiger Fertigungssysteme liegen insbesondere in

- der automatischen Versorgung der Bearbeitungsmaschinen mit Werkstücken und Werkzeugen,
- der computeroptimierten Maschinennutzung und Prozeßsteuerung,
- der computergesteuerten Überwachung des automatischen Fertigungsablaufs,
- der Möglichkeit vorbeugender Wartung und Instandhaltung der Bearbeitungsmaschinen sowie Transport- und Handhabungssysteme (Roboter),
- einer weitgehend bedienerlosen und aufsichtsarmen Fertigung,
- einer Entkoppelung des Bedienungspersonals vom Arbeitstakt der Maschinen,
- der Möglichkeit einer Mehrmaschinenbedienung,

- einer Erhöhung des Maschinennutzungsgrades sowie

- der Reduktion der Durchlaufzeit in der Fertigung und somit der auftragsbezogenen Lieferzeiten verbunden mit

- einer schnellen Reaktionsfähigkeit auf Bedarfsänderungen durch Fertigung in bedarfs- und montagegerechten Losgrößen [vgl. WARNECKE 1991, S.347].

Dem stehen **Nachteile** wie

- höhere Investitionskosten und

- Mehrkosten in der Einführungsphase (Planungs-/Personalbedarf) gegenüber.

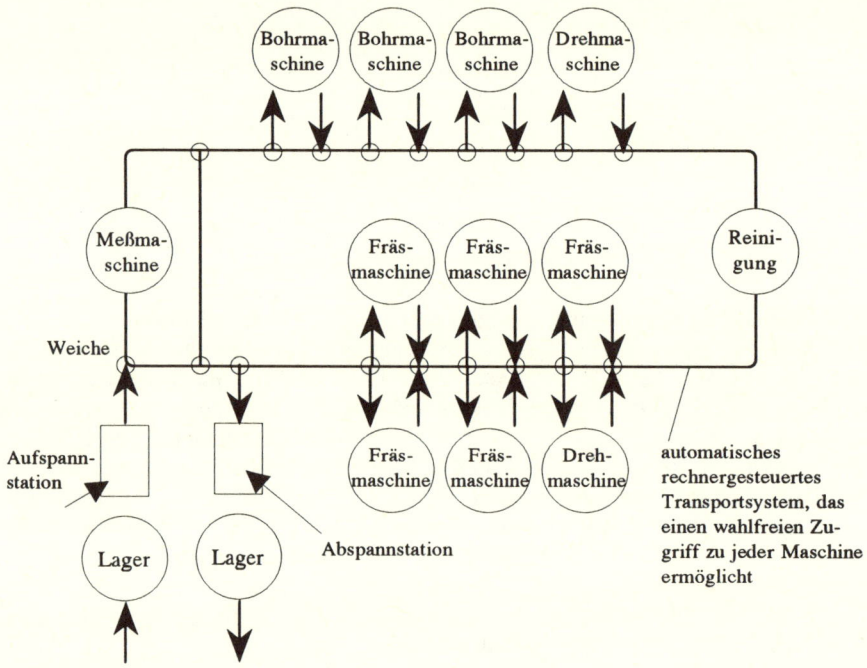

Abb. IX/15: Prinzip eines flexiblen Fertigungssystems

(2) Beurteilung der Zielwirksamkeit: Um die Vorteilhaftigkeit der verschiedenen Grundtypen der Fertigungsorganisation zu ermitteln, ist deren Zielwirksamkeit hinsichtlich technischer (leistungsbezogener), sozialer und ökonomischer Ziele zu prüfen. Die technischen Ziele stehen am Anfang der Überlegungen, weil sich hierin das Produktionsprogramm als entscheidende Determinante der Fertigungsorganisation ausdrückt.

Die Leistungsart als erstes Merkmal **technischer Ziele** bezieht sich auch auf den Markt der abzusetzenden Produkte. Ist das Marktvolumen klein und in viele Teilmärkte aufgesplittet, führt dies zu einer weitgehend kundenorientierten Produktion in Einzelfertigung. Diese erlaubt eine hohe Leistungsqualität bei geringer Leistungsmenge und hoher Fertigungszeit. Diese Konstellation ist für die **Werkstattfertigung** typisch, wenn auch nicht zwingend, da die hohe Flexibilität der Werkstattfertigung bei kurzfristigen Marktimpulsen auch die Produktion kleiner und mittlerer Serien zuläßt. Wird hieraus ein langfristiger Trend, stellt sich allerdings das Problem einer Umorganisation der Fertigung, Anlaß für die Bildung eines entsprechenden Organisationsprojektes. Praktische Beispiele für die unmittelbar kundenbezogene Einzelfertigung in Werkstätten sind der Großbehälterbau, der Spezialmaschinenbau oder der Großanlagenbau.

Besteht ein größeres Marktvolumen, lassen sich Spezialisierungsvorteile durch das Auflegen von Serien oder gar durch Sorten- oder Massenproduktion ausnutzen. Hierfür eignet sich die **Fließfertigung**. Hohe Leistungsqualität bedarf jedoch eingehender Überwachungsmaßnahmen. Große Leistungsmengen lassen sich bei geringem Zeitaufwand erbringen. Die Flexibilität der Fließfertigung ist dabei weitaus geringer als die der Werkstattfertigung (Rüstzeiten), doch nimmt gerade durch die Entwicklung der Mikroelektronik und ihrer Anwendung im Produktionsbereich die Flexibilität auch der Fließfertigung zu, so wie durch Industrieroboter die Automatisierungsmöglichkeiten für die Werkstatt steigen. Ein Beispiel für das Zusammentreffen von mittelbarer Kundenorientierung, Massenproduktion und Fließfertigung ist die Petrochemie. In eingeschränktem Maße gilt dies auch für den Automobilbau, wo die Kundenorientierung stärker ausgeprägt ist und eher eine Tendenz zur Großserien- als zur Massenproduktion besteht.

Das KANBAN-Konzept füllt eine wichtige Schnittstelle zwischen Produktionsprozessen und Produktionslogistik aus. Durchlaufzeiten können durch dessen Einsatz verkürzt, Bestände gesenkt und die Termintreue kann gesteigert werden.

Auch die **Baustellenfertigung** hängt in ihrer Einschätzung bzgl. der technischen Ziele vom Markt und dessen Auswirkungen auf das Produktionsprogramm ab. Wird nur ein großes Produkt (z.B. Spezialschiff) in Einzelproduktion für einen bestimmten Kunden gefertigt, gleicht die Beurteilung in allen Punkten den bei der Werkstattfertigung gemachten Aussagen. Nimmt aber das Marktvolumen zu und lassen sich (kleine) Serien auflegen, so lassen sich einzelne Aggregate des großen Produktes möglicherweise in Fließfertigung herstellen, so daß teilweise die Beurteilung zu ändern ist. Die konkrete Fertigungsorganisation ähnelt dann z.B. der Fließinselproduktion. Allerdings ist zu berücksichtigen, daß für große und komplexe Produkte (Tanker, Jumbo-Jets) das Marktvolumen immer enge Grenzen haben wird.

Durch die steigende Nachfrage nach hoher Typen- und Variantenzahl sind die Hersteller gezwungen, von den jeweiligen Produkten geringere Stückzahlen herzustellen. Die Notwendigkeit des schnellen Umrüstens auf wechselnde Erzeugnisarten nimmt zu. Klein- und Mittelserienfertigung ist gefragt. Herkömmliche Systeme der Fließfertigung weisen eine zu geringe Anpassungsfähigkeit an die sich ändernden Kundenwünsche auf. Der Vorteil der Produktion durch eine Segmentierung von Produktionseinheiten (Fertigungsinsel, flexible Fertigungszelle, -systeme) besteht in der hohen Flexibilität. Durch den Einsatz selbststeuernder Arbeitsgruppen kann der Koordinationsbedarf gegenüber der Werkstattfertigung wesentlich abgesenkt werden.

Im Hinblick auf die **sozialen Ziele** ist bei **Werkstattfertigung** festzustellen, daß vergleichsweise anspruchsvolle Aufgaben bewältigt werden müssen. Allerdings unterliegen auch solche wenig spezialisierten Arbeitsplätze Einflüssen der Automation. Die Arbeitszeit ist durch die Fertigungsorganisation noch nicht festgelegt, sondern erst durch die konkrete Ablauforganisation. Die Ansprüche an die Qualifikation der Mitarbeiter sind also relativ hoch, dementsprechend stellt die Motivation kein wesentliches Problem dar. Ganz ähnlich ist, je nach konkreter Ausprägung, die Baustellenfertigung in diesen Punkten zu beurteilen.

Zu ganz anderen Aussagen gelangt man bei der Beurteilung der **Fließfertigung** anhand sozialer Ziele. Je stärker die Arbeit dort nach Ablauf und Zeit vorstrukturiert ist, um so kleiner ist die einzelne Aufgabe, um so weniger Freiheitsgrade bietet der Arbeitsplatz und um so strenger ist die Arbeitszeit vorgegeben. Die Qualifikationsanforderungen sind gering, entsprechend kann die Motivation zum gravierenden Problem werden. Konzepte wie Job Enlargement, Job Rotation, Job Enrichment und teilautonome Arbeitsgruppen versuchen, dem entgegenzuwirken.

Ganzheitliche Arbeitsinhalte prägen das Bild der **segmentierten Fertigungstypen**. Eine flexible Fertigungszelle bspw. soll mit einem Minimum an manuellen Eingriffen eine Komplettbearbeitung von unterschiedlichen Werkstückvarianten ermöglichen. Der hohe Spezialisierungsgrad bei der Fließfertigung wird z.T. wieder vermindert. Die Monotonie kann durch abwechslungsreichere Tätigkeiten vermieden werden.

Schließlich sind die **ökonomischen Ziele** zur Beurteilung heranzuziehen. Für die **Werkstattfertigung** gilt, daß hohe Kosten für viel qualifiziertes Personal zu veranschlagen sind. Die Sachkosten werden vergleichsweise niedrig sein. Sollten Personalkosten durch Sachkosten substituiert werden, werden sich Einsparungen nur langfristig ergeben, da die in der Werkstattfertigung einzusetzenden Universalmaschinen oder künftig verwendbare Industrieroboter ebenfalls sehr teuer sind. Die insgesamt hohen Kosten der Werkstattfertigung müssen also durch entsprechende Erträge gerechtfertigt werden. Ähnliche Aussagen gelten auch für die **Baustellenfertigung**, wobei hier die Substitution von Personal- durch Sachkosten besonders schwierig ist, weil - bei unbeweglichen Objekten - die einzusetzenden Maschinen beweglich sein müssen.

Umgekehrt zeigt sich das Kostenverhältnis bei **Fließfertigung**. Wenig und gering qualifiziertes Personal steht umfangreichen und hochwertigen Sachmitteln gegenüber. Bei großen Serien und bei Massenfertigung können dadurch erhebliche Einsparungen gegenüber der Werkstattfertigung realisiert werden. Bei kleineren Serien würden die Umrüstkosten die Kostenvorteile durch geringe Personal- und Materialkosten wieder aufzehren. Gibt man die Kostenvorteile der Fließfertigung in den Absatzpreisen weiter, werden durch mögliche Absatzmengensteigerung weitere Vorteile der Fixkostendegression nutzbar oder Produkte werden lohnend, die zu kostendeckenden Preisen bei Werkstattfertigung überhaupt nicht absetzbar wären.

Den Kostenvorteilen durch Massenfertigung am Fließband sind allerdings nicht nur Grenzen durch Marktsättigung gesetzt, sondern auch dadurch, daß solche Fertigungsmethoden von den Mitarbeitern nicht mehr uneingeschränkt akzeptiert werden. Fluktuationskosten, aber auch Qualitätskosten steigen mit der Monotonie am Arbeitsplatz und wirken den Rationalisierungsvorteilen entgegen. Maßnahmen der Arbeitsstrukturierung, wie sie im Zusammenhang mit den sozialen Zielsetzungen besprochen wurden, erhöhen zunächst einmal die Produktionskosten, auch wenn man sich durch bessere Leistungsqualität langfristige Entlastungen erhofft.

Insgesamt kann keiner der Fertigungstypen als schlechthin optimal angesehen werden. Es muß durch einzelfallbezogene Bewertung das jeweils beste Verfahren ermittelt werden. Dabei gilt, daß bei ausreichenden Absatzchancen jede Werkstattfertigung durch Verrichtungsdezentralisation im Prinzip in eine Fließfertigung überführt werden kann, eine Baustellenfertigung aber nur, soweit das herzustellende Produkt es zuläßt. Auch kann man nicht grundsätzlich empfehlen, aus Kostengründen jede Werkstattfertigung soweit wie möglich in Richtung Fließfertigung zu entwickeln. Die Praxis zeigt, daß sich eine handwerkliche Fertigung in Werkstätten als Verkaufsargument verwenden läßt und sich erfolgswirksam in den Preisen niederschlägt.

(3) Träger von Produktionsaufgaben: Die Produktionsaufgabe auszulagern, mutet für einen Hersteller merkwürdig an, ist aber keineswegs ungewöhnlich. Zum einen ist an die Verringerung der Fertigungstiefe zu erinnern. Zum anderen kann bei tiefgreifendem Strategiewandel auch ein weitgehender Verzicht auf die Produktion erfolgen. **Adidas** ist **Hersteller** von Sportschuhen, **Nike** - direkter Konkurrent - konzipiert und vermarktet Sportschuhe, produziert aber nicht selbst. Ein Hersteller wandelt sich beim Aufgeben der Produktion zu einem Dienstleister, entweder mit Akzent auf Marketingaufgaben oder/und mit Betonung der Vertriebs- und Handelsfunktionen oder/und der Entwicklungstätigkeiten.

5. Vertrieb und Kundendienst

(1) Aufgaben des Vertriebs: Der Vertrieb oder Verkauf der erstellten Produkte bzw. Dienstleistungen steht am Ende der operativen Prozeßkette. Der Begriff **Vertrieb** umfaßt alle Aufgaben, die im Zusammenhang mit der Akquisition eines Kunden (Verkauf) sowie mit dem Weg des Produkts zum Kunden stehen (Distribution). Aus Sicht der Unternehmung, die ihre Erzeugnisse verkauft, sind also zwei Aufgabenkategorien im Rahmen des Vertriebsprozesses zu unterscheiden. Zum einen sind die **akquisitorischen Aufgaben** dem Vertrieb zuzuordnen. Die Kontaktaufnahme mit den Kunden, die Abgabe einer Offerte sowie die Entgegennahme des Auftrags sind in diesem Zusammenhang wichtige Aufgaben. Vor allem beim Angebot erklärungsbedürftiger Produkte nimmt der persönliche Verkauf eine zentrale Stellung ein. Das Verhalten der Kunden wird in diesem Fall besonders durch das Beratungs- und Überzeugungsgeschick des Verkäufers beeinflußt, indem er bemüht ist, durch Verkaufsgespräche einen Verkaufsabschluß zu bewirken [vgl. MEFFERT 1986, S.481f.]. Eine positive Begleiterscheinung des persönlichen Verkaufs ist die zusätzliche Möglichkeit der Informationsgewinnung. Zum anderen müssen **logistische Aufgaben** erfüllt werden. Hier ist insbesondere die Überbrückung von Raum und Zeit durch den Transport und die Lagerung der Erzeugnisse sowie die Auftragsabwicklung zu nennen. Vertriebs- und Logistikaufgaben mischen sich, wobei eine eindeutige Zuordnung zu entsprechenden Organisationseinheiten im Einzelfall vorgenommen werden muß.

Verallgemeinert und stark vereinfacht läßt sich der Ablauf des Vertriebsprozesses mit Abb. IX/16 [in Anlehnung an BRUHN 1990, S.239] darstellen.

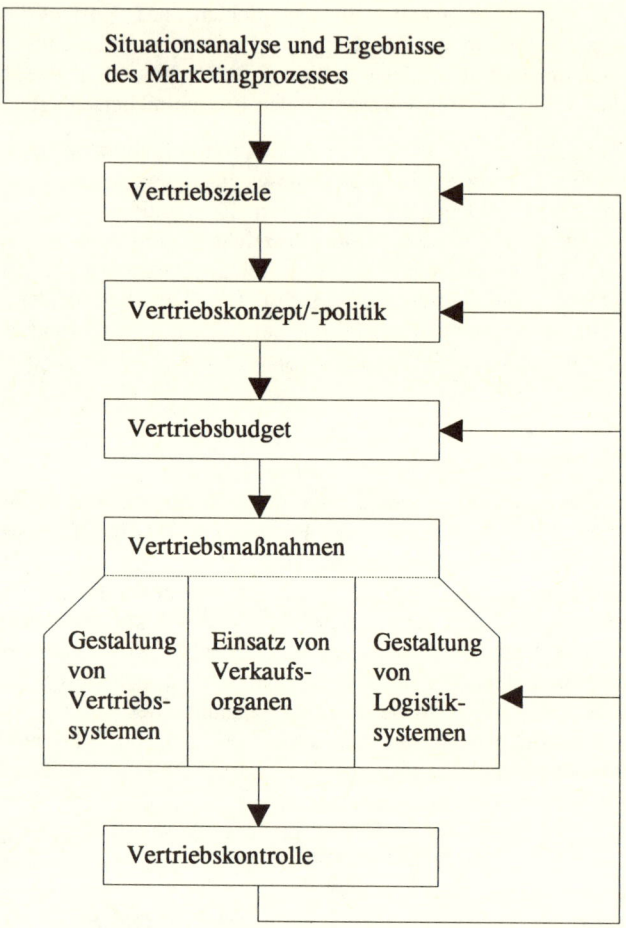

Abb. IX/16: Schemadarstellung des Vertriebsprozesses

(2) Verkaufsorganisation: Auch die Organisationsformen des Verkaufs lassen sich nach Objekten (Regionen, Kunden sowie Produkte) oder aber nach Funktionen gliedern.

Ist dem Verkäufer ein bestimmtes Gebiet zugewiesen, innerhalb dessen Grenzen er die Kunden mit den Produkten der Unternehmung versorgt, handelt es sich um einen regionenbezogenen Verkauf. Diese Form des Verkaufs erfordert eine starke Produktverwandtschaft und wird durch eine einheitliche Kundenstruktur begünstigt.

Der kundenbezogene Verkauf dient insbesondere der konzentrierten Betreuung wichtiger Kunden und Kundengruppen. Diese auch unter dem Begriff des Key-Account-Managements bekannte Gestaltungsform des Verkaufs eignet sich vor allem zur Bearbeitung von Schlüsselkunden oder Großkunden. Auf diese Weise können bspw. Unternehmungen der Investitionsgüterindustrie wie Computer- und Werkzeugmaschinenhersteller, Zulieferer der Automobilindustrie, Versicherungen und selbst Chemieunternehmungen den wachsenden Anforderungen einer kundennahen Ausrichtung des

Geschäfts gerecht werden. In der Konsumgüterindustrie (z.B. Unterhaltungselektronik, Getränke) begegnen die Hersteller auf diese Weise der zunehmenden Konzentration im Handel (z.B. Warenhauskonzerne) und der damit einhergehenden Verhandlungsmacht von Großkunden.

An bestimmten Produkten bzw. Produktgruppen orientiert sich der produktbezogene Verkauf. Beim Verkauf ganzer Systeme und Anlagen (Systemgeschäft) hat dieses Gestaltungskonzept seine besonderen Vorteile. Der Verkäufer spezialisiert sich auf bestimmte Produkte, um so seinen Aufgaben nachzukommen.

Lassen sich weder Regionen noch Produkte oder Kunden sinnvoll als Gliederungskriterium heranziehen, wird die Verkaufsorganisation an Funktionen ausgerichtet sein. Eine Trennung z.B. in Logistikaufgaben und Akquisitionsaufgaben ist denkbar.

(3) Charakter und Aufgaben des Kundendienstes: Kundendienst sind solche Leistungen, die vor oder nach einer Markttransaktion (z.B. Kauf oder Miete) erbracht werden. Der Kundendienst soll den vollständigen Gebrauchsnutzen der Marktleistung sicherstellen ("After sale") oder aber auch die Transaktion als solche vorbereiten und unterstützen ("Pre sale"). Neben die konventionellen Wartungs- und Garantieleistungen treten zunehmend weitere Dienstleistungen, so z.B. Schulung und Beratung. In vielen Fällen verbinden sich diese Dienstleistungen mit der Sachleistung zu einer integrierten Problemlösung für den Kunden (Systemgeschäft). Darüber hinaus können Dienstleistungen auch zu einem eigenen Geschäft werden. Beide Entwicklungslinien bewirken eine erhebliche Veränderung der Wertschöpfungskette.

Die Ausgestaltung des produktbegleitenden Dienstleistungsangebotes kann zu einem echten Wettbewerbsvorteil führen und somit maßgeblichen Anteil am Unternehmungserfolg haben. **Caterpillar** bspw., ein amerikanischer Produzent von Baumaschinen, verfügt über einen ausgezeichneten Kundendienst. Das Ersatzteil- und Kundendienstsystem ist weltweit unübertroffen. Die Unternehmung ist in der Lage, Ersatzteile und Techniker binnen weniger Stunden an jede Baustelle der Welt zu bringen. Selbst ein vergleichbares Angebot eines Konkurrenten würde lediglich zu einer Neutralisation dieses Wettbewerbsvorteils führen, nicht aber zu einem eigenen Vorsprung [vgl. KOTLER 1989, S.289].

Die Serviceerwartungen der Kunden bilden den Ausgangspunkt der Kundendienstleistungen einer Unternehmung. Die jeweils zu erfüllenden Kundendienstaufgaben müssen in Abhängigkeit von der jeweiligen Branche sowie der Wettbewerbssituation formuliert werden. Besonders wichtig ist ein ausgewogenes Leistungsangebot in der Gebrauchs- und Investitionsgüterbranche, da nicht selten der im Zusammenhang mit dem Produkt angebotene Kundendienst ein wichtiges oder sogar ausschlaggebendes Entscheidungskriterium des potentiellen Käufers darstellt.

Prinzipiell zählt es zu den Aufgaben des Kundendienstes, beim Kunden Präferenzen zu erzeugen und den Kunden zu binden. Auch die Förderung positiver Verbundwirkungen im Sortiment der Unternehmung sowie die grundsätzliche Erhöhung der Kundenzufriedenheit stehen in dem Aufgabenkatalog. Letztlich wird eine Imageverbesserung angestrebt, um sich gegenüber der Konkurrenz abzuheben und zu profilieren [vgl. BRUHN 1990, S.148f.].

Zeitpunkt / Art	vor dem Kauf	nach dem Kauf
technisch	technische Beratung Projektausarbeitung Problemlösungsvorschläge Vorträge Lieferung zur Probe	Änderungsdienst Montage Ersatzteilversorgung Wartung Reparaturdienst Entsorgung
kaufmännisch	Kinderhort Bestelldienst Parkraum Beratung und Information Lieferung zur Probe	Umtauschrecht Zustellen Verpacken Kundenschulung

Abb. IX/17: Formen des Kundendienstes

(4) **Formen des Kundendienstes:** Prinzipiell lassen sich technische von kaufmännischen Kundendienst- bzw. Serviceleistungen unterscheiden (vgl. Abb. IX/17, nach MEFFERT 1986, S.413).

Der **technische Kundendienst** hat für ein ausreichendes Ersatzteillager, einen zuverlässigen und schnellen Reparaturdienst sowie eine gründliche Wartung und Montage ganzer Anlagen zu sorgen. In Zukunft wird außerdem die Entsorgung, also die Rücknahme und Weiterverwendung/Wiederverwendung/Wiederverwertung (Recycling) von Produkten an Bedeutung gewinnen und kann als Wettbewerbsvorteil genutzt werden [MEFFERT/KIRCHGEORG 1992].

In das Aufgabengebiet des **kaufmännischen Kundendienstes** fallen Tätigkeiten wie die Gewährung eines Umtauschrechts, das Zustellen und Verpacken der Waren sowie die Beratung bei der Inbetriebnahme von Geräten oder die Schulung bei der Einführung neuer Software [vgl. MEFFERT 1986, S.412f.].

Mit Hilfe des Kundendienstes können sich wichtige Informationen für die Unternehmung gewinnen lassen. Das Feed-Back der Kunden muß Eingang in die Marketingaktivitäten finden. Neue Prozesse werden somit angestoßen. So kann bspw. ein häufig auftretender Fehler bei einem Automobil, der im Rahmen des Wartungsdienstes bemerkt und erfaßt wird, eine Änderung im Produktionsprozeß nach sich ziehen.

Ein Beispiel für das europaweite Kundendienstangebot bietet die **Unisys** Deutschland GmbH (vgl. Abb.IX/18). Die Leistungen der höheren Stufe umfassen jeweils das Angebot der darunterliegenden Stufe [vgl. TIETZ 1990, S.281f.]. Diese Form des modularen Angebots von Dienstleistungen stellt eine innovative, zukunftsträchtige Möglichkeit dar, Wettbewerbsvorteile zu erzielen.

Unisys ist ein weltweit tätiger DV-Hersteller, der Ende der 80er Jahre etwa 90.000 Mitarbeiter beschäftigte. Die Unternehmung verfügte zu dieser Zeit über ein Installationsvolumen von ca. 35 Mrd. US-$ und etwa 60.000 Kunden.

Kundendienst-angebot	Leistungsumfang
Service 200	- Rat und Unterstützung durch die Unisys-Hotline während der normalen Arbeitszeit, - Information über alles, was man wissen sollte, um ein System optimal zu nutzen, - Software-Updates zur kontinuierlichen Pflege und Verbesserung der Unisys-unterstützten Software, - "A la carte"-Infodienst über neue Software-Produkte.
Service 300	- Schutz vor unvorhersehbaren Kosten durch die Versicherung gegen Störungen von Systemkomponenten, - Software-Fehlerbehebung durch Unisys ohne zusätzliche Berechnung, - Besuch beim Kunden gegen Pauschalgebühr, falls die Art des Problems eine zentrale Lösung ausschließt, - kostenlose Hardwareverbesserungen und Installation zur Produktpflege, - Hardware-Instandsetzung: Diagnose, Reparatur und Austausch fehlerhafter Hardware ohne Berechnung.
Service 600	- Rasche Reaktion: im Rahmen der normalen Arbeitszeit wird Unisys innerhalb von vier Stunden mit der Problembehebung beginnen, - regelmäßige Systemüberprüfung vor Ort oder mittels Ferndiagnose zur Sicherstellung des optimalen Zustandes, - vorbeugende Maßnahmen zum Erkennen und zur Behebung von Fehlerzuständen, bevor diese wirksam werden, - Software-Installationsunterstützung.
Service 700	- Hohe Systemverfügbarkeit, - klar geregelte Reaktionszeit, je nach individuellem Wunsch, - Fortsetzen von Arbeiten: Falls durch eine Fortsetzung der Unisys-Benutzung eine Wiederherstellung der Systemverfügbarkeit möglich erscheint, werden derartige Arbeiten auch über die normale Arbeitszeit hinaus durchgeführt.

Abb. IX/18: Das europaweite Kundendienstangebot von Unisys

(5) Träger der Kundendienstleistungen: Kundendienstleistungen erhalten mehr und mehr den Charakter von eigenständigen Dienstleistungen [vgl. zum folgenden BRUHN 1990, S.150f.]. Wartungsverträge, Schulungs- und Seminarveranstaltungen sind beispielsweise zu nennen.

Da die Eigenständigkeit und Bedeutung dieser Leistungen immer stärker zunimmt, erfolgt vielfach auch eine stärkere organisatorische Verselbständigung. Das traditionell in diesem Zusammenhang eingesetzte Cost-Center genügt nicht mehr den Anforderungen. Es drängt sich immer häufiger eine organisatorische Lösung in Form eines Profit-Centers auf. Dies erleichtert es auch, daß Kundendienstleistungen nicht nur für das unternehmungseigene Produktsortiment angeboten werden, sondern auch für Produkte, die Konkurrenten vertreiben. So wartet die **Lufthansa** z.B. auch Flugzeuge anderer Gesellschaften.

Möglicherweise entsteht aus einer derartigen Konstellation die Forderung nach der Gründung einer Tochterunternehmung, die die Kundendienstleistungen unter einem eigenständigen Namen und ggf. als gesonderte Marke auf dem Markt anbietet. Derartige Tendenzen sind z.B. bei **Daimler-Benz** mit der Konzerntochter **debis** (Daimler-Benz Inter Services) zu beobachten. Die Bordverpflegung der **Lufthansa** wird von einer eigenen Cateringgesellschaft hergestellt, die ihre Dienste auch externen Kunden anbietet, z.B. für größere Festlichkeiten.

Literatur

AUSSCHUSS FÜR WIRTSCHAFTLICHE FERTIGUNG: Flexible Fertigungsorganisation am Beispiel von Fertigungsinseln, Eschborn 1984

BRUHN, M.: Marketing - Grundlagen für Studium und Praxis, Wiesbaden 1990

BÜHNER, R.: Betriebswirtschaftliche Organisationslehre, 5., überarb. Aufl., München et al. 1991

GROßE-OETRINGHAUS, W.: Fertigungstypologie unter dem Gesichtspunkt der Fertigungsablaufplanung, Berlin 1974

HAHN, D./LASSMANN, G.: Produktionswirtschaft - Controlling industrieller Produktion, Bd.1, 2., vollst.. überarb. Aufl., Heidelberg 1990

HAUSCHILDT, J.: Innovationsmanagement, München 1993

KOTLER, P.: Marketing - Management, 4., völlig neubearb. Aufl., Stuttgart 1989

MEFFERT, H.: Marketing - Grundlagen der Absatzpolitik, 7., überarb. und erw. Aufl., Wiesbaden 1986

MEFFERT, H./KIRCHGEORG, M.: Marktorientiertes Umweltmanagement. Grundlagen und Fallstudien, Stuttgart 1992

NIPPA, M./REICHWALD, R.: Theoretische Grundüberlegungen zur Verkürzung der Durchlaufzeit in der industriellen Entwicklung, in: Reichwald, R./Schmelzer, H.J. (Hrsg.), Durchlaufzeiten in der Entwicklung, München 1990, S.65-114

PICOT, A./REICHWALD, R./NIPPA, M.: Zur Bedeutung der Entwicklungsaufgabe für die Entwicklungszeit - Ansätze für die Entwicklungszeitgestaltung, in: Brockhoff, K. et al. (Hrsg.), Zeitmanagement in Forschung und Entwicklung, ZfbF, Sonderheft 23, 1988, S.112-137

SCHMELZER, H.J./BUTTERMILCH, K.-H.: Reduzierung der Entwicklungszeiten in der Produktentwicklung als ganzheitliches Problem, in: Brockhoff, K. et al. (Hrsg.), Zeitmanagement in Forschung und Entwicklung, ZfbF, Sonderheft 23, 1988, S.43-73

SCHWEITZER, M.: Industriebetriebslehre, 2., völlig überarb. und erw. Aufl., München 1994

TIBY, C.: Die Basis unternehmerischer Initiative: Systematisch neue Produkte und Leistungen entwickeln, in: Arthur D. Little International (Hrsg.), Management des geordneten Wandels, Wiesbaden 1988, S.91-105

TIETZ, B.: Euro-Marketing - Unternehmensstrategien für den Binnenmarkt, 2., völlig überarb. und erw. Aufl., Landsberg am Lech 1990

VENITZ, U.: CIM-Rahmenplanung, Berlin/Heidelberg 1990

WARNECKE, H.J.: CAM Konzepte - am Beispiel flexibler Fertigungssysteme, in: Geitner, U. (Hrsg.), CIM Handbuch, 2., vollst. überarb. und erw. Aufl., Braunschweig 1991, S.333-345

WILDEMANN, H.: Flexible Werkstattsteuerung nach KANBAN-Prinzipien, in: Wildemann, H. (Hrsg.), Computergestütztes Produktionsmanagement, München 1984, S.33-99

WILDEMANN, H.: Die modulare Fabrik - Kundennahe Produktion durch Fertigungssegmentierung, 2., unveränd. Aufl., München 1988

ZÄPFEL, G.: Taktisches Produktions-Management, Berlin/New York 1989

ZIBELL, R.M.: Just-in-Time - Philosophie, Grundlagen, Wirtschaftlichkeit, München 1990

X. UNTERSTÜTZUNGSPROZESSE

1. Organisation/Informationsverarbeitung

(1) Aufgaben und Träger der Organisation: Organisationsaufgaben werden bei größeren Unternehmungen in einer entsprechenden Abteilung gebündelt, soweit sie nicht als direkte Führungsaufgabe bereichsbezogen wahrgenommen werden. In der FO ist diese Abteilung Teil des Verwaltungsbereichs, in der DO ist sie als Zentralbereich organisiert. Die typischen Aufgabengebiete einer Organisationsabteilung, die auch die Abteilungsstruktur prägen, lassen sich wie folgt gliedern [aufbauend auf ZIMMERMANN 1992, Sp.1471ff.]:

Aufbauorganisation ("Strukturorganisation")

- Strukturuntersuchungen,

- Erarbeiten von Vorschlägen zur Gliederung der Unternehmung oder Bereichen,

- Gestaltung und Detaillierung von Organisationsplänen, Arbeitsanweisungen und Stellenbeschreibungen,

- Formulierung von Organisations- und Führungsgrundsätzen,

- Erarbeitung von Konzepten der Organisationsplanung.

Ablauforganisation

- (Mitwirkende) Entwicklung von Informations- und Kommunikationssystemen,

- Ablaufuntersuchungen und Automatisierungsprojekte im Bürobereich,

- Rationalisierungsprojekte zur Kostensenkung,

- Schulung und Beratung auf den Gebieten der Methoden und Techniken der Organisation und des Projektmanagements.

Büroorganisation und -automatisierung

- Einsatzberatung und -unterstützung auf dem Gebiet der Bürokommunikation (z.B. Telefon, Telefax, Datex Dienste),

- Einsatzberatung bei Endbenutzersystemen und Personalcomputern.

Allgemeine Organisation

- Erstellung, Verwaltung und Verteilung von Organisationsplänen, Richtlinien, Schlüsselsystemen etc.,

- Dienstleistungen bei der Beschaffung von Ausweisen, Geschäftskarten und Fachliteratur,

- Raum- und Einrichtungsplanung,

- Inventarbeschaffung und -verwaltung,

- Umzugsplanung und -abwicklung.

Wegen der starken Nähe zur Informationstechnik sind Organisationsabteilungen vielfach mit der Datenverarbeitung zu einer Abteilung zusammengefaßt worden. Einzelne Aufgabengebiete, insbesondere die "Strukturorganisation", werden allerdings aufgrund ihrer strategischen Bedeutung nicht selten der Geschäftsleitung direkt unterstellt (z.B. als Vorstandsstab "Organisation"). Im Zuge der vielfältigen Reorganisations- und Flexibilisierungsvorhaben sind Organisationsaufgaben als eigenständige Gebiete wieder bedeutsamer geworden. In vielen Fällen schaltet sich das Top-Management in die Konzipierung einer strategieadäquaten Unternehmungsstruktur direkt ein, versteht also Organisation wieder verstärkt als Führungsaufgabe.

Große Konzerne unterhalten zudem mittlerweile vielfach Organisations- und Planungsabteilungen an der Spitze, die wie eine interne Unternehmungsberatung (In-House-Consulting) strukturiert sind, ihre Dienste also als Projektleistungen für interne Kunden (z.B. Geschäftsbereiche) anbieten. Sie arbeiten dabei mit den betroffenen Fachabteilungen zusammen sowie mit den ggf. vorhandenen dezentralen Organisationsabteilungen und Stäben.

(2) Aufgaben und Träger der Informationsverarbeitung: Die Unterstützungsaufgaben der Informationsverarbeitung lassen sich in sieben Kategorien einteilen. Die Aufgaben- und Kompetenzteilung zwischen operativen Einheiten (Sparten) und Zentralbereichen ist in der Praxis sehr differenziert [vgl. zum folgenden KRÜGER/v.WERDER 1993, S.235ff.]. Es zeigt sich, daß innerhalb des großen Gebietes "Unterstützungsaufgaben" teils erhebliche Planungs-, Steuerungs- und Kontrollanteile im Verhältnis zu den operativen Einheiten (Funktionsbereiche oder Sparten) enthalten sind.

Die **Planung der informationstechnischen Infrastruktur** betrifft im wesentlichen Entscheidungen über die Art und Größe der Hardware sowie die Beschaffungsmodalitäten. Es dominieren eindeutig die Organisationslösungen Kernbereich und Richtlinienmodell (vgl. S.106ff.). Der Zentralbereich übernimmt hier gewissermaßen "hoheitliche" Funktionen im Verhältnis zu den operativen Einheiten. Für einzelne Teilfunktionselemente oder verschiedene Sparten kommen auch Stabs- oder Servicebereichslösungen zur Anwendung.

Der **Anwendungsplanung** ist die Rahmenplanung für Anwendungssysteme unter Einbezug der Frage, ob Standardsoftware oder Eigenentwicklungen zu bevorzugen sind, zuzuordnen. Damit sind zwangsläufig auch Prioritätsentscheidungen zu treffen, die neben der fachlichen Relevanz auch knappe Budgets und Entwicklungskapazitäten berücksichtigen müssen. In der Praxis zeigt sich kein einheitliches Bild. Zentrale Einheiten und operative Einheiten werden gleichermaßen damit betraut.

Anders präsentiert sich die Organisation des **Datenmanagements**. Der Trend geht eindeutig zur Kernbereichslösung. In diesem Zentralbereich lautet die Zielsetzung des unternehmungsweiten Datenmanagements, ein einheitliches Datengerüst als Grundlage für den Informationsaustausch zu schaffen. Datenformate sowie Datenbanken sind aufeinander abzustimmen.

Ohne einheitliches Datenmanagement fehlt eine wichtige Voraussetzung für ein **Netzwerk- und Kommunikationsmanagement**, das sich mit der Lösung von Fragen, die mit verbundfähigen Systemen zusammenhängen, auseinandersetzt. Bestrebungen im Rahmen des CIM sind ohne ein schlagkräftiges Netzwerk- und Kommunikationsmanagement undenkbar. Kernbereichslösungen dominieren in der Praxis deutlich.

Die **Eigenentwicklung von Anwendungssoftware** hat sicherlich in jeder Unternehmung einen anderen Stellenwert. Die einen unterhalten ganze Entwicklungsabteilungen, andere wiederum lassen durch einige wenige Mitarbeiter lediglich Anpassungen an Standardlösungen vornehmen. Für größere Konzerne kann die Aussage getroffen werden, daß konzernweite Anwendungen eher zentral entwickelt werden als spartenspezifische Anwendungen. Oftmals ist es auch so, daß die Eignung der Standardsoftware im Zentralbereich überprüft wird.

Zentrale **Rechenzentren** bieten ihre Leistungen überwiegend im Servicemodell an. Es ist sogar der Fall denkbar, daß Rechenzentren rechtlich selbständige Einheiten darstellen, die ihre Leistungen wie ein Marktanbieter erbringen. Dezentrale Rechenzentren sind in der Regel dem Konzernrechenzentrum fachlich unterstellt.

Schulungs- und Beratungsaktivitäten sind meist im **Benutzerservice** zusammengefaßt. Diese Auskunftsfunktion hinsichtlich der Nutzung von Hard- und Software ist vorwiegend noch in Form des Servicemodells gestaltet. Es ist jedoch zu vermuten, daß mit zunehmender Diffusion des entsprechenden Know-how die Bedeutung eines zentralen Benutzerservice weiter abnehmen wird.

2. Personalwirtschaft

(1) Aufgaben und Träger der Personalwirtschaft: Neben dem Aufgabenbereich Organisation/Informationsverarbeitung ist das Gebiet der Personalwirtschaft als wichtiger Unterstützungsprozeß zu nennen. Eine Vielzahl von Tätigkeiten, die sich auf aktuelle und potentielle Mitarbeiter beziehen, ist zu bewerkstelligen.

Typische personalwirtschaftliche Aufgabengebiete sind [vgl. KRÜGER/v.WERDER 1993, S.264ff.]:

Personalverwaltung

- Personalwirtschaftliches Rechnungswesen,

- (Mit-)Entwicklung von Personalinformationssystemen,

- Gestaltung der Infrastruktur der Personalverwaltung.

Personalausstattung

- Personalbedarfsplanung,

- Personalbeschaffung und -auswahl,

- Personalmarketing,

- Planung und Überwachung des Personaleinsatzes.

Personalausbildung

- Nachwuchsförderung,

- Personalentwicklung,

- Aus- und Weiterbildung.

Abb. X/1 visualisiert diese personalwirtschaftlichen Aufgaben in einer Prozeßdarstellung.

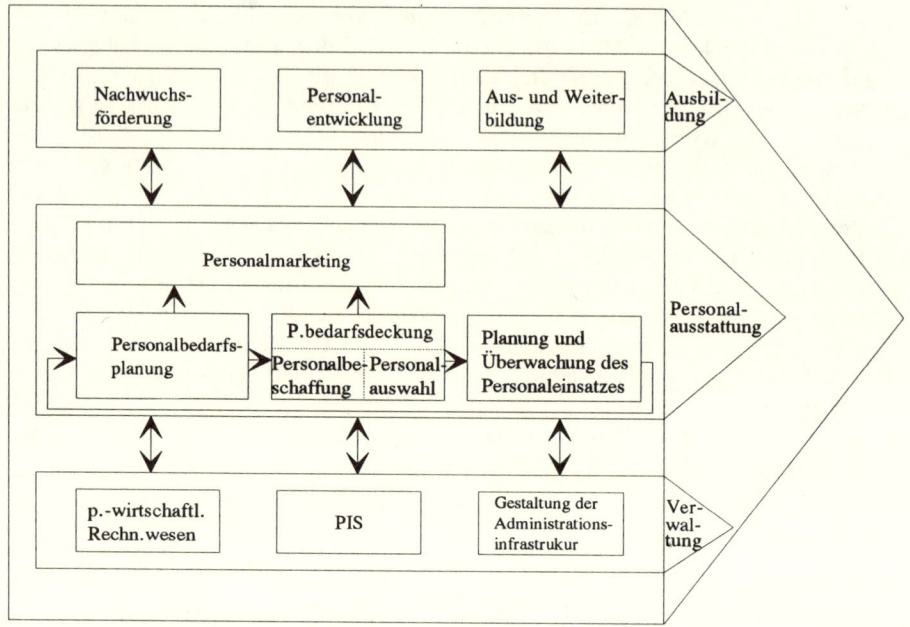

Abb.X/1: Prozeß der Personalwirtschaft

Das personalwirtschaftliche Rechnungswesen hat dafür Sorge zu tragen, daß die Grundsätze einer ordnungsgemäßen Entgeltabrechnung beachtet werden. Entgeltkonten, -nachweise, -listen und -streifen sind zu verwalten. Die Grundsätze beziehen sich auf das Erfassungs- und Abrechnungssystem (z.B. fortlaufende, vollständige, richtige und chronologische Erfassung der Daten; systemgerechte Datenverknüpfung), die Abrechnungsklarheit (Übereinstimmung mit den Arbeitsverträgen, Tarifverträgen, Betriebsvereinbarungen usw.) und Abrechnungskontinuität [vgl. KÜRPICK 1992, Sp.1809f.].

Die Erfassung und Bereitstellung der Personalnebenkosten aufgrund tariflicher oder gesetzlicher Vorgaben bzw. aufgrund freiwilliger Leistungen sowie für Aus- und Weiterbildungsaktivitäten komplettiert den Tätigkeitsbereich des personalwirtschaftlichen Rechnungswesens.

Die genannten Verwaltungsaktivitäten kommen in analoger Weise häufig und in großem Umfang vor. Der Einsatz computergestützter Systeme führt zu einer wesentlichen Erleichterung dieser Aktivitäten. An der Entwicklung von Personalinformationssystemen (PIS) sollten daher auch ausgewählte Mitarbeiter der Personalverwaltung mitwirken. Somit kann auch zu der Gewährleistung einer angemessenen Verwaltungsinfrastruktur beigetragen werden.

Ein großes Aufgabengebiet ist hinsichtlich der Personalausstattung zu erfüllen. Mit Hilfe der Personalbedarfsplanung soll das Eintreten von Personalengpässen vermieden werden. Die Personalbeschaffung bzw. -auswahl stellt eine der am weitesten reichenden und in ihren Folgen kostspieligsten Entscheidungen dar.

Das Personalmarketing bedient sich der Grundüberlegungen des Marketings. Es sind die Erwartungen der aktuellen und potentiellen Mitarbeiter zu analysieren und ihre Erfüllung bzw. Erfüllbarkeit zu signalisieren. Sowohl der interne als auch der externe Arbeitsmarkt ist einzubeziehen [vgl. SCHOLZ 1991, S.203f.]. Zwischen dem Personalmarketing und der Personalauswahl/-beschaffung besteht ein enger Zusammenhang.

Die Aktivitäten bezüglich des Personaleinsatzes konzentrieren sich auf die optimale Gestaltung von Arbeitsplatz, Arbeitszeit sowie Arbeitsablauf. Die Mitarbeiter werden ferner den entsprechenden Stellen zugeordnet [vgl. SCHOLZ 1991, S.9].

Eine klare Zuordnung der personalwirtschaftlichen Aufgaben zu den Aufgabenträgern ist allgemeingültig nur schwer möglich. Eindeutige Zuordnungen von Gestaltungsalternativen sind in praxi oftmals nur für Teilaufgaben der Personalwirtschaft zu treffen. Tendenziell lassen sich **folgende Aussagen** treffen [vgl. KRÜGER/v.WERDER 1993, S.262ff.]:

Hinsichtlich der **Personalverwaltung** dominiert die Kernbereichslösung. Als Begründung kann der hohe Bedarf an zentralen Vorgaben und Regelungen dienen. Die Strukturierung als Kernbereich führt zu Poolungseffekten und hilft bei der Umsetzung des Integrationsgedankens.

Die Notwendigkeit zur Konzipierung einheitlicher Ausbildungsprogramme führt dazu, daß auch die **Personalausbildung** in der Unternehmung überwiegend als Kernbereich organisiert ist.

Anders ist die Trägerschaft der Maßnahmen der **Personalausstattung** geregelt. Das Autarkieprinzip ist die am häufigsten vertretene Gestaltungsalternative großer Unternehmungen. Eine erhöhte Dispositionsfähigkeit und Flexibilität sowie die gesonderte Berücksichtigung von Bereichserfordernissen bezüglich der Personalqualifikation sprechen für dieses Gestaltungsmodell.

(2) Personalinformationssysteme (PIS): Zu den Aufgaben eines PIS zählte bisher in erster Linie die Lohn- und Gehaltsabrechnung. Heute gewinnen weitere computergestützte Ansätze zunehmend an Bedeutung [vgl. SCHOLZ 1991, S.511]. **Dispositionssysteme** verbinden Bestands- und Bedarfsdaten. Personaleinsatz- und Personalkostendaten lassen sich so gewinnen. Die Bewerberverwaltung generiert Informationen zur Personalbeschaffung und verknüpft ebenfalls Bestands- und Bedarfsdaten. Computergestützte Systeme zur **Personalschulung** stellen Vorschläge zur Personalentwicklung bereit, indem sie Soll-Ist-Vergleiche anstellen.

Die zentralen Informationsträger eines PIS bilden die Personal- und Stellendatenbank sowie eine Methodendatenbank, mit deren Hilfe Auswertungen und Berechnungen der personen- und stellenbezogenen Daten durchgeführt werden können [vgl. WAGNER/SAUER 1992, Sp.1718]. Hinzugekommen ist die Möglichkeit, auch von externen Datenbanken Gebrauch zu machen und somit den Anwendungsnutzen eines PIS zu steigern.

Die unternehmungsspezifische Ausgestaltung eines PIS kann sich an einer Vielzahl von Vorschlägen orientieren. Da sich jedoch aus gesetzlichen und vertragstechnischen Abwicklungsnotwendigkeiten des Arbeitsverhältnisses der überwiegende Anteil der **Mitarbeiterdaten** ergibt, lassen sich diese auf folgende Komplexe reduzieren [vgl. SCHOLZ 1991, S.515]:

Identifizierungsdaten

- Name, Vorname, Geburtstag, Staatsangehörigkeit, Geschlecht, Familienstand;

Innerbetriebliche Verwaltungsdaten

- Eintrittsdatum, Betriebszugehörigkeitsdauer, Tätigkeitsschlüssel, Arbeitseinsatzangaben, Stellenbesetzungsart, Grundtätigkeit, Urlaubsdaten, Arbeitszeitkonto (ggf. Gleitzeit), Parkplatznummer, betriebliche Telefonnummer, Probezeitdatum, Einstellungsdaten, Bewerbungsdaten, Kündigungsfristen, Mehrfachbeschäftigung, wöchentliche Normalarbeitszeit, wöchentliche und tägliche Sonderarbeitszeit;

Entgeltdaten

- Lohnstufe, Lohnart, Leistungszulage, sonstige Zulagen, Ergebnis der Leistungsbewertung, Bankleitzahl, Bankname, Kontonummer, Kontoinhaber;

Versicherungs- und Steuerdaten

- Lohn- und Einkommensteuer, Kirchensteuer, Sozialabgaben, Kranken-, Lebens-, sonstige freiwillige Versicherungen;

Dispositionsdaten

- bisherige Einsatzorte und Einsatzzeiten, gegenwärtiger Einsatzort und gegenwärtige Einsatzzeit, zukünftige Einsatzorte und Einsatzzeiten;

Fähigkeitsdaten

- kenntnisbezogene Merkmale, physische Merkmale, psychische Merkmale.

Ausgestaltung und Bedeutung der **Stellendatenbank** hängen stärker von unternehmungsindividuellen Einflußgrößen ab [vgl. SCHOLZ 1991, S.516f.]. Im Rahmen eines CIM-Konzepts übernimmt die Stellendatenbank bspw. eine Teilfunktion der Dispositionsdatenbank. Ziel ist es, zu jedem Zeitpunkt Schlüsselstellen an Fertigungsstraßen besetzt zu halten. Existieren große Unterschiede in den Anforderungsprofilen und wechselt die Personalzuordnung häufiger, lassen sich über eine entsprechend gestaltete Stellendatenbank Informationen über Mindestanforderungen an potentielle Stelleninhaber abrufen. Der Aufbau einer Stellendatenbank kann analog zur Mitarbeiterdatenbank erfolgen.

Im Zusammenhang mit der **Methodendatenbank** bietet sich der Einsatz eines wissensbasierten Systems an. Dies würde nicht nur das Methodenangebot im Bereich der Personalwirtschaftslehre "kennen", sondern könnte den Benutzer durch logisch strukturierte Fragen zu einem geeigneten Verfahren hinführen.

Wegen der weitreichenden Möglichkeiten eines PIS ist die Diskussion über die Gefahren des unkontrollierten Umgangs mit personenbezogenen Daten neu entfacht. Die Belange des Datenschutzes werden allgemein durch das Bundesdatenschutzgesetz (BDSG) und die Landesdatenschutzgesetze geregelt. Da bislang noch keine speziellen gesetzlichen bzw. datenschutzrechtlichen Vorschriften für PIS existieren, ist zur Beurteilung des Datenschutzes das BDSG (insbesondere Abschnitt 1 und 3) heranzuziehen [vgl. WAGNER/SAUER 1992, Sp.1721].

Die personenbezogene Datenverarbeitung unterliegt ungeachtet dessen auch dem Betriebsverfassungsgesetz, das Informations-, Beratungs- und Mitbestimmungsrechte des betroffenen Arbeitnehmers bzw. des Betriebsrates auslösen kann. Eine besondere Bedeutung kommt dem §87 I Nr. 6 BetrVG zu. Der Betriebsrat hat danach bei der Einführung und Anwendung von technischen Einrichtungen, die dazu bestimmt sind, das Verhalten oder die Leistung der Arbeitnehmer zu überwachen, ein Mitbestimmungsrecht. Ungeklärt ist die problematische Frage, wann eine technische Einrichtung dazu "bestimmt" ist, das Verhalten oder die Leistung der Mitarbeiter zu "überwachen".

3. Finanzen und Rechnungswesen

(1) Aufgaben und Träger: Die Bereiche Finanzen und Rechnungswesen besitzen Schnittstellen zu allen Teilprozessen der Leistungserstellung. Steuerungsprozesse und operative Prozesse werden von zentralen Unterstützungsstellen wie Finanzen bzw. Rechnungswesen mit wichtigen Informationen versorgt. Diese Zentralstellen haben in erster Linie reine Servicefunktionen und greifen nicht direkt in das operative Geschehen ein.

Eine ergebnis- und liquiditätsorientierte Ausrichtung der operativen Prozesse ist ohne die Unterstützung durch die Bereiche Finanzen und Rechnungswesen undenkbar. Die primäre Aufgabe des Rechnungswesens besteht in der Ermittlung, Aufbereitung und Bereitstellung ergebnisbezogener Informationen. Die grundsätzlichen Aufgaben des Rechnungswesens liegen in der zahlenmäßigen Abbildung jeglichen Unternehmungsgeschehens. Die rechnerische Erfassung aller Unternehmungsprozesse wird durch eine Vielzahl interner und externer Anlässe notwendig. Es ist gleich, ob den Anforderungen an die gesetzlichen Rechnungslegungspflichten - und damit den Ansprüchen bestimmter Rechnungslegungsadressaten - oder aber dem Eigeninteresse der Unternehmungsführung zur Erfüllung der Planungs-, Steuerungs- und Kontrollprozesse entsprochen werden soll. Die Aufgaben des Rechnungswesens lassen sich in erster Linie folgendermaßen zusammenfassen:

- Dokumentation des betrieblichen Geschehens,
- extern orientierte Rechenschaftslegung gegenüber Gesellschaftern, Gläubigern, Öffentlichkeit und Staat sowie
- rechnerische Fundierung unternehmungspolitischer Entscheidungen [vgl. SCHIE-RENBECK 1993, S.485].

Der Bereich Finanzen leistet Support durch das Zusammentragen und Auswerten liquiditätsbezogener Zahlen. Die wichtigsten Aufgaben der betrieblichen Finanzwirtschaft sind die

- Durchführung des Zahlungsverkehrs,
- Verwaltung von Bargeld, Buchgeld und Geldsurrogaten sowie
- Verwaltung des Finanzanlagevermögens [vgl. BUSSE 1991, S.11].

Die Mitarbeiter des Finanzbereichs haben zur Realisierung der Veränderungen von Nominalgüterbeständen Vorkehrungen zur rationellen, kostengünstigen und schnellen Abwicklung des Zahlungsverkehrs zu treffen. In diesem Zusammenhang ist über die zu wählenden Zahlungsverkehrswege, die einzuschaltenden Zahlungsverkehrsmittler (z.B. Banken) und das kostengünstige Management von kurzfristiger Liquidität einschließlich des Abrechnungsverkehrs zu entscheiden [vgl. EILENBERGER 1985, S.13]. Wichtiges Medium sind die IKS und deren Infrastruktur. Sämtliche Informationen werden in diesem Netzwerk eruiert, verarbeitet und weitergeleitet.

Auch für die kennzahlenorientierte Unterstützung der Geschäftsprozesse gilt, daß prozeßbegleitend zu kalkulieren ist bzw. Investitionspläne aufzustellen sind, wie dies bspw. bei der konstruktions- und produktionsbegleitenden Kalkulation der Fall ist.

Die Vielfalt der einzelnen Aktivitäten im Finanz- und Rechnungswesen, die große Zahl der Beteiligten sowie die starke Verflechtung der zahlreichen Teilprozesse machen eine klare Strukturierung der Tätigkeiten erforderlich. Im einzelnen ist

- die Erfassung aller Objekte und Aktivitäten, ggf. Bündelung zu Komplexen,

- die Festlegung der Beteiligten und Zuordnung aufgabenbezogener Verantwortung und Kompetenz,

- die Übermittlung der Prämissen (Prognosen, Analysen etc.) sowie

- die Festlegung der zeitlichen Abfolge (Prozeßschritte) der Informationsbereitstellung durchzuführen [vgl. HAHN 1994, S.776].

Die typischen Aufgabengebiete des Finanz- und Rechnungswesens lassen sich wie folgt unterteilen [vgl. MACHARZINA 1992, Sp.2159f.]:

Finanzen

- Finanzplanung,

- Kapitalbeschaffung/-anlage,

- Finanzdisposition,

- Finanzierung.

Finanzbuchhaltung

- Bilanzbuchhaltung,

- Sachkontenbuchhaltung,

- Kontokorrentbuchhaltung,

- Rechnungsprüfung.

Kostenrechnung

- Betriebsbuchhaltung,

- Kalkulation (Selbstkostenrechnung),

- Materialabrechnung,

- Anlagenabrechnung,

- Plankostenrechnung.

Steuern und Versicherungen

Um dem starken Querschnittsbezug der Bereiche Finanzen und Rechnungswesen Rechnung zu tragen, wird eine Zentralisation aller unternehmungsweiten Aufgaben angebracht sein. Der Zentralbereich Finanzen/Rechnungswesen sammelt und verarbeitet alle zahlenmäßigen Informationen, um z.B. Planungs-, Steuerungs- und Kontrollprozesse bestmöglich zu unterstützen. Es ist kaum denkbar, diese Aufgabe in die alleinige Zuständigkeit der Geschäftsbereiche zu stellen. In großen Konzernen kann es jedoch vorteilhaft sein, neben dem Zentralbereich Finanzen/Rechnungswesen in der

Sparte dezentrale Einheiten einzurichten, um am Ort des Geschehens präsent zu sein.

Bei mehrdimensionalen Organisationsstrukturen mit weitreichender Gliederungstiefe ist es sinnvoll, neben den Zentralbereichen noch dezentrale Planungs- bzw. Statistikeinheiten einzurichten.

(2) Ablauforganisation des betrieblichen Rechnungswesens: Prozesse im Rahmen des betrieblichen Rechnungswesens sind in erster Linie eng mit Informationsgewinnungs- und -versorgungsprozessen verbunden [vgl. zum folgenden MACHARZINA 1992, Sp.2163ff.]. Im Gegensatz zu physischen Arbeitsprozessen wie z.B. dem Produktionsprozeß oder dem Forschungs- und Entwicklungsprozeß besteht bei Informationsprozessen die grundsätzliche Schwierigkeit der begrenzten Meßbarkeit von Informationen. Bedeutungsgehalt und pragmatische Verwendbarkeit von Informationen sind kaum quantifizierbar.

Allgemein können lediglich solche ablauforganisatorischen Fragestellungen beantwortet werden, die nicht mit einer zahlenmäßigen Erfassung der Informationsgewinnung, -verarbeitung, -speicherung und -weitergabe verbunden sind. Im wesentlichen handelt es sich dabei um Probleme der (Abrechnungs-)Reihenfolge und des Transports. Die Abläufe der statistischen Erfassung und Auswertung sowie planende und kontrollierende Aufgaben des betrieblichen Rechnungswesens werden stark durch unternehmungsindividuelle Bedürfnisse determiniert. Der Ablauf der buchhalterischen Ermittlung hingegen wird in starkem Maße durch allgemeine, von der betriebswirtschaftlichen Theorie entwickelte Konzepte und Normen (z.B. Kontenrahmen, Bilanzgliederungsprinzipien) beeinflußt. Der Bereich Finanz- und Rechnungswesen hat regelmäßig für die Informationsübertragung in Form von Buchungen, Kostenstellenrechnungen oder Betriebsabrechnungen Sorge zu tragen. Diese Aufgaben werden heute weitestgehend durch moderne Computersysteme unterstützt. Die Grundidee des datenbankgestützten Finanz- und Rechnungswesens besteht darin, einen gemeinsamen Datenbestand zu generieren und diesen, je nach Zugriffsberechtigung, für alle Benutzer verfügbar zu machen. Ein gemeinsamer Datenbestand für alle Benutzer führt zu einer multifunktionalen Verwendbarkeit der Daten durch nahezu beliebige Datenverknüpfungen. Weiterhin kann die Redundanz vermindert und die Pflege des Datenbestandes erleichtert werden.

4. Controlling

(1) Charakteristik und Aufgaben des Controlling: "Controlling" ist ein schillernder Begriff. Als Funktionsbündel betrachtet, enthält Controlling wesentliche Aufgaben der erfolgszielorientierten Planung, Steuerung und Kontrolle der Unternehmung [vgl. KRÜGER 1979, WELGE 1988, S.20ff.]. Kosten-, Gewinn- und Rentabilitätsziele stehen im Vordergrund der Betrachtung, im Unterschied etwa zu finanziellen Zielgrößen (z.B. Liquidität) und produktbezogenen Zielen (z.B. Produktarten und - mengen). Controlling ist aus dieser Perspektive eindeutig eine Führungsaufgabe und würde zu den Steuerungsfunktionen zählen.

Im Zuge der Spezialisierung und Professionalisierung sind Controllingaufgaben vor allem in divisionalisierten Strukturen vielfach auf gesonderte Organisationseinheiten übertragen worden. In der Spartenorganisation existieren daher entsprechende Zentralbereiche, durch dezentrale Controllingstellen (Bereichscontrolling) ergänzt. Im übrigen ist auf die wachsende Bedeutung des Projekt-Controllings hinzuweisen. Insbesondere bei Investitionsvorhaben, Produktentwicklungen und FuE-Projekten ist Controlling unverzichtbar. Bei Großprojekten werden ggf. eigene Projekt-Controller eingesetzt.

Die Rolle des Controllers ist etwa mit der eines Navigators, ggf. auch eines Co-Piloten, vergleichbar. Der Controller überwacht die Einhaltung des Kurses, aber er bestimmt ihn nicht [vgl. WELGE 1988, S.3]. Er meldet Kursabweichungen, aber er entscheidet nicht über die Korrektur. Controlling umschließt also nicht die Zielbildungs- und auch nicht die Entscheidungsphase [vgl. KRÜGER 1979, S.164ff.].

Als Organisationseinheit betrachtet ist Controlling daher als Unterstützungseinheit der Unternehmungsleitung bzw. Teilbereichsleitung einzustufen. Je nach Aufgabenteilung und Kompetenzausstattung kommen Elemente einer Steuerungseinheit hinzu.

Die Controllingaufgaben können grob in die drei Gebiete

- Entwicklung und Pflege der Controlling-Infrastruktur,

- Moderation des Controlling-Prozesses,

- Feststellung sowie Analyse von Abweichungen

unterteilt werden [vgl. KRÜGER/v.WERDER 1993, S.238ff.].

Die **Entwicklung und Pflege der Controlling-Infrastruktur** umfaßt die generelle Auslegung des Planungs- und Kontrollsystems. Ziel ist eine reibungslose Durchsetzung eines unternehmungsweit einheitlichen Planungs- und Kontrollsystems sowie seine aktive und auch innovative Weiterentwicklung. Durch eine geeignete einheitliche Infrastruktur ist die bereichsübergreifende Planung ebenso zu sichern wie die laufende Überwachung und Koordination. Die Informationen aus den unterschiedlichen Unternehmungsbereichen müssen einheitlichen Grundsätzen genügen, bspw. hinsichtlich der Bezugszeitpunkte und der Datendefinition. Andernfalls können sie keine geeignete Basis für die Steuerung bilden.

Innerhalb der gegebenen Infrastruktur dient der Bereich "Controlling" dazu, die laufenden Planungs- und Kontrollprozesse, die z.B. nach dem Gegenstromprinzip ablaufen, zu moderieren. Die **Moderation des Controllingprozesses** enthält neben Unterstützungselementen auch steuernde Eingriffe, z.B. Festlegung von Prozeduren und Terminen.

Schließlich gehört auch die **Feststellung und Analyse unternehmungsbereichsbezogener Abweichungen** zu den Aufgaben des Controlling. Die Ermittlung von Abweichungen bildet die Grundlage zur Durchführung von Ursachenanalysen der festgestellten Abweichungen. Durch derartige Analysen erhält die Unternehmungsführung wertvolle Hinweise bezüglich der Verläßlichkeit der unterstellten Datenkonstellationen von Unternehmungen und Umwelt und hinsichtlich der Einflußnahme möglicher Störgrößen.

An die Ursachenanalyse können sich Konsequenzanalysen anschließen, d.h. es werden konkrete Maßnahmen abgeleitet, um die ermittelten Abweichungen zu reduzieren [vgl. HAHN 1994, S.386].

(2) Träger von Controllingaufgaben: Controlling findet auch dann statt, wenn keine gesonderten Controllingorgane eingerichtet sind. Im Klein- und Mittelbetrieb ist dieses **nicht-institutionalisierte** Controlling Teil der täglichen Führungsaufgabe. Informationssammelnde und -auswertende Funktionen insbesondere des Rechnungswesens und damit Teile des Controllings können auch an Externe vergeben werden [vgl. SOLARO 1992, Sp.438].

Für das **institutionalisierte** Controlling wird überwiegend eine Controllingabteilung als **Querschnittsbereich** empfohlen [vgl. WELGE 1988, S.408ff.]. Funktionale Weisungsrechte kennzeichnen ihre Stellung. So fanden KRÜGER/v.WERDER eine starke Stellung des Zentralbereichs "Controlling" in den Aufgabenbereichen "Entwicklung und Pflege der Controlling-Infrastruktur" sowie "Moderation des Controllingsprozesses". Kernbereichs- und Richtlinienmodell dominierten. Bei der "Feststellung und Analyse von Abweichungen" kommt den operativen Einheiten dagegen eine stärkere Stellung zu. Die unterschiedlich ausgeprägte Autonomie der Sparten macht sich hier bemerkbar. Bei der Auslegung dieser Funktionen sind zwei gegensätzliche Zielbündel unübersehbar [vgl. KRÜGER/v.WERDER 1993, S.244ff.]. Auf der einen Seite ist die "Nähe zum Geschäft" sehr wichtig. Operative Einheiten sind eher als zentrale Controller in der Lage, aussagefähige und differenzierte Schlußfolgerungen aus festgestellten Abweichungen zu ziehen, dies insbesondere bei diversifiziertem Produktprogramm. Andererseits ist eine bereichsneutrale Objektivität und kritische Distanz bei der Abweichungsanalyse anzustreben, um Verschleierungen auszuschließen. Der Neutralitätsgesichtspunkt ist auch bei der hierarchischen Einordnung des Controlling zu bedenken. Nach Abwägung aller Argumente, die für und gegen eine Stellung des Controllers als Mitglied der Geschäftsleitung vorgebracht werden, kommt WELGE zu der Empfehlung, ihn zumindest in Großunternehmungen auf der zweiten Führungsebene zu positionieren. Dort seien Unabhängigkeit und Neutralität am ehesten gewährleistet [vgl. WELGE 1988, S.411].

(3) Controllingprozeß: Controllingprozesse, als Unterstützungsprozesse interpretiert, stellen ein Bindeglied zwischen den Führungsprozessen einerseits, den operativen Prozessen andererseits dar. Auf der einen Seite steht die Entwicklung von Plänen und Budgets, auf der anderen Seite die Überwachung des Ausführungsprozesses sowie die Analyse und Korrektur von Abweichungen. Controllingaktivitäten begleiten also die Steuerungsprozesse wie die operativen Prozesse. Wenn die Planungsprozesse gemäß dem Gegenstromverfahren ablaufen, werden an den entsprechenden Stellen Informationen vom Controlling aufgenommen, ausgewertet und den Beteiligten zur Verfügung gestellt. Abb. X/2 stellt die Ablauforganisation des Controlling schematisch dar [nach SCHÜLLER 1984, S.263] und zeigt das Zusammenspiel der beteiligten Stellen.

Die Prozesse und Systeme des Controlling weisen zahlreiche Schnittstellen auf. Basisdaten, vor allem aus dem Rechnungswesen, stellen die "wertorientierten Abrechnungssysteme" bereit (vgl. Abb. VII/12, S.152). Sie werden von spezialisierten IKS ("Berichts- und Kontrollsystem") verdichtet und ausgewertet, z.B. um wichtige Kennzahlen wie Deckungsbeiträge, Betriebsergebnisse, ROI, Cash Flow zu ermitteln. Sie dienen z.B. der jährlichen Planung ebenso wie der monatlichen (wöchentlichen, täglichen) Berichterstattung, Koordination und Steuerung. Die erwähnten Informationssysteme für Führungskräfte können ggf. auf diesen Daten aufbauen. Es findet also eine ständige Kommunikation statt, in deren Verlauf das Controllinginstrumentarium die Funktion eines speziellen "Radars" der Unternehmungsführung übernimmt. Der Austausch des erfolgsrelevanten Zahlenmaterials hat eine wichtige Koordinations- und

Integrationsfunktion für alle Unternehmungsbereiche bzw. Unternehmungsprozesse. Ohne Controlling besteht, um im Bilde zu bleiben, die Gefahr des "Blindflugs".

→ t

Vorstand		Strategische Kontrolle	Anpassung Zielsystem	Entwicklung des strat. Programms				Verabschiedung des operativen Planes	
Zentralabteilung Controlling	°Überprüfung Zielsystem °Strat. Gewinnbedarfsrechnung °Stärke-Schwächen Analyse °Budgetkontrolle	(Entwicklung strat. Vorschläge)		(Rentabilitäts- und Risikogutachten)	°Vorgabe der "Guidelines" an Linieninstanzen °Entwicklung und Verteilung "Planning-Package"		°Konsolidierung der Teilpläne °Vorprüfung auf Verträglichkeit °Einhaltung der Strukturnormen		°Vorgabe des Planes an Linieninstanzen
Linieninstanzen	°Budgetkontrolle	(Entwicklung strat. Vorschläge)			°Budgetkontrolle	°Entwicklung operativer Teilpläne			

Abb. X/2: Ablauforganisation des Controlling

Literatur

BUSSE, F.J.: Grundlagen der betrieblichen Finanzwirtschaft, 2. Aufl., München 1991

EILENBERGER, G.: Betriebliche Finanzwirtschaft, München 1985

FRESE, E./v.WERDER, A.: Bürokommunikation, in: Frese, E. (Hrsg.), Handwörterbuch der Organisation, 3. Aufl., Stuttgart 1992, Sp.374-390

HAHN, D.: PuK - Controllingkonzepte, 4., vollst. überarb. u. erw. Aufl., Wiesbaden 1994

KRÜGER, W.: Controlling: Gegenstand, Wirkungsweise und Funktionen im Rahmen der Unternehmungspolitik, in: BFuP 2/1979, S.158-169

KRÜGER, W./v.WERDER, A.: Zentralbereiche - Gestaltungsmuster und Entwicklungstrends in der Unternehmungspraxis, in: Frese, E. et al. (Hrsg.), Zentralbereiche, Stuttgart 1993, S.235-285

KÜRPICK, H.: Personalverwaltung, in: Gaugler, E./Weber, W. (Hrsg.), Handwörterbuch des Personalwesens, 2. Aufl., Stuttgart 1992, Sp.1805-1815

MACHARZINA, K.: Organisation des Rechnungswesens, in: Frese, E. (Hrsg.), Handwörterbuch der Organisation, 3. Aufl., Stuttgart 1992, Sp.2152-2167

OECHSLER, W.A.: Personal und Arbeit, 3., überarb. u. erw. Aufl., München/Wien 1988

SCHIERENBECK, H.: Grundzüge der Betriebswirtschaftslehre, 11. Aufl., München 1993

SCHÜLLER, S.: Organisation von Controllingsystemen in Kreditinstituten, Münster 1984

SCHOLZ, C.: Personalmanagement, 2. Aufl., München 1991

SOLARO, D.: Controller, in: Frese, E. (Hrsg.), Handwörterbuch der Organisation, 3. Aufl.,
Stuttgart 1992, Sp.432-441

WAGNER, H./SAUER, M.: Personalinformationssysteme, in: Gaugler, E./Weber, W.
(Hrsg.), Handwörterbuch des Personalwesens, 2. Aufl., Stuttgart 1992, Sp.1711-1723

WELGE, M.K.: Unternehmungsführung, Band 3, Controlling, Stuttgart 1988

ZIMMERMANN, G.: Organisationsabteilung, in: Frese, E. (Hrsg.), Handwörterbuch der Organisation, 3. Aufl., Stuttgart 1992, Sp.1471-1477

XI. RÄUMLICHE PROZESSGESTALTUNG

1. Gestaltungsprobleme

Raumfragen sind ein von der Organisationslehre zu Unrecht vernachlässigtes Feld praktischer Gestaltung. Im Fertigungsbereich dominieren ingenieurwissenschaftliche Arbeiten, im Bürobereich spielen architektonische Fragen und nicht zuletzt auch Prestige- und Statusfragen traditionell eine bedeutsame Rolle. In der Praxis ist jedoch ein Wandel erkennbar. Die Prozeßorientierung setzt sich immer mehr auch im Bereich der Raumorganisation durch. Die Anforderungen der Geschäftsprozeßeffizienz sowie der Flexibilität und Innovationsfähigkeit drängen ebenso in diese Richtung wie die teils explosionsartig gestiegenen Raumkosten. Sogar die Vorstandsbüros, üblicherweise an der Spitze von Verwaltungsgebäuden angesiedelt, werden bereits vereinzelt in diese Entwicklung einbezogen und nach Prozeßgesichtspunkten organisiert. So zogen bei der **BMW AG** in München die für die Fahrzeugentwicklung zuständigen Vorstandsmitglieder vom BMW-Hochhaus, dem berühmten "Vierzylinder", in das Forschungs- und Ingenieurzentrum um. Das Sinnbild des Umdenkens von der "Palastorganisation" zur "Zeltorganisation" erhält hier ein besonderes Anwendungsbeispiel. Raumorganisation gewinnt in einigen Fällen sogar strategische Bedeutung. Prozesse und Strukturen passen sich dann den Räumen an. Im übrigen wirken sich die Kundenbedürfnisse zunehmend auch im Bereich der Raumorganisation aus. Dies gilt insbesondere für die kontaktintensiven Bereiche, wie etwa Verkaufsräume, Schalterhallen, Servicezentren. Im Bankenbereich z.B. hatte die Einführung der integrierten Kundenberatung (Privatkunde, Geschäftskunde) vielfach eine neue Anordnung der Arbeitsplätze oder sogar einen Umbau der Schalterhallen zur Folge.

Obgleich in der organisationstheoretischen Literatur bislang Fragen der **Büroprozeßgestaltung** im Vordergrund standen, Fragen der räumlichen Produktionsprozeßgestaltung hingegen unter dem Stichwort Fabrik- und Layoutplanung vorwiegend als Teilgebiet der Fertigungsplanung behandelt wurden, muß heutzutage im Sinne einer integrativen Ablauforganisation die räumliche Prozeßgestaltung in einem Gesamtzusammenhang gesehen werden. Nur so lassen sich Ziele wie Flexibilisierung und Beschleunigung von funktionsübergreifenden Prozessen erreichen.

Dabei geht es um die räumliche Zuordnung der **Aufgaben** (Funktionen) zueinander sowie die Übertragung auf den verfügbaren bzw. benötigten Raum. Die räumliche Zuordnung wird stark von Reihenfolgegesichtspunkten geprägt, im Bereich technischer Prozesse also vom Materialfluß, im Büroprozeß vom Informationsfluß.

In bezug auf den **Menschen** geht es um Fragen der ergonomischen Arbeitsplatzgestaltung, aber auch um die relative Anordnung zu angrenzenden Arbeitsplätzen. Nicht zuletzt spielen Motivationsaspekte eine wachsende Rolle. Steht die Gruppierung der Arbeitsplätze in räumlichen Einheiten im Vordergrund, so lassen sich für die administrativen Prozesse die **Büroraumkonzepte** als Grundmuster der Gestaltung voneinander unterscheiden.

Die räumliche Anordnung von Maschinen und sonstigen Sachmitteln (z.B. Lagereinrichtung), also der maschinellen **Aktionsträger** und **Aktionsmittel**, wird bei technischen Prozessen **"Plant Layout"** genannt. Sie ergibt sich direkt aus der räumlichen Zuordnung der Aufgaben und damit der von den Aktionsträgern/-mitteln durchzuführenden Verrichtungen. Beispielsweise stellt eine Zusammenfassung von Maschinen bestimmten Typs in einer Werkstatt eine Zentralisation der entsprechenden Verrichtung dar. Die grundlegenden **Varianten der Fertigungsorganisation** sind somit auch und vor allem unter dem Gesichtspunkt der räumlichen Zentralisation zu sehen und stellen daher bereits eine gewisse Festlegung der zu wählenden Standorte dar.

Die Analyse räumlicher Folgebeziehungen befaßt sich mit der Abfolge von Objekten und ihren **Transportwegen** [vgl. LIEBELT/SULZBERGER 1989, S.31]. Der Transportweg führt über die verschiedenen Lagerungs- und Bearbeitungsstationen, so daß mit der Festlegung der entsprechenden Arbeitsplatz-/Maschinenstandorte bei gegebener (sachlogischer) Folgestruktur der Transportweg implizit festgelegt ist. Präzisiert wird der so ermittelte Transportweg ggf. noch durch Auswahl bestimmter Streckenführungen und durch Aufstellung von Verkehrsregeln.

Die räumliche Dimension der Prozeßstruktur ergibt sich also zusammenfassend durch **Flächen-** und **Standortbestimmung** für Aufgaben (Funktionen) und für stationäre Aktionsträger und -mittel sowie durch **Transportwegbestimmung** für räumliche Distanzen überwindende Aktionsobjekte [vgl. KERN 1982, Sp.10]. Die Grenzen dieser Zweiteilung können in Einzelfällen jedoch durchaus verschwimmen, wie die Baustellenfertigung (unbewegliches Objekt) oder auch das Beispiel der "Skillet"-Fertigungstechnik zeigen: In einem neu errichteten Automobilwerk wird bei **General Motors** mit dem die Fertigungsstraße durchlaufenden Objekt auch das Montagepersonal auf einem Förderband (Skillet) transportiert und somit mobil [vgl. SZCZESNY 1990, S.36]. Insbesondere bei Projektarbeit kann es auch im Büroprozeß dazu kommen, daß Mitarbeiter mit dem Prozeßablauf ihren Standort wechseln, z.B. Entwicklung, Fertigungsplanung, Fertigungsanlauf.

2. Begriff und Gegenstand der innerbetrieblichen Standortwahl

Trotz der Unterschiedlichkeit betrieblicher Prozesse lassen sich nahezu alle räumlichen Gestaltungsprobleme (Arbeitsplatzgestaltung, Raumgestaltung, Standortwahl i.e.S., Transportwege, vgl. S.126f.) als innerbetriebliche Standortwahlprobleme auffassen. Hierbei sei mit WÄSCHER [1982, S.15] ganz allgemein unter **Standort** "die geographische Lage eines Objektes im Raum" verstanden, wobei "Raum" eine abgeschlossene Fläche (Grundstück, Arbeitsraum), ein Stockwerk oder ein ganzes Gebäude sein kann. Damit ist die innerbetriebliche Standortwahl von der Wahl des Unternehmungsstandorts abgegrenzt, die vor dem Hintergrund der externen Prozeßvernetzung eigentlich auch in die räumliche Prozeßanalyse und -regelung einzubeziehen wäre. Allerdings wäre hierzu u.a. auch eine Vielzahl wettbewerbsstrategischer und die absolute Lage von Unternehmungsstandorten betreffender Determinanten (z.B. Steuernormen) in die Analyse einzubeziehen, so daß dieses (vororganisatorische) räumliche Gestaltungsproblem hier ausgeklammert bleibt. Innerbetriebliche Standortwahl findet in bezug auf sämtliche Geschäftsprozesse Anwendung (vgl. Abb. XI/1, nach WÄSCHER 1982, S.17). Ebenfalls vor der eigentlichen Standortwahl steht die Frage, welche Funktionen bzw. Teilprozesse zentral und welche dezentral durchgeführt werden sollen. Ob eine konzernweit zuständige Vertriebszentrale oder ob dezentrale Personalbüros und andere Serviceeinheiten eingerichtet werden sollen, welche Aufgaben diese jeweils haben, sind Fragen, die über die räumliche Dimension der Prozeßgestaltung hinausgehen.

Geschäftsprozesse		Anordnung von:
Technische Prozesse	Logistik	- Läger auf dem Betriebsgrundstück - Warenarten in Vorratslägern
	Produktion	- Fertigungshallen auf dem Betriebsgrundstück - Werkstätten in Fertigungshallen - Zwischenlägern in Fertigungshallen - Arbeitsplätzen auf Flächenelementen
	Vertrieb	- Verkaufsständen in Verkaufsräumen
Administrative Prozesse		- Büros auf Etagen eines Verwaltungsgebäudes - Arbeitsplätzen in Großraumbüros - Sachmitteln am Arbeitsplatz

Abb. XI/1: Fragestellungen der innerbetrieblichen Standortwahl

Durch Variation der Betrachtungsebene lassen sich nun verschiedenste räumliche Gestaltungsprobleme im beschriebenen Sinne erklären. Die organisatorischen Elemente oder Einheiten (allg.: Anordnungsobjekte), deren Standort es zu bestimmen gilt, sind im administrativen Bereich etwa Abteilungen auf einem Stockwerk, Arbeitsplätze innerhalb einer Abteilung oder DV-Sachmittel oder Büromöbel an einem Arbeitsplatz. Dies gilt zumindest, soweit die Arbeitsplatztechnik nicht zwingend der Arbeitsplatzanordnung folgt. Für den Fertigungsbereich können dies komplette Gebäude, Werkstätten/Fertigungsstraßen, Aggregate oder einzelne Maschinen sein. Abb. XI/2 stellt den hierarchischen Zusammenhang der verschiedenen Betrachtungsebenen der Standortwahl dar [nach LANGNER/STÜBIG 1991, S.456].

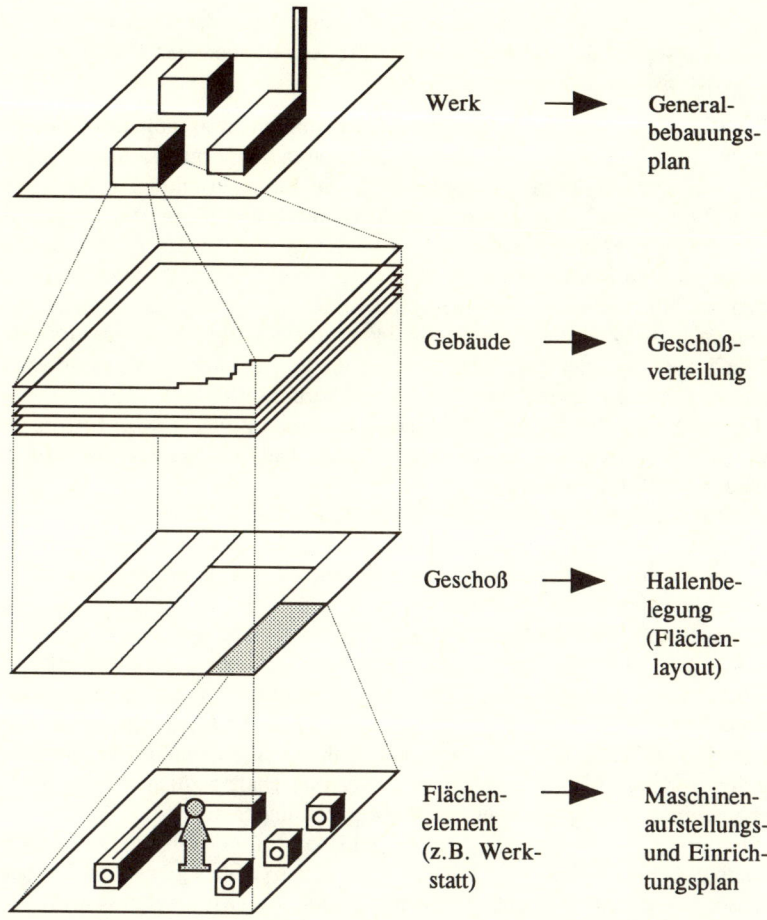

Werk	➤	General-bebauungs-plan
Gebäude	➤	Geschoß-verteilung
Geschoß	➤	Hallenbe-legung (Flächen-layout)
Flächen-element (z.B. Werk-statt)	➤	Maschinen-aufstellungs-und Einrich-tungsplan

Abb. XI/2: Hierarchische Gliederung der Standortplanung im Fertigungsbereich

3. Gestaltungsmethode und -techniken

(1) Vorgehensweise: Generell gilt auch für die Raumorganisation die Regel "Form follows Function". Wird ein integrierter Produktentwicklungsprozeß gewünscht, so kann sich der Bau eines kompakten Entwicklungszentrums zur räumlichen Bündelung der Prozesse empfehlen (so z.B. bei **BMW** und **Chrysler** in den letzten Jahren geschehen). Ganz allgemein besagt diese Regel, daß Raumstrukturen an organisatorische Abläufe und Erfordernisse angepaßt werden sollten und nicht umgekehrt. Es ergibt sich also eine grundsätzliche Anpassungssequenz von aufbauorganisatorischen Strukturen und Prozeßfolgen über eine ideale Standortverteilung (Ideallayout) auf die realen Raumstrukturen (Reallayout). Allerdings sind auch gegenläufige Anpassungsschritte denkbar und u.U. notwendig. So wird nicht jede Abweichung des Ideallayouts von räumlichen Gegebenheiten zu baulichen Veränderungen führen. Vielmehr sind ggf.

Abstriche vom Ideallayout zu machen. Ferner können bei der Raumorganisation erkannte Schwachstellen und neuralgische Punkte Änderungen der Prozesse und auch der Aufbauorganisation induzieren.

(2) Zielbestimmung: Bei der Zielableitung dominieren zwar ablauforganisatorische Kriterien, nicht zu übersehen ist aber, daß auch aufbauorganisatorische Gesichtspunkte auf die Raumorganisation ausstrahlen. Die Raumaufteilung in Bürogebäuden ist z.B. im Hinblick auf Lage, Größe und Ausstattung von Büros traditionell ein Abbild der Hierarchie. Statusgesichtspunkte dominieren noch vielfach prozeßorientierte Erfordernisse, die im Vordergrund der folgenden Überlegungen stehen.

Wegen der inhaltlichen Verschiedenartigkeit der Standortwahlprobleme lassen sich die entsprechenden Ziele nicht vollständig problemübergreifend beschreiben. Allerdings sind aufgrund der formalen Ähnlichkeit von Standortentscheidungen einige Übereinstimmungen zu verzeichnen. Eine Orientierungshilfe bietet hierbei die Einteilung in Leistungsziele, wirtschaftliche Ziele und soziale Ziele, die auf **technische** wie auf **administrative Prozesse** angewendet werden kann. Soziale Ziele sind hierbei Ausdruck der Mitarbeiterwünsche.

Im Bereich **technischer Prozesse** dominieren unter den **Leistungszielen** solche, die sich auf den Fluß der zu bearbeitenden Objekte beziehen, also auf den **Materialfluß**. Im einzelnen werden hierbei die Geradlinigkeit des Materialflusses, die Minimierung der Transportleistung (entspricht den mit der Transportintensität gewichteten Transportwegen) sowie die Minimierung der Durchlaufzeit genannt [vgl. WÄSCHER 1982, S.56ff.]. Daß die letztgenannten Ziele nicht zwingend gleichbedeutend sind, wird deutlich, wenn man bedenkt, daß durch den Einsatz von Transporteinrichtungen (z.B. Fließbändern) zwischen einzelnen Stationen die Transportzeit, nicht aber der Transportweg verkürzt wird. Dies bedeutet, daß im Sinne minimaler Durchlaufzeit zwei Stationen dann nicht in unmittelbarer Nachbarschaft zu liegen brauchen, wenn sie durch geeignete Transportmittel miteinander verbunden sind.

Darüberhinaus ist jedoch noch eine Vielzahl von "Nonflow"-Kriterien von Bedeutung. Elastizität, Flexibilität und Erweiterungsmöglichkeit des gewählten Layouts sind hier ebenso zu nennen wie die Vermeidung von Störwirkungen (Lärm, Wärmeausstrahlung, Staubentwicklung) zwischen organisatorischen Einheiten, die reibungslose Integration in die außerbetriebliche Logistik sowie die Übersichtlichkeit des Layouts. In dem Maße, wie durch die jeweilige Standortentscheidung auch die Anordnung von Arbeitsplätzen angesprochen ist, erlangen Ziele an Bedeutung wie höchstmögliche Arbeitssicherheit, Ermöglichung der Mehrmaschinenbedienung sowie der gemeinsamen Betriebsmittelnutzung durch mehrere Aufgabenträger, Erleichterung der Anleitung und Kontrolle durch Vorgesetzte.

Wirtschaftliche Ziele beziehen sich auf die Kosten der Standortwahl. Wichtige Kostenbestandteile sind die Raumkosten, die Transportkosten, die Zwischenlagerkosten, hierbei insbesondere die Kosten der Kapitalbindung, sowie die Kosten des Standortwechsels bei Veränderung des gewählten Layouts. Zu nennen sind ferner die Anschaffungs- und Instandhaltungskosten der Transporteinrichtungen. Bei einer Erhöhung der Durchlaufgeschwindigkeit steigen i.d.R. die Kosten für Transporteinrichtungen, während die Zwischenlagerkosten sinken.

Soziale Ziele betreffen traditionell die Ergonomie sowie zunehmend die Motivation der Mitarbeiter. Motivatorische Gesichtspunkte sind z.B. Förderung des Zugehörigkeitsgefühls in bezug auf Arbeitsgruppen, Ermöglichung von Sichtkontakt nach außen und zu anderen Mitarbeitern, Isolationsvermeidung und ganz allgemein Förderung eines guten Betriebsklimas [vgl. AGGTELEKY 1990, S.473].

Bei **administrativen Prozessen** gelten prinzipiell die gleichen Ziele. Allerdings beziehen sich die am Objektfluß orientierten Anordnungsziele hier nicht auf Material oder fertige Produkte, sondern auf Kunden, die im Falle von Büros mit Besucherverkehr bestimmte Wege zurücklegen müssen, und vor allem auf Informationen, die zwischen den einzelnen Anordnungsobjekten zu transportieren sind. Hier wird auch vom **geistigen Materialfluß** gesprochen. Die Ziele lauten für den administrativen Bereich wiederum ganz analog: Minimierung der insgesamt zu überbrückenden Entfernungen oder Minimierung der Bürodurchlaufzeit [vgl. ZANGL 1986]. Insbesondere bei kommunikationsintensiven persönlichen Kontakten ist geringe räumliche Distanz der Kommunikationspartner oft erfolgsentscheidend: Eine Studie des MIT fand z.B. heraus, daß 80% der von Entwicklungsingenieuren realisierten Ideen aus Face-to-Face - Kontakten resultieren, welche ab einer Distanz von 40-50 m deutlich unwahrscheinlicher wurden. Darüberhinaus sind einige als Ziele interpretierbare Regeln zu beachten [vgl. REFA 1985, S.375ff.]. So sollten beispielsweise Abteilungen mit starken externen Kontakten im verkehrstechnisch am besten erschlossenen Gebäudeteil angesiedelt werden.

Ferner sollten Arbeitsplätze nicht so angeordnet werden, daß der Blick auf Hauptverkehrswege (Ablenkung) oder direkt in ein helles Fenster gerichtet ist. Vorgesetztenarbeitsplätze sollten wegen evtl. vertraulicher Gespräche in ausreichender Entfernung vom nächsten Arbeitsplatz und wegen des erzeugten Beobachtungsgefühls nicht vor oder hinter der Arbeitsgruppe, sondern in deren Mitte angeordnet werden.

(3) Ermittlung von Beziehungen zwischen Anordnungsobjekten: In einem weiteren Schritt müssen die Beziehungen zwischen den Anordnungsobjekten eingehend analysiert werden. Für den Bereich der technischen Prozesse sind dies die Materialflüsse, wie bereits bei der Nennung der daran orientierten Ziele erwähnt. Diese entnimmt man den Funktionsschemata, die die Ablaufstrukturen dieser Prozesse darstellen. Abb. XI/3 zeigt ein solches Funktionsschema, das um die zu transportierenden Materialmengen ergänzt ist [nach KETTNER/SCHMIDT 1979, Sp.539f.].

Bei administrativen Prozessen hingegen sind die Objektflußbeziehungen bedeutend schwerer zu quantifizieren, handelt es sich doch in erster Linie um Informationen als zu transportierende Objekte, um Kommunikationsbeziehungen also. Hierbei sind nun auch solche Kommunikationskontakte zu berücksichtigen und z.B. durch Selbstaufschreibung zu erheben, die sich nicht aus der Prozeßregelung durch Arbeitsablauf- und Belegflußdiagramme unmittelbar ergeben. Der Umfang dieser informalen Kontakte erhöht sich zum einen durch die allgemeine Tendenz zur Entbürokratisierung sowie zur Integration, Vernetzung und Überlappung von Prozessen. Die erhöhte Kommunikationsdichte soll den Nährboden für die Entwicklung und den Austausch neuer Ideen bilden. Zum anderen ist auf die Notwendigkeit der situativen Koordination hinzuweisen.

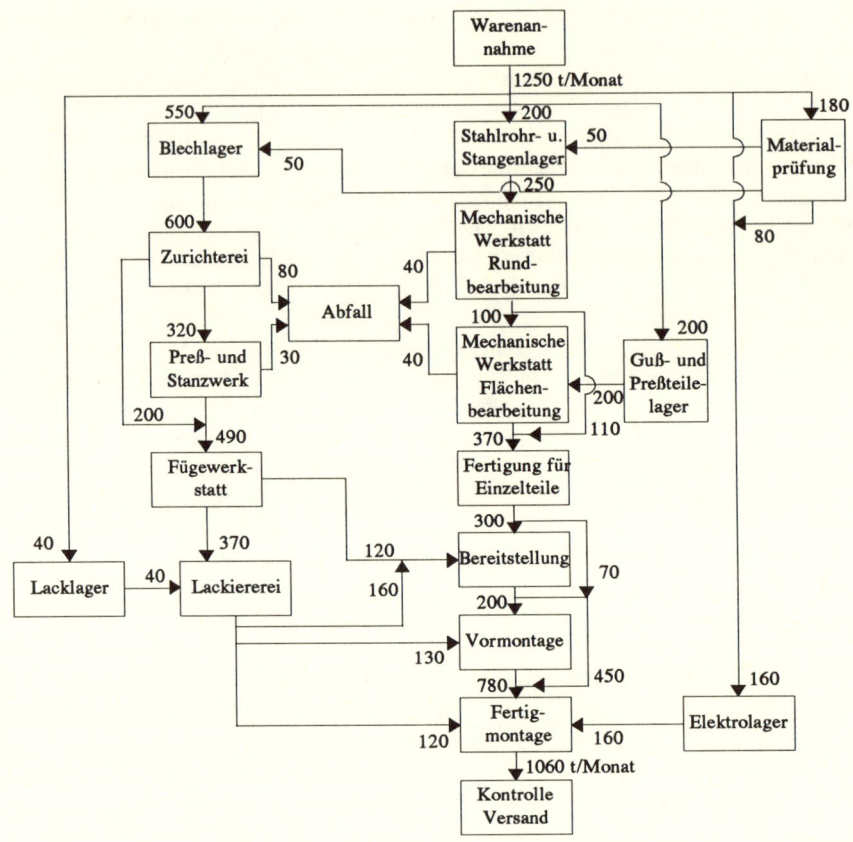

Abb. XI/3: Funktionsschema mit Transportmengen

Für die Beziehungsanalyse empfiehlt sich z.B. eine Unterscheidung von Kommunikationsbeziehungen, die persönlichen Kontakt erfordern, die einen Material (Akten-) transport bedingen und die über Telekommunikationssachmittel bewerkstelligt werden können. Für Standortentscheidungen sind nun insbesondere die persönlichen Kontakterfordernisse von Bedeutung, ebenso die "Aktengänge", sofern nicht aufgrund von Transporteinrichtungen, z.B. Rohrpostanlagen, die räumliche Nähe der Kommunikationspartner entbehrlich wird. Ferner sind bei Büros mit Kunden-/Besucherverkehr die von diesen Personen zurückzulegenden ("Transport"-) Wege als Objektfluß zu analysieren.

Da nun besonders im administrativen Bereich noch einige "Nonflow"-Kriterien (z.B. Ermöglichung der Gruppenbeaufsichtigung, gemeinsame Schalternutzung) die Auswahl des Layouts bestimmen, müssen die korrespondierenden Interdependenzen ebenfalls berücksichtigt werden. Es empfiehlt sich, zunächst die Notwendigkeit räumlicher Nähe in Klassen einzuteilen. Dies ergibt **Entfernungsprioritäten**, z.B. Nähe unbedingt erforderlich, Nähe unerwünscht. Die Vergabe dieser Prioritäten erfolgt anhand von **Entfernungskriterien**, z.B. den erhobenen Kommunikations- und Kundenflußintensitäten (zahlenmäßig starke Ströme erfordern räumlich nahe Anordnung). Abb. XI/4 zeigt die beschriebene Vorgehensweise am Beispiel einer Kfz-Zulassungsstelle [ähnlich SCHONBERGER/KNOD 1988, S.730].

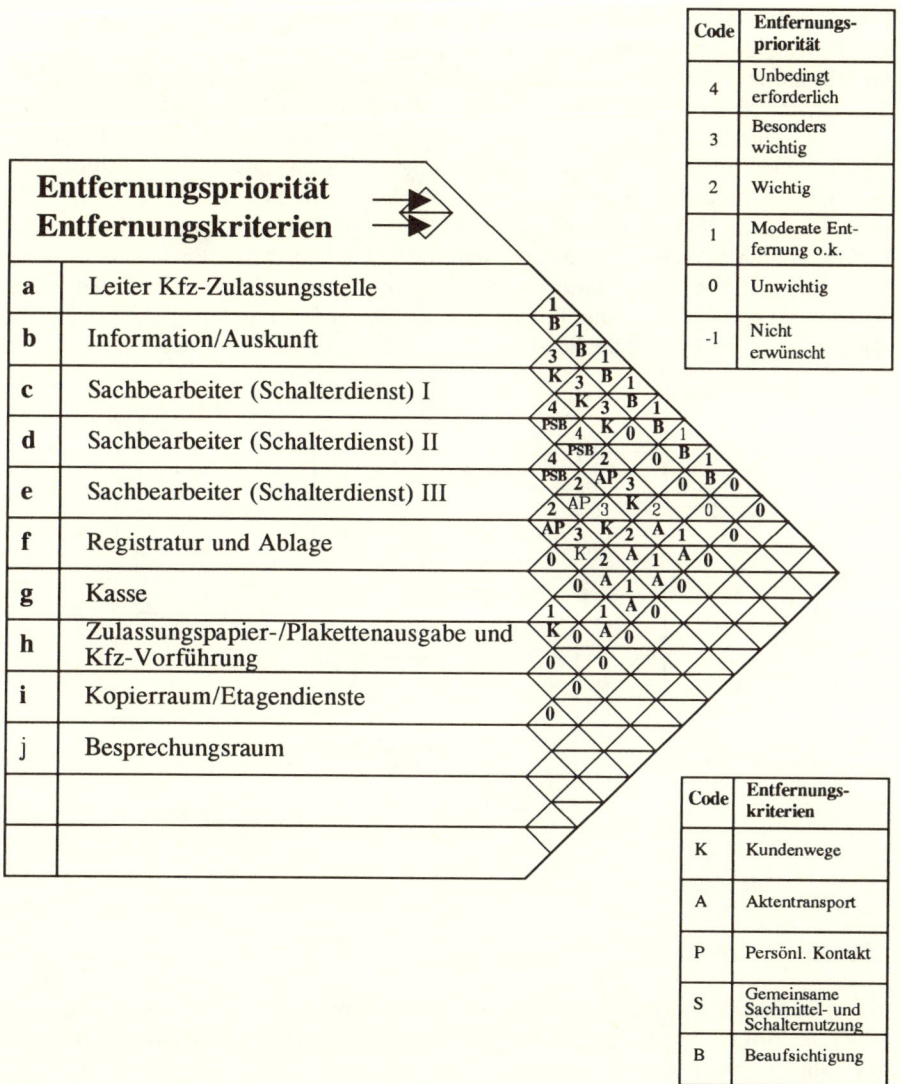

Code	Entfernungs-priorität
4	Unbedingt erforderlich
3	Besonders wichtig
2	Wichtig
1	Moderate Entfernung o.k.
0	Unwichtig
-1	Nicht erwünscht

Entfernungspriorität
Entfernungskriterien

a	Leiter Kfz-Zulassungsstelle	
b	Information/Auskunft	
c	Sachbearbeiter (Schalterdienst) I	
d	Sachbearbeiter (Schalterdienst) II	
e	Sachbearbeiter (Schalterdienst) III	
f	Registratur und Ablage	
g	Kasse	
h	Zulassungspapier-/Plakettenausgabe und Kfz-Vorführung	
i	Kopierraum/Etagendienste	
j	Besprechungsraum	

Code	Entfernungs-kriterien
K	Kundenwege
A	Aktentransport
P	Persönl. Kontakt
S	Gemeinsame Sachmittel- und Schalternutzung
B	Beaufsichtigung

Abb. XI/4: Ermittlung von Entfernungsprioritäten

(4) Bestimmung von Ideallayouts: In der Vergangenheit wurde insbesondere für die Fabrikplanung zur Ermittlung des (optimalen) Ideallayouts eine Vielzahl von Modellen entwickelt, die meist die Objektflußziele betonen. Zur Lösung der modellierten Probleme wurden Optimierungsmethoden, aber auch pragmatische Gestaltungsmethoden und Faustregeln empfohlen. Solche heuristischen Faustregeln sind z.B. die zentrale Anordnung verkehrsreicher Einheiten, aber auch Algorithmen dergestalt, daß die Objekte mit der höchsten Näheerfordernis direkt nebeneinander plaziert und die übrigen nach abnehmender Näheerfordernis um diesen Kern herum gruppiert werden.

Unter Zuhilfenahme solcher Gestaltungsprinzipien und -methoden und unter Einbeziehung der oben ermittelten Nähe-Erfordernisklassen sowie der jeweiligen flächenmäßigen Ausdehnung der Anordnungsobjekte lassen sich nun die einzelnen Anordnungsobjekte lokalisieren (vgl. Abb. XI/5, ähnlich SCHONBERGER/KNOD 1988, S.731). Hieran ist z.B. zu erkennen, daß die organisatorischen Einheiten, zwischen denen Kunden besonders häufig verkehren, wegen der hohen Näheerfordernis nebeneinander plaziert sind. Durch kompakte Zusammenführung der Flächen in ein Gebäuderaster ergibt sich schließlich das Ideallayout des zu gestaltenden Bereiches.

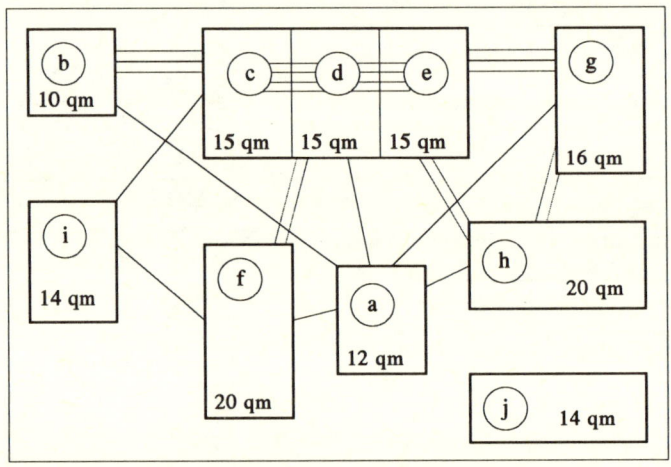

Die Linienzahl entspricht der Entfernungspriorität aus Abb.XI/4.

Abb. XI/5: Flächenbeziehungsdiagramm

In ähnlicher Weise ist bei dem erwähnten Forschungs- und Ingenieurzentrum (FIZ) bei **BMW** vorgegangen worden. Die Zusammenfassung sämtlicher Funktionen des Fahrzeugentwicklungsprozesses - von der Planung/Konstruktion über Musterbau und Versuch zum Pilotwerk, aber auch Qualitätssicherung, Produktcontrolling, Einkauf und Logistik - fußt auf einer konsequenten Beziehungsanalyse der anzuordnenden Funktionen. Im eigens hierfür errichteten FIZ mit einer Fläche von 400.000 qm sind ca. 5000 Mitarbeiter beschäftigt. Im Vordergrund stand hierbei der geistige Materialfluß des Entwicklungsprozesses (vgl. Abb. XI/6a und 6b).

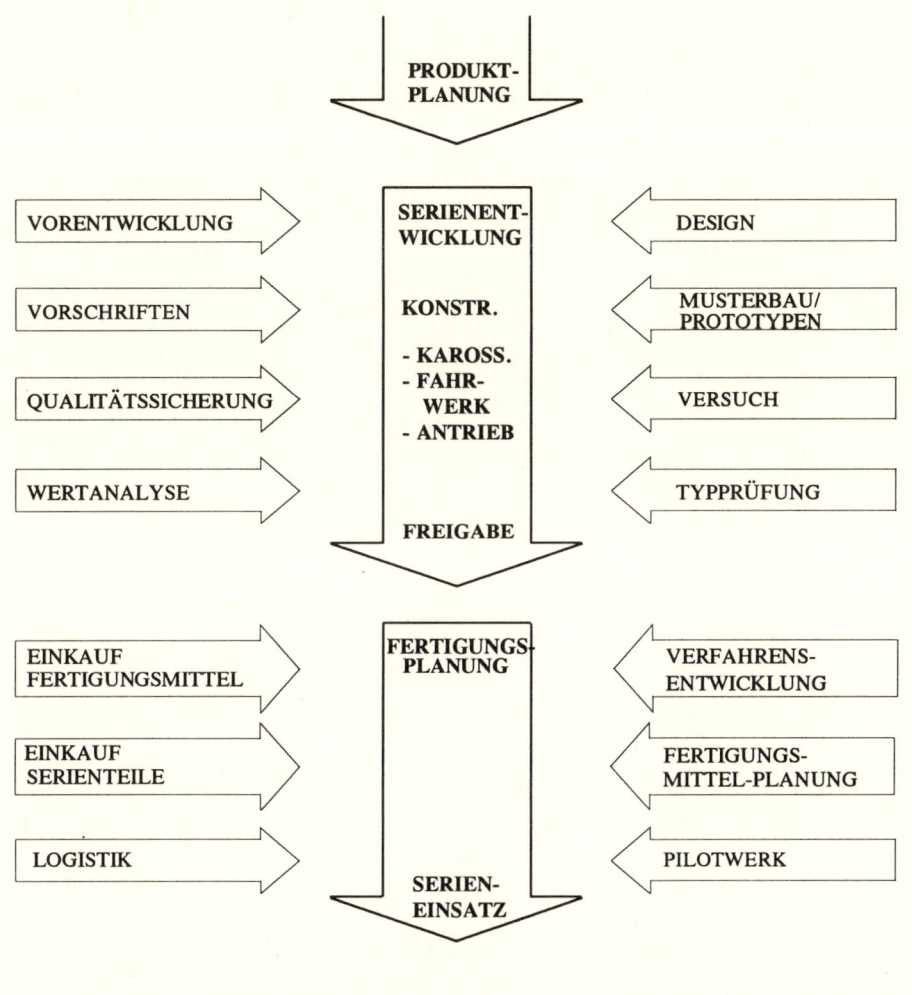

Abb. XI/6a: Der geistige Materialfluß des Entwicklungsprozesses

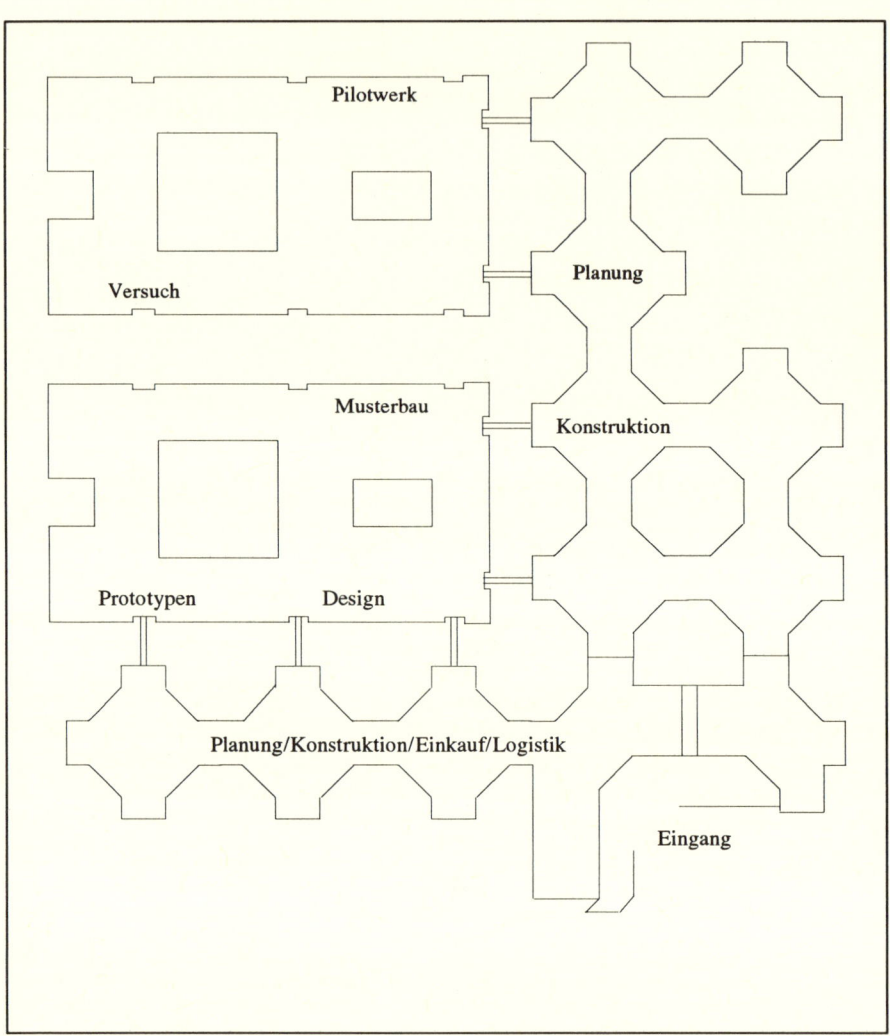

Abb. XI/6b: BMW Forschungs- und Ingenieurzentrum (FIZ)

(5) Berücksichtigung von Restriktionen: Das so ermittelte Ideallayout muß mit vielfältigen Restriktionen in Einklang gebracht werden. Die Grenze zwischen bei der Realplanung zu beachtenden Restriktionen und bereits im Ideallayout berücksichtigten Zielen ist nicht immer eindeutig zu ziehen. So lassen sich Aspekte der Arbeitssicherheit sowohl als Ziel wie auch als Restriktion formulieren. Diese Unschärfe in der Zuordnung gilt insbesondere dann, wenn Ziele als Satisfizierungs- oder Fixierungsziele formuliert sind [vgl. WÄSCHER 1982, S.88]. Da bei der beschriebenen Vorgehensweise zur Ermittlung des Ideallayout Ziele wie Ermöglichung der Mehrpersonen- sachmittelnutzung oder Vermeidung von Störwirkungen bereits über die entsprechenden Näheerfordernisse berücksichtigt sind, verbleiben vor allem noch **baulich-techni-**

sche und **rechtlich-formale** Gegebenheiten, die die Standortentscheidung einschränken. Wenig thematisiert, aber von hoher praktischer Bedeutung sind **personelle** Restriktionen, z.B. hierarchische Vorgaben und Strukturfragen sowie Mitarbeiterakzeptanz.

Zu den **baulich-technischen** Restriktionen zählen die vorhandenen Flächenverfügbarkeiten ebenso wie die Niveauverhältnisse und die Bodentragfähigkeit. Eine Restriktion besonderer Art wird bei administrativen Prozessen durch die Wahl des Raumkonzeptes herbeigeführt: Diese Wahl stellt auf der einen Seite bereits eine Anordnungsentscheidung dar, indem sie bestimmten Arbeitsplätzen eine Büroraumart, z.B. ein Gruppenbüro, zuordnet und damit deren räumliche Nähe weitgehend festlegt, auf der anderen Seite wird der verbleibende Anordnungsspielraum u.U. durch die gewählte Büroraumart restringiert. So führt die Entscheidung für Einpersonenbüros bei hohem Flächenbedarf wegen der "Fenstererfordernis" zwangsläufig zu schlauchförmigen Layouts.

Die **rechtlich-formalen** Rahmenbedingungen sind i.e.S. Sicherheitsbestimmungen und umfassen zum einen behördliche Vorschriften, zum anderen Empfehlungen von Wirtschaftsinstitutionen (z.B. VDI, DIN). Die behördlichen Vorschriften sind in Deutschland in verschiedensten technischen Regelwerken, vor allem in der Arbeitsstättenverordnung und in den Arbeitsstättenrichtlinien konzentriert. Die hierin enthaltenen Vorschriften beziehen sich u.a. auf Errichtung und Ausstattung von Sanitär-, Pausen-, Ruhe- und Sanitätsräumen, auf Brandschutzvorkehrungen, Verkehrs- und Rettungswege sowie auf Beleuchtungseinrichtungen.

(6) Computerunterstützung: Je umfangreicher der zu gestaltende Bereich ist, desto komplexer wird das Anordnungsproblem. Im **AUDI**-Werk Ingolstadt etwa waren mehr als 10.000 Flächenelemente anzuordnen, die zusammen eine Fläche von ca. 500.000 qm ergeben. Hierzu nun bietet sich die Computerunterstützung in den einzelnen Stufen der Standortplanung an [vgl. LANGNER/STÜBIG 1991]. Fabrikstrukturdatenbanken enthalten die Attribute der zu lokalisierenden Flächenelemente, also z.B. deren Fläche und Form (sowie die zugehörige Kostenstelle, was die Verteilung von Kostenstellengemeinkosten erleichtert). Für die Bestimmung optimaler Layouts stehen Optimierungsprogramme zur Verfügung, die auf den bereits beschriebenen Modellen aufbauend die erfaßten Beziehungen zwischen den Flächenelementen verarbeiten. Zur graphischen Unterstützung der Layouterstellung werden CAD-Programme verwendet, die auf die Daten der Fabrikstrukturdatenbank zugreifen.

In Zukunft werden Systeme zur Erzeugung **virtueller Realität** an praktischer Bedeutung gewinnen. Sie erlauben es beispielsweise einem Innenarchitekten, die Realität eines Büros computergestützt dreidimensional zu simulieren. Er kann im Gebäude "spazierengehen" und dabei die Anordnung der Arbeitsplätze, ihre Ausstattung und Beleuchtung variieren. Nicht zuletzt lassen sich auch bauliche Veränderungen durchspielen.

4. Spezialprobleme der Gestaltung von Bürogebäuden

Das dargestellte Vorgehen im Rahmen der innerbetrieblichen Standortplanung ist wegen der formalen Identität der Anordnungsprobleme auf technische wie administrative Prozesse gleichermaßen anwendbar. In der organisationstheoretischen Literatur nehmen einige Ergänzungen und Konkretisierungen dieses allgemeinen Konzeptes für administrative Prozesse einen breiten Raum ein. Sie betreffen die **Büro(raum)konzepte**, die zugehörigen Einrichtungskonzepte sowie die **Flächenbedarfsbestimmung**.

(1) Auswahl von Büroraumkonzepten: Die Auswahl und Zuordnung von Büroraumkonzepten stellt auf der einen Seite eine Teilrealisierung der innerbetrieblichen Standortwahl dar und wird sich insbesondere an den hierbei ermittelten Kommunikationserfordernissen, aber auch an den Mitarbeiterzielen und Bedürfnissen orientieren. Auf der anderen Seite stellt sie eine von der Standortwahl losgelöste Entscheidung dar, die unter anderem von den jeweiligen Aufgabeninhalten geprägt wird.

Inhaltlich geht es bei der Auswahl von Büroraumkonzepten um die Bestimmung von Büroraumart nebst dazugehöriger Infrastruktur (Raumgestaltung, Vernetzung) und Arbeitsplatzausstattung. In Verbindung mit der innerbetrieblichen Standortwahl sind in erster Linie die auch in der Praxis dominanten zentralen Büroraumkonzepte angesprochen, da sie die Bündelung zusammenhängender Büroarbeiten in einem Gebäude oder Gebäudekomplex vorsehen.

Bei der folgenden Darstellung der **zentralen Büroraumkonzepte** wird in Zellen-, Großraum- und Gruppenbüro unterteilt [vgl. hierzu und zum folgenden SOMMER 1989, S.251ff.; REFA 1985, S.368ff.; LECKEBUSCH 1981, S.182ff.].

Die älteste Büroraumart stellen die räumlich vom übrigen Bürobetrieb abgeschlossenen **Zellenbüros** dar. Hierzu zählen Ein- und Mehrpersonenbüros. Das **Einpersonenbüro** erweist sich bezüglich der Schnelligkeit der Kommunikation und der geringen Flexibilität als nicht sehr günstig. Darüberhinaus sind in der Regel hohe Kosten (z.B. Arbeitsplatz- und Raumausstattungskosten, hohe Bauwerkkosten wegen des relativ hohen Flächenbedarfs pro Arbeitsplatz) mit diesem Raumkonzept verbunden. Negativ kann sich auch die im Vergleich zu anderen Raumkonzepten hohe soziale Isolation auswirken. Diese Mängel vermag das Einpersonenbüro aber dadurch aufzuwiegen, daß es ansonsten sowohl in Hinblick auf aufgabenbezogene wie soziale Erfordernisse nahezu ideale Arbeitsbedingungen bietet. Es bietet Störungsfreiheit auf der einen Seite, individuelle Arbeitsatmosphäre und Privatheit (Privacy) auf der anderen Seite.

Gerade die zuletzt genannten Vorteile gibt das **Mehrpersonenbüro** teilweise auf. Es herrscht eine hohe Störungsintensität vor, da mehrere Arbeitsplätze in einem Raum zusammengefaßt sind. Auch ergibt sich infolge des sehr engen Sozialkontaktes geradezu zwangsläufig ein höheres Konfliktpotential (Auseinandersetzungen über Temperatur, Licht etc.). Dafür ist innerhalb des Mehrpersonenbüros ein sehr guter Kommunikationsfluß zu verzeichnen, zwischen einzelnen Büros ergeben sich allerdings die gleichen Kommunikationsprobleme wie beim Einpersonenbüro. Vor allem ein Kostenvergleich läßt das Mehr- im Vergleich zum Einpersonenbüro als deutlich günstiger erscheinen: hochwertige Sachmittel können durch Mehrfachnutzung besser ausgelastet werden, Energiekosten sinken, der Flächenbedarf je Arbeitsplatz und damit verbundene Bauwerkkosten sind geringer. Meist sind zwei bis sechs Personen im Mehrpersonenbüro untergebracht, jedoch gibt es nach oben keine feste Grenze. Im Extremfall geht das Mehrpersonenbüro in einen **Bürosaal** über, wie er in den USA vielfach zu finden war. Die Idee des Bürosaals kann heute als überholt angesehen werden. Motivation und Leistungsfähigkeit können stark absinken, so daß die scheinbaren Kostenvorteile mehr als aufgehoben werden.

Das Konzept des **Großraumbüros** wurde um 1960 in Deutschland durch das Quickborner Team entwickelt. Es handelt sich hierbei nicht etwa um eine reine Weiterentwicklung des Bürosaals, sondern vielmehr um einen eigenständigen Ansatz. Das Großraumbüro läßt sich vom Mehrpersonenbüro und insbesondere vom Bürosaal durch die folgenden Kriterien abgrenzen: sehr gute Akustik, Beleuchtung und Luftqualität (Vollklimatisierung), Raumhöhe über 2,70 Meter, gute Verkabelung der Arbeitsplätze durch Doppelbodenbautechnik, Arbeitsplatz- und Raumgestaltung nach ergonomischen Gesichtspunkten. Mittels Raumgliederungssystemen (z.B. Trennwände, Schranksysteme) werden dabei die Arbeitsplätze optisch und akustisch voneinander abgeschirmt. Die Diskussion um das Großraumbüro wurde besonders kontrovers geführt. Als Hauptnachteile gelten u.a. die fehlende individuelle Gestaltungsmöglichkeit von Arbeitsplatz und Arbeitsbedingungen, schlechte Verträglichkeit der vollklimatisierten Luft sowie Streß durch das Gefühl ständiger Beobachtung. Dagegen stehen als Vorteile die hohe Flexibilität und Erweiterbarkeit, der gute Kommunikationsfluß sowie die gute Ausnutzung von Sachmitteln. Die Verkehrswege im Großraumbüro sind trotz ihrer Kürze meist so angelegt, daß sie nicht stören. Dazu werden zum Beispiel stark frequentierte Ziele wie Pausenecken oder Garderoben zu Einheiten verkehrsgünstig zusammengefaßt. Rückblickend läßt sich feststellen, daß bei der Einführung und Anwendung des Großraumbüros zahlreiche Fehler gemacht wurden, so daß heute diesem Konzept oft mit Skepsis begegnet wird.

Das um 1975 entwickelte Konzept des **Gruppenbüros** stellt die Struktur von Arbeitsgruppen in den Vordergrund. Es wird daher mitunter auch als Fortentwicklung der "Bürolandschaft" des Großraumbüros zum "Bürodorf" gekennzeichnet [vgl. LECKEBUSCH 1981, S.189], bei der neben den funktionalen Aspekten auch ergonomische und insbesondere ästhetische Gesichtspunkte stärker ins Blickfeld rücken. Dabei kann dieses Konzept sowohl als Variante des Großraum- als auch des Mehrpersonenbüros realisiert werden. Im ersten Fall wird das Gruppenbüro entsprechend abgetrennt auf der Fläche eines Großraumbüros eingerichtet, im zweiten Fall ist es in einem eigenen Raum verwirklicht. Im Mittelpunkt steht immer die möglichst günstige Ausgestaltung der Beziehungen der Mitglieder einer Arbeitsgruppe. Dabei wird von der Beobachtung ausgegangen, daß die umfangreichen Kommunikationswege des Großraumbüros nur zu einem geringen Teil genutzt werden. Wichtig für einen effizienten Arbeitsablauf sind primär die Kommunikationsbeziehungen **innerhalb** einer Arbeitsgruppe, da sich hier der weitaus größte Teil des Informationsaustausches abspielt. Die Arbeitsgruppen werden hierbei durch Untersuchung von Prozeßabläufen und des Kommunikationsverhaltens ermittelt. Entsprechend hängt die Größe der Gruppenbüros direkt von der Personenzahl der Arbeitsgruppe ab. Bei wichtiger und häufiger Kommunikation **zwischen** Arbeitsgruppen ist ebenfalls auf räumliche Koppelung zu achten. Eine zusammenfassende Beurteilung der zentralen Büroraumkonzepte gibt Abb. XI/7.

Beurteilung von Bürokonzepten

Leistungsziele	Soziale Ziele	Wirtschaftliche Ziele
Einpersonenbüro		
- geringe Flexibilität - schlechter Kommunikationsfluß - störungsfreier Arbeitsplatz - hohe Leistungsqualität bei individueller Arbeit	- schlechter Sozialkontakt - hohes Maß an Privatheit - individuelle Gestaltungsmöglichkeit der Arbeitsbedingungen - hoher Prestigewert - sehr guter Fensterkontakt zur Außenwelt	- hohe Kosten für individuelle Arbeitsplatzausstattung - hohe Kosten für Raumausstattung - hohe Kosten für hochwertige Sachmittel wegen schlechten Auslastungsgrades - hohe Bauwerkkosten wegen hohen Flächenbedarfs - mittlere Energiekosten
Mehrpersonenbüro		
- meist geringe Flexibilität - unbehinderter Kommunikationsfluß innerhalb, sonst schlecht - meist hohe Störintensität - oft geringere Leistungsqualität	- innerhalb sehr enger Sozialkontakt (positiv wie negativ) - geringes Maß an Privatheit - hohes Streitpotential - niedriger Prestigewert - guter Fensterkontakt zur Außenwelt	- eher geringe Kosten für Arbeitsplatzausstattung - meist kostengünstige Raumausstattung - geringe Kosten für hochwertige Sachmittel wegen Mehrfachnutzung - geringe Bauwerkkosten pro Arbeitsplatz - geringe Energiekosten
Großraumbüro		
- sehr hohe Flexibilität und Erweiterbarkeit - Überangebot an Kommunikation - mittlere Störintensität - hohe Leistungsqualität möglich	- enger Sozialkontakt - oft fehlende Privatheit - u.U. Streß durch das Gefühl der ständigen Beaufsichtigung - Arbeitsbedingungen kaum beeinflußbar - u.U. schlechte Verträglichkeit der synthetischen Arbeitsumgebung (z.B. Kunstlicht, Klimaanlage) - Verlust von Statussymbolen - kaum Fensterkontakt zur Außenwelt	- mittlere Kosten für Arbeitsplatzausstattung - hohe Raumausstattungskosten wegen aufwendiger Infrastruktur - sehr geringe Kosten für hochwertige Sachmittel wegen Mehrfachnutzung - geringe Bauwerkkosten wegen geringem Flächenbedarf je Arbeitsplatz - hohe Energiekosten wegen Vollklimatisierung/Beleuchtung
Gruppenbüro		
- hohe Flexibilität - optimaler Kommunikationsfluß - mittlere Störintensität - hohe Leistungsqualität bei Gruppenarbeit	- enger Sozialkontakt - geringes Maß an Privatheit - Arbeitsbedingungen in Grenzen beeinflußbar - niedriger Prestigewert - guter Fensterkontakt zur Außenwelt	- mittlere Kosten für Arbeitsplatzausstattung - meist hohe Raumausstattungskosten wegen aufwendiger Infrastruktur - geringe Kosten für hochwertige Sachmittel wegen Mehrfachnutzung - geringe Bauwerkkosten wegen geringem Flächenbedarf je Arbeitsplatz - mittlere Energiekosten wegen unterstützender Raumbelüftung

Abb. XI/7: Beurteilung von zentralen Büroraumkonzepten

Ganz allgemein läßt sich feststellen, daß die spezifischen Vorteile jeder einzelnen Büroraumart unweigerlich spezifische Nachteile implizieren. Die Ungestörtheit und die Isolation im Einpersonenbüro sind ebenso zwei Seiten einer Medaille wie die Kommunikationsflußvorteile und die Störintensität bzw. fehlende Privatheit im Großraumbüro. Auch wird deutlich, daß es die absolut richtige Büroform nicht gibt. Vielmehr gilt es, nach Analyse der einzelnen Tätigkeitsprofile und Büroarbeitstypen und in Abstimmung mit den sozialen Erfordernissen dasjenige Bürokonzept auszuwählen, dessen Vorzüge für die jeweilige Tätigkeit besonders erwünscht und dessen Nachteile noch hinnehmbar sind. So erweist sich das Einpersonenbüro für komplexe und kreative, u.U. Repräsentativität oder Vertraulichkeit verlangende Einzelfallaufgaben als ideal, aber auch für klar abgegrenzte und konzentrationserfordernde Regelaufgaben und störende Tätigkeiten (Schreibdienst). Das Großraumbüro hingegen ist für repetitive und in hohem Maße arbeitsteilige Routineaufgaben sowie generell für umfassend kommunikative Aufgaben vorzuziehen. Mehrpersonen- und Gruppenbüro eignen sich besonders für kommunikative Projektaufgaben.

Vor dem Hintergrund von Integration und Annäherung der beschriebenen Büroarbeitstypen ergab sich, bezogen auf den einzelnen Arbeitsplatz, zunehmend die Forderung nach einer Koppelung von Ungestörtheit und Kommunikativität. Das seit Beginn der 80er Jahre angewendete Konzept des **Kombi-Büros** (vgl. Abb. XI/8, nach FUCHS 1991) stellt den äußerst interessanten Versuch dar, diese und andere Vorteile der einzelnen Büroraumkonzepte zu verbinden, die zugehörigen Nachteile jedoch zu vermeiden. Hierbei handelt es sich um eine Gruppierung von individuellen Arbeitsräumen um eine Gemeinschaftszone, wobei die Arbeitsräume von der Gemeinschaftszone durch eine Glaswand getrennt sind, die nicht durch Möblierung verstellt werden darf. Auf diese Weise gewinnt der einzelne Mitarbeiter einen ungestörten Raum für den Rückzug in konzentrierte Arbeit und ein Stück Individualität. Durch die Glaswände wird gegenseitige Wahrnehmung ohne zwangsläufige Störung möglich, da die Ansprechbarkeit des einzelnen für andere sichtbar ist. Fenster an den Längsseiten vorausgesetzt kann ein Kombi-Büro durch seine begrenzte Grundfläche auch ohne künstliche Beleuchtung transparent und hell gestaltet werden. Die Gemeinschaftszone dient für Gruppenaktivitäten und für die Nutzung der arbeitsplatzübergreifenden bürotechnischen Infrastruktur.

Dezentrale Büroraumkonzepte gehen ganz oder teilweise von der Idee lokal zusammengefaßter Büroarbeitsplätze ab. Eine gewisse Bedeutung haben in den letzten Jahren die verschiedenen Formen der **Telearbeit** erlangt [vgl. KRÜGER 1986, WOLLNIK 1992]. Unter Telearbeit sei kommunikationstechnisch unterstützte Bürofernarbeit verstanden. Ihre Einsatzmöglichkeiten sind nicht zuletzt durch das moderne Telekommunikationssachmittelangebot und aufgrund der verstärkten DV-Unterstützung von Büroprozessen außerordentlich vielfältig. Im einzelnen sind Teleheimarbeit, Nachbarschaftsbüros und ortsungebundene Telearbeit voneinander zu unterscheiden.

Teleheimarbeit bietet vielfältige Vorteile durch Aufhebung der Trennung von Privat- und Berufsleben, u.U. jedoch auch die Gefahr häuslicher Konflikte und sozialer Isolation. Durch die Möglichkeiten der Telekommunikation lassen sich dabei beliebige Entfernungen überbrücken, um z.B. Lohnkostenvorteile zu nutzen. So kommunizieren deutsche Unternehmungen über Satelliten mit Software-Entwicklern, die in Indien für sie arbeiten.

Nachbarschaftsbüros fassen mehrere Telearbeitsplätze zusammen. Auf diese Weise entfallen für die Mitarbeiter Wegezeiten und -kosten, preiswerter Büroraum tritt an die Stelle teurer Innenstadtbüros. Satellitenbüros stellen eine räumliche Auslagerung von ganzen Abteilungen dar, die Grenze zu kommunikationstechnisch mit der Zentrale verbundenen Niederlassungen ist hierbei fließend.

Ortsungebundene Telearbeit setzt ein mobiles Kommunikationsgerät (z.B. Laptop/Modem) voraus und wird vorzugsweise von Außendienstmitarbeitern betrieben, die direkt beim Kunden Telearbeit erledigen oder von unterwegs Daten an die Zentrale übermitteln.

Ganz allgemein sind Führungsaufgaben kaum telearbeitsfähig, da sie viel Face-to-Face-Kommunikation erfordern. Fachaufgaben können insbesondere dann in Telearbeit ausgeführt werden, wenn sie konzentrierte Einzelarbeit beinhalten, z.B. Teleprogrammierung. Vor allem Sachbearbeitungsaufgaben eignen sich in stärkerem Umfang für die Telearbeit, da sie gut strukturiert sind. Das gleiche gilt für viele Unterstützungsaufgaben, z.B. Textverarbeitung.

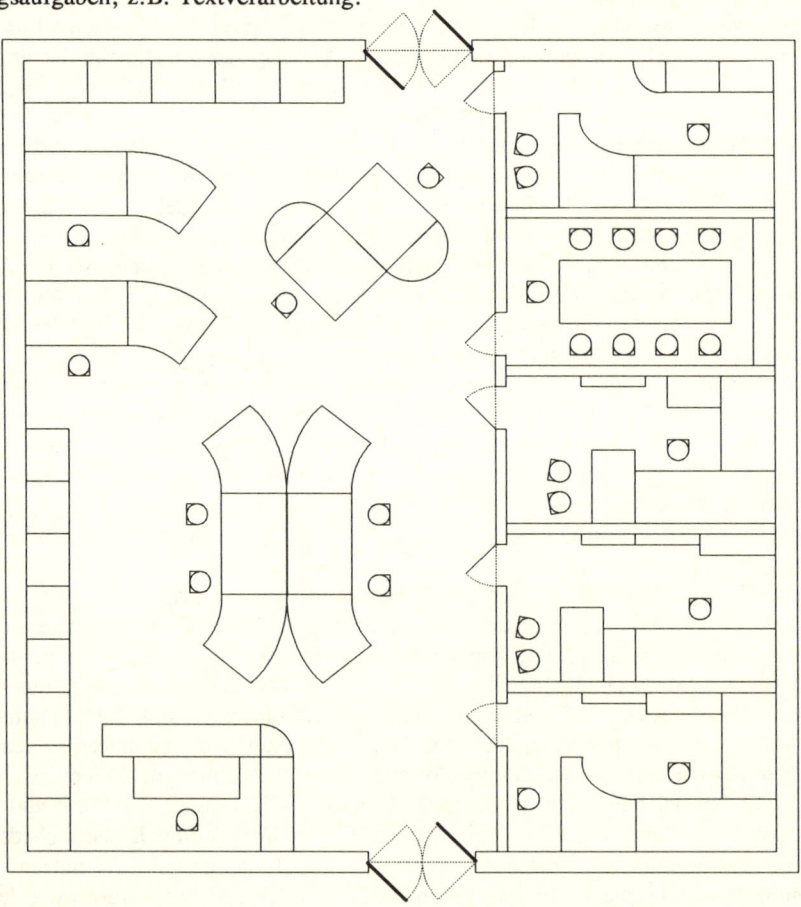

Abb. XI/8: Kombi-Büro

240

Flächenbedarfsermittlung			Flächen-Typ-Nr.

Dimensions shown in diagram: 2,75 / 0,80 / 1,60 / 2,40 / 1,95 / 0,80

Beschreibung des Flächentyps Sachbearbeiterarbeitsplatz mit Schreibtisch, Beistellschrank und Besucherstühlen	Basis in m²	Zu-/Ab-schlag in m²	Fläche in m²
Möbelstell- und Bedienungsfläche	–	–	3,12
Zugangs- und Trennfläche	–	–	1,87
Besuchs-, Besprechungs- und Repräsentationsfläche	–	–	1,56
Hauptverkehrswege	3,00	-1,00	2,00
Distanzfläche	3,00	–	3,00
Gesamtfläche			11,55
Bemerkungen:			

Abb. XI/9: Flächentyp für Sachbearbeiter-Arbeitsplatz

(2) Flächenbedarfsbestimmung: Die Bestimmung des Flächenbedarfs bei der räumlichen Gestaltung von Bürogebäuden ist ein weitgehend normierter Vorgang. Sie beginnt mit der Aufnahme sämtlicher zu plazierender Sachmittel sowie ihrer Abmessungen. Hierzu zählen insbesondere Sitzmöbel, Büroschränke, Schreib- und sonstige Tische, Regale, DV-Sachmittel, Kopiergeräte und sonstige Büromaschinen. Auf Basis der so ermittelten Möbelstell- und Bedienungsflächen kann in Verbindung mit ergänzend zu berücksichtigenden Flächenarten (z.B. Zugangsflächen, Distanzflächen, Besuchsflächen) der Flächenbedarf eines Arbeitsplatzes ermittelt werden. In der Praxis werden diesbezüglich standardisierte **Flächentypen** verwendet, wie sie beispielhaft in Abb. XI/9 gezeigt werden [REFA 1985, S.352]. Jeder Arbeitsplatz und auch jede sonstige Funktionseinheit (Besprechungs-/ Fotokopierplätze) lassen sich einem dieser Flächentypen zuordnen.

Bei der Berechnung des Flächenbedarfes pro Flächentyp werden neben den oben genannten Flächenkomponenten, die die Nutzfläche des Arbeitsplatzes darstellen, noch Flächenanteile für die Gesamtheit der Arbeitsplätze betreffende Flächenarten (Verkehrswege- und Distanzflächen zu Nachbararbeitsplätzen) zugeschlagen. Zur Ermittlung des Gesamtflächenbedarfs des betrachteten Bereiches bedarf es außer der Addition der Flächenbedarfe aller Flächentypen schließlich noch der Berücksichtigung von Funktionsflächen für z.B. Heizung, Wasser- und Stromversorgung, von Konstruktionsflächen für Säulen und Wände sowie von Flächen für Ruhe- und Speiseräume, WCs und Garderoben.

Auch hängt die Ermittlung der Flächenbedarfe von der Wahl des Büroraumkonzeptes ab. So variieren beispielsweise die Zuschläge für Verkehrswegflächen mit der gewählten Raumart. Bestimmte Flächen wie Pausenzonen und eigens einzurichtende Räume für Klimatechnik, aber auch Stellflächen für Raumgliederungselemente sind nur bei Großraumbüros zu berücksichtigen.

Literatur

AGGTELEKY, B.: Fabrikplanung, Bd. 3, Werksentwicklung und Betriebsrationalisierung, München 1990, S.467-562

BULLINGER, H.J.: Integrationsmanagement - Managementaufgabe für eine produktive Unternehmenszukunft, in: Bullinger, H.J. (Hrsg.), Integrationsmanagement, Baden-Baden 1989, S.11-53

FRIEDRICH, J./JANSEN, K.-D./MANZ, T.: Organisationsmodelle für das Büro von morgen, in: Office Management 3/1987, S.16-22

FUCHS, W.: Büroraumgestaltung als Organisations- und Führungsinstrument, in: von Eiff, W. (Hrsg.): Organisation - Erfolgsfaktor der Unternehmungsführung, Landsberg/Lech 1991, S.413-448

KERN, W.: Ablauforganisation, räumliche Aspekte der, in: Grochla, E. (Hrsg.), Handwörterbuch der Organisation, 2. Aufl., Stuttgart 1980, Sp.8-21

KETTNER, H./SCHMIDT, J.: Fabrikplanung, in: Kern, W. (Hrsg.), Handwörterbuch der Produktionswirtschaft, Stuttgart 1979, Sp.529-547

KRÜGER, W.: Gestaltungskonzepte der Telearbeit, in: ZFO 5/1986, S.295-304

LANGNER, D./STÜBIG, H.: Integrierte Fabrikplanung - Von der graphisch unterstützten Raum-Layout-Planung zur Fabriksimulation, in: von Eiff, W. (Hrsg.), Organisation - Erfolgsfaktor der Unternehmungsführung, Landsberg/Lech 1991, S.449-465

LECKEBUSCH, N.: Das Büro der 80er Jahre, in: Spiegel-Verlag (Hrsg.), Märkte im Wandel, Bd. 10, Hamburg 1981

LIEBELT, W./SULZBERGER, M.: Grundlagen der Ablauforganisation, Gießen 1989

REFA: Methodenlehre der Organisation, Bd. 2, Ablauforganisation, München 1985

ROMANO, F.: Anforderungen an menschengerechte Bürogebäude, in: Bullinger, H.J. (Hrsg.), Integrationsmanagement, Baden-Baden 1989, S.225-234

SCHONBERGER, R.J./KNOD, E.M.: Operations Management - Serving the Customer, 3. Aufl., Plano/Tx. 1988

SOMMER, H.: Vor- und Nachteile unterschiedlicher Büroformen, in: Bullinger, H.J. (Hrsg.), Integrationsmanagement, Baden-Baden 1989, S.251-272

SZCZESNY, R.: The Right Stuff, in: Time International 44/1990, S.36-43

WÄSCHER, G.: Innerbetriebliche Standortplanung, Wiesbaden 1982

WOLLNIK, M.: Telearbeit, in Frese, E. (Hrsg.), Handwörterbuch der Organisation, 3. Aufl., Stuttgart 1992, Sp.2400-2417

ZANGL, H.: Transparenz der Zusammenhänge im Büro - Durchlaufzeitenanalyse (DZA) zur Untersuchung und Gestaltung von Arbeitsabläufen, in: Warnecke, H.J./Bullinger, H.J. (Hrsg.), Büroforum - Integrationsmanagement für die Praxis, Berlin et al. 1986, S.223-240

Teil 4

Träger

Welche Variablen und Strukturmuster weist die
Führungsorganisation auf (Kap.XII) ?

Welche Beschreibungs- und Erklärungsansätze zur
Erfassung des Führungsverhaltens gibt es (Kap.XIII) ?

Wie läßt sich das Verhältnis von "Individuum" und
"Organisation" gestalten (Kap.XIV) ?

Wie werden externe Anspruchsgruppen in das
Unternehmungsgeschehen eingebunden (Kap.XV) ?

XII. FÜHRUNGSORGANISATION

1. Aufgaben, Grundstruktur und Interaktion der Unternehmungsspitze

(1) Fragestellungen: In jeder Unternehmung, gleichgültig ob sie objekt- oder verrichtungsorientiert gegliedert ist und unabhängig von ihrer hierarchischen Ausgestaltung, kommt der Organisation der Unternehmungsführung - im folgenden kurz Führungsorganisation genannt - besondere Bedeutung zu. Führungsorganisation allgemein läßt sich als Organisation **aller** Führungsbeziehungen in der Unternehmung begreifen, sie umschließt dann die gesamte Hierarchie [so bei SEIDEL/REDEL 1987]. Das vorliegende Kapitel bezieht sich nur auf die **Unternehmungs**führung, also die Organisation der Spitze und ihrer Beziehung zur zweiten Ebene. Diesen Fragenkomplex als Führungsorganisation zu bezeichnen, folgt der Begriffsfassung von RÜHLI [vgl. 1985, S.117ff.]. Bildlich gesprochen geht es auf diesen Ebenen darum, den Kurs der Unternehmung zu bestimmen und dafür zu sorgen, daß die Untereinheiten diesen Kurs einschlagen und beibehalten. Dabei taucht zwangsläufig auch die Frage auf, wer auf der "Kommandobrücke" steht. Konkret geht es vor allem um die Klärung der folgenden Gestaltungsfragen:

- Welche Aufgaben sind von der Unternehmungsführung zu erfüllen?
- Wie werden diese Aufgaben aufbauorganisatorisch gebündelt, und welche organisatorischen Einheiten entstehen dadurch ("Willensbildungszentren")?
- Wie ist die personale Besetzung dieser Einheiten geregelt?
- Wie ist bei Vorliegen mehrerer Organe deren Kompetenzverteilung und Zusammenwirken ausgelegt?
- Wie ist die interne Struktur der Willensbildungszentren, insbesondere der Spitzeninstanz, organisiert?
- Wie ist die Anbindung der nachgelagerten Einheiten ("Teilbereiche") an die Spitzeninstanz organisiert?
- Inwieweit ist rechtliche Verselbständigung als führungsorganisatorische Gestaltungsvariable einsetzbar?
- Wie läßt sich der Führungsanspruch der Spitzeninstanz abstufen?

(2) Begriff und Aufgaben der Unternehmungsführung: Unternehmungsführung läßt sich genauso wie Führung allgemein **institutionell** (Wer und welche Einheiten gehören zur Unternehmungsführung?), **funktionell** (Welche Aufgaben sind zu erledigen?) und **prozessual** (Welches sind die Phasen eines Führungsprozesses?) interpretieren und definieren [vgl. zu unterschiedlichen Begriffsfassungen HAHN 1994, S.34ff., HOFFMANN 1980, Sp.2262]. Letztlich zeigen diese Gesichtspunkte verschiedene Facetten des gleichen Führungsphänomens. Dies kommt in der integrierenden Begriffsfassung von THEISEN zum Ausdruck .

"Die Unternehmungsführung umfaßt die Gesamtheit der Individuen, Institutionen und Funktionen, welche in einem sozialen, offenen Prozeß die zielentsprechende Gestaltung der wirtschaftlichen Veranstaltung Unternehmung verantwortlich initiieren, koordinieren und steuern; die einzelnen Aktivitäten können dabei aus den Teilprozessen Planung, Realisierung und Überwachung abgeleitet werden" [THEISEN 1987, S.44].

Geht man von organisatorischen Kategorien aus, um die institutionelle Abgrenzung vorzunehmen, so zählen zur Unternehmungsführung die oberste Leitungsebene (Gesamtleitung, Spitzeninstanz oder Zentralinstanz genannt) sowie die jeweiligen Spitzenführungskräfte, außerdem die darunter befindliche Ebene (Teilbereichsleitungen oder Fachinstanzen genannt) sowie die jeweiligen oberen Führungskräfte und schließlich die diesen beiden Ebenen zuarbeitenden Stäbe [vgl. THEISEN 1987, S.50; WITTE et al. 1981, S.2ff.].

Gutenberg (1969)	Hoffmann (1980)
• Festlegung der Unternehmungspolitik auf weite Sicht • Koordinierung der großen betrieblichen Teilbereiche • Beseitigung von Störungen im laufenden Betriebsprozeß • Genehmigung geschäftlicher Maßnahmen von außergewöhnlicher Bedeutung • Besetzung der Führungsstellen in der Unternehmung	• Grundsatzentscheidungen über die Unternehmungsziele, -politik u. -strategie, das Leistungspotential, die Organisationsstruktur • Grundsatzentscheidungen über prozessuale Regeln, Programme und allgemeine Verhaltensrichtlinien als Instrumente zur Zielerreichung und Kontrolle • Förderung und Auswahl des Führungsnachwuchses • Koordination der Teilbereiche • Führung unmittelbar unterstellter Mitarbeiter (Stäbe) • Einzelentscheidungen mit weitreichenden Konsequenzen • Vertretung der Gesamtunternehmung nach außen

Abb. XII/1: Aufgaben der obersten Unternehmungsführung

Legt man juristische Kategorien zugrunde, so wäre noch eine zusätzliche Abgrenzung innerhalb der Unternehmungsführung relevant. Einerseits existiert eine Leitungsebene, die zur gesetzlichen Vertretung der Unternehmung berufen ist und somit der Arbeitgeberseite angehört, im Falle der AG wäre dies der Vorstand. Andererseits spricht das Gesetz von **leitenden Angestellten**, die zwar zur Unternehmungsführung gehören, im Gegensatz zum Vorstand jedoch der Arbeitnehmerseite zuzurechnen sind [§ 5 BetrVG]. Die "Leitenden" verkörpern eine eigene Personen- und Interessengruppe. Betriebswirtschaftlich einleuchtend ist die damit erfolgte Anerkennung eines spezifischen Managerinteresses. Nicht einleuchtend ist, warum nicht auch die anderen Managementebenen einbezogen sind. Die Strukturen und Prozesse zur Artikulation und Einbringung der Interessen sind gesetzlich geregelt. Sie stellen eine Paraliele zur Arbeitnehmermitbestimmung dar. Im Lichte der hier verfolgten Konzeption werden diese Regelungen als Teil der **strukturellen Einbindung** der Unternehmungsmitglieder interpretiert (vgl. S.308ff.).

Führungsentscheidungen berühren weitere Interessenlagen, die teils indirekt, teils direkt gesetzlich geschützt sind. Besondere Bedeutung besitzen die Anteilseigner- sowie die Arbeitnehmerinteressen, deren Artikulation, Organisation und Einbringung in den Entscheidungsprozeß der Spitze auf vielfältige Weise geregelt ist (vgl. S.76ff.). Je nach formaler Stellung und faktischer Einflußnahme kommt es zu einer mehr oder weniger starken Partizipation von Mitarbeitern und Gesellschaftern, gelegentlich aber auch anderer Gruppen, an den Führungsentscheidungen (vgl. S.327ff.).

Die originären, nicht delegierbaren Aufgaben der Unternehmungsführung sind z.B. in den Katalogen von GUTENBERG [vgl. 1969, Sp.1678ff.] oder HOFFMANN [vgl. 1980, Sp.2262] erfaßt (vgl. Abb. XII/1 nach SEIDEL/REDEL 1987, S.18). Obwohl GUTENBERGS Katalog vergleichsweise alt ist, hat er nichts an Aussagekraft eingebüßt, wie auch die empirische Studie von GEMÜNDEN [vgl. 1983] zeigt. Auffällig ist im Vergleich zu HOFFMANN das Fehlen der Außenvertretung und der Personalführung. Dabei ist Außenvertretung nicht im rechtlichen Sinne gemeint (Vertretungsrecht), sondern soll das Auftreten des Top-Managements gegenüber externen Stellen als Führungsaufgabe sichtbar machen. Es erscheint angemessen, die Aufgaben **externer Führung** gleichberechtigt neben die **interner Führung** zu stellen. Sie erstrecken sich neben der **Aufgabenumwelt** verstärkt auf die **generelle Umwelt** und verlangen besondere Qualifikationen, so insbesondere **Dialogfähigkeit**.

	Interpersonelle Dimension	Informations- dimension	Entscheidungs- dimension
Interne Führung	- Personalführung - Förderung/Auswahl des Führungsnachwuchses - Management interner Koalitionen	- Informationsaufnahme und -verarbeitung - Interne Informations- übermittlung	- Grundsatzentschei- dungen - Entscheidungen im Ausnahmefall - Interne Koordination
Externe Führung	- Repräsentation - Pflege externer Kontakte - Management externer Koalitionen	- Identifikation und Analyse von Umwelt- veränderungen - Externe Informations- übermittlung	- Verhandlungen mit Externen - Umgang mit politi- schen/gesellschaft- lichen Gruppen - Reaktionen auf Krisen und Chancen - Externe Koordination und Vernetzung

Abb. XII/2: Aufgabengebiete der Unternehmungsführung

Die traditionell vorrangig beachtete **Entscheidungsdimension** umfaßt **nach innen** die Koordination der Teilbereiche sowie Einzelentscheidungen in außergewöhnlichen

Fällen ("Störungen beseitigen" resp. "Maßnahmen von außergewöhnlicher Bedeutung"). Darüber hinaus hat die Spitze Grundsatzentscheidungen zu fällen. Auf der Entscheidungsebene des **normativen Managements** geht es dabei um "Prinzipien, Normen und Spielregeln" für die Lebens- und Entwicklungsfähigkeit der Unternehmung [BLEICHER 1992, S.53], auf der Ebene des **strategischen Managements** um den "Aufbau, die Pflege und die Ausbeutung von Erfolgspotentialen" [S.54]. Das **operative Management** als dritte Entscheidungsebene konzentriert sich auf Umsetzungsprozesse. Je nach Führungsstil wird sich die Unternehmungsspitze hiervon mehr oder weniger stark entlasten. Zu ergänzen wären **externe Entscheidungsfelder**, so insbesondere Verhandlungen mit Externen (z.B. Kunden, Lieferanten, Kapitalgeber), Umgang mit politischen und gesellschaftlichen Gruppen (z.B. Politikern, Parteien, Verbänden), Reaktionen auf Krisen und Chancen und nicht zuletzt auch die externe Koordination und Vernetzung (z.B. Allianzen).

Schließlich ist auf die **interpersonelle Dimension** sowie die **Informationsdimension** der Unternehmungsführung hinzuweisen [vgl. FRESE 1987, S.89ff.]. Beide Dimensionen sind zur Entscheidungsdimension hinzuzufügen und führen zu einer erweiterten Sicht der Führungsaufgaben der Unternehmungsspitze (vgl. Abb. XII/2).

(3) Gestaltungsformen und personale Besetzung der Unternehmungsspitze: Die Organisation der Unternehmungsspitze und der dabei vorhandene Gestaltungsspielraum hängen sehr stark von der nationalen Gesetzgebung ab. In Deutschland gibt es für die Einzelunternehmung, BGB-Gesellschaft und OHG völlige, für die KG weitgehende Gestaltungsfreiheit, mit der Einschränkung, daß Kommanditisten von der Geschäftsführung ausgeschlossen sind. Die GmbH wird von einem oder mehreren Geschäftsführern geleitet, die Gesellschafter oder andere Personen sein können. Den Geschäftsführern steht als weiteres notwendiges Organ die Gesellschafterversammlung gegenüber. Am stärksten normiert sind die AG sowie die KGaA, deren notwendige Organe Hauptversammlung, Aufsichtsrat und Vorstand sind. Die Zuständigkeiten sowie die Verfahren der Willensbildung sind im wesentlichen zwingend geregelt. Die Geschäftsführung ist Aufgabe des Vorstands. Bei der KGaA steht das Geschäftsführungsrecht allen Komplementären zu.

Die gesetzlich stark strukturierte **Vorstands-Aufsichtsratsverfassung** der AG mit ihrer Trennung von Geschäftsführungsorgan (Vorstand) und Überwachungsorgan (Aufsichtsrat) ist die typische Rechtsform der Großunternehmungen in Deutschland. Die wichtigste Alternative zu dieser Art der **Spitzenverfassung** ist das angelsächsische **Board-System**, das diese Trennung nicht kennt. Eine Zwischenstellung nimmt das schweizerische Verwaltungsrat-Modell ein. Abb. XII/3 zieht einen Vergleich [entwickelt nach BLEICHER et al. 1989, S.44ff.]. Im Board hat sich in der Praxis eine Arbeitsteilung zwischen internen und externen Mitgliedern herausgebildet, die ansatzweise Ähnlichkeit mit dem deutschen Trennungsmodell hat.

Der schweizerische **Verwaltungsrat** kann die Geschäftsführung an Delegierte übertragen, so daß eine vertikale Arbeitsteilung entsteht, wiederum eine Ähnlichkeit zum Trennungsmodell. In Japan existiert die Trennung zwischen der eigentlichen Spitzeninstanz (Direktorium, Yakuinkai), die sich aus Direktoren mit und ohne Vertretungsbefugnissen zusammensetzt, sowie eines Gremiums (Geschäftsführungsausschuß, Jomukai), das für die Exekutive zuständig ist. Es gibt hier kein explizites Kontrollorgan, sondern es erfolgt eine "Kontrolle durch die Unternehmungsgemeinschaft", die nicht rechtlich kodifiziert ist [vgl. SCHNEIDEWIND 1991a, S.53ff.].

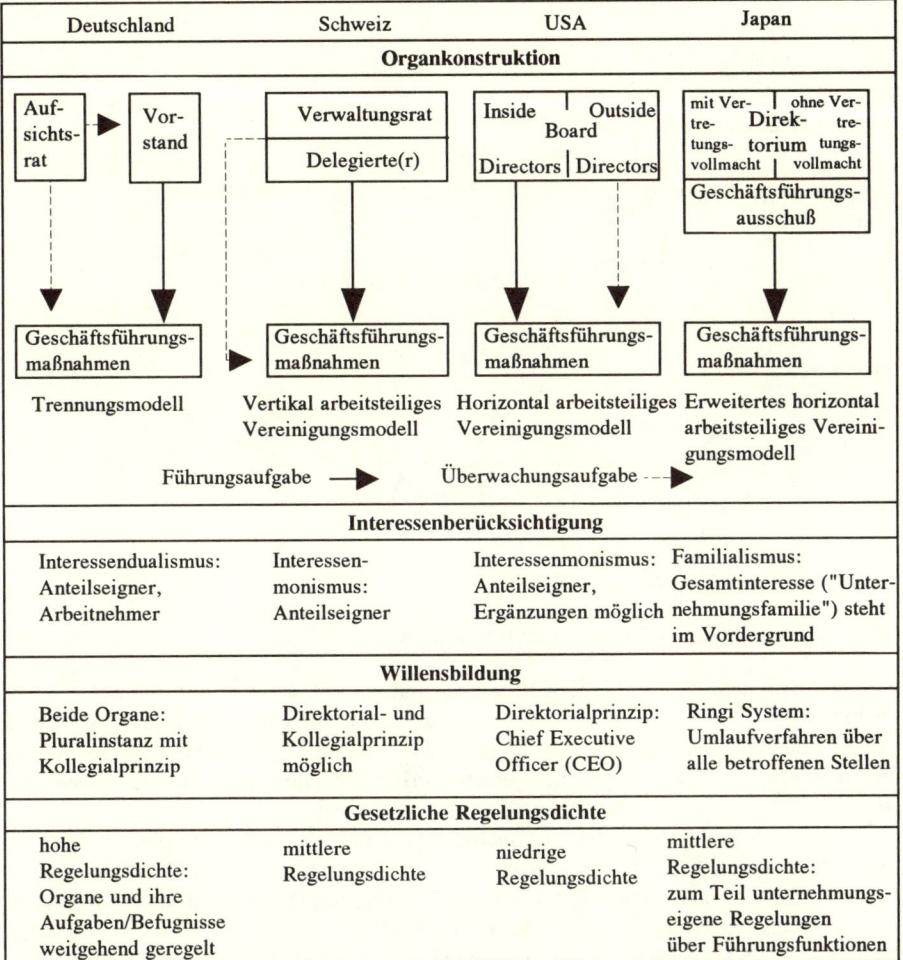

Deutschland	Schweiz	USA	Japan

Organkonstruktion

Auf-sichts-rat → Vor-stand	Verwaltungsrat / Delegierte(r)	Inside | Outside Board / Directors | Directors	mit Ver-tre-tungs-vollmacht | ohne Ver-tre-tungs-vollmacht **Direk-torium** / Geschäftsführungs-ausschuß
Geschäftsführungs-maßnahmen	Geschäftsführungs-maßnahmen	Geschäftsführungs-maßnahmen	Geschäftsführungs-maßnahmen
Trennungsmodell	Vertikal arbeitsteiliges Vereinigungsmodell	Horizontal arbeitsteiliges Vereinigungsmodell	Erweitertes horizontal arbeitsteiliges Vereinigungsmodell

Führungsaufgabe →   Überwachungsaufgabe - - ►

Interessenberücksichtigung

Interessendualismus: Anteilseigner, Arbeitnehmer	Interessen-monismus: Anteilseigner	Interessenmonismus: Anteilseigner, Ergänzungen möglich	Familialismus: Gesamtinteresse ("Unter-nehmungsfamilie") steht im Vordergrund

Willensbildung

Beide Organe: Pluralinstanz mit Kollegialprinzip	Direktorial- und Kollegialprinzip möglich	Direktorialprinzip: Chief Executive Officer (CEO)	Ringi System: Umlaufverfahren über alle betroffenen Stellen

Gesetzliche Regelungsdichte

hohe Regelungsdichte: Organe und ihre Aufgaben/Befugnisse weitgehend geregelt	mittlere Regelungsdichte	niedrige Regelungsdichte	mittlere Regelungsdichte: zum Teil unternehmungs-eigene Regelungen über Führungsfunktionen

Abb. XII/3: Spitzenverfassungen im Vergleich

Hinsichtlich der personellen Besetzung der Willensbildungszentren sind erhebliche Unterschiede festzustellen, die vor allem durch die deutschen Mitbestimmungsgesetze entstehen (vgl. S.76ff.). Board und Verwaltungsrat sind Organe, die von den Eigen-kapitalgebern bzw. Eigenkapitalgebervertretern besetzt sind. Die Spitzenverfassung ist **monistisch**. Es steht den Eigenkapitalgebern allerdings frei, auch andere Interessen-gruppen zu berücksichtigen. Davon wird in den USA teilweise gezielt Gebrauch ge-macht, z.B. für Minoritäten oder Umweltschützer. Auf die Weise kann auch ein Board, dessen Verfassung de jure völlig monistisch ist, in Einzelfällen pluralistische Züge annehmen. In Deutschland steht den Eigenkapitalgebern das Recht zur Beset-zung von Geschäftsführung, Gesellschafterversammlung und ggf. Beirat im Falle der Einzelfirma, den Personengesellschaften und bei kleineren und in Familienbesitz be-findlichen Kapitalgesellschaften zu. Bei größeren Kapitalgesellschaften wird der **Auf-**

251

sichtsrat von Eigenkapitalgebern und Arbeitnehmern besetzt (vgl. Abb. XII/4, nach HAHN 1992, S.559).

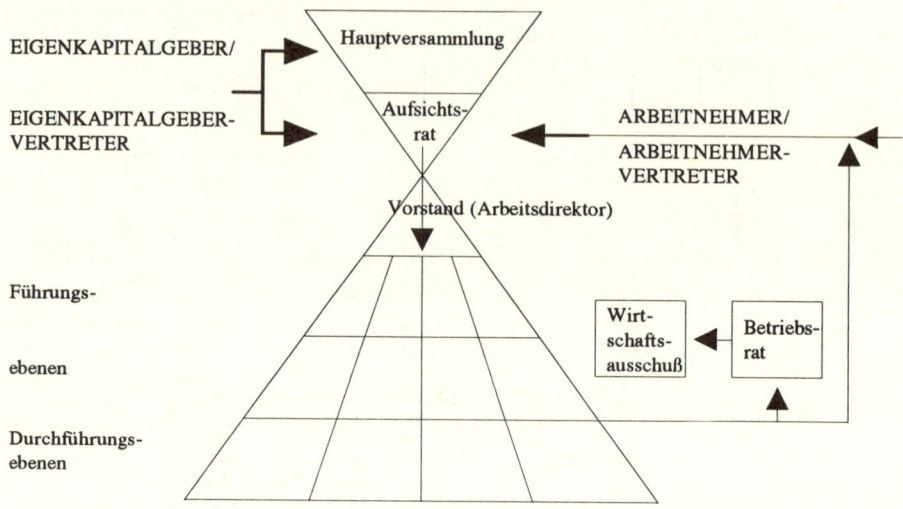

Abb. XII/4: Vorstands-Aufsichtsrats-Modell

Der Aufsichtsrat wählt den Vorstand und nimmt seine Überwachungsaufgabe wahr. Dadurch entstehen auch Einflußmöglichkeiten auf die Unternehmungsführung, obwohl der Aufsichtsrat kein Führungsorgan i.e.S. ist. Art und Ausmaß des Arbeitnehmereinflusses hängen von der jeweils anzuwendenden Mitbestimmungsregelung ab.

Auf ein Grundproblem der Unternehmungsverfassung und Unternehmungsführung sei aufmerksam gemacht, das sich als Ergebnis einer historischen Entwicklung präsentiert: die Trennung von **"Eigentum und Verfügungsgewalt"**. Historisch gesehen lagen Geschäftsführung und Eigentum regelmäßig in einer Hand. Eine besondere Stärke solcher Eigentümer-Unternehmungen ist in personeller Hinsicht die Möglichkeit der unternehmerischen Entfaltung, eine besondere Schwäche die **Nachfolgeregelung**. Nur in Ausnahmefällen rückt dieses Problem in das öffentliche Bewußtsein. Man denke an so bedeutsame Pionierunternehmer wie Neckermann, Grundig, Nixdorf, deren Unternehmungen ihre Selbständigkeit im Zuge der Nachfolgeproblematik verloren haben. Heute sind die Verhältnisse zumindest im Großbetrieb durch eine Trennung beider Elemente charakterisiert. Eigentümer-Unternehmungen sind i.d.R. in der Rechtsform der Einzelunternehmung oder OHG anzutreffen. Bereits in der KG beginnt die Trennung, die in der GmbH und vollends in der AG vollzogen ist. Im gleichen Maße wachsen tendenziell Selbständigkeit und Unabhängigkeit der Unternehmungsspitze. Es entsteht **"Macht ohne Eigentum"** [BERLE/MEANS 1932]. Für die AG verbindet sich damit das spezielle Problem, ob der Aufsichtsrat in seiner seitherigen Konstruktion geeignet ist, eine wirkungsvolle Kontrolle auszuüben. Die Diskussion darüber ist intensiv [vgl. z.B. THEISEN 1987; BLEICHER et al. 1989].

Familienunternehmungen greifen nicht selten zu **Beiratslösungen**, um die Profes-

252

sionalisierung der Unternehmungsspitze zu unterstützen und für den Nachfolgefall die Kontinuität sicherzustellen. Vor allem in bestimmten Dienstleistungsbereichen (Beratung, Steuerberatung und Wirtschaftsprüfung, Werbung) ist es außerdem üblich, daß Mitarbeiter zu **Mitgesellschaftern** (Partnern) werden können. Die Organisationshierarchie ist dann in ihrem oberen Bereich zugleich eine Art Gesellschafterhierarchie. Auf die Weise sind Eigentum und Verfügungsgewalt wieder personell zusammengeführt. Derartige Konstruktionen sind zwar als Vermögensbeteiligung, z.B. in Form der Belegschaftsaktien oder stiller Gesellschaften, prinzipiell unabhängig von der Rechtsform und Größe. Eine wirksame Beteiligung an der Geschäftsführung ist allerdings zwangsläufig nur in kleinen Einheiten möglich. Im übrigen verändert sich die Motivationslage eines Mitarbeiters nicht ohne weiteres dadurch, daß er Firmenanteile hält. Es wäre ein Trugschluß zu meinen, daß auf die Weise unternehmerisches Denken und entsprechendes Initiativverhalten gefördert würden. Arbeitsplatz und Aufgabengehalt, Hauptquellen der Motivation, bleiben unberührt (vgl. S.304ff.).

(4) Interaktion an der Unternehmungsspitze: Die Interaktion an der Unternehmungsspitze wird zum einen gekennzeichnet durch die formale Regelung der Aufgabenteilung sowie der Beschlußfassung innerhalb des Leitungsorgans. Zum anderen sind die Beziehungen zwischen dem Vorstand (Leitungsorgan) und dem Aufsichtsrat (Kontrollorgan) sowie die Arbeit in Ausschüssen wichtige Bereiche, die die Arbeit an der Unternehmungsspitze beschreiben. Beide Interaktionsfelder werden stark von informalen Prozessen geprägt. Hinzuweisen sei an dieser Stelle auf die Abgrenzung von rechtlicher Dimension (Vorstand, Leitungsorgan) und organisatorischer Dimension (Spitzeninstanz). Zum Leitungsorgan im rechtlichen Sinne können dabei neben der organisatorischen Spitzeninstanz auch ggf. die Leiter der nachgelagerten Teilbereiche gezählt werden.

Vertikale Arbeitsteilung im Führungsgremium: Bei Pluralinstanzen stellt sich zunächst die Frage der vertikalen Arbeitsteilung im Führungsgremium, d.h. wie die Entscheidungskompetenzen innerhalb des Gremiums geregelt werden.

Im einfachsten Fall behandeln die Leitungsorganmitglieder alle oder doch den überwiegenden Teil der anfallenden Entscheidungen gemeinsam. Entscheidungs- und Weisungskompetenzen liegen also beim Gremium, nicht dagegen beim Einzelmitglied, das allerdings sehr wohl Vorbereitung oder Ausführung von Entscheidungen übernehmen kann und dann die Rolle eines "Stabs" bzw. "Sachbearbeiters" erfüllt. Leitungsorganextern tritt das Gremium im wesentlichen als Ganzes auf und "spricht mit einer Stimme". Das Einzelmitglied fungiert gegenüber den nachgelagerten Einheiten als "Ansprechpartner" bzw. als "Sprachrohr", nicht dagegen als "Vorgesetzter". "Vorgesetzter" ist das Gremium. Diese Form der Binnenstruktur des Leitungsorgans sei hier als **Teamprinzip** bezeichnet. Im Verhältnis zu den nachgelagerten Einheiten entsteht eine Struktur, die als **Gremienanbindung** zu benennen wäre. Organisatorisch bedeutet dies, daß vom Leitungsgremium lediglich **ein** Weisungsstrang zu den nachgelagerten Einheiten ausgeht, welche die Teilbereiche der zweiten Hierarchieebene darstellen.

Die Arbeit des Leitungsorgans kann jedoch auch so organisiert sein, daß bereits leitungsorganintern eine deutliche vertikale Arbeitsteilung existiert. Für bestimmte, definierte Aufgabengebiete verfügt das einzelne Mitglied über eigene Entscheidungs- und Weisungsrechte. Grundsatzentscheidungen sowie Koordinationsfragen werden hingegen weiterhin vom Gremium insgesamt entschieden. Das einzelne Mitglied ist an diese Beschlüsse gebunden und hat sie in seiner Arbeit zu beachten. Die organisatorisch korrekte Darstellungsweise besteht darin, hierfür eine eigene Hierarchieebene vorzusehen, sozusagen ein "Zwischendeck". Es entsteht also eine organinterne Hierarchie, bestehend aus Spitzeninstanz und Teilbereichsleitern. Für diese Art der vertikalen Arbeitsteilung wird der Ausdruck **Hierarchieprinzip** gewählt. Anstelle der nachgelagerten Einheiten sind nun die Leitungsorganmitglieder des "Zwischendecks" die Teilbereichsleiter der zweiten Organisationshierarchieebene, sie tragen also "zwei Hüte" (Personalunion von Teilbereichsleitung und Spitzeninstanzmitgliedschaft) (vgl. Abb. XII/5). Leitungsorganextern ist das Einzelmitglied dann Ausgangspunkt einer Weisungslinie, fungiert also als (Fach-) Vorgesetzter gegenüber den nachgelagerten Einheiten, die die dritte Ebene der Organisationshierarchie bilden. Das Hierarchieprinzip führt also organisatorisch immer zu einer **Individualanbindung** der nachgelagerten Einheiten an die Leitungsorganmitglieder in ihrer Eigenschaft als Teilbereichsleiter. Diese Anbindung kann als Ein- oder Mehrliniensystem ausgeprägt sein.

Sowohl in bezug auf den Beitrag zur Gremienentscheidung als auch in bezug auf den Umfang der Einzel-Entscheidungsrechte sind hierbei informale Unterschiede zwischen den Leitungsorganmitgliedern denkbar. So wird z.B. das Leitungsorganmitglied, das den umsatzstärksten Bereich leitet, ein höheres Gewicht in die Debatte werfen können als sein Kollege, dem ein Zentralbereich untersteht und der demgemäß freundschaftlich-distanzierend als "Stäbler" eingestuft wird.

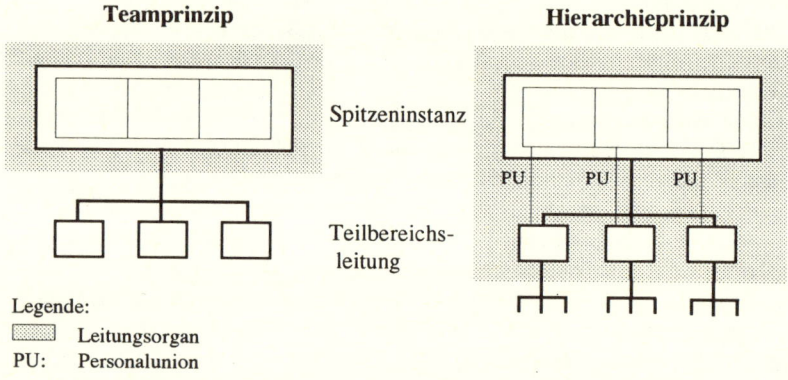

Abb. XII/5: Vertikale Arbeitsteilung im Leitungsorgan

Beschlußfassung: Für die Gremienarbeit generell und speziell für die Pluralinstanz ist die Regelung der Beschlußfassung relevant [vgl. KOSIOL 1962, S.125ff.; HOFFMANN 1980, Sp.2264; BLEICHER et al. 1989, S.30f.]. Die Möglichkeiten hierzu lassen sich ordinal abstufen. Der eine Endpunkt dieser Skala ist das **reine Direktorialprinzip**, das dem Vorsitzenden die Möglichkeit gibt, eine endgültige Entscheidung auch gegen den Willen der übrigen Mitglieder zu treffen. Denkbar ist auch, zu diesem Zweck einzelne Geschäftsführer von Unternehmungsführungsentscheidungen auszuschließen, was in einer GmbH möglich ist. Für den deutschen AG-Vorstand sind derartige Regelungen und damit das Direktorialprinzip unzulässig. Das **Kollegialprinzip**

als Gegenstück umfaßt mehrere Abstufungen. Die reinste Form, und damit der andere Endpunkt der Skala, ist erreicht, wenn Einstimmigkeit erforderlich ist. Dieses Konsensprinzip wird als **Kassationskollegialität** bezeichnet. Das bekannteste Gremium, in dem Einstimmigkeit bei wichtigen Entscheidungen verlangt wird, dürfte der Europäische Ministerrat sein. Die Folgen sind auf der einen Seite Schutz **aller** Mitgliederinteressen, auf der anderen Seite ein erhebliches Maß an Immobilität. Daß der Langsamste das Tempo bestimmt, gilt hier in besonderem Maße. Dieses Prinzip mag für die Konsensfindung taugen, nicht jedoch für die Entscheidungsfindung. Der Normalfall ist dafür wohl eindeutig die **Abstimmungskollegialität**, die einfache oder qualifizierte Mehrheiten vorsieht. Bei Stimmengleichheit kann vorgesehen sein, daß die Stimme des Vorsitzenden entscheidet. Diese Variante, die für den Aufsichtsrat gemäß Mitbestimmungsgesetz gilt, wird auch **Primatkollegialität** genannt. Allgemein sind die **Vorteile** des **Direktorialprinzips** [vgl. BLEICHER et al. 1989, S.31; SEIDEL/REDEL 1987, S.23]:

- Vereinheitlichung der Willensbildung,

- Beschlußfähigkeit auch bei Abwesenheit anderer Mitglieder,

- straffe Unternehmungsführung nach innen,

- keine Gefahr "fauler Kompromisse",

- klare Verantwortungsregelung,

- Erleichterung der Beziehung zwischen Führung und Überwachung.

Diesen Vorteilen, die zugleich Nachteile des **Kollegialprinzips** markieren, stehen wiederum dessen **Vorteile** gegenüber:

- Verteilung der quantitativen Belastung an der Spitze,

- breite Informations- und Qualifikationsnutzung,

- dadurch abgewogenere Entscheidungen,

- keine einseitige, dominante Machtposition,

- Verbesserung der Entscheidungsakzeptanz in den Ressorts,

- Erleichterung von Stellvertretung und Nachfolge.

Ergänzend können auch einzelnen Mitgliedern oder einer Gruppe von Mitgliedern **Vetorechte** bzw. **Genehmigungsrechte** eingeräumt werden. Damit lassen sich alle Initiativen anderer blockieren, aber keine Entscheidungen positiv erzwingen. Während Vetorechte als ein relativ harter Eingriff wohl eher für Ausnahmefälle, z.B. einem Vorstandsvorsitzenden, eingeräumt werden, sind Genehmigungsrechte häufig. Typischer Anwendungsfall sind die zustimmungsbedürftigen Geschäfte des Vorstands. In Deutschland hat der Aufsichtsrat in der Regel fünf Bereiche an seine Zustimmung gebunden [vgl. GIRGENSOHN 1980, S.339]:

- Investitionen,

- Grundstücke,

- Beteiligungen, Zweigniederlassungen,

- Aufnahme von (Groß-)Krediten,

- Erteilung und Entziehung von Prokura und Generalvollmacht.

Integration von Aufsichtsrat und Vorstand: Aufsichtsräte treten typischerweise vierteljährlich zusammen, aber auch drei oder zwei Sitzungen im Jahr (gesetzliche Mindestzahl) sind noch häufig [vgl. BLEICHER et al. 1989, S.77f.]. Die Integration von Vorstand und Aufsichtsrat funktioniert faktisch auf dem Wege informeller Kommunikation über die jeweiligen Vorsitzenden. Bei interessenabhängigen Fragen vor allem ist der Betriebsratsvorsitzende die dritte derartige Verbindungsperson. Bei jeder zweiten Unternehmung ist daher eine Abstimmungs-"Troika" dabei, kritische Entscheidungen im Vorfeld zu klären und damit mehrheits- resp. konsensfähige Vorlagen für die Gremienarbeit zu schaffen [vgl. BLEICHER et al. 1989, S.112f.].

Ausschüsse des Vorstands: Je größer der Vorstand, desto sinnvoller und häufiger anzutreffen sind Ausschüsse [vgl. BLEICHER et al. 1989, S.104ff.]. Sie gestalten die Tagesarbeit des Vorstands effizienter, der sich zu regelmäßigen Sitzungen in der Hälfte der Fälle 1 bis 2 mal monatlich trifft. Am häufigsten sind Ausschüsse für

- Allgemeine Information und Koordination,

- Strategische Aufgaben,

- Planung, Steuerung, Kontrolle,

- Investitionen,

- Forschung und Entwicklung/Technik,

- Produktion.

Typischerweise sind Mitarbeiter von Stäben oder Zentralabteilungen in diese Ausschußarbeit einbezogen. Der Ablauf eines Entscheidungsprozesses ist dadurch gekennzeichnet, daß die Ressorts Entscheidungen vorbereiten, die nur ihren Aufgabenbereich betreffen. Stäbe analysieren komplexe Tatbestände, und die Ausschüsse bereiten dann solche Vorlagen vor, die eine unternehmerische Gesamtsicht erfordern, also als umgreifende Probleme einzustufen wären.

Informale Aspekte der Interaktion: Auch diese formalen Regelungen werden - wie jede formale Regelung - durch **informale Phänomene** ergänzt oder überlagert. Sie beginnen mit der Person des Vorstandsvorsitzenden und seinem Führungsstil. Eine dominante Persönlichkeit kann unbeschadet formaler Prozeduren einem Gremium ihren Stempel aufdrücken. Genauso können aber auch Kooperation und Teamgeist das Feld beherrschen. So gehört vielfach Konsensfähigkeit und Konsenspflicht regelrecht "zum guten Ton". Auch wenn die Geschäftsordnung eines Vorstands z.B. Mehrheitsbeschlüsse vorsieht - Abweichungen von der Einstimmigkeitsregel des Aktiengesetzes sind zulässig - wird man versuchen, schon im Vorfeld Konflikte zu erkunden und zu beseitigen. "Wir diskutieren, bis wir uns einig sind", dieses Vorstandszitat ist eine Aussage, die man landläufig nicht als vorstandstypisch einstufen würde. Es charakterisiert aber ganz offenbar den Entscheidungsstil auf vielen Vorstandsetagen noch am ehesten. Es wird dann für einzelne Mitglieder sehr schwer oder unmöglich, einem Gremium auf Dauer anzugehören, in dem sie wiederholt überstimmt wurden.

Selbstverständlich ist der Rückhalt im Aufsichtsrat eine wichtige Variable. Daß eine Minderheit sich mit dem Aufsichtsrat im Rücken gegen eine Mehrheit durchsetzt,

256

dürfte auf Krisensituationen beschränkt sein. In Normalsituationen zeigt sich, daß die Minderheit den Rücktritt einreicht oder einreichen muß. Nicht selten werden sich derartige Probleme hinter der typischen Presseverlautbarung verbergen, daß sich Unternehmung und Vorstandsmitglied "im gegenseitigen Einvernehmen" getrennt haben. Ein seltener Fall von nach außen dringender Uneinigkeit war das gleichzeitige Ausscheiden von zwei Mitgliedern des **Quelle**-Vorstands, die dies u.a. mit dem Führungsstil des Vorsitzenden begründeten [vgl. FAZ v. 22.1.93].

Die Kooperation im Vorstand ist ein hochsensibles Feld. Das Ausnutzen formaler oder faktischer Machtpositionen muß mit äußerster Vorsicht geschehen. Macht nutzt sich ab, der Machteinsatz verursacht erhebliche Machtkosten, auch wenn er nur angedroht ist [vgl. KRÜGER 1976]. Mit Rücktritt kann man nur selten mehr als einmal drohen, und auch ein Vetorecht wird man nicht unbedacht anwenden. So überrascht es nicht, wenn z.B. zum 65. Geburtstag des Vorstandsvorsitzenden der **Wella AG** (Haarpflege und Kosmetik) 1991 berichtet wird, daß er seit seinem Amtsantritt im Jahre 1975 nie sein Vetorecht ausgeübt habe [vgl. FAZ v. 30.07.91]. Der mögliche Verdacht, daß dies zu Lasten eines offensiven Kurses gegangen sein könnte, wird von der starken Wachstumsentwicklung der Wella AG in diesen Jahren nicht gestützt.

Ungeachtet aller Persönlichkeitsunterschiede ist das Interesse an interner und externer Geschlossenheit sowie an Handlungsfähigkeit und einer verläßlichen Zusammenarbeit an der Unternehmungsspitze außerordentlich groß. Dazu trägt auch die Tatsache bei, daß viele Vorstandsentscheidungen - und gerade die bedeutendsten - äußerst schlecht strukturierte Entscheidungen sind, deren durchschlagende Richtigkeit oder völlige Falschheit nur in Grenzen argumentativ eindeutig begründbar sind. Persönliche Einschätzungen und Erfahrungen, Grundwerte und Intuitionen dominieren. Das Entscheidende für den Erfolg einer Entscheidung ist nicht selten der Glaube an ihre Richtigkeit. Dann kommt es um so mehr auf ein Mindestmaß persönlicher Übereinstimmung und Akzeptanz an, wenn eine einheitliche Politik vertreten und zum Erfolg geführt werden soll. Mögliche Risiken dieser Geschlossenheit liegen in fehlender Meinungsvielfalt, gegenseitiger Bestätigung und - daraus resultierend - in der Gefahr, daß Umweltveränderungen nicht erkannt und notwendige Kurskorrekturen nicht vorgenommen werden.

Wichtig erscheint die Bedeutung, die der Auswahl geeigneter - und das heißt hier vor allem: zu den anderen passender - Gremienmitglieder zukommt. Vor allem im Falle eines starken Vorstands(vorsitzenden) kann es sich dabei ergeben, daß die Zuwahl von Vorstandsmitgliedern - formal originäre Aufsichtsratsaufgabe - faktisch einer Kooptation, also einer Selbstergänzung, gleichkommt. Als ein Beispiel kann wohl die **Allianz-Versicherung** gelten, deren unbestrittener, dominanter Vorstandsvorsitzender, Wolfgang Schieren, in der ersten Jahreshälfte 1991 nacheinander zwei völlig verschiedene Männer als seine Nachfolger im Aufsichtsrat durchsetzte. In solchen Fällen ist die formale Machtverteilung, in der der Vorstand als der "verlängerte Arm" des Aufsichtsrats erscheint, umgekehrt. Es ist in der Öffentlichkeit unklar geblieben, warum der erste Kandidat (F. Schiefer) sein Amt nicht antreten konnte. Die offiziell angegebenen "privaten Gründe" überzeugen weniger als die Vermutung, daß er sich als "Seiteneinsteiger" gegen den starken Widerstand im Hause nicht hätte durchsetzen können. Dafür spricht auch, daß der zweite Kandidat (Henning Schulte-Noelle) eine "lupenreine Assekuranzkarriere" hinter sich hatte [vgl. DIE ZEIT v. 02.08.91]. Unter Machtgesichtspunkten bleibt zu registrieren, daß sich - wenn diese Version zutrifft -

die "strategische Spitze" (Schieren) gegen die "mittlere Linie" (das obere und mittlere Management) nicht hat durchsetzen können.

2. Ausgestaltung der Spitzeninstanz

(1) Anzahl der Spitzeninstanzmitglieder: Die erste hier darzustellende Gestaltungsvariable ist die Anzahl der Spitzeninstanzmitglieder. Sie betrifft ebenso wie die Variablen Spitzeninstanzressortierung und Mehrfachressortierung die Ausgestaltung der Spitzeninstanz.

Die oberste Ebene der Unternehmung kann grundsätzlich als Mehrpersoneneinheit (**Pluralinstanz**) oder Einpersoneneinheit (**Singularinstanz**) ausgestaltet sein. Der Vorstand einer deutschen AG ist dabei typischerweise als eine Pluralinstanz konzipiert. Eine Ausnahme dürfte dagegen die **Friedrichsfeld Keramik- und Kunststoffwerke AG** darstellen, die seit 1983 von dem Alleinvorstand Dr. Reutner geleitet wird.

Eine explorative empirische Untersuchung von KRÜGER/BUCHHOLZ/ALTROCK bei 85 Großunternehmungen in der Bundesrepublik Deutschland [vgl. 1993] ergibt für die Besetzung der Spitzeninstanz Werte zwischen 3 und 12 Mitgliedern. Deutlich am häufigsten vertreten sind fünf- und neunköpfige Spitzeninstanzen, die durchschnittliche Mitgliederanzahl beträgt 7,1. Die Differenzierung nach der Unternehmungsgröße zeigt, daß größere Unternehmungen personell stärker besetzte Spitzeninstanzen aufweisen. Der infolge gestiegener Innenkomplexität unumgängliche Bedarf nach höherer Entscheidungskapazität erscheint hierfür als Erklärung ebenso plausibel wie ein möglicherweise zu verzeichnendes Bedürfnis nach einer breiteren Basis der Gesamtverantwortung.

Interessant ist im übrigen ein Vergleich mit gruppendynamischen Untersuchungen, in denen schon sehr früh ein Effizienzvorteil von Gruppen mit 4-6 Mitgliedern festgestellt wurde [vgl. z.B. BASS/NORTON 1951]. BLEICHER et al. ermittelten in ihrer Untersuchung eine durchschnittliche Vorstandsgröße von fünf Mitgliedern, allerdings mit erheblicher Streuung [vgl. BLEICHER et al. 1989, S.107f.], ein Wert, der c.p. auf effiziente Vorstandsarbeit hinweist.

(2) Spitzeninstanzressortierung: Ressortierung bedeutet Aufgabenspezialisierung, dies bezieht sich auf die horizontale Arbeitsteilung im Gegensatz zur vorne beschriebenen vertikalen Arbeitsteilung, durch die Entscheidungskompetenzen geregelt werden. Die Anzahl der Mitglieder einer Pluralinstanz macht das quantitative Ausmaß der Arbeitsteilung deutlich. Hinsichtlich des Umfangs der Arbeitsteilung lassen sich prinzipiell zwei Varianten unterscheiden.

Gesamtkollegialität (unressortierte Spitzeninstanz): Es besteht keine ausdrückliche Arbeitsteilung, alle Aufgaben werden gemeinschaftlich erfüllt. Das Aktiengesetz geht prinzipiell von dieser Vorstellung aus, Satzungen und Geschäftsordnungen können jedoch davon abweichen. Die damit verbundene Vorstellung von einer Gesamtverantwortung hätte den Vorzug auf ihrer Seite, daß alle Vorstandsmitglieder eine unternehmerische Perspektive entwickeln müßten. Probleme sind die unklare Zuständigkeit gegenüber den Teilbereichsleitungen, die Gefahr, daß sich für manche Probleme auch einmal niemand zuständig fühlt und die unklare persönliche Zurechnung von Verantwortung. Der einzelne "versteckt" sich hinter dem Gremium.

Ressortkollegialität (ressortierte Spitzeninstanz): Jedes Mitglied des Kollegiums hat ein eigenes ihm zugewiesenes Aufgabengebiet (Ressort). Die Ressortierung kann nach Funktionen, Produkten, Kundengruppen oder Regionen erfolgen. Vorteile sind neben der Transparenz und Eindeutigkeit der Struktur und der damit einhergehenden Klärung der Verantwortung die professionalisierte Ressortführung aufgrund von Spezialisierungsvorteilen. Nachteilig ist hier, daß es keine organisierte Verankerung über- und umgreifender (gesamthafter) Aufgaben gibt. An die Stelle flexibler ressortübergreifender Politik tritt u.U. eine Dominanz der Ressortinteressen und damit ein Sachverhalt, der in der Planungstheorie als "Negativkoordination" [WILD 1982, S.195] beschrieben wurde. Der Vorstand stellt faktisch einen "Geleitzug von Ressortinteressen" dar [BLEICHER et al. 1989, S.273], statt eines Flottenverbandes, in dem ein Schlachtschiff klar den Kurs vorgibt. Dies gilt umso mehr, je stärker das Kollegialprinzip bei Abstimmungen dominiert (Grenzfall: Einstimmigkeit wird verlangt).

Mischformen: In der Praxis sind verschiedene Kombinationen von unressortierter und ressortierter Unternehmungsführung möglich, wenn nur ein Teil der Spitzeninstanz spezialisierte Aufgaben übernimmt, der andere Teil dagegen nicht. Am gebräuchlichsten scheint es zu sein, die Ressortierung bei ordentlichen Vorstandsmitgliedern mit einem ressortlosen Sprecher oder Vorsitzenden des Vorstands zu koppeln. Ein Alleinentscheidungsrecht des Vorsitzenden oder die Dominanz einer Minderheit im Vorstand ist unzulässig. BLEICHER et al. [vgl. 1989, S.93f.] stellen in ihrer empirischen Untersuchung einen leichten Einflußunterschied zwischen "Sprecher" und "Vorsitzendem" fest. Die Aufgaben sind zwar die gleichen, aber die Gewichte sind deutlich verschieden. Die Vorsitzenden nehmen in erster Linie Aufgaben der "Vorbereitung und Abstimmung ressortübergreifender strategischer Maßnahmen" sowie die "gegenseitige Information der Vorstandsmitglieder" wahr. Die Sprecher dagegen sind noch stärker in der "Leitung, Beratung und Betreuung der Ressorts" engagiert. Je größer der Vorstand, desto häufiger gibt es einen Vorsitzenden. Auch daraus wird die besondere Integrationswirkung des Vorsitzenden innerhalb des Gremiums deutlich.

Mehrdimensionalität: Werden innerhalb des Spitzengremiums mehrere Spezialisierungskriterien (Funktionen, Regionen, Produktgruppen) kombiniert, so entstehen mehrdimensionale Vorstands-Gliederungen, die offenbar im Vordringen sind [vgl. BLEICHER et al. 1989, S.99; KRÜGER/BUCHHOLZ/ALTROCK 1993]. Sie können zwei- oder dreidimensional angelegt sein. Dabei stellt sich heraus, daß die funktionale Dimension, die auch als "klassische" Ressortierung bezeichnet wird, stets, die Produktdimension und die regionale Dimension ggf. zusätzlich vorhanden sind. Insoweit wird auch die These von CHMIELEWICZ hinsichtlich der Unverzichtbarkeit der funktionalen Dimension unterstützt [vgl. 1992, Sp.2478]. Je nachdem, wie die Teilbereichsanbindung geregelt ist, kann Mehrdimensionalität innerhalb der Spitzeninstanz zu Mehrlinearität nach außen führen.

(3) Mehrfachressortierung: Als Spezialfall mehrdimensionaler Spitzeninstanzressortierung ist auch eine Mehrfachressortierung der einzelnen Spitzeninstanzmitglieder denkbar. Hierbei übernimmt ein Spitzeninstanzmitglied mehrere unterschiedliche Ressorts. Vorteile der Mehrfachressortierung sind insbesondere die Perspektivenerweiterung der einzelnen Mitglieder sowie die Möglichkeit, das Anwachsen der Mitgliederzahl zu vermeiden. Mögliche Nachteile dieser Ressortierungsvariante sind in der schwindenden Identifikation mit den Ressorts, in der Prioritätenbildung zwischen den mehrfachen Verantwortlichkeiten sowie in der Neutralität bei Konflikten zwischen diesen zu sehen [vgl. BLEICHER 1991, S.30].

Eine interessante Gestaltungsaufgabe stellt dabei die Auswahl der auf ein Spitzeninstanzmitglied zu vereinigenden Teilaufgabenkomplexe der einzelnen Spezialisierungsdimensionen (z.B. Finanzen und Produkt A) bzw. ggf. auch der Dimensionen selbst dar (z.B. Kombination Finanzen und Produkt A versus Kombination Finanzen und Region Nordamerika). Auf Ähnlichkeitsüberlegungen basierende Kombinationen (z.B. Kombination des Marketing-Ressorts mit dem Ressort für eine konsumnahe Produktgruppe) erscheinen ebenso plausibel wie bewußt ungleich kombinierende und auf individuelle Perspektiverweiterung sowie das Auschöpfen individueller Kenntnisse und Fähigkeiten zielende Ansätze.

3. Ausgestaltung und Anbindung der Teilbereiche

(1) Anzahl und Aufgabenspezialisierung: Analog zur Ausgestaltung der Spitzeninstanz sind auch bei den Teilbereichen deren Anzahl und die dominierende Form der Aufgabenspezialisierung wichtige Gestaltungsvariablen.

Die **Anzahl** der zu führenden Teilbereiche bestimmt die Leitungsbreite der Spitzeninstanz als Ganzes. Mit zunehmender Unternehmungsgröße wächst empirisch auch die Teilbereichsanzahl. Dies kann als Bestätigung der These angesehen werden, daß zunehmende Größe nicht allein durch größere Leitungstiefe, sondern auch durch steigende Leitungsbreite organisatorisch abgefangen wird.

Führungsorganisatorisch ist die **Aufgabenspezialisierung** der Teilbereiche gleichermaßen von Bedeutung wie die der Spitzeninstanz. Die isolierte Anwendung der dargestellten Spezialisierungskriterien auf der zweiten Hierarchieebene führt im Ergebnis zu den bekannten aufbauorganisatorischen Grundmodellen der funktionalen Organisation (FO) bzw. der divisionalen Organisation (DO), mit einer Gliederung nach Produkten, Kundengruppen oder Regionen. Diese Formen werden ggf. durch bereichsübergreifende Einheiten ergänzt, die nach anderen Spezialisierungskriterien gebildet werden.

(2) Formen der Teilbereichsanbindung: Die Anbindung der Teilbereiche, also die organisatorische Beziehung zwischen Spitzeninstanz und Teilbereichsleitungen, ist untrennbar mit der vertikalen Arbeitsteilung im Leitungsorgan verbunden. Sie wird ferner von der Gleich- bzw. Verschiedenartigkeit der Aufgabenspezialisierungskriterien beider Ebenen sowie ggf. vom Unterschied in der Feinheit der Spezialisierung geprägt. Geht man von einer ressortierten Spitzeninstanz aus, betrachtet man bei mehrdimensionaler Ressortierung das überwiegende Ressortierungskriterium und geht man bei Mehrfachressortierung ggf. davon aus, daß das gleichartige Spezialisierungskriterium die Anbindung am stärksten prägt, so lassen sich aus den drei genannten Merkmalen kombinatorisch acht Anbindungsformen konstruieren. Hiervon scheiden jedoch vier aus logischen bzw. Plausibilitätsgründen aus. Es verbleiben vier Formen der Teilbereichsanbindung, die mit den in der Literatur eingeführten Benennungen und am Beispiel von Funktions- und Produktspezialisierung in Abb. XII/6 dargestellt sind.

Koordinatorenmodell: Bei dieser Variante der vertikalen Arbeitsteilung nach dem Teamprinzip ist die Aufgabenspezialisierung von Spitzeninstanz und Teilbereich verschiedenartig (z.B.: Spitzeninstanz funktional ressortiert, Teilbereiche nach Produktgruppen gegliedert). Einzelne Spitzeninstanzmitglieder übernehmen die Rolle eines Betreuers oder Ansprechpartners für einzelne Teilbereiche. Sie artikulieren deren Probleme und Interessen im Gesamtvorstand, der dann die notwendigen Entscheidungen als Gesamtgremium (Teamprinzip, Gremienanbindung) trifft. In diesem auch als **Portefeuillemodell** [vgl. v. WERDER 1989, S.47] bezeichneten Konzept wird eine Kombination verschiedenartiger Spezialisierungen und Entscheidungsperspektiven möglich, wenn zusätzlich eine Mehrfachressortierung gegeben ist. Das einzelne Spitzeninstanzmitglied könnte z.B. neben seiner funktionalen Expertise auch noch unternehmerische Verantwortung entwickeln, indem es für einzelne Regionen oder Produktgruppen eine Sprecherrolle übernimmt. Es bleibt aber dabei, daß das Gremium nach außen "mit einer Stimme" spricht.

Reines Doppeldeckermodell: Leitungsorgan und nachgelagerte Einheiten sind gleichartig ressortiert. Auch hier dominiert kompetenziell die Gremienanbindung (Teamprinzip), die einzelnen Spitzeninstanzmitglieder fungieren also nicht als Vorgesetzte, sondern als Ansprechpartner. Hier kann die strategische Gesamtsicht mit der operativen Expertise innerhalb der Vorstandsarbeit kombiniert werden. Auch wäre bei diesem Modell die Akzeptanz der Spitzeninstanzbeschlüsse in den Teilbereichen eher gewährleistet, da sie ja innerhalb der Spitzeninstanz quasi durch "einen von ihnen" vertreten werden und somit die Teilbereichsperspektive innerhalb der Spitzeninstanzentscheidung eher gewährleistet ist.

Modifiziertes Doppeldeckermodell: Auch bei diesem Modell liegt das gleiche Spezialisierungskriterium zugrunde, die Teilbereiche sind aber feiner als die Spitzeninstanz spezialisiert, so daß einem Spitzeninstanzressort mehrere Teilbereiche zugeordnet sind. Ein auf "Anorganische Chemie" spezialisiertes Spitzeninstanzmitglied könnte z.B. für die Teilbereiche "Grundchemikalien" und "Spezialchemikalien" zuständig sein. Bei einer funktionalen Ressortleitung sähe das Modell analog aus. Es ist dabei sehr wohl möglich, daß einzelne Ressorts keine derartigen "Unterstellungen" aufweisen. Auch bei diesem Modell besitzt die Spitzeninstanz eine Gesamtverantwortung, so daß nur eine Weisungslinie existiert (Gremienanbindung).

Modell der Personalunion: Beim letzten darzustellenden Modell erfolgt die vertikale Arbeitsteilung im Leitungsorgan nach dem Hierarchieprinzip. Die damit verbundene Personalunion bedeutet: Die Leitungsorganmitglieder entscheiden als Teilbereichsleiter in ihrem Aufgabengebiet allein. Sie sind ferner als Spitzeninstanzmitglieder mit der Vorbereitung von Entscheidungen aus ihrem Bereich befaßt, für die die Entscheidungskompetenz beim Gremium liegt. Gemäß der entscheidungshierarchischen Perspektive soll dieses Modell als Modell der Personalunion bezeichnet werden [vgl. FRESE 1987, S.339ff.]. Eine alternative Bezeichnung, die auf die personenhierarchische Perspektive abstellt, ist "organisatorische Verzahnung" [vgl. BLEICHER et al. 1989, S.102f.]. Den Vorteilen einer geschäftsnahen Vorstandsarbeit stehen die Gefahren von Ressortegoismen sowie einer überhöhten Belastung mit operativen Aufgaben gegenüber ("Kamineffekt", BLEICHER). Erschwerend kommt das Problem mangelnder Gesamtsicht und Verantwortung hinzu. Allenfalls ein unressortierter Vorstandssprecher würde übergreifende Aufgaben wahrnehmen. BLEICHER et al. machen darauf aufmerksam, daß dies auch eine Verletzung des **Kongruenzprinzips** bedeuten kann [vgl. 1989, S.103]. Gesamtverantwortung wird (gesetzlich) verlangt, Gesamtaufgaben oder -kompetenzen sind aber nicht (genügend) organisatorisch verankert.

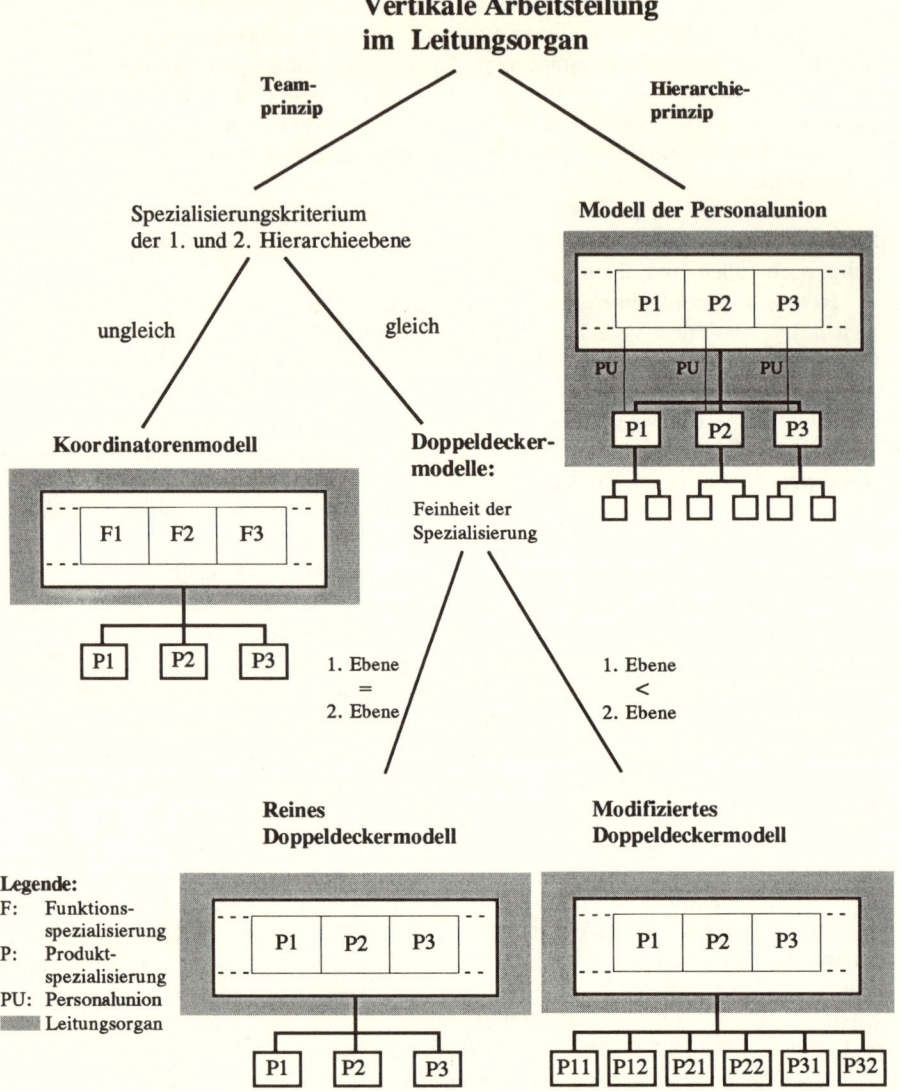

Abb. XII/6: Formen der Teilbereichsanbindung

Juristisch interessant ist der Fall, daß die "nachgelagerten Einheiten" selbständige Gesellschaften sind. Personalunion bedeutet dann die Übernahme von Mehrfachmandaten und es kommt zu einer völligen oder teilweisen **Leiteridentität** [vgl. RÜHLI 1985, S.190f.], auch als **Multisystempositionierung** bezeichnet [vgl. BLEICHER 1991, S.125f.]. Als ein Beispiel läßt sich der **Daimler Benz Vorstand** nennen. Die Leiter der vier Unternehmungsbereiche Mercedes Benz, AEG, Deutsche Aerospace und Debis sind in Personalunion auch Mitglieder des Holding-Vorstands. Mercedes

Benz als Kraftfahrzeugsparte besteht aus rechtlich unselbständigen PKW- und LKW-Bereichen, deren Leiter ihrerseits im Vorstand von Mercedes Benz positioniert sind. Der Leiter des LKW-Bereichs, Werner, wurde 1993 Nachfolger des ausscheidenden Mercedes Benz-Chefs. Den offenkundigen Integrationsvorteilen einer solchen geschäftsnahen Gesamtleitung stehen die oben angesprochenen Nachteile gegenüber. Eine andere Variante der personellen Integration besteht darin, daß Mitglieder des Leitungsorgans der Muttergesellschaft einen Sitz im Aufsichtsorgan der Tochtergesellschaft einnehmen (sog. **Multiple Directorship**) [vgl. BÜHNER 1993, S.289]. Abb. XII/7 zeigt die beiden Varianten einer personellen Integration.

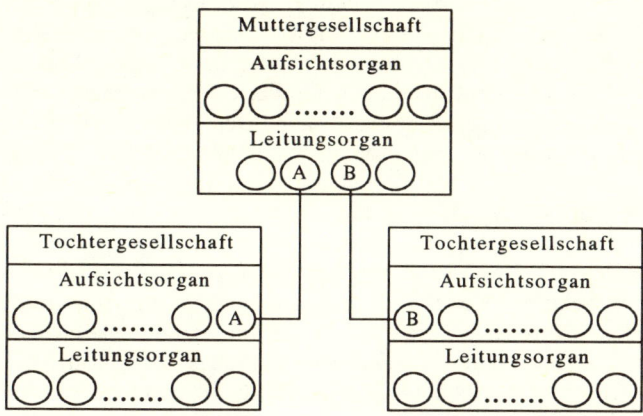

Multiple Directorship

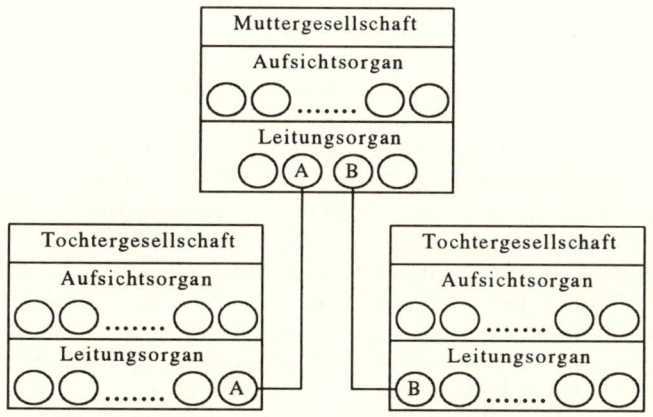

Multisystempositioning

Abb. XII/7: Formen der personellen Integration

4. Rechtliche Selbständigkeit der Teilbereiche

(1) Begriff und Formen des Konzerns: Die zuletzt angesprochene rechtliche Verselbständigung von Teilbereichen ist auch als führungsorganisatorische Gestaltungsvariable der Konzernorganisation einsetzbar. An dieser Stelle wird das enge Zusammenspiel zwischen organisatorischen und rechtlichen Kategorien deutlich. Die Konzerndefinition folgt üblicherweise der rechtlichen Kennzeichnung von §§ 17ff., AktG. Demnach handelt es sich bei einem Konzern um eine "**Zusammenfassung** von **mehreren, rechtlich selbständigen** aber beherrschten Unternehmen unter **einheitlicher Leitung** des **herrschenden** Unternehmens". Der Begriff der "einheitlichen Leitung" läßt ein breites Feld zwischen zentraler und dezentraler Ausgestaltung der Leitung zu. In der Praxis sind dementsprechend verschiedene Konzernformen entstanden, die den unterschiedlichen Gestaltungsbedarfen Rechnung tragen. Dies bedeutet nichts anderes, als daß die **wirtschaftliche** Selbständigkeit der jeweiligen Konzerntöchter ein völlig unterschiedliches Ausmaß besitzen kann. Der organisatorische Konzernaufbau muß außerdem die rechtlich unselbständigen Einheiten wie z.B. Zweigniederlassungen, Werke, Betriebsstätten berücksichtigen. Die Ausgestaltung als rechtlich selbständige oder unselbständige Einheit sollte neben gesellschafts- und steuerrechtlichen insbesondere auch strategischen Zielsetzungen folgen, und sie kann im Zeitablauf durchaus wechseln. So ist im Zuge der Holdingentwicklung in jüngster Zeit ein starker Trend zum Schaffen kleinerer Einheiten erkennbar, die auch rechtlich verselbständigt werden. Einzelne Werke, Funktionsbereiche oder Geschäftsfelder werden z.B. als GmbH ausgegliedert. Funktionen, auf die dies häufig zutrifft, sind Entwicklungsabteilungen und DV-Abteilungen. Aber auch Produktions- und Vertriebsgesellschaften entstehen. Eigene Produktion oder eigener Vertrieb im Ausland lassen sich anders kaum regeln, aber auch im Inland sind diese Verselbständigungen zahlreich.

Faktischer Konzern: Grundlage der Konzernbildung ist der Beteiligungserwerb. Die Beteiligungsquote bildet dann den Gradmesser für den de jure möglichen Einfluß des Erwerbers und damit für das Vorliegen eines Konzerns. Einfache Minderheit (bis 25 % Beteiligungsquote) und qualifizierte Minderheit (zwischen 25 % und 50 %) erlauben normalerweise noch keinen Einfluß auf die Unternehmungsführung. Daher wird erst bei Mehrheitsbeteiligungen davon ausgegangen, daß die betreffenden Unternehmungen einen Konzern bilden (sog. Konzernvermutung). Es entsteht ein **faktischer Konzern.** Die einfache Mehrheit (zwischen 50 % und 75 %) kann die Besetzung der Anteilseignersitze im Aufsichtsrat und die Verabschiedung aller anderen Hauptversammlungsbeschlüsse, die der einfachen Mehrheit bedürfen, sichern. Über den Aufsichtsrat ist dann der Vorstand wählbar und beeinflußbar.

Vertragskonzern: Erst die qualifizierte Mehrheit (> 75 %) gewährleistet einen umfassenden Einfluß, der erforderlich ist, um z.B. einen Abschluß von Beherrschungs- und Gewinnabführungsverträgen herbeizuführen oder die Satzung zu ändern. Mit dem **Beherrschungsvertrag** [§ 291 Abs.1, S.1 AktG] unterstellt sich die Leitung einer AG oder KGaA vollständig den Weisungen der Obergesellschaft, dies auch für den Fall, daß es sich um Weisungen handelt, die den Interessen der abhängigen Unternehmung zuwiderlaufen, jedoch dem Gesamtkonzern dienen. Diese Konstruktion sichert eine Abhängigkeit vertraglich ab, die durch eine entsprechende Beteiligungsquote entstanden ist und dokumentiert ein Herrschaftsverhältnis, das de facto bereits bestanden haben kann. Ähnliches gilt für den **Gewinnabführungsvertrag,** der eine Abhängigkeit voraussetzt und in dem vorgesehen ist, daß der **gesamte** Gewinn der

Untergesellschaft an die Obergesellschaft abzuführen ist. Für diesen erheblichen Eingriff in die Gesellschaft sind besondere Schutzvorschriften gegen Substanzverluste erlassen worden [§§ 300ff. AktG]. Neben diesen beiden wichtigsten Vertragsformen gibt es weitere, so vor allem den Geschäftsführungsvertrag, den Teilgewinnabführungsvertrag, den Betriebspacht- und den Betriebsüberlassungsvertrag [§ 292 AktG].

Eingliederung: Die intensivste Anbindung und Unterordnung ist im Falle der Eingliederung gegeben [§§ 319f. AktG]. Angestrebt oder realisiert wird die Verdrängung außenstehender Aktionäre. Im Gegensatz zur Fusion bleibt die rechtliche Selbständigkeit der Untergesellschaft erhalten. Vorteile können in dem Erhalt des Firmennamens und der Übernahme des Firmenwertes ohne dessen Auflösung und anschließende Versteuerung liegen.

(2) Typen rechtlicher Teilbereichsselbständigkeit: Versucht man die Möglichkeiten einer rechtlichen Selbständigkeit im Hinblick auf die führungsorganisatorisch relevanten Organisationseinheiten zu kategorisieren, so lassen sich die Fälle fehlender, teilweiser und vollständiger Teilbereichsselbständigkeit unterscheiden.

Die Kategorie "fehlende Teilbereichsselbständigkeit" betrifft zunächst den Fall der Einheitsunternehmung. Eingeschlossen sind darin ferner die Konzernfälle, bei denen es infolge von Diskrepanzen zwischen Organisations- und Rechtsstruktur keine rechtseinheitlich verfaßten organisatorischen Teilbereiche gibt. Im einzelnen ergeben sich diese Diskrepanzen erstens dadurch, daß rechtlich selbständige Einheiten mehrere Teilbereiche oder nur Teile von Teilbereichen umschließen. Zweitens sind die Fälle angesprochen, bei denen die rechtliche Gliederung generell einer anderen Dimension als die organisatorische Gliederung folgt. Drittens ergeben sich typische Diskrepanzen dadurch, daß die hierarchische Position der rechtlichen Anknüpfung nicht der der organisatorischen entspricht [vgl. v. WERDER 1986, S.195ff.].

Beinhaltet eine Unternehmung neben rechtlich unselbständigen auch selbständige Teilbereiche, so spricht man von einem **segregierten Konzerntyp** bzw. vom **Stammhauskonzern**.

Ein typischer Weg zur Entstehung eines Stammhauskonzerns beginnt bei der Einheitsunternehmung [vgl. zum folgenden KELLER 1990, S.139ff.]. Sie erwirbt Beteiligungen, vorwiegend zur Sicherung ihres angestammten Geschäfts, auch im Rahmen strategischer Partnerschaften. In vertikaler Richtung können es z.B. Lieferanten sein, die man an sich binden will, in horizontaler Richtung kann es um Marktausweitung oder -segmentierung durch Vertriebsgesellschaften gehen. Auch an Diversifikation zum Zwecke des Risikoausgleichs ist zu denken. Eine solche Unternehmung, die ein operatives Stammgeschäft betreibt und darüber hinaus Beteiligungen an anderen Unternehmungen hält, wird als **Stammhaus** bezeichnet. Es geht bei den hier vorherrschenden Minderheitsbeteiligungen und auch bei eventuellen mehrheitlichen Beteiligungen nicht um eine einheitliche Leitung verschiedener Geschäfte. Das Kerngeschäft dominiert, die Beteiligungen sind nur darauf bezogen, dieses Geschäft zu unterstützen oder abzusichern. Eine Stelle oder Abteilung "Beteiligungsverwaltung" als Leitungshilfsstelle genügt für die anfallenden Aufgaben. In dem Maße, wie über Mehrheitsbeteiligungen Einfluß auf die Tochtergesellschaften ausgeübt und deren wirtschaftliche Selbständigkeit eingeschränkt wird, entsteht aus dem Stammhaus ein **Stammhauskonzern**. Nimmt das mit den Beteiligungen verbundene Geschäft zu, läßt es sich zu einer Zwischeneinheit bündeln (z.B. Internationale Division) oder mit einem Ressort in der Konzernspitze verankern (vgl. Abb. XII/8, nach HAHN 1988, S.128).

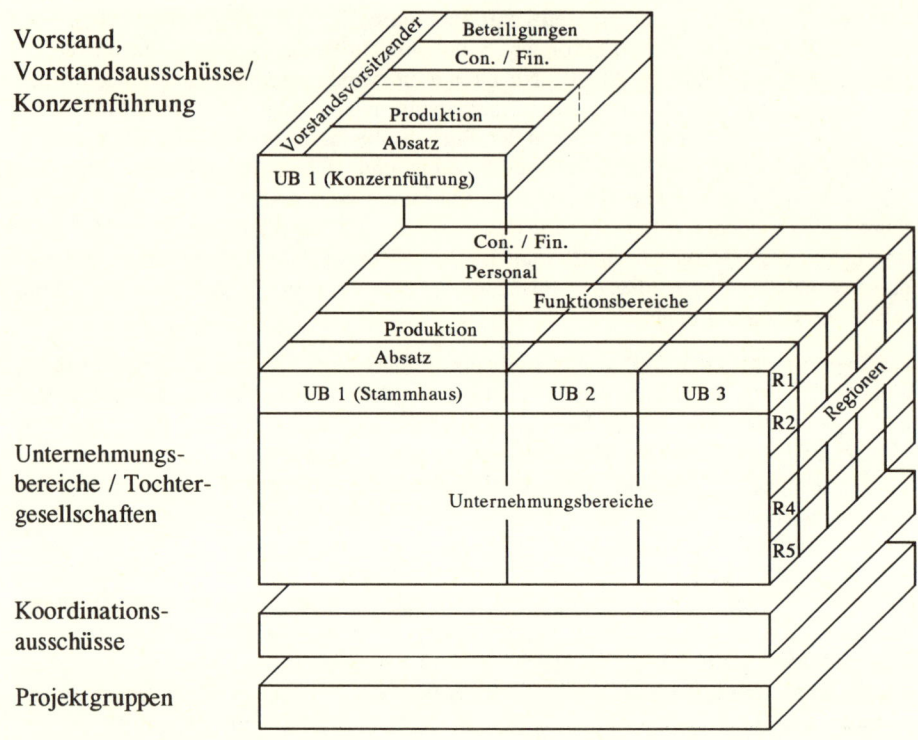

Vorstandsvorsitzender | Beteiligungen
Con. / Fin.
Produktion
Absatz
UB 1 (Konzernführung)

Con. / Fin.
Personal
Funktionsbereiche
Produktion
Absatz
UB 1 (Stammhaus) | UB 2 | UB 3 | R1 / Regionen
R2
Unternehmungsbereiche | R4
R5

Unternehmungs-
bereiche / Tochter-
gesellschaften

Koordinations-
ausschüsse

Projektgruppen

Abb. XII/8: Stammhauskonzern

Wachsen Breite oder Bedeutung der mit den Beteiligungen verbundenen Geschäfte weiter an, ist irgendwann der Punkt erreicht, an dem das operative Geschäft des Stammhauses nur noch eines von mehreren Geschäftsfeldern repräsentiert. Dann reicht in aller Regel die Leitungskapazität der Konzernspitze nicht mehr aus für die Führung aller Geschäfte. Dies kann sich als Wachstumsbremse erweisen. Aus allen diesen Gründen wird das Stammhauskonzept für solche Unternehmungen empfohlen, deren angestammtes Geschäft das klare Übergewicht hat (und auch behalten soll) bzw. deren Geschäft als traditionelles Geschäft oder als Geschäft in der Reifephase einzustufen ist [vgl. HOFFMANN 1987, S.233]. Für derartige Situationen gilt, daß sie keine hohen Flexibilitäts- und Innovationsanforderungen stellen und daß ein hoher Zentralisierungsgrad mit einem entsprechend hohen Integrationsgrad eine angemessene Lösung darstellt.

Die hierarchischen Verhältnisse im Stammhauskonzern entsprechen dem Inhaltsmuster der zentralistischen Hierarchie (Typ A) oder der delegationsergänzten Hierarchie (Typ B) (vgl. S.70). Dies gilt zumindest im Verhältnis der Gesamtleitung zu den Teilbereichsleitungen resp. Tochtergesellschaften. Damit verbindet sich auch im Konzern eine besondere Motivationsproblematik für die Führungskräfte der zweiten Ebene. Sie werden zwangsläufig relativ unselbständig geführt, obwohl sie an der Spitze ganzer Werke, Produktionsbereiche oder Regionen stehen. Des weiteren sehen sich die Leiter der Unternehmungsbereiche bzw. Tochtergesellschaften damit konfrontiert, daß die strategische Bedeutung ihrer Geschäfte nicht in einer hierarchischen Position zum Ausdruck kommt, die der Position der Stammhausverantwortlichen entspricht.

Es zeigt sich somit, daß mit dem Begriff "Stammhauskonzern" oft eine zusätzliche Aussage über die konzerngenetische Basis oder die umfangmäßige Dominanz (Geschäftsvolumen, Teilbereichsanzahl) von Teilbereichen verbunden ist [vgl. HAHN 1988, S.127].

Schließlich ist die vollständige rechtliche Verselbständigung der Teilbereiche möglich, hier spricht man vom **integrierten Konzerntyp** oder von der **Holding**. Zumindest im führungsorganisatorisch relevanten Bereich sind Organisations- und Rechtsstruktur dann vollständig kongruent.

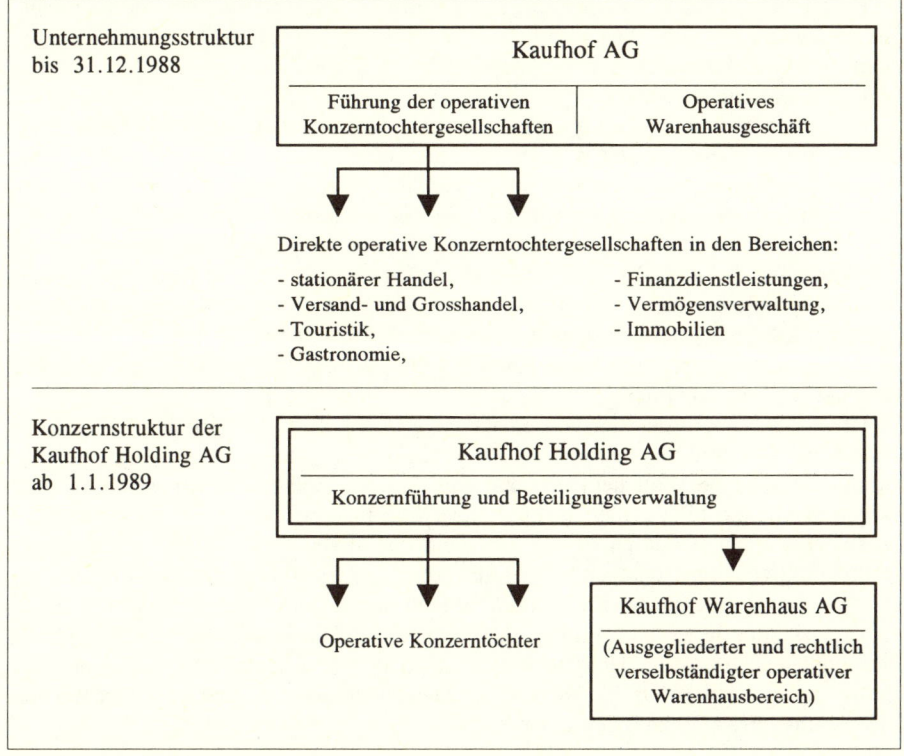

Abb. XII/9: Beispiel der Kaufhof Holding AG

Eine Holdinglösung wählen bedeutet, die Konzernspitze organisatorisch und rechtlich zu verselbständigen und von der Durchführung (nicht: Führung) der operativen Geschäfte zu trennen. Die Holding betreibt also im Gegensatz zum Stammhauskonzern keine eigenen Geschäfte. Eine Holding kann sich aus dem Stammhauskonzern entwickeln, indem z.B. zunächst eine organisatorische Trennung zwischen der Konzernleitung und der Leitung der Teilbereiche vorgenommen wird. Wenn die verschiedenen Geschäfte dann auch noch rechtlich von der Gesamtleitung getrennt werden und die Spitzeneinheit ihrerseits eine eigene Rechtspersönlichkeit erhält, ist der Schritt zu einer rechtlich fixierten Holding vollzogen. Abb. XII/9 zeigt den Übergang vom Stammhauskonzept zum Holdingkonzept am Beispiel der Kaufhof AG [nach KELLER 1990, S.278].

KELLER definiert den **Holdingbegriff** wie folgt: "Unter Holding bzw. Holdinggesellschaft ist eine Unternehmung zu verstehen, deren betrieblicher Hauptzweck in einer **auf Dauer** angelegten **Beteiligung** an einer (oder mehreren) rechtlich selbständigen Unternehmung(en) liegt. Die Holding kann, sofern der Umfang der einzelnen Kapitalanlage und deren stimmrechtliche Ausgestaltung dies gestatten, neben der Verwaltungs- und der Finanzierungsfunktion (Holding i.w.S.) auch Führungsfunktionen (Holding i.e.S.) einer konzernleitenden Dachgesellschaft mit abhängigen Konzernunternehmungen wahrnehmen" [KELLER 1990, S.55].

Das Holdingkonzept bedeutet eine Entwicklung in Richtung auf eine dezentralistische Hierarchie (Typ D). Die rechtliche Verselbständigung ist das Instrument hierzu. Offenbar lassen sich durch rein organisatorische Maßnahmen die gewünschten Effekte nicht ohne weiteres erreichen.

Konzerne können **einstufig** aufgebaut sein. Sie enthalten als Subsysteme dann zum einen die **Grundeinheiten** [vgl. zum folgenden BLEICHER/HAHN 1989], selbständige Tochtergesellschaften und unselbständige Gliedbetriebe, die operative Aufgaben wahrnehmen. Zum anderen gibt es die **Spitzeneinheit**, bestehend aus den verschiedenen Abteilungen der Konzernzentrale - Steuerungseinheiten und unterstützende Einheiten - für die Aufgaben der Unternehmungsführung. Größere Konzerne können **mehrstufig** aufgebaut sein. Zu diesem Zweck werden mehrere Grundeinheiten durch **Zwischeneinheiten** koordiniert, z.B. regionale Zwischengesellschaften in international tätigen Konzernen. Auch diese Einheiten sind in rechtlich selbständiger oder unselbständiger Form möglich.

Üblicherweise würde man von einem integrierten Konzern (Holding) dann sprechen, wenn die Spitzeneinheit und die Zwischeneinheit rechtlich selbständig sind. Allerdings ist auch der Fall denkbar, daß eine Spitzeneinheit rechtlich unselbständige Zwischeneinheiten bildet, die als Führungs-/Koordinationseinheit für rechtlich selbständige Einheiten fungieren, selbst aber vom operativen Geschäft vollständig durch Rechtsformgrenzen getrennt sind. Dies führt dann zur Einstufung als "quasi segregierter" bzw. "quasi integrierter Konzerntyp". Somit lassen sich "integrierter Konzerntyp" und "quasi integrierter Konzerntyp" als "Holding mit rechtlich selbständigen Zwischeneinheiten" bzw. als "Holding mit rechtlich unselbständigen Zwischeneinheiten" kennzeichnen. Abb. XII/10 faßt die unterschiedlichen Typen der rechtlichen Teilbereichsselbständigkeit zusammen.

(3) Die japanischen Keiretsu: Eine interessante Strukturalternative zum Konzern, bei der ebenfalls rechtlich selbständige Unternehmungen in einem wirtschaftlichen Abhängigkeitsverhältnis zueinander stehen, stellen die japanischen Keiretsu dar. Es handelt sich dabei um "Firmenfamilien", die nicht eine einheitliche Konzernleitung aufweisen, sondern durch lose personelle und strukturelle Vernetzung sowie eine hohe Loyalität innerhalb der Gruppe koordiniert werden. Gestützt werden diese interorganisatorischen Beziehungen durch kapitalmäßige Überkreuzverflechtungen in Form von Minderheitsbeteiligungen. Die Keiretsu entstanden aus im Familienbesitz befindlichen Großkonzernen, den sogenannten **Zaibatsu**, die nach dem zweiten Weltkrieg von den Alliierten zerschlagen wurden. Die starken informellen

Beziehungen der alten japanischen Führungseliten blieben jedoch weiter bestehen, woraus sich dann die Keiretsu entwickelten. Die **strategische Führerschaft** im Keiretsu liegt bei einem Triumvirat aus Großbank, Handelshaus und Industrieunternehmung. Ferner gehören weitere Industrie-, Handels- und Finanzdienstleistungsunternehmungen sowie eine Vielzahl sekundärer Zuliefererbetriebe dem Keiretsu an. Schließlich sind den Keiretsu noch viele kleinere Subkontrakt-Unternehmungen zugeordnet, die aufgrund geringer Lohnkosten die arbeitsintensiven Funktionen übernehmen. Trotz der kooperativen, fast familienähnlichen Verhältnisse im Keiretsu existiert jedoch auch Wettbewerb zwischen den Mitgliedern der Verbundgruppe (kompetitive Beziehung). Die Keiretsu kombinieren also Elemente von "Hierarchie" und "Markt" und stellen eine Makrostruktur dar, die als **Strategisches Netzwerk** bezeichnet wird. Diese Struktur vereint Größe und Effizienz mit Flexibilität [vgl. SCHNEIDEWIND 1991b, S.255ff.; SYDOW 1991, S.245ff.].

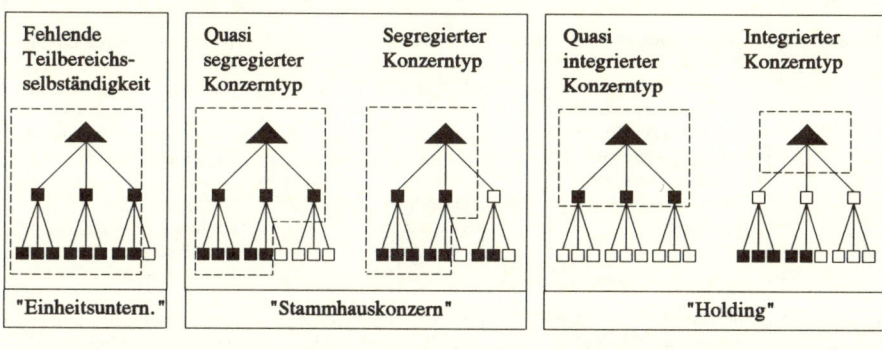

Abb. XII/10: Typen rechtlicher Teilbereichsselbständigkeit

5. Führungsanspruch der Spitzeninstanz

(1) Allgemeine Abstufung des Führungsanspruchs: Die aktuelle Diskussion beschäftigt sich u.a. sehr stark mit der Frage nach der Bildung selbständiger Untereinheiten, bis hin zur Holdingbildung. Diese Veränderungen der Hierarchie berühren hinsichtlich der Führungsorganisation den Führungsanspruch der Spitzeninstanz und - damit korrespondierend - den Handlungsspielraum der Teilbereiche. Zur Abstufung des Führungsanspruchs und damit zur Typenbildung wird die auf Roland Berger & Partner zurückgehende Einteilung in finanzielle, strategische und operative Führung aufgegriffen [vgl. HILLEBRAND/LINDEN 1990, S.226] und hinsichtlich der Entscheidungsaufgaben auf unterschiedlichen Planungshierarchieebenen (Gesamtunternehmungs-, Geschäftsbereichs- und Funktionsbereichsebene) weiterentwickelt [vgl. HAX/MAJLUF 1991]. Auf diese Weise gewinnt man Typen des Führungsanspruchs, die auf jeden Unternehmungstyp anwendbar sind und die in Abbildung XII/11 im Überblick dargestellt werden.

Planungshierarchieebene / Führungsanspruch (Aktivitätstyp) der Zentrale	Gesamtunternehmungsebene (Corporate Level)	Geschäftsbereichsebene (Business Level)	Funktionsbereichsebene (Functional Level)
Finanzielle Führung ("Investor")	- ergebnisorientierte, finanzielle Führungsaktivitäten, die sich aus der Führung der Teilbereiche als Investments ergeben - (Gesamt-)Unternehmungsgeschäftsfeld ergibt sich als finanziell ausbalancierte Summe der Teilbereichs-Geschäftsfelder	- lediglich finanziell- umfangmäßige Vorgabe der Teilbereichsinvestitionsvolumina (z.B. portfolioanalytische Normstrategie "Halten")	- Dominanz des hochaggregierten Controlling - Einflußnahme in sehr wenigen Neben-/Querschnittsfunktionen (z.B. Steuern, Finanz- und Berichtswesen)
Strategische Führung ("Strategischer Controller")	- Aktive (Gesamt-)Unternehmungsgeschäftsfelddefinition, oft visionsgeleitet (Visionsgegenstand häufig Kernfähigkeiten) - ggf. Festlegung der Geschäftsfeldbearbeitung (Gesamtunternehmungsstrategie)	- Grobe Ableitung der bereichsbezogenen Geschäftsfelddefinition aus dem (Gesamt-)Unternehmungsgeschäftsfeld - Mitwirkung bei der Bestimmung der Geschäftsfeldbearbeitung (Geschäftsbereichsstrategien)	- verschieden starke Einflußnahme in insgesamt wenigen betrieblichen Neben-/Querschnittsfunktionen (z.B. Personal, Recht, PR, Organisation/EDV) - schwach koordinierende, strategisch motivierte Beeinflussung betrieblicher Grundfunktionen (insb. FuE, Logistik)
Operative Führung ("Strategisch-operativer Supervisor")	- weitere aktive Konkretisierung des (Gesamt-)Unternehmungsgeschäftsfeldes und dessen Bearbeitung	- präzisere Ableitung der bereichsbezogenen Geschäftsfelddefinition aus dem (Gesamt-)Unternehmungsgeschäftsfeld - Dominanz bei der Bestimmung von Geschäftsbereichsstrategien - ggf. Beschränkung in der Geschäftsfeldbearbeitung durch marktbezogene Koordination quer zur Teilbereichsspezialisierung (z.B. regionale Koordination über produktbez. Teilbereiche)	- insgesamt starke Einflußnahme auch in betrieblichen Grundfunktionen - Umfang der Einflußnahme mittel bis hoch - Motivation der Einflußnahme teilweise durch Größenvorteile

Abb. XII/11: Führungsanspruch der Spitzeninstanz

(2) Führungsanspruch in der Holding: Abgeleitet aus diesen allgemeinen Führungsansprüchen der Spitzeninstanz läßt sich auch auf den Holdingfall bezogen eine Einteilung in finanzielle, strategische und operative Führung vornehmen. Stehen bei der Holdingspitze lediglich Finanzinteressen im Vordergrund, spricht man von **Finanzholding.** Wird dagegen auch die geschäftspolitische Führung angestrebt, entsteht eine **Führungs- oder Managementholding.** Die Managementholding kann sich dabei auf strategische Fragen beschränken oder auch in das operative Geschäft eingreifen.

Mit jeder Form von Holding sind bestimmte Aufgaben bzw. Funktionen verbunden (**originäre Holdingaufgaben**), die allein aufgrund der Beteiligungsbeziehung entstehen. Die Finanzholding beschränkt sich auf diese Aufgaben. Wenn die Holding außerdem noch geschäftspolitische Interessen wahrnehmen will, entstehen weitere Aufgaben der Führung (**derivative Holdingaufgaben**), die zu den Formen der Managementholding führen.

Finanzholding: Das Beteiligungs**vermögen** einer Holding ist für die Tochtergesellschaft Teil ihres **Kapitals**. Beteiligungserwerb bedeutet für die Muttergesellschaft eine **Investition**, für die Tochtergesellschaft stellt dies eine Form der Außenfinanzierung (**externe Eigenfinanzierung**) dar. Die Finanzierungsfunktion ist mithin Bestandteil jeder Holding [vgl. hierzu KELLER 1990, S.84ff.]. In der "reinen" Finanzholding konzentrieren sich die Interessen darauf. Damit zusammenhängende Aufgaben der Beteiligungsverwaltung sowie der Wahrnehmung von Kontrollrechten gehören - unabhängig von weitergehenden Kontrollen im Rahmen von Führungsprozessen - ebenfalls zu den originären Aufgaben der Holding.

Im Rahmen einer "reinen" Finanzholding entsteht die größtmögliche Selbständigkeit der Untereinheiten. Operative und strategische Führung liegen bei den Teilbereichsleitungen. Die Holding betreibt im wesentlichen Finanzmanagement, steuert und kontrolliert die Beteiligungen über finanzielle Kennzahlen. Sofern mehrere Beteiligungen gehalten werden, findet über die Finanzmittelaufteilung allerdings zwangsläufig auch eine strategische Prioritätensetzung statt. Dennoch ist das Motivationspotential des dezentral operierenden Managements beträchtlich. Außerdem verbindet sich mit der hohen Selbständigkeit die Möglichkeit, unternehmerische Qualifikation zu entwickeln. Dies kann sich auch darin niederschlagen, daß sich das Management seinerseits an der Holding oder einzelnen Teilen beteiligt.

Vorbehalte gegenüber einer rein finanziellen Führung können zum einen erklärt werden mit Furcht vor mangelnder Führbarkeit und vor zu starken Zentrifugalkräften, zum anderen aus der Rechtfertigungsnotwendigkeit der Unternehmungsleitung in bezug auf das eigene Dasein. Rein finanzielle Führung, die sozusagen ohne inhaltliches Geschäftsinteresse lediglich kennzahlengestützt operiert, scheint außerdem dem Selbstverständnis des deutschen Top-Managements nicht zu entsprechen, im Gegensatz etwa zur amerikanischen Führungskultur. Möglicherweise spielt aber auch die Nähe und der gleitende Übergang zu einem mit "Vermögensverwaltung" charakterisierbaren Führungsanspruch eine Rolle, bei dem die Unternehmungsgruppe dann nicht als Konzern anzusehen wäre.

Die Struktur einer Finanzholding verschafft einem Konzern eine enorme **Flexibilität** und erleichtert das Durchführen strategischer Manöver oder schafft sogar erst die Voraussetzungen hierzu. Eine Einheitsunternehmung wäre darauf angewiesen, Gesellschafter bzw. Allianzpartner zu finden, die groß und interessiert genug sind, an dem gesamten Gebilde zu partizipieren. Bei einem gegliederten Konzern kann dagegen jeder Bereich für sich veräußert, umgewandelt oder mit neuen Gesellschaftern versehen werden, ohne daß dies extern wie intern das gesamte Gebäude tangiert. Eine rechtliche und organisatorische Verselbständigung eröffnet daher vielfach erst strategische Optionen. Dies zeigt noch einmal den Charakter der Organisation als Führungsinstrument und weist auf den besonders engen Zusammenhang von Struktur und Strategie hin. Wenn eine bestimmte unternehmungspolitische Absicht besteht, muß ggf. die

Struktur geändert werden. Die geänderte Struktur führt ihrerseits neue strategische Möglichkeiten herbei und beeinflußt insofern die Strategie.

Nun setzt allerdings eine wie auch immer geartete Unternehmungspolitik ein gemeinsames Konzept und ein abgestimmtes Vorgehen der Untereinheiten voraus. Dies ist in einer "reinen" Finanzholding eigentlich nur **innerhalb** einer Beteiligung möglich und nur wenn diese ihrerseits keine Finanzholding darstellt.

Das hohe Maß an Selbständigkeit der Untereinheiten bewirkt zwangsläufig auch eine Vervielfältigung aller betrieblichen Funktionen und behindert die Möglichkeit der Nutzung gemeinsamer Ressourcen und entsprechender Einrichtungen (Rohstoffe, Maschinen, Technologien). Dies verweist zugleich auf die sehr begrenzten Möglichkeiten jeder Holding, materielle Synergieeffekte zu nutzen. Für die Finanzholding verbleiben finanzielle Synergien. Ob eine Finanzholding dauerhaften Erfolg hat, dürfte entscheidend davon abhängen, ob es ihr gelingt, eine auch strategisch unterlegte Investitions- und Desinvestitionspolitik zu betreiben, also eine besondere Form des Portfolio-Managements. Dies ist im Prinzip zwar möglich, setzt aber voraus, daß die Holding genug professionelles Wissen besitzt, um die geschäftspolitische Übersicht zu behalten. In Zeiten raschen Wandels der Markt- und Wettbewerbssituation werden sich diese Aufgaben immer schwerer erfüllen lassen. Vermutlich liegt letztlich auch in diesen Zusammenhängen ein Grund für die stark wachsende Bedeutung der Führungsholding.

Führungsholding: Eine Führungsholding liegt dann vor, wenn die Holding über die finanzielle Führung hinaus Aufgaben der strategischen oder auch operativen Führung der Geschäfte übernimmt. Der Begriff Managementholding soll hier synonym verwendet werden.

Wesentlicher Gesichtspunkt in der Erfüllung strategischer Aufgaben der Spitze ist die Definition und Nutzung **strategischer Kernfähigkeiten.** Dies sind solche (Management-)Fähigkeiten, die mehrfach in unterschiedlichen Geschäftsbereichen bzw. Funktionen nutzbar sind. Mit Hilfe dieser Kategorie lassen sich Ähnlichkeiten von Geschäftsfeldern ausmachen und auch für interne und externe Vorteilserzielung nutzen. Genannt werden [nach BÜHNER 1991, S.149]:

Strategische Kernfähigkeiten

- Finanzmanagement (Nutzung von Ähnlichkeiten in Größe, Dauer, Risiko, Finanzierung von Investitionen),

- Technologiemanagement (Nutzung von Ähnlichkeiten in Verfahrens- und Produkttechnologie, Auftraggeber, Werkstofftechnik),

- Produkt-Markt-Management (Nutzung von Ähnlichkeiten in Lebenszyklen, Marktbarrieren, Kundenverhalten),

- Personalmanagement (Nutzung von Ähnlichkeiten in Führungscharakteren, Laufbahnentwicklung, Gehalts- und Tantiemeregelungen).

Die aktive konzernweite Entwicklung dieser Aufgaben- bzw. Fähigkeitsgebiete bietet nach innen die Möglichkeit konkreter Synergienutzung und nach außen die Voraussetzung zur Erzielung von Wettbewerbsvorteilen.

Neben diesen Aufgaben, die i.S. des SOS-Konzepts (vgl. S.37f.) zu den Steuerungsaufgaben zählen, erfüllt die Holding Unterstützungsaufgaben, die teils zwangsweise, teils wahlweise von den Teilbereichen zu nutzen sind und in unterschiedlicher

Weise abgerechnet werden [vgl. zum folgenden BÜHNER 1991, S.147f.]. Zentrale Dienste sind überwiegend:

- Steuerliche Angelegenheiten,

- Rechtsfragen,

- Zahlungsverkehr,

- Buchhaltung und Personalverwaltung.

Weitere Serviceaufgaben, die in einigen Fällen zentralisiert sind:

- Öffentlichkeitsarbeit,

- Planung und Controlling,

- Revision,

- Marketing-Service,

- Materialwirtschaft,

- Ingenieurleistungen,

- Beratung,

- Patente/Lizenzen,

- Managemententwicklung,

- Bauwesen,

- Umweltschutz.

Die Zentralisierung von F&E-Aktivitäten ist im übrigen die Ausnahme. F&E-Aktivitäten erfolgen also geschäftsnah.

Die Vorteile, die generell mit dem Holdingkonzept verbunden sind, treffen auf die Führungsholding in besonderem Maße zu. Dies gilt zumindest für die strategische Führungsholding. In seiner Befragung, die allerdings nicht nach strategischer und operativer Führung unterschied, ermittelte BÜHNER die geplanten und zum großen Teil auch realisierten Hauptvorteile der Managementholding. Es sind dies nach Bedeutung geordnet [vgl. 1991, S.142ff.]:

- Erhöhung von Eigenständigkeit und Motivation (betr.: "Human Ressourcen-Orientierung"),

- Erhöhung der operativen Flexibilität (betr.: "Flexibilität"),

- Förderung der Innovationskraft (nur begrenzt erfüllt), (betr.: "Innovationsfähigkeit"),

- Verbesserung der Kooperationsfähigkeit (teils nicht erfüllt), (betr.: "Markt- und Wettbewerbsorientierung"),

- Vereinfachte Aufnahme und Abgabe von Tochtergesellschaften (betr.: "Markt- und Wettbewerbsorientierung").

Erfüllte Erwartungen dürften in besonderem Maße darauf zurückzuführen sein, daß die Strukturveränderung **unmittelbar** wirkt. Nicht erfüllte Erwartungen verweisen darauf, daß die Struktur **allein** nicht ausreicht. So ist die "Innovationskraft" z.B. erst durch ein aktives Innovationsmanagement zu realisieren. Das gleiche dürfte auch für die "Kooperationsfähigkeit" gelten. Dennoch kann insgesamt kein Zweifel bestehen, daß Holdingkonzepte die derzeit interessanteste Strukturentwicklung repräsentieren. Zusammen mit unternehmungsübergreifenden Allianzen und Prozeßvernetzungen stellen sie die organisatorische Makroantwort auf die Herausforderungen der Komplexitätserhöhung und Dynamisierung dar. Es ist nicht erkennbar, ob es jenseits dieser Entwicklung weitere Megastrukturen geben wird, ob es eine Rückkehr zu (kleinen) Einheitsunternehmungen geben wird oder ob die Zukunft - wofür einiges spricht - aus einer Kombination aus beidem bestehen wird.

6. Realtypen der Führungsorganisation

Die bisherigen Überlegungen zur Erfassung der Führungsorganisation gehen von acht Gestaltungsvariablen aus, die in den Abschnitten XII 2.-5. präsentiert wurden. Diese Gestaltungsvariablen lauten:

- Anzahl der Spitzeninstanzmitglieder,

- Spitzeninstanzressortierung,

- Mehrfachressortierung,

- Anzahl der Teilbereiche,

- Aufgabenspezialisierung der Teilbereiche,

- Form der Teilbereichsanbindung,

- rechtliche Teilbereichsselbständigkeit,

- Führungsanspruch der Spitzeninstanz.

Basierend auf diesen acht Gestaltungsvariablen ermittelten KRÜGER/ BUCHHOLZ/ALTROCK im Rahmen einer empirischen Untersuchung bei Großunternehmungen in der Bundesrepublik Deutschland mit Hilfe einer Clusteranalyse aus der Vielzahl möglicher Kombinationen fünf Realtypen der Führungsorganisation [vgl. 1993]. Dies läßt sich als eine Erweiterung von BÜHNERS Konzept der Management-Holding interpretieren, in dem die Ausprägungen der Variablen der Spitzeninstanzausgestaltung und der Teilbereichsanbindung grundsätzlich offen sind.

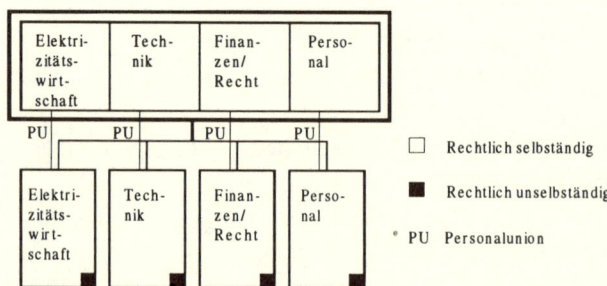

Abb. XII/12: Typ "Funktionale Personalunion": Badenwerk AG

Im **"Funktionale Personalunion"** genannten Cluster befindet sich eine sehr homogene Gruppe, die dem klassischen Typus der FO entspricht und hinsichtlich sämtlicher untersuchten Variablen identische Ausprägungen aufweist: die geringzahligen, rechtlich unselbständigen Teilbereiche werden operativ aus der kleinen Spitzeninstanz von deren einzelnen Mitgliedern geführt. Beispielhaft für diesen Typ, dessen stärkste Gruppe sämtliche Energieunternehmungen der Stichprobe bilden, sei hier die Organisation der Badenwerk AG dargestellt (vgl. Abb. XII/12).

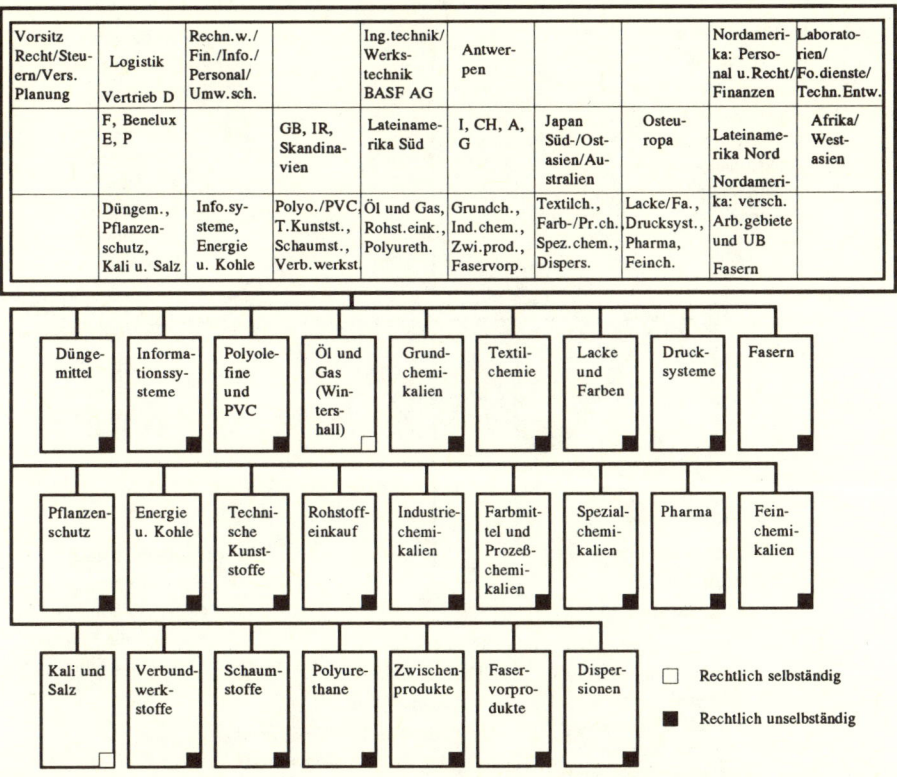

Abb. XII/13: Typ "Mehrfachressortierter Doppeldecker": BASF

Der **"Mehrfachressortierter Doppeldecker"** genannte Cluster stellt den Gegenpol zur "Funktionalen Personalunion" dar: Die zahlreichen, produktorientierten, teilweise rechtlich selbständigen Teilbereiche sind nach dem modifizierten Doppeldeckermodell an die mehrdimensional ressortierte Spitzeninstanz angebunden, die trotz Mehrfachressortierung groß ist. Lediglich der Führungsanspruch stimmt mit dem der "Funktionalen Personalunion" überein. Hierzu muß jedoch angemerkt werden, daß bei den Unternehmungen dieses Clusters meist unterschiedliche Führungsansprüche auf den einzelnen Planungshierarchieebenen festzustellen sind: Während den Teilbereichen auf Geschäftsbereichsebene weitgehende Autonomie zugestanden wird, wird diese durch umfassenden Zentralbereichseinsatz wieder ausgehöhlt, so daß letztlich von operativer Führung der Teilbereiche unter Einbeziehung bereichsübergreifender Einheiten auszugehen ist. Hierfür gibt der BASF-Konzern ein Beispiel ab (vgl. Abb. XII/13). Länder-, Funktions- und Zentralbereiche erscheinen hier aus Gründen der Komplexitätsreduktion nicht im Organigramm. Die Unterschiede der beiden dargestellten Cluster zeigt Abb. XII/14.

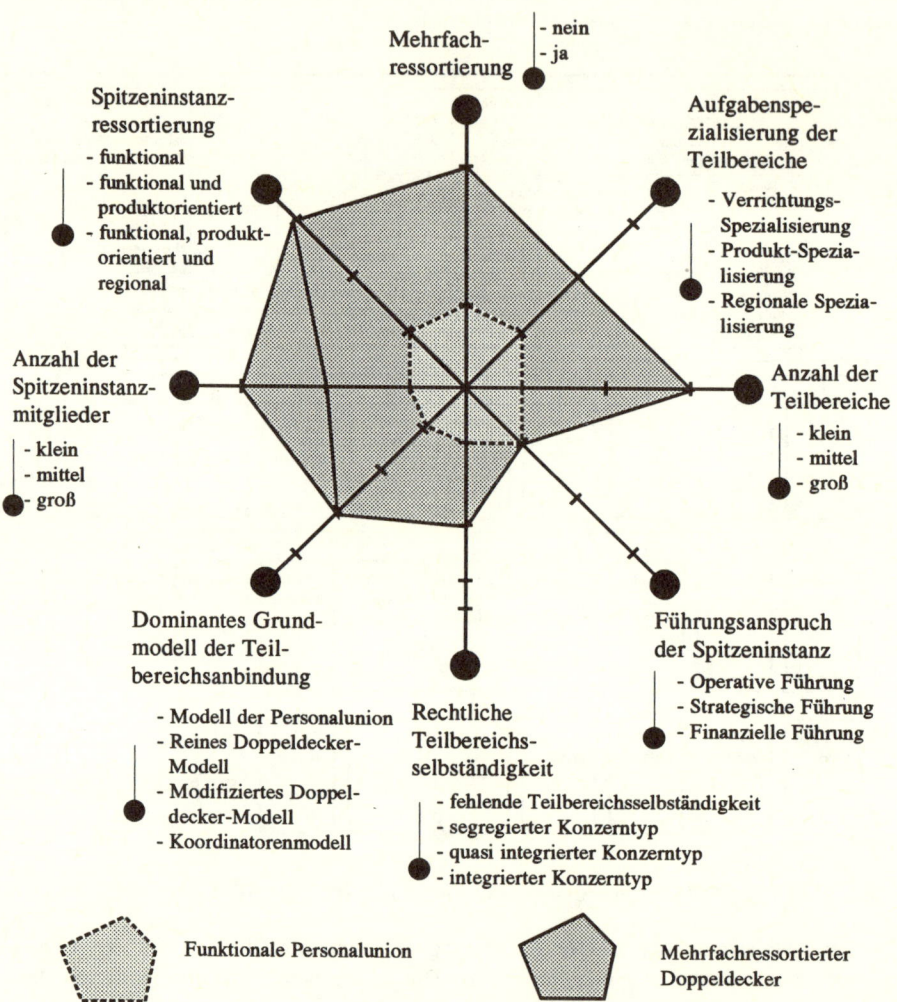

Abb. XII/14: Funktionale Personalunion versus Mehrfachressortierter Doppeldecker

Zwei weitere Cluster beinhalten nur integrierte Konzerntypen, charakterisieren also unterschiedliche Ausgestaltungsformen der Holding. Der **"Geschäftsnahe Holding"** genannte Cluster umfaßt eine auch sehr homogene Gruppe, deren mittelgroße Holdingleitung die Teilbereiche dezentral führt. In der Spitzeninstanz sind jeweils

276

sowohl Teilbereichsleiter ("Stammesherzöge") als auch funktional ressortierte Mitglieder ("Stäbler") vertreten, ohne daß jedoch durch Mehrfachressortierung diese Bipolarisierung der Spitzeninstanz aufgehoben worden ist. Die beiden in diesem Cluster deutlich erkennbaren Subpopulationen sind durch die Teilbereichsselbständigkeit voneinander abgegrenzt: Während die Teilbereichsleiter in der einen Gruppe Leiter rechtlich selbständiger Einheiten sind (integrierter Konzerntyp), leiten sie in der anderen Gruppe rechtlich unselbständige Teilbereiche, die allerdings jeweils nur von rechtlich selbständigen Einheiten gebildet werden (quasi integrierter Konzerntyp). Beispielhaft sei hier die Organisation des RWE- bzw. des Bertelsmann-Konzerns dargestellt (vgl. Abb. XII/15 u. 16).

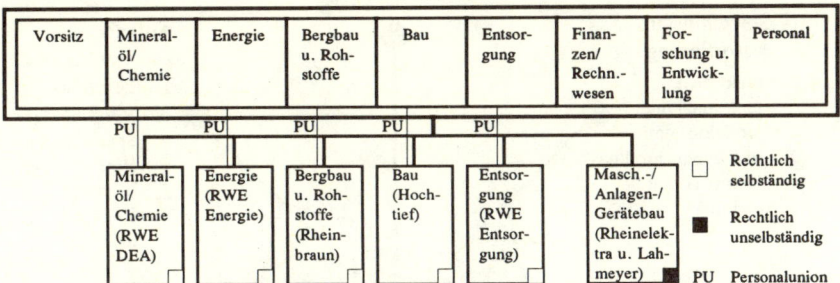

Abb. XII/15: Typ "Geschäftsnahe Holding" (integrierter Konzerntyp): RWE

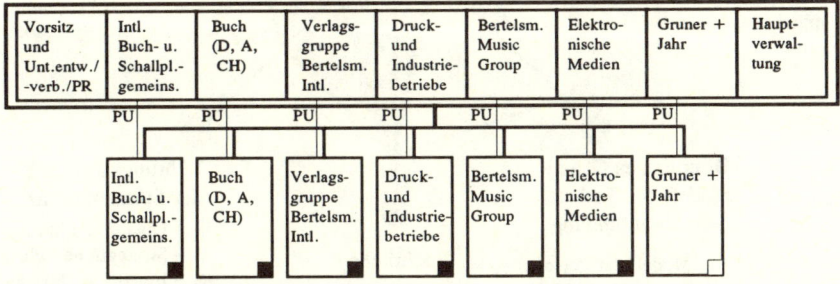

Abb. XII/16: Typ "Geschäftsnahe Holding" (quasi integrierter Konzerntyp): Bertelsmann

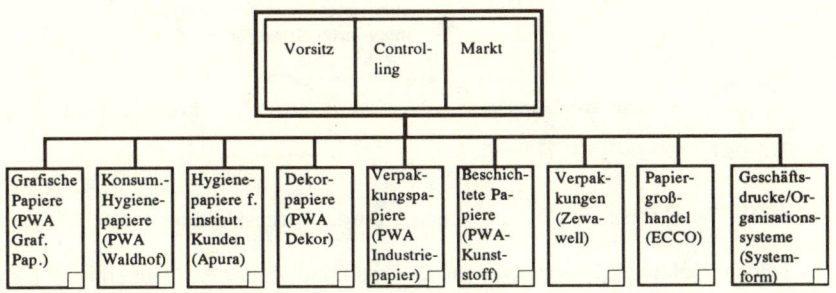

Abb. XII/17: Typ "Koordinatoren-Holding": PWA

Im deutlichen Gegensatz hierzu stehen die Unternehmungen des **"Koordinatoren-Holding"** genannten Clusters, bei dem die (meist) rechtlich selbständigen Teilbereiche von einer kleinen und nur funktional ressortierten Spitzeninstanz in der Mehrzahl dezentral geführt werden. Ein Beispiel bietet die Führungsorganisation des PWA-Konzerns (vgl. Abb. XII/17). Abb. XII/18 visualisiert die Unterschiede der beiden beschriebenen Cluster.

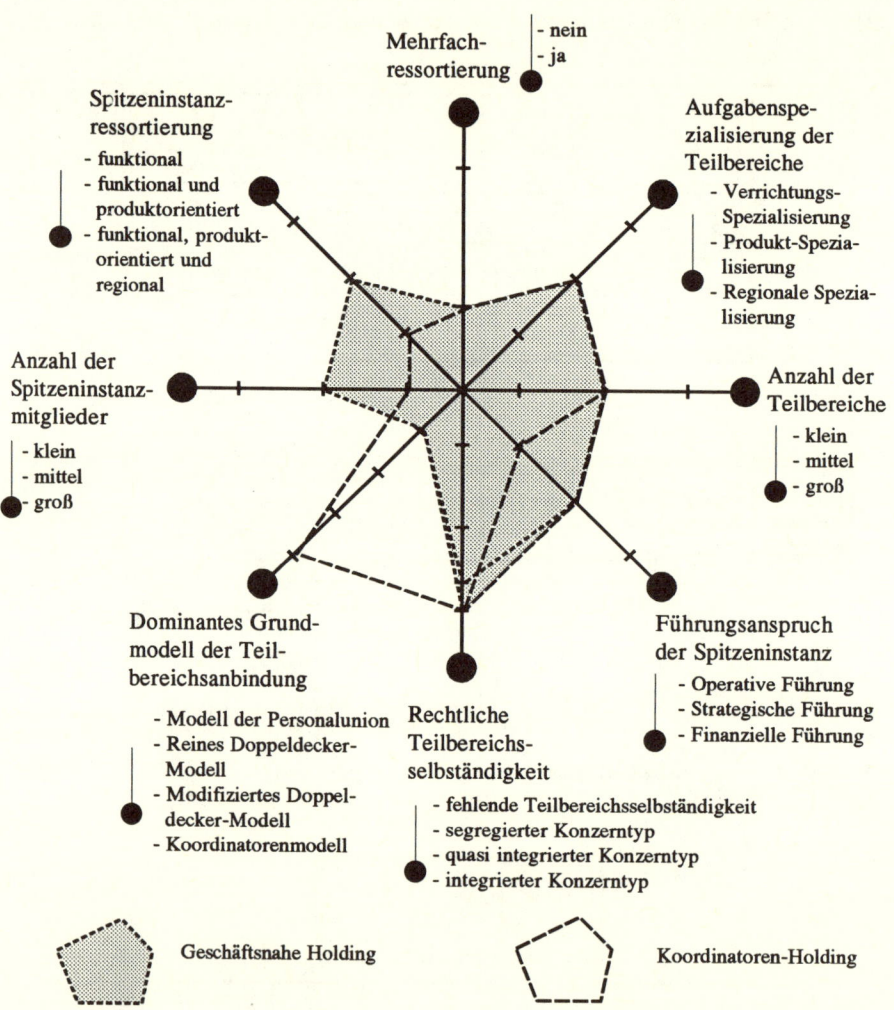

Abb. XII/18: Geschäftsnahe Holding versus Koordinatoren-Holding

In beiden Holding-Clustern werden die produktorientierten Teilbereiche jeweils mittlerer Anzahl überwiegend strategisch geführt, so daß beide Typen als Management-Holding nach BÜHNER einzustufen wären. Deutliche Unterschiede bestehen hingegen in den Variablen der Spitzeninstanzausgestaltung und in der Teilbereichsanbindung. So sind die Tochtergesellschaften im Falle der "Geschäftsnahen Holding" - entsprechend dem Grundmuster der (einfachen) geschäftsnahen Führung nach HAHN [vgl. 1988, S.126ff.] - organisatorisch primär nach dem Modell der Personalunion angebunden, während bei der "Koordinatoren-Holding" das Koordinatoren-Modell in Reinform vorliegt. Grafisch erkennt man diese Gemeinsamkeiten und Unterschiede der Typen an der Übereinstimmung der rechten Seiten in den Profildarstellungen der Abb. XII/18, wohingegen alle Führungsorganisationsvariablen auf der linken Profilseite unterschiedlich ausgeprägt sind.

Der letzte darzustellende, mit **"Geschäftsintegrierte Führung"** bezeichnete Cluster, vereinigt eine vergleichsweise heterogene Gruppe. Wie bei der "Geschäftsnahen Holding" sind in der Spitzeninstanz sowohl funktional ressortierte Mitglieder als auch Produkt-Teilbereichsleiter vertreten. Im Gegensatz zur "Geschäftsnahen Holding" tendiert das Zahlenverhältnis mehr zu den Leitern der Funktionalressorts ("Stäbler"), teilweise erfolgt eine Einstufung als Koordinatoren-Modell anstatt als Modell der Personalunion. Das zahlenmäßige Gewicht der funktionalen Ressorts gegenüber den relativ wenigen produktorientierten läßt jedoch nicht ohne weiteres auf eine entsprechende Machtposition schließen. Außerdem ist sowohl die rechtliche (kein integrierter Konzerntyp) als auch die führungsorganisatorische Selbständigkeit (durchgängig operative Führung) hier deutlich schwächer ausgeprägt. Beispielhaft für diesen Führungsorganisationstyp steht der Boehringer-Konzern.

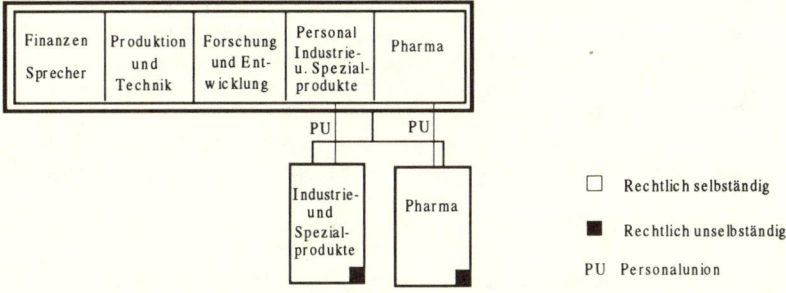

Abb. XII/19: Typ "Geschäftsintegrierte Führung": Boehringer

Literatur

BASS, B.M./NORTON, F.-T.M.: Group Size and Leaderless Discussions, in: Journal of Applied Psychology 35/1951, S.397-400

BERLE, A.A./MEANS, C.G.: The Modern Cooperation and Private Property, New York 1932

BLEICHER, K.: Organisation: Strategien - Strukturen - Kulturen, 2., vollst. neu überarb. u. erw. Aufl., Wiesbaden 1991

BLEICHER, K.: Das Konzept integriertes Management, 2. Aufl., Frankfurt/New York 1992

BLEICHER, K. et al.: Unternehmungsverfassung und Spitzenorganisation: Führung und Überwachung von Aktiengesellschaften im internationalen Vergleich, Wiesbaden 1989

BLEICHER, K./HAHN, D.: Konzernplanung, in: Szyperski, N. (Hrsg.), Handwörterbuch der Planung, Stuttgart 1989, Sp.898-913

BÜHNER, R.: Management-Holding - ein Erfahrungsbericht, in: DBW 2/1991, S.141-151

BÜHNER, R.: Management-Holding in der Praxis, in: Der Betrieb 6/1993, S. 285-290

CHMIELEWICZ, K.: Organisation der Unternehmungsleitung, in: Frese, E. (Hrsg.), Handwörterbuch der Organisation, 3. Aufl., Sp.2464-2480

FRESE, E.: Unternehmungsführung, Landsberg am Lech 1987

GEMÜNDEN, H.G.: Echte Führungsentscheidungen - Empirische Beobachtungen zu Gutenbergs Idealtypologie, in: DBW 1/1983, S.49-64

GIRGENSOHN, T.: Die Mitwirkung des Aufsichtsrats bei unternehmenspolitisch relevanten Entscheidungen, in: Der Betrieb 33/1980, S.337-341

GUTENBERG, E.: Unternehmensführung, in: Grochla, E. (Hrsg.), Handwörterbuch der Organisation, 1. Aufl. Stuttgart 1969, Sp.1674-1685

HAHN, D.: Führung und Führungsorganisation, in: ZfbF 2/1988, S.112-137

HAHN, D.: Strategische Planung und Mitbestimmung, in: Hahn, D./Taylor, B. (Hrsg.), Strategische Unternehmungsplanung - Strategische Unternehmungsführung, 6. Aufl., Heidelberg 1992, S.558-582

HAHN, D.: PUK - Controllingkonzepte, 4., vollst. überarb. u. erw. Aufl., Wiesbaden 1994

HAX, A.C./MAJLUF, N.S.: The strategy concept and process, Englewood Cliffs 1991

HILLEBRAND, W./LINDEN, F.A.: Vom Diener zum Herren, in: Manager Magazin 10/1990, S.224-233

HOFFMANN, F: Anmerkungen zum Beitrag von R. Bühner - "Management-Holding", in: DBW 2/1987, S.232-234

HOFFMANN, F.: Unternehmungsleitung, Organisation der, in: Grochla, E. (Hrsg.), Handwörterbuch der Organisation, 2. Aufl., Stuttgart 1980, Sp.2261-2272

KELLER, T.: Unternehmungsführung mit Holdingkonzepten, Köln 1990

KOSIOL, E.: Organisation der Unternehmung, Wiesbaden 1962

KRÜGER, W.: Macht in der Unternehmung, Stuttgart 1976

KRÜGER, W./BUCHHOLZ, W./ALTROCK, F.: Führungsorganisation deutscher Großunternehmungen - Gestaltungsalternativen und ihre empirische Relevanz, Arbeitspapier 1/93 der Professur für Betriebswirtschaftslehre II, Gießen 1993

RÜHLI, E.: Unternehmungsführung und Unternehmungspolitik 1, 2. Aufl., Bern/Stuttgart 1985

SCHNEIDEWIND, D.: Das japanische Unternehmen, Berlin/Heidelberg 1991a

SCHNEIDEWIND, D.: Zur Struktur, Organisation und globalen Politik japanischer Keiretsu, in: ZfbF 3/1991b, S.255-274

SEIDEL, E./REDEL, W.: Führungsorganisation, München/Wien 1987

SYDOW, J.: Strategische Netzwerke in Japan, in: ZfbF 3/1991, S.238-254

THEISEN, M.R.: Die Überwachung der Unternehmungsführung, Stuttgart 1987

THOMPSON, J.D.: Organizations in Action, New York 1967

v. WERDER, A.: Organisationsstruktur und Rechtsnorm, Wiesbaden 1986

v. WERDER, A.: Vorstands-Doppelmandate im Konzern, in: DBW 1/1989, S.37-54

WILD, J.: Grundlagen der Unternehmungsplanung, 4. Aufl., Opladen 1982

WITTE, E. et al.: Führungskräfte in der Wirtschaft - Eine empirische Analyse ihrer Situation und ihrer Erwartungen, Stuttgart 1981

XIII. FÜHRUNGSVERHALTEN

1. Variablen und Ansätze der Führungstheorie

Während bei der Führungsorganisation der sachlich-strukturelle Aspekt der Führung im Vordergrund steht, sollen im folgenden verhaltensorientierte Fragestellungen betont werden. Der Begriff des **Führungsverhaltens** umfaßt alle im Zusammenhang mit der Wahrnehmung von Führungsaufgaben situationsabhängig beobachtbaren Verhaltensweisen der Aufgabenträger. Mit dem Begriff **Führungsstil** werden dagegen i.a. langfristig stabile Verhaltensweisen eines Führers [vgl. STAEHLE 1990, S.309] oder sogar ganze Epochen charakterisierende Verhaltensweisen bezeichnet [vgl. BLEICHER/MEYER 1976]. Führungsverhalten und Führungsorganisation stehen in einem engen Wechselspiel, genauso wie "Organisation" und "Verhalten" schlechthin.

Ende der 50er Jahre begann in den USA die Diskussion über "autoritären" vs. "kooperativen" oder "demokratischen" Führungsstil. Dabei zeigte sich analytisch und empirisch schon sehr bald, daß es "den" optimalen Führungsstil nicht geben kann. In einem vielbeachteten Grundsatzartikel führten TANNENBAUM/SCHMIDT bereits 1958 aus, daß die Wahl des Führungsstils vom **Vorgesetzten** selbst, von den zu führenden **Untergebenen** sowie von der **Führungssituation** abhängt. Seither hat es unterschiedlichste Versuche gegeben, Führungsphänomene konzeptionell und empirisch einzufangen. Es existiert allerdings keine umfassende und geschlossene Führungstheorie, sondern eine Vielzahl heterogener Ansätze. Aus der Fülle der Ansätze wird im folgenden eine exemplarische Auswahl vorgestellt. Sie lassen sich nicht zuletzt danach unterscheiden, welche der erwähnten drei Einflußgrößen überhaupt bzw. vorrangig berücksichtigt werden (vgl. Abb. XIII/1).

Ein idealtypisches **Kontinuum der Führungsstile**, ergänzt um Determinanten der Wahl des angemessenen Stils, präsentieren TANNENBAUM/SCHMIDT. Als idealtypisch ist auch das **Verhaltensgitter** von BLAKE/MOUTON einzustufen. Im Gegensatz zur herrschenden Meinung behaupten diese Autoren, daß es **einen** optimalen Führungsstil gäbe. Bezüge zur Situation und den Geführten sind daher nicht hergestellt. Merkmale der Geführten bezieht der **Reifegradansatz** von HERSEY/BLANCHARD ein. Situationsvariablen stellt das **Entscheidungsmodell** von VROOM/YETTON in den Mittelpunkt. Um eine Kombination beider Einflußgrößen bemüht sich der **3-D-Ansatz** von REDDIN.

Alle Ansätze haben miteinander gemein, daß sie sich vorrangig auf die **sachlich-intellektuelle** Dimension des Geschehens konzentrieren, nur teilweise um Bezüge zur **sozio-emotionellen** Dimension ergänzt. Außerdem fällt auf, daß regelmäßig die **Person der Führungskraft** sowie die **Führungsbeziehung** ausgeblendet werden. Im Mittelpunkt steht durchgehend die Beschreibung und Erklärung von **Führungsstilen**.

Die **sozio-emotionelle** Dimension der **Führungsbeziehung**, repräsentiert durch **Motivationsfragen**, betont dagegen der **Weg-Ziel-Ansatz** von EVANS, auch als sog. **Transaktionale Führung** eingestuft. Die **Persönlichkeit** der **Führungskraft**, lange Zeit als Ausdruck der überholten **Eigenschaftstheorie** der Führung angesehen, findet erst in jüngster Zeit wieder verstärkt Beachtung. Zu nennen sind insbesondere Untersuchungen zur **charismatischen Führung** von BURNS, HOUSE und BASS, die sich als ein Ansatz sog. **transformationaler Führung** begreifen lassen. Die transformationale Führung ist zugleich der einzige führungstheoretische Bereich, der **wertmäßig-kulturelle** Fragen anspricht bzw. betont. Ausschließlich auf Eigenschaften bzw. Fähigkeiten des Führers beruhen typologische Ansätze, die **Führertypen** entwickeln, so z.B. die Arbeiten von KAKABADSE und MACCOBY, sowie ein im weiteren Verlauf präsentierter eigener Ansatz.

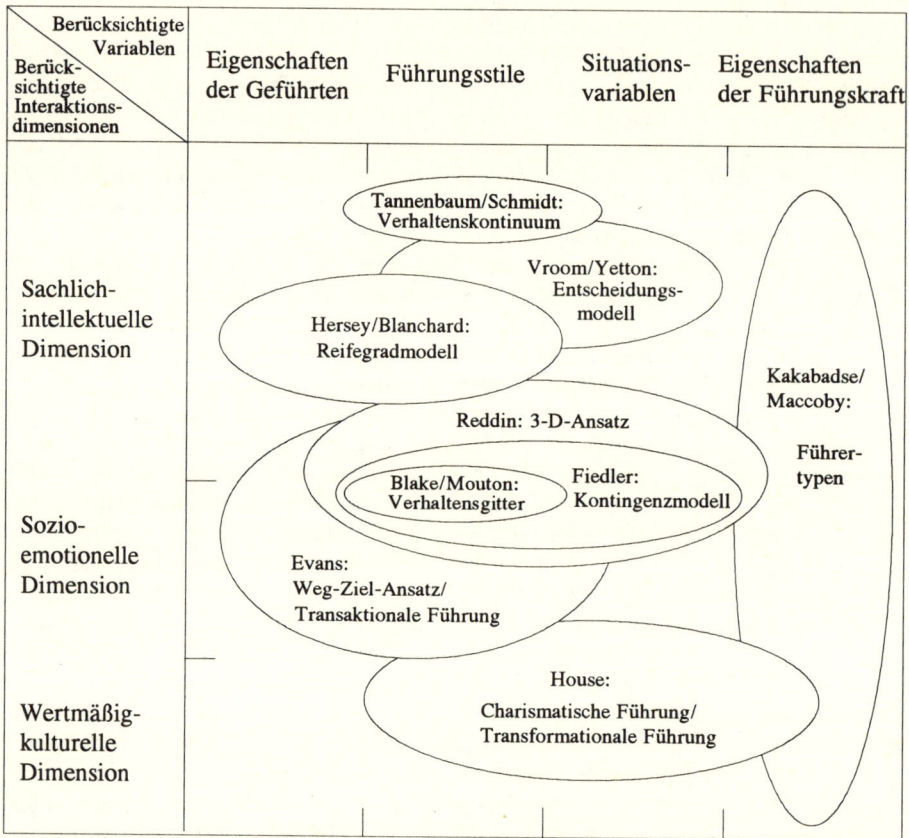

Abb. XIII/1: Schwerpunkte ausgewählter Ansätze der Führungstheorie

2. Ansätze zur Beschreibung und Erklärung des Führungsverhaltens

(1) Das Kontinuum des Führungsverhaltens: Zunächst ist es erforderlich, Führungsstile begrifflich-typisierend abzustufen, um den Verhaltensspielraum des Vorgesetzten abzugreifen. Die anfänglich beliebten begrifflichen Kennzeichnungen wie "autoritärer und kooperativer Führungsstil" erwiesen sich rasch als problematisch, da sie mit Wertungen besetzt sind und da die konkreten Typisierungsmerkmale vielschichtiger sind als die schlagwortartigen Kennzeichnungen erkennen lassen. WILD hat daher schon früh vorgeschlagen, die neutralen Begriffe **direktiver** und **nichtdirektiver** Führungsstil zu verwenden [vgl. 1974].

Von TANNENBAUM/SCHMIDT stammt eine **idealtypische** Einteilung der Führungsstile entlang eines Kontinuums (vgl. Abb. XIII/2). Zur Abstufung wird auf die Aktivitäten der Willensbildung und Willensdurchsetzung zurückgegriffen. Im linken Teil des Kontinuums werden drei Durchsetzungsvarianten beschrieben, im rechten Teil vier Entscheidungsvarianten. Der Führungsstil zeigt im Bereich des Entscheidungsverhaltens Elemente der **Partizipation** und der **Delegation** (vgl. S. 67f.). Stufe 4 entspricht der **Informationspartizipation**, Stufe 5 der **Beratungspartizipation**. Die Stufen 6 und 7 lassen sich als Delegationsabstufungen interpretieren, die etwa der **Selbstregulierung** bzw. **Autonomie** auf der Delegationsskala entsprechen. Stufe 7 unterscheidet sich von Stufe 6 dadurch, daß nicht mehr der unmittelbare Vorgesetzte die Rahmengebung vornimmt, sondern nur noch die Ziele übergeordneter Einheiten zu berücksichtigen sind. Die Autoren erwähnten Forschungsteams als möglichen Anwendungsfall dieses Autonomiemaximums.

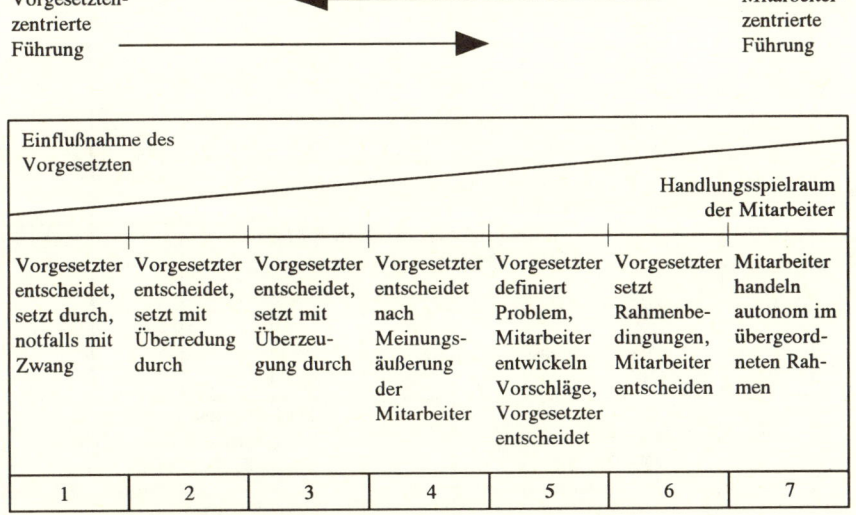

Abb. XIII/2: Kontinuum der Führungsstile

Als Einflußgrößen, von denen die Wahl des richtigen Führungsstils abhängt, nennen TANNENBAUM/SCHMIDT Charakteristika des Vorgesetzten, der Mitarbeiter und der Situation. Allerdings hat ihre Arbeit keine empirische Fundierung, die über Zusammenhänge der Variablen und den Führungserfolg informiert [vgl. 1958, S. 95ff.].

(2) Das Verhaltensgitter ("Managerial Grid"): Das Verhaltensgitter von BLAKE/MOUTON basiert auf Ergebnissen der Ohio State Studien. Zur Beschreibung möglicher Führungsstile werden die beiden Dimensionen **Mitarbeiter-/Beziehungsorientierung** ("Consideration") und **Aufgaben-/Produktionsorientierung** ("Initiation Structure") verwendet. Es handelt sich bei diesen Dimensionen um mögliche Ausprägungen des Führungsverhaltens, die in ihrer integrativen Kombination das Verhaltensgitter aufspannen. Im Ergebnis führt dies zu einem Gitter von 81 denkbaren Führungsstilen, das durch 5 exemplarische Ausprägungen beschrieben werden kann (vgl. Abb. XIII/3, aus BLAKE/MOUTON/LUX 1987, Sp.2017f.).

Der Anspruch des Verhaltensgitters besteht jedoch nicht nur in einer Deskription alternativer Verhaltensmuster, sondern auch in der Empfehlung eines **Idealstils**, der situationsunabhängig anzustreben sei. Dieses leistungsoptimale Führungsverhalten wird in dem 9,9 - Führungsstil gesehen, der durch eine gleichzeitige, hohe Betonung der Produktions - und Mitarbeiterorientierung gekennzeichnet ist.

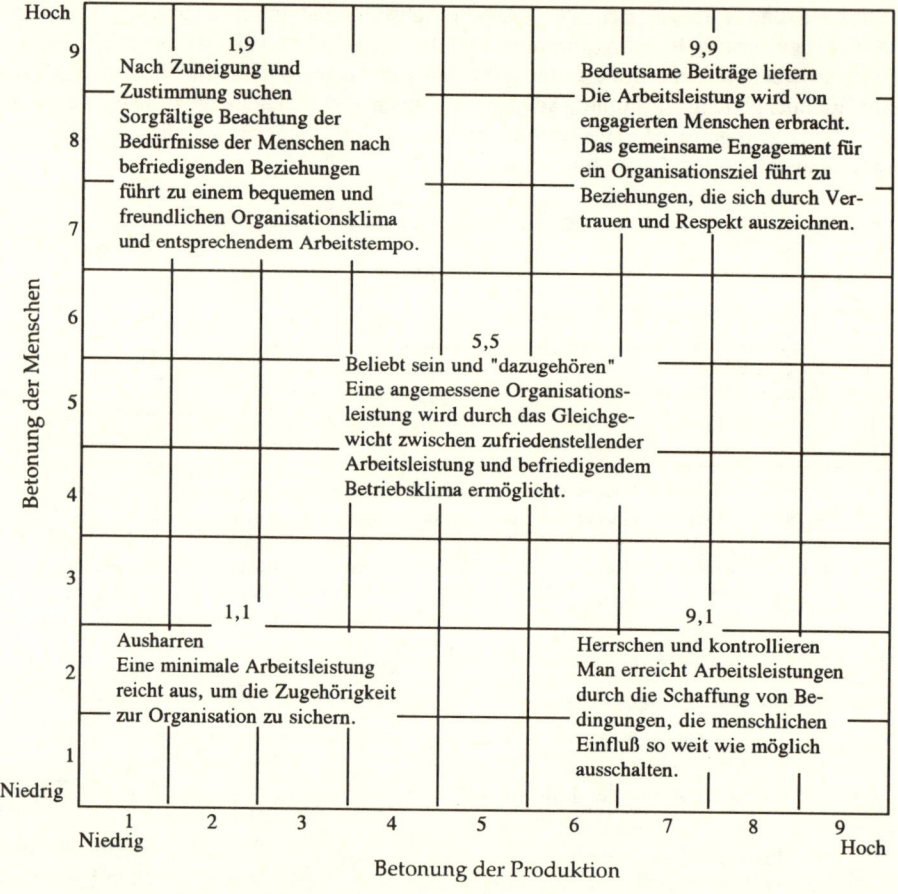

Abb. XIII/3: Das Verhaltensgitter nach BLAKE/MOUTON

Die Kritik an diesem Ansatz zielt auf die Vernachlässigung der Situation als Verhaltensdeterminante sowie auf die unterstellte Vereinbarkeit der unabhängigen Dimensionen zur Beschreibung des Führungsstils. Geht man hingegen von einer konfliktären Beziehung zwischen Mitarbeiter- und Produktionsorientierung aus, wie dies z.B. zunächst im Rahmen der Michigan Studie geschah [vgl. STAEHLE 1990, S.319], so reduzieren sich die realisierbaren Führungsstile des Verhaltensgitters entsprechend (vgl. Abb. XIII/4, aus BLEICHER/MEYER 1976, S.171).

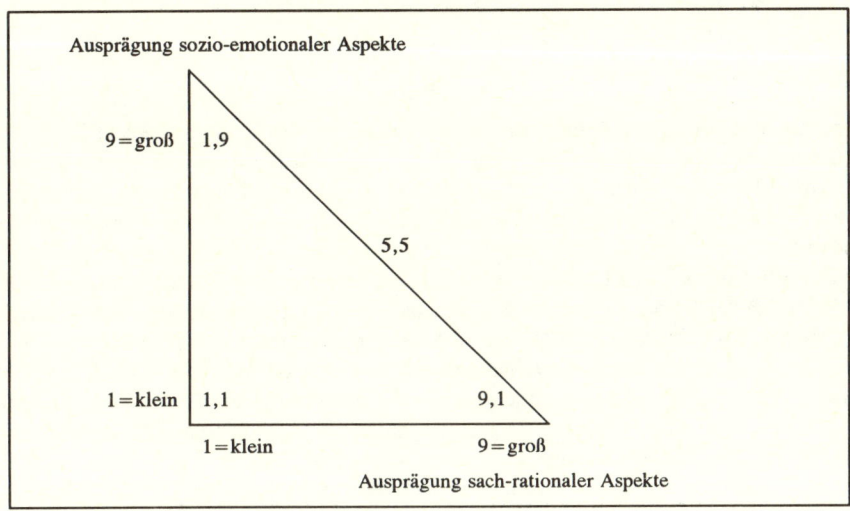

Abb. XIII/4: Zielantinomie und Führungsstil

(3) Das Kontingenzmodell: Der auf FIEDLER zurückgehende, empirisch breit unterstützte Ansatz des Kontingenzmodells stellt erstmals auf die Situation als eine das Führungsverhalten beeinflussende Variable ab.

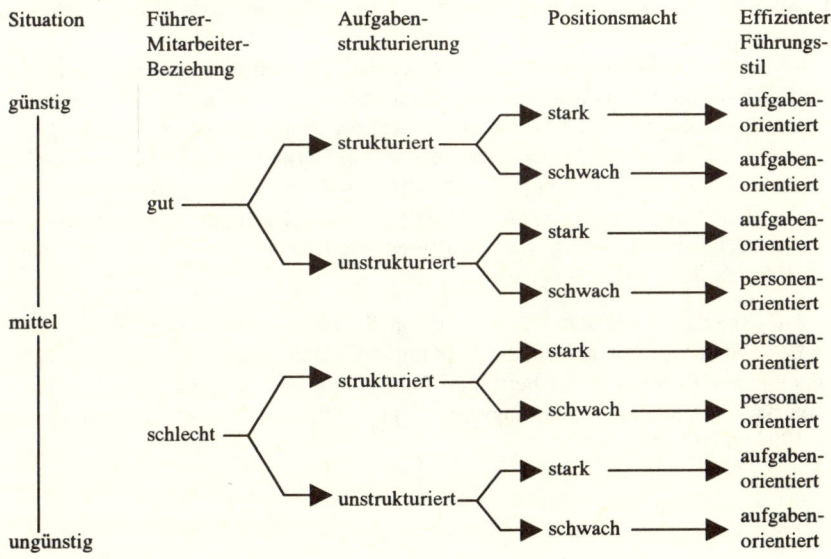

Abb. XIII/5: Klassifikation der Führungssituation

Zur Beschreibung der **Führungssituation** werden dabei die Kriterien

- Führer-Mitarbeiter-Beziehung (gut-schlecht),

- Aufgabenstrukturierung (strukturiert-unstrukturiert),

- Positionsmacht des Führers (stark-schwach),

in jeweils bipolarer Ausprägung verwendet, wobei die Gewichtung der Variablen von der Führer-Mitarbeiter-Beziehung über die Aufgabenstruktur bis zur Positionsmacht abnimmt. Daraus ergeben sich acht verschiedene Führungssituationen, die wiederum zu für den Führer günstigen bzw. ungünstigen Situationen zusammengefaßt werden können (vgl. Abb. XIII/5, nach STAEHLE 1990, S.325).

Der Führungsstil wird anhand der gleichen Kriterien untergliedert, die auch für das Verhaltensgitter herangezogen wurden, allerdings bei Unterstellung einer alternativen Wahlentscheidung des Führers, d.h. einer konfliktären Beziehung. Es wird somit zwischen einem aufgaben-/leistungsorientierten und einem personen-/ interaktionsorientierten Führungsstil unterschieden. Die Zuordnung einzelner Verhaltensmuster in diese Kategorien wird bei FIEDLER anhand des sogenannten **LPC-Wertes** vorgenommen. Zur Bestimmung dieses Wertes werden die Führer dahingehend befragt, wie sie den von ihnen am wenigsten geschätzten Mitarbeiter (Least Preferred Coworker) anhand vorgegebener Adjektivpaare beschreiben. Bei einem hohen LPC-Wert, d.h. einer günstigen Beurteilung des am wenigsten geschätzten Mitarbeiters, wird auf einen personenbezogenen, im entgegengesetzten Fall auf einen aufgabenbezogenen Führungsstil geschlossen. Empirische Untersuchungen unter Anwendung der Korrelationsanalyse lieferten folgende Beziehung zwischen Führungsstil, -situation und Gruppenleistung: Die Gruppenleistung wurde immer in für den Führer sehr guten oder schlechten Situationen durch einen aufgabenorientierten Führungsstil positiv stimuliert, während in "mittleren Situationen" der personenorientierte Führungsstil die besten Ergebnisse liefert.

Die Kritik an dem Modell von FIEDLER bezieht sich vor allem auf die stark vereinfachte Erfassung der Situation anhand der verwendeten Kriterien und die Tatsache, daß personelle Merkmale der Geführten nicht berücksichtigt werden. Auch die Unterstellung einer Konfliktbeziehung zwischen den beiden Formen des Führungsverhaltens wurde diesem Ansatz vorgeworfen [vgl. STAEHLE 1990, S.326f.]. Unbestritten ist jedoch der Verdienst des Kontingenzmodells, die "Fiktion des (immer) optimalen Führungsstils" durch die Betonung der situativen Komponente relativiert zu haben [SCHOLZ 1991, S.365].

(4) Der 3-D-Ansatz: Auch der 3-D-Ansatz von REDDIN verwendet die Basisdimension der Ohio State Studien zur Unterscheidung einzelner Führungsstile. Die Kombination der beiden Kriterien führt bei einer Zweiteilung der Ausprägungen zu der 4-Felder-Matrix verschiedener Führungsstile (vgl. Abb. XIII/6, in Anlehnung an SCHOLZ 1991, S.381).

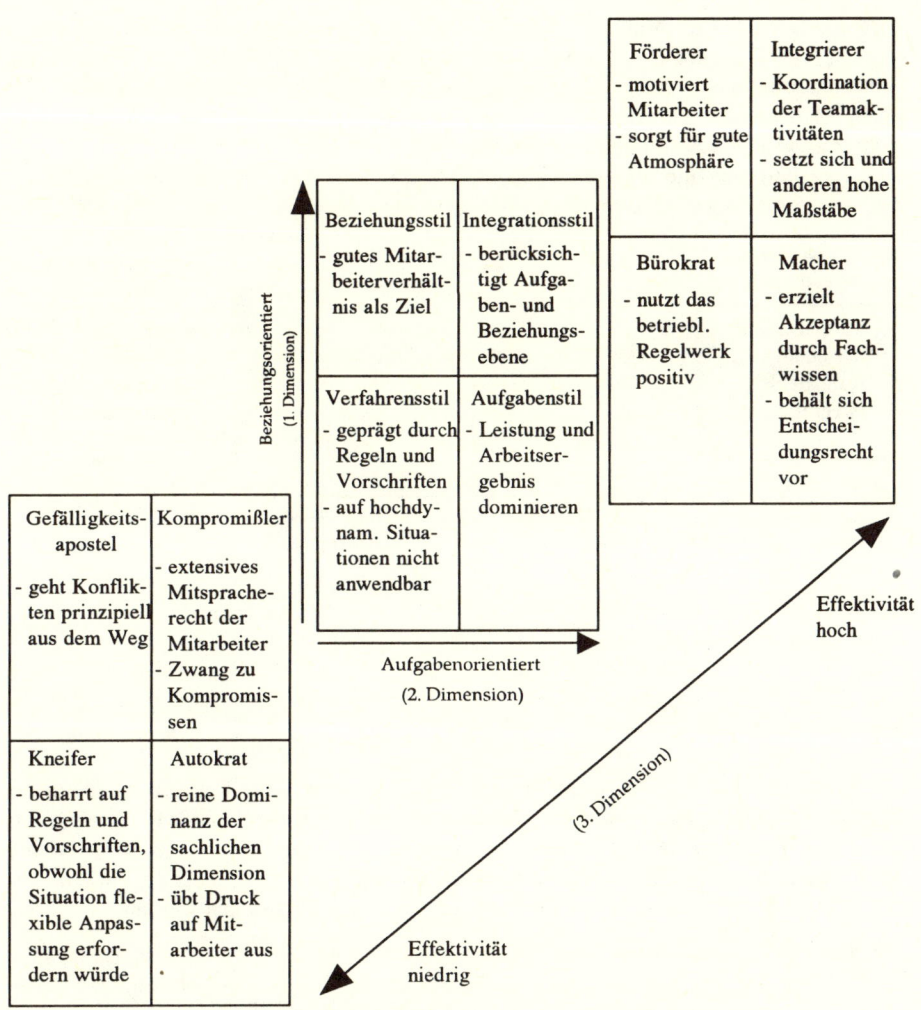

Abb. XIII/6: Die Dimensionen des Führungsmodells nach REDDIN

Jeder der vier **Grundtypen der Führung** kann nun in Abhängigkeit von der vorliegenden Situation effizient sein oder nicht, zeichnet sich daher durch zwei spezifische Ausprägungen aus. Zur Beschreibung der Situation werden die Variablen

- Organisation,

- Arbeitsweise, Aufgabenforderungen,

- Mitarbeiter (Untergebene),

- Vorgesetzte,

- Arbeitskollegen

287

herangezogen, die in ihrer Ausprägung anhand einer Vielzahl von Indikatoren erfaßt werden [vgl. SCHOLZ 1991, S.380; STAEHLE 1990, S.775]. Aus den so entstandenen Führungssituationen ergeben sich bestimmte Erfordernisse ("Anforderungsprofil") für einen effizienten Führungsstil ("Fähigkeitsprofil"), die durch ein entsprechendes Führungsverhalten bestmöglich zu erfüllen sind [vgl. SCHOLZ 1991, S.382f.]. Gelingt dies, ergeben sich die Varianten der Grundtypen mit hoher Effizienz, wenn nicht, erhält man die Negativausprägungen der einzelnen Führungsstile (vgl. Abb. XIII/7).

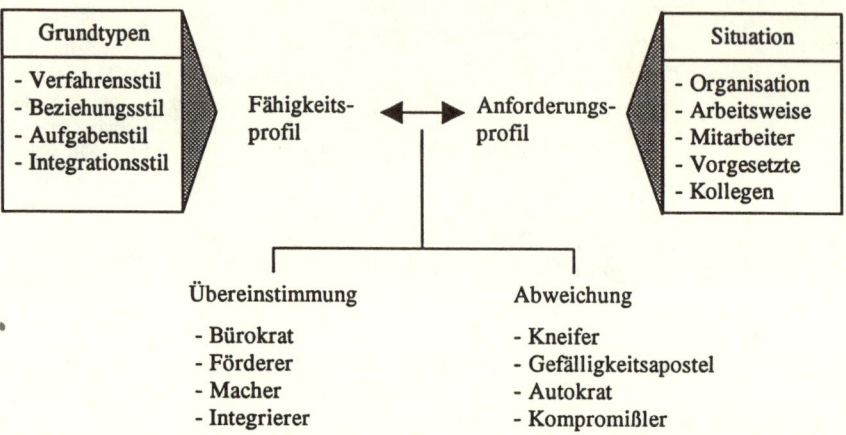

Abb. XIII/7 Grundstruktur des 3-D-Modells

Kritisiert wird am 3-D-Ansatz u.a. die fehlende empirische Fundierung sowie die subjektive Analyse der Führungssituation und des korrespondierenden Führungsstils durch die Führungskraft [vgl. STAEHLE 1990, S.777; SCHOLZ 1991, S.387]. Positiv kann jedoch die umfassende Einbringung der Situation als entscheidende Variable zur Beurteilung der Zweckmäßigkeit alternativer Führungsstile gesehen werden.

(5) Das Reifegradmodell: Das Reifegradmodell von HERSEY/BLANCHARD steht ebenfalls in der Tradition der Ohio State Studien und unterscheidet somit zwischen Aufgaben- und Beziehungsorientierung als Dimensionen zur Beschreibung alternativer Führungsstile. Ähnlich wie im 3-D-Ansatz ergeben sich bei HERSEY/BLANCHARD je nach Ausprägung der Dimension vier mögliche Führungsstile des Vorgesetzten (vgl. Abb. XIII/8, in Anlehnung an STAEHLE 1990, S.779; SCHOLZ 1991, S.384).

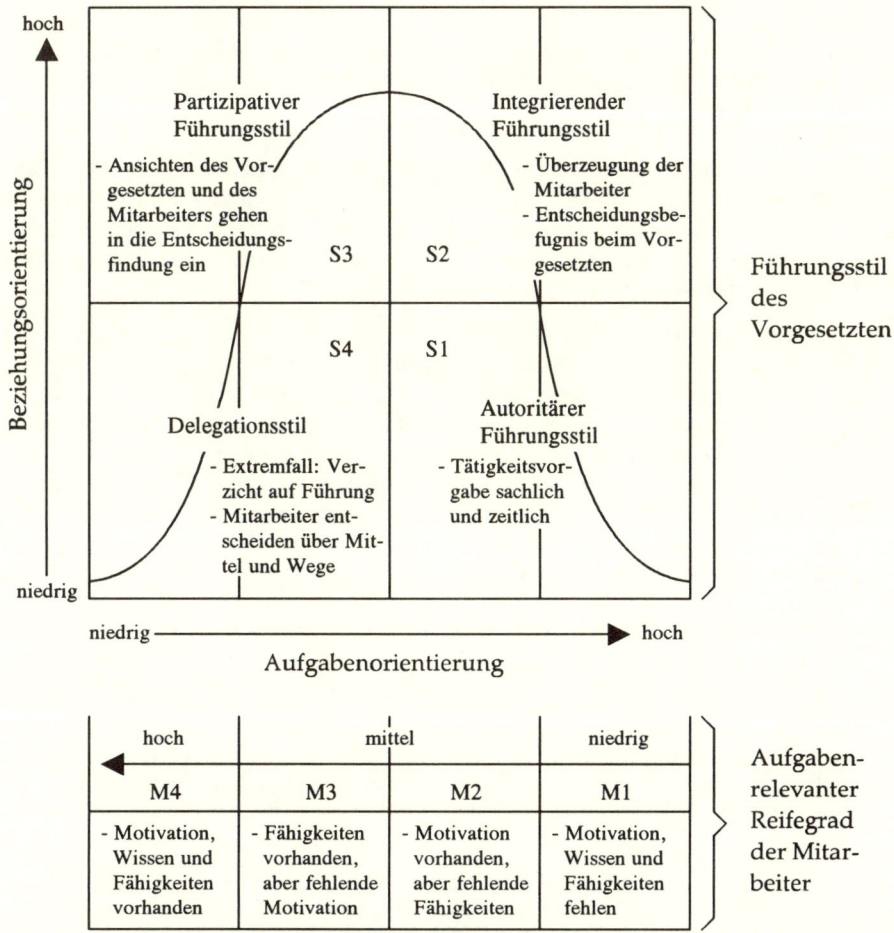

Abb. XIII/8: Der Ansatz von HERSEY/BLANCHARD

Zur Berücksichtigung der situativen Komponente wird jedoch nicht auf eine Vielzahl verschiedener Kriterien verwiesen, sondern auf die zentrale Bedeutung des **aufgabenrelevanten Reifegrades** eines Mitarbeiters, der wiederum in eine technische und psychologische Komponente der Aufgabenerfüllung eingeteilt wird [vgl. SCHOLZ 1991, S.384]. Den vier unterschiedlichen Abstufungen dieses Kriteriums werden effizienzoptimale Führungsstile zugeordnet, die in den einzelnen Situationen angewendet werden sollen. Neben dieser Bestimmung situationsspezifisch zu wählender Führungsstile wird jedoch gleichzeitig eine Entwicklung der Mitarbeiter in Richtung hoher Reifegrad - und somit delegativem Führungsstil - als Zielsetzung entsprechender Personalentwicklungs- und -schulungsmaßnahmen angesehen. Als Ziel der Führung wird im Reifegradmodell eine niedrigere Aufgaben- und Beziehungsorientierung und damit das genaue Gegenteil dessen angegeben, was im Verhaltensgitter als optimal unterstellt wurde.

Die Reduzierung der Situationsvariablen auf nur ein Kriterium macht das Modell zwar für die praktische Anwendung plastisch und leicht nachvollziehbar, ist zugleich aber ein wesentlicher Schwachpunkt des Reifegradmodells. Gleichzeitig führt die Verwendung dieser Variable zu dem praktischen Problem, daß ein Führer im Extremfall vier unterschiedliche Führungsstile gleichzeitig vertreten muß ("hohe Stilflexibilität"), weil die Gruppe der Geführten durch unterschiedliche Reifegrade der Mitglieder gekennzeichnet ist [vgl. SCHOLZ 1991, S.385f.]. Hinzu kommt auch die Frage der geeigneten Instrumente zur Bestimmung des jeweiligen Reifegrades eines Mitarbeiters, die von HERSEY/BLANCHARD nur ansatzweise behandelt wurde und vor allem im Bereich der psychologischen Komponente Probleme bereiten dürfte.

(6) Das Entscheidungsmodell: Eine differenzierte Analyse der Führungssituation führt möglicherweise zu einem höheren Informationsgehalt der Theorie, muß aber notwendigerweise auch mit einem Mangel an Übersichtlichkeit und Eindeutigkeit erkauft werden. Dieses Dilemma wird in dem Ansatz von VROOM/YETTON besonders deutlich. Die Klassifikation alternativer Führungsstile orientiert sich am Grad der **Partizipation** der Mitarbeiter an der Willensbildung hierarchisch übergeordneter Stellen. Insofern wird ein ähnlicher Typisierungsansatz wie bei Tannenbaum/Schmidt gewählt. Im einzelnen werden die in Abb. XIII/9 dargestellten Führungsstile unterschieden [aus SCHOLZ 1991, S.367].

(AI)   Der Vorgesetzte löst das Problem oder trifft die Entscheidung alleine, wobei er ausschließlich die ihm gerade zur Zeit verfügbare Information verwendet.

(AII)   Der Vorgesetzte holt die notwendige Information von seinen Untergebenen ein und entscheidet dann (alleine!). Ihm ist dabei freigestellt, ob er die Untergebenen darüber informiert, wozu die Information erforderlich ist: Die Untergebenen sind ausschließlich Informationsbeschaffer, nicht aber Alternativengenerierer oder Alternativenbewerter.

(CI)   Der Vorgesetzte diskutiert das Problem mit einzelnen Untergebenen (individuell), holt deren Meinung ein und trifft dann aber die Entscheidung alleine. Die Untergebenen werden nicht gemeinsam als Gruppe zu diesem Problem gehört.

(CII)   Der Vorgesetzte diskutiert das Problem mit der Gruppe der Untergebenen, wobei Informationsbeschaffung und Alternativengenerierung kollektiv erfolgen. Die nachfolgende Entscheidung wird ausschließlich vom Vorgesetzten getroffen.

(G)   Der Vorgesetzte diskutiert das Problem mit seinen Untergebenen in einer Gruppe aus nahezu gleichrangigen Mitgliedern. Gemeinsam werden Informationen gesucht, Alternativen generiert und bewertet. Die Rolle des Vorgesetzten ist mehr die eines Gruppenleiters, der sich mit der organisatorischen Abwicklung befaßt, nicht aber mit der Beeinflussung der Gruppenmitglieder.

Abb. XIII/9: Führungsstile nach VROOM/YETTON

Die **Führungssituation** wird durch sieben Situationsattribute binärer Ausprägung und dreier Unterfälle derselben beschrieben (vgl. Abb. XIII/10), woraus sich 128 unterschiedliche Konstellationen ergeben, die jedoch nicht alle logisch sinnvoll sind.

(a) Die "objektive" Qualität der Entscheidung ist wichtig.

(b) Der Vorgesetzte verfügt über genug Informationen, um alleine eine qualitativ hochwertige Entscheidung zu treffen.

(c) Das Problem ist aus Sicht des Vorgesetzten insoweit ausreichend strukturiert, da er
sowohl weiß, wer über die notwendigen Informationen verfügt, als auch wie sie ein-
geholt werden können.

(d) Das Ausmaß an Akzeptanz oder Engagement auf seiten der Mitarbeiter hat einen deutlichen Einfluß auf eine sinnvolle Entscheidungsdurchführung.

(e) Die Wahrscheinlichkeit ist hoch, daß eine autokratische Entscheidung des Führers von
den Untergebenen akzeptiert wird.

(f) Der Vorgesetzte kann davon ausgehen, daß die Untergebenen im Hinblick auf die in
der Problemstellung angesprochenen Organisationsziele hoch motiviert sind.

(g) Die Wahrscheinlichkeit ist groß, daß es zwischen den Untergebenen zu deutlichen
Meinungsunterschieden im Hinblick auf die bevorzugte Lösung kommt.

(x) Die Untergebenen haben (als Kollektiv) die notwendigen Informationen, um eine hochwertige Entscheidung alleine zu treffen.

(y) Notwendige Zusatzinformation kann im Kreise der Mitarbeiter gefunden werden.

(z) Es ist zulässig, zusätzliche Informationen außerhalb der Gruppe (also Vorgesetzte plus
Untergebene) zu sammeln, bevor eine Entscheidung getroffen wird.

Abb. XIII/10: Situationsattribute

Mit Hilfe eines Entscheidungsbaumes werden die logisch sinnvollen Situationen
durch sukzessives Wegstreichen unlogischer Attributskombinationen ermittelt. Dabei
verwenden VROOM/YETTON bestimmte **Unzulässigkeitsregeln**, die auf die Qualität
und Akzeptanz der Verknüpfung abstellen. Im Ergebnis können 13 als relevant erach-
tete Führungssituationen identifiziert werden, denen jedoch nicht eindeutig einzelne
Führungsstile zuzuordnen sind (vgl. Abb. XIII/11, in Anlehnung an SCHOLZ 1991,
S.370).

Diese verbleibenden Mehrfachnennungen werden dadurch beseitigt, daß als zusätzliche Entscheidungsregel bei mehrdeutigen Zuordnungen immer derjenige Führungsstil auszuwählen ist, "der mit dem geringsten Aufwand für die Lösungsfindung
verbunden ist" [SCHOLZ 1991, S.370]. Einige der in der Zuordnung von Führungsstil
und Führungssituation zum Ausdruck kommenden Effizienzvermutungen konnten in
den USA sowie im deutschsprachigen Raum in verschiedenen Studien empirisch recht
gut bestätigt werden.

Die Leistung des Ansatzes von VROOM/YETTON besteht vor allem in der sehr differenzierten Untersuchung der Führungssituation. Allerdings wirkt der Ansatz nicht
nur kompliziert, sondern auch mechanistisch, weshalb NEUBERGER auch von einer
"technizistischen Fassade" spricht [vgl. NEUBERGER 1985, S.153f.; SYDOW 1981,
S.1ff.].

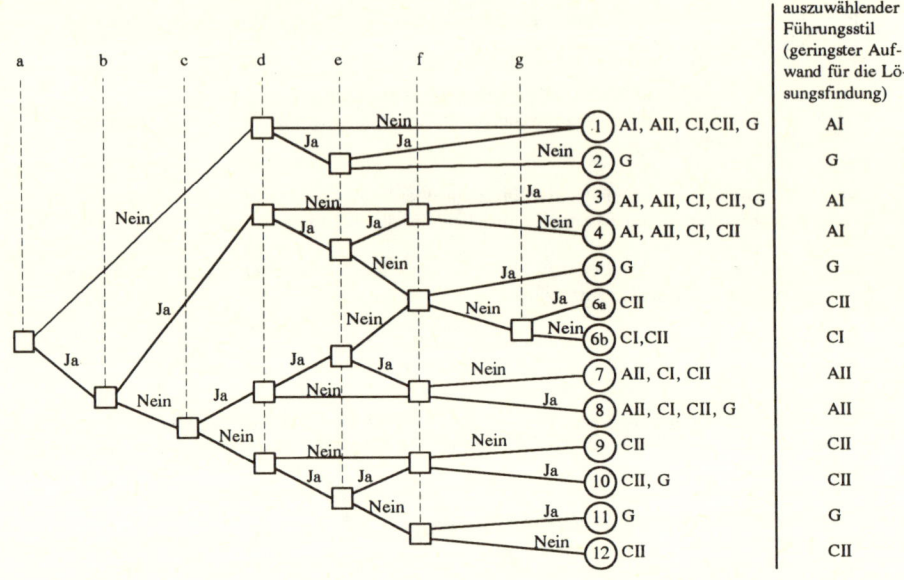

	auszuwählender Führungsstil (geringster Aufwand für die Lösungsfindung)
1) AI, AII, CI,CII, G	AI
2) G	G
3) AI, AII, CI, CII, G	AI
4) AI, AII, CI, CII	AI
5) G	G
6a) CII	CII
6b) CI,CII	CI
7) AII, CI, CII	AII
8) AII, CI, CII, G	AII
9) CII	CII
10) CII, G	CII
11) G	G
12) CII	CII

Abb. XIII/11: Führungssituation und -stile im Modell von VROOM/YETTON

3. Transaktionale und transformationale Führung

Die **Führungsbeziehung** - bisher gar nicht thematisiert - steht u.a. im Mittelpunkt von Ansätzen, die Führung als **Austauschbeziehung** zwischen Führer und Geführten interpretieren [vgl. ZALESNY/GRAEN 1987, Sp.716ff.]. Solche Ansätze werden auch als **transaktionale** Führungsmodelle bezeichnet, ein Begriff, der auf BURNS zurückgeht [vgl. 1978]. Der Weg-Ziel-Ansatz, in seiner ersten Version 1970 von EVANS formuliert, läßt sich als ein Beispiel hierfür interpretieren [vgl. 1987, Sp.948ff.]. Diese Theorie wurde aus bestimmten Motivationstheorien entwickelt und betont demgemäß die **motivationale Aufgabe** des Führers.

Der Vorgesetzte muß zunächst die Motivationslage seiner Mitarbeiter diagnostizieren. Für die Leistung, die sie zu erbringen haben, muß er ihnen nach Möglichkeit solche Anreize (Belohnungen) gewähren, die motivatorische Kraft entfalten, also zur Zufriedenheit führen. Er gewinnt auf diese Weise die Anerkennung seiner Mitarbeiter sowie eigenen Handlungsspielraum. Kontingenzen, die EVANS für wichtig hält, bestehen insbesondere zur Art der Arbeitsaufgabe, zum Anreizsystem und der Organisationsstruktur sowie zu Charakteristika der Untergebenen. Der Vorgesetzte hat in diesem Zusammenhang für eine Entsprechung zwischen dem einzelnen Untergebenen und seiner Arbeitsaufgabe zu sorgen. Dies kann durch Auswahl der Mitarbeiter, aber auch durch Arbeitsneugestaltung oder Ausbildung geschehen. Der Führungsstil des Vorgesetzten kann dabei situationsabhängig wechseln.

Von EVANS selbst wird kritisch angemerkt, daß die Führungssituation in der

292

Weg-Ziel-Theorie noch zu wenig berücksichtigt sei und daß die vorhandenen empirischen Bestätigungen der Theorie noch zu schwach seien, um spezifische Empfehlungen für die Praxis abzugeben.

Alle bisher diskutierten Ansätze blenden die Person des Führers weitgehend aus. Das historisch ältere Konzept der Führung war dagegen die **Eigenschaftstheorie** der Führung [zu einem Überblick vgl. DELHEES 1987, Sp.748ff.], in der erfolgreiche Führung auf Persönlichkeitsmerkmale des Führers zurückgeführt wurde ("Great-Man-Theorie"). Derartige Konzepte, die sich in der Praxis großer Beliebtheit erfreuten, sind in der Theorie aufgrund empirischer und historischer Bedenken lange Zeit verworfen worden. Dennoch basieren viele Verfahren zur Auswahl von Führungsnachwuchs ganz oder teilweise letztlich auf eigenschaftstheoretischen Überlegungen, so z.B. das weitverbreitete Assessment-Center. "Eigenschaften" drücken sich dabei in Anforderungen an eine Führungskraft oder in ihren Fähigkeiten aus.

Auf dieser Grundlage lassen sich **Führungstypen** bilden, genauer gesagt: Typen der Führungspersönlichkeit. Indirekt kommt dieses Vorgehen auch im 3-D-Ansatz von REDDIN mit Bezeichnungen wie "Kneifer" oder "Macher" zum Ausdruck, nur daß hier Verhaltensweisen und nicht Persönlichkeitseigenschaften typenbildend sind.

Das Denken in spezifischen Eigenschaftskategorien und Führungstypen ist nun im Rahmen der sog. **transformationalen Führung** zu neuer Aktualität gelangt. Dort geht es um solche Führungskräfte, die erfolgreich einen besonders starken, verändernden Einfluß auf ihre Umgebung ausüben. Transformationale Führung resultiert in einer **Veränderung** der Werte, Ziele, Bedürfnisse und Ansprüche der Geführten, geht also über die Erreichung existierender Ziele hinaus. Während transaktionale Führung im Rahmen von Anreizsystemen und Organisationsstrukturen wirkt, verändert transformationale Führung auch oder vor allem die **Unternehmungskultur** [vgl. FRESE 1987, S.292ff.]. Ungeachtet fließender Übergänge ist transformationale Führung im Vergleich zur transaktionalen Führung also durch eine Akzentuierung der wertmäßig-kulturellen Dimension der Führer-Mitarbeiter-Beziehung gekennzeichnet.

BURNS, der die Kategorie der transformationalen Führung am Beispiel politischer Führung untersucht, stellt dar, daß solche Führer an höhere, allgemeinere und umfassendere Werte appellieren. Führer und Geführte entwickeln sich auf eine höhere Ebene der Motivation und der Leistungserbringung hin. Dabei nutzt die Führungskraft auch die Antriebskraft von Spannungs- und Konfliktpotentialen aus.

Der Führungstyp, der hierzu befähigt, wurde schon von MAX WEBER untersucht und als **charismatische Führung** bezeichnet [vgl. HOUSE 1987]. Charismatische Führer zeichnen sich im wesentlichen dadurch aus, daß sie eine **Vision** besitzen (z.B.: Martin Luther Kings "I have a dream"). Diese Vision wird vermittelt und kommuniziert durch **symbolisches Management**. Der Führer hebt z.B. die "Exzellenz" der Leistung als Maßstab für den persönlichen und unternehmerischen Erfolg hervor, nutzt Mythen und Rituale, um den Zusammenhalt und die Leistungsbereitschaft zu stärken. Schließlich zeichnet er sich dadurch aus, daß er das betreffende Wertesystem selbst verkörpert und vorlebt und so eine **Vorbildfunktion** erfüllt. Damit löst er **Identifikationsprozesse** der Geführten aus, er zeigt die Erreichbarkeit des Ziels und stärkt auf die Weise ihr Selbstvertrauen. Nicht zuletzt erleben die Geführten charismatische Führung als sinnstiftend. Gerade in der **Sinngebung** liegt vermutlich ein großer Teil der motivatorischen Kraft begründet, die bis zur Hingabe und Aufopferung reicht. Darin liegt zugleich die Mißbrauchsgefahr, wie die Geschichte zeigt.

Transaktionale Führung	Transformationale Führung
Führungsbeziehung	
- Leistung und Gegenleistung von Führern und Geführten bestimmen die Führungsbeziehung	- Visionen und symbolisches Management bestimmen die Führungsbeziehung
Rolle des Vorgesetzten	
- effizienter Manager - Bewältigung bestehender Aufgaben - Befriedigung vorhandener Bedürfnisse - "doing things right"	- visionärer Führer - Veränderung der Grundwerte - Schaffung neuer Bedürfnisse - "doing right things"
Situationsbezug	
- Führer paßt sein Verhalten der Situation an	- Führungspersönlichkeit verändert die Situation
Interaktionsdimension	
- Betonung der sozio-emotionellen Ebene: Motivation	- Betonung der wertmäßig-kulturellen Ebene: Sinnstiftung
Einbindung der Mitarbeiter	
- ergebnisorientierte, teils soziale, professionalisierte strukturelle Einbindung	- normative und personale Einbindung

Abb. XIII/12: Transaktionale und transformationale Führung

Charismatische Führung ist als Konzept auch einigen gelungenen empirischen Tests unterzogen worden [vgl. BASS 1985, BASS/AVOLIO 1985]. Sie zeigen zum einen, daß sich dieser Führungstyp unterscheiden und messen läßt, zum anderen, daß er als besonders effizient einzustufen ist. Eine Differenzierung hinsichtlich situativer und mitarbeiterbezogener Merkmale steht allerdings noch aus. HOUSE äußert einige Hypothesen hierzu [vgl. 1987, Sp.746f.]. Bezogen auf die Unternehmungspraxis ist mehrfach auf den Gegensatz zwischen "Managers" (transaktionale Führung) und "Leaders" (transformationale Führung) hingewiesen [vgl. ZALEZNIK 1977] und geäussert worden, daß viele Firmen **"overmanaged"** und **"underled"** seien [vgl. BEN-NIS/NANUS 1985, PETERS/AUSTIN 1985]. Es bietet sich an, einen Zusammenhang zum Prozeß des Unternehmungswandels herzustellen (vgl. S.365). Die Bedeutung des Charismas ist allerdings zu relativieren. Zum einen sind Führungspersönlichkeiten, denen Charisma zuerkannt wird, die Ausnahme. Zum anderen entstehen vielfach polyzentrische Führungsstrukturen mit einer entsprechenden Vielfalt abgestufter Führungspositionen.

Abb. XIII/12 stellt abschließend transaktionale und transformationale Führung in einem Merkmalsprofil dar und verweist dabei zugleich auf die in Kap. XIV näher zu behandelnden Formen der Mitarbeitereinbindung.

4. Eigenschaften und Typen von Führungskräften

Insbesondere durch die Diskussion der charismatischen Führung, aber auch durch andere theoretische Ansätze, ist die **Eigenschaftstheorie** wieder aktuell geworden. Verschiedene Autoren arbeiten auf dieser Grundlage mit **Führertypen** [vgl. STAEHLE 1990, S.799ff.]. KAKABADSE typisiert anhand der Merkmale Wahrnehmungsmuster (innengeleitet/außengeleitet) und Handlungsmuster (komplex/einfach) vier Idealtypen: Traditionalists, Team coaches, Company barons und Visionaries [vgl. 1984]. MACCOBY kommt empirisch zu komplexeren Typen.

Dieser Vorgehensweise liegt die Vorstellung zugrunde, daß erfolgreiche Führung von bestimmten Eigenschaften bzw. Fähigkeiten der Führungskräfte abhängt, die es im Einzelfall zu identifizieren gilt. Im Prinzip ist der Organisationslehre diese Denkfigur wohlvertraut. Bei der "Organisation ad rem" leiten sich aus den Aufgaben, Kompetenzen und Verantwortungen einer Stelle Anforderungen an den Stelleninhaber ab, die durch eine entsprechende Stellenbesetzung abzudecken sind. Die "Organisation ad personam" bündelt umgekehrt Aufgaben so, daß sie dem Profil des Stelleninhabers entsprechen. In beiden Fällen sind Eigenschaften bzw. Fähigkeiten der Person ein zentrales Glied der Handlungskette.

Ein weitverbreiteter Ansatz, um **Fähigkeiten** als besonders bedeutsame Eigenschaftskategorie von Führungskräften einzuteilen, geht auf KATZ zurück [vgl. 1974]:

- **Fachliche Fähigkeiten (Technical skills)** beziehen sich auf das Fach- und Methodenwissen,

- **soziale Fähigkeiten (Social skills)** betreffen die personalen Interaktionskomponenten (Motivation, Konfliktlösung usw.), vertikal als Führungsfähigkeit, horizontal als Kooperations- und Teamfähigkeit wirksam, und

- **konzeptionelle Fähigkeiten (Conceptional skills)** zielen auf die umfassende Sicht der Unternehmung und des Schnittstellen- und Beziehungsgeflechts innerhalb und außerhalb des Systems ab.

Andere Autoren wie z.B. STOGDILL oder JAVIDAN nehmen eine stärkere Differenzierung der Fähigkeiten vor, eine nähere Betrachtung erlaubt jedoch meist eine Zuordnung auf die oben unterschiedenen Kategorien [vgl. STOGDILL 1984; JAVIDAN 1991].

Vor dem Hintergrund der spezifischen Aufgabeninhalte des Strategischen Managements und der daraus resultierenden Anforderungen an die Führungskräfte erscheint es allerdings sinnvoll, diese Fähigkeitskategorien um eine weitere zu ergänzen. So müssen (Top-) Manager bei der Bewältigung strategischer Probleme und Fragestellungen insbesondere auch über **politische Fähigkeiten (Political skills)** verfügen [vgl. KRÜGER/EBELING 1991]. Im Sinne eines **Einflußmanagements** interpretiert, kommt es darauf an, Interessen zu identifizieren, zu artikulieren und zu kanalisieren, um die Zielbildungs- und Zielerreichungsprozesse der Unternehmung voranzutreiben. Derartige Fähigkeiten, die sich auch als eine Teilmenge der sozialen Fähigkeiten interpretieren lassen, sind an der Unternehmungsspitze besonders bedeutsam, wo es darum geht, die verschiedenen internen und externen Kräfte zu handhaben. Für die externe Führung sind soziale und politische Fähigkeiten in dem Verlangen nach **Dialogfähigkeit** gebündelt. Führungskräfte müssen in der Lage sein, die unternehmerischen Absichten gegenüber externen Anspruchsgruppen angemessen zu vertreten und zur Akzeptanz zu bringen. Dies bedingt auch ein Vertrauen schaffendes Auftreten in der öffentlichen Kommunikation. Dialogfähigkeit ist Kern des **Anspruchsgruppenmanagements**.

Die Relevanz der vier Führungsfähigkeiten läßt sich idealtypisch nach den organisatorischen Managementebenen abstufen (vgl. Abb. XIII/13, weiterentwickelt nach STAEHLE 1990, S.85).

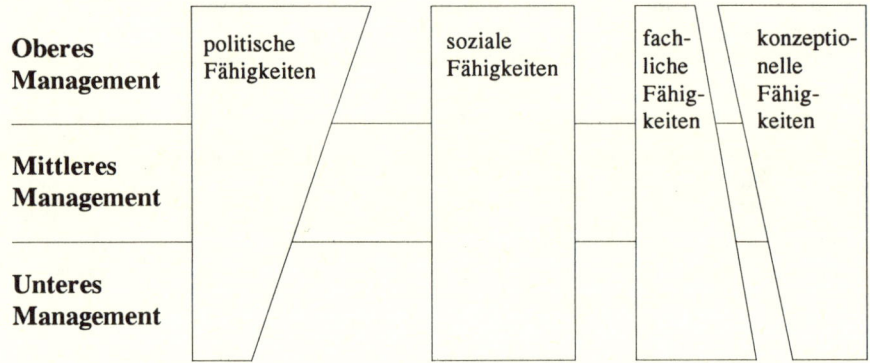

Abb.XIII/13: Führungsfähigkeiten und Führungsebenen

Im übrigen läßt sich auch ein ähnlicher Zusammenhang zu den Entscheidungsebenen des **normativen**, **strategischen** und **operativen** Managements herstellen. Das normative Management verlangt vorwiegend konzeptionelle, politische und auch soziale Fähigkeiten, das strategische Management benötigt konzeptionelle und fachliche Fähigkeiten, im operativen Management herrschen fachliche und soziale Fähigkeiten vor.

Das Ist-Profil einer Führungskraft **(Eignungsprofil)** läßt sich anhand dieser Kategorien ebenso bestimmen wie das Soll-Profil **(Anforderungsprofil)**. Auch Führertypen bzw. Führungstypen lassen sich bilden. Ein Beispiel stellt Abb. XIII/14 vor. In den Diagrammen ist zum einen unterstellt, daß jeweils eine der vier Fähigkeitskategorien dominiert. Dem personalwirtschaftlichen Sprachgebrauch folgend, ist eine vorhandene Fähigkeit als Kompetenz bezeichnet. Zum anderen wird davon ausgegangen, daß jedes Fähigkeitsprofil mit unterschiedlichem Führungsverhalten kombiniert sein kann. Das Führungsverhalten ist in "offensiv" und "defensiv" unterschieden.

296

"Offensiv" meint ein proaktives, risikofreudiges, auf Veränderung abzielendes Verhalten, "defensiv" ein eher reaktiv-bewahrendes, vorsichtig-abwägendes Vorgehen. Demgemäß ergeben sich acht idealtypische Profile.

Ganz grob kann davon ausgegangen werden, daß transaktionsorientierte Führer ihren Schwerpunkt im Bereich der Fachkompetenz und der sozialen Kompetenz besitzen, während transformationsorientierte Führer eine Kombination von konzeptioneller und politischer Kompetenz auszeichnet. Denkbar ist in beiden Fällen sowohl "offensives" wie "defensives" Verhalten. Man denke im Bankbereich an so gegensätzliche Leitfiguren der **Deutschen Bank** wie Hermann Josef Abs und Alfred Herrhausen. Beide lassen sich als Topmanager mit Charisma einstufen. Während Abs jedoch den vor allem nach außen zurückhaltenden, diskreten Bankiertyp verkörperte, der vorzugsweise hinter den Kulissen die Fäden zieht ("analytischer Diplomat"), war Herrhausen richtungsweisend für das Allfinanzkonzept der Deutschen Bank und ergriff vielfältige und teils aufsehenerregende externe Aktivitäten, die oft über die Branchengrenzen hinausreichten ("strategischer Machtpromotor").

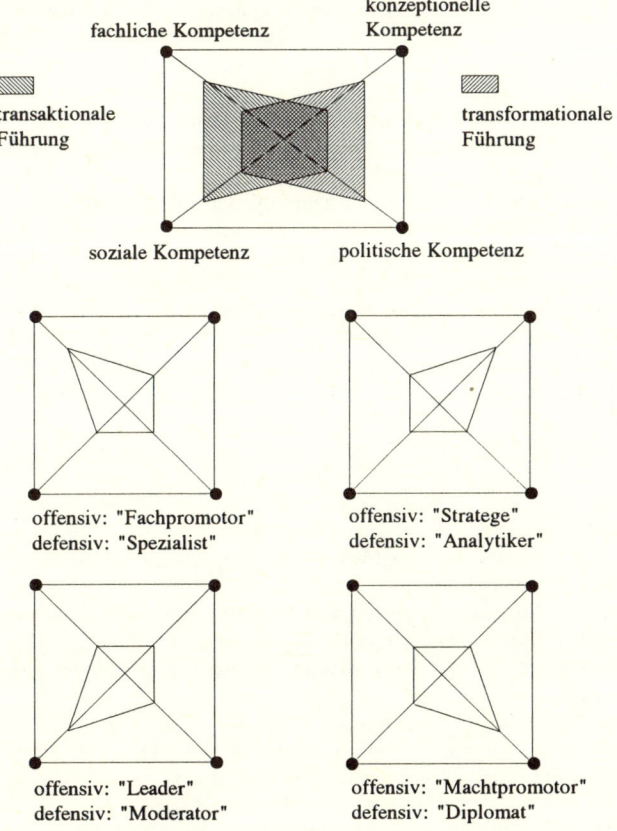

Abb. XIII/14: Idealtypische Profile von Führungskräften

297

Literatur

BASS, B.: Leadership and Performance beyond Expectations, New York 1985

BASS, B./AVOLIO, B.: Charisma and Beyond. Arbeitspapier der Academy of Management, San Diego, 1985

BENNIS, W/NANUS, B.: Leaders, New York 1985

BLAKE, R./MOUTON, J./LUX, E.: Verhaltensgitter der Führung (Managerial Grid), in: Kieser, A./Reber, G./Wunderer, R. (Hrsg.), Handwörterbuch der Führung, Stuttgart 1987, Sp.2015-2028

BLEICHER, K./MEYER, E.: Führung in der Unternehmung, Reinbek bei Hamburg 1976

BURNS, J.M.: Leadership, New York 1978

DELHEES, K.H.: Führungstheorie - Eigenschaftstheorie, in: Kieser, A./Reber, G./Wunderer, R. (Hrsg.), Handwörterbuch der Führung, Stuttgart 1987, Sp.748-756

EVANS, M.: Führungstheorien - Weg-Ziel-Theorie, in: Kieser, A./Reber, G./Wunderer, R. (Hrsg.), Handwörterbuch der Führung, Stuttgart 1987, Sp.948-965

FIEDLER, F.: Führungstheorien - Kontingenztheorie , in: Kieser, A./Reber, G./Wunderer, R. (Hrsg.), Handwörterbuch der Führung, Stuttgart 1987, Sp.809-823

FRESE, E.: Unternehmungsführung, Landsberg am Lech 1987

HOUSE, R.: Führungstheorien - Charismatische Führung, in: Kieser, A./Reber, G./Wunderer, R. (Hrsg.), Handwörterbuch der Führung, Stuttgart 1987, Sp.735-747

JAVIDAN, M.: Leading a High - commitment High - performance Organization, in: Long Range Planning, Vol. 24, 2/1991, S.28-36

KAKABADSE, A.P.: The politics of management, Aldershot, Hants 1984

KATZ, R.: Skills of an effective administrator, in: Havard Business Review, Sept.-Oct. 1974, S.90-102

KRÜGER, W./EBELING, F.: Psychologik: Topmanager müssen lernen, politisch zu handeln, in: Harvard Manager 2/1991, S.47-56

MACCOBY, M.: The leader, New York 1981

MÜLLER, W.R.: Führungsforschung - Führung in der Bundesrepublik Deutschland, in Österreich und in der Schweiz, in: Kieser, A./Reber, G./Wunderer, R. (Hrsg.), Handwörterbuch der Führung, Stuttgart 1987, Sp.422-434

NEUBERGER, O.: Führung: Ideologie, Struktur, Verhalten, 2. Aufl., Stuttgart 1985

PETERS, T.J./AUSTIN, N.: A passion for excellence - The leadership difference, New York 1985

SCHOLZ, C.: Personalmanagement, 2., verb. Aufl., München 1991

STAEHLE, W.: Management, 5., überarb. Aufl., München 1990

STEINLE, C.: Führung: Grundlagen, Prozesse und Modelle der Führung in der Unternehmung, Stuttgart 1978

STOGDILL, R.M.: Personal factors associated with leadership: A survey of the literature, in: Journal of Psychology 25/1984, S.35-71

SYDOW, J.: Der normative Entscheidungsansatz von Vroom/Yetton - Kritik einer situativen Führungstheorie, in: Die Unternehmung 1/1981, S.1-17

TANNENBAUM, R./SCHMIDT, W.H.: How to chose a leadership pattern, in: Harvard Business Review 2/1958, S.95-101

TICHY, N./DEVANNA, M.: The Transformational Leader, New York 1986

WEINERT, A.B.: Lehrbuch der Organisationspsychologie, 2. Aufl., München 1987

WILD, J.: Unternehmungsführung. Festschrift für Erich Kosiol zu seinem 75. Geburtstag, Berlin 1974

ZALESNY, M./GRAEN, G.: Führungstheorien - Austauschtheorie, in: Kieser, A./Reber, G./Wunderer, R. (Hrsg.), Handwörterbuch der Führung, Stuttgart 1987, Sp.714-727

ZALEZNIK, A.: Managers and Leaders. Are they different?, in: Harvard Business Review, 5/1977, S.67-78

XIV. EINBINDUNG VON MITARBEITERN IN DIE UNTERNEH-
   MUNG

1. Das Verhältnis "Individuum-Organisation" als Gestaltungsaufgabe

(1) **Menschenbilder als Hintergrund:** Jeder Vorgesetzte hat im Rahmen der Perso-
nalführung die Aufgabe der leistungsbezogenen Beeinflussung seiner Mitarbeiter. Die
Theorien des Führungsverhaltens kreisen letztlich um die Frage, wie dies am besten
zu erreichen sei. Aus übergeordneter Sicht ist das Führungsverhalten eine wesentliche
Einflußgröße der Nahtstelle "Individuum-Organisation". Die damit angesprochene
Beziehung zwischen der Unternehmung und den Unternehmungsmitgliedern hat in der
Praxis eine herausragende Bedeutung und findet auch in organisationswissenschaftli-
chen Arbeiten hohe Aufmerksamkeit. Ihre Behandlung erfordert weit mehr als eine
Analyse von Führungsstilen.

Traditionelles Denken war durch die Vorstellung gekennzeichnet, daß der einzelne
sich und seine Interessen den betrieblichen Zielen unterzuordnen habe. Die Unternehmung war zumindest implizit, teilweise aber auch explizit ein System, das durch Einordnung, Unterordnung und Anpassung der "Gefolgsleute" bzw. "Untergebenen" gekennzeichnet war. Der Zwangs- und Herrschaftscharakter dominierte. Dieses Stadium
entspricht dem Menschenbild des "rational economic man" (vgl. Abb. XIV/1, nach
SCHEIN 1980, S.50ff., aus STAEHLE 1990, S.176). Epochenspezifisch folgen unterschiedliche Menschenbilder und demgemäß auch unterschiedliche Formen des Umgangs mit den Mitarbeitern. Selbstverständlich können verschiedene Manager zu einem Zeitpunkt unterschiedliche und teils widersprüchliche Menschenbilder besitzen
[vgl. WEINERT 1984]. Die historische Entwicklung der Menschenbilder macht dennoch in der letzten Stufe des "complex man" deutlich, daß es zur Einbindung der Mitarbeiter in die Unternehmung eines multidimensionalen Einbindungsspektrums bedarf.
Menschenbilder beeinflussen das Führungsverhalten des einzelnen Vorgesetzten, und
sie sind wesentlicher Bestandteil der Management- bzw. Führungsphilosophie als
implizitem oder explizitem Normen- und Wertesystem der Führungsgruppe [vgl. UL-
RICH 1987; STAEHLE/SYDOW 1992]. Aus "Untergebenen" sind längst "Mitarbeiter"
geworden. Mitarbeiter werden mehr und mehr zu "Mitunternehmern (Intrapreneu-
ren)". Aus der Einordnung in die Unternehmung wurde die Artikulation von Ansprüchen an die Unternehmung. Die These von der "Instrumentalfunktion der Unternehmung" [SCHMIDT 1977] trägt dieser Entwicklung ebenso Rechnung wie der
Tatsache, daß heute auch externe Anspruchsgruppen in vielfältiger Weise zu berücksichtigen sind.

Um so mehr bleibt als grundlegendes Problem die mögliche Divergenz zwischen
den Zielen der Unternehmung und denen des einzelnen Mitarbeiters sowie anderer
Anspruchsgruppen (stakeholder) bestehen. Die Einbindung bzw. Integration stellt
letztlich immer auf eine Minimierung der Abweichung von Systemzielen/-interessen
und den Zielen/Interessen verschiedener Anspruchsgruppen ab, um damit die Effizienz und Effektivität des Systems zu steigern [vgl. CONRAD 1988, S.67ff.]. Die Er-
bringung der Unternehmungsleistung und damit die Erreichung der Unternehmungs-

ziele leiden in dem Maße, wie es nicht gelingt, eine Zielkongruenz oder -akzeptanz herbeizuführen.

Menschenbild	Konsequenzen für Führung und Organisation
1. rational economic man Ist in erster Linie durch monetäre Anreize motiviert; ist passiv und wird von der Organisation manipuliert, motiviert und kontrolliert; sein Handeln ist rational; Annahmen der Theorie X.	Klassische Führungsfunktionen: Planen, Organisieren, Motivieren, Kontrollieren und deren Effizienz stehen im Mittelpunkt; Organisation hat die Aufgabe, irrationales Verhalten zu neutralisieren und zu kontrollieren.
2. social man Ist in erster Linie durch soziale Bedürfnisse motiviert; als Folge der Sinnentleerung der Arbeit wird in sozialen Beziehungen am Arbeitsplatz Ersatzbefriedigung gesucht; wird stärker durch soziale Normen seiner Arbeitsgruppe als durch Anreize und Kontrollen des Vorgesetzten gelenkt; Annahmen der Human-Relations-Bewegung.	Aufbau und Förderung von Gruppen; soziale Anerkennung der Mitarbeiter durch Führungskräfte und Gruppe; die Bedürfnisse nach Anerkennung, Zugehörigkeitsgefühl und Identität müssen befriedigt werden; Gruppenanreizsysteme treten an die Stelle von individuellen Anreizsystemen.
3. self-actualizing man Menschliche Bedürfnisse lassen sich in einer Hierarchie anordnen; der Mensch strebt nach Autonomie und bevorzugt Selbst-Motivation und Selbst-Kontrolle; es gibt keinen zwangsläufigen Konflikt zwischen Selbstverwirklichung und organisatorischer Zielerreichung; Annahmen der Theorie Y.	Führungskräfte sind Unterstützer und Förderer (nicht Motivierer und Kontrolleure); Delegation von Entscheidungen; Übergang von Amts-Autorität zu Fach-Autorität; Übergang von extrinsischer Motivation zu intrinsischer Motivation; Mitbestimmung am Arbeitsplatz.
4. complex man Ist äußerst wandlungsfähig; die Dringlichkeit der Bedürfnisse unterliegt einem Wandel; der Mensch ist lernfähig, erwirbt neue Motive; in unterschiedlichen Systemen werden unterschiedliche Motive bedeutsam; Annahmen der Situationstheorie.	Führungskräfte sind Diagnostiker von Situationen; sie müssen Unterschiede erkennen können und Verhalten situationsgemäß variieren können; es gibt keine generell richtige Organisation.

Abb. XIV/1: Konsequenzen unterschiedlicher Menschenbilder für Führung und Organisation

Damit wird die Integration des einzelnen in die Unternehmung, seine Einbindung in das Unternehmungsgeschehen, eine unternehmerische Aufgabe. Sie wird zunehmend ergänzt durch die notwendige Einbindung ("Involvement") externer Anspruchsgruppen, die zumal bei Großunternehmungen ihre Interessen immer hartnäckiger vorbringen und durchsetzen. Das vorliegende Kapitel behandelt demgemäß die Einbindung von Mitarbeitern, das folgende Kapitel XV die der Externen.

(2) Grundmodell der Einbindung: Um die Einbindungsproblematik aufzuhellen, wird ein umfassendes Grundmodell der Einbindung vorgestellt, das die verschiedenen Einbindungsformen integriert und vorhandene Ansätze [vgl. WEINERT 1983, S.228ff; STOLZ/TÜRK 1992] weiterführt. In dem Modell wird die Tatsache berücksichtigt, daß die Integration eines einzelnen in die Unternehmung nicht nur von der Unternehmung selbst geleistet, sondern auch durch Arbeitsgruppen und Einzelpersonen getragen wird. Ausgangspunkt der Erläuterungen zur Einbindung des Individuums ist die Annahme, daß es einer bewußten Gestaltung des individuellen Einbindungsmusters bedarf. Der Rahmen, innerhalb dessen sich die Einbindung vollzieht, ist aus Sicht des Mitarbeiters danach mehr oder weniger fremdbestimmt. Demgegenüber geht das Konzept der **Selbstorganisation** davon aus, daß sich die das individuelle Verhalten steuernden Regeln evolutorisch aus der Interaktion der Individuen herausbilden [vgl. PROBST 1987]. Der Übergang vom Führungsverhalten (Kap. XIII) zur Einbindungsproblematik ist im **Individuum als Einbindungsbasis** zu erblicken (vgl. Abb. XIV/2). Für die Integration eines Mitarbeiters ist allerdings nicht nur das Führungsverhalten des Vorgesetzten, sondern auch das Verhalten anderer Bezugspersonen in der Unternehmung von Bedeutung. Es kommt sehr wohl vor, daß einzelne Kollegen, aber auch Mitarbeiter eine Quelle der Einbindung darstellen. Mit dem Individuum als Bezugsbasis sind also vertikale wie horizontale resp. diagonale Interaktionen von Einzelperson zu Einzelperson angesprochen. Alle diese Beziehungslinien führen zur **personalen Einbindung**.

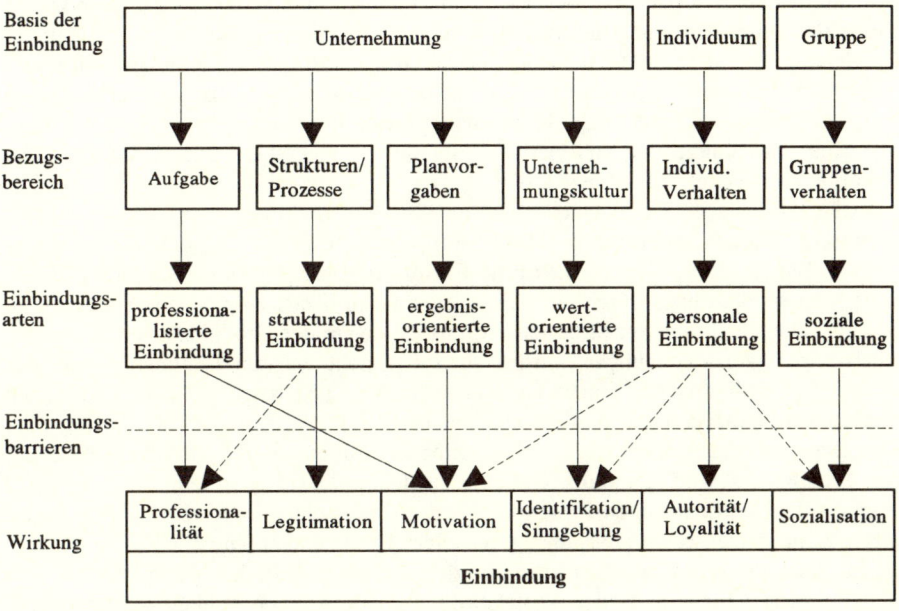

Abb. XIV/2: Grundmodell der Einbindung

Fließende Grenzen existieren zur **Gruppe als Einbindungsbasis**. Das Arbeitsklima in einer Arbeitsgruppe, der "fighting spirit" in einem Entwicklungsteam z.B., können Ansporn und Anreiz für einen einzelnen sein. Gruppendynamische Effekte sind also auch ein möglicher Teil des Einbindungsmusters. Sie repräsentieren die **soziale Einbindung**. Vor allem aber muß die **Unternehmung** selbst einiges zur Einbindung tun. Bezugsbereiche sind die Unternehmungsorganisation ("Aufgaben", "Strukturen/ Prozesse"), die Unternehmungsplanung ("Planvorgaben") und die Unternehmungskultur.

Es entstehen insgesamt sechs verschiedene Einbindungsarten. Die spezifische Ausgestaltung und Kombination (**Einbindungsmuster**) wechselt von Unternehmung zu Unternehmung. Aber auch innerhalb der Unternehmung sind erhebliche Unterschiede zwischen verschiedenen Ebenen und Bereichen möglich. Nicht zuletzt sind auch Differenzierungen je nach Mitarbeiter(gruppe) erforderlich.

Einbindung ist nicht als einseitiger mechanistischer Vorgang, sondern als wechselseitiger Interaktionsprozeß zu begreifen. Aus der Sicht der Unternehmung betrachtet, ergeben sich dabei **Einbindungsbarrieren**, die durch geeignete Maßnahmen abzubauen sind (z.B. Anreizsysteme, Trainingsmaßnahmen). Im Erfolgsfall entsteht die Integration des einzelnen als Wirkung des spezifischen Einbindungsmusters. In Abb. XIV/2 sind hierfür schlagwortartige Kennzeichnungen vorgesehen (z.B. Legitimation, Motivation).

Das Kraftfeld der Mitarbeiterintegration, auf dem sich die im folgenden zu diskutierende Problematik befindet, ist also durch das Dreieck "Unternehmung-Individuum-Gruppe" abgesteckt. Die Einbindungsmuster können im Einzelfall mehr in der einen oder anderen Richtung profiliert sein. Zur Differenzierung ist zunächst ein Rückgriff auf die Unterscheidung transaktionaler und transformationaler Führung möglich. **Transaktionale** Führung konzentriert sich auf Motivation, also ergebnisorientierte Einbindung. Sie kann flankiert werden durch Gruppenprozesse, die der Führer beeinflußt (soziale Einbindung) und durch Arbeitsneugestaltung (professionalisierte Einbindung, strukturelle Einbindung). **Transformationale** Führung zielt dagegen auf Identifikation und Sinngebung (normative Einbindung), unterstützt durch Autorität und Loyalität (personale Einbindung).

Charakteristische Unterschiede besitzen Großunternehmungen einerseits, mittelständische Betriebe andererseits. Die **Großunternehmung** weist regelmäßig ein hohes Maß an Bürokratie auf, die **strukturelle Einbindung** hat also hohe Bedeutung. Flankiert wird sie allerdings durch ein teilweise geradezu bizarr anmutendes Spektrum an Sozialleistungen. Kaum ein Mitarbeiterbedürfnis, das in der Großindustrie nicht unterstützt wird. Werkswohnungen werden ebenso gestellt wie ein Kantinenservice, der nicht selten kulinarisches Hochniveau erreicht. Die angebotenen Freizeitaktivitäten reichen von Sportvereinen, deren Spitzenmannschaften Bundesligaformat haben, über die Pflege von Hobbies bis hin zur allgemeinen Fortbildung aller Art. Der Lebenslauf des Mitarbeiters wird ebenfalls vielfältig begleitet. Die Geburt eines Kindes wird ebenso mit einer finanziellen Zuwendung bedacht wie seine Konfirmation. Der Mitarbeiter kann Spitzenweine preisgünstig bei seiner Firma einkaufen oder Reisen buchen. Für größere Vorhaben, z.B. Hausbau, werden verbilligte Darlehen gewährt.

Auf diesen Feldern ist der **Mittelstand** normalerweise hoffnungslos unterlegen. Seine Einbindungsmuster sind zwangsläufig andere. Er kann dagegen mit abwechslungsreichen, weniger spezialisierten Tätigkeitsfeldern, kürzeren Karrierewegen und mehr individueller Entfaltung werben. Auch die Vorbildfunktion eines Pionierunternehmers, zu dem noch ein persönlicher Kontakt möglich ist, ist nicht zu unterschätzen. Aufgabenbezogene (**professionalisierte**) und **personale** Einbindung sind also typische Schwerpunkte. Sie werden zunehmend geschätzt auf dem Arbeitsmarkt für Fach- und Führungskräfte. Die mehrfach beschriebenen Trends zu kleineren Einheiten und zum Hierarchieabbau, nicht zuletzt die vielfältigen Sparmaßnahmen, werden allerdings auch die Einbindungsmuster der Großindustrie zukünftig verändern.

Auch die Nationalität der Unternehmung spielt eine Rolle. Amerikanische Firmen zeichnen sich stärker durch das Führen mit Zielen (**ergebnisorientierte Einbindung**) und durch die Pflege der Unternehmungskultur (**wertorientierte Einbindung**) aus als deutsche Betriebe.

Einbindungsmuster unterscheiden sich allerdings nicht nur unternehmungs-, sondern auch personen- und gruppenbezogen. Für manchen ist ein bestimmter Vorgesetzter und sind die in ihn gesetzten Erwartungen zentraler Teil der eigenen Berufs- und Karriereplanung. Bei einem Firmenwechsel wechseln daher nicht selten komplette Teams oder Teile eines Leitungsstrangs ("Seilschaften") den Arbeitgeber.

Hochqualifizierte Fachkräfte mit wissenschaftlichen Wertmaßstäben sind eine Berufsgruppe, deren Einbindung sehr stark von der angebotenen Tätigkeit, teilweise auch dem Arbeitsteam, in dem sie tätig sind, abhängt. Für diesen Personenkreis kommt die **professionalisierte** oder die **soziale** Einbindung zum Tragen.

2. Unternehmungsbezogene Einbindungsformen

(1) **Grundmodell individuellen Leistungsverhaltens:** Das Grundmodell der Einbindung zeigt das Spektrum der Einbindungsformen aus Sicht der Unternehmung. Die Menschenbilder verweisen auf Schwerpunkte in den gewählten bzw. zu wählenden Einbindungsmustern. Offen ist noch die Frage nach den Variablen individuellen Verhaltens, die im Rahmen der Mitarbeitereinbindung zu beachten sind. Aus betriebswirtschaftlicher Sicht geht es dabei im Kern um das Leistungsverhalten der Mitarbeiter. Einbindung, in welcher Form auch immer, dient letztlich der Rahmengebung und Zielausrichtung sowie der Stimulierung und Absicherung individueller Leistungserbringung. Daher ist es erforderlich, ein **Grundmodell individuellen Leistungsverhaltens** einzuführen, um diese Zusammenhänge der Einbindung zu erklären. Abb. XIV/3 zeigt ein solches Modell [weiterentwickelt nach STEINLE 1978, KRÜGER 1984]. Ursprünglich entworfen, um Motivationsprozesse zu erklären, die hier als Form ergebnisorientierter Einbindung zu interpretieren wären, ist es mit den vorliegenden Ergänzungen geeignet, alle diejenigen Einbindungszusammenhänge deutlich zu machen, die sich - vereinfacht gesprochen - zwischen dem Unternehmungsganzen und dem Individuum abspielen. Ausgenommen sind also die von anderen Individuen bzw. einer Gruppe ausgehenden Formen der personalen resp. sozialen Einbindung. Sie kommen nur indirekt in dem Schema von Abb. XIV/3 zur Geltung, denn selbstverständlich können z.B. Aufgaben und Werte sowie Anreize von Einzelpersonen und Arbeitsgruppen oder Teams statt von "der Unternehmung" an das Individuum gerichtet werden. Darüber hinaus werden zur Erklärung der personalen und sozialen Einbindung allerdings zusätzliche Wirkungszusammenhänge erforderlich (z.B. Machtausübung), deren Einbezug an entsprechender Stelle erfolgt.

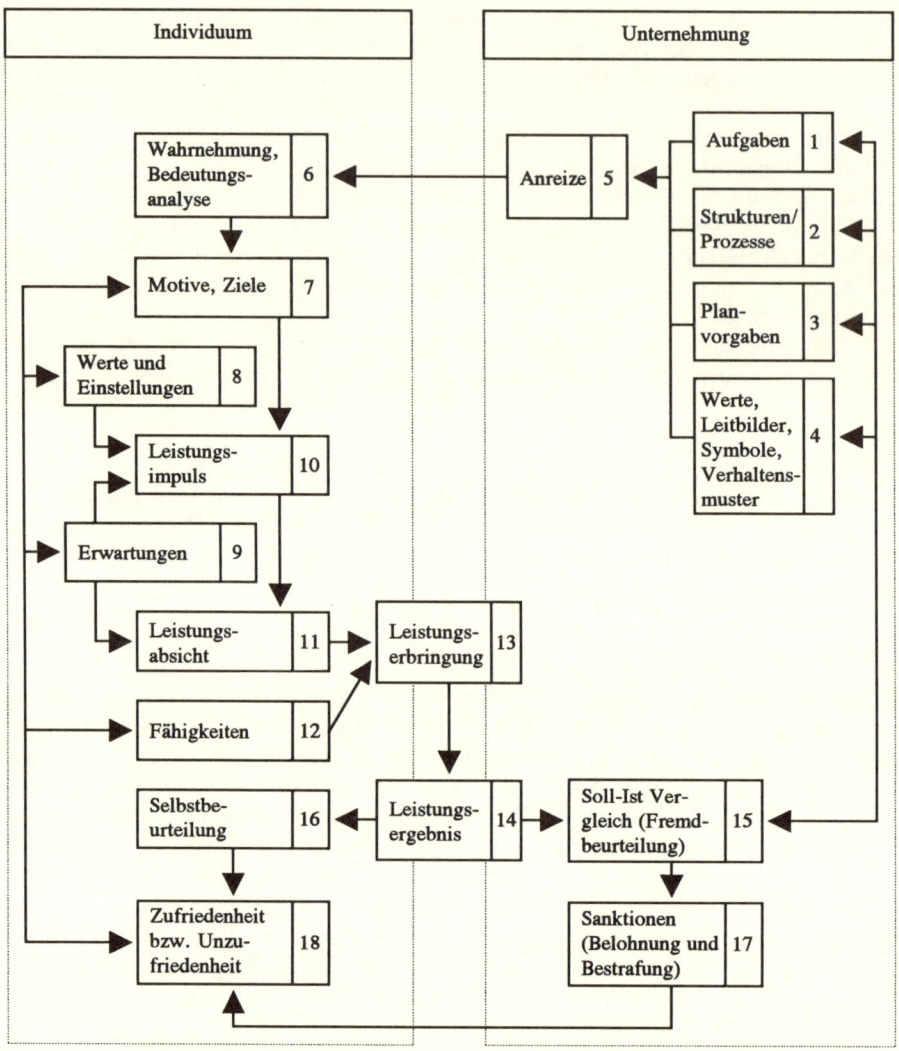

Abb. XIV/3: Grundmodell individuellen Leistungsverhaltens

Die Unternehmung, repräsentiert durch die jeweiligen übergeordneten Instanzen, überträgt dem einzelnen Mitarbeiter **Aufgaben** (1), und sie bindet ihn auf vielfältige Weise in das **organisatorische** (2), **planerische** (3) und **kulturelle** (4) Gefüge und Geschehen ein. Um die Erreichung der damit verbundenen vielfältigen Erwartungen und Vorgaben positiv zu stimulieren, werden **Anreize** (5) eingesetzt.

Dies sind alle in der Umgebung des Individuums liegenden Aufforderungsgehalte, ein bestimmtes Verhalten zu zeigen. Sie können die unterschiedlichsten Inhalte zum Gegenstand haben. Der Aufgabengehalt ist ebenso zu nennen wie Entlohnung, Sozialleistungen, soziale Kontakte und Entfaltung. Die Wertigkeit der verschiedenen Anreize kann sowohl im Zeitablauf als auch in Abhängigkeit von der hierarchischen Stellung variieren. Bei der praktischen Ausgestaltung betrieblicher Anreizsysteme ist eine zunehmende Individualisierung der Anreizgewährung festzustellen, um unter Berücksichtigung unterschiedlicher individueller Präferenzen eine größtmögliche positive Motivationswirkung zu erzielen. Sog. CAFETERIA-Modelle tragen dem Rechnung [vgl. DYCKE/SCHULTE 1986; WEINERT 1992].

Dabei führt die Tendenz zu immer flacheren Hierarchien dazu, daß die Aussichten auf einen hierarchischen Aufstieg als Anreiz schlechter werden. Daher spielen Anreizformen eine immer wichtigere Rolle, die nicht auf hierarchischen Strukturen basieren (vgl. S.90ff.). Anreize aktivieren **Motive** (7), d.h. die latent vorhandenen, aber noch nicht aktualisierten Beweggründe des individuellen Verhaltens. Motive, als weitere Schlüsselvariable des individuellen Verhaltens, sind die persönlichen Antriebskräfte, verstanden als gerichtetes individuelles Verlangen, einen Mangel-, Spannungs- oder Unzufriedenheitszustand (z.B. Hunger, Durst, Unselbständigkeit) zu beheben. In der Literatur existieren unterschiedliche Motivklassifikationen [z.B. nach MASLOW 1970, ALDERFER 1972, HERZBERG 1968]. Hier interessieren solche Motive, die für die Arbeitswelt relevant und die überdauernd vorhanden sind. Eine Übersicht gibt Abb. XIV/4 [ähnlich STEINLE 1978].

Motivklassen	
Leistungsbezug	Motivarten
Leistung und Leistungs- ergebnis als Orientierung:	- Leistungsmotiv
Leistungsfolgen als Orientierung - mit Außenbezug (extrinsisch) z.B.:	- Grundbedürfnisse - Sicherheitsmotive - Statusmotive - soziale Kontaktmotive
- mit Innenbezug (intrinsisch) z.B.:	- Selbstachtungsmotive - Machtmotive - Selbstverwirklichungsmotive

Abb. XIV/4: Motivklassen in der Arbeitswelt

Der Bezug der Motive ist unterschiedlich. Auf die Leistungserbringung und ihr Ergebnis richtet sich das Leistungsmotiv. Die Leistungsfolgen im Hinblick auf ihren Außenbezug (außerhalb des Leistungsprozesses selbst liegend) werden von den sog. **extrinsischen Motiven** angestrebt. Der Innenbezug (innerhalb des Leistungsprozesses liegend) und damit auch die eigene Wertung dominieren bei den **intrinsischen Motiven** [vgl. STAEHLE 1990, S.205ff.; SCHOLZ 1991, S.342ff.; STEINMANN/SCHREYÖGG 1993, S.480ff.]. Die Zuordnung einzelner Motivarten kann durchaus mehrdeutig sein. So berührt z.B. das Machtmotiv, soweit damit Einfluß auf andere verbunden ist, auch den Außenbezug.

Aktivierte Motive führen einen **Leistungsimpuls** (10) herbei. Entscheidend ist allerdings zuvor die **Wahrnehmung** und **Bedeutungsanalyse** (6) der Anreizsituation sowie der organisatorischen, planerischen und kulturellen Komponenten. In der Praxis treten häufig wahrnehmungsbedingte Probleme und Verzerrungen auf. So nehmen z.B. Mitarbeiter im Absatzbereich manche Unternehmungsprobleme anders wahr als ihre Kollegen im Produktionsbereich. Wesentliche Ursachen hierfür sind die unterschiedlichen Werthaltungen. Ingenieure und Techniker sind z.B. häufig auf formelgestütztes Konstruieren, Präzision und hohe Fertigungsqualität ausgerichtet. Marketingspezialisten versuchen, durch Kreativität immer wieder neue Produktideen und neue Marketingkonzeptionen zu entwickeln.

Die Bedeutungsanalyse dient in einem zweiten Schritt dazu, die wahrgenommenen Impulse einzuordnen und auf ihren Gehalt zu prüfen. In Aussicht gestellte "Aufstiegsmöglichkeiten" z.B. müssen in Hinblick auf die damit verbundenen Auswirkungen auf Status, Einkommen, Entfaltungsmöglichkeiten beurteilt werden. Nur wenn den von der Unternehmung gesendeten Impulsen im Lichte individueller Motive, Werte und Einstellungen eine entsprechende Bedeutung zugemessen wird, werden sie akzeptiert und auch verhaltenswirksam.

Wie stark der **Leistungsimpuls** (10), also der in der konkreten Situation wirksame motivatorische Spannungszustand ist, hängt daneben auch von den **Einstellungen und Werten** (8) des Mitarbeiters ab [vgl. KRÜGER 1976; WEINERT 1992]. Der Begriff Einstellung soll ausdrücken, welche Haltung - positiv, neutral oder negativ - ein einzelner gegenüber bestimmten Komponenten seiner Umwelt einnimmt. Die unternehmungsrelevanten Einstellungen sind hier von Interesse. Als spezifische Einstellungen werden im übrigen im Rahmen der personalen Einbindung die Formen der **Autorität** interpretiert. Werte bezeichnen dagegen generelle Vorstellungen von anzustrebenden Zuständen und Verhaltensweisen. Motive als vorrangig persönlichkeitsspezifische Dispositionen und Werte als sozial vermittelte Präferenzmuster prägen die konkreten individuellen **Ziele**, in denen das gewünschte Aktionsergebnis formuliert wird.

Der **Leistungsimpuls** (10) wird des weiteren von den **Erwartungen** (9) beeinflußt. Sie sind wie die Einstellungen als kognitiv-direktive Komponente des Individualverhaltens aufzufassen. Im Kern umschließen sie zwei Fragestellungen:

Für wie wahrscheinlich hält es der einzelne, daß seine Handlungen zum gewünschten Ergebnis führen? Das künftige Leistungsergebnis (14) wird also in den Erwartungen abgeschätzt (Eintrittswahrscheinlichkeit). Wie hoch die Wahrscheinlichkeit sein muß, um motivierend zu wirken, hängt von der Stärke der Leistungsmotivation ab. Hoch erfolgsorientierte Personen zeigen bei mittleren Werten der Eintrittswahrscheinlichkeit die besten Leistungsergebnisse. Die zu einfache Erreichung eines Ziels wird nicht als lohnend, die zu schwierige Erreichung dagegen als aussichtslos empfunden.

Werden die gewünschten Ergebnis-Folgen eintreten (Instrumentalität)? Die durch Leistung hervorgebrachten Ergebnisse (14) stellen Instrumente dar, um in den Besitz von Belohnungen zu kommen, bzw. um Bestrafungen zu vermeiden (17). Auch diese Instrumentalitäten sind mit Unsicherheiten behaftet, bedürfen somit der subjektiven Erwartungsbildung. So muß ein Mitarbeiter z.B. abschätzen, ob ein bestimmtes Leistungsergebnis, nachhaltig erbracht, zu der gewünschten Beförderung führt.

Motive und Individualziele, aktiviert durch wahrgenommene Anreize, unterstützt oder abgeschwächt durch Einstellungen und Erwartungen, ergeben schließlich die

Leistungsabsicht (11). Sie wird um so stärker sein, je positiver die Einstellungen und die Erwartungen sind. Die tatsächliche **Leistungserbringung** (13) ist nun allerdings nicht nur vom (individuellen) Wollen abhängig, sondern auch von den **Fähigkeiten** (12). Die allgemeine Fachqualifikation, bei Führungskräften zusätzlich die Führungsqualifikation, sowie betriebsindividuelle Kenntnisse und Erfahrungen sind hier zu nennen.

Die **Leistungserbringung** (13) umschließt sämtliche aufgabenbezogenen Handlungen, die ein Aufgabenträger durchführt. Sie rufen quantitativ und qualitativ bestimmte **Ergebnisse** (14) hervor. Um die Zielwirksamkeit dieser Ergebnisse festzustellen, erfolgt seitens der Unternehmung eine Kontrolle. Die Kontrollen können sich auf das abschließende Ergebnis, aber auch auf die bei der Leistungserbringung angewandten Verfahren erstrecken (Verfahrens-/Ergebniskontrolle) [vgl. FRESE 1968]. Diese **Fremdbeurteilung** (15) der individuellen Leistung, z.B. durch Vorgesetzte, löst dann positive oder negative **Sanktionen**, also Belohnungen oder Bestrafungen aus (17). Art und Umfang der materiellen (z.B. Leistungslohn) und immateriellen (z.B. Lob/Tadel) Sanktionen wirken auf die **Zufriedenheit** (18) des einzelnen, denn sie bestimmen maßgeblich das Ausmaß der individuellen Bedürfnisbefriedigung. Zufriedenheit entsteht dann durch Erreichung der angestrebten Ziele und Erfüllung der eigenen Erwartungen.

Daneben spielt aber auch die **eigene Beurteilung** (16) eine Rolle. Sie erfolgt auf der Grundlage individueller Motive, Werte, Ziele einerseits, der persönlichen Einstellungen und Erwartungen andererseits. Besonders im Falle intrinsischer Motive, aber auch bei fehlender Fremdbeurteilung, kommt dieser Selbstkontrolle hohe Bedeutung zu.

(2) Professionalisierte Einbindung: Die Analyse der hier typisierend unterschiedenen Einbindungsarten beginnt bewußt bei der professionalisierten Einbindung. Sie fußt auf der **Aufgabe als Bezugsbereich** und liefert damit den bestmöglichen Verbindungspunkt zwischen Individuum und Organisation. Es fügt sich, daß die Aufgaben und ihre Gestaltung nicht nur den zentralen Anknüpfungspunkt organisatorischer Regelungen bilden, sondern zugleich einen Schwerpunkt der Arbeitsmotivation darstellen. Vielfältige empirische Untersuchungen zeigen, daß in der heutigen Arbeitswelt hochindustrialisierter Staaten eine herausfordernde Aufgabe einen hohen Beitrag zur individuellen Motivation leisten kann [vgl. HUMM/GURLIT 1990; STRÜMPEL 1989]. Arbeitsinhalt, Verantwortungsumfang und vorhandene Handlungsspielräume im Rahmen der Aufgabenerfüllung stellen bei dieser Form der Einbindung zentrale Anreize für den Mitarbeiter dar.

In organisatorischen Kategorien ausgedrückt, sind damit Aufgaben, Kompetenzen und Verantwortung einer Stelle angesprochen. Die Gestaltungsmaßnahmen zu ihrer Veränderung sind vielfältig, sie treten an verschiedensten Stellen dieser Schrift auf. Man denke an Veränderungen im Bereich der **Primärstruktur**, so insbesondere an die Möglichkeiten der Delegation und Partizipation, aber auch an die modernen Formen der Arbeitsstrukturierung wie Job Enrichment oder teilautonome Arbeitsgruppen. Außerdem bietet die Mitwirkung in Einheiten der **Sekundärstruktur** erhebliche Möglichkeiten der Motivation, sei es, daß ein Mitarbeiter Projekteinsätze erhält, sei es, daß er an Quality Circles teilnimmt. Für die Organisationspraxis dürfte sich daraus die Notwendigkeit ableiten, die herkömmlichen, **funktionsorientierten Stellenbeschreibungen** zu Stellengruppen- bzw. Tätigkeitsfeldbeschreibungen auszuweiten. Da das Ausmaß an strukturellen Regelungen in der Sekundärstruktur erheblich zurückgenommen ist, müßten sich die Inhalte solcher Beschreibungen stärker auf Leistungsan-forderungen und Rollenerwartungen konzentrieren (**leistungs- bzw. rollenorientierte Beschreibung**) [vgl. KRÜGER 1994].

Bei allen derartigen Maßnahmen erweitert sich der Handlungsspielraum der Mit-arbeiter. Fremdregelungen treten vielfach zurück, die Möglichkeit der Selbstregelung wächst. Davon werden das Leistungsmotiv sowie intrinsische Motive - Selbstachtung, Selbstverwirklichung, Macht - aktiviert.

Professionalisierte Einbindung ist traditionell für Experten- und Spezialistentätig-keit prägend. Eine anspruchsvolle Aufgabe übertragen zu bekommen und sie fach-männisch - professionell also - erledigen zu können, stand dort im Zentrum der Ar-beitsmotivation. Dies gilt mehr oder minder ausgeprägt für ganz unterschiedliche Ka-tegorien von Fachleuten wie z.B. qualifizierte Facharbeiter, Ingenieure, PR-Spezia-listen. Heute sind vergleichbare Motivationslagen weithin anzutreffen und stellen wohl eines der Kennzeichen des "Normalmitarbeiters" dar.

(3) Strukturelle Einbindung: Vom Begriff struktureller Einbindung sollen hier alle Formen organisatorischer Regelungen abgedeckt werden, die über die einzelne Stelle hinausreichen, seien sie aufbau- oder ablauforganisatorischer Art. Detaillierte Kompe-tenzregelungen, z.B. im Funktionendiagramm dokumentiert, zählen ebenso dazu wie Richtlinien, Verfahrensvorschriften und Arbeitsanweisungen, die Standards der Auf-gabenerledigung setzen. Strukturelle Einbindung ist charakteristisch für die sog. büro-kratische Organisation. Mit wachsender Größe der Systeme geht regelmäßig auch ein Anstieg an Bürokratisierung einher. Dies gilt für Unternehmungen ebenso wie für die öffentliche Verwaltung. Strukturelle Einbindung bedeutet aus der Sicht des Mitarbei-ters einerseits, daß er klare Orientierungsrichtlinien und Handlungsanweisungen er-hält, was seine Sicherheitsbedürfnisse befriedigt. Andererseits ist der Handlungsspiel-raum und mit ihm die Befriedigung von Entfaltungsbedürfnissen regelmäßig einge-schränkt. Zur professionalisierten Einbindung besteht also ein Verhältnis wie zwischen kommunizierenden Röhren. Aufgabenerweiterung und -anreicherung lockern die strukturelle Einbindung und umgekehrt.

Strukturelle Einbindung läßt sich auch mit bestimmten Führungskonzepten in Zu-sammenhang bringen, so vor allem mit der "Führung durch Anweisung und Kon-trolle" sowie dem "Harzburger Modell".

Führung durch Anweisung und Kontrolle: "Führung durch Anweisung und Kontrolle" ("Management by Direction and Control", MbDC) ist der zusammenfas-sende Oberbegriff für die traditionelle, eigentlich als überwunden angesehene Form des Führens [vgl. WILD 1972; BAUGUT/KRÜGER 1976]. Sie geht auf die Analyse administrativer Grundsätze und Pflichten zurück, wie sie von TAYLOR und FAYOL be-reits vorgenommen wurde. URWICK hat sie zu einer Systematik der Führungsgrund-sätze weiterentwickelt [vgl. 1943]. Führung durch Befehl (Anweisung) und Kontrolle stellt heute zumindest offiziell eher ein Negativbild dar, dennoch ist seine faktische Verbreitung und damit auch seine praktische Bedeutung außerordentlich groß.

Das Menschenbild, das dem MbDC zugrunde liegt, ist das des "rational economic man", von MCGREGOR als "Theorie X" bezeichnet, im Gegensatz zum selbstver-wirklichungsbetonten Menschenbild, der sog. "Theorie Y" [vgl. 1960]. Hinsichtlich der Motivation und Qualifikation liegen folgende Annahmen zugrunde:

- Mitarbeiter haben eine "angeborene" Abneigung gegen Arbeit,

- vorherrschend sind primär monetäre Bedürfnisse,

- Mitarbeiter sind verantwortungsscheu und verlangen nach Sicherheit,

- Mitarbeiter haben begrenzte Fähigkeiten und Kenntnisse (fehlende "Übersicht").

Weder Delegation noch Partizipation sind im MbDC vorgesehen. Vielmehr herrscht eine extrem ausgeprägte Entscheidungszentralisation ("Alles läuft über meinen Tisch"). Das durch dieses Strukturmerkmal geprägte Führungsverhalten wird üblicherweise als autoritärer Führungsstil bezeichnet. Es liegt also eine **zentralistische Hierarchie**, ein **Inhaltsmuster vom Typ A** vor. Damit ergeben sich im wesentlichen die entsprechenden Vor- und Nachteile (vgl. 71ff.).

Das MbDC trägt vielen Verhaltenskomponenten keine Rechnung. Höhere Motivklassen werden kaum berücksichtigt. Dennoch kann unter bestimmten Bedingungen (Krisensituationen, hohe Sicherheitsmotivation der Mitarbeiter usw.) eine positive Wirkung hinsichtlich der Einbindung erzeugt werden. Führung durch Befehl und Kontrolle kann dann sogar besonders schlagkräftig sein.

Harzburger Modell: Das System des Harzburger Modells (entspricht dem Management by Delegation, MbD) besaß in der Bundesrepublik, beginnend mit 1956 bis in die 70er Jahre eine nicht unerhebliche Bedeutung. Durch die Entwicklungs-, Lehr- und Beratungstätigkeit der Akademie für Führungskräfte der Wirtschaft in Bad Harzburg hat das Modell seine damalige Verbreitung erfahren.

Das Führungsleitbild des MbD [vgl. HÖHN/BÖHME 1977; HÖHN 1987] geht davon aus, daß das Prinzip von Befehl und Gehorsam überholt ist und daß die Initiative und das Mitdenken der Mitarbeiter für die Unternehmung nutzbar zu machen sind. An die Stelle des autoritär-patriarchalischen Führungsstils soll die "Führung im Mitarbeiterverhältnis" treten. Zur Realisierung dieses Konzepts dienen drei Instrumente, die sämtlich von Bedeutung für die Einbindung der Mitarbeiter sind [vgl. STEINLE 1978, S.201f.]:

- Delegation von Verantwortung (dokumentiert in Stellenbeschreibungen),

- Kontrolle (Dienstaufsicht, Erfolgskontrolle),

- Allgemeine Führungsanweisung.

Im Mittelpunkt steht die **Delegation von Verantwortung**. Dabei soll der Mitarbeiter **Handlungsverantwortung** übernehmen. Die **Führungsverantwortung** verbleibt beim Vorgesetzten. Er muß alles kontrollieren, was delegiert worden ist. Mit Hilfe der allgemeinen Führungsanweisung werden die Führungsprinzipien in verbindlicher Form normiert, die z.B. bei der Handhabung der Delegation, beim Informationsaustausch und der Organisation zu beachten sind. Im Kern soll dadurch eine verläßliche Erfüllung delegierter Aufgaben i.S. des Vorgesetzten sichergestellt werden.

Das Harzburger Modell ist stark kritisiert worden. Insbesondere wurden der erhebliche Regelungsumfang und die damit verbundene Starrheit hervorgehoben. Die Hierarchie wird zementiert statt aufgelockert, eine wirkliche Hinwendung zu Kooperation und Partizipation findet nicht statt [vgl. STEINLE 1978, GUSERL 1973]. Immerhin verändert das Harzburger Modell eine strikt zentralistische Hierarchie und führt zum Inhaltsmuster der **delegationsergänzten Hierarchie** (Typ B).

(4) Ergebnisorientierte Einbindung: Eine Schwerpunktverlagerung von organisatorischen zu planerischen Formen bringt die ergebnisorientierte Einbindung. Damit sind alle Vorgaben angesprochen, die im Rahmen von Planungs-, Steuerungs- und Kontrollprozessen generiert, durchgesetzt und kontrolliert werden, also alle Pläne im weiteren Sinne. Konkrete Anknüpfungspunkte sind vor allem Zielvorgaben bzw. Zielvereinbarungen, Budgets, Terminvorgaben, Merkmale des Leistungsergebnisses (z.B. Produktqualität). Das konsequente Führen auf der Basis derartiger Größen setzt die Existenz ausgebauter Planungssysteme und -prozeduren sowie geeigneter Informations- und Kommunikationssysteme voraus. Ergänzend kommen vielfach Anreizsysteme hinzu, die den Ergebnisverantwortlichen bei Erreichung der Ziele vor allem monetäre Anreize bieten (z.B. Prämien, Erfolgsbeteiligung, Kapitalbeteiligung).

Im Mittelpunkt steht nunmehr die **Ergebnisverantwortung** der Mitarbeiter und die Stimulierung ihrer Leistung in Richtung auf dieses Ergebnis durch Anreize. Überdauernde organisatorische Regelungen treten relativ dazu an Bedeutung zurück.

Ein Führungskonzept, das auf ergebnisorientierte Einbindung abzielt, stellt das weitverbreitete "Management by Objectives" (MbO) dar. Es wird in einer autoritären Variante als Führung durch Ziel**vorgabe** und in einer kooperativen Variante als Führung durch Ziel**vereinbarung** interpretiert. Um die Interpretation des Modells offenzulassen, soll hier die neutrale Fassung "Führung durch Ziele" verwendet werden [vgl. FRESE 1971, BLEICHER/MEYER 1976, LATTMANN 1977]. Anders als das Harzburger Modell ist das MbO nicht einheitlich, handbuchartig in der Literatur vorhanden. Sein Inhalt ergibt sich aus einer Reihe verschiedener Veröffentlichungen [vgl. vor allem ODIORNE 1967, HUMBLE 1972, CARROLL/TOSI 1973].

Die Grundorientierung des MbO sieht eine Integration der Unternehmungsinteressen und der Mitarbeiterinteressen vor, sie will **Leistung und Zufriedenheit** gleichermaßen erreichen, um somit eine wirkungsvolle Einbindung zu gewährleisten. Sachliche und humane Ziele werden also als kompatibel angesehen, dies ist eine "grundlegende Prämisse für das Funktionieren des MbO" [BLEICHER/MEYER 1976, S.233], zumindest für seine kooperative Variante, wie man ergänzen müßte. In der kooperativen Variante soll auch die Selbstverwirklichung der Mitarbeiter angestrebt werden [vgl. WILD 1973]. Das Menschenbild ist das eines "mündigen Mitarbeiters", der selbstverantwortlich handeln will und kann und nach der Befriedigung höherwertiger Bedürfnisse strebt (Self-actualizing man, Complex man).

Sachlicher Ausgangspunkt ist die Erkenntnis, daß der Zielkomponente innerhalb von Planungs- und Entscheidungsprozessen eine Schlüsselstellung zukommt. Um die Aktivitäten einzelner Stellen und Abteilungen zu steuern, zu kontrollieren und zu koordinieren, sind **Ziele** erforderlich. Die Formulierung von Unternehmungszielen und die Ableitung von bereichsbezogenen Teilzielen stehen demgemäß im Mittelpunkt des MbO. Das Ergebnis ist ein hierarchisches System von **Ober- und Unterzielen**, das neben die Organisationshierarchie tritt. Der Handlungsspielraum der gesteuerten Einheiten erhöht sich insofern, als die Maßnahmen der Zielerreichung ihrer Entscheidung überlassen bleiben. Auf die Weise sollen die Nutzung und Entfaltung menschlicher Ressourcen ebenso erreicht werden wie eine hohe Leistung.

Dies führt zu einer erheblichen Veränderung des Inhaltsmusters der Hierarchie, verglichen mit den anderen Führungsmodellen. Dezentralisation von Zielerreichungsentscheidungen und partizipatives Fällen der Zielsetzungsentscheidungen bewirken einen deutlichen Hierarchieabbau und führen zur **dezentralistischen Hierarchie (Typ D).**

Die Prozeßorganisation folgt dem **Gegenstromverfahren.** Kaskadenförmiges Herunterbrechen von Zielen (Zielplanung) und stufenweises Entwickeln, Abstimmen und Zusammenfassen der zielerreichenden Maßnahmen im aufwärtsgerichteten Prozeß (Maßnahmenplanung) ergänzen sich. Dabei konzentriert sich das Augenmerk des MbO auf den jährlichen Prozeß der **operativen Planung.** Wie die weiteren Planungsebenen (z.B. strategische Planung) aussehen, bleibt offen. Die Erreichung der Ziele, zu denen nicht nur **Standardziele,** sondern auch **Innovationsziele** und **persönliche Entwicklungsziele** gehören können, wird im Laufe des Jahres überprüft. Diese Ziel-Ergebnis-Analyse kann mit einer **Leistungsbeurteilung** gekoppelt werden und sowohl Anreizgewährung wie Personalentwicklungsmaßnahmen auslösen.

Das MbO ist bei konsequenter Anwendung ein Konzept, das durch die Kombination von "Fordern" und "Fördern" erhebliche Wirkungen entfalten kann, dies sowohl für die Unternehmung wie für den Mitarbeiter. Es kann insbesondere zur Flexibilisierung beitragen, ist aber auch mit dem möglichen Risiko einer Überbetonung der Kurzfristperspektive behaftet. Für den Vorgesetzten wie für den Mitarbeiter stellt es eine besondere Herausforderung dar, denn weder ist es einfach, klare Ziele zu formulieren und anschließend danach zu handeln, noch fällt es leicht, Ziel-Ergebnis-Gespräche und Leistungsbeurteilungen durchzuführen. Ein hohes Maß an persönlicher Flexibilität sowie an Offenheit und konstruktivem Umgang miteinander - ein "mündiges Verhalten" eben - ist beiderseits erforderlich.

Spezialergebnisse bzw. -ziele, denen eine überragende, flächendeckende Bedeutung zugemessen wird, sind häufig Gegenstand besonderer **Programme,** wie dies etwa im Falle des **Total Quality Managements (TQM)** zu beobachten ist. Es geht dabei primär um Qualität als allgemeine Unternehmungseigenschaft, die alle Phasen der Wertschöpfungskette durchdringt und nicht nur um rein technische Fragestellungen der Nachbesserung von Produkten. Dieses umfassende Verständnis macht auch deutlich, daß Qualitätssicherung in diesem Sinne entscheidend von dem Qualitätsbewußtsein des Managements und der Mitarbeiter als Denkhaltung getragen wird. Somit bedarf es zwar auch der Vorgabe konkreter Qualitätsziele, jedoch stellen die Werte und Einstellungen der Menschen das kulturelle Fundament solcher umfassenden Programme dar [vgl. TÖPFER/MEHDORN 1993, S.8ff.].

(5) Wertorientierte Einbindung: Immer mehr Mitarbeiter sehen in ihrer Tätigkeit in einer Unternehmung nicht nur eine Möglichkeit zur Befriedigung primär ökonomischer Bedürfnisse, sondern fragen auch nach Vermittlung übergeordneter Werte. **Werte,** verstanden als explizite oder implizite Auffassungen eines Individuums oder einer Gruppe vom Wünschenswerten, Idealen und Erstrebenswerten [in Anlehnung an KLUCKHOHN 1951, S.395], prägen ganz entscheidend die Wahrnehmung von Leistungsanreizen, -erbringung und -ergebnis. Sie besitzen für das Individuum oder die Gruppe eine verhaltensbezogene, sozial anerkannte Orientierungsfunktion und wirken auch als Wahrnehmungsfilter.

Im Unterschied zu **Einstellungen,** die den Werten nachgelagert sind und ein grösseres Maß an situations- und objektbezogener Konkretisierung aufweisen, sind Werte situations- und objektunabhängig definiert [vgl. STAEHLE 1990, S.157f.]. Einstellungen lassen sich als Ergebnis eines Bewertungsvorgangs interpretieren, in den die Werte des Individuums ebenso eingehen wie seine persönlichen Erfahrungen.

Die von der Mehrheit der Mitarbeiter geteilten Werte ("shared values") bilden zusammen mit weiteren akzeptierten, sichtbaren Attributen (Artefakte, Symbole, explizite Normen, offene Verhaltensmuster) und unsichtbaren Attributen (implizite Normen, Mythen) der Unternehmung das Kernstück der **Unternehmungskultur** oder -philosophie [vgl. SCHEIN 1980, SCHWARZ 1989, KRÜGER 1989b, S.270f.].

Die instrumentelle Nutzung dieser Variablen im Rahmen einer kulturellen (vs. strukturellen) Führung findet ihren Ausdruck in einer **Führungs- oder Managementkultur**/-philosophie. Sie beeinflußt in ihrer spezifischen Ausprägung das Führungsverhalten des Managements und zielt somit unmittelbar auf die einbindende Wirkung kultureller Faktoren ab. Diese Einbindungswirkung ergibt sich vor allem aus einer sinnvermittelnden Identifikationsfunktion [vgl. KRÜGER 1989b, S.274f.; SCHOLZ 1991, S.427; RÜDENAUER 1991, S.121ff.]. In der Literatur wird dieser Aspekt vielfach mit dem Begriff der **transformativen Führung** belegt, der von der **transaktionalen Führung** als Weg-Ziel-Konzept unterschieden wird [vgl. WUNDERER 1990]. Ihren sichtbaren Ausdruck finden diese kulturellen Führungsprinzipien u.a. in sogenannten **Führungsgrundsätzen** oder **Unternehmungsleitbildern** [vgl. BLEICHER 1992], die daneben auch strukturelle und strategische Fragen aufzeigen sowie die Beziehungen zur Unternehmungsumwelt klären [vgl. STAEHLE 1990, S.797; STAEHLE 1991; SCHOLZ 1991, S.395f.]. Die Inhalte können sich auf die in Abb. XIV/5 aufgeführten Bestandteile erstrecken und variieren unternehmungsspezifisch [nach KNEBEL 1982, aus SCHOLZ 1991, S.396]. Entscheidend ist allerdings nicht die schriftlich formulierte, sondern die gelebte Kultur!

Eine stark ausgeprägte Unternehmungskultur führt oftmals zur Entwicklung regelrechter **Glaubensgrundsätze**, die das Verhalten aller Mitarbeiter normieren (vgl. Abb. XIV/5). Die positiven Wirkungen hinsichtlich der Einbindung ergeben sich dabei ohne Unterstützung durch konkrete Handlungsanweisungen, gewissermaßen aus der kulturell fundierten Basis. Implizite (kulturelle) Regelungen übernehmen die bindende und formierende Kraft der expliziten (strukturellen) Regelungen. Dies kann im Grenzfall bis zu einer geradezu totalitär anmutenden und den Charakter einer Gehirnwäsche annehmenden Prägung der Persönlichkeit des einzelnen reichen.

Wie eine entsprechende Unternehmungskultur zum Erfolg von Unternehmungen beitragen kann, zeigen die Beispiele zahlreicher japanischer Gesellschaften, deren Unternehmungskultur als besonders ausgeprägt bezeichnet werden kann [vgl. GRIEPENKERL 1990, SCHNEIDEWIND 1991]. Einige wichtige Wettbewerbsvorteile japanischer Unternehmungen gegenüber deren europäischer und amerikanischer Konkurrenz lassen sich besser erklären und verstehen, wenn man die spezifischen Besonderheiten japanischer Führung vor allem im Bereich der kulturellen Führung berücksichtigt. In diesem Zusammenhang ist besonders auf das in der Tendenz stark vereinheitlichte und auf eine starke Bindung zwischen Unternehmung und Mitarbeiter ausgerichtete Wertesystem japanischer Vorgesetzter und Untergebener hinzuweisen, das Höchstleistungen wie z.B. im Bereich der Produktentwicklung und des Total Quality Managements unterstützt.

Grundsätze des Unternehmens
wirtschaftlicher Erfolg,
soziale Verpflichtung,
partnerschaftliche Zusammenarbeit,
Unternehmensziele, Bereichsziele, Stellenziele

Übertragen von Aufgaben und Befugnissen
Organisation, Aufgabenzuordnung,
Dienstanweisungen, Vollmachten

Aufgaben und Pflichten des Vorgesetzten
Einführungsverantwortung, Risikobereitschaft,
Zielsetzung, Motivation der Mitarbeiter,
Dienstaufsicht, Entlohnung, Arbeitssicherheit,
Zusammenarbeit, Diskussionsregelung

Aufgaben und Pflichten der Mitarbeiter
Arbeit am Unternehmenserfolg ausrichten,
Verhalten gegenüber Kunden und Öffentlichkeit,
Verzicht auf Rückdelegation, Initiative, Mitverantwortung

Führungsmittel und Führungstechniken
Entscheidungsbefugnisse, Führungsstil,
Stellenbeschreibungen, Organigramme, Dienstweg,
Mitarbeiterbeurteilung, Mitarbeiterförderung

Abb. XIV/5: Inhalte von Führungsgrundsätzen

Deutsche Unternehmungen bemühen sich ebenfalls teilweise intensiv um eine eigenständige Unternehmungskultur und deren Umsetzung in der Personalführung, so z.B. **BMW** mit der **werteorientierten Personalpolitik**, die ihren Ausdruck u.a. in 13 sogenannten Handlungsmaximen findet (vgl. Abb. XIV/6). Die Inhalte und Bezugsbereiche dieses "dynamischen Normensystems" reichen von allgemeinen Führungs-, Verhaltens- und Zusammenarbeitsgrundsätzen bis zu Formulierungen und Bekenntnissen, die das Selbstverständnis der gesamten Unternehmung im ökonomischen, aber auch politischen Umfeld betreffen.

Handlungsmaxime 1: Jede Führungsebene hat eine Vorbildfunktion für die nachgeordneten hinsichtlich der Realisierung der Unternehmensziele und -strategien durch Effizienz des Arbeitseinsatzes, Sparsamkeit und Mitteleinsatz sowie konstruktive Zusammenarbeit.

Handlungsmaxime 2: Das Unternehmensinteresse geht vor Ressortinteressen: bei jeder Einzelentscheidung sind die Gesamtkonsequenzen zu berücksichtigen.

Handlungsmaxime 3: Exzellent führen erfordert die volle Identifikation mit dem Unternehmen.

Handlungsmaxime 4: Entscheidungen oder Beschlüsse sind intelligent auszuführen, sie sind aber auszuführen.

Handlungsmaxime 5: Konstruktive Kritik zu üben und zu ertragen ist Pflicht jedes Mitarbeiters.

Handlungsmaxime 6: Probleme lösen - nicht Schuldige suchen.

Handlungsmaxime 7: Jeder darf Fehler machen - nur nicht zu viele und vor allem nicht den Fehler, ihn zum Schaden des Unternehmens zu verschleiern.

Handlungsmaxime 8: Die Kompetenz der anderen, der Fachstellen anerkennen, heißt auch, konstruktives Hinterfragen anderer Fachstellen akzeptieren und kompetent beantworten.

Handlungsmaxime 9: Beherrschbare Risiken eingehen.

Handlungsmaxime 10: Leistung verlangt Gegenleistung.

Handlungsmaxime 11: Nur der Kunde entscheidet über die Güte unserer Leistungen.

Handlungsmaxime 12: BMW muß für alle externen Beziehungen als kompetenter, fairer, verläßlicher Partner gelten.

Handlungsmaxime 13: Gültige Gesetze und Vorschriften werden von BMW erfüllt; eine Beeinflussung erfolgt nur im Rahmen der geltenden Spielregeln.

Abb. XIV/6: Handlungsmaximen der BMW AG

Kultureller Wandel, wie er mit der Formulierung von Leitbildern, Handlungsmaximen u.ä. angestrebt wird, vollzieht sich allerdings allmählich und läßt sich noch weniger als andere Formen des Wandels von oben verordnen. Die Ergebnisse des KOMPASS-Projekts legen den Schluß nahe, daß die Unternehmungsphilosophie und -kultur eher am Ende als am Anfang einer Unternehmungstransformation stehen kann [vgl. KRÜGER 1989a]. Für die Unternehmungen und ihre "Kulturpolitik" ergeben sich zwei Hauptprobleme: Zum einen ist eine Abstimmung der Unternehmungskultur mit den (sich wandelnden) Werten der Mitarbeiter und der Unternehmungsumwelt erforderlich. Eine stark ausgeprägte Kultur kann zwar als Schwungrad wirken, wenn sie situationsangepaßt ist, aber auch zum Hemmschuh werden, wenn der situative fit nachläßt. Im Extremfall können Kulturen ebenso versteinern wie Strukturen (vgl. Abb. XIV/7). Zum anderen weist die Kultur zahlreiche Wechselwirkungen zu anderen Erfolgsfaktoren auf, und dementsprechend muß eine sorgfältige Abstimmung mit Strukturen, Prozessen, Systemen und Realisationspotentialen erfolgen. Besonderes Augenmerk ist auch auf die Wechselwirkungen zwischen Werten, Autoritätsformen und Inhaltsmuster der Hierarchie zu richten [vgl. KRÜGER 1989c]. Daraus ergeben sich auch Querverbindungen von der wertorientierten Einbindung zu anderen Einbindungsformen, insbesondere der strukturellen.

Die UK ist:	zeitgerecht	nicht zeitgerecht
stark ausgeprägt	"Schwungrad"	"Versteinerung"
schwach ausgeprägt	"laues Lüftchen"	"Hemmschuh"

Abb.XIV/7: Mögliche Wirkungen der Unternehmungskultur (UK)

3. Personale Einbindung

(1) **Interaktionsbezug der personalen Einbindung:** Die personale Einbindung basiert auf der Interaktion von Einzelpersonen. Die Interaktionsleistung wird also von einzelnen Vorgesetzten, Kollegen oder Mitarbeitern erbracht. In vertikaler Hinsicht bildet die Personalführung den Hintergrund der Einbindung. Viele personenbezogene Aktivitäten eines Vorgesetzten lassen sich mit der Einbindungsproblematik in Zusammenhang bringen. Das Führungsverhalten, wie in Kap.XII beschrieben, ist zugleich prägend für den "Einbindungsstil", also die konkrete Ausformung der personalen Einbindung. Autoritäre Vorgesetzte nehmen ihre Einbindungsaufgabe offenkundig anders wahr als kooperative.

Auch wenn dem oder den Vorgesetzten eines Mitarbeiters eine herausgehobene Rolle im Rahmen der personalen Einbindung zukommt, sind doch die horizontalen und diagonalen, aber auch die vertikal aufwärtsgerichteten Interaktionen nicht zu unterschätzen. Einzelne Kollegen, aber auch Mitarbeiter eines Aufgabenträgers können sehr wohl zur personalen Einbindung beitragen.

Einbindungsprozesse sind in jedem Fall durch Beeinflussung gekennzeichnet, sie sind Einflußprozesse. Dies ist ihre gemeinsame Charakteristik, gleichgültig, ob sie horizontal oder vertikal verlaufen. Einflußlinien können in alle organisatorische Richtungen laufen. Schlüsselgrößen und damit zugleich Einbindungsmechanismen, die hier zu behandeln sind, stellen die Phänomene **Macht** und **Autorität** dar. Macht und Autorität sind zwar nicht nur zur Einbindung einsetzbar, aber umgekehrt ist eine personale Einbindung ohne ihren Einsatz kaum möglich. Die Akzeptanz oder Nichtakzeptanz von Beeinflussungsversuchen sowie die dabei auftretenden **Konflikte** verweisen auf mögliche **Einbindungsbarrieren**.

(2) Macht als Einbindungsmechanismus: Die Begriffe Einfluß und Macht werden hier synonym gebraucht. **Macht** bedeutet die Möglichkeit von Personen(gruppen), auf das (die) Handlungsfeld(er) anderer Personen(gruppen) einzuwirken [vgl. KRÜGER 1976, KRÜGER 1992]. Im wesentlichen geht es immer darum, daß ein Aktor (A) als Beeinflusser versucht, einen Aktor (B) als Beeinflußten zu einem bestimmten Verhalten zu veranlassen. Die Möglichkeit, Einfluß auszuüben und somit auch Mitarbeiter einzubinden, beruht auf der Verfügbarkeit von bestimmten Machtbasen. **Machtbasen** (Machtgrundlagen, Machtquellen) sind alle Ressourcen im weitesten Sinne, die ein Beeinflusser einsetzen kann, um den Beeinflußten zu einem gewünschten Verhalten zu veranlassen. Sie werden in ihrer Ausprägung von verschiedenen externen Rahmenbedingungen beeinflußt und stehen in Wechselwirkung zueinander (vgl. Abb. XIV/8). Man kann drei Quellen der Macht in der Unternehmung unterscheiden, die zu unterschiedlichen Machtformen führen können [vgl. zum folgenden KRÜGER 1992].

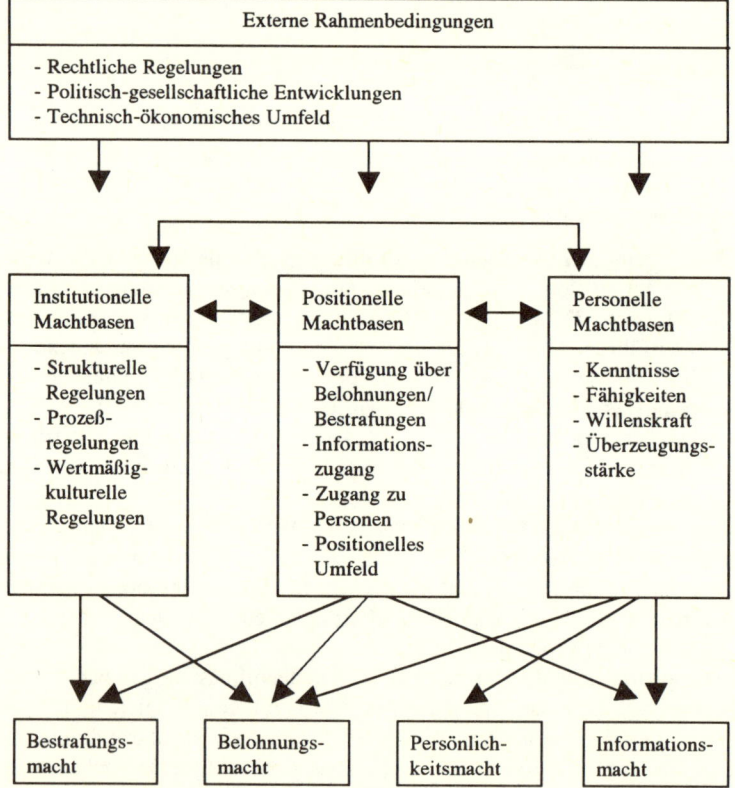

Abb. XIV/8: Machtbasen und Machtentstehung

Einflußrelevante Kenntnisse und Fähigkeiten weisen einen engen Personenbezug auf und prägen z.B. maßgeblich die Macht von Experten. Im Ergebnis entsteht die **Informationsmacht**, der eine herausragende Bedeutung für die Arbeitswelt zukommt. Ebenfalls an die Person gebunden ist die **Persönlichkeitsmacht**, die u.a. Willenskraft und Überzeugungsstärke als machtrelevante Ressourcen einsetzt. Die **Belohnungsmacht** hingegen basiert, organisatorisch gesehen, zunächst auf der Position eines Stelleninhabers. Sanktionen (Belohnung und Bestrafung) materieller (z.B. Geld, Sachgüter) und immaterieller (z.B. Lob, Anerkennung, Tadel) Art kommen in diesem Zusammenhang eine wichtige Bedeutung zu. Der teilweise an die Position gebundene Zugang zu Informationen berührt auch die Informationsmacht. Institutionelle Machtbasen konstituieren maßgeblich die **Bestrafungsmacht**, aber auch die **Belohnungsmacht**. An dieser Stelle wird der Zusammenhang von struktureller, personaler und wertmäßiger Einbindung sichtbar. Die strukturelle Einbindung des einzelnen, z.B. eines Vorgesetzten, sichert ihm bestimmte institutionell abgestützte und positionell verankerte Machtbasen. Diese wiederum benutzt er im Rahmen der personalen Einbindung, z.B. seiner Mitarbeiter und Kollegen. Unterstützt wird die Beeinflussung ggf. durch die vorhandene Unternehmungskultur.

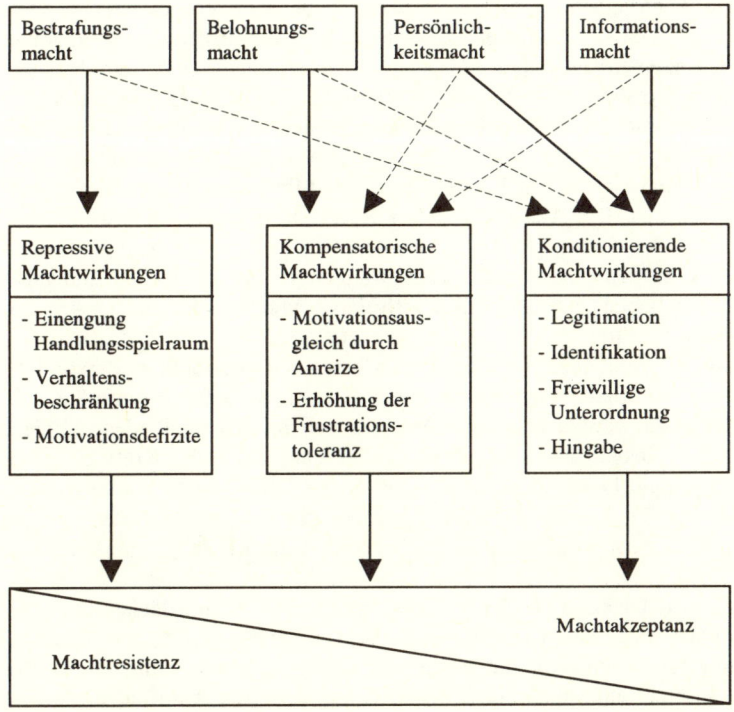

Abb. XIV/9: Machtwirkungen

Die **Machtwirkungen** können, auf die Person des Beeinflußten bezogen, in repressive, kompensatorische und konditionierende Wirkungen unterteilt werden, die auf unterschiedliche Machtformen zurückgehen [ähnlich GALBRAITH 1987].

Die Reaktionen beim Beeinflußten hängen von den eingesetzten Machtformen und den daraus abgeleiteten Machtwirkungen ab. Sie können in Form eines Resistenz-Akzeptanz-Kontinuums beschrieben werden. Repressive Machtwirkungen sind c.p. mit den größten Widerständen verbunden, wogegen eine Konditionierung zu hoher Akzeptanz führt (vgl. Abb. XIV/9). Je höher die Machtakzeptanz, desto enger und fester die Einbindung des Betreffenden.

(3) Autorität als Einbindungsmechanismus: Eine erhebliche Bedeutung für die Verhaltensweisen des Beeinflußten bzw. Einzubindenden besitzen seine Einstellungen gegenüber dem Beeinflusser bzw. Einbindenden. Sie drücken sich im Vorgesetzten-Mitarbeiterverhältnis als **Autorität** des Vorgesetzten aus. Ein Vorgesetzter besitzt dann Autorität, wenn der Mitarbeiter positive Einstellungen gegenüber bestimmten Einflußformen und -quellen besitzt. Hohe Autorität wirkt wie ein **Machtmultiplikator.**

Fragen der Autorität sind also auch als Probleme der Einstellung zu interpretieren [vgl. KRÜGER 1989c, S.96ff.]. Für organisatorische Zwecke lassen sich die Formen der **formalen Autorität** und der **personalen (funktionalen) Autorität** unterscheiden. Personale Autorität kann jede Einzelperson besitzen, auch ohne Vorgesetzter zu sein. Den allgemeinen Rahmen der formalen Autorität bilden die **institutionsbezogenen** Einstellungen des einzelnen. Negative und positive Einstellungen zum Betrieb insgesamt und zum Regelsystem des Betriebes (strukturelle und kulturelle Regelungen) schlagen sich auch in interpersonellen Beziehungen nieder. Im Vordergrund der formalen Autorität steht jedoch die **positionsbezogene** Autorität (**Amtsautorität**) des Beeinflussers. Sie drückt sich in den Einstellungen der Mitarbeiter zu den Kompetenzen des Vorgesetzten aus. Die Akzeptanz dieser Rechte bzw. der Glaube an die Berechtigung zur Einflußausübung erleichtert es dem Vorgesetzten erheblich, seinen Einfluß zur Geltung zu bringen. Positive Einstellungen zu institutionellen und positionellen Machtbasen lassen sich auch als **legitimierte Macht** bezeichnen. Amtsautorität ist legitimierte Macht.

Die **personale** Autorität beruht dagegen zum einen auf bestimmten **Persönlichkeitsmerkmalen** oder Verhaltensweisen des Beeinflussers, die vom Beeinflußten besonders positiv bewertet werden und mit denen sie sich im Grenzfall identifizieren. Die in der Praxis zu beobachtende suggestive oder charismatische Kraft einzelner Menschen stellt u.a. eine Form personaler Autorität dar. Zum anderen können auch die **Fähigkeiten** des einzelnen zur Quelle seiner personalen Autorität werden (**Fachautorität**). Hier ist insbesondere an die Fach- und die Führungsqualifikationen zu denken.

Macht und Autorität weisen im Bereich der Machtbasen Schnittflächen auf. Der Unterschied zwischen Machtbasen und Autorität liegt allgemein darin, daß Machtbasen Ressourcen darstellen, über die ein Beeinflusser aktiv verfügen kann, die er also als Machtmittel einsetzen und auch verbrauchen kann, wogegen Autorität die innere Einstellung der Beeinflußten zu eben diesen Mitteln betrifft. Um es an einem extremen Beispiel deutlich zu machen: Eine Pistole in der Hand vermittelt Macht, aber nicht ohne weiteres Autorität.

Interessant sind die Zusammenhänge zwischen Autorität und Organisationsstruktur. Die Besetzung einer Stelle räumt dem Stelleninhaber eine Reihe von Rechten ein und kann ihm somit Amtsautorität verleihen. Zumindest die beanspruchte (Amts-) autorität wächst regelmäßig mit steigendem Rang in der Hierarchie. Oft wächst auch der Respekt vor dem Amt, da der Kompetenzumfang mit der Ranghöhe wächst. Unterstützt wird dieser Zuwachs an Respekt durch die teils erhebliche soziale und persönliche Distanz zwischen oberen und unteren Ebenen.

Anders ist dies im Falle der personalen Autorität, die analytisch gänzlich unabhängig von der Ranghöhe ist. Eine Zunahme personaler Autorität mit steigender Ranghöhe kann aber dann zustande kommen, wenn die durch die Persönlichkeit oder Qualifikation des jeweiligen Vorgesetzten repräsentierten Werte quasi mit dessen hierarchischem Rang gewichtet werden. So ist z.B. regelmäßig zu beobachten, daß ein Argument um so stärker beachtet wird, je höher die Position des Argumentierenden ist. Der Respekt vor dem Amt beeinflußt den Respekt vor dem Amtsinhaber, indem er als wahrnehmungsbedingter Verstärker personaler Autorität wirkt ("Das Amt trägt den Mann"). Dieser Zusammenhang gilt aber nur für den Fall, daß Mitarbeiter die betreffenden Werte akzeptieren bzw. sich mit ihnen identifizieren. Entsteht zwischen Hierarchieebenen eine Divergenz von Werten, hat dies eine Verringerung personaler Autorität zur Folge.

Werden einem Vorgesetzten Kompetenzen entzogen, so muß er zugleich auch einen Autoritätsverlust fürchten. Dies wirkt umso gravierender, je weniger er sich auf personale Autorität stützen kann. Die personale Autorität wiederum ist schwerer zu gewinnen und aufrechtzuerhalten. Soweit sie nicht auf unveränderbaren Persönlichkeitsmerkmalen beruht, unterliegt sie einer "Abnutzung", da zum Beispiel die Qualifikation veraltet. Personale Autorität bedarf daher ständiger "Auffrischung", um wirksam zu bleiben.

Dieser (vermutete) Wirkungszusammenhang stellt ein Kernproblem der Delegation und Partizipation dar und dürfte einem Wandel der Hierarchie oft entgegenstehen. Jede Veränderung der zentralistischen Hierarchie (Typ A) in Richtung auf andere Inhaltsmuster wird davon berührt. Furcht und Widerstand oberer Instanzen finden hier eine Erklärung.

Empirische Untersuchungen zeigen dagegen, daß Untergebene nicht in erster Linie wegen zu erwartender Sanktionen oder wegen des Sachverstandes oder der Beliebtheit des Vorgesetzten Gehorsam leisten. Die Amtsautorität und die personale Autorität nehmen also nicht den ersten Rangplatz ein. "Die wichtigsten Grundlagen der Autorität von Vorgesetzten liegen in den sachlichen Erfordernissen eines reibungslosen Funktionierens der Betriebs- und Arbeitsabläufe einerseits und der normativen Verpflichtung gegenüber dem Wertsystem und den Regelungen des Unternehmens, sei es als Institution schlechthin oder als konkrete Firma andererseits." [ZÜNDORF/ GRUNT 1980, S.129].

Dieser breit abgesicherte empirische Befund gilt für Unternehmungen verschiedener Länder und Wirtschaftssysteme. Er weist nach, daß sich die Entscheidungsakzeptanz der Mitarbeiter vor allem auf die institutionsbezogenen Einstellungen (Einstellungen zum Betrieb sowie zum betrieblichen Regelsystem) gründet. Diese Einstellungen aber dürften sich kaum zuungunsten des Vorgesetzten entwickeln, wenn organisatorische Maßnahmen der Delegation und Partizipation erfolgen. Die Akzeptanz des Regelsystems müßte im Gegenteil steigen, wenn sich die Regeln zugunsten des Handlungsspielraums der Mitarbeiter verändern, die Selbstregelungsmöglichkeiten also zunehmen. Die Furcht der Vorgesetzten vor Autoritätsverlust basiert insofern u.U. auf einem überholten Autoritätsverständnis.

Insgesamt wird deutlich, daß sich Organisationswandel und Einstellungsänderungen gegenseitig bedingen. Ein gestalteter Wandel, z.B. der Hierarchie oder der Arbeitsstrukturen, muß von einem Einstellungswandel begleitet werden.

Außerdem zeigt sich auch an dieser Stelle die Bedeutung individueller und unternehmungsbezogener Werte. Die Akzeptanz der Unternehmungsphilosophie und -kultur schafft Autorität. Umgekehrt kann bereits ein Wertewandel bei sonst unveränderten Bedingungen zum Autoritätsverlust führen. Diese Erosion positiver Einstellungen wird vor der Person des Amtsinhabers nicht halt machen, sofern dieser die "alten Werte" unverändert zu verkörpern sucht. Derartige Verluste an Autorität erklären zu einem nicht geringen Teil die Lähmungserscheinungen, die im mittleren Management auftreten, wenn das Vertrauen in die Unternehmungsspitze verlorengeht. Zugleich steigt die Bereitschaft, denjenigen zu folgen, die "neue Werte" repräsentieren. Es entsteht ein Potential **"latenter Autorität"** [KRÜGER 1989c, S.92ff.]. Dieses Potential trägt dann erheblich zu dem Schwung bei, den ein Wechsel an der Unternehmungsspitze häufig auslöst.

Interpersonelle Konflikte (Auswahl)	
Zielkonflikte:	Konkurrierende oder antinomische Zielvorstellungen mehrerer Parteien. (Bsp.: Sollen Marktanteile gehalten oder ausgeweitet werden?)
Beurteilungskonflikte:	Die Zielwirksamkeit von Entscheidungsalternativen oder die Eintrittswahrscheinlichkeit von Ereignissen resp. Ergebnissen werden unterschiedlich beurteilt. (Bsp.: Soll die Werbung verstärkt oder das Produkt verändert werden? Wird der Konjunkturverlauf gleichbleiben oder sich verbessern?)
Durchsetzungskonflikte:	Spannungen zwischen Entscheidungsträgern und Realisationsträgern. (Bsp.: Die Werksniederlassungen akzeptieren nicht den von der Zentrale vorgegebenen Jahresplan.)
Verteilungskonflikte:	Konkurrenz oder Antinomie bei der Aufteilung von Ressourcen auf einzelne Stellen, Abteilungen oder Projekte. (Bsp.: Welcher Investitionsantrag soll genehmigt, welcher abgelehnt werden?)
Kompetenzkonflikte:	Gegensätze aufgrund unklarer oder fehlender Kompetenzen. (Bsp.: Die Niederlassungsleiter wünschen ein stärkeres Mitspracherecht bei der Jahresplanung gegen den Widerstand der Geschäftsleitung.)

Abb. XIV/10: Ausgewählte Konfliktarten

(4) Konflikte: Autorität ist der positive Bereich der Einstellungen, sie ist Machtakzeptanz. Das Verhalten von Beeinflußten gegenüber Beeinflussungsversuchen umschließt allerdings genauso auch negative Einstellungen (Resistenz). In solchen Fällen kommt es zu **intrapersonellen** oder/und **interpersonellen** Konflikten [vgl. KRÜGER 1972].

Konflikte werden hier als Spannungen innerhalb und zwischen Personen verstanden. Sowohl intra- als auch interpersonelle Konflikte können die Einbindung eines Mitarbeiters in die Unternehmung be- oder sogar verhindern. Wichtige sachbezogene Konfliktformen sind in der Übersicht von Abb. XIV/10 zusammengestellt [vgl. KRÜGER 1983, S.454].

Konflikte lassen sich nur zum Teil beseitigen i.S. einer endgültigen Lösung, ansonsten lediglich reduzieren oder vermeiden. Konfliktfreiheit muß nicht notwendigerweise effizient und effektiv, Konfliktträchtigkeit nicht notwendigerweise unerwünscht sein. Die Konflikthandhabung muß demgemäß so angelegt sein, daß ein möglichst konstruktiver Umgang mit der Spannung möglich wird. Von der Art der Konflikthandhabung hängen die Auswirkungen des Konflikts ab. Unproduktive Wirkungen sind mit Reibungsverlusten, Blockaden, Pattsituationen und persönlichem Streß verbunden. Produktive Wirkungen sind die Stimulierung von Anpassungsfähigkeit und Innovation.

4. Soziale Einbindung

Den Bezugsbereich der sozialen Einbindung stellt die **Gruppe** dar. In der Literatur gibt es eine Vielzahl von Definitionen, die sich jeweils durch unterschiedliche konstitutive Merkmale des Begriffs "Gruppe" auszeichnen [vgl. WUNDERER/GRUNWALD Bd.2 1980, S.203; STAEHLE 1990, S.242f.]. An dieser Stelle sollen unter Gruppen **Personenmehrheiten** verstanden werden, die über **längere Zeit** oder auch nur **vorübergehend** in einem besonders häufigen und intensiven **Kontakt stehen**, woraus sich ein **Zusammengehörigkeitsgefühl** entwickelt.

Dieses Zusammengehörigkeitsgefühl, auch als Kohäsion bezeichnet, ist von entscheidender Bedeutung für die Einbindung von Mitarbeitern über Gruppen in die Unternehmung und findet seinen positiven Ausdruck in einem Teamgeist. Ein umfassendes Modell zur Beschreibung des Gruppenverhaltens ist in Abb. XIV/11 dargestellt [ähnlich HILL/FEHLBAUM/ULRICH 1989].

Seitens der **Unternehmung** (1) werden zur Aufgabenerfüllung **Vorgaben** für den einzelnen (2) formuliert, wie bereits aus der Analyse des individuellen Verhaltens bekannt. Sie wirken auf die Persönlichkeitsvariablen, das sog. **Psychosystem** der Gruppenmitglieder (4) ein, welches durch deren individuelle Ziele, Motive, Einstellungen und Erwartungen bestimmt ist. Außerdem kommen auch gruppeninterne **Rollenanforderungen** und **Sollvorgaben** (7) auf das Individuum zu. Rollen wie die des "Tüchtigsten", des "Beliebtesten", des "Außenseiters" usw. entwickeln sich. Daß aus einer möglichen Unvereinbarkeit dieser Vorgaben untereinander oder mit den Individualzielen auch Konflikte resultieren können, sei angemerkt.

Aufgrund kognitiver und motivatorischer Prozesse, wie sie bei der Beschreibung des individuellen Verhaltens bereits skizziert wurden, ergibt sich das jeweilige **Verhalten** der einzelnen Gruppenmitglieder (5). Das **Zusammenwirken** der Gruppenmitglieder untereinander (6) unterliegt ebenso wie deren individuelles Verhalten **gruppenexternen** (3) und **-internen** (8) **Einflüssen**. Externe Vorgaben für ein Projektteam sind z.B. bestimmte Leistungs- und Terminziele oder die Aufgaben- und Kompetenzverteilung zwischen den Gruppenmitgliedern. Zugleich bilden sich aber auch **gruppeninterne Auffassungen** über die Interaktion heraus (8). So ist z.B. bekannt, daß Gruppen u.a. zur Formulierung interner Leistungsstandards tendieren. Sie können durchaus im Widerspruch zu den externen Erwartungen stehen, so z.B., wenn ein Projektteam den extern vorgegebenen Zeitplan als unrealistisch ansieht und ihn intern modifiziert. Das mangelnde Abstimmen gruppeninterner und -externer Vorstellungen ist ein Grund dafür, daß manche Projekte eine andere Entwicklung nehmen als angestrebt oder gar steckenbleiben.

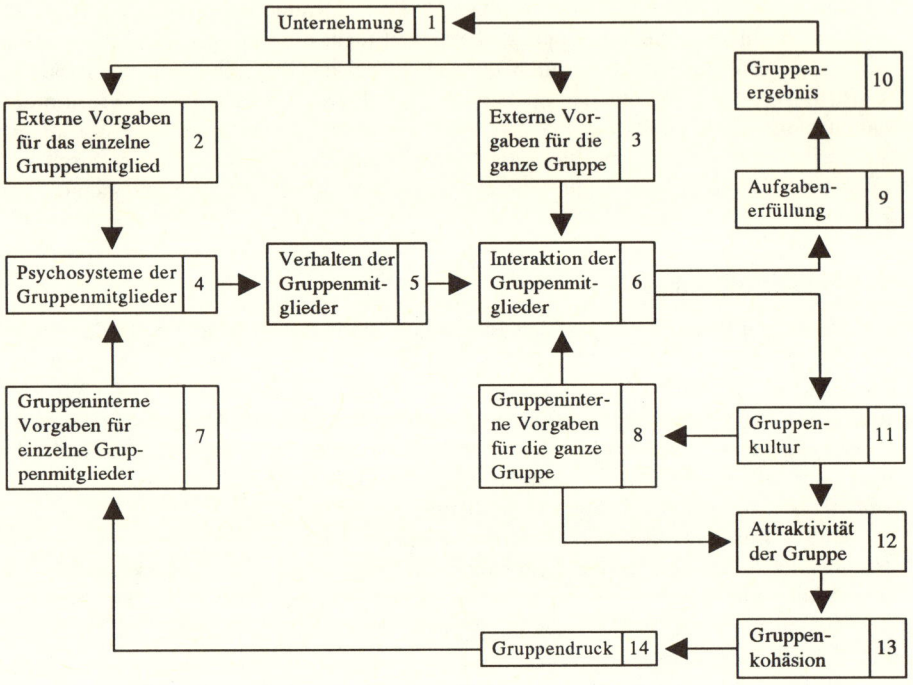

Abb. XIV/11: Modell des Gruppenverhaltens

Die Interaktion der Gruppe ist eine Kombination einzelner Beiträge der Gruppenmitglieder. Im Falle konvergenter Handlungen ergibt sich die Problemlösung daraus unmittelbar. Im Falle divergierender Beiträge treten gegenseitige Beeinflussungsprozesse in Form von Aushandlungs- und Abstimmungsprozeduren auf. Der Interaktionsprozeß führt zur **Aufgabenerfüllung** (9) und zu einem bestimmten **Gruppenergebnis** (10). Daraus ergibt sich über Kontrollprozesse die Rückkopplung zur Unternehmung. Aber auch auf die Gruppe selbst hat die Interaktion Einfluß. Aufgrund gemeinsamer Erfahrungen und mancher individuellen Übereinstimmungen bilden sich sozio-emotionale Stimmungen wie Haltungen, Präferenzen und Wertungen aus, die in ihrer Gesamtheit als **Gruppenkultur** (11) bezeichnet werden. Die Gruppenkultur wirkt auf die gruppeninternen Vorgaben zurück. Sie prägt außerdem durch die Anreize, die eine Gruppe einem einzelnen bietet, die **Gruppenattraktivität** (12). Nicht zuletzt ist das Ausmaß an Zusammenhalt einer Gruppe (**Gruppenkohäsion**) Ausdruck der Gruppenkultur (13). Die Gruppenkultur fördert also den Zusammenhalt und schafft Identifikationsmöglichkeiten. Die damit erreichbare Koordination und Integration kann effizienter sein als die durch Weisungen der Vorgesetzten oder Verfahrensrichtlinien. Sie trägt somit entscheidend zur Einbindung des Mitarbeiters in die Unternehmung über die Gruppe bei. Andererseits gerät eine homogene Gruppe in Gefahr, Probleme und Informationen nur noch eingeschränkt wahrzunehmen, nur noch wenige Alternativen zu generieren und auf die Weise sehr einseitige Entscheidungen zu treffen. Es kommt zu einem Prozeß der Realitätsablösung und der gegenseitigen Bestätigung ("Lagezimmersyndrom"), der auch bei Projektteams, die längere Zeit aus dem Tagesgeschäft herausgezogen sind, zu beobachten ist.

Für einen einzelnen können Gruppenbeziehungen zur Befriedigung sozialer Bedürfnisse, aber auch zur Sicherheit und zur Anerkennung beitragen. Umgekehrt kann eine Gruppe auch einen erheblichen **Gruppendruck** (14) auf ein Mitglied ausüben, dies vor allem bei nonkonformistischem Verhalten.

Über diese internen Variablen des Gruppenverhaltens hinaus ist jedoch auch die Frage der Interaktion verschiedener Gruppen innerhalb der Unternehmung von entscheidender Bedeutung. Die Einbeziehung von Machtaspekten in diesen Themenkreis ist eng verknüpft mit dem Begriff der Koalition.

Unter **Koalitionen** versteht man Personenmehrheiten, "die sich in wechselseitigen Verhandlungsprozessen auf die Verteilung von Macht geeinigt haben"[FRESE 1987 S. 81f.]. Charakteristisch für Koalitionen ist eine (partiell) gleichgerichtete Interessenlage ihrer Mitglieder, die u.U. jedoch zeitlich befristet sein kann. Die Interaktion solcher Koalitionen in der Unternehmung ("politische Arena") führt i.d.R. zu der Herausbildung einer oder mehrerer dominanter Koalitionen, deren Zielvorstellungen weitgehend die Ziele der Unternehmung (Systemziele) bilden.

Typenbildendes Merkmal der verschiedenen Koalitionsformen ist die jeweils vorherrschende Machtbasis. Nach MINTZBERG ergibt sich in Unternehmungen insgesamt eine Tendenz zu einer prägenden Machtbasis. Es bilden sich sog. **Einflußsysteme** heraus [zum folgenden vgl. FRESE 1987, S. 85ff.; MINTZBERG 1983, S. 112ff.].

Personalisierte Einflußsysteme basieren vorrangig auf **personaler Autorität**, insbesondere der Unternehmungsspitze. Sie stützen sich im Grenzfall nur auf eine Person, z.B. den Pionierunternehmer, und beinhalten dadurch eine starke Machtkonzentration. Eventuell vorhandene bürokratische Einflußsysteme werden dadurch tendenziell geschwächt oder im Aufbau behindert. Die Strukturen sind stark personifiziert. Der Zugang zu den Führungspersonen wird zu einem kritischen Element. Ein personalisiertes Einflußsystem steht und fällt mit den jeweiligen Bezugspersonen, ist also vergleichsweise labil.

Bürokratische Einflußsysteme beruhen auf Faktoren, die zum Aufbau und zur Erhaltung von **Amtsautorität** führen. Die positiven Einstellungen gegenüber institutionellen und positionellen Machtbasen (legitimierte Macht) halten dieses Einflußsystem zusammen. Hohe Stabilität ist ein typisches Kennzeichen bürokratischer Einflußsysteme.

Ideologische Einflußsysteme beruhen auf kulturellen Regelungsmechanismen (Werten, Leitbildern, Symbolen), die Legitimations- und Identifikationswirkungen entfalten. Die Normierungs- und Formierungswirkungen sind stark. Dem System wird eine hohe Identifikation entgegengebracht. Die Macht ist zwar nicht an Personen und Positionen gebunden und stark gestreut, durch die konditionierenden Wirkungen der Ideologie entsteht aber ein hoher Wirkungsgrad (**Machtmultiplikator**). Führungskräfte, die die herrschenden Werte verkörpern, können mit hoher Loyalität rechnen.

Die Formen formaler Autorität sowie die Expertenmacht besitzen eine geringe Bedeutung. Illegitimes, "rein politisches" Handeln ist als solches hier erkennbar und dementsprechend vergleichsweise unbedeutend.

Professionalisierte Einflußsysteme beruhen auf Informationsmacht, weisen also den Experten eine führende Rolle zu. Andere Einflußsysteme treten an Bedeutung zurück bzw. werden geschwächt. Dies gilt vor allem für Ideologie und Legitimation als Machtmechanismen. Informale ("politische") Prozesse sind jedoch möglich, genauso wie unterschiedliche Expertenmeinungen mit entsprechenden Lagerbildungen und Konfliktbeziehungen. Da Expertentum stark an Personen gebunden und durch Wissensänderungen verschiebbar ist, sind professionalisierte Einflußsysteme vergleichsweise labil.

Politische Einflußsysteme sind eher negativ definiert. Sie entwickeln sich dann, wenn kein anderes Einflußsystem ausgeprägt ist. Mit "politisch" meint MINTZBERG informales, unkoordiniertes Einflußnehmen. Einzelne Personen und Gruppen können ihre Interessenlagen und Einflußaktivitäten mehr oder weniger ungehindert entfalten. In Unternehmungen sollten politische Einflußsysteme die Ausnahme sein. Möglich ist ihr Entstehen in Übergangsphasen, z.B. bei einem Generationenwechsel im Top Management.

Diese fünf Einflußsysteme greifen auf das Vorhandensein und die Ausformung unternehmungs**interner** Koalitionen zurück. Daneben gewinnt jedoch die Einflußnahme sogenannter externer Koalitionen auf die Unternehmung und deren Wechselwirkungen zu möglichen internen Gruppierungen immer mehr an Bedeutung.

Literatur

ALDERFER, C.P.: Existence, Relatedness and Growth. Human needs in organizational settings, New York/London 1972

BAUGUT, G./KRÜGER, S.: Unternehmungsführung. Modelle-Strategien-Techniken, Opladen 1976

BLEICHER, K.: Das Konzept Integriertes Management, 2. erw. Aufl., Frankfurt/M./New York 1992

BLEICHER, K./MEYER, E.: Führung in der Unternehmung. Formen und Modelle, Reinbek bei Hamburg 1976

CARROLL, S.J./TOSI, H.L.: Management by Objectives. Applications and Research, New York 1973

CONRAD, P.: Involvement-Forschung, Berlin/New York 1988

DYCKE, A./SCHULTE, CH.: Cafeteria-Systeme, in: DBW 5/1986, S.577-589

FRESE, E.: Kontrolle und Unternehmungsführung, Wiesbaden 1968

FRESE, E.: Ziele als Führungsinstrumente. Kritische Bemerkungen zum "Management by Objectives", in: ZFO 5/1971, S.227-238

FRESE, E.: Unternehmungsführung, Landsberg am Lech 1987

GALBRAITH, J.: Anatomie der Macht, München 1987

GRIEPENKERL, H.: Was uns japanische Personalführung lehrt, in: Harvardmanager 1/1990, S.14-20

GUSERL, R.: Das Harzburger Modell - Idee und Wirklichkeit, Wiesbaden 1973

HERZBERG, F.: One more time: How do you motivate employees?, in: Harvard Business Review 1-2/1968, S.53-62

HILL, W./FEHLBAUM R./ULRICH, P.: Organisationslehre, 1. Bd., 4. Aufl., Bern/Stuttgart 1989

HÖHN, R.: Führungsmodelle - Harzburger Modell, in: Kieser, A./Reber, G./Wunderer, R. (Hrsg.), Handwörterbuch der Führung, Stuttgart 1987, Sp.614-621

HÖHN, R./BÖHME, G.: Führungsbrevier der Wirtschaft, 9. Aufl., Bad Harzburg 1977

HUMBLE, J.W.: Praxis des Management by Objectives, München 1972

HUMM, F.A./GURLIT, W.A.: Eine Großbank motiviert ihre Führungskräfte, in: Harvard manager 2/90, S.98-107

KLUCKHOHN, C.: Values and value-orientations in the theory of action, in: Parsons, T./Shils, E.A. (Hrsg.), Towards a general theory of action, Cambridge Mass. 1951

KNEBEL, H.: Einführung von Führungsgrundsätzen, in: Töpfer, A./Zander, E. (Hrsg.), Führungsgrundsätze und Führungsinstrumente, Frankfurt 1982, S.194-263

KRÜGER, W.: Grundlagen, Probleme und Instrumente der Konflikthandhabung in der Unternehmung, Berlin 1972

KRÜGER, W.: Macht in der Unternehmung, Elemente und Strukturen, Stuttgart 1976

KRÜGER, W.: Konfliktsteuerung in der Unternehmung, in: Management Enzyklopädie, Bd. 5, 2. Aufl., Landsberg am Lech 1983, S.441-453

KRÜGER, W.: Hier irrten Peters/Watermann, in: Harvardmanager 1/1989a, S.13-18

KRÜGER, W.: Unternehmungskultur - ein strategischer Erfolgsfaktor, in: Sattelberger, T. (Hrsg.), Innovative Personalentwicklung, Berlin/Heidelberg 1989b, S.557-569

KRÜGER, W.: Wechselwirkungen zwischen Autorität, Wertewandel und Hierarchie, in: Seidel, E./Wagner, D. (Hrsg.), Organisation, Evolutionäre Interdependenzen von Kultur und Struktur der Unternehmung, Wiesbaden 1989c, S. 91-106

KRÜGER, W.: Macht, in: Gaugler, E./ Weber W. (Hrsg.), Handwörterbuch des Personalwesens, 2. Aufl., Stuttgart 1992, Sp.1313-1324

KRÜGER, W.: Stellenbeschreibung als Führungsinstrument, in: Kieser, A./Reber, G./Wunderer, R. (Hrsg.), Handwörterbuch der Führung, 2. Aufl., Stuttgart 1994, im Druck

LATTMANN, CH.: Führung durch Zielsetzung, Bern/Stuttgart 1977

MASLOW, A.H.: Motivation and Personality, 2. Aufl., New York 1970

MCGREGOR, D.: The Human Side of Enterprise, New York 1960

MINTZBERG, H.: Power in and around organizations, Englewood Cliffs/New York 1983

ODIORNE, G.S.: Management by Objectives, Führung durch Vorgabe von Zielen, München 1967

PRIEWE, J.: Im Rampenlicht, in: Manager magazin, 9/1991, S.238-243

PROBST, G.: Selbst-Organisation, Berlin/Hamburg 1987

RÜDENAUER, M.R.A.: Ökologisch Führen, Wiesbaden 1991

SCHEIN, E.H.: Organisationspsychologie, 3. Aufl., Wiesbaden 1980

SCHMIDT, R.B.: Wirtschaftslehre der Unternehmung (Band 1), 2. Aufl., Stuttgart 1977

SCHNEIDEWIND, D.: Beobachtungen zur Entscheidungsfindung in japanischen Unternehmen, in: ZfB 3/1991, S.291-308

SCHOLZ, CH.: Personalmanagement, Informationsorientierte und verhaltenstheoretische Grundlagen, 2. Aufl., München 1991

SCHWARZ, G.: Unternehmungskultur als Element des Strategischen Managements, Berlin 1989

STAEHLE, W.H./SYDOW, J.: Management-Philosophie, in: Frese, E. (Hrsg.), Handwörterbuch der Organistion, 3. Aufl., Stuttgart 1992, Sp.1286-1302

STAEHLE, W.H.: Führungstheorien und -konzepte, in: Frese, E. (Hrsg.), Handwörterbuch der Organisation, 3. Aufl., Stuttgart 1991, Sp.655-676

STAEHLE, W.H.: Management, 5., überarb. Aufl., München 1990

STEINLE, C.: Führung. Grundlagen, Prozesse und Modelle der Führung in der Unternehmung, Stuttgart 1978

STEINMANN, H./SCHREYÖGG, G.: Management: Grundlagen der Unternehmensführung; Konzepte - Funktionen - Fallstudien, 3., überarb. u. erw. Aufl., Wiesbaden 1993

STOLZ, H.-J./TÜRK, K.: Individuum und Organisation, in: Frese, E. (Hrsg.), Handwörterbuch der Organisation, 3. Aufl., Stuttgart 1992, Sp.841-855

STRÜMPEL, B.: Erwerbsarbeit im Wandel, in: Greif, S./Holling, H./Nicholson, N. (Hrsg.), Arbeits- und Organisationspsychologie, München 1989

TÖPFER, A./MEHDORN, H.: Total Quality Management, Berlin 1993

ULRICH, H.: Führungsphilosophie, in: Kieser, A./Reber, G./Wunderer, R. (Hrsg.), Handwörterbuch der Führung, Stuttgart 1987, Sp.640-650

URWICK, L.F.: The Elements of Administration, New York 1943

WEINERT, A.B.: Menschenbilder als Grundlage von Führungstheorien, in: ZFO 2/1984, S.117-123

WEINERT, A.B.: Der Mensch in der Unternehmung, in: Die Unternehmung, 3/1983, S.222-243

WEINERT, A.B.: Lehrbuch der Organisationspsychologie: Menschliches Verhalten in Organisationen, 2. Aufl., München/Weinheim 1987

WEINERT, A.B.: Anreizsysteme, verhaltenswissenschaftliche Dimension, in: Frese, E. (Hrsg.), Handwörterbuch der Organisation, 3. Aufl., Stuttgart 1992, Sp.122-133

WILD, J.: Analyse der Führungsmodelle, in: Manager Magazin 10/1972, S.60-64.

WILD, J.: Product Management, 2. Aufl., München 1973

WUNDERER, R.: Wertorientierte Mitarbeiterführung als strategische Aufgabe, in: io Management Zeitschrift 2/1990, S.35-38

WUNDERER, R./GRUNWALD, W.: Führungslehre, Bd. 1, Grundlagen der Führung, Bd. 2, Kooperative Führung, Berlin/New York 1980

ZÜNDORF, L./GRUNT, H.: Hierarchie in Wirtschaftsunternehmen, Frankfurt/Main 1980

XV. EINBINDUNG EXTERNER ANSPRUCHSGRUPPEN

1. Instrumentalthese und Einbindungsthese

Den theoretischen Hintergrund für die Einbindung externer Anspruchsgruppen kann für den deutschsprachigen Raum die These von der **Instrumentalfunktion der Unternehmung** liefern [vgl. SCHMIDT 1977, S.48ff.]. Demnach ist die Unternehmung als ein Instrument zur Verfolgung und Realisierung von Zielvorstellungen einzelner Personen, Gruppen oder Institutionen zu begreifen. Der Kreis derjenigen, die eine Unternehmung instrumentell nutzen können, umschließt nicht nur Management, Arbeitnehmer, Gesellschafter, sondern auch Vertragspartner wie z.B. Kunden, Lieferanten, Banken, und er erstreckt sich nicht zuletzt auf staatliche Institutionen, Verbände und gesellschaftliche Gruppen. Alle derartigen Einheiten sind mögliche **Teilnehmer** des Unternehmungsprozesses. Sie stellen im Sinne von R.-B. SCHMIDT **Instrumentalisten** bzw. Interessenten dar und werden hier als **Anspruchsgruppen** (engl. stakeholder) bezeichnet. Dazu zählen alle Personenkreise oder Institutionen, die die Ziele der Unternehmung beeinflussen können oder von den Maßnahmen der Zielerreichung betroffen sind. Im Sinne der Anreiz-Beitrags-Theorie [vgl. CYERT/MARCH 1963] muß die Unternehmung ihren Anspruchsgruppen Anreize im weitesten Sinne bieten, um die gewünschten Beiträge zu erhalten. Es ist nach einem Anreiz-Beitrags-Gleichgewicht zu streben.

Die Instrumentalthese richtet den Blick auf die Beeinflussung - Instrumentalisierung - einer Unternehmung durch (externe) Anspruchsgruppen. Unternehmung und Unternehmungsführung sind also Objekt der Instrumentalisierung. Je umfassender und intensiver diese Beeinflussung ist, desto mehr stellt sich die mögliche Divergenz zwischen den Zielen **der** Unternehmung (bzw. den Zielen **in** der Unternehmung) und den Zielen externer Anspruchsgruppen (bzw. den Zielen **für** die Unternehmung) als ein grundlegendes Führungsproblem dar.

Es erscheint daher aus heutiger Sicht konsequent, die Instrumentalthese um die **Einbindungsthese** zu ergänzen. Die Unternehmung kann demgemäß ihrerseits versuchen, ihr Umfeld zu beeinflussen. Einseitige Einflußnahmen und Abhängigkeiten von außen sind in Richtung auf Wechselseitigkeit zu verändern, um so die Zieldivergenzen zu reduzieren und die Handlungsspielräume der Unternehmung zu erweitern. Es ist Aufgabe der Unternehmungsführung, externe Interessen aktiv und gezielt in die Unternehmungspolitik einzubinden. Die Gesamtheit der damit verbundenen Führungsaufgaben sei hier als **Anspruchsgruppenmanagement** bezeichnet. Anspruchsgruppen sind vorwiegend **unternehmungsextern** angesiedelt, können je nach rechtlicher Regelung oder vorgenommener Einbindung jedoch auch interne Positionen besitzen resp. erlangen. In jedem Fall tritt die **externe Führung** gleichberechtigt neben die herkömmlichen Aufgaben der **internen Führung**. Eine besondere Herausforderung der externen Führung besteht in der Herbeiführung abgestimmten, strategischen Verhaltens und damit in einer **kollektiven Strategie** [vgl. SYDOW 1993, S.268ff.]. Als Ergebnis einer solchen Einbindungsstrategie kann sich eine Unternehmung Umwelten und Umweltverhältnisse **schaffen**, anstatt sich ihnen zu **fügen**.

2. Reichweite des Anspruchsgruppenmanagements

Instrumentalgrenze: Will man die **Unternehmungsgrenzen** und damit die Reichweite der externen Führung bestimmen, ein ebenso schwieriges wie reizvolles Unterfangen, so bilden die Instrumentalisten und damit die (aktiven) **Teilnehmer** am Unternehmungsprozeß zunächst den äußersten Kreis. Dieser Kreis wird durch die aktive Nutzung der Instrumentalfunktion bestimmt, charakterisiert also die **Instrumentalgrenzen** der Unternehmung.

Betroffenheitsgrenze: In Sonderfällen, insbesondere Krisensituationen, können auch Nichtteilnehmer vom Unternehmungsgeschehen betroffen sein. Daher ist ein Kreis der Betroffenen hinzuzufügen (**Betroffenheitsgrenzen**). Daß sie potentielle Teilnehmer sind, versteht sich von selbst.

Virtuelle Grenze: Die instrumentale, auf Teilnehmer bezogene Grenzziehung, besitzt wachsende praktische Bedeutung. Insbesondere durch strategische, organisatorische und auch elektronische Vernetzung wächst die Beziehungsintensität der Unternehmung zu ausgewählten Teilnehmern. Sucht man nach einem Abgrenzungskriterium, so könnte man auf das Denken in **kritischen Prozessen** zurückgreifen (vgl. S.120ff.). Teilnehmer an kritischen Prozessen werden ggf. in geeigneter Form (z.B. Kooperationen, Allianzen, Langfristvereinbarungen) in das Unternehmungsgeschehen eingebunden. Es entsteht eine **"virtuelle Unternehmungsgrenze"**, die durch das Merkmal **Mitwirkung an kritischen Prozessen** zu charakterisieren wäre.

Mitgliedschaftsgrenze: Zieht man - wie in der Literatur überwiegend üblich - den Kreis enger, so gerät man an die Frage nach den Mitgliedschaftsgrenzen. "Intern" ist danach jemand, der Mitgliedschaftsstatus hat. Diese Einteilung wird auch in der Koalitionstheorie benutzt, um interne von externen Koalitionen abzugrenzen (vgl. S.332ff.). **Mitgliedschaftskriterien** können sein [vgl. MAYNTZ 1963, S.46]:

- Formelle Mitgliedschaft,

- Umfang der Tätigkeit für die Unternehmung,

- Häufigkeit der Interaktion mit anderen Mitgliedern,

- Grad der Abhängigkeit.

Arbeitnehmer, leitende Angestellte und die Mitglieder der obersten Führungsebene sind zwar nach allen diesen Kriterien regelmäßig als Mitglieder einzustufen, aber wie sind die Mitarbeiter von Fremdfirmen zu beurteilen (z.B. Lieferanten, Berater, Leiharbeitsfirmen), die ihren Arbeitsplatz in der betrachteten Unternehmung haben und dort einer Dauerbeschäftigung nachgehen? Manche Kriterien treffen zu (Umfang der Tätigkeit für die Unternehmung, Häufigkeit der Interaktion mit anderen Mitgliedern), andere dagegen nicht (formelle Mitgliedschaft, Abhängigkeitsgrad).

Anteilseigner, die in der Unternehmung tätig sind (z.B. Eigentümerunternehmer), sind Mitglieder. Wenn eine personelle Trennung von Eigentum und Verfügungsgewalt vorliegt, befinden sie sich aber außerhalb der durch die Mitgliedschaft gezogenen Grenzen.

Trägerschaftsgrenze: Eine andere Frage ist die nach dem Einfluß auf die Unternehmung. Hierfür ist Mitgliedschaft nicht unbedingt erforderlich. Man denke z.B. an Großaktionäre, die sich regelmäßig in die Geschäftspolitik einschalten oder an eine Hausbank.

Damit rückt die sog. **Trägerschaft** an der Unternehmung ins Blickfeld. "In der Möglichkeit, wirksamen **Einfluß** auf die unternehmungspolitischen Entscheidungen **nehmen zu können** und in der **Ausübung** dieses **Einflusses** selbst ist das maßgebende Merkmal der Trägerschaft zu erblicken" [SCHMIDT 1977, S.66]. Als "unternehmungspolitisch" haben Entscheidungen über Unternehmungsziele und Unternehmungsstrategien zu gelten. Legt man dieses Kriterium an, so ergibt sich wieder eine andere Grenzziehung zwischen "intern" und "extern" (vgl. Abb. XV/1). Im Hinblick auf das Denken in instrumenteller Nutzung und Anspruchsverwirklichung erscheint es angemessen, nicht nur die Unternehmungsmitglieder zu den **internen Anspruchsgruppen** zu zählen, sondern auch alle Unternehmungsträger. Wer es geschafft hat, Trägereigenschaft zu erlangen, ist "drinnen", egal, ob er Mitglied der Unternehmung ist oder nicht. Umgekehrt gilt, daß zu den **externen Anspruchsgruppen** diejenigen zu zählen wären, die weder Mitgliedschaft noch Trägerschaft aufweisen.

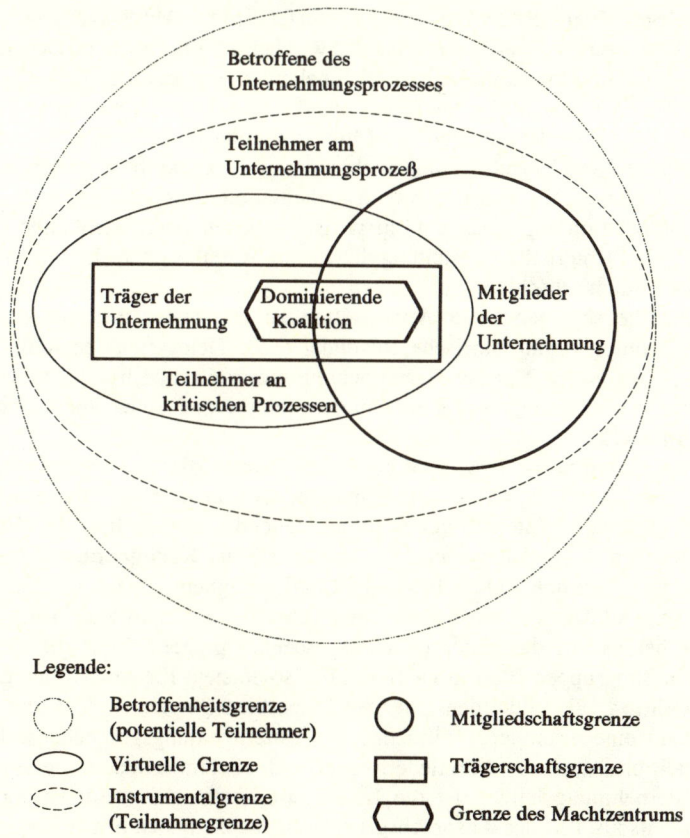

Abb. XV/1: Unternehmungsgrenzen

Für die Trägerschaftsdefinition ist es unerheblich, worauf die Trägerschaft basiert. In einer auf Privateigentum beruhenden Wirtschaftsordnung ist die Unternehmungsverfassung eigentümerorientiert. Die **Eigentümer** (Einzelunternehmer, Gesellschafter, Anteilseigner) bilden historisch die **dominierende** bzw. einzige **Trägergruppe**. Trifft dies für Einzelunternehmungen und Personengesellschaften weiterhin zu, so hat sich bei Kapitalgesellschaften eine Trennung von Eigentum und Verfügungsgewalt (Trägerschaft) weithin durchgesetzt. Das **Management** - genauer: die **Unternehmungsleitung** - hat Trägerfunktionen übernommen, so z.B. der Vorstand der AG. Dies gilt in besonderem Maße bei stark gestreutem Eigenkapital (sog. Publikumsgesellschaften). Hieraus leiteten BERLE/MEANS schon früh die These von der **Managerherrschaft** ab [vgl. 1932]. Erst mit der wachsenden Bedeutung **institutioneller Anleger** (Investmentfonds, Pensionsfonds, Lebensversicherungen etc.) entstehen seit einiger Zeit Anteilseignerstrukturen, die ein Gegengewicht schaffen. In den USA sind rund 50 % des Aktienkapitals der börsennotierten Gesellschaften im Besitz institutioneller Anleger [vgl. STEWART 1993, S.21f.]. Eine Abschwächung der "Managerherrschaft" scheint sich abzuzeichnen. Inzwischen ist dies auch in Deutschland zu beobachten, wo die "Investors Relations" zunehmend gepflegt werden.

Eine weitere Trägergruppe bilden in Deutschland die **Arbeitnehmer** bzw. ihre Repräsentanten, die durch die Regelungen der Mitbestimmung im Betrieb und in der Unternehmung einen je nach Einzelregelung mehr oder weniger weitreichenden Einfluß geltend machen können. In sozialen Angelegenheiten sind die Einflußrechte als gleichberechtigte Mitbestimmung ausgelegt, in wirtschaftlichen Angelegenheiten dominiert tendenziell die Unternehmungsleitung bzw. die Anteilseignerseite im Aufsichtsrat beim Entscheidungsabschluß.

Schließlich sind die sog. **leitenden Angestellten** zu erwähnen, die teils durch Rechtsstellung, teils durch organisatorische Regelung (z.B. Delegation) ebenfalls in die Trägerrolle rücken können. Mit der Hervorhebung dieser Gruppe hat der Gesetzgeber einer Teilmenge des Managements ein Sonderinteresse und einen Sonderstatus unter den Managern zuerkannt.

Grenze des Machtzentrums: Insgesamt ergibt sich daraus das Bild einer weitgehend pluralistischen Trägerschaft, teils aus Mitgliedern, teils aus Nichtmitgliedern zusammengesetzt. Eigentümer, Unternehmungsleitung, leitende Angestellte und Mitarbeiter sind die typischen Trägerkategorien. Sie lassen sich als **Kerngruppe** der Unternehmung bezeichnen [ähnlich FRESE 1993, Sp.1285]. In einem Prozeß der gegenseitigen Beeinflussung bilden sich vor allem unter diesen Trägern **interne und externe Koalitionen** heraus, die das Unternehmungsgeschehen prägen. Wenn die Kerngruppe dergestalt in Subgruppen (Koalitionen) zerfällt, so entsteht für gewöhnlich eine **dominierende Koalition**. Sie bildet den innersten Machtkern ("inner circle") und repräsentiert wiederum eine besondere Teilmenge des Unternehmungsgeschehens. Die dominierende Koalition kann aus Mitgliedern oder/und Nichtmitgliedern bestehen. Aus Sicht der Unternehmungsleitung ist die Koalitionsbildung und -veränderung in der Kerngruppe bereits als Teil des Anspruchsgruppenmanagements zu begreifen.

In der Praxis zeigen sich ganz unterschiedliche Ausprägungen der Trägerschaft. Um reale Abstufungen zu erfassen, lassen sich hinsichtlich der **Art** der Trägerschaft formale und faktische Trägerschaft trennen. Hinsichtlich des **Umfangs** sind eine sachlich und zeitlich begrenzte Trägerschaft ebenso möglich wie eine umfassende (vgl. Abb. XV/2).

Art der Trägerschaft \ Umfang der Trägerschaft	begrenzt	umfassend
formal	1	2
faktisch	3	4

Abb. XV/2: Formen der Trägerschaft

R.-B. SCHMIDT zielte mit seiner Trägerdefinition auf die faktische Einflußnahme in umfassender Form, also auf das Feld 4 von Abb. XV/2. Ein Betriebsrat, der z.B. durch Verhandlungen und Protestaktionen die Stillegung eines Werkes verhindert (Feld 3), sich ansonsten aber auf soziale Angelegenheiten konzentriert (Feld 1), verfügt über eine - formal wie faktisch - begrenzte Trägerschaft.

Anders gelagert ist der Fall, daß der Vorstand alle wesentlichen unternehmungspolitischen Entscheidungen vor der Behandlung im Aufsichtsrat mit dem Betriebsrat bespricht. Ein Arbeitnehmervertreter kann dann ohne weiteres eine weitreichende faktische Trägerrolle erlangen, die über seine formale hinausgeht (Feld 4).

Wenn derartige Abstimmungsgespräche um den Vorsitzenden des Aufsichtsrats erweitert werden, also das bereits erwähnte "Triumvirat" entsteht, so gelangt auch der Inhaber dieser Position in eine Trägerrolle, die faktisch weiter geht als formal vorgesehen. Wenn ein Bankenvertreter den Vorsitz im Aufsichtsrat führt - ebenfalls häufig zu beobachten - dann gelangen Fremdkapitalgeber in die Trägerrolle. Der Aufsichtsrat als ganzes, üblicherweise als "externes Organ der Willensbildung" eingestuft, kann je nach Konstellation auch Trägerschaft erlangen und wäre dann zu den internen Organen zu zählen.

Zu erwähnen bleiben die Gewerkschaften, denen durch bestimmte Mitbestimmungsregelungen (z.B. Vorschlagsrecht bei der Wahl einzelner Aufsichtsratsmitglieder) ebenfalls ein nicht unerheblicher Einfluß auf Unternehmungsentscheidungen eingeräumt worden ist, der z.B. weit über den Einfluß von Kleinaktionären hinausgeht. So ist es keineswegs selten, daß führende Gewerkschaftler einen Sitz im Aufsichtsrat haben, ohne Arbeitnehmer der jeweiligen Unternehmung zu sein. Beispielsweise ist der Vorsitzende der IG-Metall traditionell Mitglied im **VW**-Aufsichtsrat.

3. Interessenvertretung und Unternehmensinteresse

Trägerschaft kann **direkt** - durch die Betroffenen selbst - oder **indirekt** - durch Repräsentanten - ausgeübt werden. Alle indirekten Formen der Trägerschaft enthalten ein spezifisches principal-agent-Problem. Die Frage ist, ob der gewählte Repräsentant die Interessen der Repräsentierten vertritt oder aber Eigeninteressen entwickelt. Diese Frage stellt sich im Verhältnis von Gewerkschaftsvertretern zur Basis genauso wie im Verhältnis von Aufsichtsratsmitgliedern der Anteilseignerseite zu den Aktionären.

Nicht zuletzt ist auf das Problem hinzuweisen, wessen Interessen die vom Aufsichtsrat gewählten Vorstände vertreten. Es geht vielfach an der Realität vorbei, sie lediglich als "Agent" der als "Principal" fungierenden Anteilseigner interpretieren zu wollen. Dies zeigt sich besonders deutlich daran, daß es nicht selten Konflikte zwischen Vorstand und Aktionären gibt, so z.B. bei der Gewinnverteilung. Die Unternehmungsleitung betont regelmäßig die Notwendigkeit der Gewinneinbehaltung, um die Ertragskraft zu stärken und Risikovorsorge zu treffen, während die Aktionäre auf eine höhere Ausschüttung drängen. In ihrem Selbstverständnis und auch in ihrer Rechtsstellung vertritt die Unternehmungsleitung typischerweise das sog. **Unternehmensinteresse.** Seine Interpretation ist zwar schwierig und umstritten, aber das Vorhandensein institutioneller Existenz- und Funktionsbedingungen ist nicht zu leugnen. Die Aufrechterhaltung der "instrumentellen Nutzbarkeit" der Unternehmung und damit die Wirksamkeit der Instrumentalfunktion hängen davon ab, daß diese Sachgesetzmäßigkeiten generell beachtet werden. Wer ein Instrument dauerhaft nutzen will, muß ihm ein Mindestmaß an Pflege angedeihen lassen. Dieser im Alltagsleben völlig selbstverständliche Zusammenhang ist auch im Hinblick auf Unternehmungen anzuwenden. Interpretiert man das "Unternehmensinteresse" in diesem Sinne, so ist es als ein gedankliches Konstrukt zu begreifen, das die sachlichen Existenz- und Funktionsbedingungen der Unternehmung als Institution bündelt. Das Unternehmensinteresse ist - so gesehen - nicht die Schnittmenge der Trägerinteressen, sondern setzt die Rahmenbedingungen, innerhalb derer sich Trägerinteressen bewegen können.

Daß es ein solches institutionelles Interesse gibt, erkennt man u.a. am Negativbeispiel des Eigenlebens, das vor allem große Institutionen besitzen. Es kann durchaus vorkommen, daß die instrumentelle Nutzbarkeit unter diesem Eigenleben leidet. Dies gilt durchgehend für externe Teilnehmer. Kunden fühlen sich herablassend behandelt, Bürger von der Partei ihrer Wahl nicht repräsentiert. Oft begünstigt dieses Eigenleben der Institution die Mitglieder der Institution, die gelegentlich die "Sachzwänge" nur als Vorwand zur externen Interessenabwehr benutzen. Nicht selten jedoch klagen sowohl externe wie interne Interessenten mehrheitlich über die Schwerfälligkeit des Apparates. Es ist eine Führungsaufgabe besonderer Qualität, dem entgegenzuwirken. Die Arbeit an flacheren Hierarchien, größerer Flexibilität, schlankeren Strukturen ist auch vor diesem Hintergrund zu sehen. Als **interne Führung** wird sie von internen Teilnehmern (Mitglieder mit oder ohne Trägerschaft) gegenüber anderen internen Teilnehmern ausgeübt. Als **externe Führung** stellt sie Unternehmungsmitglieder vor die Aufgabe, auf **externe Teilnehmer** am Unternehmungsprozeß einzuwirken.

4. Externe Interessenlagen und Koalitionen

Externe Interessenlagen: Wie erläutert, werden hier als externe Anspruchsgruppen diejenigen bezeichnet, die weder Mitglieder noch Träger der Unternehmung sind, also sonstige Teilnehmer am Unternehmungsprozeß und auch Betroffene des Unternehmungsprozesses. Anteilseigner, Kunden und Banken werden den Externen zugerechnet. Die Vielfalt externer Anspruchsgruppen und ihrer Interessen illustriert Abb. XV/3. Die Eintragungen erheben keinen Anspruch auf Vollständigkeit. Die Interessen sind in die drei Klassen "Befriedigung persönlicher Bedürfnisse" sowie in "einzelwirtschaftliche" und "volkswirtschaftliche/gesellschaftliche" eingeteilt. In die Abbildung sind nur **legale** bzw. **legitime** Interessen aufgenommen. Daß dabei eine schwer bestimmbare Grenze existiert, zeigen z.B. die Parteispendenaffäre, der Rücktritt des Bundeswirtschaftsministers (1993), der auf Dienstbriefbögen für die Firma eines Verwandten warb, die Insiderproblematik sowie die Diskussion über die sog. **Vorteilsnahme** [vgl. SCHEUCH/SCHEUCH 1992].

Mit der Kategorie der persönlichen Bedürfnisse sind nichtmonetäre Motive einzelner Personen oder Gruppen gemeint, also z.B. der Wunsch nach unternehmerischer Einflußnahme (Großaktionär, Manager), nach anspruchsvollen Tätigkeiten (potentielle Mitarbeiter) oder nach Vermeidung persönlicher Beeinträchtigung (Bürgerinitiativen in der Nachbarschaft).

Art der Umweltkopplung	Interessen		
	persönliche Bedürfnisse	einzelwirtschaftliche Interessen	volkswirtschaftliche/ gesellschaftliche Int.
Markt-interdependenz		- Kunden - Konkurrenten	- Staat als Auftraggeber
Ressourcen-interdependenz	- Anteilseigner - Potentielle Mit-arbeiter/Manager	- Anteilseigner - Lieferanten - Banken - Potentielle Mit-arbeiter/Manager	- Staat als Fiskus - Staat als Sub-ventionsgeber - Staat als Anteils-eigner
Regulative Interdependenz			- Staat als Gesetzgeber - Rechtsprechung - Tarifpartner
Sozio-kulturelle Interdependenz	- Bürgerinitiativen		- Verbände - Medien - Bürgerinitiativen
Machtinter-dependenz		- Großkunden - Großaktionäre - Hausbank	- Arbeitgeberverbände - Gewerkschaften - Verbraucherverbände - Parteien - Medien

Abb. XV/3: Interessenlagen externer Anspruchsgruppen

Manche Teilnehmer am Unternehmungsprozeß können **verschiedene** Umweltkopplungen nutzen und unterschiedliche Interessen an die Unternehmung herantragen. Der Umfang instrumenteller Nutzung erhöht sich dementsprechend, so z.B. im Falle des Staates, der Großkunden, Großaktionäre und Hausbanken.

Interessenkonflikte können bei Mehrfachinteressen bereits **innerhalb** einer Anspruchsgruppe auftreten. Man denke an den Zielkonflikt der Arbeitnehmer zwischen Arbeitsplatzsicherheit und Lohnerhöhung. Aber auch "der Staat" weist Interessenkonflikte auf, dies insbesondere, wenn er Anteilseigner ist und mit Hilfe der Unternehmung (auch) politische Ziele realisieren will (z.B. **Lufthansa, VW**). Typisch sind Konflikte als **Verteilungskonflikte,** also als Gegensätze **zwischen** den Anspruchsgruppen. Für die Unternehmung ergeben sich daraus vielfältige Lasten und Belastungen. Mehr und mehr wird unternehmerisches Handeln zu einer "gesellschaftlichen Veranstaltung".

Zwei Beispiele aus dem Frühjahr 1993 mögen diese Aussage belegen. Im Anschluß an verschiedene Störfälle in Werken der **Hoechst AG** wurde der Vorstand zu einem Gespräch mit der Landesregierung von Hessen "einbestellt". Nach einem solchen Gespräch äußerte der hessische Umweltminister Fischer die Auffassung, der verantwortliche Vorstand solle sein Amt bis zur Klärung der Angelegenheit ruhen lassen. Dies geschah. Die **VW-AG** versuchte durch starken Druck auf die Lieferanten, die Materialkosten zu senken. Dies löste Proteste bis auf die Ebene des Verbandes der Automobilindustrie aus. Der niedersächsische Ministerpräsident Schröder (das Land Niedersachsen ist Hauptaktionär bei VW) lud daraufhin die Kontrahenten zu einem Vermittlungsgespräch ein.

An diesen Fällen wird die politische Dimension des Unternehmungsgeschehens deutlich. Sie existiert nicht mehr nur für Großunternehmungen. Öffentliches Interesse im Rahmen einer Gemeinde findet genauso der Klein- und Mittelbetrieb.

Die Unternehmung als Koalition: Die externen Führungsaufgaben und das Geflecht der zu beachtenden und zu gestaltenden Umweltbeziehungen rechtfertigen es in besonderem Maße, die Unternehmung als eine **Koalition** zu interpretieren. Damit wird ausgesagt, daß der unternehmerische Interaktionsprozeß insgesamt am ehesten als Prozeß der Koalitionsbildung und -veränderung zu interpretieren ist. Zu den bereits erläuterten internen treten dabei externe Koalitionen hinzu. Sie stehen mit den internen Gruppierungen in Wechselwirkungen. Auch Mehrfachmitgliedschaften sind möglich. Die folgende Darstellung der Koalitionsstrukturen folgt wiederum MINTZBERG [vgl. 1983; sowie FRESE 1987, S.83ff.].

Einflußnahme in Koalitionen: Externe Koalitionen sind das gedankliche Konstrukt, das gebildet wird, um analytisch mögliche oder tatsächlich vorhandene Interessenbündelungen externer Anspruchsgruppen zu erfassen. Während **interne Koalitionen** aus **Mitgliedern** der Unternehmung gebildet werden, setzen sich externe aus (externen) **Teilnehmern** am Unternehmungsprozeß zusammen. Sie nutzen ihre jeweiligen Einflußmöglichkeiten, um die Unternehmung in ihrem Sinne zu beeinflussen. Eine offensive Unternehmungsführung wird u.a. den Versuch unternehmen, ihrerseits Einfluß auf externe Anspruchsgruppen zu erzielen und damit den Handlungsspielraum der Unternehmung zu erweitern. Externe Vernetzung und Koordination von Interessengruppen wird zur Führungsaufgabe.

Wie bereits erwähnt, können Einflüsse direkt oder indirekt geltend gemacht werden. Dies gilt auch für externe Koalitionen. **Direkte** Einflußnahme würde bedeuten, daß Entscheidungen oder Handlungen in der Unternehmung unmittelbar beeinflußt werden können. Voraussetzung hierzu wäre eine starke Stellung des jeweiligen Anspruchsträgers. Die Formen direkter Einflußnahme lassen sich am Entscheidungsprozeß festmachen. Die **direkte Kommunikation** einer Anspruchsgruppe mit den Entscheidungsträgern bildet eine noch relativ schwache Form der Einflußnahme. Die **persönliche Beteiligung** am Entscheidungsprozeß sichert einen weiterreichenden Einfluß. Man denke an einen Kunden oder Lieferanten, der Mitglied in einem Produktentwicklungsteam ist. Schließlich sind auch **faktische Entscheidungskompetenzen** möglich, z.B. bei Genehmigungsrechten, die sich Banken im Krisenfall einräumen lassen.

Eine immer noch starke Stellung würde die Wahl von Externen in Aufsichtsräte oder Beiräte vermitteln. Allerdings erfolgt der Einfluß dabei eher **indirekt**, also durch

Überwachungsaktivitäten bzw. die Wahl der Unternehmungsleitung. Genauso wie sich die Grenzen zwischen internen und externen Teilnehmern am Unternehmungsprozeß verwischen können, kann allerdings auch der indirekte Einfluß zu einem direkten verstärkt werden. Man denke an Geschäfte, deren Durchführung an die **Zustimmung** des Aufsichtsorgans gebunden ist. Außerdem ist die **Mitarbeit** in **Ausschüssen** zu erwähnen, die der Entscheidungsvorbereitung dienen. Derartige Gremien führen in großen Unternehmungen offenbar nicht selten Mitglieder interner und externer Koalitionen zusammen. Ein kompliziertes Geflecht von Interessen und Machtpositionen ("checks and balances") prägt dann einerseits die Vorstandsentscheidung, sorgt andererseits dafür, daß eine "interessenwahrende" Umsetzung erfolgt.

Eindeutig **indirekt** ist eine Einflußnahme immer dann, wenn die Interessengruppe keinen Mitgliedschaftsstatus, in welcher Form auch immer, erlangen konnte. Sie muß dann die ihr zur Verfügung stehenden Umweltkopplungen nutzen, um Einfluß auszuüben, ggf. auch mit anderen gemeinsam.

Nach ihrer Machtstärke unterscheidet MINTZBERG drei Formen externer Koalitionen [vgl. 1983, S.105ff.]:

Dominierende externe Koalition: Dies ist der Fall höchster Einflußintensität. Einzelne Instrumentalisten, eine Gruppierung von Interessenten oder die Mehrheit der Interessenten vereinigen eine Machtstärke auf sich, die einen dominierenden Einfluß sichert. Je nach Rechtsform kann die Interessenverfolgung dann die beschriebenen direkten oder indirekten Wege gehen. Das Unternehmungsgeschehen wird von externer Seite geprägt. Vielfach schwächt die Existenz einer beherrschenden externen Koalition die Machtposition der internen Koalition, deren Mitgliedern nur die Wahl zwischen Anpassung oder Ausscheiden bleibt. Diese Entwicklung ist bei Unternehmungsakquisitionen besonders gut zu verfolgen. Man denke an die Übernahme von **Hoesch** durch **Krupp**, in deren Verlauf der gerade rund ein Jahr als Hoesch-Sanierer im Amt befindliche Vorstandsvorsitzende Kajo Neukirchen seine Position aufgab. Krupp hatte mit Unterstützung von Banken, vermutlich auch mit Wissen und Billigung der Landesregierung, im Stillen die Aktienmehrheit von Hoesch an sich bringen und damit auf der Hauptversammlung von Hoesch (1992) die Übernahmebeschlüsse herbeiführen können. Mittlerweile (1994) ist Kajo Neukirchen mit der Sanierung der **Metallgesellschaft** beschäftigt.

Gespaltene externe Koalition: Stehen sich mehrere externe Gruppen mit unterschiedlicher Interessenlage und etwa gleicher Machtstärke gegenüber, so können sich Einflüsse neutralisieren. Bei Abstimmungen im Aufsichtsrat werden derartige Konstellationen z.B. sichtbar. Externe Uneinigkeit wird zwangsläufig auch zu interner Unruhe und Unsicherheit führen, ggf. spaltet sich auch die interne Koalition in zwei Lager. Pattsituationen können die Folge sein.

Passive externe Koalition: Sind Ansprüche und Machtstärke stark gestreut, so wird es für Externe schwer, Einfluß zu mobilisieren. Die interne Koalition gewinnt eine große Unabhängigkeit. Bezogen auf die Anteilseigner sind derartige Verhältnisse für Publikumsgesellschaften typisch. Erkennbar wird die starke Stellung eines Vorstands u.a. daran, daß er Einfluß auf die Zusammensetzung des Aufsichtsrates nehmen kann. Die interne Koalition kann auch versuchen, auf externe Machtstreuung hinzuwirken, z.B. indem die Abhängigkeit von einzelnen Lieferanten, Kunden oder Banken klein gehalten wird.

Beziehungen zwischen Koalitionen: Zwischen interner und externer Koalition können verschiedenartige Beziehungen herrschen, die Abb. XV/4 wiedergibt [vgl. MINTZBERG 1983, S.306].

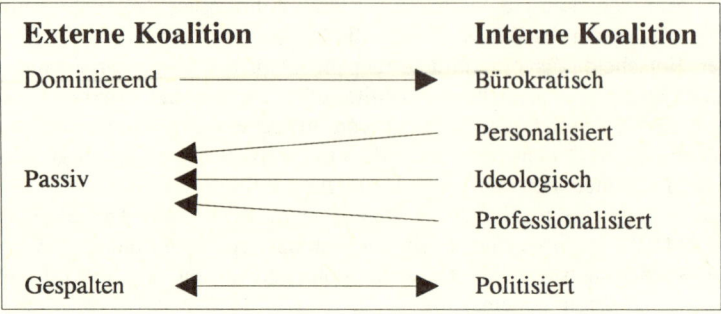

Abb. XV/4: Beziehungen zwischen externen und internen Koalitionen

Eine **dominierende** externe Gruppierung korrespondiert am ehesten mit einer bürokratischen internen Koalition. Da der Externe, z.B. ein Großaktionär, kein Mitglied der Unternehmung ist, muß er versuchen, durch die Formulierung operationaler Ziele seinen Einfluß durchzusetzen. Die externe Koalition behandelt die interne Koalition, also vor allem die Unternehmungsleitung, als ausführendes Organ. Die Unternehmungsleitung wird ihrerseits bemüht sein, Pläne und Budgets aufzustellen, die einerseits diesen Zielen Rechnung tragen, andererseits eine klare Grundlage für die ggf. erforderliche Rechtfertigung bei mangelnder Zielerreichung bieten. Dies führt tendenziell zu einer **bürokratischen** internen Koalition.

Eine **gespaltene externe** Koalition wird sich bemühen, Verbündete in der Unternehmung zu finden. Dadurch kann es auch unternehmungsintern zur Lager- bzw. Fraktionsbildung kommen. Damit ist das Entstehen einer **politisierten** internen Koalition begünstigt. Diese Konstellation ist vergleichsweise unbefriedigend für alle Beteiligten, wenn man von dem Fall einmal absieht, daß man sich allseits auf die Zementierung einer Pattsituation einigt. Entsteht keine externe Veränderung, wäre auch eine Abspaltung oder Ausgliederung einzelner Unternehmungsteile möglich. Dies ist in Familiengesellschaften nicht selten der Fall, wenn sich einzelne Familienmitglieder oder -stämme nicht untereinander einigen können. So entstanden z.B. die Firmen Puma und Adidas.

Den größten Spielraum haben interne Gruppierungen zwangsläufig beim Vorliegen **passiver** externer Anspruchsgruppen. Welche Art von interner Koalition sich ausbildet, ist dabei von Externen weitgehend unabhängig. In jedem Fall hat das interne Einflußsystem eine relativ starke und unabhängige Stellung und kann seinerseits das Umfeld und damit auch die externe Koalition stark beeinflussen.

5. Formen und Wirkungen der Beeinflussung externer Anspruchsgruppen

Die Einbindung externer Anspruchsgruppen zielt auf eine Beeinflussung von externen Teilnehmern und Betroffenen. Je nach Sachlage kann dies auch bedeuten, daß den Betreffenden eine Mitwirkung an kritischen Prozessen, eine Mitgliedschaftsposition oder sogar eine Trägerschaftsstellung eingeräumt wird. Im Mitgliedschafts- und

Trägerschaftsfall würde aus einem "Externen" ein "Interner". Die Einbindung externer Interessengruppen ist normalerweise aber durch wesentlich lockerere Formen und Beziehungen charakterisiert als im Falle interner Ansprüche. Dennoch ist das Ziel des Anspruchsgruppenmanagements im wesentlichen das gleiche. Es geht darum, Zielsetzungs- und Zielerreichungsspielräume zu schaffen, die möglichst weit gesteckt und frei von kollidierenden Interessenlagen sind. Risiko und Unsicherheit unternehmerischer Entscheidungen sollen reduziert, die externen Veränderungen verstetigt werden. Die folgenden Überlegungen zeigen, nach der tendenziellen Intensität der Beeinflussung abgestuft, die Möglichkeiten ("Strategien"), unter denen eine Unternehmung hierzu wählen kann [weiterentwickelt nach HELLRIEGEL/SLOCUM 1986, S.85ff.].

Öffentlichkeitsarbeit: Gezielte Vermittlung und Verbreitung von Informationen, Meinungen, Wertungen zu Themen von unternehmungspolitischem Interesse. Unternehmungen können erhebliche Aufklärungsarbeit leisten und Glaubwürdigkeitspotential schaffen, wenn sie seriös, kontinuierlich und überzeugend Öffentlichkeitsarbeit betreiben. Zugleich nehmen sie ggf. am gesellschaftlichen Diskurs teil und beeinflussen den Wertewandel, man denke an Aktionen zu Themen wie Kernenergie, Umweltschutz und Gentechnologie. Die Grenzen zur Werbung sind mitunter fließend (z.B. Sponsoring).

Repräsentation: Repräsentation ist eine weithin unterschätzte Arbeit der Unternehmungsführung, und sie erstreckt sich keineswegs nur auf die landläufig bekannten "Repräsentationspflichten", also das Erscheinen bei "öffentlichen Anlässen". Hinzuweisen ist zunächst auf Aktivitäten, die von der Unternehmung ausgehen und die zur externen Selbstdarstellung genutzt werden können, so z.B. die jährliche Bilanzpressekonferenz, Firmenjubiläen, Ehrung von Jubilaren, Aktionen anläßlich von Messen und Ausstellungen. Repräsentation kann sodann auch bedeuten, daß eigene Repräsentanten in einflußreiche Gremien bzw. Organisationen entsandt werden. Die Skala reicht hier von der Mitgliedschaft in Clubs und Vereinen über die vielfältigen Arbeitskreise berufsständischer Organisationen bis hin zur Arbeit in Verbänden und Universitäten (z.B. Lehraufträge, Gastvorträge).

Lobbyismus: Die Grenze zur direkten Einflußnahme ist überschritten, wenn eine Kontaktaufnahme mit Parlamentariern und Regierungsmitgliedern erfolgt, um Gesetze und Verordnungen im Sinne der Unternehmungsziele zu beeinflussen. Dies ist legal und legitim, denn schließlich sind Regierungen und Parlamente nicht zuletzt dazu da, Interessen der Bürger zu vertreten. Dennoch gibt es immer wieder Vorgänge, die sich - tatsächlich oder vermeintlich - im Zwielicht der Vorteilsnahme oder gar der Korruption bewegen. Davon abgesehen ist es vermutlich nicht so sehr der Lobbyismus als solcher, der dem Außenstehenden als problematisch erscheint, sondern der Eindruck von Undurchschaubarkeit und Undurchdringlichkeit des entstehenden Beziehungsgeflechts, verbunden mit dem Gefühl, selbst dabei benachteiligt zu sein.

Vereinbarungen: Verhandlungen mit Externen, um zu einer Regelung strittiger Fragen und zu einem Interessenausgleich zu kommen, gehen noch einen Schritt weiter in Hinblick auf die Bindungsintensität. Im Bereich der Aufgabenumwelt, also der wirtschaftlichen Beziehungen, sind vertragliche Bindungen eine wichtige Geschäftsgrundlage. Dabei spielen neben Kauf- und Lieferverträgen auch Regelungen wie Lizenzvergabe, Markenrechte, Franchising eine große Rolle. Immer stärker wird aber auch die generelle (politisch-gesellschaftliche) Umwelt Teil von Vereinbarungen. Bau, Erweiterung, Stillegung von Industrieanlagen betreffen mit wechselnder Intensität vor allem Gemeindevertreter, Bürgerinitiativen, Gewerkschaften. Typisch sind vertragliche Vereinbarungen bei Bankenkrisen oder bei Firmen, die eine regionale Schlüsselstellung einnehmen. Ein besonders schwieriger und spektakulärer Vorgang war die von **Krupp** geplante Stillegung des Stahlwerks Rheinhausen, eine unternehmerische Entscheidung, an der Ende der 80er Jahre von der Landesregierung NRW bis zu den Kirchen alle "gesellschaftlichen Kräfte" aktiven Anteil nahmen. Der endgültige Stillegungsbeschluß war das Ergebnis einer Kampfabstimmung im montanmitbestimmten Aufsichtsrat. Die Stimme des neutralen Mannes, eines bekannten Professors der Wirtschaftswissenschaften, gab den Ausschlag. Das Stahlwerk blieb dann entgegen den gefaßten Beschlüssen aufgrund der unerwartet günstigen Stahlkonjunktur bestehen. Ein erneuter Stillegungsbeschluß wurde nach der Krupp-Hoesch-Fusion während der nächsten Stahlkrise gefaßt (März 1993).

Kooperationen und Allianzen: Mit Hilfe verschiedener Formen dauerhafter Zusammenarbeit versuchen Unternehmungen, vor allem auf Markt- und Ressourceninterdependenzen Einfluß zu nehmen. Die Poolung von Ressourcen (z.B. Know-how oder Finanzmittel) sowie die Nutzung von Synergieeffekten (z.B. in Produktion und Vertrieb) stehen derzeit im Vordergrund. Dabei kommt es immer häufiger auch zu teilweise internationalen Partnerschaften zwischen Konkurrenten (z.B. in der Computerindustrie, Automobilindustrie, bei Banken und Versicherungen).

Kooptation: Kooptation bedeutet Selbstergänzung. Unternehmungen können Externe entweder in Aufsichtsgremien aufnehmen (Beirat, Aufsichtsrat) oder auch in Leitungsorgane. Damit macht man zwar einen externen Teilnehmer zum Mitglied der Unternehmung und gibt ihm insofern Einflußmöglichkeiten. Zugleich verschafft man sich aber Zugang zu seinen Kenntnissen und Beziehungen und stellt sicher, daß er ein Eigeninteresse an der Unternehmung entwickelt. Kooptation führt zur Mitverantwortung und kann (potentielle) Opponenten zu Partnern und Verbündeten machen.

Dies ist auch in den USA zu sehen. In einzelnen Fällen wird der Board z.B. um Vertreter von Minderheiten oder Bürgerinitiativen ergänzt. In anderen Fällen werden Gewerkschaftsvertretern Sitze eingeräumt, zumindest vorübergehend. Vertreter der vier betroffenen Gewerkschaften rückten 1985 in den Board der **Western Airlines** ein, als diese Gesellschaft in Konkurs zu geraten drohte. Zu ihrer Rettung wurde u.a. ein weitreichender Gehaltsverzicht vereinbart [vgl. KANTER 1989, S.83]. Dieses Beispiel ist deswegen besonders beachtenswert, weil es der Tradition und dem Selbstverständnis amerikanischer Gewerkschaften völlig widerspricht, unternehmerische (Mit-)Verantwortung zu übernehmen. Die deutsche **Lufthansa** hat 1992 in ähnlicher Lage eine aufsehenerregende Vereinbarung mit den Belegschaftsvertretern und den Gewerkschaften abgeschlossen, die in der Summe zu Einsparungen von ca. 500 Mio. DM führte.

Vor dem Hintergrund der Interessenbündelung und Mitverantwortung ist vor allem die Besetzung von Aufsichtsratspositionen der Anteilseignerseite zu sehen. Vertreter der Hausbanken, aber auch wichtiger oder benachbarter Branchen werden in das Unternehmungsgeschehen eingebunden. Aber auch der Wechsel von Politikern in unternehmerische Leitungspositionen, in Deutschland eher selten, kann als Vorgang der Einbindung interpretiert werden. Ein markantes Beispiel war der frühere **Hoesch**-Vorstandsvorsitzende Rohwedder (ehemals SPD-Staatssekretär), ein aktuelles Beispiel bildet das **BMW**-Vorstandsmitglied Teltschik (vormals Kanzler-Berater).

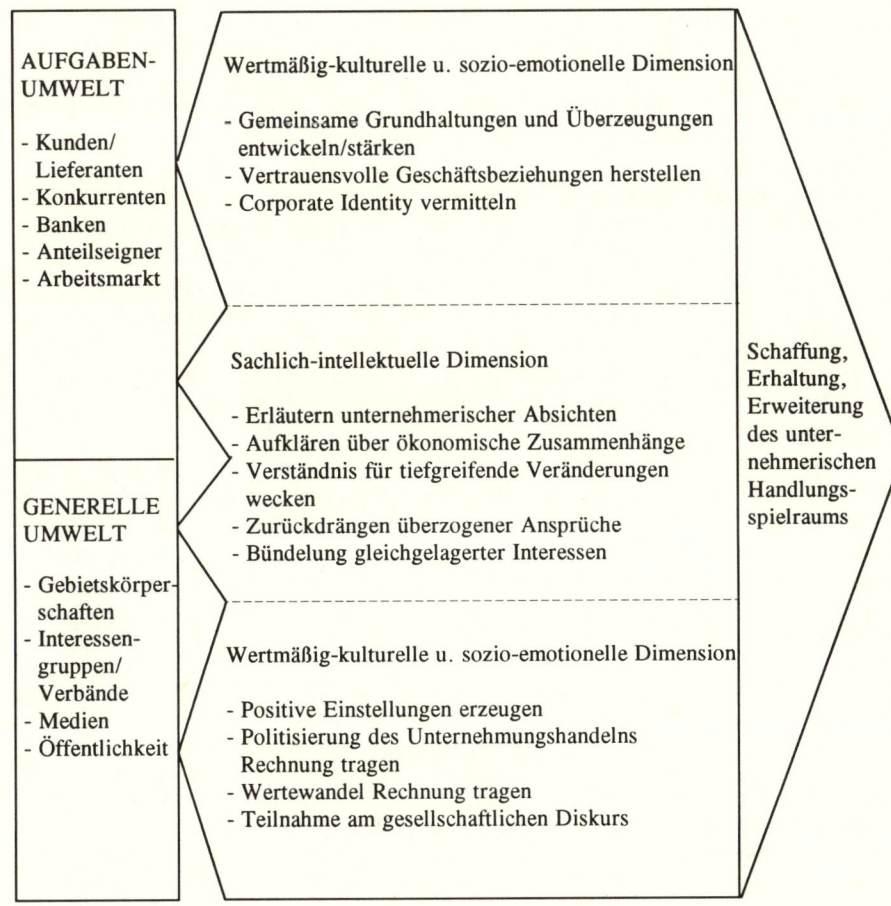

AUFGABEN-UMWELT
 	
- Kunden/
  Lieferanten
- Konkurrenten
- Banken
- Anteilseigner
- Arbeitsmarkt
	Wertmäßig-kulturelle u. sozio-emotionelle Dimension
	
	- Gemeinsame Grundhaltungen und Überzeugungen
	  entwickeln/stärken
	- Vertrauensvolle Geschäftsbeziehungen herstellen
	- Corporate Identity vermitteln
		Schaffung,
		Erhaltung,
		Erweiterung
		des unter-
		nehmerischen
		Handlungs-
		spielraums

	Sachlich-intellektuelle Dimension - Erläutern unternehmerischer Absichten - Aufklären über ökonomische Zusammenhänge - Verständnis für tiefgreifende Veränderungen wecken - Zurückdrängen überzogener Ansprüche - Bündelung gleichgelagerter Interessen	

GENERELLE UMWELT
 	
- Gebietskörper-
  schaften
- Interessen-
  gruppen/
  Verbände
- Medien
- Öffentlichkeit
	Wertmäßig-kulturelle u. sozio-emotionelle Dimension
	
	- Positive Einstellungen erzeugen
	- Politisierung des Unternehmungshandelns
	  Rechnung tragen
	- Wertewandel Rechnung tragen
	- Teilnahme am gesellschaftlichen Diskurs	

Abb. XV/5: Wirkungen des Anspruchsgruppenmanagements

Einbindungsformen im Anspruchsgruppenmanagement: In allen diesen Beeinflussungsstrategien lassen sich Elemente der verschiedenen Einbindungsformen entdecken, die zur Analyse des Verhältnisses "Unternehmung-Individuum" benutzt wurden (vgl. S.299ff.). **Kooptation** bedeutet in jedem Fall eine strukturelle Einbindung, enthält aber zugleich Elemente einer professionalisierten, sozialen und wertorientierten Einbindung. In der Bundesrepublik gibt es über Mitgliedschaften in Aufsichtsräten vielfältige personelle Verflechtungen zwischen unterschiedlichen Unternehmungen. Dabei spielen Banken-Vertreter - insbesondere Deutsche Bank und Dresdner Bank - eine herausgehobene Rolle. Empirische Untersuchungen zeigen allerdings, daß als Kooptationskriterium nicht so sehr die Branchenherkunft des Betreffenden, sondern dessen Ansehen und persönliche Kompetenz den Ausschlag bei der Zuwahl gibt. So schält sich ein "innerer Kreis" von Wirtschaftsführern heraus, die viele Ämter auf sich vereinigen und die miteinander vertraut sind [vgl. ZIEGLER 1987, Sp.1564ff. sowie PAPPI 1992, Sp.1962ff.]. Es entsteht ein zwar unsichtbares, aber vermutlich sehr

339

wirkungsvolles **Netzwerk**. Aus dieser Perspektive betrachtet, ergeben sich leichte Ähnlichkeiten der deutschen Konzernlandschaft mit den japanischen **Keiretsu** (vgl. S.268f.)

Kooperationen kombinieren vorrangig strukturelle, ergebnisorientierte und professionalisierte Einbindung. **Vertragliche Vereinbarungen** stellen vor allem auf Ergebnisorientierung ab.

Lobbyismus und **Repräsentation** kombinieren professionalisierte, personale und ergebnisorientierte Elemente, teils unterlegt mit einer gemeinsamen Wertorientierung. Besonders stark sind wiederum personale Elemente wirksam. Die gleichen Personen, die über Kooptationen in vielfältige Netzwerke eingebunden sind, finden sich auch überproportional häufig als Repräsentanten von Wirtschaftsverbänden oder Beratungsgremien der Regierung [vgl. ZIEGLER 1987, Sp.1564].

Öffentlichkeitsarbeit schließlich betont die wertorientierte oder professionalisierte Form, je nachdem, ob mehr die Sachinformation oder die Meinungsbildung im Vordergrund steht.

Zusammengenommen können alle derartigen Aktivitäten erhebliche und weitreichende externe Wirkungen erzielen, dies sowohl in sachlich-intellektueller wie in wertmäßig-kultureller und sozio-emotioneller Hinsicht. Abb. XV/5 gibt eine Übersicht. Anspruchsgruppenmanagement ist also nicht nur eine neue Belastung der Unternehmungsspitze, sondern kann auch - **Dialogfähigkeit** des Managements vorausgesetzt - erhebliche Handlungsspielräume eröffnen und vielfältige unternehmungspolitische Chancen bieten.

Literatur

BERLE, A.A./MEANS, C.G.: The Modern Corporation and Private Property, New York 1932

DAVIDOW, W./MALONE, M: Das virtuelle Unternehmen, Frankfurt/M. 1993

FRESE, E.: Unternehmungsführung, Landsberg am Lech 1987

FRESE, E.: Führung, Organisation und Unternehmensverfassung, in: Wittmann, W. et al. (Hrsg.), Handwörterbuch der Betriebswirtschaft, 5. Aufl., Stuttgart 1993, Sp.1284-1299

CYERT, R.M./MARCH, J.G.: A behavioral theory of the firm, Englewood Cliffs 1963

HELLRIEGEL, D./SLOCUM, J.W.: Management, 4. Aufl., Reading, Mass. 1986

JANISCH, M.: Das strategische Anspruchsgruppenmanagement, Vom Shareholder Value zum Stakeholder Value, Stuttgart/Wien 1993

KANTER, R.M.: When Giants learn to dance, London/New York 1989

KRÜGER, W.: Machtdefizit und Führungsstärke an der Unternehmungsspitze, in: Eichhorn, P. (Hrsg.), Unternehmensverfassung in der privaten und öffentlichen Wirtschaft, Baden-Baden 1989, S.119-131

MAYNTZ, R.: Soziologie der Organisation, Reinbeck bei Hamburg 1963

MINTZBERG, H.: Power in and around Organizations, Englewood Cliffs, 1983

PAPPI, F.U.: Personelle Verflechtungen, in: Frese, E. (Hrsg.), Handwörterbuch der Organisation, 3. Aufl., Stuttgart 1992, Sp.1962-1976

SCHEUCH, U./SCHEUCH, E.: Cliquen, Klüngel und Karrieren, Reinbek bei Hamburg 1992

SCHMIDT, R.-B.: Wirtschaftslehre der Unternehmung (Band 1), 2. Aufl., Stuttgart 1977

STAEHLE, W.: Management, 5. überarb. Aufl., München 1990

STEWART, T.A.: The King is dead, in: Fortune 1/1993, S.20-25

SYDOW, J.: Strategische Netzwerke: Evolution und Organisation, Wiesbaden 1993

ZIEGLER, R: Netzwerke und Kooptation, in: Kieser, A./Reber, G./Wunderer, R. (Hrsg.), Handwörterbuch der Führung, Stuttgart 1987, Sp.1557-1566

Teil 5

Organisationsdynamik

Wie verändert sich eine Organisationsstruktur typischerweise im Laufe der Unternehmungsentwicklung (Kap. XVI)?

Welche Formen und Barrieren des Wandels sind zu unterscheiden, und welche Aufgaben und Strategien ergeben sich daraus für das Management des Wandels (Kap. XVII)?

Wie werden Organisationsprojekte gehandhabt (Kap. XVIII)?

XVI. ENTWICKLUNGSSTADIEN UND ENTWICKLUNGSKRISEN DER ORGANISATION

1. Typische Stadien der Unternehmungsentwicklung

Unternehmungsentwicklung und Strukturentwicklung gehen Hand in Hand. Um die spezifischen Strukturprobleme sichtbar zu machen, ist es daher zweckmäßig, von einem Vorstellungsmodell der Unternehmungsentwicklung auszugehen. Einer der ersten und bekanntesten Ansätze hierzu findet sich bei GREINER [1972]; große Bedeutung gewinnen derartige Modelle zuletzt bei BLEICHER [1991], GOMEZ/ ZIMMERMANN [1992], PERICH [1992].

Typischerweise bildet ein Wachstumspfad der Unternehmung das Herzstück aller Ansätze, teils durch Lebenszyklusgedanken ergänzt bzw. überformt. So unterscheidet BLEICHER [vgl. 1991, S.790ff.]:

Innere Unternehmungsentwicklung

- Pionier,

- Markterschließung,

- Diversifikation.

Äußere Unternehmungsentwicklung

- Akquisition,

- Kooperation.

Innere und äußere Unternehmungsentwicklung

- Restrukturierung.

Selbstverständlich können Maßnahmen der Akquisition und Kooperation auch zur Markterschließung und Diversifikation dienen. Vielfach erfolgt ein Übergang auf externes Wachstum erst, wenn die internen Möglichkeiten erschöpft sind. Im übrigen lassen sich die Kategorien der internen und externen Entwicklung auch auf Konsolidierungs- und Schrumpfungsprozesse anwenden. Kooperationen oder Akquisitionen finden auch zur gemeinsamen Krisenbewältigung statt (z.B. die Fusion **Krupp-Hoesch**).

GOMEZ integriert BLEICHERS Vorstellungen und konzentriert sich auf vier Idealtypen der Unternehmung [vgl. 1992]:

- Pionierunternehmung,

- Wachstumsunternehmung,

- Reifeunternehmung,

- Wendeunternehmung.

Gegenüber GOMEZ Vorstellungen ist anzumerken, daß eine "Wende" i.S. eines Übergangs auf Verstetigung, Konsolidierung oder auch Schrumpfung nicht nur am

Ende eines Wachstumszyklus erfolgen kann, sondern in jedem Stadium.

Bei der Verwendung und Interpretation aller derartigen Entwicklungsmodelle sind insbesondere zwei Einschränkungen zu beachten [vgl. KIESER 1992, Sp.1222ff.]. Zum einen ist vor allem bei Lebenszyklusmodellen auf die Problematik der Analogiebildung zu Organismen hinzuweisen. Genauso wie es einen "frühen Tod" einer Pionierunternehmung geben kann, erfreuen sich andere Unternehmungen - große oder kleine - eines jahrhundertelangen Lebens, dabei teilweise sogar auf einer Stufe der Entwicklung verharrend. Es darf also keinesfalls der Eindruck einer quasi "naturgesetzlichen" Entwicklung entstehen. Zum anderen handelt es sich um **idealtypische** Verläufe. Generell gilt, daß es keine (strenge) Abfolge bestimmter Phasen gibt. In jeder "Phase" kann es aufgrund eigener Entscheidungen oder externer Entwicklungen zu einer Verstetigung, zur Schrumpfung oder Aufgabe kommen. Phasen können übersprungen oder verkürzt werden, auch eine Rückkehr in "alte" Phasen ist möglich. Die "Phasen" sind streng genommen als **mögliche Entwicklungssequenzen** zu interpretieren, die beliebig zu Prozessen kombiniert werden können.

Die Stärke von Entwicklungsmodellen liegt darin, daß sie, wenn auch deduktiv und idealtypisch, eine **Orientierungshilfe** für die **langfristige Unternehmungsentwicklung** liefern. Auf die Weise läßt sich die statische Organisationsbetrachtung **dynamisieren.** Außerdem bieten sie die Möglichkeit, analytische Zusammenhänge zwischen **allgemeiner** Unternehmungsentwicklung und **strukturellen** Eigenarten und Entwicklungen aufzuzeigen und können so zur Aufhellung von Interdependenzen dienen. Darin eingeschlossen sind insbesondere die markanten Zusammenhänge von "Strategie" und "Struktur".

Zur Betrachtung der Organisationsdynamik in diesem Sinne wird im folgenden von fünf markt- und produktbezogenen Wachstumsstadien ausgegangen:

- Pionierphase: Markteintritt in einem regionalen (Teil-)Markt;

- Markterschließung: Marktausweitung auf nationaler Ebene;

- Programmerweiterung: Wachstumsimpulse durch Produktvariationen oder neue Produkte (Diversifikation);

- Internationalisierung: Marktausweitung über die nationalen Grenzen hinaus;

- Globalisierung: Etablierung weltweiter Aktivitäten, ggf. auch globaler Marken.

Firmen können erfolgreich in der "Pionierphase" verharren (z.B. Handwerker, Einzelhändler, Freiberufler), andere müssen dieses Stadium weitgehend überspringen (z.B. Stahlwerke). Mittelständische Industrieunternehmungen bieten nicht selten ein hochspezifisches Sortiment an und sind, ohne die Phase "Programmerweiterung" durchlaufen zu haben, sehr international oder sogar global tätig, so z.B. im Maschinenbau.

Die **Essenz der Unternehmungsentwicklung** liegt in dem **Übergang** von einer Entwicklungssequenz zu einer anderen begründet, also darin, daß neue interne oder externe Bedingungen zu verarbeiten sind. Übergänge sind z.B. der Wechsel vom Wachstum zur Reife oder vom Abschwung zum Wiederaufstieg, der Wechsel von Geschäftsfeldern oder Basistechnologien. Unternehmungsentwicklung ist also keinesfalls gleichbedeutend mit Aufwärtsentwicklung oder Wachstum.

Wenn solche Übergänge **weitreichend** sind, also die Unternehmung insgesamt oder weite Teile von ihr erfassen, und wenn sie **tiefgreifend** sind, also nicht nur geringfügige oder vorübergehende Änderungen darstellen, soll hier von **Unternehmungstransformationen** (corporate transformation) gesprochen werden. Unternehmungstransformation ist also der **Prozeß weitreichenden** und **tiefgreifenden Wandels der Unternehmung**. Die Erfolgsposition verschiebt sich nachhaltig. Die Ausprägungen der Erfolgsfaktoren sind grundlegend zu verändern, oder aber neue Erfolgsfaktoren sind zu entwickeln. Unternehmungstransformation kann also im Einzelfall ganz Unterschiedliches bedeuten.

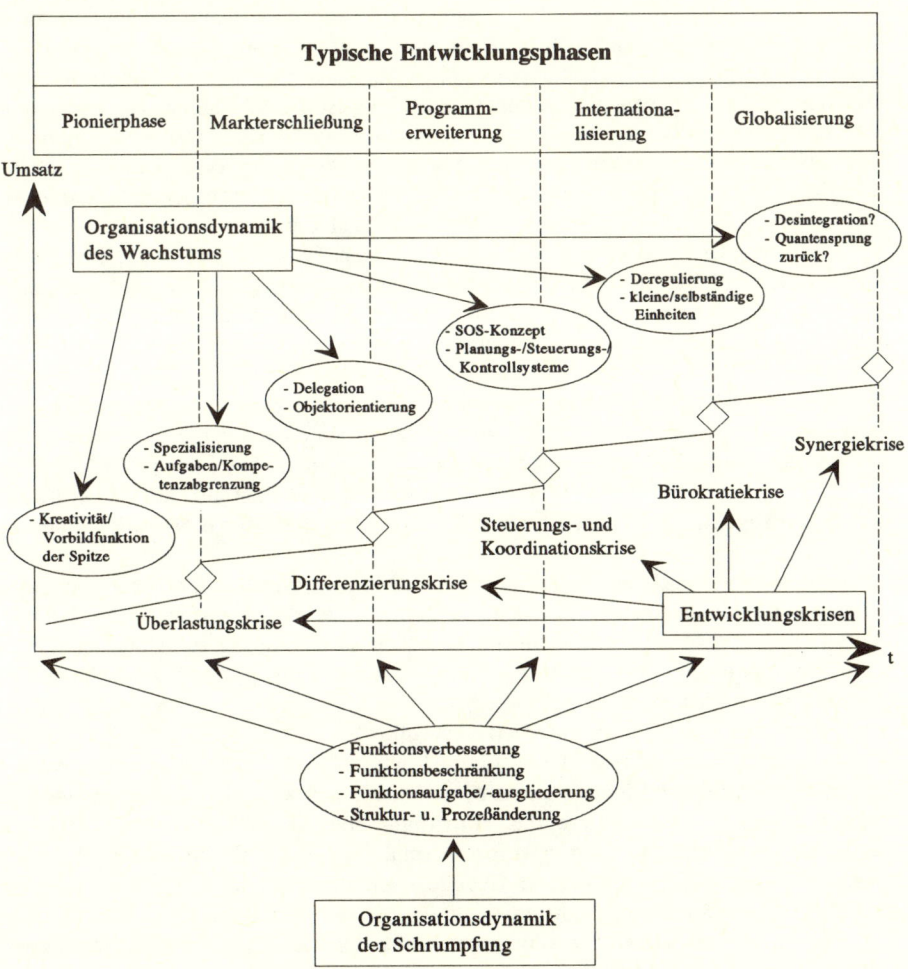

Abb. XVI/1: Organisationsdynamik von Wachstum und Schrumpfung

Übergangsstadien sind immer auch mit einem spezifischen **Krisenrisiko** behaftet. Jede Krise bedeutet Risiko und Chance zugleich [vgl. KRYSTEK 1987]. Die Chance liegt darin, durch neue Impulse weiteres Wachstum auszulösen. Das Risiko besteht in einem Niedergang oder sogar Zusammenbruch. Demgemäß gilt es, eine **Organisati-**

onsdynamik im **Wachstum** und in der **Schrumpfung** zu unterscheiden. Beide Aspekte sind zwei Seiten desselben Entwicklungsprozesses, auch wenn sie im folgenden getrennt behandelt werden (vgl. Abb XVI/1).

2. Organisationsdynamik im Wachstumsprozeß

(1) Von der Pionierphase zur Markterschließung: In der Pionierphase dominieren die Kreativität und Vorbildfunktion des Pionierunternehmers an der Unternehmungsspitze. Unternehmerische Impulse prägen das Geschehen unmittelbar und ohne Transmissionsverluste. Ein Höchstmaß an Flexibilität ist Trumpf, jede Art von Bürokratie wird vermieden. Die Mitarbeiterzahl ist überschaubar, strenge Aufgabenteilung i.S. dauerhafter Aufgaben- und Kompetenzregelung ist die Ausnahme, Organigramme sind unbekannt. Es herrscht eine Art "Organisation auf Zuruf". Daß man einen solchen niedrigen Organisationsgrad der **Minimalorganisation** [vgl. SCHUHMACHER 1985] zum Prinzip erheben kann, zeigen die Firmen, die bei wachsender Mitarbeiterzahl nach dem Prinzip der Zellteilung kleinere Einheiten bilden.

Die Firma **Gore**, Hersteller des atmungsaktiven Textils "Gore-Tex", beschäftigt mittlerweile rund 5000 Mitarbeiter, allerdings verteilt auf über 30 Werke. Eigentümer und Gründer Bill Gore legt Wert darauf, daß die jeweilige Mitarbeiterzahl 150 nicht übersteigen soll, um persönliche Bekanntheit noch zu ermöglichen [vgl. PERICH 1992, S.376 ff.].

Der notwendige Zusammenhalt wird in derartigen Fällen vorwiegend durch die Ausgestaltung der teils ganz stark ausgeprägten Unternehmungskultur hergestellt. Diese wiederum ist allerdings von der Person des Gründers bzw. der jeweiligen Führungsperson nicht zu trennen. Der Regelungsschwerpunkt liegt also auf der **kulturellen Fremdregelung**. Man wird an **charismatische (transformationale)** Führung erinnert.

Interessant ist auch ein Blick auf das **Einbindungsmuster**. Bei überschaubaren Pionierunternehmungen kann die Identifikation mit der Person an der Spitze hochbedeutsam sein (**personale Einbindung**). Ansonsten ist der Bezug zur Unternehmungskultur und damit die **wertorientierte Einbindung** vorrangig. Auch die **soziale Einbindung** ist vielfach stark ausgeprägt. Was im Großbetrieb immer mehr zur Floskel wird, kann hier Realität sein: die "Betriebsfamilie".

Wenn die Markteintrittsphase erfolgreich abgeschlossen ist und weiteres Wachstum durch Marktdurchdringung entsteht, verändern sich auch die **Anforderungen** an die Organisation. Insbesondere die **Führungs-** und die **Geschäftsprozeßeffizienz** gewinnen an Bedeutung. Führungsprozesse und -systeme sind einzuführen bzw. zu regeln, um das größer gewordene Gebilde noch beherrschbar zu halten. Die Geschäftsprozesse sind zu standardisieren, um ihre Effizienz zu sichern.

Eine diesen Anforderungen entgegenstehende Eigenart gerade profilierter Pionierunternehmer ist es jedoch, bei weiterem Wachstum an dem personifizierten Führungsstil und der "Adhocratie" festzuhalten, ggf. mit gesteigertem persönlichem Einsatz. In dem Bemühen, die vollständige oder weitgehende Kontrolle über die Unternehmungprozesse zu behalten, werden Maßnahmen der Standardisierung und der Führungsentlastung vernachlässigt. Erfolgt keine "Zellteilung", so ist eine **Überlastungskrise** der Unternehmungsspitze, entstanden durch Überdehnung der **Leitungsspanne** bzw. einen zu weit getriebenen **Führungsanspruch**, die typische Folge.

Diese Krise kann bei rasantem Wachstum zwar lange überdeckt werden. Ihre Bewältigung fällt dann aber umso schwerer, als qualifizierter unternehmerischer Nachwuchs fehlt. Er konnte sich mangels Delegation und Partizipation nicht entwickeln. Unternehmerbeispiele wie **Neckermann**, **Grundig**, **Nixdorf** enthalten auch Elemente dieser Krisensituation. Bekannte Beispiele für einen gelungenen Übergang liefern Reinhard Mohn (**Bertelsmann**, einer der größten Medienkonzerne der Welt) oder Franz Vogt (**VOKO**, einer der größten europäischen Büromöbelhersteller).

Zum Vermeiden resp. Überwinden dieser **Unterorganisationskrise** ist vor allem erst einmal eine **Primärstruktur** zu schaffen. Insbesondere die **funktionale** Organisation mit ihren Vorteilen der Spezialisierung bietet sich an. Zur Unterstützung und Führungsentlastung können auch **Stabsstellen** eingerichtet werden.

Alle derartigen Maßnahmen bedeuten eine Verlagerung des Regelungsschwerpunkts von der kulturellen auf die Sphäre **struktureller Fremdregelungen**. Spezialisierung kann im übrigen bereits an der Spitze beginnen. Die Einpersoneninstanz wird zur Pluralinstanz erweitert. Die Einteilung in **kaufmännische** und **technische** Geschäftsführung, weithin verbreitet, wäre hier bereits ein Gewinn. Unterhalb der Spitze entstehen weitere Leitungsebenen, die Hierarchie nimmt Konturen an.

Im Verlauf dieser Entwicklung verändert sich auch das Einbindungsmuster. **Professionalisierte** und **strukturelle Einbindung** gewinnen an Bedeutung.

(2) Von der Markterschließung zur Programmerweiterung: Bei gleichbleibendem Sortiment kann zunächst durch schrittweise regionale und kundenbezogene Ausweitung des Geschäfts weiteres Wachstum entstehen (Markterschließung). Die Arbeitsteilung und funktionale Aufgabenspezialisierung nehmen entsprechend zu. Die Primärorganisation wird verbreitert, und sie wird tiefer gestaffelt. Der Vertrieb ist vielfach regional gegliedert, z.B. in Verkaufsgebiete oder Niederlassungen. Die Logistik wirft verschärfte Probleme auf. Den Spezialisierungsvorteilen stehen wachsende Nachteile durch den abnehmenden Handlungsspielraum gegenüber. Dies verweist auf die **Human-Ressourcen-Orientierung**.

Besondere Anforderungen entstehen auch in Richtung **Markt-** und **Wettbewerbsorientierung** sowie **Flexibilität** und **Anpassungsfähigkeit**. Unterschiedliche Kunden, aber auch Regionen, verlangen spezifische Besonderheiten in Produktion, Vertrieb und Service. Der Wunsch nach Produktvarianten, verwandten oder komplementären Produkten, wird in dem Maße bedeutsam, wie über den Stammkundenbereich hinaus weitere Marktsegmente erschlossen werden sollen und man sich gegenüber der Konkurrenz profilieren muß. Der Übergang zur Stufe der Programmerweiterung bietet sich an.

Die für unterschiedliche Produkte bzw. Varianten erforderliche **Querschnittskoordination** ist in der funktionalen Organisation konstruktionsbedingt schwer zu leisten. Sie wird umso schwieriger, je breiter die Arbeitsteilung gefächert ist. Vielfache Schnittstellen treten auf, und Abteilungszäune sind zu überwinden. Es kommt zu einer spezifischen strukturellen Überforderung, die hier als **Differenzierungskrise** bezeichnet wird. Notwendige Produkt-/Marktdifferenzierungen sind nicht oder nur höchst unbefriedigend zu handhaben.

Der Segmentierung und Differenzierung am Markt ist zunächst durch geeignete **Modifikationen** der **Primärorganisation** Rechnung zu tragen. Zu denken ist insbesondere an Product-Manager, ggf. im Rahmen einer reduzierten Matrixorganisation, an spezielle Kundenbetreuer oder auch an objektorientierte Teilbereiche.

Zumindest marktnahe Kernfunktionen (z.B. Verkauf, Vertrieb, Service) bekommen dadurch ein anderes Gesicht und verlangen nach neuen Qualifikationen, (Teil-)Kompetenzen müssen u.U. delegiert werden.

Nicht zu unterschätzen ist die Bedeutung eines entwickelten Rechnungswesens, das aussagefähige Kosten- und Erlösinformationen entsprechend der jeweiligen Aufgaben- und Kompetenzverteilung bereitstellt. Die Änderung der Informations- und Kommunikationssysteme, hier erstmals sichtbar, ist ein Problemkreis von erheblicher Bedeutung. Der Aufbau eines Planungs-, Steuerungs- und Kontrollsystems, das eine ergebnisorientierte Führung verschiedener Geschäfte ermöglicht, ist vorzunehmen.

Wenn die Produktpalette unter Markt- und Technikgesichtspunkten trennbar ist, wie im Falle sehr heterogener Programme, ist auch der Übergang zu einer **divisionalen Organisation** zu prüfen.

Nicht zuletzt ist die Verwendung von Elementen der **Sekundärorganisation** möglich, vor allem in Form eines **Projektmanagements** oder der dualen Organisation für **strategische Geschäftseinheiten** (SGE). Eine SGE-Organisation kann insbesondere im Falle mangelnder Divisionalisierungsmöglichkeiten einen gewissen Ausgleich bieten. Selbstverständlich ist sie aber auch in anderen organisatorischen Kontexten als der funktionalen Organisation einsetzbar.

Insgesamt verschiebt sich das Regelungsprofil von der Markterschließung zur Programmerweiterung. Die strukturellen dominieren zwar noch die kulturellen Regelungen, durch das notwendige Maß an Selbständigkeit der Teilbereiche, z.B. der Sparten, gewinnen Elemente der **Selbstregelung** aber deutlich an Bedeutung.

Veränderungen zeigen sich auch beim Einbindungsmuster. Im gleichen Maße wie Selbstregelung wichtiger wird, tritt die strukturelle Einbindung in den Hintergrund. Die **ergebnisorientierte Einbindung** gewinnt an Boden. Voraussetzung ist allerdings die Entwicklung entsprechender Führungskonzepte. An dieser Stelle wird wiederum eine Querbeziehung zur Personalführung sichtbar. Ergebnisorientierte Einbindung korrespondiert mit einer Ausgestaltung der Führer-Mitarbeiter-Beziehung im Sinne **transaktionaler Führung**.

(3) Von der Programmerweiterung zur Internationalisierung: Der durch die Programmerweiterung gewonnenen Abdeckung zusätzlicher Kundengruppen, Kundenbedürfnisse und Regionen muß durch eine entsprechende Ausdifferenzierung der Struktur Rechnung getragen werden. Die strukturelle Vielfalt und Heterogenität, die dadurch entsteht, verschärft sich, wenn auch Auslandsmärkte erobert werden. Die Vertriebswege stellen vielfältige Probleme, gleichgültig, ob z.B. über den Handel oder eigene Auslandsniederlassungen vertrieben wird. Zusätzliches Resultat sind oft differenzierte Produktanforderungen der ausländischen Kunden, teils aufgrund von Bedürfnisunterschieden, teils aufgrund geographischer oder rechtlicher Besonderheiten. Aber auch andere Teile des absatzpolitischen Instrumentariums sind betroffen, von der Werbung über die Kaufverhandlungen bis zur Vertragsgestaltung und den Service. Hinzu kommen die nationalitätsbedingten Kulturunterschiede, die sich nicht nur in den Kunden-, sondern auch den Mitarbeiterbedürfnissen sowie im Umgang mit Kooperations- und Allianzpartnern, Kapitalgebern und gesellschaftlichen Gruppen niederschlagen.

Diese qualitative Differenzierung und die gleichzeitige quantitative Ausweitung des Wachstums bedeuten eine erhebliche Herausforderung für die organisatorischen Strukturen und Prozesse. Die Integration verschiedenartiger Geschäfte und Einheiten bei gleichzeitiger (Weiter-)entwicklung der **Markt-** und **Wettbewerbsorientierung** ist zu leisten. Die Vervielfachung regionen- und produktbezogener Einheiten führt auch zum mehrfachen Aufbau gleicher Funktionen und zur Doppelarbeit. Der Abbau von "slack" wird zum Thema und damit die **Finanz-** und **Sachressourcenorientierung** als spezifische Anforderung.

Für die Unternehmungsspitze wird es immer schwieriger, eine einheitliche Willensbildung und eine konsequente Umsetzung getroffener Entscheidungen zu gewährleisten. Das betrifft die **Führungsprozeßeffizienz**. Die Gefahr von Zentrifugalkräften ist unübersehbar, eine **Steuerungs-** und **Koordinationskrise** die häufige Begleiterscheinung bzw. der Auslöser der notwendigen Transformation.

Zur organisatorischen Bewältigung der Problematik wird typischerweise ein (verstärkter) Ausbau von **Steuerungseinheiten** und **Serviceeinheiten** betrieben, in der Praxis in der Kategorie der **Zentralbereiche** zusammengefaßt. Den analytischen Hintergrund dieser Strukturveränderung bildet das SOS-Konzept (vgl. S.37ff.). Die Kompetenzen der Zentralbereiche werden vergleichsweise weitreichend sein und dann dem **Kernbereichs-** oder **Richtlinienmodell** entsprechen (vgl. S.106ff.). In den Zentralbereichen sind auch neu entstandene Funktionen wie z.B. das Corporate Banking verankert. Die Spitzeninstanz wird erheblich entlastet, zugleich aber in ihrer Steuerungs- und Koordinationsaufgabe entscheidend unterstützt.

Neben diesen Veränderungen der Primärstruktur ist auch ein **Ausbau** der **Sekundärstruktur** ein Charakteristikum der Internationalisierung. Verschiedenste Koordinations-, Beratungs- und Entscheidungsgremien dienen dem Informationsaustausch, der Interessenartikulation und der koordinierten Aktion. Sieht man vom Einsatz moderner Telekommunikation einmal ab, so bedeutet dies u.a. einen erheblichen Reise- und Zeitaufwand für die Beteiligten. Die sozialen Effekte dieser Kommunikation - z.B. Kennenlernen, Vertrauensbildung, Entwicklung der Führungskultur - sind von ganz erheblicher Bedeutung.

Flankierende Maßnahmen sind vor allem im Bereich "Managementsysteme" wesentlich. Planungs-, Budgetierungs- und Reportingsysteme sind ebenso zu erwähnen wie Konzepte der Personalentwicklung.

Die Regelungsschwerpunkte erfahren in diesem Stadium der Entwicklung wiederum eine Akzentverlagerung. Der Regelungs**umfang** insgesamt nimmt tendenziell zu. Strukturelle Regelungen verschieben sich in Richtung **Fremdregelung** (z.B. Richtlinienkompetenzen). Allerdings kommen auch Elemente der **Unternehmungskultur** wieder stärker zur Geltung.

Demgemäß verändert sich auch das Einbindungsmuster. Die **strukturelle** Einbindung tritt wieder stark in den Vordergrund. Sie kann durch **wertorientierte** Integration der Mitarbeiter unterstützt werden.

(4) Von der Internationalisierung zur Globalisierung: Internationalisierung beginnt, vereinfacht gesprochen, mit einer Exportabteilung, setzt sich fort mit ausländischen Niederlassungen und führt schließlich auch zu Produktionsstätten im Ausland. Der Auslandsumsatz ist dem Inlandsumsatz irgendwann mindestens ebenbürtig. Als eine Möglichkeit weiteren Wachstums wird die **Globalisierung** diskutiert [vgl. zum folgenden SERVATIUS 1991, S.246ff., BECKER 1992, S.287ff.].

Vertreter dieser These gehen davon aus, daß sich im übernationalen Marketing Trends der Standardisierung durchsetzen, also eine Homogenisierung der Bedarfsstruktur. Dies vor allem im Bereich der Triade [vgl. OHMAE 1986], also im Raum

USA-Japan-Europa, der etwa 2/3 des Weltbruttosozialprodukts repräsentiert. Man könnte dann ein globales Geschäft mit einheitlicher Produktion und einheitlicher Kommunikationspolitik betreiben. Die Vorteile der economies of scale sind offenkundig. Technische Produkte wie Computer, Unterhaltungselektronik, Automobile zählen ebenso zu den Beispielen wie Verbrauchsgüter, also z.B. Getränke (Coca Cola), Nahrungsmittel (McDonald's), Kosmetika, Textilien (Benetton). Im kleineren Maßstab lassen sich ähnliche Effekte im europäischen Raum realisieren.

Gegner der Globalisierungsthese verweisen auf die regional unterschiedlichen Kundenbedürfnisse. Sie verlangen eine regional differenzierte Produktpolitik und dementsprechend dezentrale Entscheidungsstrukturen.

Der Erfolg liegt vielfach in einer Kombination beider Ansätze, was sich auch in dem Slogan "think global, act local" ausdrückt. **Nestlé**, weltgrößter Nahrungsmittelkonzern, kann ein Beispiel hierfür abgeben. Es wird zwar eine weltweite Markenpolitik betrieben. Eine Weltmarke wie "Nescafé" wird aber in über 200 Geschmacksvarianten produziert! Man verbindet also die Vorteile des **Volumengeschäfts** mit dem **Spezialisierungsgeschäft**. Die Automobilindustrie ist offenbar auf einem ähnlichen Wachstumspfad unterwegs. Die Gründung europäischer Designzentren und Produktionsstätten durch japanische Anbieter verweist ebenso darauf wie der Bau eines **BMW**-Werkes in den USA, das spezielle Wagen für den nordamerikanischen Markt produzieren soll.

Eine Organisation mit einem weitgehenden zentralen Führungsanspruch wird von dieser Entwicklung zunehmend überfordert sein. Es sind heterogene Fähigkeiten zu entwickeln. Globale Produktion auf der einen, regionale Differenzierung auf der anderen Seite. Die **Markt-** und **Wettbewerbsorientierung** stellt besondere Ansprüche. Der Versuch einer Konzern-Zentrale, die operative Führung global in ihrer Hand zu bündeln, wird scheitern müssen. Mangelnde Geschäftsnähe und mangelnde Flexibilität können nicht ohne Folgen bleiben. Die Zentralbereiche erreichen Größenordnungen von mehreren tausend Mitarbeitern und sind damit schon in sich unüberschaubar und schwerfällig. Die Inflexibilitätskosten übersteigen die möglichen Poolungsvorteile bei weitem. **Flexibilität** und **Anpassungsfähigkeit** werden als Anforderungen unübersehbar. Auch die **Innovationsorientierung** läßt zu wünschen übrig. Das Wort von den "Wasserköpfen", die abzubauen seien, macht spätestens in diesem Wachstumsstadium die Runde. Man kann ohne Übertreibung von einer **Bürokratiekrise** sprechen.

Die organisatorischen Lösungsansätze sind in der Praxis derzeit weithin zu beobachten. Stammhauskonzerne werden schrittweise in **Holdingstrukturen** überführt. Die Leitungsspitze zieht sich aus der operativen Führung zurück. Es entstehen kleinere, selbständige Holdingbereiche, die ihre Geschäftsfelder wiederum in selbständigen Profit Centern organisieren. Ein hohes Maß an Delegation und Entscheidungsdezentralisation kennzeichnet derartige Strukturen. Die Zentralbereiche werden teils aufgelöst, teils ausgelagert ("**Outsourcing**"), teils auf die dezentralen Einheiten verlagert, teils reduziert sich ihre Kompetenzstärke. **Matrix-** und **Servicemodell** treten neben oder an die Stelle von Kernbereichs- und Richtlinienmodell (vgl. S.106ff.).

Die Autonomisierung der Regionen und Geschäftsfelder führt u.a. zu einer Reduzierung vertikaler und horizontaler Schnittstellen. Der Koordinationsbedarf sinkt, und damit nimmt c.p. die Bedeutung entsprechender Einheiten der Sekundärorganisation ab. Die gestiegene Selbständigkeit der Teilbereiche führt zu einer Verschiebung des Regelungsschwerpunkts in Richtung auf mehr **Selbstregelung**. Regionale Differenzierung führt schließlich auch zu einer steigenden Bedeutung unternehmungskultureller Regelungen. Sieht man von konglomerater Diversifikation ab, muß ein Mindestmaß kultureller Gemeinsamkeiten aufgebaut, zugleich aber das Entstehen nationaler oder regionaler Subkulturen zugelassen und gefördert werden. Dies drückt sich teilweise auch im Zulassen unterschiedlicher Führungs- und Kooperationsstile aus sowie in der Besetzung von Führungspositionen mit Führungskräften verschiedener Nationalität (geozentrisches Führungskonzept) [vgl. PAUSENBERGER 1987, S.855].

Das Einbindungsmuster verändert sich wiederum, diesmal in Richtung auf die Eigenarten der Pionierphase. Während die **ergebnisorientierte** Einbindung als Muß-Bedingung anzusehen ist, tritt die strukturelle Integration in den Hintergrund. Hinzu kommen wieder Elemente der **wertorientierten**, möglicherweise auch der **sozialen** Einbindung, wie sie bereits Teil der Pionierphase waren. Es ist von daher naheliegend, auch eine Kombination von **transaktionaler** und **transformationaler** Führung für angemessen zu halten.

Globalisierung macht allerdings nicht nur in regionaler Hinsicht Grenzen des Wachstums deutlich. Die Beherrschbarkeit komplexer Größtorganisationen läßt rapide nach. Im japanischen Kulturkreis sind die "Firmenfamilien" (**Keiretsu**) eine netzwerkartige Struktur, die Komplexität beherrschbar machen. In westlichen Staaten sind die verschiedensten Formen der Partnerschaften und Allianzen entstanden sowie Abstufungen von In- und Outsourcing. Sei es, daß man Lizenzen vergibt (so z.B. **Coca Cola**) oder sein Geschäft auf selbständige Franchisenehmer stützt (so z.B. **McDonald's**). Auch dabei ergeben sich vielfältige **Netzwerkstrukturen**, die kein Organisationsschaubild wiedergeben kann.

(5) Jenseits der Globalisierung? Die abschließende, spekulative Frage lautet, welche Entwicklung nach der Globalisierung kommen könnte. Ist weiteres Wachstum einzelner Unternehmungen oder Unternehmungsfamilien möglich? Unternehmungsgiganten könnten unter ihrem eigenen Gewicht zu Boden gehen, die Netzwerke sich zu einem Dschungel auswachsen, in dem sich jeder Versuch der Synergieausnutzung erschöpfen muß. Die Möglichkeit einer **Synergiekrise** ist gegeben. Dezentrale Holdingstrukturen und umfassende Synergienutzung stehen in einem Widerspruch zueinander. Ein Beispiel dafür liefert der Computerhersteller **Hewlett-Packard**. In den 80er Jahren wurde HP als vorbildlich gepriesen aufgrund der vielen kleinen, selbständigen Einheiten. Gefährliche Konsequenz war jedoch, daß die 20 Computerdivisions nur ihre jeweiligen Systeme optimierten, die teilweise nicht miteinander kompatibel waren. Nur durch drastische Eingriffe von oben und die Durchsetzung einer einheitlichen Rechnerarchitektur konnte das Problem gelöst werden [vgl. RÜSSMANN 1992, S.58ff.]. HP hat als weltweit einziger der großen Computerhersteller im dramatischen Marktumbruch der letzten Jahre dazugewonnen.

Es ist daran zu erinnern, daß keine Marktposition als Erbhof verliehen wird und dauerhafte Gültigkeit beanspruchen kann. Funktionierender Wettbewerb hat auch Giganten zum Wanken oder zum Verschwinden gebracht. Derzeit besonders spektakulär sind die Bemühungen von **IBM** International (Big Blue), sich sozusagen selbst in kleine IBM's zu zerlegen (Baby Blues), die später auch den Gang zur Börse antreten sollen [vgl. KIRKPATRICK 1992, S.112ff.]. Probleme ähnlichen Ausmaßes sieht sich die größte Industrieunternehmung der Welt, **General Motors**, gegenüber. Für Deutschland sei an die Zerlegung der Post in drei selbständige Unternehmungen und an die Überlegungen zur Bahnreform erinnert.

Entwicklungsstadium				
Pionierphase	**Markt-erschließung**	**Programm-erweiterung**	**Internatio-nalisierung**	**Globalisierung**
Primärstruktur				
- Unternehmerische Impulse/Vorbild-funktion der Spitze - Adhocratie	- Aufgaben-/Kom-petenzabgrenzung - Spezialisierung - funktionale Organisation - Stäbe	- Delegation - Produkt-Mgt./ objektorientierte Teilbereiche - divisionale Organisation	- Zentralbereiche gemäß Kernbe-reichs und Richt-linienmodell - Ausbau Planungs-, Steuerungs-, Kontrollsysteme	- Abbau der Zentralbereiche - Dezentralisation von Kompetenzen - kleine selbständige Einheiten - Allianzen/ Partnerschaften
Sekundärstruktur				
		- Projektmanagement - SGE	- Koordinations-, Beratungs-, Ent-scheidungsgremien	- Netzwerkstrukuren
Regelungsschwerpunkt				
- kulturelle Fremdregelung	- strukturelle Fremdregelung	- strukturelle Fremd- und Selbstregelung	- strukturelle und kulturelle Fremd-regelung - geschäftsintegrierte Führung	- zunehmende Selbstregelung
Einbindungsmuster				
- personale und wertorientierte Einbindung - soziale Einbindung	- professionali-sierte und struktu-relle Einbindung	- ergebnisorien-tierte Einbindung	- strukturelle und ergebnisorient. E. - wertorientierte Einbindung	- ergebnisorientierte Einbindung - wertorientierte E. - soziale Einbindung
Führungsorganisation				
- funktionale Verzahnung	- funktionale Verzahnung	- Koordinatoren-holding	- Mehrfachressortier-ter Doppeldecker	- geschäftsnahe Holding
Anforderungen des Übergangs				
- Führungsprozeß-effizienz - Geschäftsprozeß-effizienz	- Markt- und Wettbe-werbsorientierung - Flexibilität und An-passungsfähigkeit - Human-Ressour-cen-Orientierung	- Führungsprozeß-effizienz - Finanz- und Sach-ressourceneffizienz	- Flexibilität und An-passungsfähigkeit - Markt- und Wettbe-werbsorientierung - Innovations-orientierung	- alle Anforderungen treten verstärkt auf
Schwächen des Ausgangsstadiums				
- geringe Spezialisierung - Unterorganisation	- schwierige Quer-schnittsorganisation - undifferenzierte Marktbearbeitung	- Zentrifugalkräfte - Doppelarbeit	- Schwerfälligkeit - überdimensionierte Verwaltungsein-heiten	- übergroßes Eigengewicht - mangelnde Möglich-keiten der Integration und Synergienutzung
Krisenrisiko				
- Überlastungskrise	- Differenzierungs-krise	- Steuerungs- und Koordinationskrise	- Bürokratiekrise	- Synergiekrise

Abb. XVI/2: Unternehmungsentwicklung und Organisationsstruktur

352

Es läßt sich leicht vorstellen, daß eine **freiwillige** "Selbstzerschlagung" eine kaum zu vollbringende Leistung darstellt. Andererseits gibt es Beispiele dafür, wie sehr die durch Zerschlagung entstehenden Einheiten an Wachstum gewinnen. IBM hatte zur gleichen Zeit einen Antitrustprozeß in den USA geführt und gewonnen, in der die Telekommunikationsfirma **AT&T** (Ma'Bell) ihren Prozeß verlor. AT&T wurde zwangsweise in kleinere Einheiten (Baby Bells) zerlegt. Die 8 Nachfolgegesellschaften erreichten von 1982 - 1992 eine Marktwertsteigerung von 279%, IBM dagegen nur von 66% [vgl. KIRKPATRICK 1992, S.118]. Synergie entsteht also auch durch Desintegration. Neben dem bekannten "2+2=5"-Effekt wird ein **"5-2=6"-Effekt** sichtbar. Er kann besonders dann nutzbar gemacht werden, wenn durch eine gezielte Schrumpfung die Voraussetzungen für neues Wachstum zu schaffen sind. Dabei kann es sehr wohl passieren, daß selbst scheinbar essentielle Kernfunktionen wie "Produktion" aufgegeben werden. Im Zuge dieser strategischen Neuorientierung würde eine Industrie- zu einer Handelsunternehmung. So gibt z.B. **Commodore** die Fertigung auf und wird zum Computergroßhändler. "Das ist das einzige, was man noch werden kann", so H. Jost, der Chef von Commodore Deutschland [vgl. SCHNEIDER 1992, S.90ff.].

Als eine Weiterentwicklung der Globalisierungsstrategie wird auch die **transnationale Strategie** diskutiert [vgl. WILHELM 1992, S.202ff.]. Damit wird versucht, der Regionalisierung von Märkten Rechnung zu tragen, die teilweise auch als Folge politischer Entwicklungen auftritt. Im Kern geht es bei transnationalen Unternehmungen darum, lokale positive Vorteile bezüglich Kosten, Know-how und Human Resources mit globaler Effizienz zu kombinieren. Transnationale Unternehmungen bestehen aus einem Netz von "Centers of Competence", die für bestimmte Funktionen bzw. Geschäftsfelder zuständig sind und hierfür auch die internationale Verantwortung tragen. Die entstehenden Strukturen sind vielgliedrig und dürften vielfach auch mehrdimensional ausgelegt sein. Abbildung XVI/2 gibt einen zusammenfassenden Überblick der Phasen der Unternehmungsentwicklung.

3. Organisationsdynamik im Schrumpfungsprozeß

Die vorangegangenen Überlegungen betrafen den erfolgreichen, zu weiterem Wachstum führenden Transformationsprozeß. Selbstverständlich kann jede Transformation auch zu einer Verstetigung oder zu einer Wende der Entwicklung führen. Es gilt daher, auch die Schrumpfungsaspekte der Organisationsdynamik zu beachten. "Schrumpfung" ist nicht nur das logische Gegenstück des Wachstums, sondern ein möglicher Teil jeder Krisenbewältigung. Vom Prozeßverlauf her lassen sich zweckmäßigerweise drei Fälle unterscheiden: Schrumpfung als Voraussetzung zum anschließenden Wiederaufstieg (**Turnaround**), Schrumpfung als geordneter vollständiger oder teilweiser **Rückzug**, Schrumpfung als allmählicher **Niedergang** oder als rascher **Zusammenbruch**. Der Fall des Niedergangs bzw. des Zusammenbruchs soll den Fall mißlungener Krisenbewältigung einbeziehen, wogegen die ersten beiden Fälle (Turnaround, Rückzug) gelungenes Krisenmanagement bezeichnen sollen. Es scheint, daß die jeweiligen Überlegungen und organisatorischen Maßnahmen, die eine "Wendeunternehmung" auszeichnen, weitgehend unabhängig davon sind, in welchem Stadium der Entwicklung sich die Unternehmung befindet. Insofern kann hier ein phasenunabhängiger Überblick genügen.

Untersucht man Krisen- und Mißerfolgsfälle, so stellt man fest, daß die auslösenden Faktoren selten schlagartig auftreten. Erscheinungen wie der plötzliche Schock einer Ölkrise oder eines schweren Störfalls sind eher die Ausnahme. Die ersten Anzeichen einer Krise zeigen sich früh. Ganze Krisenszenarien entwickeln sich allmählich und treten deutlich und unübersehbar hervor. Man denke an Entwicklungen in der Kohleindustrie und der Eisen- und Stahlindustrie. Die sich dort immer aufs Neue zuspitzenden Probleme sind Jahrzehnte alt. Für die früh reagierende Unternehmung - und oft nicht nur für sie - sollte also genug Reaktionszeit bleiben.

VW durchlebte eine erste jahrelange Krise, als der Käfernachfolger gefunden werden mußte. Die Gefahren der einseitigen Abhängigkeit von diesem Modell waren längst klar und auch ausgiebig kritisiert worden. Genauso war seit Ende der 80er Jahre die ungünstige Kostensituation im Inland bekannt, und es war klar, daß bei einem zu erwartenden Absatzrückgang in der Automobilindustrie VW als erstes und am härtesten getroffen werden würde, wie es sich Anfang 1993 dann abzeichnete.

Beim Wandel von Wachstums- zu Schrumpfungsphasen zeigen sich die in Kapitel XVII behandelten **Barrieren des Wandels** in ganz besonderem Maße. Dies gilt namentlich für personelle Barrieren. Auf Schrumpfung umzuschalten, widerspricht nicht nur der tiefsitzenden Wachstumsmentalität. Vielmehr bedeutet es für die Unternehmungsträger in aller Regel, daß sie Fehler eingestehen oder Niederlagen zugeben müssen. Leugnen einer Änderungsnotwendigkeit oder Krise ist daher eher anzutreffen als ein früher Kurswechsel. Je länger man zögert, umso gravierender sind aber die Folgen und umso schwieriger die mentale Situation. Ein echter Teufelskreis entsteht.

Dabei kann die Schrumpfung sehr wohl als Chance begriffen werden ("strategischer Rückzug"). Man trennt sich von unprofitablen Geschäften oder von Gebieten ohne Zukunftsaussichten. Die Unternehmungsstrukturen werden kleiner und vielgliedriger. Die Kerngeschäfte rücken wieder ins Zentrum. Auf die Weise wird zum einen eine verteidigungsfähige Position erreicht, zum anderen werden Kräfte zur Erneuerung und Umorientierung freigesetzt. Erinnert sei an die **Synergie durch Desintegration**. Eine unternehmungpolitische "Implosion", ein "Quantensprung zurück" können der Wiedergewinnung des Pionierschwungs dienen [BLEICHER 1991, S.892]. Diese für die Globalisierungsphase erwähnten Stichworte lassen sich prinzipiell auch in anderen Phasen anwenden.

Die seit geraumer Zeit zu beobachtenden Anstrengungen vieler Unternehmungen lassen sich in dieser Richtung interpretieren. Hierarchien werden flacher, Zentralstellen werden abgebaut. Randfunktionen werden ausgegliedert, Kernfunktionen in möglichst kleinen Einheiten konzentriert, teilweise auch unter Nutzung der Möglichkeiten, die ein "Management buy out" (MBO) bietet. Der Umfang struktureller Regelungen geht zurück ("Entbürokratisierung"). Ergebnisorientierte und wertorientierte Einbindung dominieren.

Formal betrachtet, sind es immer wieder die gleichen organisatorischen Überlegungen, die unter Schrumpfungsgesichtspunkten anzustellen sind. Sie lassen sich isoliert oder in Kombination mit den erörterten organisatorischen Wachstumsmaßnahmen anwenden.

Funktionsverbesserung: Gibt es Möglichkeiten, vorhandene Funktionen je für sich effizienter zu gestalten? Methoden wie die Gemeinkosten-Wertanalyse sind zu erwähnen. Entweder erfolgen Kostensenkungen oder weiteres Wachstum wird ohne Kostensteigerungen möglich.

Funktionsbeschränkung: Lassen sich Funktionen in ihrem Zuwachs beschränken oder durch Vereinfachungen ("Entfeinerung") umgestalten?

Funktionsaufgabe/-ausgliederung: Können Funktionen ganz oder teilweise aufgegeben oder ausgegliedert werden?

Struktur- und Prozeßveränderungen: Können Strukturen und Prozesse vereinfacht, reduziert, zusammengelegt werden?

4. Führungsorganisation und Unternehmungswachstum

Den Führungsprozessen und ihrer Organisation kommt in der Unternehmungsentwicklung besondere Bedeutung zu. Von daher ist die Frage interessant, ob sich die Organisation der Unternehmungsspitze und der Führungsbeziehung zu den nachgelagerten Einheiten im Laufe des Unternehmungswachstums verändern. Die Studie von KRÜGER/BUCHHOLZ/ALTROCK zeigt, daß zumindest bei Großunternehmungen recht deutliche Zusammenhänge zwischen den **Realtypen** der Führungsorganisation [vgl. 1993] und der Wachstumsstrategie bzw. -position einer Unternehmung, repräsentiert durch ihren Umsatz, Diversifikationsgrad und Internationalisierungsgrad, existieren. Graphisch läßt sich dies an einem "Führungsorganisationsgebirge" (vgl. Abb. XVI/3) deutlich machen.

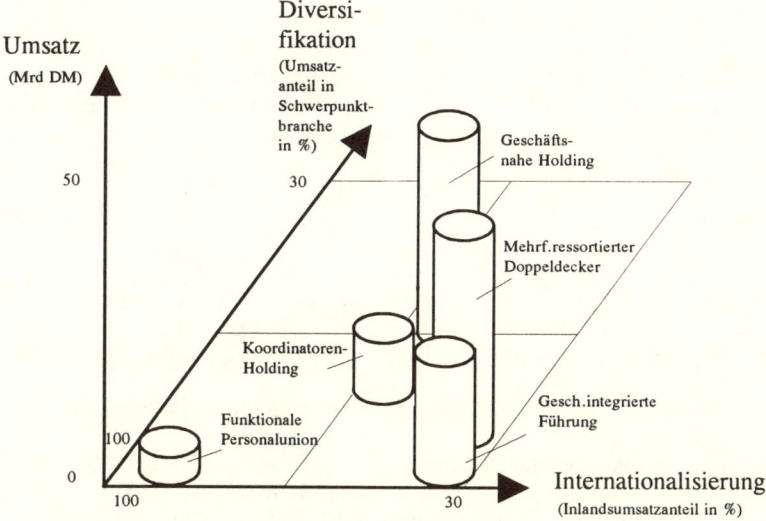

Abb.XVI/3: Führungsorganisation und Wachstum

Der Typ **"funktionale Personalunion"** steht in engem Zusammenhang zu einer Strategie geringer Diversifikation und Internationalisierung, tritt also bei einem Geschäftstyp auf, der als **homogenes nationales** Geschäft zu bezeichnen wäre. Derartige Verhältnisse entsprechen im Prinzip dem als **Pionierphase** bezeichneten Stadium, aber auch noch der **Markterschließung**. Die "funktionale Personalunion" repräsentiert eine Führungsorganisation mit hohem Führungsanspruch und relativ niedrigem

Organisationsgrad. Die geringzahligen, rechtlich unselbständigen Teilbereiche werden aus der kleinen Spitzeninstanz von deren einzelnen Mitgliedern **operativ** geführt.

Das Stadium der **Programmerweiterung** und der damit verbundene Übergang zur divisionalen Organisation spiegelt sich ebenfalls in einer gewandelten Führungsorganisation wider. Wenn die Spitze weiterhin funktional gegliedert bleibt, wird es schwierig, differenzierter werdende Geschäfte immer noch operativ zu führen. Der als **Koordinatorenholding** bezeichnete Typ ist eine mögliche Lösung. Die objektorientierten Teilbereiche sind dort rechtlich verselbständigt und werden **dezentral** geführt.

Größere Konzerne mit einer stärkeren Betonung der **Internationalisierung** unterscheiden sich davon wiederum. Eine Möglichkeit ist die **geschäftsintegrierte Führung**, bei der die Spartenleiter in Personalunion Spitzeninstanzmitglieder sind (so z.B. im **Henkel**-Konzern). Bei weiterem Größenwachstum und weiterer Geschäftsfelddifferenzierung entsteht ein verstärkter Steuerungsbedarf, der zu dem Typ des **mehrfachressortierten Doppeldeckers** führt. Die funktionale wird mit einer regionalen und/oder produktbezogenen Spezialisierung in der Spitzeninstanz gekoppelt, wobei sich die Art der Spartengliederung in der Spitzeninstanz wiederholt, daher die Bezeichnung "Doppeldecker". Beide Varianten der Führungsorganisation arbeiten mit einem gegenüber der Koordinatorenholding **höheren Führungsanspruch** der Spitze. Organisatorisch umgesetzt ist dieser Anspruch - abgesehen von Zentralbereichen - dadurch, daß erste und zweite Ebene gleichermaßen nach Produktgesichtspunkten gegliedert sind.

Weitgehende Diversifikation schließlich - sowohl bei Internationalisierung als auch Globalisierung möglich - würde die Mehrfachressortierung allmählich überfordern. Die **geschäftsnahe Holding** ist die realtypische Antwort. Funktionale und produktbezogene Führungskräfte ergänzen sich in der Spitzeninstanz. Die Teilbereiche werden bei dieser Lösung in Personalunion **dezentral** geführt. Sie können rechtlich selbständig oder unselbständig sein.

Literatur

BECKER, J.: Marketing-Konzeption: Grundlagen des strategischen Marketing-Managements, 4., verb. und erw. Aufl., München 1992

BLEICHER, K.: Organisation: Strategien - Strukturen - Kulturen, 2., vollst. neu bearb. u. erweiterte Aufl., Wiesbaden 1991

GOMEZ, P./ZIMMERMANN, T.: Unternehmensorganisation: Profile - Dynamik - Methodik, Frankfurt/M. 1992

GREINER, L.: Evolution and Revolution as Organizations grow, in: HBR 4/1972, S.37-44

KIESER, A.: Lebenszyklus von Organisationen, in: Gaugler, E./Weber, W.(Hrsg.), Handwörterbuch des Personalwesens, 2. Aufl., Stuttgart 1992, Sp.1222-1239

KIRKPATRICK, D.: Breaking up IBM, in: Fortune 15/1992, S.112-121

KRÜGER, W./BUCHHOLZ, W./ALTROCK, F.: Führungsorganisation deutscher Großunternehmungen - Gestaltungsalternativen und ihre empirische Relevanz, Arbeitspapier 1/1993 der Professur für Betriebswirtschaftslehre II, Gießen 1993

KRYSTEK, U.: Unternehmungskrisen, Wiesbaden 1987

OHMAE, K.: Japanische Strategien, Hamburg 1986

PAUSENBERGER, E.: Unternehmens- und Personalentwicklung durch Entsendung, in: Personalplanung 11-12/1987, S.852-856

PERICH, R.: Unternehmungsdynamik, Stuttgart/Wien 1992

PÜMPIN, C./PRANGE, J: Management der Unternehmensentwicklung, Frankfurt/New York 1991

REUTNER, F.: Turn around: Strategie einer erfolgreichen Umstrukturierung, 3., überarb. Aufl., Landsberg/Lech 1991

RÜSSMANN, K.-H.: Distanz vom Pack, in: Manager Magazin 11/1992, S.58-71

SCHNEIDER, M.: Mit dem Rücken zur Wand, in: Manager Magazin 11/1992, S.90-101

SCHUHMACHER, E.F.: Minimal-Organisation als Prinzip, in: Kumas, S./Hentschel, R. (Hrsg.), Viele Wege-Paradigmen zu einer neuen Politik, München 1985

SERVATIUS, H.G.: Vom Strategischen Management zur Evolutionären Führung, Stuttgart 1991

WILHELM, W.: Local Hero. Interview mit Roland Berger, in: Manager Magazin 12/1992, S.202-209

XVII. MANAGEMENT DES WANDELS

1. Formen des Wandels

(1) Reproduktiver und transformativer Wandel: Da Organisationswandel nicht isoliert gesehen und gestaltet werden darf, werden in diesem Kapitel zunächst ausgewählte, allgemeine Fragen des "Change Managements" behandelt. Sie sollen den Hintergrund des Organisationswandels aufhellen und die Notwendigkeit eines **integrierten Managements des Wandels** verdeutlichen, auch wenn es bisher noch kein geschlossenes Konzept gibt. Die konkrete Umsetzung in unternehmerische Anpassungsprozesse ist weitgehend durch Projektarbeit gekennzeichnet. Demgemäß bildet das Management von Organisationsprojekten den Gegenstand des nächsten Kapitels.

Wesentlich für das Verständnis und die Gestaltung des Wandels sind die **Reichweite** und **Tiefe** der zu bewältigenden Änderungen. **Innerhalb** der einzelnen Entwicklungsstadien einer Unternehmung (z.B. Pionierphase) stehen laufende Verbesserungen der Strukturen, Prozesse, Systeme bei weitgehend **unveränderter Unternehmungsstrategie** im Vordergrund. Die Wandlungsprozesse sind eher **reproduktiv**. Das Gerüst der Erfolgsfaktoren verändert sich erst bei einem grundlegenden Wechsel der Unternehmungsstrategie. Im Wachstumsmodell ist ein solcher Wechsel durch den Übergang von einem Entwicklungsstadium zum anderen repräsentiert. Die Übergangsprozesse enthalten tiefgreifende und weitreichende Änderungen und werden hier als **transformativer** Wandel bezeichnet. Während eines Transformationsprozesses ist das Management einer doppelten Belastung ausgesetzt. Nach innen gilt es, die verschiedensten Wandlungsbarrieren zu überwinden. Mentale und emotionale Hindernisse entstehen. Die interne Geschlossenheit leidet fast zwangsläufig. Nach außen bietet die Unternehmung manche Blöße, sie ist angeschlagen und angreifbar. Das Management muß daher auch um eine besonders aktive externe Führung bemüht sein.

(2) Transformationsformen: Aufgaben und Schwierigkeitsgrad des Wandlungsmanagements werden in besonderem Maße davon geprägt, wie **tiefgreifend** der Wandel ist. Als erste Annäherung kann gesagt werden, daß "Hard facts" (z.B. Systeme) eher eine Oberflächenschicht des Wandels ausmachen, wogegen Änderungen von "Soft facts" (z.B. Kultur) tiefergehend sind, da sie die Eigenart der Unternehmungsmitglieder und der Unternehmung im ganzen betreffen. Um Transformationsformen zu typisieren, die einen Eindruck von der **Tiefe des Wandels** vermitteln, ist es daher zweckmäßig, an den Objekten des Wandels anzuknüpfen, repräsentiert z.B. durch die Erfolgssegmente des KOMPASS-Modells. Darauf aufbauend kann man vier Formen der Transformation unterscheiden, die sich gemäß ihrer tendenziellen Wandlungstiefe zu einem Schichtenmodell ("Zwiebelmodell") des Wandels anordnen lassen (vgl. Abb. XVII/1, weiterentwickelt nach PERICH 1992, S.151ff.)

Die Änderung von "Hard facts" wird zunächst durch die Veränderung von Strukturen, Prozessen, Systemen und zugehörigem materiellem Realisationspotential repräsentiert **(Restrukturierung)**. Als tiefergehend einzustufen ist sodann ein Strategiewechsel **(Reorientierung)**. Auch die "Soft facts" lassen sich in zwei Transformationstypen erfassen. Die Änderung bestehender oder der Erwerb neuer Fähigkeiten und

Verhaltensweisen (betr.: Träger und personelle Komponenten des Realisationspotentials) stellt einen besonders zu beachtenden Wandlungstyp dar (**Revitalisierung**). Am tiefgreifendsten schließlich ist die Veränderung von Werten und Überzeugungen (betr.: Philosophie und Kultur) der Unternehmung und ihrer Mitglieder und damit eine Änderung des "**genetischen Codes**" (**Remodellierung**).

In der unteren Hälfte des Schichtenmodells sind den Wandlungstypen die jeweiligen Schwerpunkte des Transformationsmanagements zugeordnet. Die Restrukturierung läßt sich - vereinfacht gesehen - weitgehend noch als ein vergleichsweise **sachrationaler** Prozeß begreifen (**Management von Sachfragen**). Die Reorientierung bewegt sich verstärkt auf einer **politisch-verhaltensorientierten** Dimension und erfordert z.B. den Einbezug und die Behandlung verschiedener Interessenlagen und Widerstände (**Einflußmanagement**). Revitalisierung und Remodellierung schließlich verlangen über die politisch-verhaltensorientierten Aspekte hinaus die Beachtung der **wertmäßig-kulturellen** Dimension (**Management von Bewußtseinslagen**).

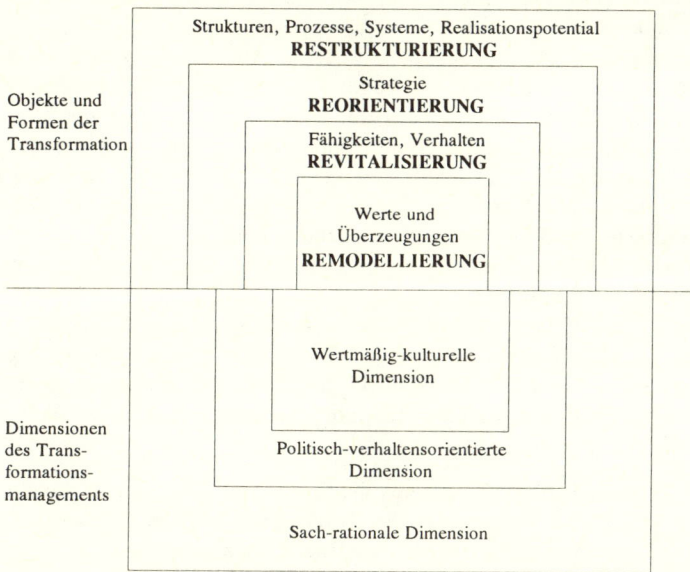

Abb. XVII/1: Ein Schichtenmodell der Transformation

Restrukturierung: Veränderungen von Prozessen, Systemen, Strukturen und materiellem Realisationspotential, z.B. Abbau von Hierarchieebenen, Einführung eines neuen Management-Informations-Systems, Modernisierung oder Neubau einer Produktionsanlage. Restrukturierungen sind eine notwendige Folge bzw. Begleiterscheinung tiefgreifenden Wandels. Sie sind allerdings auch bei reproduktivem Wandel anzutreffen, zumindest in eingeschränktem Umfang. Dies erklärt auch das häufige Auftauchen des Begriffs "Restrukturierung" in Praxisberichten. Dabei ist von außen oft nicht klar erkennbar, ob es sich um reproduktiven oder transformativen Wandel handelt.

Reorientierung: Veränderungen in der strategischen Ausrichtung der Unternehmung, z.B. Aufgabe alter und Entwicklung neuer Geschäftsfelder, Eingehen strategischer Partnerschaften, Innovierung des Produktprogramms, Entwicklung neuer Wettbewerbsvorteile. Reorientierung und damit Strategiewechsel ist eine notwendige Bedingung, um von Transformation in dem hier gebrauchten Sinne zu sprechen, unabhängig davon, ob dies der Auslöser des Wandels oder eine Folge neuer Werte ist. Reorientierung allein wird vermutlich eher selten sein. Sie wird auf innere wie äußere Schichten ausstrahlen, als Konsequenzen den Umbau von Strukturen oder den Erwerb neuer Fähigkeiten auslösen. Man denke an die sog. Konversionsprozesse, also die Abkehr vom Rüstungsgeschäft und die Steigerung ziviler Produktanteile.

Revitalisierung: Veränderungen in den personellen Fähigkeiten und im Führungs- und Kooperationsverhalten, z.B. Änderung des Führungsstils, Partizipation von Mitarbeitern, Entfaltung von Eigenverantwortung und Initiative im Rahmen hierarchischer Umgestaltung, Stimulierung von Kreativität und Pioniergeist. Das Konzept des **internen Unternehmertums** (Intrapreneurship) ist ein möglicher Ansatz, um die Innovationskraft, Kundennähe und Wettbewerbsfähigkeit zu stärken. Ziel ist, den Unternehmergeist in möglichst vielen Köpfen zu wecken. Auch das Konzept der **kritischen Fähigkeiten** findet hier seinen Platz, zumindest soweit mit "Fähigkeiten" nicht Eigenschaften der Unternehmung als Ganzes (z.B. Schnelligkeit, Innovationsfähigkeit, Lernfähigkeit) gemeint sind, die dann auch in anderen Schalen des Zwiebelmodells zu verankern wären. **Polaroid** ist z.B. traditionell von der Photochemie abhängig und seit einigen Jahren dabei, aus Chemikern Elektroniker zu machen, um die Kameras mit dieser zukunftsträchtigen Technologie entwickeln zu können.

Remodellierung: Veränderungen in den geteilten Werten und Überzeugungen, also im "Belief system" der Unternehmung. Das Selbstverständnis einer Unternehmung verwandelt sich z.B. vom "Bierproduzenten" zum "Getränkehersteller", von dort zum Dienstleister, der Freizeitbedürfnisse befriedigt. Brauereien haben traditionell einen großen Immobilienbesitz. Die **Brauerei Isenbeck** hat darauf aufbauend einen völligen Kurswechsel vollzogen und sich zu einer Immobiliengesellschaft umgewandelt. Das Biergeschäft wurde aufgegeben.

Zwischen den Wandlungsformen bestehen vielfältige sachlogische und prozessuale Beziehungen. Manche Wandlungsprozesse der Praxis weisen Schwerpunkte in einem der beschriebenen Typen auf, andere zeigen im Quer- und Längsschnitt Kombinationen. Die vier Wandlungstypen wären dann als Sequenzen eines umfassenden Transformationsprozesses zu begreifen. Dabei ergibt sich zwangsläufig die Frage der Abfolge. Mit dem Schichtenmodell und seiner an der Wandlungstiefe orientierten Darstellung sind Prozeßfolgen nicht erfaßbar. Als allgemeine gedankliche Orientierung hierfür kann die Hierarchie der Erfolgssegmente dienen (vgl. S.32). Die ihr entsprechende **Abfolge** würde lauten: **Reorientierung, Revitalisierung, Restrukturierung** bzw. **Remodellierung.** Empirisch lassen sich derartige Folgen nur schwer ermitteln. Zum einen bestimmt die Wahl des Betrachtungszeitraums das Ergebnis, zum anderen werden sich die Wandlungstypen zeitlich überlagern.

Interessant ist ein Vergleich dieser Idealtypen mit empirischen Ergebnissen. MILLER/FRIESEN identifizierten in ihrer empirischen Studie u.a. sechs aus ihrer Sicht typische Transformationsformen, die sie als "Archetypen" der "Organizational transition" bezeichnen [vgl.1984, S.103ff.]:

360

Revitalisierung: Überwindung von Stagnation durch mehr Innovation und Anpassung an die Marktentwicklung, oft durch neue Personen an der Spitze ausgelöst.

Konsolidierung: Abschwung wird gestoppt, unprofitable Geschäfte werden abgestoßen, Marktanteile reduziert.

Stagnation: Entwicklung wird verlangsamt, Strukturen werden verfestigt, typischerweise unter einer konservativen, schwachen Unternehmungsspitze.

Aufbruch: Entwicklung zu neuem Optimismus und mehr Hingabe und Risikobereitschaft, neue Produktlinien, Akquisitionen.

Reifung: Strukturen werden verfeinert und ausdifferenziert. Profit Center- und Spartenbildung, Einrichtung von Komitees, Entwicklung von Management-Informations-Systemen.

Troubleshooting: Überwindung eines starken Einbruchs, Bewältigung eines Schocks, Rückkehr zur Normalentwicklung.

"Revitalisierung" dürfte der gleichnamigen Kategorie des "Schichtenmodells", "Aufbruch" der "Remodellierung" entsprechen. Der Archetyp "Konsolidierung" weist Zeichen der "Reorientierung" auf. "Stagnation" und "Reifung" zeigen Anklänge an die analytische Kategorie der "Restrukturierung". Soweit "Troubleshooting" mit tiefgreifendem Wandel verbunden ist, wäre dieser Typ wohl auch recht eindeutig als ein Fall der "Restrukturierung" einzuordnen.

2. Barrieren des Wandels

(1) Sachbezogene Barrieren: Ein Hauptproblem des Managements von Wandlungsprozessen ist die Überwindung vielfältiger Barrieren, die sich dem Wandel entgegenstellen, ihn behindern oder verlangsamen. Prinzipiell kann jeder **kritische Erfolgsfaktor**, der einen vorhandenen Ist-Zustand prägt, der Änderung eben dieses Zustandes entgegenstehen. Dies gilt gerade dann, wenn der jeweilige Faktor besonders stark entwickelt und auf Nachhaltigkeit angelegt ist, man denke an einen hochspezialisierten Mitarbeiterstamm oder an Spezialmaschinen. Wenn nicht Anpassungsfähigkeit bzw. Elastizität eine eigenständige Eigenschaft der Erfolgsfaktoren ist, werden Erfolge der Vergangenheit zum Hemmschuh für die Zukunft.

Den folgenden Überlegungen liegt eine Grobsortierung in **interne** und **externe** Barrieren zugrunde. Die unternehmungsinternen Barrieren werden zur besseren Übersicht in **sachbezogene** und **personelle Barrieren** gruppiert. Sachbezogene Barrieren entstehen vorwiegend in den Erfolgssegmenten "Strategie", "Struktur", "Systeme" sowie "Realisationspotential".

Defensive Unternehmungsstrategien: Ob und wie sich eine Unternehmung wandelt, hängt zunächst von der verfolgten Basisstrategie ab. Wandlungsrelevante Merkmale der Unternehmungsstrategie sind vor allem die **Innovations**orientierung sowie die **Leader**- bzw. **Follower**orientierung. Es ist klar, daß defensive Verhaltensweisen i.S. schwacher Innovationsorientierung bzw. eher reaktiven Vorgehens ("Follower") immer dann zum Problem werden, wenn die Wandlungsbedarfe darüber hinausgehen.

Trägheit der Strukturen: Unternehmungen weisen wie jedes System eine bestimmte **Systemträgheit** auf. Dieser Begriff läßt sich synonym mit internen Wandlungsbarrieren verwenden. Systemträgheit, in einem engeren Sinn gebraucht, ist gleichbedeutend mit strukturellen Barrieren. In diesem Konstrukt sind vor allem die **Größe** einer Struktur sowie die **Regelungsdichte** vereint, die sich mit wachsender

Ausprägung stark wandlungshemmend auswirken. Informationen werden verzögert und vielfach gefiltert, getroffene Entscheidungen und Durchsetzungsimpulse versickern und versanden, dies allein aufgrund der langen Wege und der zahlreichen vertikalen und horizontalen Schnittstellen. Analog einer Lichtquelle, deren Helligkeit mit dem Quadrat der Entfernung abnimmt, ergeben sich mit wachsender organisatorischer Distanz überproportionale Informations- und Transmissionsverluste. Die Konsequenzen für die Reaktionsfähigkeit lassen sich mit dem Bild des Supertankers beschreiben, der eine Strecke von mehreren Kilometern benötigt, um eine Kursänderung zu vollziehen.

Mangelnde Anpassungsfreundlichkeit von Systemen und Potentialen: Abgestimmter Wandel bedeutet auch Änderungen in den Erfolgssegmenten "Systeme" und "Potentiale". Die kundenorientierte Ausrichtung der Struktur hat z.B. zur Konsequenz, daß die Kostenrechnungssysteme umzubauen sind, um eine kundenbezogene Erfolgsermittlung zu ermöglichen. Die entsprechenden Soft- und Hardwareanpassungen sowie Dateiänderungen können ebenso Jahre dauern wie die Schulung von Mitarbeitern, die von Funktionsspezialisten zu Rundumsachbearbeitern zu entwickeln sind.

(2) Personelle Barrieren: Personelle Barrieren beruhen auf den Erfolgssegmenten "Kultur/Philosophie", "Träger" sowie den Human Resources als Teil des Realisationspotentials. Quer zu diesen Kategorien liegt die bekannte Unterscheidung von Willens- und Fähigkeitsbarrieren, die auf WITTES Promotorenmodell zurückgeht [vgl. 1973]. Die folgenden Überlegungen zielen auf das tieferliegende Ursachengeflecht dieser Barrieren.

Überdauernde Werte und Überzeugungen: Je stärker eine Unternehmungskultur ausgeprägt ist, desto schwerer ist sie zu ändern. Werte und Überzeugungen, die den Charakter von Glaubenssätzen angenommen haben (**Belief Systems**), prägen das tägliche Verhalten in allen seinen Verästelungen, unterstützt durch Mythen, Legenden und vielfältige Symbole. Man darf sich solche "Belief systems" keineswegs nur in Form abstrakter und allgemein gehaltener Grundprinzipien vorstellen (z.B. "freies Unternehmertum", "mündiger Mitarbeiter"). Die Struktur des Wettbewerbs, die Art, wie Wettbewerbsvorteile erzielt werden, die Erfolgsträchtigkeit bestimmter Strategien, die Geeignetheit von Organisationsstrukturen werden regelmäßig ebenfalls Teil der Grundüberzeugungen. Daß nur mit Großrechnern Geld zu verdienen ist (**IBM**) oder daß die neue Automodellreihe größer und teurer als die vorangegangene werden muß (**Mercedes Benz**), sind schwer zu ändernde Überzeugungen, die existenzgefährdend werden können, wie diese Beispiele zeigen.

Werte und Überzeugungen sind zwar zunächst Charakteristika eines einzelnen oder einer Gruppe, sie können sich aber soweit verfestigen und verselbständigen, daß sie zu Merkmalen einer ganzen Unternehmung werden. Genau darauf zielen viele Bemühungen um eine Unternehmungskultur auch ab. Es entsteht so etwas wie ein "genetischer Code" der Unternehmung. Grundlegenden Wandel herbeizuführen bedeutet auch, diesen Code ändern zu müssen, und dies erklärt, warum grundlegende Wandlungsprozesse schwierig und zeitraubend sind. Der **Philips-Konzern** unternimmt seit Jahren größte Anstrengungen zur Restrukturierung. Cornelius van der Klugt, ehemals Vorstandsvorsitzender, charakterisiert die Aufgabe so: Es ist, "als ob man aus einer Gruppe Moslems gute Christen machen will" [JENSEN et al.1992, S.42]. Hierzu sind **charismatische Führer**, sofern vorhanden, ein geeigneter Führertyp (vgl. S.293ff.). Sie beeinflussen nicht nur das Verhalten ihrer Mitarbeiter, sondern schaffen es, neue Verhaltensprämissen in Form neuer Werte zu setzen; ein Vorgehen, das in der Politik auch als **"politics of meaning"** bezeichnet wird.

Einstellungs- und Verhaltensbarrieren der Unternehmungsträger: Die Unternehmungsträger, ihre Einstellungen und Verhaltensweisen können ebenfalls wandlungshemmend wirken. Betroffen davon sind zum einen die Problem**erkennung** im Wandlungsprozeß, zum anderen die Problem**bewältigung** [vgl. zum folgenden KRÜGER/EBELING 1991].

Die **Problemerkennung** verlangt bei neuartigen Problemen ein besonderes Gespür für "schwache Signale", und sie setzt voraus, daß die Tagesarbeit nicht nur auf das unmittelbar Dringende konzentriert wird, das die Beschäftigung mit dem Wichtigen regelmäßig zurückdrängt. Der vielfach zu beobachtende **Überlastungsmythos** steht dem entgegen. Das gleiche gilt für den als **Kenner-Macher-Syndrom** bezeichneten Effekt. Beim Auftreten von neuartigen Problemen greift der "Kenner" auf die erfolgreichen Problemlösungen der Vergangenheit zurück, ggf. ohne zu merken, daß sich die Situation verändert hat. Beim Ausbleiben des Erfolgs werden die Anstrengungen in der gleichen Richtung intensiviert. Ein Teufelskreis entsteht. Dieses Syndrom wirkt c.p. um so stärker, je erfolgreicher man in der Vergangenheit war. Der bekannte Spruch "Nichts ist erfolgreicher als der Erfolg" verkehrt sich hier in sein Gegenteil. Nichts ist gefährlicher für die Zukunft als große Erfolge der Vergangenheit. Dieser Zusammenhang stellt einen wichtigen Erklärungsansatz für das Abrutschen ehemals erfolgreicher Unternehmungen dar. "Nichts verdirbt den Charakter so sehr wie vierzig Jahre ununterbrochener Erfolg", so der für das Pkw-Geschäft zuständige **Mercedes-Benz**-Vorstand Jürgen Hubbert (DIE ZEIT v. 5.11.93).

Die **Problembewältigung** wird vielfach durch die Furcht der Unternehmungsträger vor **Positions-** oder **Gesichtsverlust** behindert. Sei es, daß man eine erreichte hierarchische Position durch einen Wandel gefährdet sieht oder daß eine Veränderung ein Eingeständnis von Fehlern in der Vergangenheit bedeuten würde. Die Lücke in der Problembewältigung verstärkt sich noch durch **Scheuklappeneffekte** wie die bekannte **Betriebsblindheit**. Die Schweizer Uhrenindustrie bekam als erste das Quarzuhrenpatent angeboten - und lehnte ab.

Aber auch Unsicherheit und Verantwortungsscheu spielen eine erhebliche Rolle. Mangel an Mut oder Selbstvertrauen sind auch im Topmanagement unter der Oberfläche keineswegs selten. Es entsteht ein **Kompetenz-Angst-Syndrom.** Angst vor dem Unbekannten, Angst vor Fehlern, vor unpopulären Entscheidungen oder vor Konkurrenzreaktionen führen zu vorsichtigem, abwartendem, eher reaktivem als proaktivem Verhalten. Chancen werden verpaßt oder zu spät genutzt.

Mangelnde Akzeptanz der Betroffenen: Auch wenn die Unternehmungsspitze Wandel will und ihn beschließt, ist er noch keineswegs umgesetzt und durchgesetzt. Die betroffenen Mitarbeiter, unter Einschluß des mittleren Managements, müssen von der Notwendigkeit des Wandels überzeugt werden. Mangelnde Akzeptanz, vor allem aufgrund von Unsicherheit oder Furcht vor negativen Folgen der Veränderung, ist ein Kernproblem jedes tiefgreifenden Wandlungsprozesses.

(3) Externe Barrieren: Im Bereich der **Aufgabenumwelt** ist eine Unternehmung in vielfältige Beziehungen zu Kunden, Lieferanten und Kapitalgebern eingebunden. Dieses Netzwerk ist Ergebnis langjähriger Geschäftsprozesse, in denen komplizierte Beratungs- und Verhandlungsprozesse stattfinden. Teilweise sind Vertreter der Aufgabenumwelt auch in die Trägerrolle hineingewachsen bzw. dort kooptiert worden.

Die Zusammensetzung von Aufsichtsräten und Beiräten legt Zeugnis hiervon ab. Es entsteht ein Bündel gemeinsamer Interessen, Erwartungen und Aktionsprogramme, die auf den Status quo gerichtet sind und seine Erhaltung begünstigen [vgl. MIL-LER/FRIESEN 1984, S.250]. Es ist also sehr wohl möglich, daß sich externe **Netzwerke**, eigentlich als ein Mechanismus der Flexibilisierung angesehen, so weit verfestigen, daß sie schließlich auch den Wandel behindern. Unternehmungstransformation kann demgemäß nicht an den Unternehmungsgrenzen halt machen.

Noch schwerer zu beeinflussen sind die Restriktionen der **generellen Umwelt**, so insbesondere technische, gesellschaftliche oder rechtliche Rahmenbedingungen. Man denke an die vielbeklagten Genehmigungsverfahren oder eigentumsrechtlichen Probleme, die Investitionsvorhaben in speziellen Branchen oder Regionen behindern.

3. Aufgaben des Transformationsmanagements

Wie bereits erwähnt, bewegen sich die Aufgaben des Transformationsmanagements auf drei Dimensionen des Geschehens.

Sach-rationale Dimension: Die Analyse und Bewältigung von Wandlungsproblemen spielt sich zunächst auf einer Sachebene ab. Sie steht traditionell im Vordergrund der Betrachtung, stellt aber nur die "Oberflächenschicht" des Managementprozesses dar. Wandlungsmanagement ist **Management von Sachfragen**.

Politisch-verhaltensorientierte Dimension: Wandlungsmanagement muß daneben das Verhalten der Beteiligten ergründen und beeinflussen, um Bereitschaft zum Wandel zu mobilisieren und um Widerstände zu überwinden. Mikropolitische Aushandlungs- und Koalitionsbildungsprozesse sind Teil einer jeden Transformation. Wandlungsmanagement ist **Einflußmanagement**.

Wertmäßig-kulturelle Dimension: Nicht zuletzt ist die Veränderung vorhandener sowie das Schaffen und Festigen neuer Werte und Überzeugungen Aufgabe des Managements. Wandlungsmanagement ist **Management von Bewußtseinslagen** (normatives Management).

Die Aufgaben des Transformationsmanagements lassen sich, aufbauend auf PERICH, chronologisch wie folgt charakterisieren [vgl. 1992, S.472ff.]:

Scanning: Frühzeitiges Erkennen eines Transformationsbedarfs durch Beobachtung und Überwachung der internen und externen Entwicklung.

Envisioning: Entwurf eines realistischen und attraktiven Leitbildes für die Zukunft der Unternehmung.

Reframing: Problemlösungsprozesse zur Realisierung der Vision auslösen, in Gang halten und zum Abschluß bringen.

Energizing: Schaffung und Aufrechterhaltung wandlungsfördernder Kräfteverhältnisse. Management des Wandels bedeutet auch Management von Macht und Einfluß. Promotoren der Änderung sind zu unterstützen, Opponenten einzubinden bzw. zu überwinden.

Timing: Zeitpunkte und Zeiträume für die einzelnen Stadien des Wandlungsprozesses sind festzulegen. Herausragende Bedeutung besitzt die Bestimmung des Startzeitpunktes. Zu früher Wandel kann das Problembewußtsein der Mitarbeiter überfordern und später zu Unternehmungskrisen führen. Zu später Wandel schränkt die Handlungsmöglichkeiten ein und verschärft die Situation.

	Sach-rationale Dimension	Politisch-verhaltensorientierte Dimension	Wertmäßig-kulturelle Dimension
Scanning	- schwache Signale erkennen - Frühwarnsysteme aufbauen	- informale Netzwerke nutzen	- Problembewußtsein erzeugen
Envisioning	- Vision entwerfen - Leitbild entwickeln	- interne und externe Vorbilder einsetzen	- Orientierung bieten - Sinn stiften
Reframing	- Probleme analysieren - Lösungen konzipieren - Prioritäten setzen	- Überzeugungsarbeit leisten - Änderungsmotivation erzeugen	- Einstellungen verändern - Lernprozesse auslösen
Energizing	- Willens- und Fähigkeitsbarrieren identifizieren	- Promotoren finden/aufbauen - Opponenten einbinden/überwinden	- Festigen neuer Einstellungen - Entschlossenheit erzeugen
Timing	- Handlungszeitpunkte und -zeiträume bestimmen	- Kräftekonstellation zeitlich optimieren	- Bewußtsein für Zeitproblematik erzeugen

Abb. XVII/2: Aufgaben des Transformationsmanagements

Diese fünf Aufgabengebiete lassen sich nach den drei Prozeßebenen weiter auffächern und dadurch etwas konkretisieren (vgl. Abb. XVII/2). Dabei wird unbeschadet der verschiedenartigen Schwerpunkte und der unvermeidlichen Abgrenzungsprobleme deutlich, daß alle Aufgaben in alle drei Dimensionen hineinragen. Eine Querbeziehung ergibt sich zum **Führungstyp**. Die Aufgaben des Wandlungsmanagements erfordern den transaktionalen wie den transformationalen Führer. In der Tendenz sind transformationale Führungsprozesse vor allem in den Aufgabenbereichen "Scanning", "Envisioning" und "Reframing" vonnöten. "Energizing" und "Timing" dagegen besitzen analytisch ihren Schwerpunkt in der transaktionalen Führung.

4. Strategien des Wandels

(1) Grundorientierungen und Kräfte des Wandels: Das Management des grundlegenden Wandels befindet sich in einem **dualen Spannungsfeld** [vgl. PERICH 1992, S.469] von Umwelt und Inwelt einerseits, Vergangenheit und Zukunft andererseits. Es kommt darauf an, dieses Spannungsfeld **kognitiver Orientierung** erfolgreich zu gestalten und auszubalancieren. Dies läßt sich als allgemeines Leitbild für ein **integriertes Management** bzw. integratives Management der **Transformation** begreifen (vgl. Abb. XVII/3).

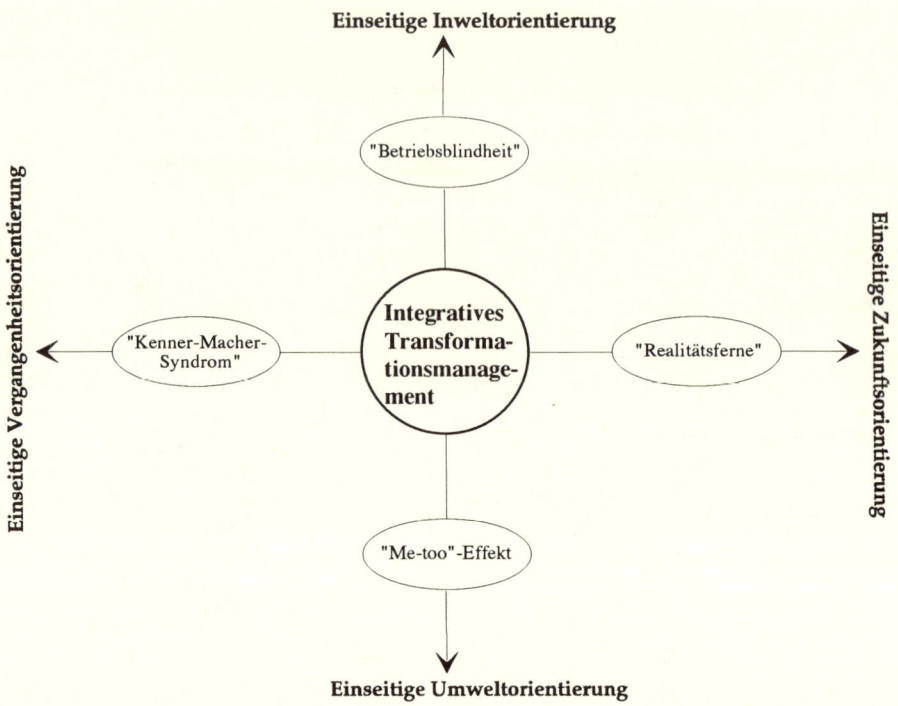

Abb. XVII/3: Kognitive Grundorientierungen des Managements

Kognitive Orientierungen sind mitverantwortlich für ein bestimmtes Verhalten und wirken sich dementsprechend als Gestaltungskraft aus. Einseitige Orientierungen bewirken einseitige Kräfteverhältnisse.

Zu dominante Inweltorientierung: Das Management ist von der "Inside-Out"-Perspektive beherrscht, konzentriert sich zu sehr auf die Details des Unternehmungsgeschehens, ist im Grenzfall also nur mit sich selbst beschäftigt. Übergeordnete Entwicklungen werden vernachlässigt oder übersehen (**"Scheuklappeneffekt"** bzw. **"Betriebsblindheit"**). Im Ergebnis kann dies dazu führen, daß die Organisation **ausschließlich** durch die herrschenden Kräfteverhältnisse geprägt ist und sich solange nicht ändert, wie sich die gegebenen Machtkonstellationen im Trägerbereich nicht ändern. Machtstruktur und Machtprozesse stellen in jedem Fall wesentliche Gestaltungskräfte der Organisation und der Transformation dar. Dominiert diese Kraft, so ließe sich in Abwandlung ähnlicher Aussagen die These formulieren: **Structure follows Power and Politics**, oder kürzer: **Structure follows People**.

Zu dominante Umweltorientierung: Die Umwelt und die Interessen externer Anspruchsgruppen dominieren. Interne Umsetzung und Interessenberücksichtigung werden vernachlässigt. Der Kontakt zur Mitarbeiterbasis bzw. den nachgelagerten Einheiten geht verloren. Wenn sich Unternehmungen bemühen, dem jeweils aktuellen Trend zu folgen, können bestimmte Organisationsmaßnahmen oder -konzepte regelrecht zur Mode werden (z.B. Divisionalisierung in den 60er/70er Jahren, Gemeinkostenwertanalyse in den 80er Jahren, Holdingkonzepte in den 90er Jahren). Eine weitere Gestaltungskraft wird damit sichtbar: "**Structure also follows Fashion**" [RUMELT 1974, S.149].

Hinter diesem Effekt steckt vielfach eine besondere Form des Nachahmungstriebs, von dem auch Unternehmungen und ihre Träger keineswegs frei sind ("**Me too**"-Effekt). Allerdings kann eine Organisationsmode auch dadurch entstehen, daß einzelne Unternehmungen die Veränderungen des jeweiligen Marktführers nachvollziehen, um Wettbewerbsnachteile auszugleichen. Das ernste Bemühen, es den Besten nachzutun - z.B. im sog. Benchmarking zu sehen - löst dann ebenfalls ein gleichgerichtetes Vorgehen aus, das auf den externen Betrachter wie eine Mode wirken muß.

Zu dominante Vergangenheitsorientierung: Das Management orientiert sich in seinem Denken und Handeln an den bestehenden Regeln und Traditionen, verharrt also im etablierten Strukturgefüge. Erforderliche Veränderungen unterbleiben oder werden nur mit großer Verzögerung eingeleitet. Es sei an das "**Kenner-Macher-Syndrom**" erinnert. Die Gefahr entsteht, daß sich Änderungsbedarfe aufstauen und in krisenartigen Schüben entladen.

Unternehmungsstrukturen werden von Praktikern nicht selten als "historisch gewachsen" und insofern als "natürlich" bzw. "bewährt" empfunden und dargestellt. Durch Gewöhnung und Vertrautheit gewinnt eine überkommene Struktur oft den Charakter eines Dogmas und gelegentlich eine fast schon mythische Bedeutung. In jedem Fall aber entsteht auf die Weise ein starkes **Beharrungsvermögen** der bestehenden Organisation, das nur schwer zu überwinden ist. Es erscheint nicht übertrieben, diese alltägliche Erfahrung von der "normativen Kraft des Faktischen" in den Rang einer Gestaltungskraft der Organisation zu erheben. In Analogie zu den anderen Thesen könnte man formulieren: **Structure follows History**.

Zu dominante Zukunftsorientierung: Das Management agiert zu weit entfernt von den Realitäten des Unternehmungsalltags ("**Realitätsferne**"). Die Zukunftsvisionen und -konzeptionen entbehren damit der Umsetzungschance. Sie inspirieren und motivieren nicht, sondern sie verunsichern und frustrieren die Basis. Dies ist eine Gefahr, der sich transformationale, charismatische Führer ausgesetzt sehen. Die Spitze und die Basis entfernen sich voneinander. Die nachgelagerten Einheiten gehen den Weg, den sie für richtig halten. Dies bedeutet nichts anderes, als daß eine zu weitgehende Zukunftsorientierung **keine Gestaltungskraft** entfaltet. Das Gegenteil ist der Fall. Zentrifugalkräfte, ungewollte Heterogenität und unproduktives Chaos können sich ausbreiten. Risiken der **Unterorganisation** entstehen, insbesondere Untersteuerung und Unterstabilisierung (vgl. S.25f.).

(2) Unternehmungsstrategie und Unternehmungswandel: Der Zusammenhang von Unternehmungsstrategie und Wandel klang bereits bei der Behandlung der Barrieren an. Wenn die Unternehmung keine klare Strategie hat oder eine betont defensive bzw. passive Verhaltensweise bevorzugt, werden Wandlungsprozesse unterdrückt, umgangen oder aufgeschoben. Aber auch bei aktivem Verhalten zeigen sich erhebliche Unterschiede. So untersuchten MILES/SNOW das Anpassungsverhalten anhand einer Stichprobe von 84 Unternehmungen in 4 verschiedenen Branchen und identifizierten vier getrennte Strategietypen, die sich im Licht der hier getroffenen Unterscheidungen interpretieren lassen [aufbauend auf 1986, S.39ff.].

Defender: Unternehmungen mit engen Geschäftsfeldern. Transformative Wandlungen sind selten, **reproduktiver Wandel** ist vorherrschend (Verfahrensverbesserungen).

Prospector: Unternehmungen mit starkem Interesse an Produkt- und Marktinnovationen. Sie experimentieren mit neuen Umwelttrends und zwingen Konkurrenten zur Reaktion. Dieses Vorgehen entspricht einem **transformativen Wandel in Leaderposition.**

Analyzer: Unternehmungen mit teils stabilen, teils dynamischen Geschäftsfeldern. In den stabilen Geschäftsfeldern wird routiniert und effizient gearbeitet (**reproduktiver Wandel**), in den instabileren werden die Konkurrenten genau beobachtet und vielversprechende Ideen aufgegriffen. Dies entspricht **transformativem Wandel in Followerposition.**

Reactor: Unternehmungen, die zwar Anpassungsbedarfe erkennen, aber nicht in der Lage sind, effektiv zu reagieren. Anpassungsbemühungen sind selten, es sei denn, sie sind durch äußere Umstände erzwungen.

Aufbauend auf den Erläuterungen von MILES/SNOW lassen sich zwei weitere typenbildende Merkmale erkennen [vgl. 1986, S.41ff.]:

- Chancen- oder Risikoorientierung des Vorgehens,

- Konsistenz bzw. Inkonsistenz des Vorgehens.

Drei der vier Strategien enthalten ein konsistentes Anpassungsverhalten und sind dadurch erfolgreich. Die Ausnahme stellt der "Reactor" dar. Er zeigt ein inkonsistentes und wechselhaftes Verhalten, gekennzeichnet vor allem durch "misfits" zwischen Strategie, Struktur, Systemen und Realisationspotential [vgl. 1986, S.88ff.]. Der "Prospector" ist überwiegend chancensuchend und somit risikofreudig, der "Defender" im Gegensatz dazu vorwiegend risikominimierend eingestellt. Die Figur des "Analyzer" bemüht sich um eine Kombination. Die Ergebnisse dieser Reinterpretation zeigt die Strategiematrix von Abb. XVII/4.

Typ des Wandels / Art des Vorgehens	Transformativer Wandel	Reproduktiver Wandel	Kombination
konsistentes Vorgehen	Prospector	Defender	Analyzer
inkonsistentes Vorgehen	Reactor		

Abb. XVII/4: Wandlungsstrategien

(3) Beziehungen zwischen Strategie und Struktur: Konsistentes Verhalten als wichtige Eigenart einer erfolgreichen Wandlungsstrategie verweist auf die Notwendigkeit eines **integrierten Wandlungsmanagements**, integriert insbes. in dem Sinne, daß die verschiedenen Erfolgssegmente in abgestimmter Weise in den Wandlungsprozeß einbezogen sind, "misfits" also vermieden werden. Es gilt, nicht einzelne Erfolgsfaktoren bzw. -segmente zu ändern, sondern die Konfiguration des Ganzen. Der Wandel hat "konzertiert" zu erfolgen.

Im Hinblick auf die "harten" Erfolgsfaktoren kommt der Verbindung von "Struktur" und "Strategie" eine Schlüsselrolle zu. Bahnbrechend hat hier die Arbeit von CHANDLER [1962] gewirkt, der den langfristigen Entwicklungsprozeß großer Unternehmungen in den USA untersuchte und dabei einen engen Zusammenhang zwischen Strategie und Struktur feststellte. Strukturelle Veränderungen folgen nach CHANDLER erst mit deutlichem zeitlichen Abstand auf eine Umorientierung der Unternehmungspolitik. Dies veranlaßte ihn zu der berühmt gewordenen These: **"Structure follows Strategy"** [vgl. S.383ff.]. Die Strategie wird damit als eine weitere wesentliche **Gestaltungskraft** der organisatorischen Struktur sichtbar und tritt neben "Power and Politics", "Fashion" und "History". Die seitherige Diskussion hat allerdings klargemacht, daß es sich im Verhältnis von Strategie zu Struktur nicht um eine einseitige Abhängigkeit handelt, sondern um wechselseitige Beziehungen, die im Sinne des "fit" zu gestalten sind.

Seit Beginn der 90er Jahre ist das Verhältnis von "Strategie" und "Struktur" wieder Gegenstand vielfältiger Bemühungen. Die Markt- und Wettbewerbssituation verlangt ein besseres Reaktionsvermögen und eine höhere Innovationskraft der Unternehmungen. Dieser Strategie folgend haben viele deutsche Unternehmungen mit tiefgreifenden Reorganisationen begonnen, die vor allem darauf abzielen, kleinere selbständige Einheiten zu schaffen und das interne Unternehmertum zu stärken.

Umgekehrt können neue Strukturen auch strategische Optionen erst sichtbar und zugänglich machen. So bieten z.B. die entstehenden Holdinglösungen vielfältige Möglichkeiten für Allianzen und die Realisierung entsprechender Strategien. Partnersuche und Organisation der Partnerschaft vereinfachen sich, wenn nicht ein Partner für das gesamte Geschäftsprogramm zu suchen ist, sondern nur für einzelne Geschäftsfelder.

(4) Vorstellungsmodelle der Transformation: Für Theorie und Praxis gleichermaßen wichtig ist die Gewinnung eines Rahmenkonzepts für tiefgreifende Wandlungsprozesse. Die in der Literatur hierzu vorhandenen Überlegungen lassen sich im wesentlichen auf die Frage zuspitzen, ob eine Unternehmungstransformation eher in wenigen großen Schüben, Quantensprüngen vergleichbar ("revolutionär"), oder in vielen kleinen Entwicklungsschritten ("evolutionär") zu vollziehen sei. Das Modell revolutionärer Entwicklung sei hier als **Umbruchsmodell,** das der evolutionären Entwicklung als **Evolutionsmodell** bezeichnet.

Die Vorstellung von einer Transformation in Form von Quantensprüngen, die mit Krisensituationen einhergehen, wird pointiert von MILLER/FRIESEN [vgl. 1984] vertreten, die u.a. auch auf MINTZBERGS Organisationsmodell zurückgreifen. Die evolutorische Sicht betont dagegen die Möglichkeiten einer **lernenden Organisation** und deren Fähigkeit, durch kleine Schritte Neues zu schaffen. Autoren wie QUINN und PETTIGREW stehen für diesen Ansatz.

Eigenartigerweise spielen in beiden Ansätzen gleichermaßen Sachverhalte eine Rolle, die hier zu den **Barrieren des Wandels** gerechnet werden. MILLER/FRIESEN argumentieren, daß die Bereitschaft, Wandel zu akzeptieren, in Krisensituationen am größten sei, ansonsten aber eine Reihe von Widerständen auftritt. Dies ist u.a. dadurch zu erklären, daß in Wandlungssituationen viele interdependente Faktoren gleichzeitig zu ändern sind. Daraus entsteht ein auch unter Kostengesichtspunkten zu sehendes Beharrungsvermögen. Eine gegebene **Konfiguration der Erfolgssegmente** (Strategie, Struktur usw.) besitzt bei erfolgreicher Gestaltung ein hohes Maß an wechselseitiger Abgestimmtheit ("Passung" oder "Fit"). Durch neue Entwicklungen treten Anpassungsbedarfe auf. Die gegebene Konfiguration zeigt mehr und mehr **"Misfits"**. Nun sind die zu erwartenden **Transformationskosten** den geschätzten Kosten des entstehenden Misfits (**Misfit-Kosten**) gegenüberzustellen (vgl. Abb.XVII/5, nach MILLER/FRIESEN 1984, S.215). Steigende Misfit-Kosten und etwa gleichbleibende Transformationskosten unterstellt, wird die Unternehmung solange mit der Anpassung warten, bis die Misfit-Kosten die Transformationskosten übersteigen. Dann allerdings ist ein Quantensprung, also ein dramatischer Wandel, erforderlich, um den aufgestauten Anpassungsbedarf zu befriedigen. Der Bereich links des Schnittpunktes wird als Anpassungslücke begriffen. Konsequenterweise müßte man den Bereich rechts oben als **Umbruchszone** bezeichnen.

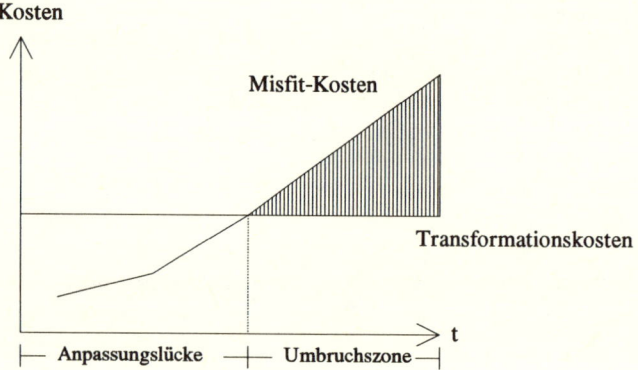

Abb.XVII/5: Anpassungskosten

Diese Kostenlogik der Transformation macht im übrigen ein psychologisches Dilemma des Wandlungsmanagements deutlich. Um die Kostensituation zu optimieren, müßte umso früher mit dem Transformationsprozeß begonnen werden, desto länger er dauert. In diesem Stadium ist aber die Bereitschaft zum Wandel mangels "harter Fakten" schwer zu wecken. Um Problembewußtsein zu schaffen, ist also u.U. Abwarten erforderlich. Warten wiederum verschärft die Anpassungsproblematik und verschlechtert die Kostenrelation. Zu langes Warten kann zur Krise führen und sogar existenzgefährdend sein. In der Studie von MILLER/FRIESEN wiesen erfolgreiche Firmen einen höheren Anteil an "dramatischen" und "konzertierten" Veränderungen auf als an inkrementellem (schrittweisem) Wandel [vgl. 1984, S.245f.].

PETTIGREW führt dagegen aus, daß jede größere Veränderung Konfusion und Widerstand erzeugt, und daß nur ein Wandel in kleinen Schritten akzeptiert wird und erfolgreich ist: "All but incremental change is resisted" [1985, S.471.]. Auch durch viele kleine Schritte könne etwas grundsätzlich Neues entstehen.

Für beide Positionen lassen sich gute Gründe anführen. Abb. XVII/6 stellt Kernaussagen gegenüber [weiterentwickelt nach PERICH 1992, S.456ff]. Offen ist noch die Frage, unter welchen Bedingungen welches Modell vorzuziehen ist und ob ein integriertes Management fallweise beide Entwicklungsformen einsetzen kann.

370

	Umbruchsmodell	Evolutionsmodell
Grundidee:	- erheblicher Druck ist nötig, um Wandlungsbarrieren zu überwinden	- zuviel Wandel auf einmal kann vom System nicht verkraftet werden
Charakteristik des Wandels:	- tiefgreifender und umfassender Wandel ("Quantensprung") - begrenzte Zeitdauer - diskontinuierlicher Prozeß - "Revolution"	- Entwicklung in kleinen Schritten ("piecemeal engineering") - dauerhafter Lernprozeß - kontinuierlicher Prozeß - "Evolution"
Transformationslogik:	- synoptisches Vorgehen - einheitliche Fremdregelung - Vorgehen nach Plan	- inkrementelles Vorgehen - vielfältige Selbstregulierung - erfahrungsgestütztes Lernen
Rolle des Managements:	- Architekt des Wandels - Rationaler Planer	- Prozeßmoderator - Coach
Chancen:	- klare Trennung von "Ruhephasen" und Wandlungsphasen - hohe Änderungsbereitschaft in Krisensituationen - Wandel aus einem Guß	- Entwicklungsrhythmus korrespondiert mit Entwicklungsfähigkeit - kleine Veränderungen wirken "natürlich" - Erwerb von Selbstentwicklungsfähigkeiten
Risiken:	- begrenzte Planbarkeit - hohe Instabilität in der Wandlungsphase - schwere Einbrüche bei zu später Reaktion - hoher Handlungsdruck begünstigt kurzfristige Verbesserungen zu Lasten langfristiger Entwicklungen	- ständige Unruhe ("Herumexperimentieren") - bei hoher Umweltdynamik zu langsam - fraglich, ob Diskontinuität zu verkraften ist - begrenzte Fähigkeit, sich selbst in Frage zu stellen

Abb. XVII/6: Modelle der Transformation

Beide Vorstellungsmodelle der Transformation lassen sich auch in den prozeßbezogenen Reorganisationsansätzen wiederfinden (vgl. S.120). Das Umbruchsmodell spiegelt sich im Ansatz des **Business Reengineering** wider. Hier soll eine fundamentale, radikale Verbesserung um Größenordnungen bei den Geschäftsprozessen erzielt werden, die dafür völlig neu zu definieren und zu gestalten sind (Soll-Orientierung). Diese Form der Prozeßoptimierung kann nur von der Unternehmungsspitze initiiert und umgesetzt werden (top down). Eine Prozeßoptimierung kann sich jedoch auch im Sinne einer kontinuierlichen Verbesserung evolutorisch vollziehen. Bereits existierende Unternehmungsprozesse werden identifiziert und optimiert (Ist-Orientierung). Die dafür notwendigen Detailkenntnisse können nur an der Unternehmungsbasis bei den direkt involvierten Mitarbeitern vorhanden sein, so daß die Richtung des Vorgehens hier "bottom up" zu sehen ist. Diese Variante einer Prozeßoptimierung zeigt sich beispielsweise im japanischen KAIZEN-Ansatz [vgl. BUCHHOLZ 1994]. Die besondere Schwierigkeit, aber auch Herausforderung für das Wandlungsmanagement kann darin bestehen, beide Ansätze in einer Art **Gegenstromverfahren** miteinander zu kombinieren (vgl. Abb.XVII/7).

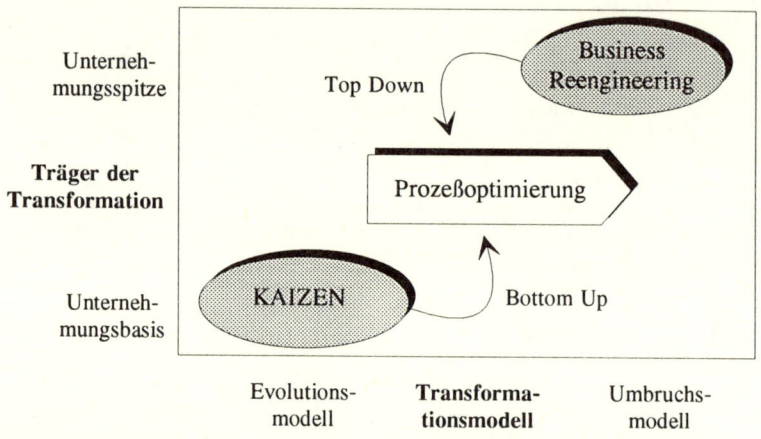

Abb.XVII/7: Prozeßoptimierung als Unternehmungstransformation

Literatur

BUCHHOLZ, W.: Inhaltliche und formale Gestaltungsaspekte der Prozeßorganisation, Arbeitspapier 1/94 der Professur für Betriebswirtschaftslehre II, Gießen 1994
BÜHNER, R.: Strategie und Organisation, Wiesbaden 1985
CHANDLER, A.D., jr.: Strategy and Structure. Chapters in the History of the Industrial Enterprise, Cambridge (Mass.)/London 1962
GABELE, E.: Unternehmungsstrategie und Organisationsstruktur, in: ZFO 4/1979, S.181-190
JENSEN, S./LINDEN, F.A./SCHWARZER, U.: Ein Bulle sieht rot, in: Manager Magazin 12/1992, S.36-46
KIESER, A./KUBICEK, H.: Organisation, 3. Aufl., Berlin/New York 1992
KRÜGER, W./EBELING, F.: Psychologik - Topmanager müssen lernen, politisch zu handeln, in: Harvard Manager 2/1991, S.47-56
MILES, R.E./SNOW, C.C.: Unternehmensstrategien, Hamburg 1986
MILLER, D./FRIESEN, P.H.: Organizations - A quantum view, Englewood Cliffs 1984
PERICH, R.: Unternehmungsdynamik, Stuttgart/Wien 1992
PETTIGREW, A.M.: The awakening giant. Continuity and change in Imperial Chemical Industries, Oxford 1985
QUINN, J.B.: Strategies for change: logical incrementalism, Homewood, Ill. 1980
REUTNER, F.: Turn around, 3. überarb. Aufl., Landsberg/Lech 1991
RUMELT, R.: Strategy, Structure and Economic Performance, Cambridge (Mass.) 1974
SIEGWART, H. et al.: Restrukturierung & Turnarounds, Basel/Frankfurt/M./Stuttgart 1990

372

XVIII. MANAGEMENT VON ORGANISATIONSPROJEKTEN

1. Charakteristik und Ziele von Projekten und Projektmanagement

(1) Begriff und Bedeutung von Projekten: Unternehmungsentwicklung und Organisationswandel stellen die Firmen im Einzelfall vor neuartige und komplexe Aufgaben. Die Primärstruktur, die auf die Bewältigung des Tagesgeschäfts konzentriert ist, ist in aller Regel mit diesen Fragen überfordert. Mehr und mehr werden Anpassungsvorgänge daher von einer Sekundärstruktur übernommen. Im Mittelpunkt steht dabei die Arbeit in und mit Projekten. Investitions- und Bauvorhaben, Produktentwicklung, Entwicklung von Informationssystemen, Akquisition, Strategieentwicklung und -implementierung sind neben Organisationsvorhaben einige Beispiele. Die Aussagen dieses Kapitels beziehen sich zwar speziell auf Organisationsprojekte, lassen sich aber weitestgehend auf andere Projektgegenstände übertragen.

Allgemein formuliert sind Projekte **zeitlich befristete, außergewöhnliche Vorhaben** [vgl. FRESE 1988, MADAUSS 1990, DIN 69901]. Projektaufgaben sind, verglichen mit den Daueraufgaben der Unternehmung, relativ komplex und neuartig, oft auch einmalig, und sie erfordern funktionsübergreifendes Wissen. Im Erfolgsfall sind Projekte und das Management von Projekten eine Schlüsselgröße für erfolgreichen Wandel, sei er reproduktiv oder transformativ. Vielfältige Projekte, die mit der Hierarchie gut gekoppelt sind, können die Funktionen eines **Katalysators** übernehmen (vgl. Abb. XVIII/1).

		Projektarbeit ist	
		selten	häufig
Projekte sind in die Hierarchie	gut integriert	"Additiv"	"Katalysator"
	schlecht integriert	"Exot"	"Störfaktor"

Abb. XVIII/1: Rolle der Projektarbeit in der Unternehmung

Projektarbeit ist vorwiegend Teamarbeit. Der organisatorische Unterschied und der Verhaltenswechsel zwischen hierarchiegebundener Arbeit und Teamarbeit setzt bei allen Beteiligten ein hohes Maß an persönlicher Flexibilität voraus. Vorgesetzte müssen hierarchiegestütztes Verhalten zurücknehmen, Mitarbeiter Eigeninitiative und Mut zur Übernahme von Verantwortung entwickeln. Wenn dies gelingt, können Projekte erhebliche unternehmungsinterne und -externe Wirkungen entfalten (vgl. Abb. XVIII/2). Die unmittelbaren Wirkungen richten sich auf das Erreichen der konkreten Projektziele. Bezogen auf Organisationsprojekte geht es insbesondere um die Erfül-

lung der verschiedenen **Anforderungen** an die Organisation (vgl. S.14), z.B. Erhöhung der Flexibilität. Nicht zu unterschätzen sind auch die mittelbaren Auswirkungen,
die sich in Hierarchieauflockerung, Personalentwicklung und Lernprozessen niederschlagen. Projekte stellen einen Kristallisationspunkt für die **lernende Organisation**
dar. Voraussetzung ist allerdings eine wirkungsvolle organisatorische und personelle
Integration von Primär- und Sekundärstruktur.

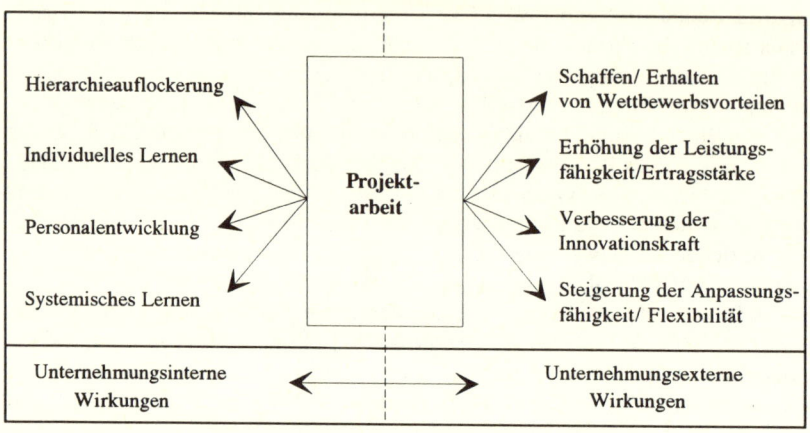

Abb. XVIII/2: Auswirkungen erfolgreicher Projektarbeit

(2) Begriff und Aufgabengebiete des Projektmanagements: Um den Erfolg von
Projekten sicherzustellen, müssen die Projektprozesse ihrerseits möglichst professionell gemanagt werden. **Projektmanagement** läßt sich kurzgefaßt als **Führungskonzept für komplexe Vorhaben** definieren. Es umfaßt die Organisation, Planung,
Steuerung und Kontrolle der Aufgaben, Personen und Ressourcen, die zur Erreichung
der Projektziele erforderlich sind.

Kern des Projektmanagements ist zunächst die Leitung der Projektgruppe oder
ggf. einzelner Teilprojekte, repräsentiert durch (Teil-) **Projektleiter** (Management **des**
Projekts). Sodann ist bei einer Mehrzahl von Projekten eine projektübergreifende Koordination erforderlich, und es ist die Anbindung an die Unternehmungshierarchie
sicherzustellen. Hierzu werden üblicherweise Steuerungsgremien eingerichtet, in
denen Leiter der Fachabteilungen (z.B. Org./DV-Abteilung), Projektleiter und bei
strategisch wichtigen Projekten auch Mitglieder des Top-Managements vertreten sind.
Vereinfachend soll hier für diese Einheiten die Bezeichnung **Projektoberleitung** gewählt werden (Management **von** Projekten). Auch die Einbindung der betroffenen
Abteilungen/Bereiche erfolgt typischerweise durch die Projektoberleitung. Schließlich
ist auch das Top-Management selbst in zunehmendem Maße gefordert, indem es Projektarbeit als Instrument zur Realisierung strategischer Ziele und Programme begreift
und nutzt (Management **durch** Projekte). Dies bedeutet zum einen in sachlicher Hinsicht die Ableitung und Definition von Projektbedarfen. Zum anderen ist das Top-
Management ggf. zuständig für das Anspruchsgruppenmanagement. Nach innen ist
dies durch die Mitbestimmungsregelungen geprägt. Nach außen läuft es zunächst über
Aufsichts- und Kontrollorgane (Aufsichtsrat/Beirat). Sodann aber zunehmend auch

über eine gezielte Öffentlichkeitsarbeit. Zu erfolgreichen Investitions-, Desinvestitions- und Reorganisationsvorhaben gehört vielfach auch die Akzeptanz der betroffenen externen Anspruchsgruppen. In speziellen Fällen kommt es durchaus vor, daß externe Interessenten (z.B. Kunden) sogar in der Projektgruppe unmittelbar vertreten sind, so z.B. bei Produktentwicklungen im Maschinenbau. Insgesamt ergibt sich ein vielschichtiges Bild dessen, was heute Projektmanagement im weitesten Sinne ausmacht (vgl. Abb. XVIII/3).

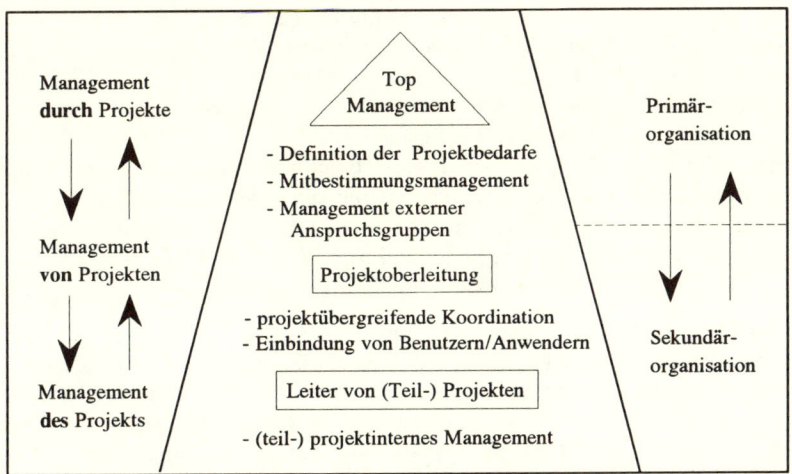

Abb. XVIII/3: Ebenen des Projektmanagements

Die Aufgabengebiete der drei unterschiedenen Projektmanagement-Ebenen lassen sich weitgehend unabhängig von der Größe und dem Gegenstand des Projekts kennzeichnen. Drei Hauptbereiche sind zunächst zu unterscheiden [vgl. KRÜGER 1993]:

Funktionelles Projektmanagement
Projektziele und -aufgaben: Was ist der Gegenstand des Projekts, welche Ziele sollen erreicht werden und welche Aufgaben sind hierfür zu erledigen?
Ablauforganisation: Wann und in welcher Reihenfolge werden die Aufgaben erledigt?
Methoden, Techniken, Tools: Welche Instrumente des Projektmanagements sind hierfür einsetzbar?

Institutionelles Projektmanagement
Interne Projektstruktur: Wie werden Aufgaben, Kompetenzen und Verantwortung innerhalb des Projektes bzw. der Teilprojekte verteilt?
Externe Einbindung: Wie ist das Projekt ggf. mit anderen Einheiten der Sekundärstruktur gekoppelt, und wie ist es in die Hierarchie integriert? Wer berichtet worüber an wen? Wie wird ggf. die Mitbestimmung berücksichtigt? Wer ist ggf. für externe Anspruchsgruppen zuständig?

Personelles Projektmanagement

Projektträger und -leiter: Welche Anforderungen hinsichtlich Wissen, Können und Wollen der Projektverantwortlichen stellen die Projekt**führungs**aufgaben und wer ist geeignet, sie zu erfüllen? Wer sind die Befürworter und Gegner des Projekts und wie sind sie eingebunden?

Projektteam: Welches Wissen und Können erfordert die Projekt**durchführung**? Wer ist geeignet und in der Lage, Mitglied des Projektteams zu werden?

Benutzer und Anwender: Wer ist ggf. unmittelbar von der geplanten Maßnahme betroffen bzw. arbeitet mit der zu entwickelnden Lösung (Benutzer), und wer verwendet ggf. die dabei erstellten Produkte, Informationen, Dienstleistungen (Anwender)? Gibt es Akzeptanzbarrieren und wie werden sie überwunden?

Externe Anspruchsgruppen: Welche unternehmungsexternen Anspruchsgrupppen existieren und wie wird mit ihnen umgegangen?

Interaktion: Wie gehen die direkt am Projekt Beteiligten miteinander um? Welche Führungs-, Kooperations- und Kommunikationsstile kennzeichnen das Projekt?

Projektkultur: Welche charakteristischen Werte, Symbole, Überzeugungen und Verhaltensmuster zeigen die Projektbeteiligten und ihre Interaktion? Wie ist das Verhältnis von Projektkultur zur Unternehmungskultur?

(3) Projektziele: Projektziele besitzen eine herausragende Bedeutung für die gesamte Projektarbeit. Allgemein ist unter einem Ziel eine erwünschte, zu erreichende oder zu vermeidende Situation zu verstehen (Positivziele bzw. Negativziele) [vgl. SCHMIDT 1977, HAUSCHILDT 1978]. In Organisationsprojekten geht es um Ziele wie Kostensenkungen, Verkürzung der Bearbeitungsdauer, Erhöhung der Leistungsmenge oder Abbau von Belastungen. Sie beschreiben die jeweils von den Gestaltungsträgern für wichtig erachteten Anforderungen an die Organisationsstruktur (vgl. S.14) und sind zugleich Ausdruck der Interessen der Gestaltungsträger.

In der Praxis laufen allerdings viele Organisationsprojekte ohne explizite Zielvorstellungen oder nur von vagen Zielen begleitet ab. Die Ursachen hierfür sind unterschiedlich. Häufig weiß z.B. der Auftraggeber zu Beginn eines Projektes nicht genau, was er eigentlich will. In einem solchen Fall ist es erforderlich, die Ziele im Ablauf des Organisationsprojekts schrittweise zu konkretisieren. Aber auch wenn die Beteiligten ihre Ziele klar im Auge haben, werden sie es gelegentlich für klüger halten, ihre Vorstellungen nicht offen zu äußern, um nicht Widerstand zu provozieren. **Zieltarnung** kann dann an die Stelle der offenen Zielbildung treten.

Lücken oder Fehler im Zielsystem haben eine ganze Reihe negativer Auswirkungen und zwar für funktionelles, institutionelles und personelles Projektmanagement gleichermaßen [vgl. KRÜGER 1983, S.35ff.]

Ziele im funktionellen Projektmanagement: Ohne klare Ziele lassen sich **Probleme** nicht als solche **erkennen**, beschreiben und analysieren. Die **Suche und Beurteilung von Lösungsalternativen** wird erschwert. Stärken und Schwächen einer Lösung sind nur anhand von Zielen als Beurteilungskriterien diskutierbar. Damit bilden Ziele zugleich die Voraussetzung, um **Entscheidungen** fällen zu können.

Ziele im institutionellen Projektmanagement: Fehlen Ziele für ein Projekt, lassen sich auch die einzelnen **Aktivitäten** nicht **koordinieren.** In einer ziellosen Gruppe verfolgt jeder eigene Interessen. Die **Informationsgewinnung** leidet ebenfalls, wenn klare Vorgaben fehlen. Der notwendige Informationsbedarf, den der Planer z.B.

durch Befragung der Benutzer decken müßte, wird für ihn weniger genau erkennbar. Eine zu lange und aufwendige Ist-Aufnahme kann die Folge sein. **Konfliktbewältigung** im Projekt wird ebenfalls anhand gemeinsamer Projektziele erleichtert. Für den Entscheider bedeuten Ziele Instrumente der **Prozeßsteuerung und -kontrolle** des Projektes.

Ziele im personellen Projektmanagement: Die **Verhaltensorientierung** und die **Leistungsmotivation** der Beteiligten leiden erheblich, wenn sie nicht wissen, was von ihnen erwartet wird. Ohne Ziele können sich die Planer und Benutzer nicht mit dem Projektauftrag identifizieren. Die erarbeiteten Ergebnisse oder Zwischenergebnisse sind nicht klar zu bewerten. Erfolgserlebnisse bleiben aus.

Formal-, Sach- und Humanziele: Analog zu der Einteilung der Unternehmungsziele in Formal-, Sach- und Humanziele [vgl. SCHMIDT 1977, HAHN 1994] lassen sich auch die Gestaltungsziele danach einteilen, ob es sich um wirtschaftliche Konsequenzen (Formalziele), Leistungswirkungen (Sachziele) oder personale bzw. soziale Wirkungen (Humanziele) handelt.

Der Zielbereich der **wirtschaftlichen Ziele** umschließt alle monetären Wirkungen von Organisationsmaßnahmen. Während die Aufwands- bzw. Kostenseite relativ gut bestimmbar ist, ist eine Zurechnung von Ertragsverbesserungen selten möglich. **Kostensenkung** ist demgemäß ein wesentliches Ziel vieler Organisationsprojekte, bezogen insbesondere auf Personalkosten, aber auch auf Material-, Energie- und Raumkosten.

Leistungsziele beziehen sich auf die sachliche Aufgabenerfüllung bzw. die technische Leistungsfähigkeit eines Systems. Sie sind für Organisationsprojekte besonders typisch, weil sie relativ gut meßbar sind. Beispiele sind die Reduzierung der Durchlaufzeit oder der Fehlerquote.

Mit den **sozialen Zielen** (personale Ziele, Humanziele) sind solche Wirkungen angesprochen, die sich auf Eigenschaften und Beziehungen von Individuen und Gruppen erstrecken. Im Mittelpunkt stehen solche Wirkungen, die in einem Zusammenhang mit dem Leistungsverhalten der Mitarbeiter stehen. Organisationsmaßnahmen berühren oft die Qualifikations- oder Motivationskomponente. Sie können zur Bedürfnisbefriedigung beitragen (z.B. Delegationsmaßnahmen), aber auch Entfaltungsmöglichkeiten beschneiden (z.B. Standardisierung).

Zielbeziehungen: Personale (soziale) Ziele stehen mit den anderen Zielen in harmonischer oder konfliktärer Beziehung. Ziele sind allerdings nicht per se konfliktär oder harmonisch, abgesehen von logischen Unverträglichkeiten. Vielmehr bestimmen die jeweiligen Maßnahmen und Rahmenbedingungen, welche Beziehung vorliegt. Über Wechselwirkungen zwischen den Zielen muß sich der Organisator daher in jedem Einzelfall Klarheit verschaffen. Dies ist aus entscheidungslogischen Gründen erforderlich. Herausragend wichtige Ziele, die teilweise auch typische Konflikte aufweisen, sind Kosten, Termine, Qualität und Akzeptanz. Graphisch dargestellt, ergibt sich ein "Teufelsquadrat". Ausgewählte Projektarten zeigt als Spinnwebdiagramm Abb. XVIII/4.

Projekte, die sich zum "Lean Management" zählen lassen, versuchen typischerweise, durch innovative Lösungen Zielkonflikte zu überwinden. Durch "schlankere" Strukturen sollen z.B. nicht nur Kosten gesenkt, sondern auch bessere und kundennähere Leistungen erbracht werden.

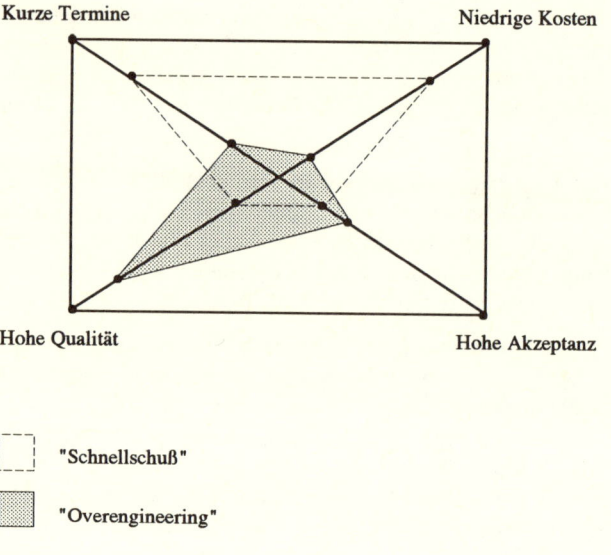

Kurze Termine   Niedrige Kosten

Hohe Qualität   Hohe Akzeptanz

"Schnellschuß"

"Overengineering"

Abb. XVIII/4: Das "Teufelsquadrat" der Projektarbeit

Zielsysteme dienen u.a. der Bewertung von Organisationsmaßnahmen mit Hilfe verschiedener Bewertungstechniken, wie z.B. der Kosten-Wirksamkeits-Analyse [vgl. KRÜGER 1983]. Bei der Aufstellung von Zielsystemen ist darauf zu achten, daß die Ziele möglichst überschneidungsfrei formuliert und voneinander unabhängig sind, damit keine Mehrfachbewertungen auftreten.

Schwierigkeiten bereitet die Forderung nach Unabhängigkeit der Ziele. So sind z.B. ökonomische und technische Kriterien voneinander abhängig: wer bereit ist, höhere Ausgaben in Kauf zu nehmen, erhält in der Regel auch eine bessere Leistung. Das Problem wird allerdings erheblich entschärft, wenn man bedenkt, daß sich Entscheidungen regelmäßig in bestimmten Bandbreiten bewegen. Innerhalb eines begrenzten Kostenrahmens z.B. kann dann mit unterschiedlichen Lösungsvarianten verschiedener Nutzen erreicht werden, d.h. eine begrenzte Unabhängigkeit ist durchaus gegeben.

Strategische und operative Ziele: Reorganisationen können gesamthafte, langfristig gültige Strukturen betreffen, die die Grobstruktur der Unternehmung prägen. Üblicherweise würde man hier von strategischen Gestaltungsfragen und zugehörigen Zielen sprechen, im Gegensatz zu den operativen Fragen, die sich auf die Feinstruktur der Organisation beziehen, also z.B. die kürzerfristig gültige Ausgestaltung einzelner Teilbereiche. Vor dem Hintergrund der jüngsten Entwicklungen im strategischen Management ist diese Einteilung nur noch bedingt brauchbar. Wie erwähnt, kommt es für die Kennzeichnung eines Problems als "strategisch" auf die Erfolgsbedeutung für die Unternehmung an. In dieser Betrachtung können auch einzelne Teilaufgaben oder -prozesse, also Fragen der Feinstruktur, durchaus strategische Relevanz besitzen. Es ist von daher nicht möglich, bestimmte Zielinhalte per se als "strategisch" oder "operativ" einzustufen.

Einflußfaktoren der Zielbildung: Am Beispiel der Zielbildung wird die wechselseitige Durchdringung der Sachdimension und der personalen Dimension besonders deutlich (vgl. Abb. XVIII/5). Die am Zielbildungsprozeß beteiligten **Gestaltungsträger**, also z.B. Auftraggeber, Fachabteilung, Geschäftsführung, beeinflussen Ablauf und Ergebnis der Zielbildung in ihrem Sinne. Das Kräftespiel von Promotoren und Opponenten entfaltet sich.

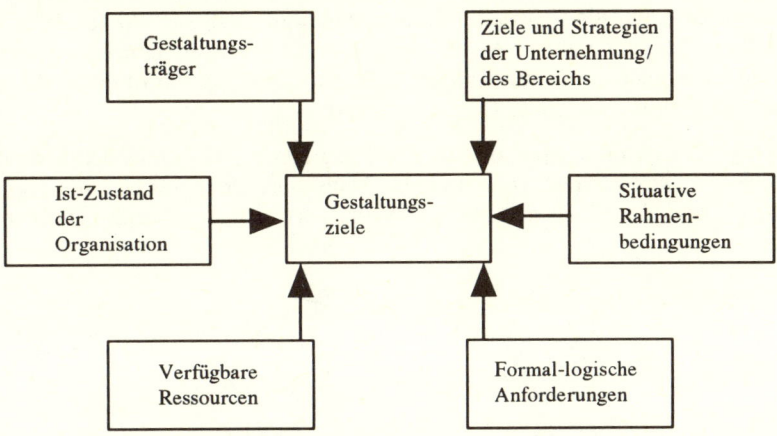

Abb. XVIII/5: Einflußfaktoren der Zielbildung

Auf der Sachdimension müssen die Gestaltungsziele auf die **Strategien** und **Ziele** der Unternehmung bzw. der jeweiligen Bereiche abgestimmt werden. Auf die Weise ist für die **Strategieadäquanz** - den strategischen "fit" - der Struktur zu sorgen. Dies gilt, obwohl es in den meisten Fällen aus entscheidungslogischen Gründen schwierig ist, Ziele der Organisationsgestaltung direkt aus den Unternehmungszielen abzuleiten [vgl. FRESE 1988].

Die Praxis zeigt darüber hinaus, daß Ziele sehr stark aus der Kenntnis der Stärken und Schwächen des **Ist-Zustands** der Organisation entwickelt werden. Projektziele richten sich also nicht so sehr auf die Realisierung von "Idealzuständen", sondern auf die konkrete Verbesserung des Ist-Zustands. Im Sinne einer **evolutionären Systementwicklung** (vgl. S.369ff.) kann dieses Vorgehen auch sehr vernünftig sein, um realistische Pläne und Maßnahmen in kurzen Projektphasen zu entwickeln und ein System in raschen Schritten voranzubringen. Eine zu starke Orientierung am Ist-Zustand birgt allerdings die Gefahr des "Kurierens am Symptom", dies zumal, wenn das Bestehende ein starkes Beharrungsvermögen aufweist und die Last der Geschichte den Fortschritt behindert ("Structure follows History").

Daneben begrenzen die zur Verfügung stehenden **Ressourcen** - vor allem Personal, Sachmittel, Zeit - das Ausmaß der erreichbaren Ziele. Das gleiche gilt für die verschiedenen internen und externen **Rahmenbedingungen**, die bei der Lösung zu beachten sind.

Schließlich sind für die Formulierung eines einwandfreien Zielsystems bestimmte **formal-logische Anforderungen** zu beachten, z.B. Widerspruchsfreiheit.

Vorgehens- und Systemziele: Das Vorgehen bei der Erarbeitung einer Lösung wird durch **Vorgehensziele** gesteuert und kontrolliert [vgl. DAENZER 1992]. Sie richten sich auf die Frage: "Wie soll im Rahmen des Projektes vorgegangen werden?" Personalkapazität, Termine, sachliche Hilfsmittel und finanzielle Hilfsmittel stehen im Vordergrund.

Die Frage: "Was soll mit Hilfe des Projektes erreicht werden?" führt zu den **Systemzielen.** Diese Ziele dienen u.a. dazu, die erarbeiteten Gestaltungsalternativen zu bewerten. Vor allem für Sachziele (Leistungsziele) gilt, daß sich ihr Inhalt nach dem zu lösenden Problem richtet. Aufbauorganisatorische Fragestellungen werden typischerweise von anderen Zielen begleitet (z.B. Erhöhung der Flexibilität) als Ablaufprobleme (z.B. Verkürzung der Durchlaufzeiten).

Bezugsbereich im Projektablauf: Die Ziele lassen sich schließlich noch danach unterscheiden, welchen Bezug sie zu dem Ablauf eines Projektes besitzen (vgl. Abb. XVIII/6). Diese Einteilung läßt sich auf Vorgehens- und Systemziele gleichermaßen anwenden.

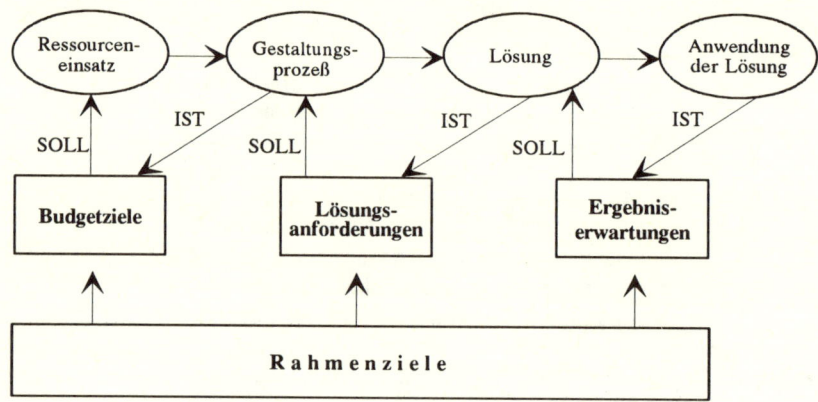

Abb. XVIII/6: Bezugsbereich von Projektzielen

Auf die Steuerung und Kontrolle des Ressourcenverbrauchs richtet sich ein erstes Segment der Gestaltungsziele. Mit ihrer Hilfe werden z.B. Termine, Finanzmittel und Personalmittel festgelegt. Sie prägen das Projektbudget und werden daher hier als **Budgetziele** bezeichnet.

Mit Hilfe der Budgetmittel sind Organisationsmaßnahmen zu planen und durchzuführen. Regelmäßig werden an diese Maßnahmen ganz bestimmte Anforderungen gestellt, so z.B., wenn bestimmte Verarbeitungskapazitäten, Rechengeschwindigkeiten, Zugriffsmodalitäten etc. verlangt werden. Solche **Lösungsanforderungen** sind ebenfalls als Projektziele festzuhalten, z.B. in Form sog. **Pflichtenhefte.** Jeder Maßnahmenvorschlag muß den Lösungsanforderungen gerecht werden, unabhängig davon, welche Ergebnisse von dem jeweiligen Konzept ansonsten zu erwarten wären.

Die Einführung und Anwendung der zu entwickelnden Konzepte soll der Verbesserung des Ist-Zustandes dienen. Es sollen also bestimmte Ergebnisse bewirkt werden.

380

Sie stellen einen weiteren, wichtigen Teil der Gestaltungsziele dar und werden hier als **Ergebniserwartung** bezeichnet.

Schließlich müssen in allen Fällen bestimmte übergreifende **Rahmenziele** beachtet werden, z.B. die Einhaltung gesetzlicher Bestimmungen. Sie sind der vierte Bereich der Gestaltungsziele. Rahmenziele sind entscheidungslogisch als Zielbegrenzungen zu interpretieren. Sie markieren Ober- und/oder Untergrenzen von Budgetzielen, Lösungsanforderungen und Ergebniserwartungen.

2. Funktionelles Projektmanagement

(1) Managementaufgaben im Projektablauf: Die **Ausführungsaufgaben** eines Projekts finden ihre Systematik in den Ablaufschemata ("Vorgehensmodellen"), die eine weitgehende Standardisierung erlauben. Die Managementaufgaben sind zweckmäßigerweise in solche Prozeßmodelle zu integrieren. Nach den Lebensphasen eines Projekts lassen sich die Schlüsselaufgaben gruppieren in Aufgaben des **Projektanstosses** (z.B. Ziele setzen, Aufträge erteilen), der **Projektplanung** (z.B. Netzplan aufstellen), der **Projektdurchführung** (z.B. Fortschrittskontrolle) sowie des **Projektabschlusses** (z.B. Einführungsentscheidung).

Die Grenzen von projektinternem und -externem Management sind insofern fließend, als es Sache des Einzelfalls ist, die Aufgaben- und Kompetenzteilung zwischen dem Projektleiter und den ihn steuernden und kontrollierenden Einheiten festzulegen. Abb. XVIII/7 vermittelt, insbesondere für Organisations- und DV-Projekte, einen Eindruck von typischen Aufgabenschwerpunkten eines Projektleiters einerseits, der Projektoberleitung bzw. des Top-Managements andererseits.

Quer zu den verschiedenen Einzelaufgaben des internen und externen Projektmanagements wird erkennbar, daß wiederum sachbezogene und personenbezogene Managementprozesse zu unterscheiden sind. Sachaufgaben wie Terminplanung und Budgetüberwachung werden hier **Ressourcenmanagement** genannt. Die Aufgaben der Mitarbeiterführung, die vor allem das Verhältnis des Projektleiters zu seinen Mitarbeitern, aber auch die personelle Führung des Projektleiters durch seine Vorgesetzten betreffen, werden als **Personalmanagement** bezeichnet. Schließlich hat auch Projektmanagement in starkem Maße mit mikropolitischen Prozessen zu tun, in denen es darum geht, Promotoren und Opponenten zu erkennen, zu beeinflussen bzw. einzubinden sowie Bewußtseinslagen, Einstellungen und Emotionen zu analysieren und zu verändern. Diesen Aufgaben des **Einflußmanagements** kommt am Beginn und Ende eines Projekts besonders hohe Bedeutung zu. Graphisch ergibt sich das Bild einer "Aktivitäts-Hantel" des Projektmanagements (vgl. Abb. XVIII/8). Am Anfang geht es darum, die Beteiligten von Projektideen und Änderungsbedarfen zu überzeugen. Am Ende sind Lösungen umzusetzen und zur Akzeptanz zu bringen. Letztlich zielt Einflußmanagement also auf die **Implementierung** von Projektideen und Projektergebnissen. So verstanden, ist Implementierung nicht nur einer Einführungsphase gleichzusetzen, sondern eine projektbegleitende Aufgabe.

Damit sich ein Projektleiter als Teil der Sekundärstruktur gegenüber der Primärstruktur durchsetzen kann, ist er mit entsprechenden Kompetenzen auszustatten. Dies verursacht in der Praxis erhebliche Schwierigkeiten, bedeutet es doch regelmäßig, daß ein Rangniederer einem Ranghöheren - projektbezogene - Anweisungen erteilt. Zum reibungslosen Funktionieren des Projektmanagements und zum Erzielen der

"Katalysatorwirkungen" gehört daher auch ein Abbau rein ranghierarchischen Denkens und Handelns.

```
┌─────────────────────────────────────────────────────────────────────────┐
│            P r o j e k t o b e r l e i t u n g / T o p   M a n a g e m e n t  │
└─────────────────────────────────────────────────────────────────────────┘
```

- Ableitung der Projektbedarfe aus Unt.strategie
- Einbindung der Schlüsselpersonen
- Abstimmung mit anderen Vorhaben
- Projektauftrag erteilen

- Einbindung unt.externer und interner Anspruchsgruppen
- Projektziele formulieren
- Restriktionen/ Termine festlegen
- Ressourcen zuweisen
- Projektübergreifende Koordination regeln
- Projektleiter/ -mitarbeiter bestimmen
- Anreize definieren

- Phasenfreigabe
- Projektübergreifende Koordination
- Projektfortschritt überwachen
- Eingriff im Ausnahmefall
- Zwischenentscheidungen treffen
- Qualität der Phasenergebnisse kontrollieren
- Projektorganisation überprüfen

- Einführung entscheiden/ autorisieren
- Weiterverwendung der Ressourcen klären
- Verwendung der Projektmitarbeiter/ -leiter beschließen
- Erfolgskontrolle
- Belohnung für Projekterfolg

> Projektanstoß > Projektplanung > P.durchführung > Projektabschluß >

- Phasenziele festlegen
- Systemstruktur festlegen
- Ableitung von Aufgaben
- Ablaufplanung
- Zeitschätzung
- Sach- und Personalbedarf ermitteln
- Finanziellen Bedarf ermitteln
- Projektinformation/ -dokumentation regeln
- Mitarbeiter einweisen/schulen

- Entscheidungsvorlagen erarbeiten u. präsentieren
- Teilaufträge erteilen
- Anleiten, Motivieren, Abschirmen von Mitarbeitern
- Externe Koordination/ Kommunikation
- Teilprozesse und Beteiligte koordinieren und steuern
- Phasenübergreifende Koordination
- Alternativenbeurteilung/-auswahl
- Maßnahmen bei Ziel-/ Terminabweichungen ergreifen

- Präsentieren der Projektergebnisse
- Erstellung der Abschlußdokumentation
- Information/ Schulung der Benutzer

```
┌─────────────────────────────────────────────────────────────────────────┐
│                        P r o j e k t l e i t u n g                        │
└─────────────────────────────────────────────────────────────────────────┘
```

Abb. XVIII/7: Schlüsselaufgaben des Projektmanagements im Projektablauf

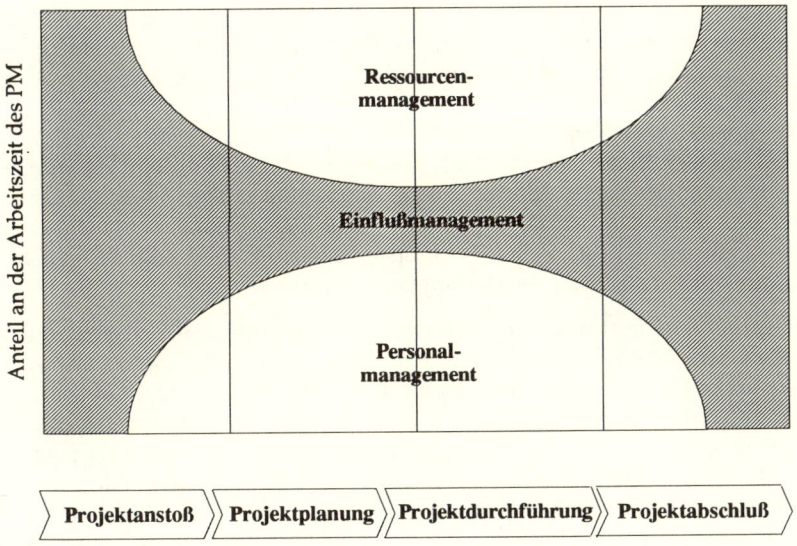

Abb. XVIII/8: "Aktivitäts-Hantel" des Projektmanagements

(2) Vorgehensprinzipien: Zum funktionellen Projektmanagement gehört auch die Regelung des Projektablaufs, eine Aufgabe, die Teil der Startphase eines Projektes ist. Unabhängig von der Art des Projekts und der konkreten Ablauforganisation haben sich i.S. eines systemorientierten, methodischen Vorgehens verschiedene **Vorgehensprinzipien** bewährt, deren Einhaltung helfen kann, die Effizienz der Projektarbeit und die Qualität der Projektergebnisse zu verbessern. Sie sind Teil der **Organisationsmethodik** [vgl. KRÜGER 1992a, Sp.1574f.].

Systemdenken anwenden: Dem Vorgehen sollte das Systemdenken als allgemein verwendbarer Analyseraster zugrunde liegen. Ein System ist eine gegenüber der Umwelt abgegrenzte Gesamtheit von Elementen und Beziehungen. Wendet man diesen Systembegriff auf die Organisationsmethodik an, so stellt der jeweilige Gegenstandsbereich, in dem das zu lösende Problem angesiedelt ist, das relevante System dar. Im Rahmen der Untersuchung und Lösung des Problems wird dieses System dann schrittweise in Subsysteme, Elemente und Beziehungen zerlegt. Durch diese Strukturierung wird das Problem ganzheitlich analysiert (vernetztes Denken) und eine isolierte Betrachtung von Einzelaspekten vermieden (**"Zusammenhänge erkennen"**).

Vom Groben zum Detail vorgehen: Bei der Anwendung des Systemansatzes ist es erforderlich, daß nicht sofort mit der Analyse vordergründiger Probleme begonnen und bereits am Anfang Feinarbeit geleistet wird. Vielmehr ist zunächst eine "Problemlandkarte" zu erarbeiten, auf der die Schnittstellen und wichtigen Subsysteme erkennbar sind. Die generelle Lösbarkeit des Problems, auch unter Kosten-/Nutzengesichtspunkten, ist von den Rahmenbedingungen her zu analysieren. Es ist zunächst ein Rahmenkonzept zu entwickeln. Erst in weiteren Untersuchungsschritten ist dann auf Einzelheiten einzugehen, sind Detailprobleme und Detaillösungen zu klären (**"Übersicht behalten"**).

Von außen nach innen vorgehen: Um mögliche Problemursachen und -wirkungen, die von den Außenbeziehungen des relevanten Systems bzw. der einzelnen Subsysteme stammen, nicht zu übersehen, empfiehlt sich ein Vorgehen von außen nach innen. Das zu untersuchende System wird zunächst als "black box" behandelt, dessen interne Struktur noch nicht interessiert. Nur die Wechselwirkungen des "schwarzen Kastens" mit der Systemumwelt sind zu analysieren. Dadurch wird das Problem in größeren Zusammenhängen gesehen, und es werden die externen Wechselbeziehungen bei der Problemlösung berücksichtigt. Erst wenn die Systemschnittstellen untersucht worden sind, ist die Black box-Betrachtung zugunsten der Analyse der internen Systemstruktur aufzugeben (**"Insellösungen vermeiden"**).

Phasenablauf festlegen und einhalten: Die verschiedenen Analyseschritte sollen in zeitlich und sachlich getrennten Phasen behandelt werden. Durch überschaubare und kontrollierbare Abschnitte sind sachinhaltlich die Regeln "vom Groben zum Detail" und "von außen nach innen" problembezogen zu konkretisieren. Das einzuhaltende Phasenkonzept muß außerdem dem jeweiligen Problemtyp Rechnung tragen. Während bspw. einfache Routineprobleme mit Hilfe eines linearen Vorgehens bewältigt werden können, erfordern komplexe, neuartige Problemstellungen eher die Anwendung von zyklischen Vorgehensmodellen (**"Problemangepaßtes Vorgehen"**).

(3) Phasenkonzept als Basis der Ablauforganisation: Die Regelung des Projektablaufs stellt das Rückgrat jedes Projekts dar. Die "Lebensphasen" sind bereits ein grobes Ablaufmodell. In der Praxis werden verschiedene Konkretisierungen vorgenommen, die sich in spezifizierten **Phasenkonzepten** als Modellen des Vorgehens niederschlagen. Gemeinsames Merkmal aller Phasenkonzepte ist, daß die **Sach**aktivitäten der Planung, Realisierung und Kontrolle in Teilaufgaben bzw. Teilprozesse aufgespalten und in einer **sachlogischen** Abfolge dargestellt werden. Diese sachlogischen Sequenzen werden dann mehr oder weniger zwingend als zeitliche Abfolge eines Projekts vorgeschrieben.

Grundsätzlich ist zwischen **linearen** und **zyklischen** Vorgehensmodellen zu unterscheiden. Lineare Modelle sehen einen einmaligen Durchlauf bestimmter Phasen vor (z.B. Analyse, funktionaler Entwurf, technischer Entwurf, Realisierung). Zyklische Modelle treten vor allem in **teilzyklischer** Form auf und enthalten dann einen mehrfachen Durchlauf der **Planungs**phasen (z.B. Zielbildung, Problemanalyse, Alternativensuche, Alternativenbeurteilung, Entscheidung) in zunehmender Detailliertheit. So erhält man die typische Gliederung der Projekt**planung** in **Vorstudie, Hauptstudie, Teilstudien.** Komplexe Probleme sollen dadurch entsprechend den Gestaltungsprinzipien "Vom Groben zum Detail" und "Von außen nach innen" stufenweise bearbeitet werden. An die Planung schließt sich die Realisierung i.w.S. an, die den **Systembau** und die **Einführung** umschließt. Vielfach gilt ein Projekt mit der Einführung als beendet. Das Projektteam löst sich in aller Regel mit oder nach der Einführung auf. Es folgt die Benutzung des Systems (der Lösung).

Im Sinne einer Kontrolle und Wartung ist die **Erhaltungsphase** gemeint, bei Software oder physischen Produkten durch Service- und Wartungsspezialisten vorgenommen. Zumindest bei physischen Produkten ist außerdem an Aktivitäten der Außerdienststellung zu denken (Verschrottung, Entsorgung, Abschaffung, Recycling). Erst mit derartigen Phasen kann ein Projekt in letzter Konsequenz als abgeschlossen gelten.

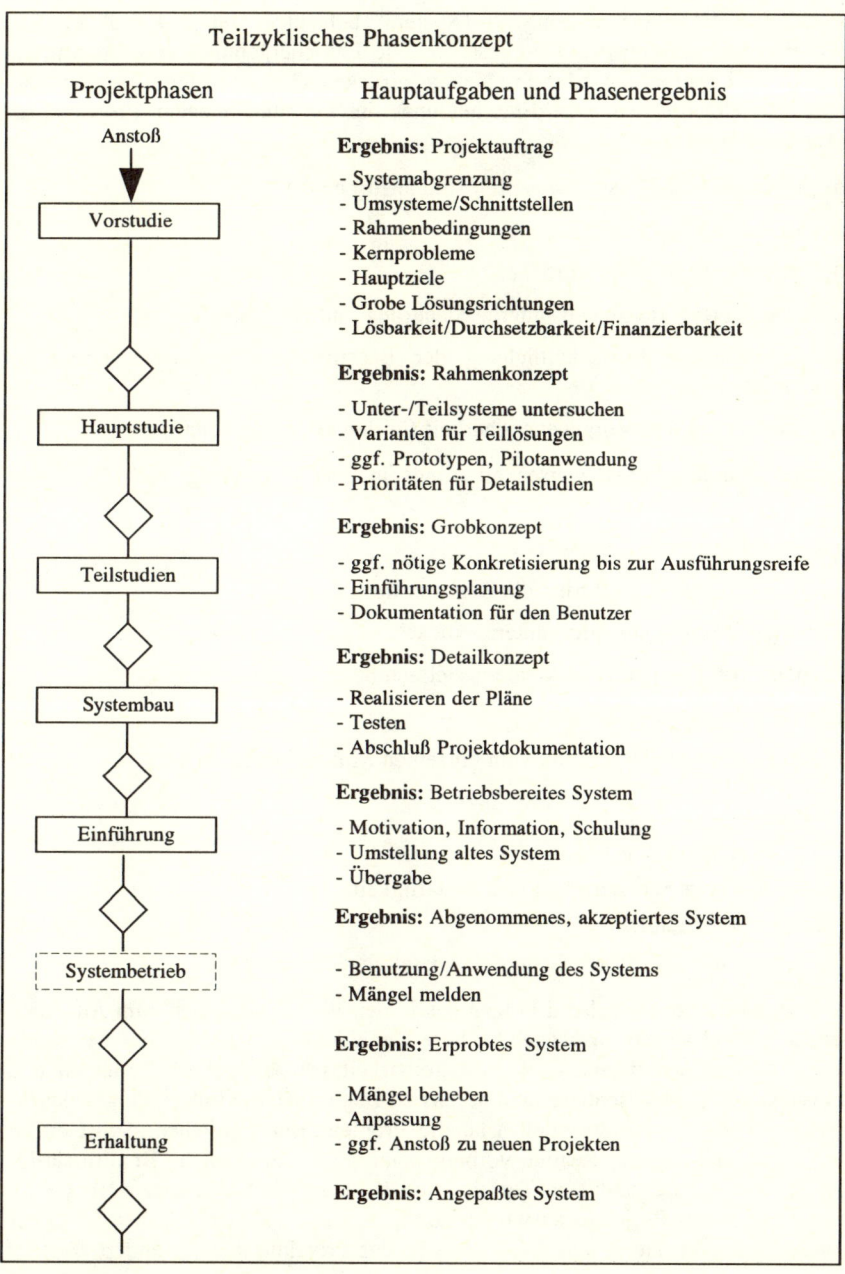

Teilzyklisches Phasenkonzept	
Projektphasen	Hauptaufgaben und Phasenergebnis

Anstoß

Vorstudie

Ergebnis: Projektauftrag

- Systemabgrenzung
- Umsysteme/Schnittstellen
- Rahmenbedingungen
- Kernprobleme
- Hauptziele
- Grobe Lösungsrichtungen
- Lösbarkeit/Durchsetzbarkeit/Finanzierbarkeit

Ergebnis: Rahmenkonzept

Hauptstudie

- Unter-/Teilsysteme untersuchen
- Varianten für Teillösungen
- ggf. Prototypen, Pilotanwendung
- Prioritäten für Detailstudien

Ergebnis: Grobkonzept

Teilstudien

- ggf. nötige Konkretisierung bis zur Ausführungsreife
- Einführungsplanung
- Dokumentation für den Benutzer

Ergebnis: Detailkonzept

Systembau

- Realisieren der Pläne
- Testen
- Abschluß Projektdokumentation

Ergebnis: Betriebsbereites System

Einführung

- Motivation, Information, Schulung
- Umstellung altes System
- Übergabe

Ergebnis: Abgenommenes, akzeptiertes System

Systembetrieb

- Benutzung/Anwendung des Systems
- Mängel melden

Ergebnis: Erprobtes System

- Mängel beheben
- Anpassung
- ggf. Anstoß zu neuen Projekten

Erhaltung

Ergebnis: Angepaßtes System

Abb. XVIII/9: Teilzyklisches Phasenkonzept

Die Hauptaufgaben der beschriebenen Phasen sowie die jeweiligen Phasenergebnisse zeigt exemplarisch Abb. XVIII/9. Der jeweilige Projektgegenstand wird dabei zur sprachlichen Verallgemeinerung als "System" behandelt. Im Anschluß an jede Phase ist ein Entscheidungspunkt vorgesehen. Die Phasenergebnisse sind zu prüfen, ggf. auch zur Überarbeitung oder Ergänzung zurückzugeben. Im ungünstigsten Fall ist ein Projekt abzubrechen, eine Entscheidung, die mit zunehmender Projektdauer immer schwerer wird.

Als **Hauptstärken** von **Phasenkonzepten** sind anzusehen:

- Transparenz des Projektablaufs,
- systematisches, geordnetes Vorgehen,
- erleichterte projektexterne wie -interne Steuerung und Kontrolle,
- unternehmungsweite Vereinheitlichung der Begriffe und Vorgehensweisen für Projektarbeit,
- klare Orientierung und Vorgehenssicherheit für den einzelnen Mitarbeiter.

Traditionelle Phasenkonzepte weisen allerdings in der Anwendung auch **Nachteile** auf:

- In der Anwendung vielfach zu starr,
- lange Planungsphasen gefährden die Realistik der Lösung,
- projektexterne Kommunikation unterentwickelt,
- Einbindung von Benutzern/Anwendern vielfach ungenügend,
- Fehlererkennung geschieht zu spät,
- erhebliche Durchhaltemotivation vom einzelnen Mitarbeiter gefordert.

Anwendung für:

- Beliebige Projektgegenstände,
- Probleme mittlerer Schwierigkeit und Neuartigkeit,
- Projekte mittlerer Laufzeit,
- Projektteams, die das erforderliche Fachwissen in sich vereinen.

Die Nachteile sind weitgehend Folgen des in den Phasenkonzepten zum Ausdruck kommenden "Total system approach". Diese Denkhaltung geht von einer weitestgehenden Planbarkeit und plangenauen Realisierbarkeit von komplexen Systemen und Systemlösungen aus. Insbesondere muß bereits zu Beginn Klarheit über die gewünschten Ergebnisse und die Anforderungen an die Problemlösung bestehen. Sonst ergibt sich die Gefahr, daß "an der Realität vorbeigeplant wird". Eine solche **Realitätsablösung**, die sich u.a. in erheblichen Termin- und Kostenüberschreitungen oder gar im völligen Scheitern des Projektes auswirken kann, ist umso wahrscheinlicher, je länger das Projekt insgesamt dauert und je stärker sich das Projektumfeld verändert. Begegnet man derartigen Problemen mit einem weiteren Ausbau der Planungsaktivitäten und -methoden, so erreicht man nur einen weiteren Verlust an Dynamik und Flexibilität. Hauptanwendungsfall der traditionellen Phasenkonzepte bilden daher Probleme "mittlerer" Schwierigkeit und Neuartigkeit und damit hinreichender Planbarkeit.

(4) Modifikationen des Phasenkonzepts: Viele Schwächen des Phasenkonzepts können im Einzelfall durch Modifikationen des Ablaufs oder durch Ergänzungen überwunden werden.

Modulares Verständnis der Phasen: Wesentlich ist ein richtiges Verständnis von "Phasen". Es handelt sich dabei letztlich um **Aktivitätsgattungen** (z.B. Ist-Aufnahme, Lösungsentwurf), die wie **Module** in verschiedener Weise zusammengeführt werden können. Ein solches modulares Verständnis ist die Grundvoraussetzung für ein problemangepaßtes Vorgehen.

Problemangepaßte Ablaufstruktur: Die Bedürfnisse des Einzelfalls können dazu führen, einzelne Phasen zu **überspringen**. Für unterschiedliche Problemklassen können unterschiedliche **Aufsetzpunkte** (Startphasen) sinnvoll sein. Ein **problemangepaßtes Vorgehen** kann auch zu **Verzweigungen** im Ablauf (Vor- und Rückkopplungen) führen. Die Phasen können nicht zuletzt **zeitlich überlappend** organisiert werden, Kerngedanke des "Simultaneous Engineering". Auch die **Reihenfolge** läßt sich variieren.

So kann man u.U. sogar zwischen Planung und Realisation hin- und herspringen - plastisch als "Jo-Jo-Management" bezeichnet. Man denke an Bauvorhaben. An eine Vorstudie schließt sich oft der Grundstückskauf als erster Realisierungsschritt an. Darauf folgen Haupt- und ggf. Teilstudien, die die Pläne konkretisieren, ehe es ans Ausschachten geht. Schließlich wird der Bauherr regelmäßig im Rohbaustadium noch Veränderungsideen bekommen, die neue Plankorrekturen erfordern. Positiver Effekt dieses Vorgehens ist die größere Bedürfnisgerechtigkeit (Benutzernähe) der Lösung, nachteilig sind Unübersichtlichkeit im Ablauf, Verzögerungen und Kostenerhöhungen.

Qualitätssicherungsaktivitäten: Um die Qualität der Projekt(teil)ergebnisse zu verbessern, werden in der Praxis vielfach sog. **Qualitätssicherungsaktivitäten** in das Phasenkonzept integriert, so insbesondere nach dem Abschluß von Hauptphasen. Durch Hinzuziehen von projektexternen Stellen, teils auch Beratern, soll ein Durchprüfen und gedankliches Austesten der Phasenergebnisse ermöglicht werden (z.B. sog. Reviews oder Walkthroughs bei DV-Projekten). So sehr dies im Einzelfall helfen mag, so sehr ist auch für nichtphysische Produkte auf die Erfahrung bei der Konstruktion physischer Produkte (z.B. Autos) zu verweisen: Qualität kann in ein Produkt nicht "hineingeprüft", sondern nur "hineinkonstruiert" werden.

Prototyping und Pilotanwendungen: Um die Gefahr von Fehlentwicklungen zu reduzieren, sind vor allem innerhalb des "total system approach", aber auch im Versionenkonzept, konkrete Realisierungsaktivitäten in möglichst frühe Stadien der Planung zu integrieren. Möglichkeiten hierzu bietet der Bau von **Prototypen,** der in technischen Projekten alltäglich ist und auch bei Hard- und Softwareentwicklungen angewendet wird. Der Prototyp ist ein **Beispielsystem, das alle wesentlichen Merkmale des späteren Endprodukts aufweist.** Die Beteiligten können unter realen Bedingungen die Funktionsfähigkeit des Systems studieren und ihre Anforderungen spezifizieren. Gegebenenfalls werden anschließend weitere Prototypversionen entwickelt. Prototypen werden also nicht in den laufenden Betrieb übernommen, sondern nur im Rahmen der Planung getestet.

Bei nichttechnischen Projekten wie z.B. Reorganisationsvorhaben kann man vor einer Gesamteinführung **Pilotanwendungen** realisieren, also **versuchsweise System-einführungen in einem begrenzten Anwendungsbereich.**

Prototyping und Pilotanwendungen können insbesondere die Realistik der Planung verbessern und die überlangen Planungszeiten verkürzen. Durch die Möglichkeit des Einbezugs der Benutzer erhöht sich außerdem die Lösungsakzeptanz. Für den Ablauf eines Projektes ergeben sich daraus Verzweigungen, Schleifen und Parallelläufe. "Phasen" werden nicht mehr sequentiell abgearbeitet, sondern teilweise überlappend gestaltet (sog. Simultaneous Engineering). Derartige Änderungen führen zwar zu einer komplizierteren Struktur, beschleunigen aber den Gesamtprozeß und verbessern die Anpassung an Veränderungen der Systemumwelt.

(5) Versionenkonzept zur evolutorischen Systementwicklung: Insbesondere bei der Organisation stetigen Wandels und bei hochkomplexen Problemen stößt der "total system approach" an seine Grenzen. Ein alternatives Vorgehen ist die **inkrementelle** (schrittweise) **Systementwicklung.** Als Ergebnis eines Projekts wird nicht bereits eine vollkommene und endgültige Lösung angestrebt, sondern es werden aufeinander aufbauende Verbesserungen organisiert, die als Entwicklungsstadien eines Systems zu begreifen sind. Das Leitbild ist dann nicht mehr der hochdifferenzierte, abgeschlossene Planungsprozeß, sondern der stufenweise, für Änderungen offene **Evolutionsprozeß.** Dementsprechend muß sich auch das Selbstverständnis und Aufgabenbild der Projektmanager wandeln. Vom eher mechanistisch denkenden "Systemingenieur" zum organisch handelnden Gestalter und Moderator von Entwicklungsprozessen. An die Stelle oder doch neben die Fremdregelung tritt die Selbststeuerung.

Eine praktische Anwendung dieser Grundgedanken des **"Slowly growing systems"** ist im **Versionenkonzept** zu sehen, wie es in vielfältiger Weise bei der Entwicklung z.B. von Hard- und Software oder im Automobilbau genutzt wird (vgl. Abb. XVIII/10). Die einzelnen Versionen eines Produktes werden den Benutzern zur Verfügung gestellt. Ihnen wird somit Gelegenheit gegeben, Korrektur- und Erweiterungsanforderungen zu artikulieren, die gesammelt, geprüft und in eine neue Version eingearbeitet werden. Im Rahmen von Projektarbeit läßt sich **Version** daher als **einzuführendes** und **weiterzuentwickelndes Projektergebnis** definieren. Das Projektergebnis kann aus verschiedenen Teilen bestehen, die ihrerseits in unterschiedlichen Versionen vorliegen. Dafür wird der Begriff **Konfiguration** verwendet, allgemein die **mögliche** oder **tatsächliche Zusammenstellung eines Objektsystems** [vgl. KRÜGER/BAUERMANN 1986, S.28ff., KOLKS 1986, S.289ff.].

Zwingend erforderlich ist eine **Projektbibliothek**, die alle Versionen vollständig dokumentiert, sowie ein **Konfigurations**- oder **Versionenmanagement**, das die Erfahrungen sammelt und in geordneter Form den Versionsentwicklungsprozeß steuert. Das Konfigurationsmanagement umfaßt alle **Aufgaben der Bestimmung, Steuerung, Überwachung und Dokumentation von Konfigurationsänderungen.** Für die Erstellung einer jeden Version kann entweder ein Phasenkonzept jeweils neu und vollständig durchlaufen werden, oder es besteht die Möglichkeit, nach der ersten Version nur noch in die Realisationsphasen zurückzuspringen, wenn die notwendigen Entscheidungs- und Koordinationsaktivitäten von einem Versionsmanagement geleistet werden.

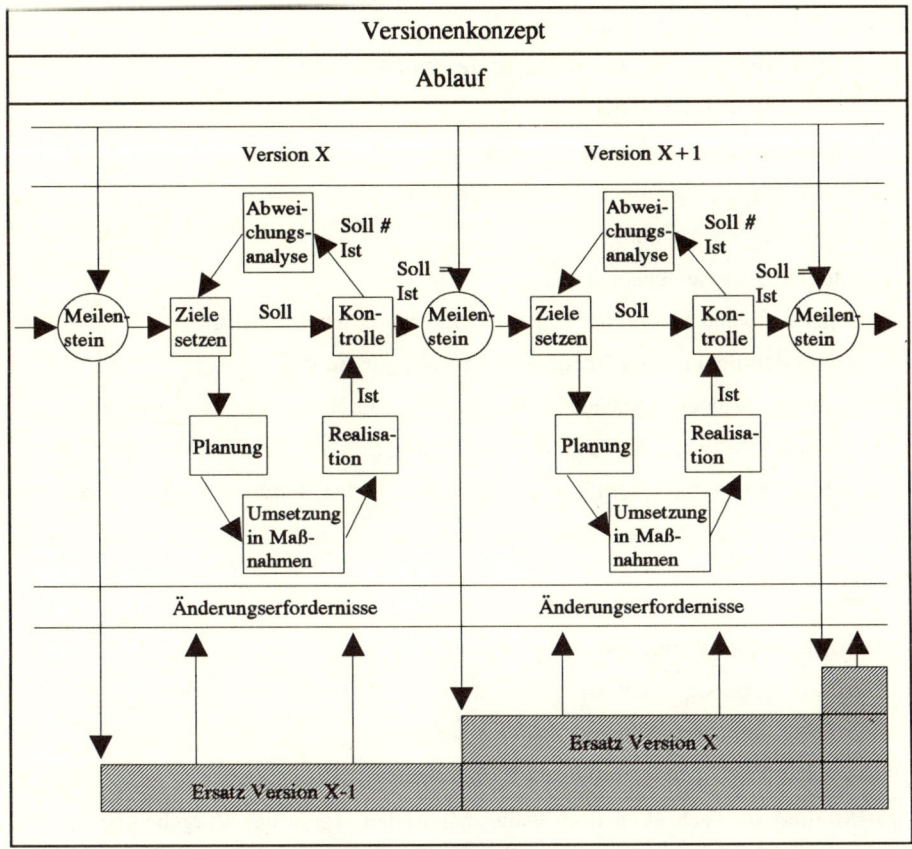

Abb. XVIII/10: Versionenkonzept

Dieser Grundgedanke eines lernenden Systems läßt sich weithin anwenden, sofern man eine Version allgemein als ein **Stadium der Evolution** begreift. Selbst wenn sich ein angestrebter Idealzustand scheinbar eindeutig definieren läßt, kann es sinnvoll sein, ihn in mehreren Zwischenschritten zu organisieren, die sich jeweils rascher realisieren und zur Akzeptanz bringen lassen und die Korrekturmöglichkeiten eröffnen. Die verschiedenen Entwicklungsstufen oder Etappen im Rahmen einer grundlegenden Reorganisation, die sich über 5 bis 10 Jahre erstreckt, könnten z.B. in diesem Sinne verstanden und projektiert werden. Bei technischen Projekten wie z.B. im Anlagenbau ist an eine Grundversion zu denken, die so zu konzipieren ist, daß sie Ausbaumöglichkeiten eröffnet.

Die beiden beschriebenen Konzepte des Projektablaufs - Phasenkonzept und Versionenkonzept - variieren im Prinzip für den Bereich Projekt-Management die im **Umbruchsmodell** und **Evolutionsmodell** getroffenen Feststellungen (vgl. S.369ff.). So lassen sich auch relativ zum Phasenkonzept Hauptstärken und zu erwartende Schwächen des Versionenkonzepts ausmachen.

Stärken des Versionenkonzepts:

- Erhöhte Realitäts- und Benutzernähe der Projektergebnisse,
- Beschleunigung der Entwicklungszeit,
- frühere Erfolgserlebnisse für Entwickler,
- bessere Anpassung an Umweltveränderungen,
- frühere Fehlererkennung.

Nachteile des Versionenkonzepts:

- Hoher Aufwand für Versions- und Konfigurationsmanagement,
- Unübersichtlichkeit von Versionen und Konfigurationen,
- begünstigt "Änderungsmanie" und chronisches Improvisieren der Entwickler,
- ggf. hoher Aufwand für Lagerhaltung, Wartung, Service älterer Versionen,
- erzeugt Änderungsverdruß beim Benutzer/Kunden durch ständiges Umdenken/ Umlernen.

Anwendung für:

- Hochkomplexe und neuartige Probleme,
- Projektergebnisse mit hoher Fehlertoleranz,
- Projektergebnisse mit hoher Lebensdauer und Mehrfachanwendungen,
- Projekte, die unter Wettbewerbsdruck stehen,
- Systeme, die hohen Änderungsraten unterliegen.

(6) Methoden, Techniken und Tools: Methoden regeln das Vorgehen bei der Lösung eines bestimmten Problems. Sie beschreiben also die notwendigen Schritte, um von einem gegebenen Ausgangszustand zu einem veränderten Zustand zu gelangen. **Techniken** sind standardisierte Hilfsmittel, die zur Erfüllung von Teilaufgaben innerhalb eines gegebenen Problemlösungsprozesses benutzt werden (z.B. Netzplantechnik). Unter **Tools** (Werkzeuge) versteht man Software zur Unterstützung einzelner Techniken. Der Trend geht dahin, immer mehr Methoden und Techniken toolunterstützt einzusetzen.

Die instrumentelle Unterstützung des Projektmanagements durch Methoden, Techniken und Tools reicht von Zielformulierungs- und Planungstechniken über Problemanalyse- und Erhebungstechniken sowie Alternativsuch- und -beurteilungstechniken bis hin zu Techniken der Produktabnahme und Nachkalkulation sowie der Dokumentation [vgl. allgemein z.B. DAENZER 1992, RESCHKE et al. 1989, CLELAND/KING 1988, für Forschungs- und Entwicklungsprojekte vgl. BURGHARDT 1988, PLATZ/SCHMELZER 1986, für Anlagenbau sowie Luft- und Raumfahrt vgl. MADAUSS 1990, für Organisationsprojekte vgl. KRÜGER 1983, 1986, 1992a u. 1992b, SCHMIDT 1991 und für Bürokommunikation vgl. SCHÖNECKER/NIPPA 1987].

Die Aufgabe des Projektmanagements besteht in der projektspezifischen Auswahl der Methoden, ggf. auch einer sorgfältigen Methodeneinführung, von der die Methodenakzeptanz entscheidend abhängt [vgl. PLATZ 1987, BAUERMANN 1988]. Wichtige

390

Prinzipien der Technikauswahl sind der phasenadäquate Technikeinsatz sowie die Sicherung eines Technikverbundes, d.h. die Ergebnisse einer Technik müssen in anderen Techniken weiterzuverwenden sein [vgl. KRÜGER 1992a, Sp.1575f.].

3. Institutionelles Projektmanagement

(1) Typische Aufgabenteilung: Die funktionale Betrachtung des Projektmanagements machte bereits deutlich, daß Managementaufgaben arbeitsteilig erledigt werden. In vertikaler Hinsicht ist dies durch die Trennung von Management **des Projekts, von** Projekten und **durch** Projekte gekennzeichnet. Es gilt nun, die Arbeitsteilung genauer zu untersuchen und auch die anderen Beteiligten einzubeziehen, um die aufbauorganisatorische Struktur von Projekten untersuchen zu können. Weitgehend unabhängig von der konkreten aufbauorganisatorischen Ausgestaltung im Einzelfall hat sich eine typische Aufgabenteilung in Projekten beliebigen Typs herausgebildet, die auch die Interaktionsmuster und -probleme im Projekt nachhaltig prägt. Abb. XVIII/11 zeigt die Aufgaben der Beteiligten und macht zugleich die Gruppenstruktur sichtbar, wie sie etwa für Organisations- und DV-Projekte größeren Umfangs typisch ist. Die beschriebene Struktur gibt die Verhältnisse wieder, die sich vor allem mit einer **Matrixlösung** verbinden.

Planer: Führt die Untersuchung durch. Ermittelt Schwachstellen vorhandener Systeme, entwirft, baut und dokumentiert neue Systeme. Planer in diesem Sinne sind der Projektleiter und das Projektteam, ggf. unterstützt durch interne oder externe Berater.

Entscheider: Löst die Untersuchung durch einen entsprechenden Auftrag aus. Formuliert Vorgaben, Ziele, Termine, Budgets und gibt Ressourcen für die Projektdurchführung frei, fällt Zwischen- und Abschlußentscheidungen. Entscheider können externe Auftraggeber oder/und interne Instanzen oder Gremien sein. Sie werden in der Praxis vielfach als **Projektoberleitung** bezeichnet.

Benutzer: Diejenigen Personen resp. Einheiten, die mit dem späteren Projektergebnis arbeiten, für die also die Lösung entworfen wird. Es kann sich um unternehmungsexterne Stellen (z.B. Kunden) oder um interne Einheiten handeln. Die Betroffenen können zu Beteiligten gemacht werden, indem sie direkt im Kernteam mitwirken. Sie können aber auch über Repräsentanten (z.B. Verbindungspersonen) oder mit Hilfe eigener Arbeitsgruppen ihre Ideen einbringen. Nicht zuletzt ist auf die Mitbestimmungsregelungen zu verweisen, insbesondere auf die Mitbestimmung des Betriebsrates, z.B. bei Betriebsänderungen.

Serviceeinheiten: Entsprechende Projektgröße oder Anzahl von Projekten vorausgesetzt, können zusätzliche **Serviceeinheiten** gebildet werden (z.B. Projektbüros, Projektassistenten, Projektcontrolling). Sie übernehmen spezielle Dienstleistungen, wie z.B. Schulung, Methodenunterstützung, Dokumentation, Abrechnung.

Das Ausmaß an Arbeitsteilung hängt von der Größe des Projekts ab, aber auch vom Ausmaß an Partizipation und Delegation. Bei einer stark **partizipativen Projektarbeit** etwa verwischen sich die Grenzen zwischen Planer und Benutzer, ggf. auch Entscheider. Bei sehr großen Projekten können die Kategorien des Entscheiders und Planers in sich mehrstufig aufgebaut sein (z.B. Projektleiterhierarchie), um die Komplexität durch interne und externe Steuerungs- und Koordinationsaktivitäten zu beherrschen.

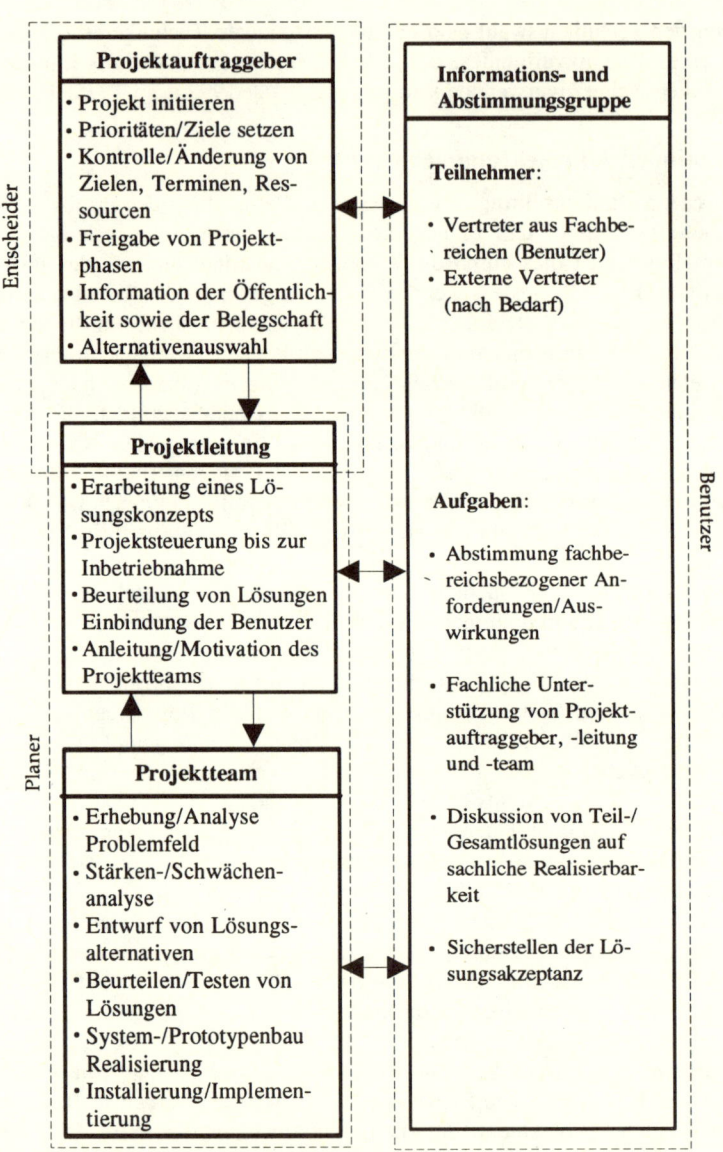

Abb. XVIII/11: Aufgabenteilung im Projekt

(2) Aufbaustruktur größerer Projekte: Projekte sind zum Erfolg auf eine intensive Kommunikation und Kooperation angewiesen. Einen entsprechend hohen Stellenwert besitzt die Arbeit in Projektgruppen bzw. **Teams,** wie sie bereits in Abb. XVIII/11 angedeutet ist. Mehrfachmitgliedschaften (**vermaschte Teams**) sind eine strukturelle Möglichkeit der Koordinationsverbesserung.

Die externe Steuerung und Kontrolle erfolgt vielfach ebenfalls in einer Gruppe (Lenkungsausschuß, Entscheidungsgruppe etc.), ist also als **Gremienarbeit** zu charakterisieren. Bewährt haben sich außerdem mehrtägige **Workshops**, die an kritischen Punkten des Projektablaufs, z.B. der Startphase, alle Beteiligten zusammenführen. Sie dienen neben der Informationssammlung und -umverteilung vor allem der breiten Motivation und Akzeptanzsicherung, also dem **Einflußmanagement**. Nicht zuletzt können bei Projekten **Konferenzen** eingesetzt werden, um die fertigen Ergebnisse größeren Teilnehmerkreisen zu präsentieren. Abb. XVIII/12 zeigt den beschriebenen Projektaufbau und illustriert das Zusammenwirken von Primär- und Sekundärstruktur.

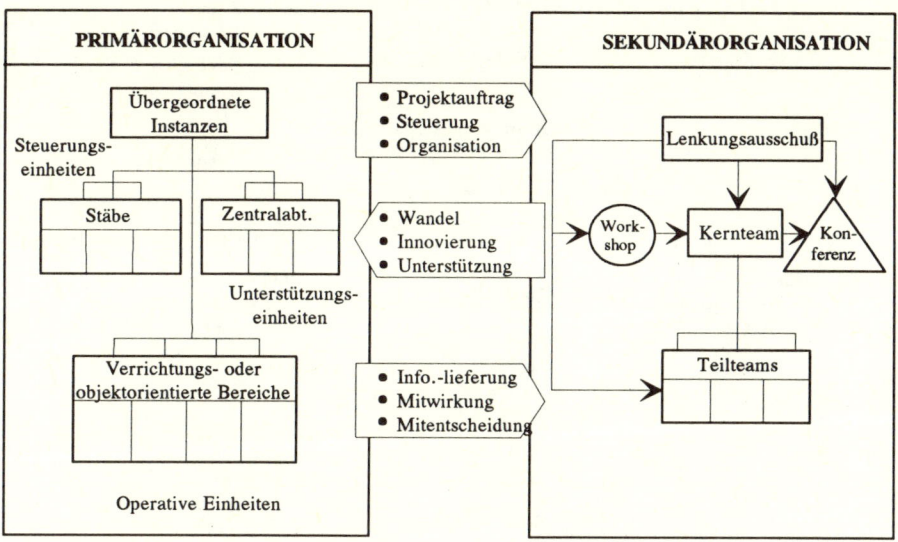

Abb. XVIII/12: Typische Aufbaustruktur größerer Projekte

Ein Praxisbeispiel des Projektaufbaus bei hochrangigen Projekten zeigt Abb. XVIII/13. Es handelt sich um ein Projekt nach dem MOVE-Konzept (Mobilizing the Organization for Value Enhancement) von **McKinsey & Co.**, das die **Quelle AG** 1992/93 realisiert hat. Dabei ging es um eine funktions- und bereichsübergreifende Verbesserung der Struktur in Richtung auf Erhöhung der Kundennähe, Beschleunigung der Abläufe, Verbesserung der Systeme. Ohne direkten Personalabbau konnte dabei eine Kostensenkung in mehrstelliger Millionenhöhe und eine entsprechende Rentabilitätssteigerung realisiert werden. Im Lenkungsausschuß (LA) waren Mitglieder der Unternehmungsspitze vertreten. Der Vorsitzende des Kernteams (KT) war in Personalunion Geschäftsführer des LA. Vermaschung war ebenfalls zwischen KT und den Teilteams gewährleistet. Besonders zu beachten ist die Struktur der Teilteams. Grundlage war auf der einen Seite die Definition von vier übergreifenden **Kernprozessen**, deren Analyse und Verbesserung sich eine Kategorie von Teilteams widmete. Die hohe Bedeutung der Prozeßorganisation spiegelt sich hier wider (vgl. S.119ff.). Auf der anderen Seite wurden sieben Sortimentsbereiche durch entsprechende Teams untersucht.

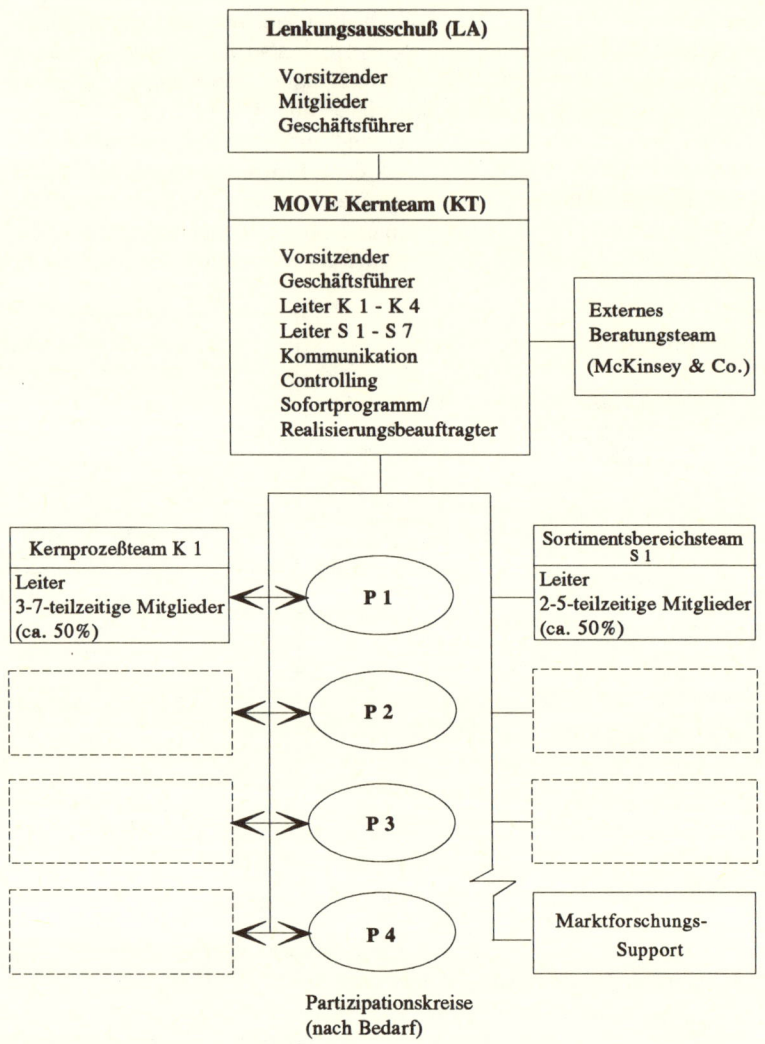

Abb. XVIII/13: Aufbauorganisation eines Projektes (Bsp.: MOVE-Projekt, Quelle AG)

Die Benutzereinbindung erfolgte nach Bedarf über sogenannte Partizipationskreise, die bis hinunter zum Lagerarbeiter reichten. 30-50 teilzeitige Mitarbeiter wirkten mit 50% ihrer Arbeitszeit am Projekt mit. Mehrere hundert Mitarbeiter wurden in die Partizipationskreise eingebunden. Die Leiter der Kernprozeßteams sowie der Geschäftsführer des Kernteams wurden mit besonderen Kompetenzen ausgestattet, die es ihnen einerseits erlaubten, bereits während der Planungsphasen weitgehend selbständige Entscheidungen zu treffen und die ihnen andererseits die Übernahme der Durchführungsverantwortung ermöglichten. Da die Kernprozesse hierarchische Linien traversieren, ist hierzu ein vergleichsweise hohes Maß an Kompetenzausstattung nötig.

Dies bedeutet auch, daß jemand u.U. im Rahmen der Projekthierarchie eine höhere Position innehat als in der Leitungshierarchie. Welchen Stellenwert dieses Projekt für die Quelle AG hatte und welche Bedeutung den verantwortlichen Projektmanagern zukam, ist auch an der Bezeichnung "Geschäftsführer" (LA/KT) abzulesen. Das Projekt wurde also ebenso als "Geschäft" begriffen wie die "eigentlichen" Geschäfte der Primärstruktur. Besonders bemerkenswert sind auch der mehrstufige Aufbau des Projekts sowie die außerordentlich weitreichenden Partizipationskreise. Die Absicht der Quelle AG ist es, "MOVE" zukünftig zu einem Generalthema der Unternehmung zu machen, also zu einem sich permanent verbessernden System zu werden.

(3) Hierarchische Einordnung und Steuerung: Besondere Aufmerksamkeit verdient die Frage, wer als Projektleiter bzw. -mitarbeiter fungiert und wem die Betreffenden unterstehen. Die damit angesprochene hierarchische Einordnung und Steuerung bestimmt maßgeblich darüber, wie stark die Organisation auf das **Projektziel** ausgerichtet ist. In der Literatur werden traditionell vier Varianten unterschieden, die im folgenden noch um eine weitere - die duale Projektorganisation - ergänzt werden (vgl. Abb. XVIII/14, weiterentwickelt nach FRESE 1980, RADEMACHER 1984). Die beschriebene typische Aufbaustruktur größerer Projekte läßt sich im Prinzip auf alle diese Varianten anwenden.

Stabs-Projektorganisation: Aufgaben der Projektkoordination und -betreuung werden von **Stäben** wahrgenommen. Schwerpunkte der Tätigkeit sind Informationssammlung und Entscheidungsvorbereitung, ggf. auch Projektbetreuung in der Abwicklung. Es existiert keine (formelle) Weisungsbefugnis der Stäbe. Dies ist die schwächste Form der organisatorischen Projektausrichtung, obwohl Stäbe faktisch stärkeren Einfluß ausüben können als es ihrer formalen Stellung entspricht (vgl. S.50ff.). Die externe Projektsteuerung und -kontrolle (Projektoberleitung, POL) ist zwangsläufig bei der vorgesetzten Instanz angesiedelt, die diese Aufgabe ebenfalls nebenamtlich erledigt.

Stärken und Schwächen der Stabs-Projektorganisation:

- Sehr einfach einzurichten,

- nebenamtliche Durchführung und Steuerung des Vorhabens,

- schmale Wissensbasis,

- sehr geringe Professionalisierung der Projektarbeit.

Anwendung für:

- Durchführung einfacher Vorhaben,

- Koordination komplexer Vorhaben.

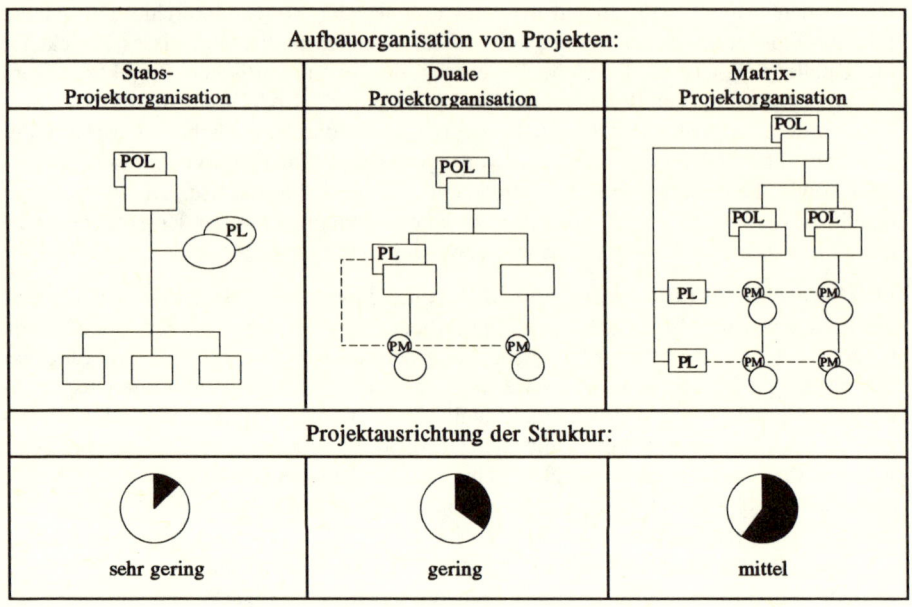

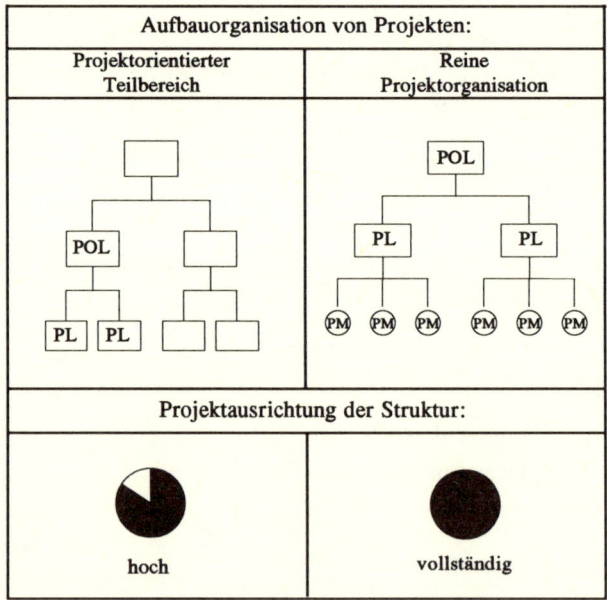

Abb. XVIII/14: Aufbauorganisation von Projekten

Duale Projektorganisation: Die Projekte werden von nebenamtlich tätigen Mitgliedern betreut. Projektleiter ist ein Manager einer Fachabteilung, der ebenso in seiner Stammfunktion verbleibt wie die ihm zugeordneten Mitarbeiter. Dieses Modell wird üblicherweise in anderem Zusammenhang verwendet (strategische Geschäftseinheiten) und dann als duale Organisation bezeichnet (vgl. S.98).

Stärken und Schwächen der dualen Projektorganisation:

- Einfach einzurichten,

- nebenamtliche Durchführung und Steuerung des Vorhabens,

- Tagesarbeit dominiert Projektarbeit,

- Know-how-Bündelung,

- kein Know-how-Transfer von Projekt zu Projekt.

Anwendung für:

- Komplexe, neuartige Vorhaben,

- Probleme mittlerer Wertigkeit,

- seltene Projektarbeit.

Matrix-Projektorganisation: Eigens geschaffene Projektleitungsstellen überlagern als **Querschnittsregler** die vertikalen Weisungslinien. Die in ihrer Stammfunktion verbleibenden Projektmitarbeiter erhalten sowohl von ihrem Fachvorgesetzten als auch vom Projektleiter Weisungen. Die Kompetenzen des Projektleiters und damit die Ausrichtung der Organisation auf das Projektziel sind begrenzt (vgl. S.111ff.).

Stärken und Schwächen der Matrix-Projektorganisation:

- Relativ aufwendige Lösung,

- vollamtliche Leitung des Projekts,

- nebenamtliche Durchführung,

- Durchgriff auf Projektmitarbeiter problematisch,

- nebenamtliche Oberleitung,

- Know-how-Bündelung,

- Professionalisierung der Projektleitung.

Anwendung für:

- Komplexe Vorhaben,

- hochwertige Probleme,

- häufige Projektarbeit.

Projektorientierter Teilbereich: Einzelne Fachbereiche, in denen Projektarbeit häufig ist, werden ganz oder teilweise nach Projekten untergliedert (z.B. Forschung, Entwicklung, Organisation, Datenverarbeitung). Ein Pool von Projektleitern und -mitarbeitern entsteht, aus denen jeweils neue Projektteams zusammengestellt werden.

Stärken und Schwächen des projektorientierten Teilbereichs:

- Relativ aufwendige Lösung,

- alle Projektaufgaben vollamtlich,
- hohe Professionalisierung innerhalb des Teilbereichs,
- Know-how-Transfer von Projekt zu Projekt,
- keine interdisziplinäre Know-how-Bündelung.

Anwendung für:
- Neuartige Vorhaben,
- bereichsbezogene Probleme,
- Bereiche mit Projektarbeit als typischer Arbeitsform.

Reine Projektorganisation: Die stärkste strukturelle Ausrichtung auf Projektziele ist dann verwirklicht, wenn gesonderte Projektbereiche geschaffen werden. Dem Projektleiter werden dann alle erforderlichen Spezialisten vollständig unterstellt. Die so entstehende Einheit wird vielfach als **Task Force** bezeichnet. Nach Projektabschluß stellt sich als besonderes Problem die Wiedereingliederung in die Stammabteilung. Im Extremfall ist die gesamte Unternehmung nach Projekten gegliedert (z.B. Beratungsunternehmungen). Dies ist ein Spezialfall objektorientierter Organisation.

Stärken und Schwächen der reinen Projektorganisation:
- Aufwendigste Lösung,
- alle Projektaufgaben vollamtlich,
- POL ggf. nebenamtlich,
- bereichsübergreifende Professionalisierung,
- breiter Know-how-Transfer,
- hohe Anforderungen an Projektmitarbeiter,
- ggf. Wiedereingliederungsprobleme.

Anwendung für:
- Einzelanwendung für Vorhaben mit sehr hoher Bedeutung,
- Daueranwendung, wenn Produkt oder Dienstleistung Projektarbeit erfordern.

Die Vor- und Nachteile aller Lösungen sind wie beschrieben vielfältig [vgl. RADEMACHER 1984]. Als allgemeine Entscheidungsregel für die Auswahl kann gelten: Je größer und bedeutsamer ein Projekt ist und je mehr bereichsübergreifende Aktivitäten erforderlich sind, desto mehr organisatorische Verselbständigung empfiehlt sich.

4. Personelles Projektmanagement

(1) Projektträgerschaft und Projektleitung: Organisatorische Gestaltung ist im wesentlichen in Projekten konzentriert. Demgemäß sind die Gestaltungsträger identisch mit den **Projektträgern**. Als Gestaltungsträger werden hier diejenigen Personen resp. Gruppen bezeichnet, die einen **maßgeblichen Einfluß** auf den **Gestaltungsprozeß** ausüben. Sie bestimmen das Geschehen und bilden daher hier den Ausgangspunkt der

Analyse. Geht es um grundlegende Strukturfragen von **strategischer** Bedeutung, werden die obersten Führungsebenen sowie die Gesellschafter erheblichen Anteil an der Gestaltungsentscheidung haben und somit als Gestaltungsträger einzustufen sein. Die Mitarbeiter, vertreten durch ihre Repräsentanten im Betriebs- oder Aufsichtsrat, können schon durch die Mitbestimmungsregelungen ebenfalls in die Rolle der Gestaltungsträger gelangen. Mit dem Topmanagement, den Anteilseignern sowie den Mitarbeitern sind zugleich die wichtigsten Gruppen angesprochen, die auch als **Unternehmungsträger** einzustufen sind. Die Systematik der Gestaltungsträgerschaft läßt sich in Analogie zur Unternehmungsträgerschaft entwickeln (vgl. S.327ff.).

Allerdings können auch andere Personen, wie z.B. Stabsmitarbeiter, Mitarbeiter der Fachabteilungen oder externe Berater, durch aktive Mitarbeit in entsprechenden Projekten faktisch einen erheblichen Einfluß auf die Gestaltungsentscheidung ausüben und somit in die Trägerrolle hineinwachsen. Dies gilt erst recht für **operative** Gestaltungsfragen, die z.B. die Struktur einzelner Bereiche oder Prozesse betreffen. Sie werden i.d.R. ohne aktive Beteiligung oberster Ebenen im Wechselspiel von Fachspezialisten aus den jeweiligen Bereichen und Organisationsexperten behandelt.

Trägerschaft wird vor allem beim Fällen von Entscheidungen ausgeübt, sei es z.B., daß ein Untersuchungsauftrag erteilt, ein Projektleiter ernannt, eine weitere Projektphase freigegeben oder eine Maßnahme zur Durchführung ausgewählt wird. Wer hierzu offiziell berechtigt ist, besitzt die **formale** Trägerschaft. Personen oder Gremien mit Entscheidungsbefugnis (Entscheider) sind damit ex definitione formale Träger. Sie sind aber regelmäßig auf die Mitwirkung anderer angewiesen (Planer oder Benutzer), im Grenzfall so sehr, daß sie fertige Vorlagen nur noch unterschreiben ("absegnen") können. Diesen anderen Einheiten kommt dann die **faktische** Trägerschaft zu. Die faktische Trägerschaft und damit auch die faktische Macht in Projekten geht daher nicht selten vom Entscheider auf die entscheidungsvorbereitenden Experten über. Hier stellt sich ein ähnliches Problem, wie es allgemein für Stab-Linie-Beziehungen diskutiert wird.

Die Trägerrolle ist auch vom Umfang her abstufbar. Eine sachlich und zeitlich **begrenzte** Trägerschaft, die sich z.B. nur auf einzelne Projektphasen erstreckt, ist ebenso möglich wie eine **umfassende** Trägerschaft. Daraus wird deutlich, daß die Trägerschaft - auch formal - im Laufe eines Projektes wechseln kann. Dies ist z.B. bei DV-Projekten dann der Fall, wenn die Verantwortung für den fachlichen Entwurf beim Fachbereich, für die DV-technische Lösung bei der DV-Abteilung liegt.

Eine Schlüsselstellung nimmt in jedem Fall der **Projektleiter** ein. Wie die Beschreibung der aufbauorganisatorischen Konzepte deutlich machte, kann seine formale Stellung von relativer Ohnmacht im Falle einer Stabslösung bis hin zu einem dominierenden Einfluß im Rahmen einer reinen Projektorganisation reichen. Fehlende formale Einflußmöglichkeiten kann und muß ein Projektleiter durch seine persönlichen Fähigkeiten kompensieren.

Für den Projektleiter gilt in ganz besonderem Maße, daß diese Stelle nicht rein versachlicht (ad rem) gebildet werden kann. Vielmehr wird man vorrangig das besondere Eignungsprofil der vorhandenen Kandidaten ausschöpfen wollen (Stellenbildung ad personam). Außerdem spielen die Kräfteverhältnisse von Promotoren und Opponenten eine wichtige Rolle. Die Liste der Anforderungen an einen Projektleiter ist dennoch lang und umfaßt alle nur denkbaren Eigenschaften, die auch für andere Managementpositionen formuliert werden. Um Gemeinsamkeiten und Unterschiede deut-

lich zu machen, empfiehlt sich eine typisierende Betrachtung zweier Grundorientierungen im Management: Spezialisierungs- vs. Integrationsorientierung (vgl. Abb.
XVIII/15, weiterentwickelt nach STUCKENBRUCK 1988, S.58). Idealtypisch betrachtet, muß der Projektleiter seinen Tätigkeitsschwerpunkt in einer **Integrationsorientierung** besitzen. Nur so kann er die vielfältigen Impulse und Interessenlagen aufgreifen
und handhaben, die auf ein Projekt einwirken. Daraus wird die besondere Bedeutung
der **Einbindung** als einer Führungsaufgabe auch des Projektleiters deutlich.

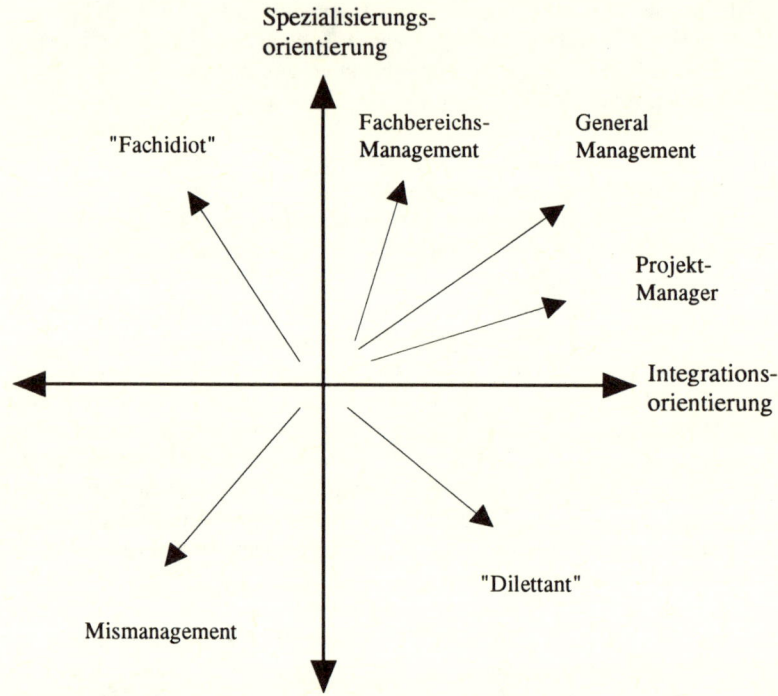

Abb. XVIII/15: Grundorientierungen im Management

Der Projektleiter steht dabei im Schnittpunkt der Kommunikationsbeziehungen
und muß selbst stark kommunikativ wirken (vgl. Abb. XVIII/16, aus STIETZ 1994).
Unter der Oberfläche sachlicher Kommunikation können sich gerade in brisanten
Projekten vielfältige **Kommunikationsbarrieren** verbergen, die er beachten und
überwinden muß, so z.B:

- Unterschiedliche Wahrnehmung/Beurteilung der Ziele der Unternehmung oder einzelner Organisationseinheiten,

- Mißverständnisse/Unklarheiten hinsichtlich der Projektziele,

- Konkurrenz hinsichtlich finanzieller, personeller und sachlicher Ressourcen,

- persönliche Gegensätze/Konflikte des Projekt-Managers zu anderen,

- Widerstände gegenüber dem geplanten/befürchteten Wandel,

400

- Sprachbarrieren und Mentalitätsunterschiede zwischen Fach- und Systemexperten,
- wechselseitig negative Einstellungen im Verhältnis Projektteam-Anwender.

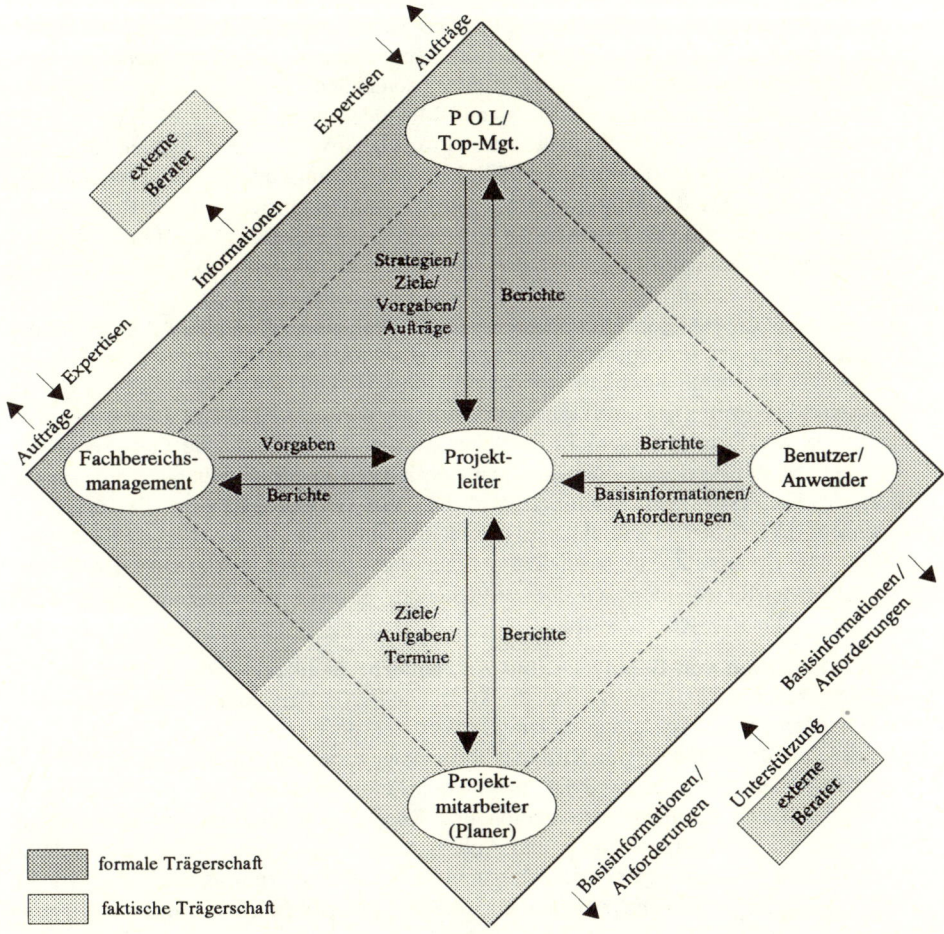

Abb. XVIII/16: Kommunikationsbeziehungen des Projektleiters

Die Personalführungsaufgaben des Projektleiters sind dabei von nicht zu unterschätzender Bedeutung. Mithin treffen auch auf den Projektleiter die Aussagen über das Führungsverhalten zu (vgl. S.281ff.). Gerade neuartige und länger dauernde Projekte verlangen ein nicht geringes Maß an Durchhaltevermögen. Äußerlich sichtbare Erfolgserlebnisse stellen sich erst spät oder gar nicht ein. Dies bedeutet für den Projektleiter, daß er eine nachhaltige Motivation seiner Mitarbeiter aufbauen und aufrechterhalten muß. Wünschenswert wären daher Führungserfahrungen der Projektleiter. Der reine Fachspezialist ist für die Projektleiterfunktion weniger geeignet. Hinzu kommen die speziellen Aufgaben der Teamsteuerung und -moderation. Projektleiter sollten unbedingt in Moderationstechniken geschult und erfahren sein. Diese Führungsaufgaben sind nicht delegierbar, im Gegensatz etwa zu Fach- und Verwaltungsaufgaben.

(2) Projektteam: Die Ausführung des Projekts ist Sache der Projektteams. Ihre personelle Besetzung und Interaktion ist ebenfalls eine Schlüsselfrage. Das benötigte Spezialistenwissen (Fachbereichswissen) muß selbstverständlich im Team vertreten sein. Außerdem sind die jeweiligen System- und Methodenspezialisten (z.B. DV- und Organisationsexperten) Kernmitglieder des Projektteams. Daneben spielen aber die Kommunikations- und Kooperationsfähigkeit der Teammitglieder eine wesentliche Rolle **(Teamfähigkeit)**. Mikropolitische Gesichtspunkte hinsichtlich der Promotoren- und Opponentenrolle der Beteiligten kommen bei der Besetzung des Teams genauso wie bei der Ernennung des Projektleiters ins Spiel. Man kann versuchen, ein Projekt zu torpedieren, indem Opponenten ins Team "eingeschleust" werden. Allerdings ist eine aktive Mitwirkung in aller Regel der beste Weg, um eine höhere Akzeptanz des Projekts und seiner Ergebnisse zu erzeugen [vgl. KRÜGER 1991].

Der Teamprozeß durchläuft typische Stadien [vgl. TUCKMANN 1965]: Formierungsphase (Forming), Konfliktphase (Storming), Normierungsphase (Norming), Arbeitsphase (Performing). Dem Projektleiter werden dabei erhebliche Fähigkeiten abverlangt. Er muß aus teils hochkarätigen Spezialisten und Individualisten ein kooperierendes Ganzes formen. Dann erst wird das "Wir-Gefühl" entstehen, das ein Team ausmacht. Die Arbeit in Projekten ist durch Intensität und Stil der offenen Kommunikation und Kooperation in besonderem Maße dazu geeignet, verkrustete Denk- und Verhaltensmuster aufzubrechen und zu verändern. Insofern ist Projektarbeit auch ein Beitrag zur **Personalentwicklung**.

(3) Partizipation von Benutzern und Anwendern: Benutzer sind die Personen, die mit dem zu entwickelnden System direkt arbeiten. Als **Anwender** werden insbesondere bei Informationssystemen diejenigen Personen bezeichnet, die die Produkte verwenden, die der Benutzer mit Hilfe des Systems generiert. Beide Personenkreise werden traditionell mehr zur passiven Informationslieferung herangezogen. Heute ist ein genereller Trend zu mehr Partizipation und Kooperation festzustellen. Dies gilt im übrigen auch für externe Kunden und Auftraggeber. Dies soll zum einen die Qualität und Bedarfsgerechtigkeit der Projektergebnisse verbessern, zum anderen aber vor allem die Lösungsakzeptanz erhöhen und damit zur erfolgreichen **Implementierung** beitragen. Partizipation ist daher als ein wichtiger Mechanismus der **Einbindung** zu begreifen (vgl. S.307ff.). Sie berührt verschiedene Einbindungsarten, so vor allem die professionalisierte und strukturelle Einbindung, strahlt durch die Teamarbeit aber auch auf die soziale Einbindung aus.

Die **Intensität** der Mitwirkung kann über die aktive Beteiligung bei der Lösungssuche über die Beurteilung von Lösungen und die (Mit-)Entscheidung bei der Auswahl bis hin zur verantwortlichen Projektabwicklung reichen. Hinsichtlich des **Prozeßbezugs** erstrecken sich mögliche Abstufungen von der punktuellen Mitwirkung in einzelnen Phasen über prozeßbegleitende Mitwirkung, insbesondere am Beginn und Ende der jeweiligen Phasen, bis hin zur durchgängigen Beteiligung.

Bei indirekter Partizipation vertreten **Vertrauensleute, Sprecher** oder sog. **Anwaltsplaner** die Anwenderinteressen, entweder direkt gegenüber dem Team oder in den jeweiligen Steuerungsgremien. Die gesetzlich geregelten Formen der **Mitbestim-**

mung sind ebenfalls in Projekten von Bedeutung. Informations- und Beratungsrechte des Betriebsrates werden vielfach auch dort eingeräumt, wo kein gesetzlicher Zwang besteht. **Partizipative Projektarbeit** i.e.S. meint die **direkte** Beteiligung. Es erscheint zweckmäßig, diesen Begriff dann zu verwenden, wenn die späteren Benutzer oder Anwender **ständig** an der Problemlösung sowie zumindest partiell an der Entscheidung mitwirken. Dazu müssen einzelne Mitarbeiter für die Dauer des Projekts ganz oder teilweise von ihrer Arbeit freigestellt werden. In der Verbesserung der Lösungsqualität und der Lösungsakzeptanz liegen die Hauptvorteile. Kommunikations- und Kooperationsbarrieren reduzieren sich. Immer häufiger liegt auch die formelle Leitung des Projekts in den Händen von Benutzern.

Einen Grenzfall des Projektmanagements stellt die sog. **Organisationsentwicklung** dar. Der gesamte Problemlösungsprozeß wird von den Benutzern und Anwendern maßgeblich selbst durchgeführt. Die Experten treten im Bedarfsfall informierend und beratend hinzu. Sie sind aber vorwiegend als Prozeß- und Methodenberater und nicht inhaltlich tätig. Diese umfassende Übertragung von Kompetenz und Verantwortung auf die Nutzerseite bezieht sehr stark individuelle Lern- und Verhaltensänderungsprozesse ein, die den eigentlichen Objektprozessen vorausgehen resp. sie begleiten. Dahinter steht u.a. die Erkenntnis, daß Veränderungen formaler Strukturen oder technischer Einrichtungen **allein** oft nicht zum gewünschten Ergebnis führen [vgl. STAEHLE 1990, S.829ff., THOM 1992]. Grundgedanken sowie ausgewählte Methoden und Techniken der Organisationsentwicklung sind in vielfacher Form in die Organisationspraxis übernommen worden. Im Sinne eines problemorientierten integrierten Ansatzes, wie er hier vertreten wird, sollte kein grundsätzlicher Gegensatz zwischen "Organisationsentwicklung" und "herkömmlicher Organisationsarbeit" existieren.

(4) Interaktion der Projektbeteiligten: Der Erfolg eines Projektes hängt von der wirkungsvollen Zusammenarbeit der Beteiligten ab. Dabei ergeben sich zwangsläufig Interessengegensätze und Auffassungsunterschiede, die Interaktion und Kommunikation behindern können. Die Aufgabenteilung zwischen "Planer", "Entscheider" und "Benutzer" mag dies illustrieren. Auch das Geschehen im Projekt spielt sich nicht nur auf einer sachlich-intellektuellen Ebene ("Sachebene") ab, sondern enthält darüber hinaus eine wertmäßig-kulturelle ("Wertebene") und eine sozio-emotionelle Dimension ("Sozioebene"). Abb. XVIII/17 greift diese Ebenen auf und zeichnet auf der Basis typischen Rollenverhaltens (z.B. Entscheider typisiert als "Macher") ein Bild des Interaktionsgeschehens. Dabei wird eine ganze Reihe von Gegensätzen deutlich. So kollidiert z.B. das Verlangen des typischen Entscheiders nach kostengünstigen, raschen Lösungen mit dem Wunsch der Planer nach technischen Bestlösungen. Der Planer sieht ein Projekt als Chance für eine Veränderung, der Benutzer sieht seinen Status quo dadurch bedroht.

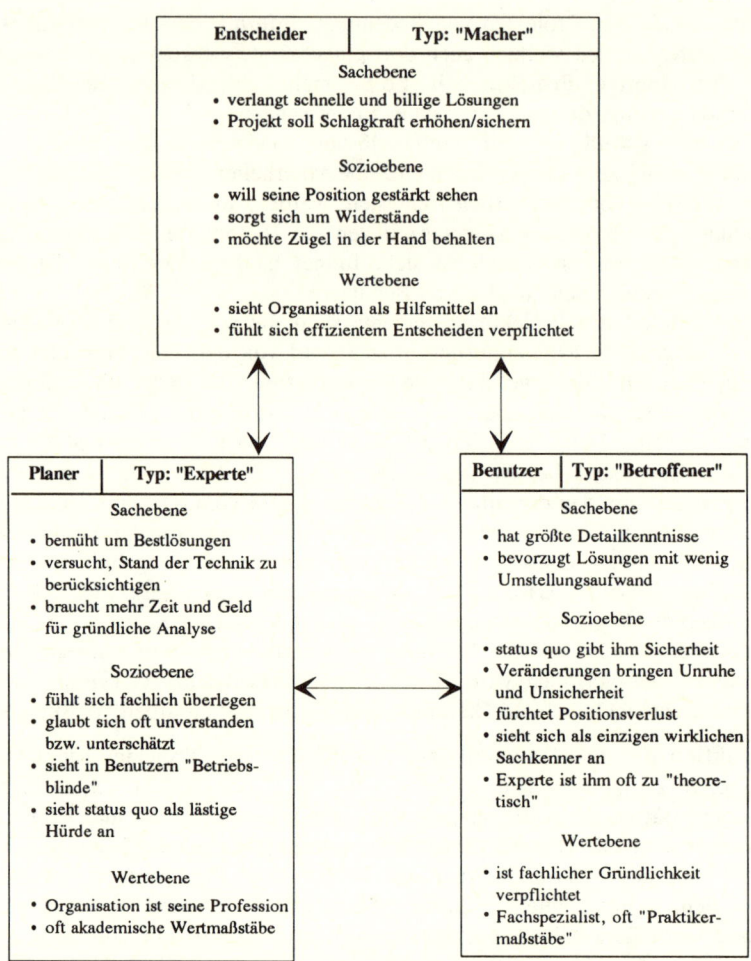

<table>
<tr><td colspan="2">Entscheider</td><td colspan="2">Typ: "Macher"</td></tr>
</table>

Entscheider | **Typ: "Macher"**

Sachebene
- verlangt schnelle und billige Lösungen
- Projekt soll Schlagkraft erhöhen/sichern

Sozioebene
- will seine Position gestärkt sehen
- sorgt sich um Widerstände
- möchte Zügel in der Hand behalten

Wertebene
- sieht Organisation als Hilfsmittel an
- fühlt sich effizientem Entscheiden verpflichtet

Planer | **Typ: "Experte"**

Sachebene
- bemüht um Bestlösungen
- versucht, Stand der Technik zu berücksichtigen
- braucht mehr Zeit und Geld für gründliche Analyse

Sozioebene
- fühlt sich fachlich überlegen
- glaubt sich oft unverstanden bzw. unterschätzt
- sieht in Benutzern "Betriebsblinde"
- sieht status quo als lästige Hürde an

Wertebene
- Organisation ist seine Profession
- oft akademische Wertmaßstäbe

Benutzer | **Typ: "Betroffener"**

Sachebene
- hat größte Detailkenntnisse
- bevorzugt Lösungen mit wenig Umstellungsaufwand

Sozioebene
- status quo gibt ihm Sicherheit
- Veränderungen bringen Unruhe und Unsicherheit
- fürchtet Positionsverlust
- sieht sich als einzigen wirklichen Sachkenner an
- Experte ist ihm oft zu "theoretisch"

Wertebene
- ist fachlicher Gründlichkeit verpflichtet
- Fachspezialist, oft "Praktikermaßstäbe"

Abb. XVIII/17: Interaktionsmuster der Projektbeteiligten

Ähnlich wie in der Unternehmung insgesamt, bildet sich auch in Projekten - vor allem im Projektteam selbst - mit zunehmender Arbeitsdauer eine spezifische Projektkultur heraus, deren Bedeutung erst in letzter Zeit erkannt worden ist. Als Projektkultur läßt sich die Gesamtheit der gemeinsamen Werte, Einstellungen und Verhaltensmuster der Projektbeteiligten, insbesondere der direkten Projektmitarbeiter, bezeichnen. Die Projektkultur ist Teil des Interaktionsgeschehens, sie prägt die **wertmäßig-kulturelle Dimension ("Wertebene")** der Zusammenarbeit. Die konstituierenden Komponenten der Projektkultur sind die gleichen wie im Falle der Unternehmungskultur [vgl. SCHWARZ 1987 u. 1989, SCHOLZ 1991]:

Kulturbasis: Grundannahmen (insbesondere Menschenbilder) sowie die Vision und Mission des Projekts.

Leitlinie: Gemeinsame Wertvorstellungen, z.B. hinsichtlich der Professionalität,

Symbole: Basis und Leitlinie drücken sich u.a. in Symbolen aus. Hierzu zählen Aktionssymbole (z.B. gemeinsame Veranstaltungen) und Stilsymbole (z.B. Umgangsformen) ebenso wie Bezugssymbole (z.B. Personen und Produkte mit Vorbildfunktion) und historische Symbole (z.B. erfolgreiche Projekte oder Pioniere der Vergangenheit).

Richtlinien: Regelungen zur Normierung und Sanktionierung von Verhalten und Leistung der Beteiligten.

Verhaltensmuster: Charakteristische Verhaltensweisen, Gewohnheiten und Vorgehensweisen.

Das Wirkungsspektrum der Projektkultur ist beträchtlich, gerade für innovative und schlecht strukturierbare Projekte. Es umfaßt zunächst **Verhaltensfunktionen** [vgl. zu den Wirkungen KRÜGER 1989].

Orientierung: "Was wird von mir erwartet?"

Motivation: "Wem kann ich nacheifern?"

Explikation: "Wer sind wir?"

Selektion: "Würde ich in dieses Projekt passen?"

Steuerungs- und Gestaltungsfunktionen richten sich auf die Sachebene des Geschehens:

Koordination und Integration: "Wir ziehen am gleichen Strang".

Strategiebildung und -implementierung: "Wir gehen von gleichen Voraussetzungen aus".

Eigeninitiative und Autonomie: "Hier kann sich jeder entfalten".

Flexibilität und Stabilität: "Jeder weiß, worauf es ankommt".

Ein besonderes Problem stellt das Verhältnis der Projektkultur zur Unternehmungskultur dar. Zum einen muß sich das Team mehr oder weniger stark von dem Vorhandenen entfernen, wenn neuartige innovationsträchtige Lösungen gesucht werden. Zum anderen muß das Endergebnis die Akzeptanz des Basissystems finden, und die Teammitglieder müssen je nach Organisationsmodell auch wieder in ihre Basisfunktion zurückkehren können. Projektkulturen dürfen also nicht so geartet sein, daß sie die Gefahr der Realitätsablösung noch verstärken.

Generell muß der Stellenwert der Projektkultur als sehr hoch veranschlagt werden. Sie stellt wie die Partizipation einen wichtigen Einbindungsmechanismus dar und entspricht der **wertorientierten Einbindung** (vgl. S.311ff.). Vom starken Zusammenhalt der Teams bis zur völligen Hingabe an das Projektziel reichen die Effekte. Derartige Wirkungen lassen sich zum einen mit formalen Regelungen nur unvollkommen erreichen, zum anderen ist das Ausmaß möglicher bzw. sinnvoller formaler Regelungen bei Projekten ohnehin im Durchschnitt erheblich niedriger als in der Primärorganisation. Dies unterstreicht die Erfolgsbedeutung der Projektkultur gerade für innovative und schlecht strukturierbare Projekte. Auch an dieser Stelle ist auf die Rolle des Projektleiters zu verweisen, der hier als "**Kulturpromotor**" fungieren kann. Von seinen Fähigkeiten und seiner Ausstrahlungskraft gehen wesentliche Impulse auch für die Projektkultur aus.

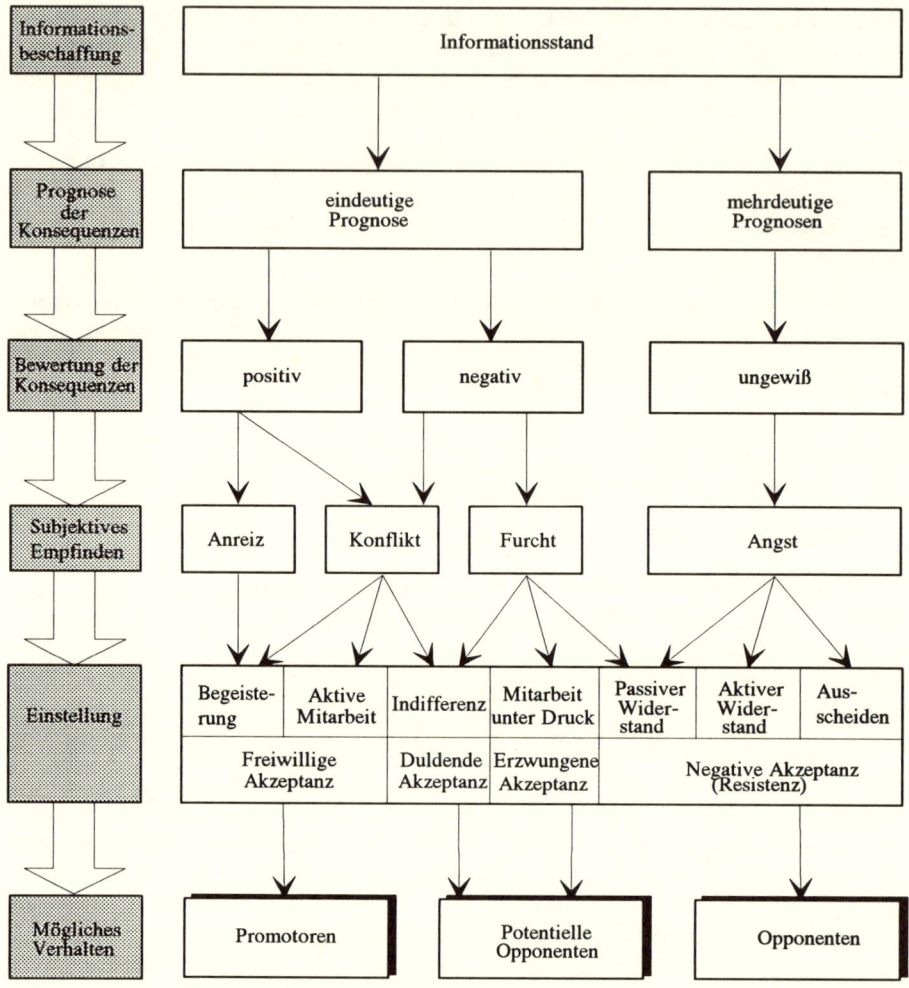

Abb. XVIII/18: Entstehung von Promotoren und Opponenten

(5) Promotoren und Opponenten: Wie die Interaktionsanalyse zeigt, ist mit Zustimmung und Ablehnung gegenüber Projekten und den von ihnen zu erwartenden Ergebnissen zu rechnen. Verallgemeinert man diesen Gedanken, so ist das Projekt als ein **Kraftfeld** von **Promotoren** und **Opponenten** zu interpretieren. Wer von einer Änderung betroffen ist, wird vor allem die zu erwartenden oder von ihm vermuteten Folgen für seine Bedürfnissituation zur Grundlage seiner Einstellung gegenüber der Änderung machen und entsprechend handeln. Auf die Weise kommt es zu einer **positiven** oder **negativen Akzeptanz** der Änderung, und auf diese Weise bilden sich mögliche Promotoren und Opponenten heraus (vgl. Abb. XVIII/18, aufbauend auf BÖHNISCH 1979, KRÜGER 1990). Hinzuweisen ist darauf, daß Einstellungen nicht automatisch zu einem bestimmten Verhalten führen. Jemand kann z.B. eine positive

Einstellung haben, hält es aber für ratsam, sich passiv zu verhalten und tritt damit nicht als Promotor in Erscheinung.

Die Organisationsstruktur hängt eng mit der Machtstruktur zusammen. Organisationsprozesse sind daher insofern "mikropolitische" Prozesse, als verschiedenartige Interessenlagen und Einflußaktivitäten in den Sachprozeß einfließen. Vor allem grundlegende Organisationsänderungen können geradezu als Musterbeispiel für die These gelten, daß Unternehmungsprozesse regelmäßig gemischte Sach-/Machtprozesse sind [vgl. KRÜGER 1976]. Einerseits wird die vorhandene Machtverteilung durch Verschiebungen im Aufgaben- und Kompetenzgefüge berührt und in Frage gestellt. Andererseits bestimmen die gegebenen Machtkonstellationen im Trägerbereich die grundsätzliche Lösbarkeit eines Organisationsproblems sowie die Art der Lösung.

Ob und in welcher Weise Strukturfragen aufgegriffen, Lösungsvorschläge erarbeitet und Maßnahmen durchgesetzt werden, hängt dann vom Vorhandensein, der Stärke und der Interaktion von **Promotoren** als den proaktiven, treibenden Gestaltungsträgern und **Opponenten** als den reaktiven, bremsenden Kräften ab. Oft ist die gegebene Machtverteilung so ausbalanciert, daß grundlegende Veränderungen nicht genug Befürworter finden. Dann kann erst ein Wechsel in der personellen Besetzung den notwendigen Manövrierspielraum schaffen. Dies erklärt, warum regelmäßig ein Personenwechsel an der Spitze mit grundlegenden Reorganisationen einhergeht.

(6) Einflußmanagement: Um einen Wandlungsprozeß - hier durch Projektprozesse repräsentiert - zum Erfolg zu führen, sind also vielfältige Einflußaktivitäten nötig. Personelles Projektmanagement ist daher nicht zuletzt **Einflußmanagement**. Hierin drückt sich für die Projektverantwortlichen ein weiterer Teil der allgemeinen Führungsaufgabe der **Einbindung von Mitarbeitern** (vgl. Kap. XIV) sowie ggf. weiterer Anspruchsgruppen aus. Der Begriff "Einflußmanagement" wird hier als völlig neutrale Kategorie benutzt. Die verschiedenen Einflußaktivitäten lassen sich für beliebige Zwecke einsetzen, sie stehen sowohl Promotoren wie Opponenten zur Verfügung.

Wer Änderungen durchsetzen will, muß entweder selbst Promotoreneigenschaft erlangen oder vorhandene Promotoren für sich zu gewinnen suchen. Es sind Interessen zu bündeln und **Koalitionen** zu schmieden. Einzelne Promotoren oder eine Gruppe von ihnen bereiten die Änderung vor, ggf. unterstützt von internen oder externen Beratern. Sie identifizieren mögliche **Opponenten** und versuchen, diese zu beeinflussen. Diese **persönliche Beeinflussung** kann z.B. bei informalen Besprechungen oder Workshops stattfinden. Promotoren und Opponenten können sich dabei auf verschiedene Machtbasen stützen [vgl. KRÜGER 1992b]. Besonders wichtig ist die Verfügung über Belohnungen und Bestrafungen, gemeinsam als Sanktionsmacht bezeichnet. Sie kennzeichnet den **Machtpromotor**, wogegen der **Fachpromotor** von seinem Spezialwissen, der Informationsmacht, Gebrauch macht. Machtpromotoren können Willensbarrieren überwinden, Fachpromotoren Fähigkeitsbarrieren. Besonders wirkungsvoll ist es, wenn sich Macht- und Fachpromotor verbünden und die sog. **Gespannstruktur** entsteht [vgl. zum Promotorenmodell WITTE 1973]. HAUSCHILDTS Untersuchungen zum Innovationsmanagement zeigen, daß darüber hinaus die Figur des **Prozeßpromotors** eine wichtige Rolle spielt. Er wirkt aufgrund persönlicher Eigenschaften und Führungsqualitäten sowie seines diplomatischen Geschicks integrierend, prozeßfördernd und akzeptanzsichernd [vgl. HAUSCHILDT 1993, S. 121ff.].

Bei der persönlichen Beeinflussung geht es vor allem auch um die Veränderung von Bewußtseinslagen ("Überzeugungsarbeit") und das Management von Emotionen [vgl. KRÜGER/EBELING 1991]. Ängste müssen abgebaut, Hoffnungen geweckt werden. So sind, wenn möglich, Veränderungen der Motivation, der Werte, Einstellungen und Überzeugungen der Schlüsselpersonen zu erreichen. Im günstigsten Fall kann man Opponenten zu Befürwortern machen, sie also als Teil der eigenen Koalition gewinnen. Dafür oder für ein duldendes oder neutrales Verhalten sind i.d.R. Gegenleistungen (Kompensationen) zu erbringen, die den Interessen der Gegenseite auf einem anderen Feld entgegenkommen. Sind diese positiven Sanktionen nicht ausreichend, ist der Einsatz negativer Sanktionen möglich. Dies bedeutet nichts anderes, als daß die eine Seite versucht, der anderen ihren Willen aufzuzwingen oder sie zu Kompromissen zu nötigen. Dann sind Machtkämpfe nicht auszuschließen, deren Ausgang ungewiß ist. Im Falle einer Pattsituation oder bei passivem Verhalten kann der Gestaltungsprozeß bereits an dieser Stelle abgebrochen oder verschoben werden. Eine beabsichtigte Änderung unterbleibt.

Diese hier als persönliche Beeinflussung bezeichneten Felder des Einflußmanagements lassen sich als Versuche der **personalen Einbindung**, sofern von einer Gruppe vorgetragen, als **soziale Einbindung** begreifen. Persönliche Beeinflussung prägt besonders solche Projekte, die schlecht strukturierte Aufgaben zum Gegenstand haben und die nur schwach geregelt sind.

Je ausdifferenzierter und geregelter ein Projekt abläuft, desto wichtiger wird zwangsläufig die Beeinflussung von **Prozeß** und **Struktur** des **Projektes**. Dies kann insbesondere an verschiedenen Entscheidungspunkten geschehen. Dabei sind Negativentscheidungen häufig besonders typisch, also Entscheidungen, die sich darauf richten, bestimmte Personen, Probleme oder Lösungen aus der Untersuchung auszuklammern. Im übrigen wird je nach Interessenlage der Prozeß beschleunigt oder verlangsamt, die Themenbehandlung erweitert oder eingegrenzt, das Klima freundlich oder frostig gestaltet. Folgende Fragestellungen dürften dabei im allgemeinen als mikropolitisch besonders markante Punkte anzusehen sein:

- Bestimmung der Teilnehmer des Gestaltungsprozesses,

- Aufgaben- und Kompetenzverteilung unter den Beteiligten,

- personelle und organisatorische Festlegung der Projektleitung und der projektinternen Steuerung,

- Art und Reihenfolge des Vorgehens in der Planung und Realisierung,

- Dauer und Geschwindigkeit des Prozesses,

- Gegenstände, Ziele und Lösungsrichtungen der Untersuchung,

- zu beachtende Rahmenbedingungen,

- Gewinnung und Verteilung entscheidungsrelevanter Informationen,

- zur Verfügung stehende Sach- und Personenbudgets,

- einzusetzende Methoden, Techniken und Tools,

- Formen und Stil der Kommunikation und Kooperation,

- Art der Einführung (z.B. schlagartig-stufenweise, Piloteinführung).

Wie diese Liste zeigt, gibt es kaum eine Sachfrage, die nicht zugleich Machtfrage ist oder dazu gemacht werden kann. Dies eröffnet unbegrenzte Möglichkeiten für Strategie und Taktik der Prozeßbeeinflussung, bietet Kooperationsmöglichkeiten und führt zu Konflikten. Insgesamt wird deutlich, daß ein nicht unerheblicher Teil an Arbeitszeit und Energie der Verantwortlichen vom Einflußmanagement absorbiert wird. Bei hoch bedeutsamen und umfassenden Reorganisationen, bzw. bei strategischen Projekten ganz allgemein, dürfte es der weitaus überwiegende Teil sein.

Literatur

BAUERMANN, R.: Die Implementierung organisatorischer und software-technologischer Methoden und Techniken: Probleme und Lösungsansätze, Frankfurt/Main 1988

BÖHNISCH, W.: Personale Widerstände bei der Durchsetzung von Innovationen, Stuttgart 1979

BURGHARDT, M.: Projektmanagement: Leitfaden für die Planung, Überwachung und Steuerung von Entwicklungsprojekten, Berlin/München 1988

CLELAND, D.I./ KING, W.R. (Hrsg.): Project Management Handbook, 3. Aufl., New York 1988

DAENZER, W.F. (Hrsg.) : Systems Engineering: Methodik und Praxis, 7., neu bearb. und erg. Aufl., Zürich 1992

DIN 69901: Projektwirtschaft, Projektmanagement, Begriffe, Berlin 1987

FRESE, E.: Grundlagen der Organisation, 4. Aufl., Wiesbaden 1988

GRÜN, O.: Projektorganisation, in: Frese, E. (Hrsg.), Handwörterbuch der Organisation, 3. Aufl., Stuttgart 1992, Sp.2102-2116

HABERFELLNER, R.: Projektmanagement, in: Frese, E. (Hrsg.), Handwörterbuch der Organisation, 3. Aufl., Stuttgart 1992, Sp.2090-2102

HAHN, D.: PuK - Controllingkonzepte, 4. vollst. überarb. u. erw. Aufl., Wiesbaden 1994

HAUSCHILDT, J.: Innovationsmanagement, München 1993

KOLKS, U.: Probleme und Möglichkeiten des Konfigurations-Managements in der versionsorientierten Entwicklung - eine empirische Untersuchung, in: Krüger, W. (Hrsg.), Projektmanagement in der Krise: Probleme und Lösungsansätze, Frankfurt/Main 1986, S.289-351

KRÜGER, W.: Macht in der Unternehmung. Elemente und Strukturen, Stuttgart 1976

KRÜGER, W.: Grundlagen der Organisationsplanung, Gießen 1983

KRÜGER, W. (Hrsg): Projektmanagement in der Krise: Probleme und Lösungsansätze, Frankfurt/Main 1986

KRÜGER, W.: Unternehmungskultur - ein strategischer Erfolgsfaktor?, in: Sattelberger, T. (Hrsg.), Innovative Personalentwicklung, Wiesbaden 1989, S.269-280

KRÜGER, W.: Organisatorische Einführung von Anwendungssystemen, in: Kurbel, K./Strunz, H. (Hrsg.), Handbuch der Wirtschaftsinformatik, Stuttgart 1990, S.275-288

KRÜGER, W.: Zusammenarbeit im Projekt, in: Projektmanagement-Fachmann, hrsg. von Rationalisierungs-Kuratorium der Deutschen Wirtschaft, 2 Bde, 1991, S.859-953

KRÜGER, W.: Organisationsmethodik, in: Frese, E. (Hrsg.), Handwörterbuch der Organisation, 3. Aufl., Stuttgart 1992a, Sp.1572-1589

KRÜGER, W.: Macht, in: Gaugler, E./Weber, W. (Hrsg.), Handwörterbuch des Personalwesens, 2. Aufl., Stuttgart 1992b, Sp.1313-1324

KRÜGER, W.: Projekt-Management, in: Wittmann, W. (Hrsg.), Handwörterbuch der Betriebswirtschaft, 5., völlig neu gest. Aufl., Stuttgart 1993, Sp.3559-3570

409

KRÜGER, W./BAUERMANN, R.: Projekt-Management in der Krise: Probleme und Lösungsansätze, in: Krüger, W. (Hrsg.), Projektmanagement in der Krise, Frankfurt/Main 1986, S.1-50

KRÜGER, W./EBELING, F.: Psychologik - Topmanager müssen lernen, politisch zu handeln, in: Harvard Manager 2/1991, S.47-56

MADAUSS, B.: Handbuch Prokjektmanagement, 3. Aufl., Stuttgart 1990

PLATZ, J.: Projektmanagement erfolgreich einführen, in: ZFO 4/1987, S.217-225

PLATZ, J./SCHMELZER H. J.: Projektmanagement in der industriellen Forschung und Entwicklung. Einführung anhand von Beispielen aus der Informationstechnik, Berlin 1986

RADEMACHER, G.: Projektorganisation, in: Management Enzyklopädie, Bd. 7, 2. Aufl., Landsberg/Lech 1984

RESCHKE, H. et al. (Hrsg.): Handbuch Projektmanagement, 2 Bde., Köln 1989

SCHMIDT, G.: Methode und Techniken der Organisation, 9. Aufl., Gießen 1991

SCHMIDT, R.-B.: Wirtschaftslehre der Unternehmung (Bd. 1), 2. Aufl., Stuttgart 1977

SCHÖNECKER, G./NIPPA, M (Hrsg.): Neue Methoden zur Gestaltung der Büroarbeit, Baden-Baden 1987

SCHOLZ, C.: Projektkultur: Der Beitrag der Organisationskultur zum Projektmanagement, in: ZFO 3/1991, S.143-150

SCHWARZ, G.: Kulturelle Einflußgrößen des Projektmanagments, in: ZFO 4/1987, S.241-248

SCHWARZ, G.: Unternehmungskultur als Element des Strategischen Managements, Berlin 1989

STAEHLE, W.: Management, 5. Aufl., München 1990

STIETZ, O.: Integrationsmanagement - dargestellt am Beispiel des Computer Integrated Manufactoring (CIM) in der deutschen Automobilindustrie, 1994 im Druck

THOM, N.: Organisationsentwicklung, in: Frese, E. (Hrsg.), Handwörterbuch der Organisation, 3. Aufl., Stuttgart 1992, Sp.1477-1491

TUCKMANN, B.W.: Development Sequence in Small Groups, in: Psychological Bulletin 1965, S.364-369

WITTE, E.: Organisation für Innovationsentscheidungen. Das Promotorenmodell, Göttingen 1973

Sachverzeichnis

417

418